Programación competitiva

Volumen II

Steven Halim – Felix Halim – Suhendry Effendy

Programación competitiva

Volumen II

Manual para concursantes del ICPC y la IOI

OJBooks
Valladolid

Programación competitiva (CP4) – Volumen II
Manual para concursantes del ICPC y la IOI

Primera edición en castellano

ISBN: 978-84-122380-2-0
Depósito legal: VA 482-2021

Traductor Miguel Revilla Rodríguez

© 2019–2021 by Miguel Revilla Rodríguez

Traducido de la edición original en inglés de:
Competitive Programming 4 – Book 2
Steven Halim, Felix Halim y Suhendry Effendy
Lulu Enterprises, Inc., 2020
ISBN: 978-1-71674-551-5
© 2013–2020 by Steven Halim, Felix Halim and Suhendry Effendy

Compuesto con X∃LATEX

Índice general

Prólogos

Bill Poucher

Introducción

En 1970, la *A&M UPE Honor Society* de Texas, EEUU, albergó el primer concurso universitario de programación de la historia del ICPC. Las primeras finales se celebraron en 1977, en Atlanta, junto a la reunión invernal del congreso de ciencias de la computación de la ACM. El *International Collegiate Programming Contest* más reciente ha implicado la realización de concursos regionales en 643 sedes de 104 países, en las que han participado 59 000 concursantes junto a sus 5043 preparadores, llegados de más de 3400 universidades de todo el planeta. Los 135 mejores equipos se encontrarán en la final mundial del ICPC, que tendrá lugar en Moscú, con el MIPT como anfitrión, en junio de 2021.

A lo largo y ancho del mundo, hay más de 400 000 estudiantes que han pasado por el ICPC, y muchos de ellos han jugado papeles clave en la construcción de la comunidad digital global durante las últimas décadas. El ICPC es la raiz de la programación competitiva que llega, gracias a esa comunidad global, a personas de todas las culturas y a generaciones cada vez más jóvenes.

El Online Judge de la Universidad de Valladolid abrió las puertas a los concursos en línea y facilitó el acceso global a los problemas del ICPC, bajo la batuta del profesor Miguel Ángel Revilla. Tres de sus usuarios estelares son Steven Halim, Felix Halim y Suhendry Effendy, autores de *Programación competitiva* que, en esta edición, se presenta en dos volúmenes. En la final mundial del ICPC de Moscú, con el MIPT como anfitrión, recibirán un merecido homenaje por parte de la *ICPC Foundation*.

Programación competitiva

¿Qué es la programación competitiva y por qué deberías implicarte en ella? Primero, y más importante, es un deporte mental. Ayuda a desarrollar por completo las capacidades de razonamiento algorítmico y establece un puente fundamental entre la teoría y la práctica. La participación plena desarrolla intuición y competencia a la hora de solucionar problemas. Nos prepara para el *Renacimiento digital*, que dará forma al mundo en las próximas décadas. Para apreciar la imagen completa, es importante abrirse paso entre una maraña de terminología insustancial. Es un deporte de equipo.

¿Por dónde empezamos?

Empieza con los Volúmenes I y II de *Programación competitiva*. De hecho, será mejor empezar con el Volumen I :). Los autores son expertos en programación competitiva con una amplia experiencia, y han dedicado décadas de trabajo a ayudar en todas las facetas de este deporte.

En paralelo, implícate en una cultura que desarrolle hábitos de excelencia. Formas parte de la primera generación que nunca ha estado desconectada. Esa conexión alcanza su mejor versión cuando unimos nuestras fuerzas en pos de una causa común. Hazlo y prepárate para afrontar los desafíos que definirán a tu generación.

La vida te necesita. Hemos nacido para competir. Y competimos mejor cuando lo hacemos unidos, con buena fe, con buena voluntad y con buenas acciones. Cuando llegues a la universidad, ten en consideración al ICPC y al nuevo programa *ICPC University Commons*, que te ofrecerá un abanico de actividades para realizar fuera del aula. Encontrarás más detalles en `https://icpc.global`.

¿Por qué empezar?

¿Es importante que mejores tus habilidades de resolución de problemas? Sí. ¿Es importante que te prepares para un futuro integrado en una comunidad digital global? Sí. ¿Lo es seguir el consejo de T.S. Eliot de que, para un desarrollo completo, hay que llegar demasiado lejos? Sí. Hazlo en la programación competitiva, pero cuidado con aquellas ambiciones que son irreversibles.

¿Es útil la programación competitiva? Aristóteles afirmaba que no hay nada más útil que dedicarse a actividades mentales y reflexiones que se tienen como fin a sí mismas y marcan su propio ritmo. Permíteme recomendarte que dediques tu alma a construir un mundo más bello. En el inmenso ámbito de la vida, muchos actos de bondad pequeños logran hechos extraordinarios. Encuentra amigos que compartan tus intereses y cíñete a este ciclo:

> Repite toda tu vida: estudio, práctica, ensayo, ensayo general, actuación.

Sirve para los atletas.
Sirve para los músicos.
Sirve para toda clase de intérpretes.
Sirve para tí.

Con mis mejores deseos, Bill.

Dr. William "Bill" Poucher, Ph. D., ACM Fellow
Profesor de ciencias de la computación, Universidad de Baylor
Director ejecutivo, *International Collegiate Programming Contest*
Presidente, *ICPC Foundation*
13 de julio de 2020

Miguel Revilla Rodríguez

Hace casi 20 años (el 11 de noviembre de 2003, para ser exactos), mi padre, Miguel Ángel Revilla, recibió un correo electrónico con el siguiente mensaje:

> "Debo decirle, en pocas palabras, que con el *UVa Online Judge* ha nacido una nueva CIVILIZACIÓN y que, con los libros que escribe (se refería a *"Desafíos de programación"* [41], junto a Steven S. Skiena), inspira a los soldados para que sigan marchando. Le deseo una larga vida de servicio a la Humanidad, para que pueda crear programadores sobrehumanos."

Lo que, en palabras de mi padre, era "una exageración evidente", dio que pensar. Y no es ningún secreto que los pensamientos se convierten en sueños con cierta facilidad. Su sueño era crear una comunidad alrededor del proyecto que había iniciado, como parte de su labor docente en la Universidad de Valladolid, que reuniese a personas de todo el planeta que trabajasen por un mismo ideal. Tras un breve búsqueda, en aquella primitiva internet de los primeros años de nuestro siglo, afloró una extensa comunidad de usuarios y herramientas excepcionales, construidas alrededor de su página web *UVa Online Judge*.

El sitio *Methods to Solve*[1], creado por un joven estudiante de Indonesia, era uno de los más impresionantes. Allí se podía encontrar el resultado del duro trabajo de un auténtico genio de la algoritmia y la informática. Con ello, quedaba plantada la semilla de la idea de que los sueños se pueden convertir en realidad. Además, no solo las *hojas* de ese incipiente árbol encajaban perfectamente, sino que la raíz de ambos proyectos era exactamente la misma: servir a la Humanidad. Aquel joven estudiante, autor del correo electrónico y de la página web que hicieron soñar a mi padre, era Steven Halim. Después, descubriría que Steven no estaba solo en su ambición, pues su hermano menor, Felix, compartía su visión, sus intereses y sus capacidades extraordinarias.

Tras 15 años de fructífera colaboración y, lo que es más importante, de amistad con Steven y Felix, mi padre falleció en 2018. Su trabajo, y sus sueños, nos pertenecen ahora a nosotros, la siguiente generación. Este libro es la prueba viva de que el sueño se ha convertido en realidad.

"No se me ocurre un complemento mejor para el Online Judge", son palabras de mi padre. Ahora, con esta cuarta versión de *Programación competitiva* en mis manos, me atrevo a añadir que no podría concebir la mera existencia del *Online Judge* sin este libro. Ambos proyectos han crecido en paralelo y son, sin duda, complementos y compañeros perfectos. Al practicar y dominar la mayoría de los ejercicios de programación de este libro, el lector aprenderá a resolver cientos de tareas y encontrar un puesto entre los 500 mejores programadores del *Online Judge*. Tienes en tus manos más de 2000 (sí, ¡dos mil!) problemas del *Online Judge* cuidadosamente elegidos, clasificados y comentados.

Los autores, durante las dos últimas décadas, han crecido desde concursantes a preparadores y, finalmente, maestros en el arte de la programación competitiva. Conocen a la perfección cada cruce y cada recodo de ese largo camino, y son capaces de ponerse en la piel del joven concursante de la IOI, del recién llegado al ICPC o del experto entrenador, hablándole a cada uno en su propio idioma. Por esa razón, este libro es la lectura perfecta para todos ellos. Poco importa si te estás iniciando en la programación competitiva en tu IOI local, o si eres el preparador de un equipo para la próxima final mundial del ICPC, no tengas ninguna duda: ESTE es tu libro.

---

[1]Se puede visitar en `https://cpbook.net/methodstosolve`.

Me encantan las películas, adoro el cine clásico, y soy consciente de que estoy ante una obra maestra cuando, al terminar, estoy deseando volver a verla. En palabras de Steven y Felix, *"este libro no debe ser leído una única vez, sino que pretende ser consultado con frecuencia"*. Y tendrás esa misma sensación, no solo por la recomendación de los autores, sino porque lo leerás y releerás con atención pues, como ocurre con las grandes películas, descubrirás detalles nuevos y estimulantes cada vez que lo hagas. Siguiendo esa lógica, este libro es una obra maestra.

Tengo, además, el inmenso honor de ser el traductor al castellano de esta obra. La traducción requiere de un meticuloso proceso de transformar las palabras conservando el alma. Tienes que pensar como lo haría el autor, y tienes que entender perfectamente no solo las palabras escritas, sino la intención que hay detrás de ellas. Es un ejercicio de artesanía. Después de recorrer este texto cientos de veces, he disfrutado con cada concepto, con cada idea novedosa, no solo por lo que está escrito en él, sino por lo que pretende lograr. El ideal de formar a mejores programadores y, tras ello, el ideal de servir a la Humanidad. Este libro es, de hecho, una auténtica obra maestra.

Una vez que hayas leído este libro varias veces, descubrirás que eres un programador mucho mejor pero, aunque no lo creas, también descubrirás que eres una persona más feliz.

Miguel Revilla Rodríguez
Administrador del Online Judge
`https://onlinejudge.org`
Valladolid, 1 de julio de 2020

Fredrik Niemelä

Recibí mi primera copia física de este libro de manos de Steven, en la IOI 2012 en Italia. Como muchos otros científicos de la computación, hizo gala de un gran sentido del humor, y lo tituló "Programación competitiva: aumentar el límite inferior en los concursos de programación". Se trataba de la segunda edición y ya duplicaba en tamaño a la primera. Sembrado de consejos prácticos, era perfecto para los principiantes, a la vez que contenía material muy útil para los estudiosos más avanzados de los algoritmos.

La visión del libro que planteron Steven y Felix buscaba cómo enseñar a programar a cualquiera (como diría el Gustave de *Ratatouille*: *"Tout le monde peut programmer"*). Mi visión era similar pero, en vez de escribir un libro, desarrollé Kattis. *"Programación competitiva"* y Kattis comparten este principio motivacional: hacer que el aprendizaje de las ciencias de la computación y la programación sean accesibles a todo el mundo. En ese sentido, conforman dos piezas de un mismo rompecabezas.

Kattis es una herramienta en línea para la enseñanza de las ciencias de la computación y la programación, que depende de una biblioteca cuidadosamente conservada de tareas de programación. Logré convencer a Steven de que debería utilizar Kattis en alguna de sus actividades docentes. A lo largo de los años, ha pasado de utilizar Kattis, a impulsarnos a mejorarlo y, finalmente, a añadirle contenido de enorme calidad.

Gracias a la experiencia en la enseñanza de algoritmos y en el uso de sistemas similares anteriores a la existencia de Kattis, hemos aprendido que la calidad de los problemas, junto con su corrección absoluta, resultan fundamentales para obtener buenos resultados educativos. Esta idea ha marcado el eje de nuestros mayores esfuerzos en Kattis. Si alguna vez has tenido la sensación de que añadir nuevos problemas a Kattis supone un enorme esfuerzo, este es el motivo. Lo que hicimos entonces se ha convertido en el estándar actual, tanto el ICPC como la IOI utilizan métodos similares en sus finales.

En esta cuarta edición (con más del doble de contenido que la segunda), Steven y Felix, acompañados ahora por Suhendry, utilizan problemas de Kattis. Es un honor para nosotros. Por fin encontramos que las piezas del rompecabezas han encajado a la perfección, lo que me produce una inmensa alegría.

Espero que encuentres este libro informativo y útil, y que le dediques el tiempo que merece. No te defraudará.

Fredrik Niemelä
Fundador de Kattis
Director de sistemas del ICPC
Miembro fundador del comité técnico de la IOI
https://www.kattis.com
11 de julio de 2020

Brian Christopher Dean

He tenido el privilegio de formar parte del mundo de la programación competitiva desde hace más de tres décadas, durante las cuales he podido ver cómo su impacto en la informática moderna crecía de forma sustancial. Como director de la Olimpiada informática de EEUU y preparador de los equipos para el ICPC de mi universidad, he observado de primera mano cómo la programación competitiva se ha convertido en parte fundamental del talento informático global. Tanto las instituciones académicas como la industria, presumen de superestrellas del presente que fueron antiguas superestrellas de la programación competitiva.

Al tiempo que el mundo de la programación competitiva ha experimentado un crecimiento extraordinario en ámbito, profundidad y relevancia, este libro ha hecho lo propio, llegando ahora a su cuarta edición. Las anteriores versiones de este texto conformaban lo que, personalmente, considero el patrón oro tanto en la introducción como en la referencia exhaustiva de los conceptos algorítmicos más prevalentes en la programación competitiva. Este hecho también es cierto en el presente texto.

La programación competitiva puede ser un laberinto inabordable para el estudiante recién llegado, pues aprender a programar ya resulta un complejo reto en sí mismo. Y, a esa dificultad intrínseca, le añadimos una capa de algoritmos y estructuras de datos "estándar" y, después, otra capa de trucos y técnicas para la resolución de problemas. Este texto ayuda al estudiante que se inicia a navegar por esos desafíos de diferentes maneras, gracias a su meditada organización, la cantidad de ejercicios prácticos que plantea y la articulación de ideas en textos y códigos claros.

La programación competitiva también puede resultar un laberinto para el estudiante avanzado, debido a su rápida evolución, pues algunas técnicas pasan de ser marginales a marcar estándares en cuestión de pocos años, y uno debe demostrar no solo eficacia, sino auténtica maestría, en el manejo de un cuerpo formidable, y en expansión permanente, de conocimiento algorítmico. Gracias a su excelente variedad de algoritmos tratados y de sus exhaustivos listados de ≈ 3458 problemas categorizados, este texto le proporciona al estudiante avanzado años de práctica estructurada que le llevarán a una mejora sustancial de sus habilidades.

Creo que la presencia de este libro es obligada en la biblioteca de cualquiera que se tome en serio la informática y no solo en la de aquellos que se preparan para un concurso de programación. Las ideas surgidas de la programación competitiva pueden ayudar en el desarrollo de valiosas cualidades y de una visión (tanto teórica como práctica) absolutamente aplicable a un amplio abanico de problemas de computación modernos, de gran importancia en el mundo real. La solución de problemas mediante algoritmos es, al fin y al cabo, la auténtica alma de las ciencias de la computación.

El hecho de que este tipo de problemas se utilicen habitualmente en entrevistas de trabajo responde a una buena razón, ya que identifican que el futuro empleado cuenta con un conjunto de habilidades con muy diversas aplicaciones y que, además, se puede adaptar sin esfuerzo a los constantes cambios de la tecnología y los estándares. El estudio de los conceptos de este texto es un excelente camino para mejorar tus habilidades en la resolución de problemas y la programación, con independencia de si tu intención es utilizarlas en un concurso o en otros ámbitos de la informática.

He disfrutado enormemente con la lectura de los sucesivos borradores de esta obra actualizada, que los autores han compartido conmigo en las IOI más recientes, y debo felicitarles por el nivel de excelencia aplicado al ampliar el ámbito, la claridad y la profundidad de un texto que ya era extraordinario.

Brian Christopher Dean
Profesor y presidente
Departamento de ciencias de la computación – Escuela de informática
Clemson University, Clemson, SC, EEUU
Director de la Olimpiada informática de EEUU
5 de julio de 2020
http://www.usaco.org/

Comentarios a las ediciones anteriores

"Programación competitiva (CP3)" ha resultado una enorme contribución a mi comprensión de las estructuras de datos y los algoritmos. Steven y Felix han escrito un libro increíble, que trata en profundidad todos los aspectos de la programación competitiva, y han incluido una cantidad enorme de problemas prácticos para asegurarse de que cada tema tratado queda fijado en la memoria. Practicar con CP3 me ha ayudado a realizar entrevistas de trabajo perfectas en Google y nunca podré estar lo suficientemente agradecido a los autores.
— Troy Purvis – Ingeniero de software en Google

Steven y Felix son unos apasionados de la programación competitiva. Al mismo nivel, son también unos apasionados en ayudar a los estudiantes a convertirse en mejores programadores. CP3 es el resultado: una inmersión en las estructuras de datos, los algoritmos, los trucos y los secretos utilizados por programadores competitivos de todo el mundo. Aun así, cuando el libro empiece a coger polvo, la mayor enseñanza será, probablemente, la de la confianza: "sí, la materia es compleja, pero puedes hacerlo".
— Dr. Daniel Zingaro – Profesor asociado en la University of Toronto Mississauga

El libro "Programación competitiva" nos ha ayudado a preparar a muchas generaciones de participantes en el ICPC y la IOI en Bolivia. Es la mejor fuente de información para iniciarse y alcanzar un buen nivel como programador competitivo.
— Jhonatan Castro – preparador de equipos de ICPC e IOI de Bolivia
– Universidad Mayor de San Andrés, La Paz, Bolivia

La lectura de CP3 ha supuesto una contribución fundamental a mi crecimiento, no solo como programador competitivo, sino también como científico de la computación. Mi técnica de resolución de problemas ha mejorado practicando con los ejercicios del libro y mi pasión por el arte de resolver problemas, especialmente en concursos, se ha intensificado. En la actualidad, tutorizo a varios estudiantes, utilizando este libro como guía. Es un recurso de valor incalculable para cualquiera que quiera mejorar en su actividad resolviendo problemas.
— Ryan Austin Fernandez – Profesor ayudante, De La Salle University, Manila, Filipinas

Volví a descubrir el libro CP3 en 2017-2019, cuando regresé al Perú después de cursar un máster en Brasil. Disfruté, aprendí y resolví muchos de sus problemas, más que durante mi etapa anterior a la graduación, al preparar, al tiempo que seguía aprendiendo, a un pequeño grupo de estudiantes nuevos con interés en la programación competitiva. Me mantuvo en una constante competencia con ellos y, al final, han resuelto más problemas que yo.
— Luciano Arnaldo Romero Calla – Estudiante de doctorado en la Universidad de Zurich

CP1 me ayudó en la preparación durante las fases de preparación y selección de equipos para participar en la IOI. Cuando cursé formación sobre programación competitiva en la Universidad Nacional de Singapur, CP2 se utilizaba ampliamente para la práctica y el trabajo en casa. El excelente equilibrio entre los ejercicios de programación y los teóricos, para mejorar la comprensión, hacen de "Programación competitiva" un libro extraordinariamente apropiado como referencia en cursos, así como para el aprendizaje individual. Incluso al nivel más alto dentro de la programación competitiva, los expertos pueden aprender materias que no habían estudiado antes, gracias a la variedad de temas poco habituales que se encuentran al final del libro.
— **Jonathan Irvin Gunawan – Ingeniero de software en Google**

El Dr. Steven Halim ha sido uno de los mejores profesores que he tenido en la Universidad Nacional de Singapur. Sus intuitivas visualizaciones y la claridad de sus explicaciones de algoritmos altamente complejos nos facilitaron enormemente la comprensión de conceptos difíciles. Aunque nunca he llegado a implicarme totalmente en la programación competitiva, su libro y sus enseñanzas me resultaron vitales en entrevistas de trabajo y para convertirme en un mejor programador. Recomiendo con vehemencia esta nueva edición a cualquiera que desee causar una buena impresión en una entrevista de trabajo para ingeniería de software.
— **Patrick Cho – Científico de aprendizaje de máquinas en Tesla**

Fracasé estrepitosamente en la IOI de 2017, no llegando a obtener una medalla por un solo puesto. Entonces, a principios de 2018, Steven Halim me regaló una copia del borrador de CP4, lo que me llevó a obtener una medalla de oro.
— **Joey Yu – Estudiante, University of Waterloo, medallista de oro en la IOI de 2018**

Como autodidacta novato, "Programación competitiva" me ayudó a aprender la materia de forma divertida y desafiante. Como programador competitivo ávido y experimentado, el libro me ayudó a encontrar una enorme variedad y diversidad de problemas. Como preparador, el libro me ayudó a preparar con antelación para mis estudiantes los materiales y las estrategias tácticas o trucos necesarios para la competición. Habiendo conocido esos tres niveles de implicación diferentes, puedo decir sin miedo a equivocarme que "Programación competitiva" es absolutamente necesario para convertirse en un maestro en la materia.
— **Ammar Fathin Sabili – Estudiante de doctorado**
– Universidad Nacional de Singapur

Llevo tres años involucrado en la programación competitiva y, finalmente, me hice con este libro a principios de 2019. Adoro las estructuras de datos y los grafos (sobre todo, los árboles). CP3 supone un salto abismal de conocimiento, y lo digo en serio. Conocí al Dr. Felix cuando hacía prácticas en BINUS y también conocí al Dr. Steven durante una competición de la NOI de Singapur. El que ambos autores autografiasen este libro legendario, es uno de los recuerdos imborrables de mi vida. Aunque ahora ya esté lleno de marcas y manchas, sigue siendo uno de mis favoritos. Mil gracias por llevarme a este punto de mi vida.
— **Hocky Yudhiono – Estudiante en la Universidad de Indonesia**

Prefacio

Este debe ser el libro de cabecera de todo programador competitivo. Dominar el contenido de la presente obra es una condición necesaria, aunque quizá no suficiente, para dar el salto desde ser un programador normal a convertirse en uno de los mejores del mundo.

El Volumen I de este libro se dirige a la siguiente audiencia:

1. Estudiantes de secundaria que compiten en la Olimpiada internacional de informática (IOI) [25], incluyendo sus fases locales, pues este Volumen I cubre la mayor parte del actual temario de la IOI [16].

2. Estudiantes universitarios que deseen utilizar este volumen como material adicional para cursos típicos de estructuras de datos y algoritmos.

3. Cualquiera interesado en prepararse para la sección habitual de estructuras de datos y algoritmos en las entrevistas de trabajo en empresas tecnológicas.

Los lectores a quienes se dirigen **ambos** volúmenes del libro incluyen a:

1. Estudiantes universitarios que compiten en las fases regionales del *International Collegiate Programming Contest* [44] y en la propia final mundial, pues el Volumen II cubre la mayoría de temas relacionados con las ciencias de la computación presentes en el ICPC.

2. Preparadores que buscan material de formación para sus estudiantes [22].

3. Cualquiera interesado en la resolución de problemas de programación. Existen muchos concursos a los que pueden acceder quienes ya quedan fuera del ámbito del ICPC, entre ellos *Google CodeJam, Facebook Hacker Cup, TopCoder Open,* concurso de *CodeForces, Internet Problem Solving Contest* (IPSC), etc.

Requisitos previos

Este libro *no* está escrito para programadores novatos, lo que nos permitirá extendernos en aspectos concretos de la programación competitiva, en vez de repetir conceptos básicos de programación, que ya están incluidos en otros libros de texto sobre ciencias de la computación. Su objetivo son lectores que tienen, al menos, conocimientos básicos en metodología de programación, están familiarizados con, como mínimo, uno de los lenguajes que trataremos (C/C++,

Java, Python y OCaml), aunque es preferible que conozcan varios de ellos, han cursado formación básica en estructuras de datos y algoritmos (estas materias se encuentran, normalmente, entre las que se imparten en el primer año de ingeniería informática en las universidades, o en los campus de entrenamiento para la IOI), y comprenden análisis algorítmicos sencillos (al menos, la notación *big–O*). En las siguientes secciones, identificaremos a los lectores potenciales de este texto.

A los (futuros) concursantes de la IOI

La IOI no es un concurso de velocidad y, *por ahora*, excluye los temas indicados en la tabla 4.1 (muchos de ellos tratados en el Volumen II). Puedes ignorar estos temas hasta que llegues a la universidad (cuando te unas a los equipos universitarios del ICPC). Sin embargo, conocer estas técnicas por adelantado podría resultar beneficioso, ya que algunas de las tareas de la IOI serán más sencillas con conocimientos adicionales. Por ello, si quieres recorrer el camino de la programación competitiva, te recomendamos que te hagas con un ejemplar de este libro lo antes posible (es decir, mientras estés en secundaria).

Sabemos que no se puede ganar una medalla de la IOI solo por conocer el contenido de la *versión actual* de este libro. Aunque confiamos en haber incluido (especialmente en este primer volumen) muchas de las materias del temario de la IOI [16] (con la esperanza de permitirte lograr una puntuación respetable), somos muy conscientes de que las tareas más recientes requieren capacidades de resolución de problemas excepcionales, así como una creatividad tremenda [21], virtudes que son imposibles de transmitir a través de un libro de texto. Esta obra puede proporcionar conocimientos, pero el trabajo duro te corresponde realizarlo a tí. Con la práctica llega la experiencia, y con la experiencia se adquiere la capacidad. Así que, sigue practicando.

Temas incluidos en el Volumen II
Matemáticas: *Big Integer*, inverso modular, teoría de probabilidad, teoría de juegos
Procesamiento de cadenas: árboles y *arrays* de sufijos, KMP, *hashing* de cadenas/Rabin–Karp
Geometría (computacional): varias rutinas de biblioteca específicas
Grafos: flujo de red, problemas de emparejamiento más difíciles, problemas NP-complejo/completo poco habituales
Más de la mitad de los temas pocos habituales

Tabla 4.1: Materias todavía no incluidas en el temario de la IOI [16]

A alumnos de cursos sobre *estructuras de datos y algoritmos*

El contenido de este libro ha sido extendido en esta edición, de forma que los *cuatro primeros* capítulos resulten más accesibles para estudiantes de informática de *primer año*. Los temas y ejercicios que hemos considerado de mayor dificultad y, por tanto, innecesariamente desalentadores para los principiantes, se han trasladado al Volumen II. De esta forma, los estudiantes que comienzan sus estudios de informática, no se sentirán intimidados cuando consulten este primer volumen.

El capítulo 1 incluye una colección de problemas de programación muy sencillos, que podrán resolver estudiantes de ciencias de la computación que estén cursando, o hayan finalizado, un curso básico de metodología de programación.

El capítulo 2 ha sido actualizado profundamente. Ahora hemos extendido las secciones sobre estructuras de datos lineales y no lineales con muchos ejercicios escritos, para que este libro se pueda utilizar también como base de un curso de *estructuras de datos*, sobre todo en los detalles relativos a la *implementación*.

Los cuatro paradigmas de resolución de problemas tratados en el capítulo 3, aparecerán frecuentemente en cursos de *algoritmia*. El texto de este capítulo ha sido ampliado y corregido, para ayudar a los estudiantes recién llegados a la informática.

Hay secciones del capítulo 4 que también pueden utilizarse como lectura adicional, o guía de *implementación*, para mejorar la *matemática discreta* [39, 14], o para un curso básico o intermedio de *algoritmia*. También hemos incluido puntos de vista relativamente nuevos, para tratar las técnicas de programación dinámica, como algoritmos en DAG. Temas que, por desgracia, siguen siendo materias poco comunes en muchos textos sobre ciencias de la computación.

A quienes se preparan para una entrevista de trabajo

Es ampliamente conocido que muchas entrevistas de trabajo en las principales empresas tecnológicas incluyen preguntas fundamentales sobre estructuras de datos, algoritmos o cuestiones de implementación. En este primer volumen se tratan muchos de estos asuntos. Te deseamos mucha suerte en tu entrevista.

En el otro lado de la entrevista, muchos entrevistadores leen también este libro para inspirar las preguntas que realizarán.

A los concursantes del ICPC

Sois los lectores más evidentes de esta obra. **Ambos** volúmenes os resultarán necesarios.

Sabemos que, probablemente, será difícil ganar una fase regional del ICPC utilizando solo el contenido de este libro. Aunque hemos incluido muchos materiales nuevos (con respecto a las ediciones anteriores), somos conscientes de que se requiere mucho más de lo que se ofrece aquí para lograr tal objetivo. Las notas de los capítulos contienen referencias adicionales, para aquellos lectores hambrientos de más conocimiento. Creemos, sin embargo, que tu equipo obtendrá resultados mucho mejores en futuros concursos, después de dominar este contenido. Esperamos que este libro sirva tanto de inspiración como de motivación para el viaje de 3 o 4 años, como concursante en el ICPC, durante tu etapa universitaria.

A los profesores y preparadores

Este libro se utiliza en el curso CS3233 – "Programación competitiva", impartido por Steven en la Escuela de Informática de la Universidad Nacional de Singapur. El CS3233 se desarrolla a lo largo de 13 semanas lectivas, utilizando el plan de estudios de la tabla 4.2. Los profesores, o preparadores, que utilicen el curso como referencia, tienen la libertad de modificar el plan de estudios para ajustarlo a las necesidades de sus alumnos. Al final de cada capítulo, se pueden encontrar pistas o soluciones breves de los ejercicios **no marcados con un asterisco** que aparecen en el libro. Algunos de los ejercicios escritos, **marcados con un asterisco**, son muy difíciles

Semana	Tema	En este libro
1	Introducción	Capítulo 1
2	Estructuras de datos y bibliotecas	Capítulos 2 y 9
3	Búsqueda completa	Capítulos 3, 8 y 9
4	Programación dinámica	Capítulos 3, 8 y 9
5	Periodo comodín	Capítulos 3, 4, 9 y otros
6	Concurso por equipos a mitad del semestre	Todo el volumen I
-	Vacaciones a mitad del semestre	-
7	Grafos 1 (flujo de red)	Capítulos 8 y 9
8	Grafos 2 (emparejamiento)	Capítulos 8 y 9
9	Problemas NP-complejo/completo	Capítulo 8
10	Matemáticas	Capítulos 5 y 9
11	Procesamiento de cadenas (*array* de sufijos)	Capítulo 6
12	Geometría (computacional) (bibliotecas)	Capítulos 7 y 9
13	Concurso por equipos final	Ambos volúmenes y más
-	No hay examen final	-

Tabla 4.2: Plan de estudios del curso CS3233 de Steven (nivel para fases regionales del ICPC)

y no tienen ni pistas ni soluciones. Se podrían utilizar como preguntas de examen o problemas para un concurso (obviamente, el profesor deberá resolverlos).

A todos los lectores

Dada su diversidad en cobertura y profundidad de tratamiento, este libro *no debe* ser leído una única vez, sino que pretende ser consultado con frecuencia. Hay una buena cantidad de ejercicios escritos (≈ 258) y de programación (≈ 3458), distribuidos entre casi todas las secciones. Puedes ignorar dichos ejercicios en una primera aproximación, si te resultan muy difíciles, o si requieren más técnicas y aprendizaje, y volver sobre ellos después de completar el resto de la lectura. Resolver esos ejercicios fortalecerá tu comprensión de los conceptos tratados, ya que, normalmente, implican aplicaciones interesantes y variantes de los temas descritos. Debes intentar resolverlos en algún momento, ya que hacerlo no será tiempo perdido.

Creemos que este libro es, y será, relevante para muchos estudiantes de secundaria y universitarios, incluso para quienes ya han finalizado sus estudios pero siguen resolviendo problemas por afición. Los concursos de programación, como el ICPC o la IOI, permanecerán en el tiempo, al menos durante muchos años. Los nuevos estudiantes deben intentar entender e internalizar los conocimientos básicos presentados, antes de buscar nuevos retos. Sin embargo, el término 'básicos' no debe llevar a confusión, como podrás comprobar después de leer la tabla de contenidos.

El propósito de este libro es claro: queremos mejorar las capacidades de programación y resolución de problemas de todos los lectores y, con ello, *subir el listón* de los concursos de programación, como el ICPC o la IOI. Con más concursantes dominando el contenido de esta obra, esperamos que el año 2010 (cuando se publicó la primera edición) marque un punto de inflexión, que resulte en una mejora acelerada de los estándares en los concursos de programación. Esperamos ayudar a concursantes a lograr mejores puntuaciones (≥ 70 – al menos $\approx 6 \times 10$ puntos resolviendo todas las subtareas 1 de las 6 tareas de la IOI) en futuras ediciones de la IOI, y a más equipos a resolver más (≥ 2 – al menos 1 problema más que el *problema regalado* que suele aparecer en cada concurso) problemas en los futuros ICPC. También deseamos ver a muchos preparadores del ICPC y de la IOI de todo el mundo adoptar este texto, por la ayuda que proporciona en el dominio de temas que los estudiantes no pueden ignorar en el contexto de concursos de programación. Si logramos que nuestra pretendida proliferación del conocimiento 'mínimo' requerido en la programación competitiva continúe en esta década, habremos alcanzado nuestro objetivo de elevar el nivel del conocimiento humano y nosotros, como autores de este libro, recibiremos la mayor satisfacción por ello.

Convenciones

En este libro se incluye mucho código fuente en C/C++, Java y Python y, también, algo de OCaml. Cuando aparezca, estará impreso en esta tipografía monoespaciada. Todo el código está indentado en escalones de 2 espacios, salvo el escrito en Python, donde son de 4 espacios.

En el código fuente de C/C++, hemos adoptado el uso frecuente de typedef y macros, características que se utilizan habitualmente por programadores competitivos *por su comodidad, brevedad y velocidad en la programación*. Sin embargo, no siempre es posible utilizar estas técnicas en Java, Python u OCaml, ya que no tienen características análogas. Estos son algunos ejemplos de nuestros atajos para C/C++:

```
1  typedef long long ll;            // los comentarios de tipos de datos comunes
2  typedef pair<int, int> ii;            // que aparecen mezclados con el código
3  typedef vector<int> vi;              // aparecen justificados a la derecha
4  typedef vector<ii> vii;
5  memset(memo, -1, sizeof memo);    // inicializar tabla de memoización de DP
6  vi memo(n, -1);                               // método alternativo
7  memset(arr, 0, sizeof arr);          // vaciado de un array de enteros
```

Los siguientes atajos aparecen frecuentemente en nuestros códigos de C/C++ y Java (no todos son aplicables a Python u OCaml):

```
1  // Atajos para constantes "comunes"
2  const int INF = 1e9;                              // 10^9 = 1B es < 2^31-1
3  const int LLINF = 4e18;                           // 4*10^18 es < 2^63-1
4  const double EPS = 1e-9;                          // un número muy pequeño
5  ++i;                                              // para simplificar: i = i+1;
6  ans = a ? b : c;                                  // operador ternario
7  ans += val;                                       // de ans = ans+val;
8  index = (index+1) % n;                            // a la derecha o vuelta a 0
9  index = (index+n-1) % n;                          // a la izquierda o vuelta a n-1
10 int ans = (int)((double)d + 0.5);                 // para rendondear
11 ans = min(ans, new_computation);                  // atajo para mín/máx
12 // hay código que utiliza && (AND) y || (OR)
13 // hay código que utiliza vínculos estructurados de C++17 para pares/tuplas
14 // no utilizamos llaves en bucles o condicionales de una línea
15 // pasamos los argumentos por referencia (&) siempre que es posible
```

Categorización de problemas

A fecha de 19 de julio de 2020, entre Steven, Felix y Suhendry, han resuelto 2278 problemas del Online Judge (el $\approx$ 45,88% del total de problemas contenidos en la plataforma). Steven también ha resuelto 5742,7 puntos de Kattis ($\approx$ 1,4K problemas más y el $\approx$ 55,46% de todos los disponibles). En este libro hemos categorizado $\approx$ 3458 de esos problemas.

Los problemas se han asignado a las diferentes categorías, según una estrategia de *"balanceo de carga"*: si un problema se puede clasificar en más de una categoría, se presentará en aquella con un menor número de entradas. Por ello, el lector puede encontrar que algunos problemas aparecen reflejados en una categoría 'incorrecta', pues podrían no corresponderse, en apariencia, con la técnica utilizada para resolverlos. Lo que sí podemos garantizar es que, si un problema X aparece en una categoría Y, *hemos* podido resolverlo en esos términos.

También hemos limitado cada categoría a un máximo de 35 problemas, repartiéndolos en varias de ellas cuando ha sido necesario. En realidad, cada categoría contiene una media de $\approx$ 17 problemas. Por lo que tenemos más de $\approx$ 3458/17 $\approx$ 200 categorías a lo largo del libro.

Puedes utilizar esta categorización como medio de entrenamiento. Resolver, al menos, alguno de los problemas de cada categoría es un medio excelente para diversificar las habilidades de resolución de problemas. Para no resultar abrumadores al lector, hemos limitado el número de problemas resaltados con * (obligatorios) a un máximo de 4 UVa + 3 Kattis (o 3 UVa + 4 Kattis) = 7 por categoría, y dejamos el resto como adicionales (las pistas para resolver estos se pueden encontrar en la página web 'Methods to Solve' en `https://cpbook.net`). También podrás afirmar que, de algún modo, has 'dominado' el libro cuando hayas resuelto, al menos, **3 problemas por categoría** (lo que te llevará algún tiempo).

Si necesitas una pista para algún problema en concreto (que hayamos resuelto nosotros), puedes consultar el índice alfabético al final del libro, en vez de buscar en cada capítulo. Este índice contiene una lista de problemas de UVa/Kattis, ordenados por su número (puedes encontrarlos mediante búsqueda binaria), y las páginas en las que son comentados (así como las estructuras de datos y/o algoritmos necesarios). En esta edición, hemos permitido que las pistas ocupen más de una línea para darles un poco más de sentido. Evidentemente, *no* consultar las pistas inicialmente puede resultar un reto interesante.

Cambios para la presente edición (CP4)

Este libro se publicó por primera vez en 2010 (la primera edición, conocida como CP1), después se actualizó en 2011 (segunda edición/CP2) y se aumentó significativamente en 2013 (tercera edición/CP3[2]). Ha transcurrido un periodo de 7 años[3] entre la publicación de CP3 y este CP4. Destacamos los cambios más importantes de estos 7 años, que justifican la extensión del conocimiento sobre programación competitiva:

- Evidentemente, hemos corregido todas las erratas, errores gramaticales y de otro tipo comunicadas por los lectores de CP3 desde 2013. Lo cual no garantiza que esta edición sea perfecta al 100%, aunque esperamos que el número de erratas sea mínimo.

---

[2]Edición publicada en castellano en 2019 (N. del T.).
[3]Con 10 victorias en la fase regional asiática del ICPC entre las publicaciones de CP3 (2013) y CP4 (2020).

- Hemos actualizado mucho código de ejemplo a C++17, Java 11, Python 3 e, incluso, a OCaml. Esto implica que gran parte del código resulta ahora más sencillo, debido a la evolución de los lenguajes de programación (por ejemplo, con la declaración de vínculos estructurados de C++17), la mayor experiencia de los autores y varias aportaciones de nuestros lectores en los últimos años.

- Utilizamos un repositorio público (`https://github.com/stevenhalim/cpbook-code`), que contiene el mismo código de ejemplo que el incluido en el libro, a fecha de su publicación original (19 de julio de 2020). Obviamente, el contenido del repositorio de GitHub estará más actualizado que su versión impresa, a medida que pase el tiempo. Te pedimos que utilices el repositorio y hagas las aportaciones que consideres oportunas. También autorizamos el uso del código fuente que contiene para impartir cursos sobre programación o cualquier otro fin.

- Hemos incluido la plataforma Kattis (`https://open.kattis.com`) adicionalmente a la del UVa Online Judge, que veníamos utilizando, lo que ha aumentado el número de problemas tratados a ≈ 3458. Esto es *más del doble* que los utilizados en CP3 (1675). Hay que tener en cuenta que hay ≈ 150 problemas solapados entre UVa y Kattis, que solo aparecerán una vez (bajo el identificador en Kattis). Steven ocupa el puesto 9 (de ≈ 141132 usuarios) en Kattis y el 39 (de ≈ 365857) en el Online Judge, es decir, se sitúa en el percentil 99,9 en ambas plataformas.

- Ofrecemos en formato digital todos los consejos de los ≈ 3458 problemas que hemos resuelto, a través de la página `https://cpbook.net`, incluyendo extras que no aparecen en la versión impresa por razones de espacio. La versión en línea cuenta con la posibilidad de buscar/filtrar y siempre estará más actualizada que la versión en papel. A fecha de la publicación del libro, hemos resuelto los ≈ 750 problemas con menor puntuación de Kattis [1,1..3,5] y hemos incluido comentarios sobre ellos.

- Se han ajustado o eliminado algunas categorías de problemas ya obsoletas (como la suma de rangos unidimensional/bidimensional máxima). Se han añadido otras (como cálculo previo, todas las respuestas posibles, fracciones, NP-complejo/completo, etc.).

- Para evitarle al lector el inconveniente de la "aguja en el pajar" al elegir un problema, hemos seleccionado, *normalmente*, solo 4 UVa+3 Kattis (o 3 UVa+4 Kattis) resaltados en cada categoría. Esto contribuye a reducir la confusión y ayudará al nuevo programador competitivo a priorizar el estudio de los problemas de mayor calidad. También nos ha ahorrado unas cuantas páginas, que ahora podemos dedicar a la mejora del contenido del libro.

- Hemos escrito de nuevo prácticamente cada tema del libro, para mejorar su presentación. Hemos integrado nuestra herramienta de visualización[4] `https://visualgo.net`, siempre que nos ha sido posible. Es evidente que el contenido mostrado en VisuAlgo siempre estará más actualizado que el de la versión impresa. Todos estos añadidos aparentan ser *sutiles*, pero podrían tener su importancia a la hora de evitar veredictos TLE/WA en unos problemas cada vez más complejos [17]. Muchos de los problemas resaltados en CP3 que se pueden considerar, en 2020, como estándar, se han integrado en el texto de este CP4, por lo que la reducción del número de ejercicios escritos no debería sorprender.

---

[4]VisuAlgo está creado utilizando las técnicas de desarrollo web más modernas, como HTML5, SVG, canvas, CSS3, JavaScript (jQuery, biblioteca D3.js), PHP (entorno Laravel), MySQL, etc. Cuenta con un modo e-Aula con explicaciones básicas sobre estructuras de datos y algoritmos, así como un sistema de examen para verificar la comprensión elemental de las materias.

- Se ha reorganizado la distribución de las materias en relación a CP3, especialmente para facilitar la división del texto en dos volúmenes:

  - Volumen I (capítulos 1 a 4):

    1. Hemos seleccionado y organizado algunos de los problemas más sencillos de UVa y Kattis que, anteriormente, estaban repartidos en varios capítulos (sobre todo en los capítulos 5, 6 y 7), y los hemos convertido en un compendio de ejercicios, para aquellos que acaban de empezar a aprender metodología básica de programación, en el capítulo 1. Ahora resulta mucho más sencillo lograr los primeros veredictos AC en UVa y/o Kattis, para impulsar el viaje por el mundo de la programación competitiva.

    2. Hemos movido problemas básicos y *ad hoc* de procesamiento de cadenas desde el capítulo 6 al 1, destacando el uso de códigos breves de Python que los resuelven.

    3. Hemos movido los números romanos del capítulo 9 al 1, ya que, aunque es un tema poco habitual, se trata de un problema *ad hoc* sencillo.

    4. Hemos movido los temas de índice de inversión y ordenación en tiempo lineal desde el capítulo 9 a 'Problemas especiales de ordenación', en el capítulo 2.

    5. Hemos movido el emparejamiento de paréntesis y la conversión/calculadora posfija del capítulo 9 a la categoría 'Problemas especiales con pilas' del capítulo 2.

    6. Hemos movido el contenido básico de *Big Integer* del capítulo 5 al 2, ya que es, en esencia, una estructura de datos integrada en Python y Java (que sigue clasificada como 'nuestra propia biblioteca' para usuarios de C++). De esta forma, el lector encontrará algunos problemas de *Big Integer* en los primeros capítulos del Volumen I.

    7. Hemos movido el árbol de estadísticos de orden del capítulo 9 a una estructura de datos no lineal con su propia biblioteca pbds para C++, en el capítulo 2.

    8. Hemos intercambiado el orden de dos secciones: el árbol de Fenwick (su forma básica es más fácil de entender para los principiantes) y el árbol de segmentos (más versátil).

    9. Hemos movido los problemas de búsqueda completa relativos a las matemáticas (*ad hoc*) del capítulo 5 al 3.

    10. Hemos movido el problema de Josefo (*ad hoc*), que prácticamente se puede resolver con búsqueda completa, del capítulo 9 al 3.

  - Con esta reorganización del contenido, tenemos la satisfacción de declarar que el Volumen I cubre la práctica totalidad[5] del temario de la IOI [16] del año 2020.

  - Volumen II (capítulos 5 a 9):

    1. Hemos repartido las características específicas del BigInteger de Java a las secciones correspondientes, es decir, conversión de bases y simplificación de fracciones mediante el GCD a la sección de matemáticas *ad hoc*, comprobación probabilística de primalidad a la sección de teoría de números y la exponenciación modular a la sección de potencia de matrices.

    2. Hemos intercambiado el orden de dos secciones de capítulo 5: teoría de números (con la sección de aritmética modular extendida) y combinatoria (algunos de los problemas más difíciles de combinatoria ahora necesitan aritmética modular).

---

[5]El temario de la IOI es un documento en evolución, que cambia cada año.

3. Hemos reorganizado la categorización de muchos problemas de DP que hemos resuelto en el capítulo 8.

4. Hemos movido el emparejamiento de grafos del capítulo 9 al 8, después de la sección de flujo de red y antes de la nueva sobre problemas NP-complejos/completos.

5. Hemos añadido una nueva sección sobre problemas de decisión NP-completa y/o optimización NP-compleja en programación competitiva, recopilando ideas que se encontraban dispersas en CP3. Destacamos que, para ese tipo de problemas, recibiremos pequeñas instancias (para las que la búsqueda completa o la programación dinámica serán suficientes) o el caso especial del problema (donde es posible utilizar algoritmos polinómicos/rápidos, incluyendo soluciones con algoritmos voraces, flujo de red o emparejamiento de grafos).

- Cambios en el capítulo 1:

  1. Hemos incluido breves presentaciones de la IOI y del ICPC, los dos concursos de programación internacionales de mayor importancia, que utilizan el contenido de este libro (y más).

  2. Hemos añadido Python 3 como uno de los lenguajes de programación de referencia, especialmente en aquellos problemas más sencillos en los que el tiempo de ejecución no resulta crítico, en los que implican enteros grandes y los de procesamiento de cadenas. Si esto te permite ahorrar 5 minutos de programación en tu primera solución aceptada, y tu equipo termina por resolver 8 problemas, supondrá un ahorro de $8 \times 5 = 40$ minutos de penalización en total.

  3. Hemos añadido *algunas* implementaciones en OCaml (que todavía no se utiliza ni en la IOI ni en el ICPC).

  4. Utilizamos técnicas de programación competitivas correspondientes al año 2020.

- Cambios en el capítulo 2:

  1. A lo largo de este capítulo sobre estructuras de datos, hemos añadido una mayor integración con nuestra herramienta de visualización gratuita, VisuAlgo.

  2. Hemos añadido bibliotecas de Python y OCaml a las ya existentes STL de C++ y la API de Java.

  3. Hemos ampliado de forma significativa el tratamiento del montículo binario, la tabla de *hash* y el árbol de búsqueda binaria (equilibrado) en la sección de estructuras de datos no lineales, que son tratadas habitualmente en cursos de estructuras de datos y algoritmos.

  4. Insistimos en el uso de las tablas de *hash* más rápidas (como `unordered_map` de C++) en lugar de BST equilibrados (`map` de C++), en los casos en que no es necesaria la ordenación de las claves y estas son tipos de datos básicos como enteros o cadenas. También recomendamos utilizar tablas de direccionamiento directo (DAT), más sencillas, siempre que sea posible.

  5. Destacamos el uso del BST equilibrado como una cola de prioridad más potente (aunque algo más lenta) y como herramienta de ordenación (de árbol).

  6. Mencionamos mecanismos de tratamiento de árboles no etiquetados con $[0..V\text{-}1]$, y cómo almacenar algunos grafos especiales de forma más eficiente.

  7. Mejoramos la presentación de la estructura de datos UFDS.

8. Añadimos más características de la estructura de datos de árbol de Fenwick: árbol de Fenwick como (una variante de) estructura de datos de estadísticos de orden, y como variantes de las consultas de actualización de punto por rango y actualización de rango por rango.

9. Añadimos más características para la estructura de datos de árbol de segmentos: actualización de rangos con propagación perezosa, para mantener su rendimiento en $O(\log n)$.

- Cambios en el capítulo 3:

    1. Hemos añadido dos técnicas más de búsqueda completa: cálculo previo de todas las respuestas y verificación de todas las respuestas posibles (que no se pueden hallar mediante búsqueda binaria, o cuando el posible rango de respuestas es pequeño). También actualizamos la implementación de la máscara de bits iterativa, para utilice la técnica LSOne, siempre que sea posible. Hemos incluido más detalles sobre búsqueda completa, como compresión de datos para hacer que los problemas puedan utilizarla. También hemos probado Python en problemas de búsqueda completa. Aunque en la mayoría de los problemas de búsqueda completa más difíciles el resultado será TLE, hay formas de utilizarlo en casos más sencillos.

    2. Nos hemos inclinado por el uso de bucles `for` en la implementación de la búsqueda binaria de la respuesta (BSTA), en detrimento de `while`. También integramos en el capítulo la búsqueda ternaria.

    3. Ahora consideramos el problema de emparejamiento (bipartito) voraz como otro problema voraz clásico. Añadimos que algunos algoritmos voraces utilizan estructuras de datos de colas de priorididad, para ordenar dinámicamente los siguientes candidatos.

    4. Utilizamos la solución LIS ('ordenación paciente', en vez de DP) en $O(n \log k)$ como solución predeterminada para problemas LIS modernos. Utilizamos la técnica LSOne dentro de la solución DP-TSP en $O(2^{n-1} \times n^2)$, lo que permite resolver $n \leq [18..19]$ más rápido.

- Cambios en el capítulo 4:

    1. Hemos redibujado casi todas las figuras del capítulo, utilizando VisuAlgo.

    2. Ahora utilizamos el algoritmo de Kosaraju como predeterminado para hallar componentes fuertemente conexos (SCC), ya que resulta más sencillo que el algoritmo de Tarjan.

    3. Hemos extendido de forma significativa la sección sobre caminos más cortos, con muchas de sus variantes conocidas. Tratamos y comparamos ambas versiones de la implementación del algoritmo de Dijkstra. Hemos trasladado el SPFA desde el capítulo 9, nombrándolo como una *extensión* del algoritmo de Bellman–Ford, y denominándolo algoritmo de Bellman–Ford–Moore.

    4. Hemos ampliado de forma significativa la sección sobre grafos eulerianos y sustituido el algoritmo de Fleury con el más eficiente de Hierholzer.

    5. Añadimos notas sobre algunos grafos especiales más y sus propiedades

- Cambios en el capítulo 5:

    1. Ampliamos el tratamiento sobre los problemas matemáticos *ad hoc*. Identificamos un nuevo problema matemático *ad hoc* recurrente, la fracción.

2. Reconocemos el cambio de tendencia por el que el número de problemas puros de enteros grandes está siendo sustituido por problemas de aritmética modular. Por lo tanto, hemos ampliado significativamente el tratamiento de aritmética modular en la sección de teoría de números y la presentamos antes de que se utilice en otras secciones como, por ejemplo, el pequeño teorema de Fermat/inverso multiplicativo modular, que se utiliza para la implementación de los coeficientes binomiales y los números de Catalan, en la sección de combinatoria. La exponenciación modular ahora es la predeterminada en la sección de potencia de matrices.

3. Ampliamos la sección de combinatoria con más menciones a técnicas de conteo.

4. Ampliamos el tratamiento de problemas relativos a la probabilidad.

5. Mejoramos la explicación del algoritmo de búsqueda de ciclos de Floyd (tortuga–liebre), mediante la herramienta VisuAlgo.

6. Integramos en este capítulo la potencia de matrices, cuyo tratamiento ampliamos e incorporamos técnicas de aritmética modular en su sección.

- Cambios en el capítulo 6:

  1. Tratamos la DP de dígitos como un nuevo problema de procesamiento de cadenas.

  2. Fortalecemos nuestra explicación del *trie* general y de los *trie*/árbol/*array* de sufijos.

  3. Añadimos el *hashing* de cadenas como método alternativo de solución de problemas de procesamiento de cadenas, incluyendo el tratamiento del problema de coincidencia de cadenas desde este contexto.

  4. Integramos y ampliamos la sección sobre anagramas y palíndromos, ambos problemas de procesamiento de cadenas con diferentes variantes y dificultades.

- Cambios en el capítulo 7:

  1. Mejoramos las rutinas de biblioteca existentes, por ejemplo, el algoritmo de cadena monótona de Andrew (más breve de programar) es ahora el algoritmo predeterminado para la envolvente convexa, sustituyendo a la exploración de Graham (más largo y un poco más lento).

  2. Hemos rehecho la explicación de los algoritmos para polígonos, añadiendo capturas de VisuAlgo.

- Cambios en el capítulo 8:

  1. Hemos sustituido el algoritmo de Edmonds–Karp en $O(V \times E^2)$, algo más lento, por el de Dinic en $O(V^2 \times E)$. También hemos añadido algunas aplicaciones de flujo de red adicionales.

  2. Ampliamos el tratamiento sobre emparejamiento de grafos y variantes bipartita/no bipartita + ponderada/no ponderada. Realizamos de forma predeterminada un procesamiento previo voraz aleatorio para el algoritmo de aumento de camino.

  3. Añadimos algunas técnicas de descomposición de problemas y enumeramos muchos más problemas de este tipo, ordenados por su frecuencia de aparición.

- Cambios en el capítulo 9:

  1. Además de mejorar los temas ya existentes, añadimos un número de nuevas estructuras de datos, algoritmos y problemas de programación poco habituales, que no aparecen en los primeros ocho capítulos, ni estaban incluidos en la edición anterior. Son:

     a) Descomposición en raíces cuadradas.

     b) Descomposición pesada–ligera.

     c) Isomorfismo de árboles.

     d) Sucesión de De Bruijin.

     e) Transformada rápida de Fourier.

     f) Teorema del resto chino.

     g) Teorema de Lucas.

     h) Teoría de juegos con combinatoria.

     i) Rompecabezas de lanzamiento de huevos.

     j) Optimización de programación dinámica.

     k) Algoritmo empujar–reetiquetar.

     l) Algoritmo de Kuhn–Munkres.

     m) Algoritmo de emparejamiento de Edmonds.

     n) Problema constructivo.

     ñ) Problema interactivo.

     o) Programación lineal.

     p) Descenso por gradiente.

- En resumen, quien *únicamente* domine la edición anterior de este libro (que data de 2013), será vencido con facilidad en un concurso de programación por otro concursante que se haya formado *solo* con la presente edición (correspondiente a 2020).

Páginas web de apoyo

Este libro se acompaña de una página web oficial, en `https://cpbook.net`. La herramienta *Methods to Solve* se encuentra en la misma dirección.

También hemos publicado (casi) todo el código fuente tratado en este libro en nuestro repositorio público de GitHub `https://github.com/stevenhalim/cpbook-code`.

Muchas de las estructuras de datos y algoritmos tratados cuentan con visualizaciones interactivas en `https://visualgo.net`.

Todos los ejercicios de programación del Online Judge que aparecen en el libro se encuentran integrados en la herramienta `https://uhunt.onlinejudge.org/`.

Todos los ejercicios de programación de Kattis que aparecen en el libro son accesibles fácilmente utilizando la extensión de Google Chrome *Kattis Hint Giver* (creada por Lin Si Jie, alumno de Steven), que integra el contenido de *Methods to Solve* directamente en las páginas de problemas de Kattis.

Por un mejor futuro para la Humanidad,
STEVEN HALIM, FELIX HALIM y SUHENDRY EFFENDY
Singapur, 19 de julio de 2020

Steven Halim, PhD[6]

stevenhalim@gmail.com

Steven Halim es profesor en la Escuela de Informática de la Universidad Nacional de Singapur, donde imparte varios cursos de programación, desde metodología básica hasta algoritmos y estructuras de datos intermedios y avanzados, programación web y el módulo 'Programación competitiva', en el que utiliza este libro. Es entrenador de los equipos del ICPC de la UNS y del equipo nacional de la IOI de Singapur. Ha competido en varias fases regionales del ICPC como estudiante (Singapur 2001, Aizu 2003, Shanghai 2004). Hasta la fecha, junto a otros entrenadores de la UNS, ha llevado a varios equipos del ICPC a ganar diez fases regionales (ver tabla 4.3), ha llegado a la final mundial del ICPC en once ocasiones (2009-2010, 2012-2020), habiendo logrado, como mejor resultado, el puesto 14 en Phuket en 2016 (ver tabla 4.4). Ha logrado también siete medallas de oro, diecinueve de plata y quince de bronce en la IOI (2009-2019).

Además, ha sido director regional de la ICPC en Asia Singapur (2015 y 2018) y es subdirector y miembro del comité internacional de las IOI 2020 y 2021 en Singapur. Ha sido invitado a impartir talleres sobre el ICPC y la IOI en varios países, como el campus ICPC/IOI de Bolivia en 2014, el campus de IOI de Arabia Saudí en 2019 o el campus NOI de Camboya en 2020.

Está felizmente casado con Grace Suryani Tioso, con quien tiene dos hijas y un hijo: Jane Angelina Halim, Joshua Ben Halim y Jemimah Charissa Halim.

---

[6]Tesis doctoral: "An Integrated White+Black Box Approach for Designing and Tuning Stochastic Local Search Algorithms", 2009.

Regionales ICPC	Puesto	Años
Asia Yakarta	5	2013 (ThanQ), 2014 (ThanQ+), 2015 (RRwatameda), 2017 (DomiNUS), 2019 (Send Bobs to Alice)
Asia Manila	2	2017 (Pandamiao), 2019 (7 Halim)
Asia Nakhon Pathom	1	2018 (Pandamiao)
Asia Rangún	1	2018 (3body2)
Asia Kuala Lumpur	1	2019 (3body3)

Tabla 4.3: Victorias en ICPC regionales de la UNS en la década de 2010

Final mundial ICPC	Equipo	Clasificación	Año
Phuket, Tailandia	RRwatameda	14/128	2016
Ekaterimburgo, Rusia	ThanQ+	19/122	2014
Rapid City, EEUU	TeamTam	20/133	2017

Tabla 4.4: 3 mejores puestos de la UNS en las finales mundiales del ICPC en la década de 2010

Felix Halim, PhD[7]

felix.halim@gmail.com

Felix Halim es ingeniero de software senior en Google, donde ha trabajado sobre problemas de sistemas distribuidos, análisis de datos, indexación, herramientas internas y bases de datos. Es una apasionado del desarrollo web. Creó la herramienta uHunt para ayudar a los usuarios del Online Judge a determinar qué problemas debían resolver de acuerdo a su nivel. También ha desarrollado una página web de *crowdsourcing*, `https://kawalpemilu.org`, para permitir que los ciudadanos de Indonesia supervisasen de forma activa las elecciones generales de su país en 2014 y 2019.

Como concursante, participó en la IOI de 2002 en Corea (representando a Indonesia), el ICPC Manila de 2003-2005, Kaohsiung 2006 y la final mundial de Tokio en 2007 (representando a la Universidad de Bina Nusantara). También ha sido finalista en Google India Code Jam en 2005 y 2006. Como autor de problemas, ha escrito tareas para los ICPC de Yakarta en 2010, 2012 y 2013, Kuala Lumpur en 2014, y para varios concursos nacionales de Indonesia.

Está felizmente casado con Siska Gozali. La fotografía que acompaña a esta reseña corresponde a su luna de miel europea (tomada en Suiza), después de asistir a la final mundial del ICPC en Oporto en 2019. Se puede encontrar más información sobre Felix visitando su página web `https://felix-halim.net`.

---

[7]Tesis doctoral: "Solving Big Data Problems: from Sequences to Tables and Graphs", 2012.

Suhendry Effendy, PhD[8]

suhendry.effendy@gmail.com

Suhendry Effendy es investigador en la Escuela de Informática de la Universidad Nacional de Singapur. Se graduó en ciencias de la computación por la Universidad Bina Nusantara (BINUS), Yakarta, Indonesia. Posteriormente, se doctoró en ciencias de la computación por la Universidad Nacional de Singapur. Antes de completar su doctorado, fue profesor en la BINUS, especializándose en análisis de algoritmos y, además, fue preparador del equipo de programación competitiva de la misma universidad (apodado como "Jollybee").

Ha sido autor habitual de problemas para el ICPC Asia Yakarta desde sus comienzos en 2008. De 2010 a 2016 actuó como juez jefe en el ICPC Asia Yakarta, en colaboración con muchos otros autores de problemas. También ha escrito problemas para otros concursos, como el ICPC Asia Kuala Lumpur, el ICPC Asia Singapur y la *Olimpiade Sains Nasional bidang Komputer* (Olimpiada nacional informática de Indonesia), por mencionar algunos.

---

[8]Tesis doctoral: "Graph Properties and Algorithms in Social Networks: Privacy, Sybil Attacks, and the Computer Science Community", 2017.

Abreviaturas

A* : A asterisco
ACM : Assoc for Computing Machinery
AC : Aceptado
ADT : Tipo de datos abstracto
AL : Lista de adyacencia
AM : Matriz de adyacencia
APSP : Cam. más corto entre todos los pares
AVL : Adelson–Velskii Landis (BST)

BNF : Notación de Backus–Naur
BFS : Búsqueda en anchura
BI : *Big Integer*
BIT : Árbol indexado binario
bBST : Árbol búsqueda binaria equilibrado
BSTA : Búsqueda binaria de la respuesta

CC : Cambio de monedas
CCW : En contra de las agujas del reloj
CF : Frecuencia acumulada
CH : Envolvente convexa
CRT : Teorema del resto chino
CS : Ciencias de la computación
CW : A favor de las agujas del reloj

DAG : Grafo acíclico dirigido
DAT : Tabla de direccionamiento directo
D&C : Divide y vencerás
DFS : Búsqueda en profundidad
DLS : Búsqueda de profundidad limitada
DP : Programación dinámica
DS : Estructura de datos

ED : Distancia de edición
EL : Lista de aristas
E/S : Entrada/salida

FFT : Transformada rápida de Fourier
FIFO : Primero en entrar, primero en salir
FT : Árbol de Fenwick

GCD : Máximo común divisor

HLD : Descomposición pesada–ligera

ICPC : Intl. Collegiate Prog. Contest
IDS : Búsqueda de profundidad iterativa
IDA* : A* de profundidad iterativa
IOI : Olimpiada internacional informática
IPSC : Internet Problem Solving Contest

KISS : Hazlo breve y sencillo

LA : Live Archive [24]
LCA : Ancestro común mínimo

LCE : Extensión común más larga
LCM : Mínimo común múltiplo
LCP : Prefijo común más largo
LCS$_1$: Subsecuencia común más larga
LCS$_2$: Subcadena común más larga
LIFO : Último en entrar, primero en salir
LIS : Subsecuencia creciente más larga
LRS : Subcadena repetida más larga
LSB : Bit menos significativo

MCBM : Empar. bipart. de card. máxima
MCM$_1$: Emparejamiento de card. máxima
MCM$_2$: Multiplic. de cadenas de matrices
MCMF : Flujo máximo de coste mínimo
MIS : Conjunto independiente máximo
MLE : Límite de memoria superado
MPC : Cobertura de caminos mínima
MSB : Bit más significativo
MSSP : Cam. más corto de origen múltiple
MST : Árbol de expansión mínimo
MWIS : Conj. indep. ponderado máximo
MVC : Cobertura de vértices mínima
MWVC : Cob. de vértices de peso mínimo

NP : Polinómico no determinista

OJ : Online Judge

PE : Error de presentación

RB : Rojo–negro (BST)
RMQ : Cons. de mín. (o máx.) de rango
RSQ : Consulta de suma de rango
RTE : Error en tiempo de ejecución
RUPQ : Consulta punto act. rango
RURQ : Consulta rango act. rango

SSSP : Caminos más cortos de origen único
SA : *Array* de sufijos
SPOJ : Sphere Online Judge
ST : Árbol de sufijos
STL : Standard Template Library

TLE : Límite de tiempo superado

USACO : USA Computing Olympiad
UVa : Universidad de Valladolid [36]

WA : Respuesta incorrecta
WF : Final mundial

Índice de tablas

Índice de figuras

Matemáticas

Utilizamos las matemáticas a diario: para predecir el tiempo, para saber la hora o para manejar dinero. Las matemáticas son más que fórmulas o ecuaciones: son lógica y racionalidad, es utilizar la mente para resolver los mayores misterios conocidos.
— **Serie de televisión** *NUMB3RS*

5.1 Introducción y motivación

La presencia en concursos de programación de problemas relacionados con las matemáticas no debería sorprender, puesto que la informática encuentra sus raíces más profundas en las matemáticas. Muchos problemas interesantes de la vida real se pueden presentar como problemas matemáticos, como vamos a comprobar en este capítulo.

Los conjuntos de problemas más recientes del ICPC (sobre todo en Asia) suelen incluir uno o dos problemas de base matemática. Por otro lado, las IOI más recientes no incluyen tareas *estrictamente* matemáticas, pero muchas requieren de conocimientos relacionados. Este capítulo pretende formar a los concursantes en la resolución de muchos de estos problemas.

Somos conscientes de que la preparación en matemáticas, en la educación anterior a la universitaria, varía sustancialmente de unos países a otros. Por lo tanto, algunos concursantes estarán familiarizados con los términos matemáticos de la tabla 5.1, mientras que, para otros, tales expresiones resultarán desconocidas. Quizá porque el concursante no lo haya aprendido antes, o quizá porque el término es diferente al que conoce. En este capítulo, queremos equilibrar las diferencias mencionadas, presentando a los lectores una lista de terminología, definiciones, problemas y algoritmos comunes, que aparecen frecuentemente en concursos de programación.

5.2 Problemas matemáticos *ad hoc*

Comenzamos el capítulo con algo ligero: los problemas matemáticos *ad hoc*. Son un tipo de problema que no suele requerir más que capacidades básicas de programación y un poco de matemáticas elementales. Como en esta categoría caben muchos problemas, los dividiremos en las subcategorías que aparecen a continuación. Estos problemas no aparecen en el Volumen I, ya que son *ad hoc* pero con un toque matemático (más intenso). Aun así, recuerda que muchos

Progresión aritmética	Progresión geométrica	Polinomio
Álgebra	Logaritmo/Potencia	*Big Integer*
Teoría de números	Número primo	Criba de Eratóstenes
Miller–Rabin	Máximo común divisor	Mínimo común múltiplo
Factorial	Función fi de Euler	Criba modificada
Euclides extendido	Ecuación diofántica lineal	Inverso modular
Combinatoria	Fibonacci	Razón áurea
Fórmula de Binet	Teorema de Zeckendorf	Periodo de Pisano
Coeficientes binomiales	Pequeño teorema de Fermat	Teorema de Lucas
Números de Catalan	Inclusión–exclusión	Teoría de probabilidad
Búsqueda de ciclos	Teoría de juegos	Juego de suma cero
Árbol de decisión	Partida perfecta	*Minimax*
Juego del Nim	Teorema de Sprague–Grundy	Potencia de matrices

Tabla 5.1: Lista de algunos términos matemáticos utilizados en este capítulo

de estos problemas son los más fáciles. Para tener un buen rendimiento en los concursos de programación, los concursantes también deberían dominar *el resto de secciones* de este capítulo.

- Buscar un patrón o fórmula (sencillos): estos problemas requieren, para su solución, una cuidadosa lectura del enunciado del problema, que permita detectar un patrón o una fórmula simplificada. El ataque frontal resultará, casi siempre, en un veredicto de TLE. Las soluciones correctas suelen ser cortas y no requieren bucles ni llamadas recursivas. Por ejemplo, definamos S como un conjunto infinito de *enteros cuadrados*: $\{1, 4, 9, 16, 25, \ldots\}$. Dado un entero X ($1 \leq X \leq 10^{18}$), determinar cuántos enteros de S son menores que X. La respuesta es, sencillamente: $\lfloor\sqrt{X-1}\rfloor$. Es una solución de complejidad $O(1)$.

  En la sección 5.4, trataremos problemas de combinatoria para los que también hallaremos una fórmula (no necesariamente sencilla). También contamos con la sección 9.15, donde veremos algunas fórmulas matemáticas conocidas, pero poco habituales.

- Conversión de bases numéricas o sus variantes: son los problemas que implican bases numéricas. El tipo más frecuente suele referirse a problemas de conversión *estándar* y puede resolverse fácilmente a mano o mediante C/C++/Python/OCaml (con limitaciones) o la biblioteca `Integer/BigInteger` de Java (de forma más genérica).

  Por ejemplo, para convertir 132 en base 8 (octal) a base 2 (binaria), podemos utilizar la base 10 (decimal) como paso intermedio: $(132)_8$ es $1{\times}8^2 + 3{\times}8^1 + 2{\times}8^0 = 64+24+2 = (90)_{10}$ y $(90)_{10}$ es $90 \rightarrow 45(0) \rightarrow 22(1) \rightarrow 11(0) \rightarrow 5(1) \rightarrow 2(1) \rightarrow 1(0) \rightarrow 0(1) = (1011010)_2$ (es decir, dividimos por 2 hasta llegar a 0 y, después, leemos los restos hacia atrás).

  Sin embargo, también podemos utilizar bibliotecas integradas:

  - C/C++:

```
1  int v; scanf("%o", &v);                    // leer v en octal
2  bitset<32> bin(v);                          // usar bitset
3  printf("%s\n", bin.to_string().c_str());    // escribir en binario
```

- Python:

```python
print("{0:b}".format(int(str(input()), 8)))     # octal a binario
```

- OCaml:

```ocaml
Printf.sprintf "%X" (int_of_string "0o374");;   # octal a hexadecimal
```

- Java: si conocemos la clase `Integer`/`BigInteger` de Java, siempre podemos construir un objeto a partir de ella en cualquier base (*radix*) y utilizar su método `toString(int radix)` para escribir el valor del mismo en cualquier otra base (*radix*). Esta solución es mucho más flexible que las empleadas en C/C++ o Python, cuyas operaciones se limitan a las bases más habituales (2/8/10/16). A continuación, podemos ver un ejemplo de la solución del problema Kattis - basicremains (también disponible en UVa 10551 - Basic Remains). Dada una base b y dos enteros no negativos p y m (ambos en esa base b), calcular $p \% m$ y escribir el resultado como un entero en base b. Este es el código:

```java
class Main {
  public static void main(String[] args) {
    Scanner sc = new Scanner(System.in);         // casos de prueba
    while (true) {
      int b = sc.nextInt(); if (b == 0) break;
      BigInteger p = new BigInteger(sc.next(), b); // parámetro 2
      BigInteger m = new BigInteger(sc.next(), b); // es la base
      System.out.println((p.mod(m)).toString(b));  // en base b
    }
  }
}
```

Java   ch5/basicremains_UVa10551.java

- Sistemas numéricos o sucesiones: algunos problemas matemáticos *ad hoc* implican la definición de sistemas numéricos o sucesiones existentes (o ficticias), y nuestra tarea consiste en hallar bien el número (sucesión) dentro de un rango, bien el que ocupa la posición n-ésima, verificando que el número (sucesión) dado sea válido conforme a la definición. Comprender adecuadamente el enunciado del problema es, normalmente, clave para resolverlo. Pero algunos de los problemas más difíciles nos obligan, en primer lugar, a simplificar la fórmula. Hay ejemplos muy conocidos, como:

  1. Sucesión de Fibonacci (sección 5.4.1): 0, 1, 1, 2, 3, 5, 8, 13, 21, 34, 55, ...
  2. Factorial (sección 5.3.7): 1, 1, 2, 6, 24, 120, 720, 5040, 40 320, 362 880, ...
  3. Subfactorial (secciones 5.5 y 9.15): 1, 0, 1, 2, 9, 44, 265, 1854, 14 833, 133 496, ...
  4. Números de Catalan (sección 5.4.3): 1, 1, 2, 5, 14, 42, 132, 429, 1430, 4862, ...

5. Números de Bell (sección 9.15): 1, 1, 2, 5, 15, 52, 203, 877, 4140, ...

6. Series de progresiones aritméticas: a, $(a + d)$, $(a + 2 \times d)$, $(a + 3 \times d)$, ..., por ejemplo, 1, 2, 3, 4, 5, 6, 7, 8, 9, 10, ..., que comienza con $a = 1$, y tiene una diferencia de $d = 1$ entre términos consecutivos. La suma de los primeros n términos de esta serie de progresiones aritméticas es $S_n = \frac{n}{2} \times (2 \times a + (n - 1) \times d)$.

7. Series de progresiones geométricas: a, $a \times r$, $a \times r^2$, $a \times r^3$, ..., por ejemplo, 1, 2, 4, 8, 16, 32, 64, 128, 256, 512, ..., que comienza con $a = 1$ y tiene una razón común de $r = 2$ entre términos consecutivos. La suma de los primeros n términos de esta serie de progresión geométrica es $S_n = a \times \frac{1-r^n}{1-r}$. Teniendo en cuenta que $r \neq 1$.

- Logaritmos, exponenciación o potencia. Estos problemas implican el uso (inteligente) de las funciones `log()`, `exp()` y/o `pow()`. Algunas de las técnicas principales son (mostramos soluciones con bibliotecas para calcular el logaritmo de un a decimal en cualquier base $b \geq 2$):

  - La biblioteca `<cmath>` de C/C++ cuenta con las funciones: `log(a)` (base e), `log2(a)` (base 2) y `log10(a)` (base 10).

  - `Java.lang.Math` tiene `log(a)` (base e) y `log10(a)`.

  - Python cuenta con `log(a, Base)` (cualquier base, la predeterminada es e), `log2(a)` y `log10(a)`.

  - OCaml tiene `log(a)` (base e) y `log10(a)`.

Si algún lenguaje de programación solo cuenta con la función `log` en una base específica, podemos obtener $\log_b$`(a)` (base b) debido al hecho de que $\log_b$`(a)` = `log(a)/log(b)`.

Encontramos una característica interesante de la función logarítmica en el hecho de que se puede utilizar para contar el número de dígitos de un decimal a dado. La fórmula `(int)floor(1 + log10((double)a))` devuelve ese número de dígitos del decimal a. Para contar el número de dígitos en cualquier otra base b, podemos utilizar `(int)floor(1 + log10((double)a) / log10((double)b))`.

Probablemente todos conocemos la función de raíz cuadrada, es decir, `sqrt(a)`, pero eso no evitará que sintamos un escalofrío si se nos pide calcular $\sqrt[n]{a}$ (la raíz n-ésima de a). Por suerte, $\sqrt[n]{a}$ se puede reescribir como $a^{1/n}$. A partir de ahí, podremos utilizar fórmulas integradas en las bibliotecas como `pow((double)a, 1.0 / (double)n)` o `exp(log((double)a) * 1.0 / (double)n)`.

- Rejilla: estos problemas implican la manipulación de rejillas. La rejilla puede ser compleja, pero sigue algunas reglas básicas. No incluimos aquí las rejillas 'triviales', de una o dos dimensiones (que podemos revisar en el Volumen I). La solución depende, normalmente, de la creatividad de quien resuelve el problema para encontrar los patrones necesarios para manipular o explorar la rejilla, o para simplificarla.

Veamos un ejemplo con Kattis - beehouseperimeter. Recibimos como R la estructura de un panal de miel, que indica el número de celdas por lado. Las celdas están numeradas de 1 a $R^3 - (R - 1)^3$, expresadas por filas. Por ejemplo, para $R = 3$ el panal de miel tiene el aspecto que se muestra en la figura 5.1.

Trabajar directamente con esta estructura resulta complejo, pero obtendremos un *array* bidimensional, mucho más asequible, después de realizar la siguiente transformación: digamos que $N = 2 \times R - 1$. Rellenamos el *array* bidimensional transformado, de tamaño $N \times N$,

---

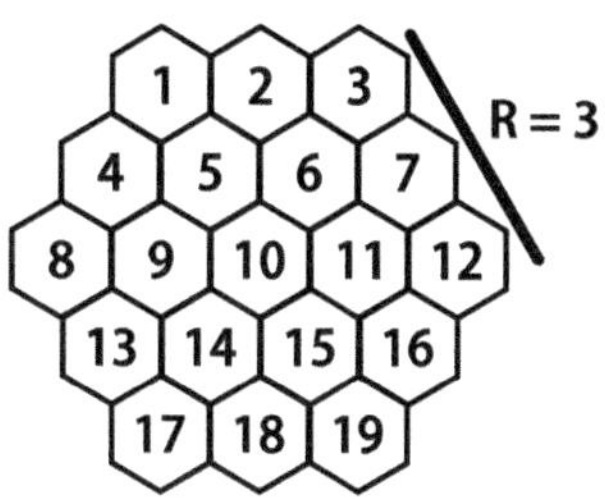

Figura 5.1: La rejilla de un panal de miel

fila a fila, comenzando con R celdas, después con $2 \times R - 1$ y volviendo a encogerse hasta R (con un prefijo de desplazamiento). Para el $R = 3$ de la figura 5.1 y $N = 5$, obtenemos el siguiente array bidimensional de tamaño 5×5 (-1 indica las celdas no utilizadas):

	0	1	2	3	4
0	1	2	3	-1	-1
1	4	5	6	7	-1
2	8	9	10	11	12
3	-1	13	14	15	16
4	-1	-1	17	18	19

Ahora podremos desplazarnos fácilmente desde cualquier celda de este *array* transformado en sus 6 direcciones: E/SE/S/O/NO/N (no existen las direcciones SO ni NE).

- Polinomios: estos problemas implican evaluación, multiplicación, diferenciación o división polinómicas, entre otras. Podemos representar un polinomio almacenando los coeficientes de los términos polinómicos, ordenados por sus potencias (normalmente de forma descendente). Las operaciones (básicas) con polinomios suelen implicar un uso cuidadoso de bucles. Algunos polinomios son especiales:

  - Segundo grado, como $g(x) = ax^2 + bx + c$ (con raíces clásicas $r = \frac{-b \pm \sqrt{b^2 - 4ac}}{2a}$).

  - Tercer grado, como $h(x) = ax^3 + bx^2 + cx + d$, que, en algunas aplicaciones, se puede derivar a un polinomio de segundo grado como $h'(x) = 3ax^2 + 2bx + c$.

Más adelante, en la sección 9.11, trataremos multiplicaciones polinómicas directas en $O(n^2)$, así como la más rápida, en $O(n \log n)$, utilizando la transformada rápida de Fourier.

- Fracciones: estos problemas tratan sobre la representación de números en forma de fracciones, $\frac{numerador}{denominador}$. La operación más habitual consiste en reducir la fracción dada a su forma más simple. Podemos hacerlo dividiendo tanto el numerador n como el denominador d por su máximo común divisor (gcd(n, d), ver también la sección 5.3.6). Otras operaciones frecuentes son la suma, resta o multiplicación de dos (o más) fracciones. Python cuenta con la clase integrada `Fraction`, que está bien equipada para tratar con todas estas operaciones básicas.

Veamos un ejemplo de la solución para UVa 10814 - Simplifying Fractions, donde se nos pide reducir una fracción grande a su expresión más simple.

```java
class Main {
  public static void main(String[] args) {
    Scanner sc = new Scanner(System.in);
    int N = sc.nextInt();
    while (N-- > 0) {                              // debemos usar > 0
      BigInteger p = sc.nextBigInteger();
      String ch = sc.next();                       // ignorar este carácter
      BigInteger q = sc.nextBigInteger();
      BigInteger gcd_pq = p.gcd(q);                // ¡vaya!
      System.out.println(p.divide(gcd_pq) + " / " + q.divide(gcd_pq));
    }
  }
}
```

```python
from fractions import Fraction                      # integrado en Python
N = int(input())
for _ in range(N):
    frac = Fraction("".join(input().split(" "))) # forma simplificada
    print(str(frac.numerator) + " / " + str(frac.denominator))
```

Java	ch5/UVa10814.java
Python	ch5/UVa10814.py

- Verdaderamente *ad hoc*. Hay otros problemas relacionados con las matemáticas que no se pueden clasificar en ninguna de las subcategorías anteriores.

Sugerimos al lector, especialmente a aquel recién llegado a los problemas matemáticos, que mejore su preparación en esta rama resolviendo, al menos, dos o tres problemas *de cada subcategoría*, sobre todo aquellos que resaltamos como **obligatorio** *.

Ejercicio 5.2.1*

Existe *al menos* un patrón o fórmula para generar todas las sucesiones de números que mostramos a continuación. Trata de adivinar cuáles serán los siguientes tres términos de cada una de ellas.

1. 1, 2, 4, 8, 16, ...

2*. 1, 2, 4, 8, 16, 31, ...

3. 2, 3, 5, 7, 11, 13, ...

4*. 2, 3, 5, 7, 11, 13, 19, ...

Estudia el método de (Ruffini–)Horner para la búsqueda de las raíces de una ecuación polinómica $f(x) = 0$.

Dados $1 < a < 10, 1 \leq n \leq 10^9$, muestra cómo calcular el valor de $(1 \times a + 2 \times a^2 + 3 \times a^3 + \cdots + n \times a^n)$ módulo $10^9 + 7$, de forma eficiente, es decir, en $O(\log n)$. Tanto a como n son enteros. Ten en cuenta que la solución ingenua en $O(n)$ no es aceptable. Puede que necesites leer las secciones 5.3.9 (aritmética modular) y 5.8 (exponenciación (modular) rápida).

Ejercicios de programación

Ejercicios de programación relacionados con problemas matemáticos *ad hoc*:

Búsqueda de fórmula (sencilla) o patrón, fáciles

1. Nivel básico: **Kattis - twostones** *   basta comprobar si es par o impar
2. **UVa 10751 - Chessboard** *   trivial para $N = 1$ y $N = 2$, comenzar deduciendo la fórmula para $N > 2$, pista: utilizar la diagonal siempre que sea posible
3. **UVa 12004 - Bubble Sort** *   probar con un n pequeño, obtener el patrón, utilizar `long long`
4. **UVa 12918 - Lucky Thief** *   suma de progresión aritmética, `long long`
5. *Kattis - averageshard* *   hallar la fórmula en $O(n)$, ver también Kattis - averageseasy
6. *Kattis - bishops* *   patrones de ajedrez con alfiles, tomado de IPSC 2004
7. *Kattis - crne* *   simular el proceso de corte con números pequeños, obtener la fórmula

Adicionales UVa: *01315, 10014, 10110, 10170, 10499, 10696, 10773, 10940, 11202, 11393, 12027, 12502, 12725, 12992, 13049, 13071, 13216.*

Adicionales Kattis: *alloys, averageseasy, chanukah, limbo1, pauleigon, sequentialmanufacturing, soylent, sumkindofproblem.*

Búsqueda de fórmula (sencilla) o patrón, difíciles

1. Nivel básico: **UVa 10161 - Ant on a Chessboard** *   `sqrtyceil`
2. **UVa 11038 - How Many 0's** *   definir una función f que cuente el número de ceros desde 1 hasta n, también disponible en *Kattis - howmanyzeros* *
3. **UVa 11231 - Black and White Painting** *   existe una fórmula en $O(1)$
4. **UVa 11718 - Fantasy of a Summation** *   convertir bucles en una fórmula cerrada, utilizar modPow para calcular los resultados
5. *Kattis - mortgage* *   progresión geométrica, divergente pero finita, caso especial cuando r = 1,0 (sin interés)
6. *Kattis - neighborhoodwatch* *   suma de progresión aritmética, inclusión–exclusión

7. *Kattis - nine* *   hallar la fórmula necesaria

Adicionales UVa: *00651, 00913, 10493, 10509, 10666, 10693, 10710, 10882, 10970, 10994, 11170, 11246, 11296, 11298, 11387, 12909, 13096, 13140.*

Adicionales Kattis: *appallingarchitecture, beautifulprimes, dickandjane, doorman, eatingout, limbo2, loorolls, otherside, rectangularspiral, sequence.*

Conversión de base numérica

1. Nivel básico: *Kattis - basicremains* *   también implica módulo con *Big Integer*, también disponible en UVa 10551 - Basic Remains
2. **UVa 00343 - What Base Is This?** *   probar todos los pares de bases posibles
3. **UVa 00389 - Basically Speaking** *   utilizar `Integer` de Java[1]
4. **UVa 11952 - Arithmetic** *   comprobar desde la base 2 a la 18, caso especial en base 1
5. *Kattis - arithmetic* *   conversión de octal (4 bits) a hexadecimal (3 bits), cuidado con los ceros al principio
6. *Kattis - allaboutthatbase* *   comprobar desde la base 1 a la 36, la base 1 es especial, *Big Integer*
7. *Kattis - oktalni* *   convertir cada 3 bits de cadenas binarias a octal, *Big Integer*

Adicionales UVa: *00290, 00355, 00446, 10473, 11185.*

Adicionales Kattis: *whichbase.*

Variantes de bases numéricas

1. Nivel básico: **UVa 00575 - Skew Binary** *   modificación de la base
2. **UVa 00377 - Cowculations** *   operaciones en base 4
3. **UVa 10931 - Parity** *   convertir decimal a binario, contar los unos
4. **UVa 11121 - Base -2** *   busca el término 'negabinario'
5. *Kattis - aliennumbers* *   base de origen a decimal, decimal a base de destino
6. *Kattis - ignore* *   en realidad es un problema de conversión en base 7 ya que solo los 7 primeros dígitos son significativos después de la rotación
7. *Kattis - mixedbasearithmetic* *   mezcla de base 10 y dos versiones de base 26

Adicionales UVa: *00636, 10093, 10677, 11005, 11398, 12602.*

Adicionales Kattis: *babylonian, basic, crypto, parsinghex, sumsquareddigits.*

Otros: IOI 2011 - Alphabets (tarea de práctica, utilizar la base 26, eficiente en espacio).

Sistemas numéricos o sucesiones

1. Nivel básico: *Kattis - collatz* *[2]   similar a UVa 00694, hacer lo que se pide
2. **UVa 00443 - Humble Numbers** *   probar todos los $2^i \times 3^j \times 5^k \times 7^l$, ordenar
3. **UVa 10408 - Farey Sequences** *   primero generar pares de `(i, j)` tal que `gcd(i, j) = 1`, ordenar
4. **UVa 11970 - Lucky Numbers** *   números cuadrados, divisibilidad, fuerza bruta
5. *Kattis - candlebox* *   suma de series aritméticas [1..N], -6 para Rita o -3 para Theo, edad de Rita por fuerza bruta, también disponible en UVa 13161 - Candle Box
6. *Kattis - permutedarithmeticsequence* *   ordenar las diferencias de elementos adyacentes
7. *Kattis - rationalsequence* *   búsqueda de patrones, recorrido de un árbol especial

Adicionales UVa: *00136, 00138, 00413, 00640, 00694, 00927, 00962, 00974, 10006, 10042, 10049, 10101, 10930, 11028, 11063, 11461, 11660, 12149, 12751.*

Adicionales Kattis: *hailstone, sheldon.*

Logaritmos, exponenciación, potencias

1. Nivel básico: **UVa 12416 - Excessive Space Remover** *   la respuesta es $\log_2$ del número máximo de espacios consecutivos en una línea
2. **UVa 00701 - Archaelogist's Dilemma** *   utilizar logaritmos para contar el número de dígitos
3. **UVa 11384 - Help is needed for Dexter** *   hallar la menor potencia de 2 mayor que n, fácil de resolver utilizando $ceil(eps + \log_2(n))$
4. **UVa 11847 - Cut the Silver Bar** *   existe una fórmula matemática en $O(1)$: $\lfloor \log_2(n) \rfloor$
5. *Kattis - cokolada* *   las respuestas implican potencias de 2 y una simulación
6. *Kattis - factstone* *   utilizar logaritmos, potencias, también disponible en UVa 10916 - Factstone Benchmark
7. *Kattis - thebackslashproblem* *   en realidad son potencias de 2

Adicionales UVa: *00107, 00113, 00474, 00545, 11636, 11666, 11714, 11986.*

Adicionales Kattis: *3dprinter, bestcompression, bus, differentdistances, lemonadetrade, pot, schoolspirit, slatkisi, stirlingsapproximation, tetration, triangle.*

Rejilla

1. Nivel básico: **UVa 00264 - Count on Cantor** *   rejilla, patrón
2. **UVa 10022 - Delta-wave** *   no es un problema de SSSP, hallar el patrón de este sistema de rejilla triangular
3. **UVa 10182 - Bee Maja** *   rejilla
4. **UVa 10233 - Dermuba Triangle** *   el número de elementos de la fila forma series de progresiones aritméticas, utilizar `hypot`
5. *Kattis - beehouseperimeter* *   transformar la rejilla hexagonal como en Kattis - honeyheist, relleno por difusión desde el exterior de la casa de Alice, contar el número de muros tocados
6. *Kattis - honeyheist* *   primero transformar la rejilla hexagonal de la entrada en una rejilla bidimensional, después ejecutar SSSP sobre un grafo no ponderado, BFS
7. *Kattis - maptiles2* *   conversión sencilla entre dos sistemas de indexación de rejillas

Adicionales UVa: *00121, 00808, 00880, 10642, 10964, 12705.*

Adicionales Kattis: *fleaonachessboard, settlers2.*

Polinomios

1. Nivel básico: **UVa 10302 - Summation of ...** *   utilizar `long double`
2. **UVa 00930 - Polynomial Roots** *   regla de Ruffini, raíces de ecuaciones cuadráticas
3. **UVa 10268 - 498'** *   derivada polinómica, regla de Horner
4. **UVa 10586 - Polynomial Remains** *   división, manipular coeficientes
5. *Kattis - ada* *   problema polinómico, aplicar recursivamente el procedimiento dado
6. *Kattis - curvyblocks* *   diferenciar polinomios de segundo y tercer grado, obtener raíces de la ecuación cuadrática, los dos bloques contactarán en las raíces
7. *Kattis - plot* *   analizar el pseudocódigo dado, el patrón pedido implica coeficientes binomiales

Adicionales UVa: *00126, 00392, 00498, 10215, 10326, 10719.*
Adicionales Kattis: *polymul1.*
Otros: ver también la sección 9.11, sobre el algoritmo de la transformada rápida de Fourier.

Fracciones

1. Nivel básico: *Kattis - mixedfractions* *   convertir fracción a fracción mixta
2. **UVa 00332 - Rational Numbers ...** *   utilizar el GCD
3. **UVa 00834 - Continued Fractions** *   hacer lo que se pide
4. **UVa 12068 - Harmonic Mean** *   implica fracciones, utilizar LCM y GCD
5. *Kattis - deadfraction* *   probar con cada decimal repetido posible, también disponible en UVa 10555 - Dead Fraction
6. *Kattis - fraction* *   fracción continua a fracción normal y viceversa
7. *Kattis - thermostat* *   convertir una temperatura en otra, utilizar BigInteger de Java, GCD

Adicionales UVa: *10814, 10976, 12848, 12970.*
Adicionales Kattis: *fractionallotion, jointattack, rationalarithmetic, rationalratio, temperatureconfusion.*

Verdaderamente *ad hoc*

1. Nivel básico: **UVa 00496 - Simply Subsets** *   manipulación de conjuntos
2. **UVa 11241 - Humidex** *   el caso más complejo es el cálculo del punto de rocío dados la temperatura y el índice de humedad, deducirlo utilizando álgebra
3. **UVa 11526 - H(n)** *   fuerza bruta hasta $\sqrt{n}$, hallar el patrón, evitar TLE
4. **UVa 12036 - Stable Grid** *   utilizar el principio del palomar
5. *Kattis - matrix* *   utilizar álgebra lineal sencillo, caso especial cuando $c = 0$
6. *Kattis - trip* *   cuidado con el error de precisión, también disponible en UVa 10137 - The Trip
7. *Kattis - yoda* *   *ad hoc*, comparación de 9 dígitos

Adicionales UVa: *00276, 00613, 10023, 10190, 11042, 11055, 11715, 11816.*

Perfiles de los inventores de algoritmos

Eratóstenes de Cirene ($\approx$ 300-200 a.C.) fue un matemático griego. Inventó la geografía, realizó mediciones de la circunferencia de la Tierra y diseñó un algoritmo sencillo, tratado en este libro, para generar números primos.

Marin Mersenne (1588-1648) fue un matemático francés, conocido por los primos de Mersenne, números primos que se pueden expresar como $2^n - 1$ para un entero n.

Gary Lee Miller es profesor de ciencias de la computación en la Carnegie Mellon University. Es el inventor inicial del algoritmo de prueba de primalidad de Miller–Rabin.

---

[1] En este caso, utilizar `BigInteger` de Java resulta en un veredicto TLE. Para la conversión de la base numérica de enteros de 32 bits (es decir, no considerados grandes), nos basta con utilizar `parseInt(String s, int radix)` y `toString(int i, int radix)` de la clase `Integer` de Java, más rápida. Además, se puede utilizar `BufferedReader` y `BufferedWriter` para acelerar la E/S.

[2] La conjetura de (Lothar) Collatz es un problema matemático que sigue abierto.

Michael Oser Rabin (nacido en 1931) es un científico de la computación israelí. Mejoró la idea de Miller e inventó el algoritmo de prueba de primalidad de Miller–Rabin. También inventó, junto a Richard Manning Karp, el algoritmo de coincidencia de cadenas de Rabin–Karp.

Leonhard Euler (1707-1783) fue un matemático suizo y uno de los matemáticos más influyentes del siglo XVIII. Algunos de sus inventos mencionados en este libro incluyen las notaciones matemáticas $f(x)/\Sigma/e/\pi$, utilizadas frecuentemente, la función indicatriz de Euler (Fi), el recorrido/camino euleriano (grafos) y el lema del apretón de manos.

5.3 Teoría de números

La teoría de números es el estudio de los números *enteros* y de las funciones con *valores enteros*. Dominar todos los aspectos posibles en el campo de la *teoría de números* es importante, ya que algunos problemas matemáticos resultan fáciles (o más fáciles) si conoces la teoría que reside detrás de ellos. En caso contrario, o la fuerza bruta llevará a una respuesta TLE o, sencillamente, no podrás trabajar con la entrada dada, pues será demasiado grande sin un procesamiento previo.

5.3.1 Números primos

Un número natural mayor o igual que 2: $\{2, 3, 4, 5, 6, 7, ...\}$, se considera **primo** si solo es divisible por 1 y por sí mismo. El primer número primo, y el único que es par, es el 2. Los siguientes primos son: $3, 5, 7, 11, 13, 17, 19, 23, 29, ...$, y hay un número infinito de números primos más (la demostración en [40]). Existen 25 primos en el rango $[0..100]$, 168 en $[0..1000]$, 1000 en $[0..7919]$, 1229 en $[0..10\,000]$, etc. Algunos primos más grandes son[3] $104\,729$, $1\,299\,709$, $1e9 + 7$ (fácil de recordar[4]), $2\,147\,483\,647$ (octavo primo de Mersenne[5] o $2^{31}-1$), $112\,272\,535\,095\,293$, etc.

Los números primos conforman una materia importante en la teoría de números y son el origen de muchos problemas de programación. En esta sección, trataremos algoritmos relacionados con números primos.

Función optimizada de prueba de primalidad

El primer algoritmo que presentamos en esta sección, se utiliza para comprobar si un número natural N dado es primo, por ejemplo `bool isPrime(N)`. La versión más ingenua consistiría en verificarlo mediante la propia definición de un número primo, es decir, comprobar si N es divisible por un *divisor* $\in [2..N-1]$. Es una opción válida, pero su coste, por el número de divisiones, es de $O(N)$. No es el mejor camino, pero podemos optimizarlo de varias formas.

La primera mejora importante es comprobar si N es divisible por un *divisor* $\in [2..\lfloor\sqrt{N}\rfloor]$, esto es, nos detenemos cuando el *divisor* es mayor que $\sqrt{N}$. Podemos afirmar que si $a \times b = N$, entonces

---

[3]Puede resultar útil tener una lista de números primos grandes para realizar pruebas, ya que son los que resultan más difíciles para algoritmos como la comprobación o la factorización de números primos. Al menos se debe recordar que $1e9 + 7$ y $2^{31} - 1$ son primos.

[4]Pero $1e6 + 7$ *no es* primo.

[5]Un primo de Mersenne es aquel que resulta de restar 1 a una potencia de dos.

$a \leq \sqrt{N}$ o $b \leq \sqrt{N}$. Demostración rápida por contradicción: supongamos que no es el caso, es decir, que $a > \sqrt{N}$ y $b > \sqrt{N}$. Esto implicaría que $a \times b > \sqrt{N} \times \sqrt{N}$ o $a \times b > N$, lo que supone una contradicción. Por lo tanto, $a = d$ y $b = \frac{N}{d}$ no pueden ser mayores que $\sqrt{N}$ al mismo tiempo.

Esta mejora nos lleva a $O(\sqrt{N})$, lo que ya resulta mucho más rápido que la versión anterior, pero todavía podemos doblar la velocidad.

La segunda mejora consiste en comprobar si N es divisible por un *divisor* $\in [3, 5, \ldots, \sqrt{N}]$, es decir, comprobamos únicamente los números impares hasta $\sqrt{N}$. Esto es debido a que hay un único número primo par, el 2, que podemos verificar por separado. Esto es $O(\sqrt{N}/2)$, que también es $O(\sqrt{N})$.

La tercera mejora[6], que ya resulta suficientemente buena para los problemas de los concursos es comprobar si N es divisible por *divisores primos* $\leq \sqrt{N}$ (ver más adelante la prueba de primalidad probabilística). Esto responde a que, si un número primo X no es divisor de N, no tiene ningún sentido comprobar los múltiplos de X como posibles divisores de N. Resulta más rápido que $O(\sqrt{N})$, aproximadamente $O(\#primos \leq \sqrt{N})$. Por ejemplo, hay 500 números impares en $[1..\sqrt{10^6}]$, pero solo tenemos 168 números primos en el mismo rango. El teorema de números primos de [40] afirma que el número de primos menor o igual a M, expresado como $\pi(M)$, está limitado por $O(M/(\ln(M) - 1))$. Por ello, la complejidad de esta función de prueba de primalidad se encuentra, aproximadamente, en $O(\sqrt{N}/\ln(\sqrt{N}))$. El código se incluye más adelante.

Criba de Eratóstenes: generación de listas de números primos

Si queremos generar una lista de números primos en el rango $[0..N]$, existe un algoritmo mejor que comprobar si cada número del rango es primo o no. El algoritmo se llama 'criba de *Eratóstenes*', inventado por Eratóstenes de Cirene.

Primero, este algoritmo de criba establece todos los números del rango como 'posibles primos', pero indica que el 0 y el 1 no lo son. Después, toma el 2 como primo y elimina todos los múltiplos[7] de 2, empezando desde $2 \times 2 = 4, 6, 8, 10, \ldots$, hasta que el múltiplo sea mayor que N. A continuación, toma el siguiente número no eliminado, el 3, como primo y elimina todos los múltiplos de 3 comenzando con $3 \times 3 = 9, 12, 15, \ldots$. Después es el turno del 5 y elimina todos sus múltiplos empezando por $5 \times 5 = 25, 30, 35, \ldots$. Y así sucesivamente. Finalizado el proceso, cualquier número no eliminado en el rango $[0..N]$ es primo. El algoritmo realiza, aproximadamente, $(N \times (1/2 + 1/3 + 1/5 + 1/7 + \cdots + 1/\text{último primo del rango} \leq N))$ operaciones. Utilizando la 'suma de los recíprocos[8] de los primos hasta N', terminamos con una complejidad de *alrededor* de $O(N \log \log N)$.

Como generar una lista de primos $\leq 10\,000$, utilizando la criba, es rápido (el código que incluimos a continuación llega hasta 10^7 en un segundo aproximadamente), optaremos por ella para los números pequeños y reservaremos la función de prueba de primalidad optimizada para los más grandes.

---

[6]Esta es recursiva, comprobar que un número es primo utilizando otro primo más pequeño, pero la razón resultará obvia después de leer la siguiente sección.

[7]La implementación más lenta comienza desde $2 \times i$, en vez de $i \times i$, pero la diferencia no es muy apreciable.

[8]Los números recíprocos son también conocidos como inversos multiplicativos. El resultado de un número multiplicado por su recíproco es 1.

```cpp
typedef long long ll;

ll _sieve_size;
bitset<10000010> bs;                         // 10^7 es el límite aprox.
vll p;                                       // lista compacta de primos

void sieve(ll upperbound) {                  // rango = [0..límite]
  _sieve_size = upperbound+1;                // para incluir al límite
  bs.set();                                  // todo unos
  bs[0] = bs[1] = 0;                          // excepto los índices 0+1
  for (ll i = 2; i < _sieve_size; ++i) if (bs[i]) {
    // cross out multiples of i starting from i*i
    for (ll j = i*i; j < _sieve_size; j += i) bs[j] = 0;
    p.push_back(i);                          // añadir primo i a la lista
  }
}

bool isPrime(ll N) {                         // prueba de primalidad válida
  if (N < _sieve_size) return bs[N];         // O(1) para primos pequeños
  for (int i = 0; i < (int)p.size() && p[i]*p[i] <= N; ++i)
    if (N%p[i] == 0)
      return false;
  return true;                               // lento si N = primo grande
} // nota: solo se garantiza para N <= (último primo en vll p)^2

// dentro de int main()
  sieve(10000000);                           // hasta 10^7 (<1s)
  printf("%d\n", isPrime((1LL<<31)-1));      // octavo primo de Mersenne
  printf("%d\n", isPrime(136117223861LL));   // 104729*1299709
```

5.3.2 Prueba de primalidad probabilística (solo para Java)

Acabamos de ver el algoritmo de la criba de Eratóstenes y un algoritmo de prueba de primalidad determinista, que resultará suficiente para la mayoría de concursos de programación. Sin embargo, será necesario escribir unas cuantas líneas de C++/Java/Python para hacerlo funcionar. Si, únicamente, necesitas comprobar que un número entero (o, como mucho, unos pocos[9]) y, normalmente, bastante grande (mayor que un entero de 64 bits) es primo, como por ejemplo en UVa 10235, donde se debe determinar si el N dado no es primo, es un 'omirp' (número cuyos dígitos en orden inverso también forman un primo) o, sencillamente, es un primo normal, existe la alternativa más cómoda de la función isProbablePrime en BigInteger[10] de Java[11] (una función de prueba de primalidad probabilística, basada en el algoritmo de Miller–Rabin [32, 38]). Hay un parámetro muy importante en esta función: certainty. Si la respuesta a la llamada es verda-

---

[9]Tengamos en cuenta que, si el objetivo es generar una lista de los primeros millones de números primos, el algoritmo de la criba de Eratóstenes será más rápido que unos millones de llamadas a la función isProbablePrime.

[10]En la actualidad, no existe una equivalencia de esta biblioteca en C++/Python/OCaml.

[11]Nota para los programadores de C/C++/Python/OCaml: resulta interesante tener conocimientos de otros lenguajes para, por ejemplo, utilizar Java allí donde sea más beneficioso, como en este caso.

dera, la probabilidad de que el número *Big Integer* comprobado sea primo superará $1 - \frac{1}{2}^{certainty}$.

Normalmente, `certainty = 10` debería ser suficiente[12], ya que $1 - \left(\frac{1}{2}\right)^{10} = 0{,}9990234375$ es $\approx 1{,}0$. Es relevante el hecho de que un valor mayor de `certainty` reduce, evidentemente, la probabilidad de un veredicto de WA, pero hacerlo ralentizará el programa y aumentará el riesgo de TLE[13].

```java
class Main {
  public static void main(String[] args) {
    Scanner sc = new Scanner(System.in);
    while (sc.hasNext()) {
      int N = sc.nextInt(); System.out.printf("%d is ", N);
      BigInteger BN = BigInteger.valueOf(N);
      String R = new StringBuffer(BN.toString()).reverse().toString();
      int RN = Integer.parseInt(R);
      BigInteger BRN = BigInteger.valueOf(RN);
      if (!BN.isProbablePrime(10))                     // certainty 10 es suficiente
        System.out.println("not prime.");
      else if ((N != RN) && BRN.isProbablePrime(10))
        System.out.println("emirp.");
      else
        System.out.println("prime.");
    }
  }
}
```

Java   ch5/UVa10235.java

5.3.3 Búsqueda de factores primos con división por tentativa optimizada

En la teoría de números, sabemos que un número primo N solo tiene el 1 y a sí mismo como factores, pero un número **compuesto** N, es decir, no primo, se puede escribir de forma única como el producto de sus factores primos. Esto es, los números primos son ladrillos de construcción de enteros mediante la multiplicación (el teorema fundamental de la aritmética). Por ejemplo, $N = 1200 = 2 \times 2 \times 2 \times 2 \times 3 \times 5 \times 5 = 2^4 \times 3 \times 5^2$ (la última expresión se denomina **factorización en potencias de primos**).

Un algoritmo ingenuo genera una lista de primos (por ejemplo, mediante criba) y comprueba cuáles de ellos pueden dividir el entero N, sin alterar N. Pero esto es mejorable.

Otro algoritmo mejor utiliza el espíritu del divide y vencerás. Un entero N se puede expresar como $N = p \times N'$, donde p es un factor primo y N' es otro número, concretamente N/p, es decir, podemos reducir el tamaño de N, extrayendo su factor primo p. Si seguimos haciendo

---

[12]En base a nuestra experiencia empírica de muchos años.

[13]Este algoritmo aleatorizado es un 'algoritmo Montecarlo', que tiene una (pequeña) probabilidad de resultar en WA.

esto, llegará un momento en que $N' = 1$. Para acelerar todavía más el proceso, utilizamos la propiedad de divisibilidad, que dice que no existe un divisor mayor que $\sqrt{N}$, así que solo repetiremos el proceso de búsqueda de factores primos hasta que $p > \sqrt{N}$. Detenerse en $\sqrt{N}$ provoca un caso especial: si (el p actual)$^2 > N$ y N todavía no es 1, entonces N es el *último* factor primo. El siguiente código toma un entero N y devuelve la lista de sus factores primos.

En el peor de los casos, cuando N ya es primo, el algoritmo de factorización en números primos mediante división por tentativa necesita probar todos los primos más pequeños hasta $\sqrt{N}$, expresado matemáticamente como $O(\pi(\sqrt{N})) = O(\sqrt{N}/ln\sqrt{N})$, lo que puede ser muy lento[14]. En el siguiente código, se puede ver el ejemplo de factorización del número compuesto grande $136\,117\,223\,861$, en dos factores primos grandes $104\,729 \times 1\,299\,709$. Sin embargo, si tenemos números compuestos con muchos factores primos pequeños, este algoritmo es razonablemente rápido[15]. Un ejemplo es $142\,391\,208\,960$, que se descompone como $2^{10} \times 3^4 \times 5 \times 7^4 \times 11 \times 13$.

```cpp
vll primeFactors(ll N) {                              // condición previa, N >= 1
  vll factors;
  for (int i = 0; (i < (int)p.size()) && (p[i]*p[i] <= N); ++i)
    while (N%p[i] == 0) {                             // hallado un primo para N
      N /= p[i];                                      // eliminarlo de N
      factors.push_back(p[i]);
    }
  if (N != 1) factors.push_back(N);                   // el N restante es primo
  return factors;
}

// dentro de int main()
  sieve(10000000);
  vll r;

  r = primeFactors((1LL<<31)-1);                      // primo de Mersenne
  for (auto &pf : r) printf("> %lld\n", pf);

  r = primeFactors(136117223861LL);                   // factores primos grandes
  for (auto &pf : r) printf("> %lld\n", pf);          // 104729*1299709

  r = primeFactors(5000000035LL);                     // factores primos grandes
  for (auto &pf : r) printf("> %lld\n", pf);          // 5*1000000007

  r = primeFactors(142391208960LL);                   // compuesto grande
  for (auto &pf : r) printf("> %lld\n", pf);          // 2^10*3^4*5*7^4*11*13

  r = primeFactors(100000380000361LL);                // 10000019^2
  for (auto &pf : r) printf("> %lld\n", pf);          // no se factoriza (¿motivo?)
```

[14]En aplicaciones de la vida real, los números primos muy grandes se utilizan en criptografía y cifrado (como en el algoritmo RSA), ya que en términos computacionales resulta extremadamente complicado factorizar un número muy grande, como $x = p_1 p_2$, donde tanto p_1 como p_2 son dos primos también muy grandes.

[15]En la sección 9.12 encontraremos un algoritmo más rápido (aunque poco habitual) para la factorización de enteros.

5.3.4 Funciones que implican factores primos

Hay otras funciones de la teoría de números, bien conocidas, que implican factores primos y que veremos a continuación. Todas las variantes tienen una complejidad de tiempo similar, de $O(\sqrt{N}/ln\sqrt{N})$, con la factorización en primos mediante división por tentativa. El lector interesado puede ilustrarse en el capítulo 7 ("Funciones multiplicativas") de [40].

1. `numPF(N)`: contar el número de *factores primos* del entero `N`.

   Por ejemplo: $N = 60$ tiene 4 factores primos: {2, 2, 3, 5}. La solución es una modificación sencilla del algoritmo de división por tentativa que acabamos de ver.

```
int numPF(ll N) {
  int ans = 0;
  for (int i = 0; (i < (int)p.size()) && (p[i]*p[i] <= N); ++i)
    while (N%p[i] == 0) { N /= p[i]; ++ans; }
  return ans + (N != 1);
}
```

2. `numDiv(N)`: contar el número de *divisores* de `N`.

   El divisor de un entero N se define como un entero que divide a N sin dejar resto. Si un número $N = a^i \times b^j \times \cdots \times c^k$, entonces N tiene $(i + 1) \times (j + 1) \times \cdots \times (k + 1)$ divisores. Esto es debido a que existen $i + 1$ formas de seleccionar el factor primo a $(0, 1, \ldots, i - 1, i$ veces), $j + 1$ formas de seleccionar el factor primo b, ..., y $k + 1$ formas de seleccionar el factor primo k. El número total de elecciones es el resultado de multiplicar estos números.

   Por ejemplo: $N = 60 = 2^2 \times 3^1 \times 5^1$ tiene $(2 + 1) \times (1 + 1) \times (1 + 1) = 3 \times 2 \times 2 = 12$ divisores. Los 12 divisores son: $\{1, \mathbf{\underline{2}}, \mathbf{\underline{3}}, 4, \mathbf{\underline{5}}, 6, 10, 12, 15, 20, 30, 60\}$. Hemos **destacado** los factores primos de 60. Hay que notar que N tiene más divisores que factores primos.

```
int numDiv(ll N) {
  int ans = 1;                                    // empezar con ans = 1
  for (int i = 0; (i < (int)p.size()) && (p[i]*p[i] <= N); ++i) {
    int power = 0;                                // contar la potencia
    while (N%p[i] == 0) { N /= p[i]; ++power; }
    ans *= power+1;                               // seguir la fórmula
  }
  return (N != 1) ? 2*ans : ans;                  // último factor = N^1
}
```

3. `sumDiv(N)`: *suma* de los divisores de `N`.

   En el ejemplo anterior, $N = 60$ tenía 12 divisores. La suma de todos ellos es 168. Esto también se puede calcular mediante factores primos. Si un número $N = a^i \times b^j \times \cdots \times c^k$, entonces la suma de los divisores de N es $\frac{a^{i+1}-1}{a-1} \times \frac{b^{j+1}-1}{b-1} \times \cdots \times \frac{c^{k+1}-1}{c-1}$. Esta fórmula cerrada se deduce de la suma de series de progresiones geométricas. $\frac{a^{i+1}-1}{a-1}$ es la suma de $a^0, a^1, \ldots, a^{i-1}, a^i$. La suma total de divisores es la multiplicación de estas acumulaciones de series de progresiones geométricas de cada uno de los factores primos.

Ejemplo: $N = 60 = 2^2 \times 3^1 \times 5^1$, sumDiv(60) $= \frac{2^{2+1}-1}{2-1} \times \frac{3^{1+1}-1}{3-1} \times \frac{5^{1+1}-1}{5-1} = \frac{7 \times 8 \times 24}{1 \times 2 \times 4} = 168$.

```
1   ll sumDiv(ll N) {
2     ll ans = 1;                                          // empezar con ans = 1
3     for (int i = 0; (i < (int)p.size()) && (p[i]*p[i] <= N); ++i) {
4       ll multiplier = p[i], total = 1;
5       while (N%p[i] == 0) {
6         N /= p[i];
7         total += multiplier;
8         multiplier *= p[i];
9       }                                                  // total para
10      ans *= total;                                      // este factor primo
11    }
12    if (N != 1) ans *= (N+1);                            // N^2-1/N-1 = N+1
13    return ans;
14  }
```

4. `EulerPhi(N)`: contar el número de enteros positivos $< N$ que son primos relativos a N. Recordemos: se dice que dos enteros a y b son primos relativos/coprimos si $\gcd(a, b) = 1$, por ejemplo, 25 y 42. Un algoritmo ingenuo para contar el número de enteros positivos $< N$, que sean primos relativos a N, comienza con `contador = 0`, itera en $i \in [1..N-1]$, e incrementa el `contador` si $\gcd(i, N) = 1$. Esto resulta lento para un N grande.

Un algoritmo mejor es la función Fi (indicatriz) de Euler $\varphi(N) = N \times \prod_{p_i} (1 - \frac{1}{p_i})$, donde p_i es un factor primo de N.

Por ejemplo, $N = 36 = 2^2 \times 3^2$. $\varphi(36) = 36 \times (1 - \frac{1}{2}) \times (1 - \frac{1}{3}) = 12$. Esos 12 enteros positivos, que son primos relativos a 36, son $\{1, 5, 7, 11, 13, 17, 19, 23, 25, 29, 31, 35\}$.

```
1   ll EulerPhi(ll N) {
2     ll ans = N;                                          // empezar con ans = N
3     for (int i = 0; (i < (int)p.size()) && (p[i]*p[i] <= N); ++i) {
4       if (N%p[i] == 0) ans -= ans/p[i];                  // contar factores
5       while (N%p[i] == 0) N /= p[i];                      // primos únicos
6     }
7     if (N != 1) ans -= ans/N;                            // último factor
8     return ans;
9   }
```

C++	ch5/primes.cpp
Java	ch5/primes.java
Python	ch5/primes.py
OCaml	ch5/primes.ml

Implementar `numDiffPF(N)` y `sumPF(N)`, que son similares a `numPF(N)`.
`numDiffPF(N)`: contar el número de factores primos de N que son *diferentes*.
`sumPF(N)`: *suma* de los factores primos de N.

¿Cuáles son las respuestas de `numPF(N)`, `numDiffPF(N)`, `sumPF(N)`, `numDiv(N)`, `sumDiv(N)` y `EulerPhi(N)` cuando N es primo?

5.3.5 Criba modificada

Si hay que determinar el número de factores primos para *muchos* (o un *rango* de) enteros, hay una solución mejor que llamar a `numDiffPF(N)`, como hemos visto en la sección 5.3.4, *muchas veces*. La mejor solución es el algoritmo de criba modificada. En vez de buscar los factores primos y, después, calcular los valores necesarios, comenzamos con los números primos y modificamos los valores de sus múltiplos. A continuación incluimos el código, corto, de la criba modificada:

```
int numDiffPFarr[MAX_N+10] = {0};          // p.e., MAX_N = 10^7
for (int i = 2; i <= MAX_N; ++i)
  if (numDiffPFarr[i] == 0)                 // i es un número primo
    for (int j = i; j <= MAX_N; j += i)
      ++numDiffPFarr[j];                    // j es múltiplo de i
```

Igualmente, este es el código de criba modificada para calcular la función indicatriz de Euler:

```
int EulerPhi[MAX_N+10];
for (int i = 1; i <= MAX_N; ++i) EulerPhi[i] = i;
for (int i = 2; i <= MAX_N; ++i)
  if (EulerPhi[i] == i)                               // i es un número primo
    for (int j = i; j <= MAX_N; j += i)
      EulerPhi[j] = (EulerPhi[j]/i) * (i-1);
```

Estos algoritmos de criba modificada, en $O(N \log \log N)$, son preferibles a realizar (hasta) N llamadas individuales a `numDiffPF(N)` o `EulerPhi(N)`, en $O(\sqrt{N}/ln\sqrt{N})$, si necesitamos realizar muchas consultas en un rango grande, como $[1..n]$, pero `MAX_N` es 10^7 como máximo (tendremos que preparar un *array* muy grande para un método de criba). Sin embargo, si solo necesitamos calcular el número de factores primos diferentes, o la Fi de Euler, de un solo entero (o unos pocos) N, aunque sea grande, puede resultar más rápido usar `numDiffPF(N)` o `EulerPhi(N)`.

¿Podemos escribir el código de la criba modificada para las otras funciones de la sección 5.3.4 (es decir, además de `numDiffPF(N)` y `EulerPhi(N)`), sin aumentar la complejidad de tiempo de la criba? Si es posible, escribe el código. Si no, explícalo.

5.3.6 Máximo común divisor y mínimo común múltiplo

El máximo común divisor (GCD) de dos enteros a y b, expresado como $\gcd(a, b)$, es el entero positivo d más grande tal que $d \mid a$ y $d \mid b$, donde $x \mid y$ significa que x divide a y. Ejemplos de GCD: $\gcd(4, 8) = 4$, $\gcd(6, 9) = 3$, $\gcd(20, 12) = 4$. Un uso práctico del GCD se encuentra en la simplificación de fracciones (UVa 10814 en la sección 5.2), como en $\frac{6}{9} = \frac{6/\gcd(6,9)}{9/\gcd(6,9)} = \frac{6/3}{9/3} = \frac{2}{3}$.

Encontrar el GCD de dos enteros es una tarea sencilla mediante un algoritmo *euclídeo* eficiente de divide y vencerás [40, 7], que se puede implementar en una sola línea (ver a continuación). Así, la búsqueda del GCD de dos enteros no suele ser el enigma principal de los problemas de concursos relacionados con matemáticas, sino parte de una solución mayor.

El GCD está íntimamente relacionado con el mínimo común múltiplo (LCM). El LCM de dos enteros (a, b), expresado como $\text{lcm}(a, b)$, se define como el entero positivo más pequeño l de forma que $a \mid l$ y $b \mid l$. Ejemplos de LCM: $\text{lcm}(4, 8) = 8$, $\text{lcm}(6, 9) = 18$, $\text{lcm}(20, 12) = 60$.

Se ha demostrado (ver [40]) que: $\text{lcm}(a, b) = a \times b/\gcd(a, b) = a/\gcd(a, b) \times b$. También se puede implementar en una línea de código (ver a continuación). Ambos algoritmos se ejecutan en $O(\log_{10} n) = O(\log n)$, donde $n = \min(a, b)$.

```
1  int gcd(int a, int b) { return b == 0 ? a : gcd(b, a%b); }
2  int lcm(int a, int b) { return a * (b / gcd(a, b)); }
```

Desde C++17[16], las funciones `gcd` y `lcm` están incorporadas a la biblioteca `<numeric>`. En Java, podemos utilizar el método `gcd(a, b)` de la clase `BigInteger`. En Python, tenemos `gcd(a, b)` en el módulo `math`.

Se puede encontrar el GCD de más de dos números, realizando varias llamadas a gcd estándar, por ejemplo, $\gcd(a, b, c) = \gcd(a, \gcd(b, c))$. La estrategia para la búsqueda del LCM de más de dos números es similar.

La fórmula para el LCM es `lcm(a, b)` = a × b / `gcd(a, b)` pero, ¿por qué nosotros utilizamos a / `gcd(a, b)` × b en su lugar? Prueba con $a = 2 \times 10^9$ y $b = 8$, utilizando enteros con signo de 32 bits.

---

[16]No existe una función de GCD integrada en OCaml.

> ### Ejercicio 5.3.6.2
>
> Escribe la rutina gcd(a, b) de forma iterativa.

> ### Ejercicio 5.3.6.3*
>
> Estudia un cálculo alternativo 'GCD binario' que sustituya a la división (dentro de la operación módulo) con operaciones, restas y comparaciones mediante desplazamiento de bits. Es la versión conocida como algoritmo de Stein.

5.3.7 Factorial

El factorial[17] de n, expresado como $n!$ o fac(n), se define como 1 si $n = 0$ y como $n \times$ fac($n-1$) si $n > 0$. Sin embargo, normalmente resulta más cómodo trabajar con la versión iterativa, es decir, fac(n) $= 2 \times 3 \times 4 \times 5 \times \cdots \times (n - 1) \times n$ (un bucle desde 2 hasta n, ignorando el 1). El valor de fac(n) crece muy rápido. Solo podremos utilizar `long long` en C/C++, `long` en Java o `Int64` en OCaml, hasta fac(20). Después, tendremos que trabajar con los factores primos del factorial (ver la sección 5.3.8), obtener los resultados intermedio y final módulo un número más pequeño y, normalmente, primo (ver la sección 5.3.9) o utilizar Python o la biblioteca `BigInteger` de Java para obtener un cálculo preciso, aunque lento (ver el Volumen I).

5.3.8 Trabajo con factores primos

Además de utilizar la técnica de `BigInteger` de Java (ver el Volumen I), que resulta 'lenta', podemos trabajar con los *cálculos intermedios* de enteros largos, *con precisión*, si utilizamos los *factores primos* de los enteros, en vez de los propios enteros. Por lo tanto, para algunos problemas no triviales de teoría de números, tendremos que trabajar con los factores primos de los enteros de la entrada, aunque el problema principal no trate sobre números primos. Después de todo, los factores primos son los ladrillos que construyen los enteros. Veamos un caso de estudio.

Kattis - factovisors/UVa 10139 - Factovisors

Enunciado resumido del problema: "¿Es m un divisor de $n!$ ($0 \leq n, m \leq 2^{31} - 1$)?". En la sección 5.3.7, hemos visto que $n!$, es decir fac(n) crece muy rápido, lo que nos lleva a la conclusión de que con los *tipos de datos integrados*, el factorial más largo que podemos calcular con precisión es 20!. En el Volumen I, mostramos que podemos calcular enteros grandes con la técnica *Big Integer*. Sin embargo, es *muy lento* calcular con precisión el valor exacto de $n!$, si n es grande.

La solución a este problema consiste en trabajar con los factores primos de m y comprobar si cada uno de ellos tiene 'soporte' en $n!$. Esta comprobación se conoce como fórmula de Legendre.

---

[17]También existe el multifactorial. Su forma más común es el doble factorial, expresado como $n!!$, por ejemplo, $14!! = 14 \times 12 \times 10 \times \cdots \times 2 = 645\,120$. Se utiliza en la sección 8.2.1.

Digamos que $v_p(n!)$ es la potencia más grande p que divide a n. Podemos calcular $v_p(n!)$ mediante $\sum_{i=1}^{\infty} \left\lfloor \frac{n}{p^i} \right\rfloor$.

Por ejemplo, cuando $n = 6$, tenemos $6! = 2 \times 3 \times 4 \times 5 \times 6 = 2 \times 3 \times (2^2) \times 5 \times (2 \times 3) = 2^4 \times 3^2 \times 5$ cuando se expresa como su factorización en potencias de primos (en realidad tampoco necesitamos esto). Ahora, si $m_1 = 9 = 3^2$, entonces el factor primo 3^2 tiene soporte en $6!$, porque $v_3(6!) = 2$ y $3^2 \leq 3^2$. Por lo tanto $m_1 = 9$ divide a $6!$. Sin embargo, $m_2 = 54 = 2^1 \times 3^3$ *no tiene* soporte porque, aunque $v_2(6!) = 4$ y $2^1 \leq 2^4$, tenemos que $v_3(6!) = 2$ y $3^3 > 3^2$. Por tanto, $m_2 = 54$ *no divide* a $6!$.

	C++	ch5/factovisors_UVa10139.cpp
GitHub	Java	ch5/factovisors_UVa10139.java
	Python	ch5/factovisors_UVa10139.py

Ejercicio 5.3.8.1

Determina el GCD y el LCM de $(2^6 \times 3^3 \times 97^1,\ 2^5 \times 5^2 \times 11^2)$.

Ejercicio 5.3.8.2

Cuenta el número de ceros al final de $n!$ (asumiendo que $1 \leq n \leq 200\,000$).

5.3.9 Aritmética modular

Algunos cálculos matemáticos en problemas de programación terminan dando un positivo muy grande (o un negativo muy pequeño) en los resultados intermedios o finales, que queda fuera del ámbito de los tipos de datos de enteros más grandes integrados en los lenguajes de programación (a día de hoy, el `long long` de C++ o el `long` de Java, ambos de 64 bits). En el Volumen I hemos visto una forma de calcular enteros grandes con precisión. En la sección 5.3.8, hemos visto otra forma de trabajar con enteros grandes, a través de sus factores primos. En otros problemas[18], solo nos interesa el resultado *módulo* un número (normalmente primo, para evitar colisiones), de forma que los resultados intermedios o finales siempre quedan dentro del tipo de datos de enteros integrado. En esta subsección veremos esos tipos de problemas.

En el problema UVa 10176 - Ocean Deep! Make it shallow!!, se nos pide que convirtamos un número binario largo (de hasta 100 dígitos) en decimal. Un cálculo rápido nos indica que el número más grande posible es $2^{100} - 1$, lo que queda fuera del alcance de un entero de 64 bits. Sin embargo, el problema solo pregunta si el resultado es divisible por $131\,071$ (un número primo). Así, lo que tenemos que hacer es convertir el número binario a decimal, dígito a dígito, mientras realizamos operaciones % $131\,071$ en los resultados intermedios ('%' es un símbolo

---

[18]En la actualidad, estamos observando que el número de problemas que requieren técnicas de enteros grandes va *disminuyendo*, mientras que aquellos que necesitan de técnicas de aritmética modular están en *aumento*.

sinónimo de la operación módulo). Si el resultado final es 0, entonces el *número binario original* (que nunca hemos calculado por completo), es divisible por 131 071.

Importante: El módulo de un entero negativo puede resultar sorprendente para aquellos que desconocen el comportamiento específico del lenguaje de programación que utilizan. Por ejemplo $-10 \% 7 = 4$ (en Python), pero el operador % de C++/Java y mod de OCaml devuelve -3 como resultado. Para garantizar un resultado correcto, en caso de que debamos hallar un entero no negativo a (mód m), utilizaremos $((a \% m) + m) \% m$. En el ejemplo dado, tendremos que $((-10 \% 7) + 7) \% 7 = (-3 + 7) \% 7 = 4 \% 7 = 4$.

Las siguientes expresiones son ciertas dentro de la aritmética modular:

1. $(a + b) \% m = ((a \% m) + (b \% m)) \% m$
   Ejemplo: $(15 + 29) \% 8 = ((15 \% 8) + (29 \% 8)) \% 8 = (7 + 5) \% 8 = 4$

2. $(a - b) \% m = ((a \% m) - (b \% m)) \% m$
   Ejemplo: $(37 - 15) \% 6 = ((37 \% 6) - (15 \% 6)) \% 6 = (1 - 3) \% 6 = -2 \text{ o } 4$

3. $(a \times b) \% m = ((a \% m) \times (b \% m)) \% m$
   Ejemplo: $(23 \times 12) \% 5 = ((23 \% 5) \times (12 \% 5)) \% 5 = (3 \times 2) \% 5 = 1$

Inverso multiplicativo modular

Resulta que $(a \, / \, b) \% m$ es difícil de calcular si a es muy grande. En caso contrario, basta con dividir a por b y realizar la operación módulo del resultado por m. Cabe la posibilidad de que a se presente en la forma $a = a_1 \times a_2 \times \cdots \times a_n$, donde cada a_i es lo suficientemente pequeño como para caber en un tipo de datos entero integrado. Por lo tanto, podríamos caer en la tentación de obtener el módulo m de a y b de forma independiente, realizar la división y volver a operar el módulo del resultado. Sin embargo, este método es erróneo. $(((a_1 \times a_2 \times \cdots \times a_n) \% m) \, / \, (b \% m)) \% m$ no es, necesariamente, igual a $(a \, / \, b) \% m$. Es decir, la aritmética modular no funcionará en la división. Por ejemplo, $(30 \, / \, 5) \% 10 = 6$ no es igual a $((27 \% 13) \, / \, (3 \% 13)) \% 13 = \frac{1}{3}$.

Afortunadamente, podemos reescribir $(a \, / \, b) \% m$ como $(a \times b^{-1}) \% m$, donde b^{-1} es el inverso multiplicativo modular de b, en relación al módulo m. En otras palabras, b^{-1} es un entero tal que $(b \times b^{-1}) \% m = 1$. Después, lo único que debemos hacer es resolver $(a \times b^{-1}) \% m$ utilizando la aritmética modular que hemos visto (para la multiplicación). Por lo tanto, ¿cómo hallamos $b^{-1} \% m$?

Si m es un número primo, podemos utilizar el pequeño teorema de Fermat para b y m, donde $\gcd(b, m) = 1$, es decir, $b^{m-1} \equiv 1$ (mód m). Si multiplicamos ambos términos por b^{-1}, obtendremos $b^{m-1} \cdot b^{-1} \equiv 1 \cdot b^{-1}$ (mód m) o, simplemente, $b^{m-2} \equiv b^{-1}$ (mód m). Entonces, para hallar el inverso multiplicativo modular de b (es decir, $b^{-1} \% m$), basta calcular $b^{m-2} \% m$, utilizando, por ejemplo, la exponenciación modular eficiente tratada en la sección 5.8.2 combinada con la aritmética modular de la multiplicación. Por lo tanto, $(a \times b^{-1}) \% m$, cuando m es un número primo, es igual a $((a \% m) \times (b^{m-2} \% m)) \% m$.

Si m no es necesariamente un número primo, pero $\gcd(b, m) = 1$, entonces puede ser de aplicación el teorema de Euler, es decir, $b^{\varphi(m)} \equiv 1$ (mód m), donde $\varphi(m)$ es la Fi de Euler (indicatriz) de m, el número de enteros positivos $< m$ que son primos relativos a m. Es fácil ver que, cuando m es un número primo, el teorema de Euler se reduce al pequeño teorema de Fermat, es decir, $\varphi(m) = m - 1$. Igual que en el caso anterior, solo tendremos que calcular $b^{\varphi(m)-1} \% m$

para obtener el inverso multiplicativo modular de b. Por lo tanto, $(a \times b^{-1}) \% m$ es igual a $((a \% m) \times (b^{\varphi(m)-1} \% m)) \% m$.

Ejemplo 1: $a = 27$, $b = 3$, $m = 13$. $(27/3) \% 13 = ((27 \% 13) \times (3^{-1} \% 13)) \% 13 = ((27 \% 13) \times (3^{11} \% 13)) \% 13 = (1 \times 9) \% 13 = 9$.

Ejemplo 2: $a = 27$, $b = 3$, $m = 10$. $(27/3) \% 10 = ((27 \% 10) \times (3^{-1} \% 10)) \% 10 = ((27 \% 10) \times (3^{3} \% 10)) \% 10 = (1 \times 9) \% 10 = 9$.

Alternativamente, también podemos utilizar el algoritmo euclídeo extendido para calcular el inverso multiplicativo modular de b (si seguimos asumiendo que $\gcd(b, m) = 1$). Lo veremos en la siguiente sección. Cabe destacar que si $\gcd(b, m) \neq 1$, entonces b no tendrá un inverso multiplicativo modular con respecto al módulo m.

5.3.10 Algoritmo euclídeo extendido

En la sección 5.3.6 hemos visto que $\gcd(a, 0) = a$ y que $\gcd(a, b) = \gcd(b, a \% b)$, pero es posible extender este algoritmo euclídeo. Además de calcular $\gcd(a, b) = d$, el algoritmo euclídeo extendido también puede calcular los coeficientes de la identidad (lema) de Bézout, es decir, los enteros x e y tal que $ax + by = \gcd(a, b)$. La implementación es la siguiente:

```
int extEuclid(int a, int b, int &x, int &y) {    // x e y por referencia
  int xx = y = 0;
  int yy = x = 1;
  while (b) {                                      // repite hasta b == 0
    int q = a/b;
    int t = b; b = a%b; a = t;
    t = xx; xx = x-q*xx; x = t;
    t = yy; yy = y-q*yy; y = t;
  }
  return a;                                        // devuelve gcd(a, b)
}
```

Por ejemplo: $a = 25, b = 18$. `extEuclid(25, 18, x, y)` actualiza $x = -5, y = 7$ y devuelve $d = 1$. Esto significa $25 \times -5 + 18 \times 7 = \gcd(25, 18) = 1$.

Solución de la ecuación diofántica lineal

Problema: supongamos que un ama de casa compra manzanas y naranjas por un precio total de 8,39 dólares. Una manzana cuesta 25 céntimos y una naranja 18. ¿Cuántas ha comprado de cada clase?

Este problema se puede modelar como una ecuación lineal con dos variables: $25x + 18y = 839$. Como sabemos que tanto x como y deben ser enteros, esta ecuación se denomina ecuación diofántica lineal. Es posible resolver la ecuación diofántica lineal con dos variables aunque solo tengamos una ecuación.

Digamos que a y b son enteros con $d = \gcd(a, b)$. La ecuación $ax + by = c$ no tiene soluciones integrales si $d \mid c$ no es verdadero. Pero si $d \mid c$, entonces hay infinitas soluciones integrales.

La primera solución (x_0, y_0) se encuentra usando el algoritmo euclídeo extendido, y el resto se pueden deducir de $x = x_0 + (b/d)n$, $y = y_0 - (a/d)n$, donde n es un entero. Los problemas de los concursos de programación suelen tener restricciones añadidas, para garantizar una salida finita (y única).

Usando `extEuclid`, podemos resolver el problema anterior: la ecuación diofántica lineal con dos variables $25x + 18y = 839$. Recordemos que `extEuclid(25, 18)` nos ayudará a obtener $25 \times -5 + 18 \times 7 = \gcd(25, 18) = 1$.

Multiplicamos los componentes izquierdo y derecho de la ecuación por $839/\gcd(25, 18) = 839$: $25 \times (-4195) + 18 \times 5873 = 839$. Por lo tanto, $x = -4195 + (18/1)n$ e $y = 5873 - (25/1)n$.

Como necesitamos un número no negativo de x e y (un número no negativo de manzanas y naranjas), tenemos dos restricciones adicionales: $-4195 + 18n \geq 0$ y $5873 - 25n \geq 0$, o $4195/18 \leq n \leq 5873/25$ o $233{,}05 \leq n \leq 234{,}92$.

El único entero posible para n ahora es 234. Por lo que la solución única resulta ser $x = -4195 + 18 \times 234 = 17$ e $y = 5873 - 25 \times 234 = 23$, es decir, 17 manzanas (de 25 céntimos cada una) y 23 naranjas (de 18 céntimos cada uno), para un total de 8,39 dólares.

Inverso multiplicativo modular con el algoritmo euclídeo extendido

Ahora calcularemos x de forma que $b \times x = 1$ (mód m). Este $b \times x = 1$ (mód m) es equivalente a $b \times x = 1 + m \times y$, donde y puede ser cualquier entero. Reordenamos la fórmula para dejarla como $b \times x - m \times y = 1$ o $b \times x + m \times y = 1$, ya que y es una variable que puede absorber el signo negativo. Nos encontramos ante una ecuación diofántica lineal que sea puede resolver mediante el algoritmo euclídeo extendido, para obtener el valor de x (y de y, que ignoraremos). El resultado es $x = b^{-1}$ (mód m).

Solo podremos llegar a este resultado b^{-1} (mód m) si b y m son primos relativos, es decir, $\gcd(b, m) = 1$. Se puede implementar de la siguiente forma (es importante prestar atención a nuestra subrutina `mod`, que se ocupará del caso en el que $a \% m$ sea negativo):

```
int mod(int a, int m) {                      // devuelve a (mód m)
  return ((a%m) + m) % m;                     // garantiza positivo
}

int modInverse(int b, int m) {               // devuelve b^(-1) (mód m)
  int x, y;
  int d = extEuclid(b, m, x, y);             // obtiene b*x + m*y == d
  if (d != 1) return -1;                      // indica error
  // b*x + m*y == 1, ahora aplicamos (mód m) para obtener b*x == 1 (mód m)
  return mod(x, m);
}
```

Ahora podremos calcular $(a \times b^{-1}) \% m$, incluso si m no es primo pero $\gcd(b, m) = 1$, mediante $((a \% m) \times \text{modInverse}(b, m)) \% m$.

Ejemplo 1: $(27 \times 3^{-1}) \% 7 = ((27 \% 7) \times \text{modInverse}(3, 7)) \% 7 = (6 \times 5) \% 7 = 30 \% 7 = 2$.

Ejemplo 2: $(27 \times 4^{-1}) \% 7 = ((27 \% 7) \times \text{modInverse}(4, 7)) \% 7 = (6 \times 2) \% 7 = 12 \% 7 = 5$.

Ejemplo 3 (m no es primo pero $\gcd(b, m) = 1$):

$$(520 \times 25^{-1}) \,\%\, 18 = (520 \,\%\, 18) \times \texttt{modInverse(25, 18)} \,\%\, 18 =$$
$$= (16 \times 13) \,\%\, 18 = 208 \,\%\, 18 = 10$$

C++	ch5/modInverse.cpp
Java	ch5/modInverse.java
GitHub	**Python**	ch5/modInverse.py

5.3.11 Teoría de números en concursos de programación

En la sección 9.12 trataremos el rho de Pollard (un algoritmo de factorización de enteros más rápido que el mostrado en la sección 5.3.3). También, en la sección 9.13, veremos el teorema del resto chino (CRT) (que utiliza el algoritmo euclídeo extendido de la sección 5.3.10).

Sin embargo, existen muchos otros problemas de teoría de números que no hemos incluido en este libro (como las diversas propiedades de divisibilidad). Según nuestra experiencia, suelen aparecer problemas de teoría de números en los ICPC, sobre todo en Asia. Por lo tanto, es una buena idea que un miembro del equipo se prepare específicamente en la materia incluida en este libro y en otros.

Ejercicios de programación

Ejercicios de programación relativos a la teoría de números:

Números primos

1. Nivel básico: **UVa 00543 - Goldbach's Conjecture** * — criba, búsqueda completa, conjetura de Goldbach[19], similar a UVa 00686, 10311 y 10948
2. **UVa 01644 - Prime Gap** * — LA 3883 - Tokyo07, criba, prueba de primalidad, límite superior–límite inferior
3. **UVa 10650 - Determinate Prime** * — 3 primos consecutivos equidistantes
4. **UVa 11752 - The Super ...** * — probar con base 2 hasta 2^{16}, potencia compuesta, ordenar
5. *Kattis - enlarginghashtables* * — utilizar criba hasta 40 000, prueba de primalidad en números mayores que $2n$, prueba de primalidad del propio n
6. *Kattis - primesieve* * — utilizar criba hasta 10^8, es lo bastante rápido
7. *Kattis - reseto* * — criba de Eratóstenes hasta el cruce k-ésimo

Adicionales UVa: *00406, 00686, 00897, 00914, 10140, 10168, 10311, 10394, 10490, 10852, 10948.*

Prueba de primalidad (probabilística)

1. Nivel básico: *Kattis - pseudoprime* * — sí en caso de `!isPrime(p) && a.modPow(p, p) = a`, *BigInteger*, también disponible en UVa 11287 - Pseudoprime Numbers
2. **UVa 01180 - Perfect Numbers** * — LA 2350 - Dhaka01, pequeña prueba de primalidad
3. **UVa 01210 - Sum of Consecutive ...** * — LA 3399 - Tokyo05, sencillo
4. **UVa 10235 - Simply Emirp** * — análisis de caso: primo/omirp/no primo, omirp es un número primo que sigue siendo primo después de invertir el orden de sus dígitos

5. *Kattis - flowergarden* *   `dist` euclídea, pequeña prueba de primalidad, utilizar `isProbablePrime`, simulación, existen soluciones más rápidas

6. *Kattis - goldbach2* *   problema sencillo de fuerza bruta, utilizar `isProbablePrime`, existen soluciones más rápidas

7. *Kattis - primes2* *   convertir entrada a bases 2/8/10/16, ignorar aquellos que causen un error `NumberFormatException`, usar `isProbablePrime` y GCD

Adicionales UVa: *00960, 10924, 12542.*

Búsqueda de factores primos

1. Nivel básico: **UVa 00583 - Prime Factors** *   problema de factorización básico
2. **UVa 11466 - Largest Prime Divisor** *   utilizar una implementación de criba eficiente para obtener los factores primos más grandes
3. **UVa 12703 - Little Rakin** *   utiliza números de Fibonacci hasta 40 y factorización en primos sencilla ya que a y b pueden no ser primos
4. **UVa 12805 - Raiders of the Lost Sign** *   prueba de primalidad, primos con formato $4m - 1$ y $4m + 1$, factorización en primos sencilla
5. *Kattis - pascal* *   búsqueda de factor primo menor de N, caso especial: $N = 1$
6. *Kattis - primalrepresentation* *   problema de factorización, utilizar criba para evitar TLE, usar `long long`, $2^{31} - 1$ es primo
7. *Kattis - primereduction* *   problema de factorización

Adicionales UVa: *00516, 10392.*

Otros: ver en la sección 9.12 un algoritmo de factorización de enteros más rápido (pero poco habitual).

Funciones que implican factores primos

1. Nivel básico: **UVa 00294 - Divisors** *   `numDiv(N)`
2. **UVa 10179 - Irreducible Basic ...** *   `EulerPhi(N)`
3. **UVa 11353 - A Different kind of ...** *   `numPF(N)`, variante de ordenación
4. **UVa 11728 - Alternate Task** *   `sumDiv(N)`
5. *Kattis - almostperfect* *   `sumDiv(N)-N`, variación menor
6. *Kattis - divisors* *   devolver `numDiv(nCk)`, pero no calcular nCk directamente, trabajar con sus factores primos
7. *Kattis - relatives* *   `EulerPhi(N)`, también disponible en UVa 10299 - Relatives

Adicionales UVa: *00884, 01246, 10290, 10820, 10958, 11064, 11086, 11226, 12005, 13185, 13194.*

Adicionales Kattis: *listgame.*

Criba modificada

1. Nivel básico: **UVa 10699 - Count the ...** *   `numDiffPF(N)` para un rango
2. **UVa 10990 - Another New Function** *   calcular un rango de valores Fi de Euler, DP para calcular valores Fi profundos, por último DP para suma de rango unidimensional máximo
3. **UVa 11426 - GCD - Extreme (II)** *   calcular previamente `EulerPhi(N)`, la respuesta implica `EulerPhi`
4. **UVa 12043 - Divisors** *   `sumDiv(N)` y `numDiv(N)`, fuerza bruta
5. *Kattis - data* *   `numDiffPF(V)` para V hasta $N \times 1000$, combinación/subconjuntos por fuerza bruta, DP para subconjunto

6. *Kattis - farey* *   calcular previamente `EulerPhi(N)`, realizar suma de prefijos (RSQ unidimensional) de `EulerPhi(N)` desde 1 hasta cada N, la respuesta está relacionada con este valor

7. *Kattis - nonprimefactors* *   `numDiv(i) - numDiffPF(i)` $\forall i$ en el rango, los archivos de E/S son grandes por lo que se necesita E/S rápida con `Buffered`

Adicionales UVa: *10738, 11327.*

GCD y/o LCM[20]

1. Nivel básico: **UVa 11417 - GCD** *   usar fuerza bruta ya que la entrada es pequeña
2. **UVa 10407 - Simple Division** *   restar $s[0]$ al conjunto s, hallar el GCD
3. **UVa 10892 - LCM Cardinality** *   número de pares de divisores de N: (m, n) tal que $\operatorname{lcm}(m, n) = N$
4. **UVa 11388 - GCD LCM** *   usar la relación GCD-LCM
5. *Kattis - prsteni* *   GCD del radio del primer círculo con los radios de los siguientes
6. *Kattis - jackpot* *   similar a Kattis - smallestmultiple, usar `BigInteger` de Java u otras soluciones rápidas
7. *Kattis - smallestmultiple* *   LCM sencillos de todos los números, usar `BigInteger` de Java para mayor seguridad

Adicionales UVa: *00106, 00412, 10193, 11774, 11827, 12708, 12852.*
Adicionales Kattis: *doodling, dasblinkenlights.*

Factoriales[21]

1. Nivel básico: *Kattis - tutorial* *   los factoriales son solo una parte del problema, poda
2. **UVa 11076 - Add Again** *   no utilizar `next_permutation` para 12! o resultará en TLE, observar los dígitos en todas las permutaciones, pista: la solución implica operación factorial
3. **UVa 12335 - Lexicographic Order** *   dada la permutación k-ésima recuperar la primera permutación, usar factorial, usar `BigInteger` de Java
4. **UVa 12869 - Zeroes** *   LA 6847 - Bangkok 2014, cada cero en factorial(n) se debe al producto de los factores 2 y 5, el factor 2 crece más rápido que el factor 5
5. *Kattis - inversefactorial* *   buen problema, número de dígitos en un factorial
6. *Kattis - loworderzeros* *   último dígito distinto a cero en un factorial, clásico
7. *Kattis - namethatpermutation* *   número de permutación, implica factoriales

Adicionales UVa: *00324, 00568, 00623, 10220, 10323, 10338, 12934.*
Adicionales Kattis: *eulersnumber, howmanydigits.*

Operación con factores primos

1. Nivel básico: *Kattis - factovisors* *   factorizar m, comprobar si tiene soporte en $n!$. fórmula de Legendre, también disponible en UVa 10139 - Factovisors
2. **UVa 10680 - LCM** *   usar `primefactors([1..N])` para obtener $\operatorname{lcm}(1, 2, \ldots, N)$
3. **UVa 11347 - Multifactorials** *   factorización en potencias primas, `numDiv(N)`
4. **UVa 11395 - Sigma Function** *   pista clave: un número cuadrado multiplicado por potencias de dos, como $2^k \times i^2$ para $k \geq 0$, $i \geq 1$, tiene una suma *impar* de divisores
5. *Kattis - consecutivesums* *   operar con factores, suma de series de progresiones aritméticas

6. *Kattis - fundamentalneighbors* * notación de potencias de primos inversa
7. *Kattis - iks* * criba de Eratóstenes, factorizar en primos cada número, distribuir los factores para maximizar el GCD final/minimizar el total de operaciones

Adicionales UVa: *00160, 00993, 10061, 10484, 10780, 10791, 11889, 13067.*
Adicionales Kattis: *olderbrother, parket, perfectpowers, persistent.*

Aritmética modular

1. Nivel básico: **UVa 10176 - Ocean Deep; Make it ...** * convertir binario a decimal dígito a dígito, operar con módulo 131 071 para obtener el resultado intermedio
2. **UVa 10174 - Couple-Bachelor- ...** * no es un número de Spinster
3. **UVa 10212 - The Last Non-zero ...** * multiplicar los números desde N hasta $N - M + 1$; usar $/10$ para descartar los ceros al final, usar $\% 1000$ millones
4. **UVa 10489 - Boxes of Chocolates** * mantener los valores pequeños mediante módulo
5. *Kattis - anothercandies* * aritmética modular sencilla
6. *Kattis - ones* * si no hay factores 2 y 5 no habrá ceros al final, también disponible en UVa 10127 - Ones
7. *Kattis - threedigits* * simular cálculo factorial, eliminar ceros al final, mantener los últimos dígitos distintos a cero mediante módulo

Adicionales UVa: *00128.*
Adicionales Kattis: *modulo, vauvau.*

Euclídeo extendido

1. Nivel básico: **UVa 10104 - Euclid Problem** * problema de euclídeo extendido puro
2. **UVa 10090 - Marbles** * usar la solución de la ecuación diofántica lineal
3. **UVa 10633 - Rare Easy Problem** * sean $C = N - M, N = 10a + b$ y $M = a$, ecuación diofántica lineal: $9a + b = C$
4. **UVa 10673 - Play with Floor and Ceil** * utiliza euclídeo extendido
5. *Kattis - candydistribution* * el problema se reduce a hallar $C^{-1} \pmod{K}$, cuidado cuando la respuesta es "IMPOSSIBLE" o $\leq K$
6. *Kattis - modulararithmetic* * la operación de división necesita al inverso modular, utilizar euclídeo extendido
7. *Kattis - soyoulikeyourfoodhot* * ecuación diofántica lineal, se puede resolver mediante fuerza bruta

Adicionales Kattis: *jughard, wipeyourwhiteboards.*

Prueba de divisibilidad

1. Nivel básico: **UVa 10929 - You can say 11** * prueba de divisibilidad por 11
2. **UVa 10922 - 2 the 9s** * prueba de divisibilidad por 9
3. **UVa 11344 - The Huge One** * usar teoría de la divisibilidad por $[1..12]$
4. **UVa 11371 - Number Theory for ...** * se proporciona la estrategia de la solución
5. *Kattis - divisible* * divisibilidad, algoritmo de pasada lineal
6. *Kattis - meowfactor* * prueba de divisibilidad de por 9^{ans}, el rango de ans es pequeño

7. *Kattis - thinkingofanumber* *

Adicionales Kattis: *cocoacoalition, magical3.*

rango sencillo, utilizar mín/máx adecuadamente, después pequeñas pruebas de divisibilidad

Perfiles de los inventores de algoritmos

Christian Goldbach (1690-1764) fue un matemático alemán. Es recordado por la conjetura de Goldbach, que discutió extensamente con Leonhard Euler.

Diofanto de Alejandría ($\approx$ 200-300 d.C.) fue un matemático grecoalejandrino. Realizó extensos estudios sobre álgebra. Uno de sus trabajos son las ecuaciones diofánticas lineales.

Leonardo Fibonacci (también conocido como **Leonardo Pisano**) (1170-1250) fue un matemático italiano. Publicó un libro titulado *'Liber Abaci'* (Libro del ábaco/cálculo), en el que trató un problema sobre el crecimiento de una población de *conejos*, basado en hechos idealizados. La solución fue una secuencia de números, conocida hoy como la sucesión de Fibonacci.

Edouard Zeckendorf (1901-1983) fue un matemático belga. Es principalmente conocido por su trabajo con la sucesión de Fibonacci y, en particular, por demostrar el teorema de Zeckendorf.

Jacques Philippe Marie Binet (1786-1856) fue un matemático francés. Realizó aportaciones significativas a la teoría de números. La fórmula de Binet, que expresa números de Fibonacci de forma cerrada, se llama así en su honor, aunque el mismo resultado ya se conocía anteriormente.

Blaise Pascal (1623-1662) fue un matemático francés. Uno de sus famosos inventos, tratado en este libro, es el triángulo de Pascal de coeficientes binomiales.

Eugène Charles Catalan (1814-1894) fue un matemático francobelga. Introdujo los números de Catalan para resolver un problema de combinatoria.

5.4 Combinatoria

La **combinatoria** es una rama de la *matemática discreta*[22] que trata el estudio de estructuras discretas **numerables**. En los concursos de programación, aquellas cuestiones que implican combinatoria se suelen titular '¿Cuántos [objeto]?', 'Contar [objeto]', etc., aunque algunos autores de problemas prefieren ocultar el hecho en los títulos. Enumerar los objetos uno a uno, con la intención de contarlos, suele resultar en un veredicto TLE. El código de la solución suele ser *corto*, pero encontrar la fórmula (normalmente recursiva) requiere una dosis de brillantez matemática y también paciencia.

---

[19]La conjetura de de Christian Goldbach (actualizada por Leonhard Euler) dice lo siguiente: todo número ≥ 4 se puede expresar como la suma de dos números primos.

[20]Los problemas de GCD y/o LCM que requieren de factorización se encuentran en la categoría 'Operación con factores primos'.

[21]Los problemas con factoriales que requieren de factorización se encuentran en la categoría 'Operación con factores primos'.

[22]La matemática discreta consiste en el estudio de estructuras discretas (por ejemplo, enteros {0, 1, 2, …}, grafos/árboles (vértices y aristas), lógica (verdadero/falso)), en contraposición a aquellas que son continuas (por ejemplo, los números reales).

También es una buena idea memorizar/estudiar las fórmulas más comunes, como las relacionadas con Fibonacci (sección 5.4.1), coeficientes binomiales (sección 5.4.2) y números de Catalan (sección 5.4.3), para poder reconocerlas rápidamente. En un concurso por equipos, como el ICPC, si encontramos uno de estos problemas, deberemos asignar a un miembro del equipo que sea eficaz en matemáticas la búsqueda de la fórmula (encontraremos una revisión rápida de técnicas de combinatoria más generales en la sección 5.4.4), mientras los otros dos se concentran en *otros* problemas. Una vez obtenida la fórmula, se puede programar rápidamente (interrumpiendo a quien esté utilizando el ordenador en ese momento).

Algunas de estas fórmulas de combinatoria pueden implicar subproblemas superpuestos, que necesiten el uso de programación dinámica (ver el Volumen I). También podemos encontrarnos valores lo suficientemente grandes como para requerir técnicas de *Big Integer* (ver Volumen I) o aritmética modular (sección 5.3.9).

5.4.1 Sucesión de Fibonacci

La sucesión de Leonardo *Fibonacci* se define como $fib(0) = 0$, $fib(1) = 1$ y, para $n \geq 2$, $fib(n) = fib(n-1) + fib(n-2)$. Esto produce la siguiente secuencia, bastante conocida: 0, 1, 1, 2, 3, 5, 8, 13, 21, 34, 55, 89, 144, 233, 377, 610, etc. Este patrón aparece, en ocasiones, en problemas que no mencionan en absoluto el término 'Fibonacci', como en algunos de los ejercicios de programación de esta sección (UVa 10334, Kattis - anti11, etc.).

Normalmente, deducimos la sucesión de Fibonacci con una técnica 'trivial' de programación dinámica (suele ser de abajo a arriba) en $O(n)$, en vez de implementar la recurrencia directamente (ya que resulta muy lento). Sin embargo, la solución de DP $O(n)$ *no* siempre es la más rápida. En la sección 5.8 veremos cómo calcular el n-ésimo término de la sucesión de Fibonacci (con un n grande) en tiempo $O(\log n)$, utilizando la eficiente potencia de matrices. Como apunte, existe una fórmula cerrada en $O(\log n)$ para obtener el término n-ésimo: calculamos el valor de $(\phi^n - (-\phi)^{-n})/\sqrt{5}$ (fórmula de Binet) donde ϕ (razón áurea) es $((1 + \sqrt{5})/2) \approx 1{,}618$. Este valor es, en teoría, exacto, pero no es muy preciso para términos grandes, debido a la imprecisión de los cálculos de coma flotante.

La sucesión de Fibonacci tiene muchas propiedades interesantes. Una de ellas se recoge en el teorema de Zeckendorf: todo entero positivo puede expresarse de forma única como la suma de uno o más números de Fibonacci diferentes, de forma que dicha suma no incluya dos números de Fibonacci consecutivos. Para cualquier entero positivo, se puede satisfacer el teorema de Zeckendorf utilizando un algoritmo *voraz*: tomando el término de Fibonacci más grande posible en cada paso. Por ejemplo: $100 = 89 + 8 + 3$, $77 = 55 + 21 + 1$, $18 = 13 + 5$, etc.

Otra propiedad es el periodo de Pisano, donde los uno/dos/tres/cuatro últimos dígitos de un número de Fibonacci se repiten con un periodo de 60/300/1500/15 000, respectivamente.

Ejercicio 5.4.1.1

Intenta $fib(n) = (\phi^n - (-\phi)^{-n})/\sqrt{5}$ con un n pequeño, y comprueba si esta fórmula de Binet obtiene, en realidad, $fib(7) = 13$, $fib(9) = 34$, $fib(11) = 89$. Ahora, escribe un programa sencillo que busque el primer valor de n en el que el resultado de $fib(n)$ sea diferente del de esta fórmula.

5.4.2 Coeficientes binomiales

Otro problema clásico de combinatoria aparece en la búsqueda de *coeficientes* de la expansión algebraica de potencias de un binomio[23]. Estos coeficientes son también el número de maneras en las que n elementos se pueden tomar en cantidad k cada vez, normalmente expresado como $C(n, k)$ o ^nC_k. Por ejemplo, $(x + y)^3 = \mathbf{1}x^3 + \mathbf{3}x^2y + \mathbf{3}xy^2 + \mathbf{1}y^3$. $\{\mathbf{1, 3, 3, 1}\}$ son los coeficientes binomiales de $n = 3$ con $k = \{0, 1, 2, 3\}$, respectivamente. O, dicho en otras palabras, el número de formas en las que $n = 3$ elementos se pueden obtener con $k = \{0, 1, 2, 3\}$ elementos cada vez son $\{1, 3, 3, 1\}$, respectivamente.

Podemos calcular cada valor (exacto) de $C(n, k)$ con esta fórmula: $C(n, k) = \frac{n!}{(n-k)! \times k!}$, implementada iterativamente. Sin embargo, calcular $C(n, k)$ puede ser un desafío cuando n y/o k son grandes. Existen varias técnicas como: hacer k más pequeño (si $k > n - k$, entonces $k = n - k$) porque $^nC_k = {}^nC_{(n-k)}$; durante los cálculos intermedios, dividimos los números antes de multiplicarlos por el siguiente; o utilizamos la técnica *Big Integer* tratada en el Volumen I (como último recurso, ya que las operaciones con enteros grandes son lentas).

También podemos calcular el valor de $C(n, k)$ utilizando recurrencias de programación dinámica de arriba a abajo, como se muestra a continuación, utilizando una tabla recordatoria bidimensional, para evitar repetir cálculos.

- $C(n, 0) = C(n, n) = 1$ // *casos base.*

- $C(n, k) = C(n - 1, k - 1) + C(n - 1, k)$ // *tomar o ignorar un elemento, $n > k > 0$.*

Alternativamente, también podemos calcular los valores de $C(n, k)$ desde $n = 0$ hasta un valor determinado de n, construyendo el *triángulo de Pascal*, un *array* triangular de coeficientes binomiales. Las entradas a izquierda y derecha de cada fila siempre son 1. Los valores interiores son la suma de los dos valores inmediatamente superiores, como se puede ver, a continuación, en la fila $n = 4$. Esta es, en esencia, la versión de abajo a arriba de la solución de programación dinámica anterior. Vemos que la suma de los elementos de cada fila siempre es 2^n.

```
n = 0            1                      suma de la fila = 1  = 2^0
n = 1          1   1                    suma de la fila = 2  = 2^1
n = 2        1   2   1                  suma de la fila = 4  = 2^2
n = 3      1   3   3   1   <- como hemos visto, suma de la fila = 8  = 2^3
            \ / \ / \ /
n = 4    1   4   6   4   1              suma de la fila = 16 = 2^4, y sigue
```

Comos los valores de $C(n, k)$ crecen muy rápido, los problemas de programación modernos suelen pedir, en su lugar, el valor de $C(n, k) \% p$, donde p es un número primo. Si el límite de tiempo no es estricto, podemos modificar la fórmula de DP anterior para calcular los valores correctos de $C(n, k) \% p$. Si deseamos una solución más rápida, también es posible aplicar el pequeño teorema de Fermat sobre la fórmula estándar $C(n, k)$ (si p es un número primo lo suficientemente grande, mayor que `MAX_N`). Incluimos, a continuación, una implementación con cálculo previo en $O(n)$ de los valores de $n! \% p$. Otra opción es el teorema de Lucas (si p es un número primo pero sin la garantía de que sea mayor que `MAX_N`), que podemos ver en la sección 9.14.

---

[23]Un binomio es un caso especial de un polinomio, que solo tiene dos términos.

```cpp
typedef long long ll;
const int MAX_N = 100010;
const int p = 1e9+7;                                // p es un primo > MAX_N

ll inv(ll a) {                                      // pequeño teorema de Fermat
  return modPow(a, p-2, p);                         // modPow de la sección 5.8
}                                                   // que se ejecuta en O(log p)

ll fact[MAX_N];
ll C(int n, int k) {                                // O(log p)
  if (n < k) return 0;                              // claramente
  return (((fact[n] * inv(fact[k])) % p) * inv(fact[n-k])) % p;
}

// dentro de int main()
  fact[0] = 1;
  for (int i = 1; i < MAX_N; ++i)                   // proceso previo en O(MAX_N)
    fact[i] = (fact[i-1]*i) % p;                    // fact[i] en [0..p-1]
  cout << C(100000, 50000) << "\n";                 // la respuesta es 149033233
```

Ejercicio 5.4.2.1

Una k utilizada frecuentemente para $C(n, k)$ es $k = 2$. Demuestra que $C(n, 2) = O(n^2)$.

Ejercicio 5.4.2.2

¿Por qué el código anterior solo funciona cuando $p >$ MAX_N? Prueba con $p = 997$ (que también es primo) y calcula $C(100\,000, 50\,000) \% p$ de nuevo. ¿Qué podemos hacer para abordar este problema? ¿Nos sería útil utilizar el algoritmo euclídeo extendido en vez del pequeño teorema de Fermat?

Ejercicio 5.4.2.3

En el código anterior, hemos calculado previamente los valores de $n! \% p$ $\forall n \in [0..n]$ en $O(n)$. En realidad, también podemos realizar el cálculo previo de $\text{inv}[n! \% p]$ $\forall n \in [0..n]$ en $O(n)$. Después, cada cálculo de $C(n, k)$ se podrá realizar en $O(1)$. Muestra cómo hacerlo.

5.4.3 Números de Catalan

Comencemos definiendo el número de Catalan n-ésimo, utilizando la notación ^nC_k de coeficientes binomiales ya vista, como: $Cat(n) = (^{(2\times n)}C_n)/(n+1)$, $Cat(0) = 1$. Ahora veremos su sentido.

Si nos piden calcular los valores de $Cat(n)$ para *varios* valores de n, puede ser mejor calcularlos utilizando programación dinámica de abajo a arriba. Una vez conocemos $Cat(n)$, podemos calcular $Cat(n+1)$ mediante la manipulación de la fórmula que veremos a continuación:

$$Cat(n) = \frac{(2n)!}{n!\times n!\times(n+1)},$$

$$Cat(n+1) = \frac{(2\times(n+1))!}{(n+1)!\times(n+1)!\times((n+1)+1)} = \frac{(2n+2)\times(2n+1)\times(2n)!}{(n+1)\times n!\times(n+1)\times n!\times(n+2)} = \frac{(2\times(n+1))\times(2n+1)\times[(2n)!]}{(n+2)\times(n+1)\times[n!\times n!\times(n+1)]}.$$

Por lo tanto,

$$Cat(n+1) = \frac{(4n+2)}{(n+2)} \times Cat(n).$$

Los valores de $Cat(n)$ también crecen muy rápido por lo que, en ocasiones, se nos pedirá el valor de $Cat(n) \% p$. Si p es primo (y lo suficientemente grande como para ser mayor que MAX_N), podemos recurrir a la siguiente implementación del pequeño teorema de Fermat.

```
ll Cat[MAX_N];

// dentro de int main()
Cat[0] = 1;
for (int n = 0; n < MAX_N-1; ++n)            // O(MAX_N log p)
  Cat[n+1] = ((4*n+2)%p * Cat[n]%p * inv(n+2)) % p;
cout << Cat[100000] << "\n";                  // la respuesta es 945729344
```

En el siguiente código fuente se pueden encontrar implementaciones basadas en la aritmética modular:

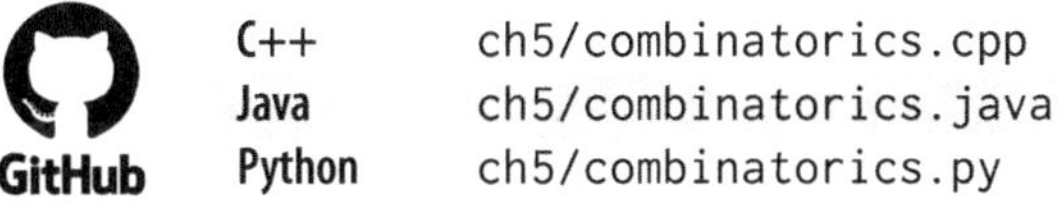

	C++	ch5/combinatorics.cpp
	Java	ch5/combinatorics.java
GitHub	Python	ch5/combinatorics.py

Los números de Catalan se encuentran (sorprendentemente) en varios problemas de combinatoria. Enumeramos ahora algunos de los más interesantes (hay varios más). Todos los ejemplos que aparecen a continuación utilizan $n = 3$ y $Cat(3) = (^{(2\times3)}C_3)/(3+1) = (^6C_3)/4 = 20/4 = 5$.

1. $Cat(n)$ cuenta el número de árboles binarios distintos con n vértices. Para $n = 3$:

2. $Cat(n)$ cuenta el número de expresiones que contienen n pares de paréntesis correctamente emparejados, por ejemplo, para $n = 3$, tenemos: ()()(), ()(()), (())(), ((())) y (()()). Para conocer más detalles sobre este problema, ver el Volumen I.

3. $Cat(n)$ cuenta el número de formas diferentes en que se pueden colocar $n + 1$ factores entre paréntesis, por ejemplo, para $n = 3$ y $3 + 1 = 4$ factores: {a, b, c, d}, tenemos: (ab)(cd), a(b(cd)), ((ab)c)d, (a(bc))d y a((bc)d).

4. $Cat(n)$ cuenta el número de formas en que se puede triangular un polígono convexo (ver la sección 7.3) de $n + 2$ lados. Ver la parte izquierda de la figura 5.2.

5. $Cat(n)$ cuenta el número de caminos monótonos que hay a lo largo de las aristas de una rejilla $n \times n$, que no pasan sobre la diagonal. Un camino monótono es aquel que comienza en la esquina inferior izquierda, termina en la esquina superior derecha y está formado completamente por aristas que apuntan a la derecha o hacia arriba. Ver la parte derecha de la figura 5.2.

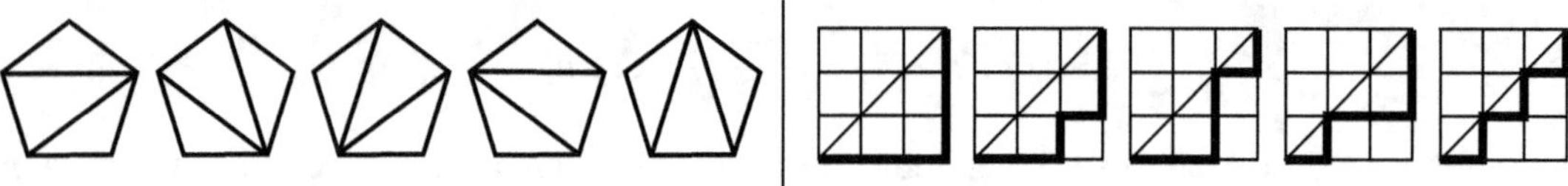

Figura 5.2: I: triangulación de un polígono convexo – D: caminos monótonos

Ejercicio 5.4.3.1*

¿Cuál de los siguientes es más difícil de factorizar (ver la sección 5.3.3), asumiendo que n es un entero grande arbitrario: $fib(n)$, $C(n, k)$ (asumimos que $k = n/2$) o $Cat(n)$? ¿Por qué?

Ejercicio 5.4.3.2*

Los números de Catalan $Cat(n)$ aparecen en otros problemas interesantes distintos a los mostrados en esta sección. Investiga.

5.4.4 Combinatoria en concursos de programación

Los problemas clásicos de combinatoria que incluyen la versiones canónicas de la sucesión de Fibonacci o los números de Catalan son cada vez más escasos. Sin embargo, hay muchos otros problemas de combinatoria sobre permutaciones (sección 5.3.7) y combinaciones (es decir, coeficientes binomiales, en la sección 5.4.2). Algunos de los más básicos aparecen en la lista de ejercicios de programación que sigue y los más interesantes los encontraremos en la sección 9.15. Como decimos, los problemas de combinatoria *puros* y/o *clásicos* ya no suelen formar parte de los ICPC/IOI modernos, pero la propia combinatoria puede constituir un subproblema de una tarea más amplia (sección 8.7).

En los concursos de programación *en línea*, donde los concursantes tienen acceso a internet, hay otro truco que puede resultar útil. En primer lugar, generamos una salida de pequeñas instancias y, después, la buscamos en la OEIS (*The On-Line Encyclopedia of Integer Sequences*), que se encuentra en `https://oeis.org/`. Si tienes suerte, la OEIS podrá indicarte el nombre de la sucesión y/o la fórmula general necesaria para resolver las instancias más grandes. Además, tienes a tu disposición `https://wolframalpha.com/`, que te ayudará a procesar/simplificar las fórmulas matemáticas.

Quedan todavía muchos sistemas de conteo y fórmulas, demasiados para incluirlos en este libro. Como no pretendemos que este sea un texto sobre matemáticas puras (discretas), finalizamos las sección con un vistazo rápido a algunas técnicas de combinatoria y proponemos varios ejercicios escritos para verificar o mejorar tus conocimientos de combinatoria.

- Principio de conteo fundamental (regla de la suma): si existen n maneras de realizar una acción, m maneras de realizar otra y ambas acciones no pueden suceder al mismo tiempo, entonces habrá $n + m$ maneras de elegir una de estas acciones combinadas. Podemos clasificar así el conteo de caminos en un DAG (ver el Volumen I y la sección 8.3).

- Principio de conteo fundamental (regla del producto): si existen n maneras de realizar una acción y m maneras de realizar otra posterior, entonces hay $n \times m$ maneras de realizar ambas.

- Una *permutación* es una disposición de objetos sin repetición y donde el orden es importante. Existen $n!$ permutaciones de un conjunto de tamaño n elementos distintos.

- Si el conjunto es, en realidad, un conjunto múltiple (con elementos duplicados), entonces tendremos menos de $n!$ permutaciones posibles. Supongamos que existen k elementos distintos, por lo que el número real de permutaciones será: $\dfrac{n!}{(n_1)! \times (n_2)! \times \cdots \times (n_k)!}$, donde n_i es la frecuencia de cada elemento distinto i y $n_1 + n_2 + \cdots + n_k = n$. Esta fórmula también es conocida como de coeficientes *multinomiales* y supone la generalización de los coeficientes binomiales vistos en la sección 5.4.2.

- Una *k-permutación* es una disposición de una longitud constante k de elementos distintos tomados de un conjunto dado de tamaño n elementos distintos. La fórmula es $_nP_k = \dfrac{n!}{(n-k)!}$ y se puede deducir a partir del principio de conteo fundamental que acabamos de ver.

- Principio de inclusión–exclusión: $|A \bigcup B| = |A| + |B| - |A \bigcap B|$.

- Existen 2^n subconjuntos (o combinaciones) de n elementos distintos.

- Existen $C(n, k)$ formas de tomar k elementos de un conjunto de n elementos distintos.

Ejercicio 5.4.4.1

Cuenta el número de posibles resultados si lanzas dos dados de 6 caras y tres monedas de 2 caras. ¿Obtendremos un resultado distinto si realizamos los lanzamientos de uno en uno en vez de todos al mismo tiempo?

Ejercicio 5.4.4.2

¿De cuántas maneras se puede formar un número de tres dígitos de entre $\{0, 1, 2, ..., 9\}$, usando cada dígito una sola vez? No se permite utilizar el 0 como primer dígito y uno de los dígitos debe ser el 7.

Ejercicio 5.4.4.3

¿Cuántas contraseñas podemos generar si la longitud de cada una debe estar entre 1 y 10 caracteres y cada carácter puede estar formado por las letras del alfabeto (['a'..'z'] o ['A'..'Z']) o por dígitos ([0..9])? Muestra la respuesta módulo 1e9+7.

Ejercicio 5.4.4.4

Supongamos que tienes la palabra de 6 letras 'FACTOR'. Si tomamos tres letras de esta palabra, podemos formar otras válidas, como 'ACT', 'CAT', 'ROT', etc. ¿Qué número máximo de palabras de tres letras diferentes podemos formar con las letras de 'FACTOR'?

Ejercicio 5.4.4.5

Dada la palabra de 5 letras 'BOBBY', reordena las letras para obtener otra, por ejemplo, 'BBBOY', 'YOBBB', etc. ¿Cuántas permutaciones *diferentes* son posibles?

Ejercicio 5.4.4.6

Utilizando el principio de inclusión-exclusión, responde a la siguiente pregunta: ¿cuántos enteros del rango $[1..1M]$ son múltiplos de 5 y 7?

Ejercicio 5.4.4.7

Resuelve el problema UVa 11401 - Triangle Counting. "Dadas n varillas de longitudes 1, 2, ..., n, elegir tres de ellas para formar un triángulo. ¿Cuántos triángulos distintos se pueden construir (considera la desigualdad del triángulo, sección 7.2)? ($3 \leq n \leq 1M$)".

Ejercicio 5.4.4.8*

Tenemos A chicos y B chicas. Cuenta cuántas formas hay de seleccionar un grupo de personas tal que el número de chicos sea igual al de chicas en el mismo, por ejemplo, $A = 3$ y $B = 2$, por lo que habrá 1/6/3 formas de seleccionar un grupo con 0/2/4 personas, respectivamente. El total será de $1 + 6 + 3 = 10$ formas.

Ejercicios de programación

Ejercicios de programación relacionados con la combinatoria:

Sucesión de Fibonacci

1. Nivel básico: **UVa 00495 - Fibonacci Freeze** * — DP en $O(n)$, *Big Integer*
2. **UVa 00763 - Fibinary Numbers** * — representación de Zeckendorf, voraz, *Big Integer*
3. **UVa 10334 - Ray Through Glasses** * — combinatoria, *Big Integer*
4. **UVa 10689 - Yet Another Number ...** * — fácil, periodo de Pisano
5. *Kattis - anti11* * — este problema es una sucesión de Fibonacci modificada
6. *Kattis - batmanacci* * — Fibonacci, observación en N, divide y vencerás
7. *Kattis - rijeci* * — simulación sencilla con un único bucle, Fibonacci

Adicionales UVa: *00580, 00900, 00948, 01258, 10183, 10450, 10497, 10579, 10862, 11000, 11089, 11161, 11780, 12281, 12620.*

Adicionales Kattis: *interestingintegers.*

Coeficientes binomiales

1. Nivel básico: **UVa 00369 - Combinations** * — cuidado con el desbordamiento
2. **UVa 10541 - Stripe** * — un buen problema de combinatoria
3. **UVa 11955 - Binomial Theorem** * — aplicación pura, DP
4. **UVa 12712 - Pattern Locker** * — la respuesta es $\sum_{i=M}^{N} C(L \times L, i) \times i!$, pero se debe simplificar el cálculo de esta fórmula en vez de aplicarla directamente
5. *Kattis - election* * — calcular las respuestas con ayuda de coeficientes binomiales
6. *Kattis - lockedtreasure* * — la respuesta es $^{n}C_{m-1}$
7. *Kattis - oddbinom* * — OEIS A006046

Adicionales UVa: *00326, 00485, 00530, 00911, 10105, 10375, 10532.*

Adicionales Kattis: *insert, perica.*

Números de Catalan

1. Nivel básico: **UVa 10223 - How Many Nodes?** * — es posible calcular previamente las respuestas, ya que solo hay 19 números de Catalan $< 2^{32} - 1$
2. **UVa 00991 - Safe Salutations** * — números de Catalan
3. **UVa 10007 - Count the Trees** * — la respuesta es $Cat(n) \times n!$, *Big Integer*
4. **UVa 10312 - Expression Bracketing** * — número de paréntesis binarios $= Cat(n)$, número de paréntesis = números de *Supercatalan*
5. *Kattis - catalan* * — números de Catalan básicos
6. *Kattis - catalansquare* * — números de Catalan++, seguir el enunciado
7. *Kattis - fiat* * — número de Catalan N-ésimo, utilizar el pequeño teorema de Fermat

Adicionales UVa: *10303, 10643.*

Otros, fáciles

1. Nivel básico: **UVa 11401 - Triangle Counting** * — detectar el patrón
2. **UVa 11310 - Delivery Debacle** * — necesita DP: digamos que dp[i] es el número de formas en que se pueden empaquetar los pasteles en una caja $2 \times i$
3. **UVa 11597 - Spanning Subtree** * — teoría de grafos, trivial
4. **UVa 12463 - Little Nephew** * — empezar duplicando los calcetines y los zapatos
5. *Kattis - character* * — OEIS A000295
6. *Kattis - honey* * — OEIS A002898
7. *Kattis - integerdivision* * — contar las frecuencias de cada resto de [0..d-1], sumar C(freq, 2) por cada resto

Adicionales UVa: *10079, 11115, 11480, 11609.*

Otros, difíciles

1. Nivel básico: **UVa 10784 - Diagonal** * — número de diagonales en n-gon $= n \times (n - 3)/2$, utilizarlo para deducir la solución
2. **UVa 01224 - Tile Code** * — LA 3904 - Seoul07, empezar deduciendo la fórmula a partir de instancias pequeñas
3. **UVa 11069 - A Graph Problem** * — utilizar programación dinámica
4. **UVa 11538 - Chess Queen** * — contar filas/columnas/diagonales
5. *Kattis - anagramcounting* * — usar BigInteger de Java
6. *Kattis - incognito* * — contar frecuencias, combinatoria, menos uno
7. *Kattis - tritiling* * — aquí hay dos recurrencias relacionadas, también disponible en UVa 10918 - Tri Tiling

Adicionales UVa: *00153, 00941, 10359, 10733, 10790, 11204, 11270, 11554, 12001, 12022.*
Adicionales Kattis: *kitchencombinatorics.*

Ver también algunas fórmulas *poco habituales* y teoremas (de combinatoria) en la sección 9.15.

Perfiles de los inventores de algoritmos

Pierre de Fermat (1607-1665) fue un abogado y matemático francés. En el contexto de la programación competitiva, es conocido por el *pequeño* teorema de Fermat, que hemos utilizado en las secciones 5.3.9, 5.4.2 y 5.4.3.

François Édouard Anatole Lucas (1842-1891) fue un matemático francés. Lucas es conocido por su estudio de las sucesiones de Fibonacci y Lucas. En este libro tratamos el teorema de Lucas para calcular el resto de la división del coeficiente binomial $C(n, k)$ por un número primo n, en términos de las expansiones en base p de los enteros m y n. Esta solución, tratada en la sección 9.14, resulta más sólida que la incluida en la sección 5.4.2.

5.5 Teoría de probabilidad

La **teoría de probabilidad** es la rama de las matemáticas que se ocupa del análisis de fenómenos aleatorios. Aunque un hecho como el lanzamiento independiente (equilibrado) de una moneda es aleatorio, una secuencia de eventos aleatorios mostrará ciertos patrones estadísticos, si es lo suficientemente larga. Esto se puede estudiar y predecir. Por ejemplo, la probabilidad de que aparezca cara es de 1/2 (la misma que de que aparezca cruz). Por lo tanto, si lanzamos una moneda (equilibrada) n veces, la *expectativa* es que obtendremos una cara $n/2$ veces.

En los concursos de programación, los problemas de probabilidad se pueden resolver con:

- Fórmulas cerradas. Para estos problemas, hay que deducir la fórmula (normalmente de complejidad $O(1)$) requerida. Por ejemplo, veamos cómo deducir la solución de UVa 10491 - Cows and Cars[24], que es una versión generalizada del concurso de televisión 'El problema de Monty Hall'[25].

  Tienes un número N_{COWS} de puertas detrás de las que hay vacas, un número N_{CARS} de puertas en las que hay coches y un número N_{SHOW} de puertas (con vacas) que abre el presentador. A partir de ahí, tienes que determinar la probabilidad de ganar un coche (abriendo una de las puertas correspondientes), asumiendo que siempre cambias a una de las puertas sin abrir.

  El primer paso es identificar que hay dos maneras de ganar un coche. O eliges, inicialmente, una vaca y, después, cambias a un coche, o eliges, inicialmente, un coche y cambias a otro coche. A continuación, vemos cómo calcular la probabilidad de cada situación.

  Al inicio, la posibilidad de empezar eligiendo una vaca es $(N_{COWS}/(N_{COWS} + N_{CARS}))$. Luego, la de cambiar a un coche es $(N_{CARS}/(N_{CARS} + N_{COWS} - N_{SHOW} - 1))$. Multiplicamos estos dos valores entre sí, para obtener la probabilidad del primer caso. El -1 corresponde a la puerta que ya has elegido, porque no puedes cambiar a esa.

  La probabilidad del segundo caso se puede calcular de forma similar. La posibilidad de empezar eligiendo un coche es $(N_{CARS}/(N_{CARS} + N_{COWS}))$. Entonces, la posibilidad de

---

[24]Quizá estés interesado en tratar de resolver también un problema interactivo: Kattis - askmarilyn.

[25]Se trata de un interesante rompecabezas de probabilidad. Animamos a los lectores que no hayan oído hablar de este problema a que investiguen en internet y lean su historia. En el problema original, $N_{COWS} = 2$, $N_{CARS} = 1$ y $N_{SHOW} = 1$. La probabilidad al quedarte con la elección original es $\frac{1}{3}$, y al cambiar a una de las puertas no abiertas es $\frac{2}{3}$, por lo que siempre resulta beneficioso cambiar.

cambiar a otro coche es $((N_{CARS}-1)/(N_{CARS}+N_{COWS}-N_{SHOW}-1))$. Los -1 corresponden a los coches que ya has elegido.

La suma de las probabilidades de los dos casos es la respuesta final.

- Exploración del espacio de búsqueda (de ejemplo) para contar el número de eventos (normalmente es difícil de contar y puede implicar combinatoria, sección 5.4, búsqueda completa, en el Volumen I, o programación dinámica, también en el Volumen I) que se encuentran en ese espacio de ejemplo (normalmente más fácil de contar). Ejemplos:

  - 'UVa 12024 - Hats', es un problema sobre n personas que dejan sus n sombreros en el guardarropa, durante un evento. Al terminar el acto, las n personas recuperan sus sombreros. Algunas reciben un sombrero equivocado. Calcula la posibilidad de que *todos* terminen con un sombrero equivocado.

    Este problema, al tener aquí $n \leq 12$, se puede resolver por fuerza bruta y cálculo previo, probando las $n!$ permutaciones y viendo el número de veces que se produce el evento requerido sobre $n!$, por lo que una solución ingenua en $O(n! \times n)$ se ejecutará en, aproximadamente, un minuto. Pero un concursante de perfil más matemático puede utilizar, en su lugar, esta fórmula de desarreglo (DP): $A_n = (n-1) \times (A_{n-1} + A_{n-2})$, que será lo suficientemente rápida para un n mucho mayor, especialmente si se combina con aritmética modular.

  - 'UVa 10759 - Dice Throwing' tiene un enunciado corto: se lanzan n dados cúbicos normales. ¿Cuál es la probabilidad de que la suma de todos ellos sea, al menos, x (límites: $1 \leq n \leq 24, 0 \leq x < 150$)?

    El espacio de ejemplo (el denominador del valor de la probabilidad) es muy fácil de calcular. Es 6^n.

    El número de eventos es más difícil. Necesitamos DP (sencilla), pues hay muchos problemas superpuestos. El estado es $(dados\_restantes, puntos)$, donde $dados\_restantes$ es el número de dados que todavía podemos lanzar (empezando en n) y $puntos$ es la puntuación acumulada hasta el momento (empezando en 0). Nos sirve la DP, porque este problema solo tiene $n \times (n \times 6) = 6n^2$ estados distintos.

    Cuando $dados\_restantes = 0$, devolvemos 1 (evento) si $puntos \geq x$, o 0 en caso contrario. Mientras $dados\_restantes > 0$, seguimos lanzando dados. El resultado v de cada dado puede ser de un valor entre seis, y nos movemos al estado $(dados\_restantes - 1, puntos + v)$. Sumamos todos los eventos. La complejidad de tiempo es de $O(6n^2 \times 6) = O(36n^2)$, que resulta muy pequeña al ser $n \leq 24$ en este problema.

    Un requisito final es que tenemos que utilizar el GCD (ver sección 5.3.6) para simplificar la fracción de la probabilidad (ver sección 5.2). En otros problemas se nos podría pedir mostrar el valor de la probabilidad correcto, hasta un cierto dígito después de la coma decimal (ya sea en la forma [0,0..1,0] o como porcentaje [0,0..100,0]).

  - Enunciado resumido de Kattis - bobby: Betty tiene un dado equilibrado de S caras (que muestran los valores de 1 a S). Betty desafía a Bobby a obtener un valor total $\geq R$ en, al menos, X de de Y tiradas. Si Bobby tiene éxito, Betty le pagará su apuesta inicial multiplicada por W. ¿Debería aceptar Bobby la apuesta? O, en otras palabras, ¿es su expectativa de retorno mayor que su apuesta original?

    Para simplificar las operaciones, vamos a asumir que Bobby apuesta 1 unidad de dinero, ¿es su expectativa de retorno estrictamente mayor que 1 unidad?

En una sola tirada de un dado equilibrado de S caras, las posibilidades de Bobby de obtener R o más (éxito) son de $p_{éxito} = \frac{S-R+1}{S}$ y, en consecuencia, las posibilidades de obtener $R-1$ o menos (un fracaso) son de $\frac{R-1}{S}$ (o $1 - p_{éxito}$).

Con esto, podemos escribir una función recursiva $exp\_val(num\_tirada, num\_éxito)$. Simulamos las tiradas una a una. El caso base lo encontramos cuando $num\_tirada = Y$, donde devolveremos W si $num_{éxito} \geq X$, o 0 en caso contrario. En el caso general haremos una tirada adicional que podrá ser un éxito, con probabilidad $p_{éxito}$, o un fracaso, con probabilidad $(1 - p_{éxito})$ y sumaremos ambos valores esperados debido a que la expectativa es lineal. La complejidad de tiempo es de $O(Y^2)$, que es muy pequeña debido a que $Y \leq 10$.

Ejercicio 5.5.1

En vez de memorizala, muestra cómo deducir la fórmula del desarreglo de DP $A_n = (n-1) \times (A_{n-1} + A_{n-2})$.

Ejercicio 5.5.2

Hay 15 alumnos en un aula. 8 de ellos son chicos y las 7 restantes son chicas. El profesor quiere formar un grupo de 5 estudiantes con composición aleatoria. ¿Cuál es la probabilidad de que el grupo resultante esté compuesto solo por chicas?

Ejercicios de programación

Ejercicios de programación sobre teoría de probabilidad:

Teoría de probabilidad, fáciles

1. Nivel básico: **UVa 10491 - Cows and Cars** * — 2 formas: o elegimos primero una vaca y, después, cambiamos a un coche, o elegimos primero un coche y cambiamos a otro
2. **UVa 01636 - Headshot** * — LA 4596 - NorthEasternEurope09, pregunta de probabilidad *ad hoc* con un caso especial en el que todos son ceros
3. **UVa 10238 - Throw the Dice** * — DP, s: (dados_restantes, puntos), probar todos los valores de F, *Big Integer*, no es necesario simplificar la fracción, ver UVa 10759
4. **UVa 11181 - Probability (bar) Given** * — fuerza bruta iterativa, probar todas las posibilidades
5. *Kattis - bobby* * — cálculo de la expectativa de valor
6. *Kattis - dicebetting* * — s: (dados_restantes, números_distintos_hasta_ahora), cada tirada puede incrementar números_distintos_hasta_ahora o no
7. *Kattis - odds* * — búsqueda completa, probabilidad sencilla

Adicionales UVa: *10328, 10759, 12024, 12114, 12230, 12457, 12461*.

Adicionales Kattis: *dicegame, orchard, password, secretsanta*.

1. Nivel básico: **UVa 11628 - Another lottery** * — $p[i]$ = boleto comprado por i en la última ronda/total de boletos comprados en la última ronda por todos los n, GCD
2. **UVa 10056 - What is the Probability?** * — obtener la fórmula cerrada
3. **UVa 10648 - Chocolate Box** * — DP, s: (cajas_restantes, núm_vacías)
4. **UVa 11176 - Winning Streak** * — DP, s: (partidas_restantes, racha), t: perder esta partida o ganar las siguientes $W = [1..n]$ partidas y perder la $(W+1)$-ésima
5. *Kattis - anthony* * — probabilidad con DP, es necesario ignorar un parámetros (N o M) y recuperarlo a partir del otro
6. *Kattis - goodcoalition* * — probabilidad con DP, como el problema de la mochila
7. *Kattis - lostinthewoods* * — simular paseos aleatorios de diferentes longitudes y distribuir las probabilidades por iteración, en algún momento la respuesta convergerá

Adicionales UVa: *00542, 00557, 10218, 10777, 11021, 11346, 11500, 11762.*
Adicionales Kattis: *2naire, anotherdice, bond, bribe, explosion, genius, gnollhypothesis, pollygone, raffle, redsocks.*

Perfiles de los inventores de algoritmos

John Pollard (nacido en 1941) es un matemático británico, que inventó algoritmos para la factorización de números grandes (el algoritmo rho de Pollard, ver la sección 9.12) y para el cálculo de logaritmos discretos (no tratados en este libro).

Richard Peirce Brent (nacido en 1946) es un matemático y científico de la computación australiano. Su campo de investigación incluye la teoría de números (en particular la factorización), generadores de números aleatorios, arquitectura de ordenadores y análisis de algoritmos. Ha inventado, o coinventado, varios algoritmos matemáticos.

5.6 Búsqueda de ciclos

5.6.1 Enunciado del problema

Dada una función $f: S \to S$ (que conecta un número natural de un *conjunto finito S* a otro número natural del mismo conjunto finito S) y un valor inicial $x_0 \in N$, la secuencia de **valores iterados de la función**: $\{x_0, x_1 = f(x_0), x_2 = f(x_1), ..., x_i = f(x_{i-1}), ...\}$ utilizará, en algún momento, el mismo valor dos veces, es decir $\exists i < j$ de forma que $x_i = x_j$. Una vez que ocurra esto, la secuencia debe repetir el ciclo de valores desde x_i hasta x_{j-1}. Digamos que μ (el inicio del ciclo) es el índice i más pequeño, y λ (la longitud del ciclo) es el entero positivo más pequeño de forma que $x_\mu = x_{\mu+\lambda}$. El problema de la **búsqueda de ciclos**[26] se define como el problema de la búsqueda de μ y λ dados $f(x)$ y x_0.

---

[26]También podemos entender este problema como uno de grafos, es decir, la búsqueda del origen y la longitud de un ciclo en un grafo funcional/pseudoárbol.

Por ejemplo, en el problema UVa 00350 - Pseudo-Random Numbers, tenemos un generador de números pseudoaleatorios $f(x) = (Z \times x + I) \% M$ con $x_0 = L$, y queremos saber la longitud de la sucesión antes de que se repita algún número (la λ). Un buen generador de números pseudoaleatorios debe tener una λ grande. Si no, los números no parecerán 'aleatorios'.

Probemos el proceso con el caso de prueba de ejemplo $Z = 7, I = 5, M = 12, L = 4$, de forma que tenemos $f(x) = (7 \times x + 5) \% 12$ y $x_0 = 4$. La secuencia de los valores iterados de la función es $\{\underline{4, 9, 8, 1, 0, 5}, 4, ...\}$. Tenemos $\mu = 0$ y $\lambda = 6$, pues $x_0 = x_{\mu+\lambda} = x_{0+6} = x_6 = 4$. La secuencia de valores iterados de la función forma un ciclo a partir del índice 6.

En otro caso de prueba $Z = 26, I = 11, M = 80, L = 7$, tenemos $f(x) = (26 \times x + 11) \% 80$ y $x_0 = 7$. La secuencia de valores iterados de la función es $\{7, 33, 69, \underline{45, 61, 77, 13, 29}, 45, ...\}$. En esta ocasión, $\mu = 3$ y $\lambda = 5$.

5.6.2 Soluciones utilizando estructuras de datos eficientes

Un algoritmo sencillo, que funcionará en *muchos casos* y/o *variantes* de este problema de búsqueda de ciclos, utiliza una estructura de datos eficiente, para almacenar datos de clave y valor: un número x_i (la clave) ha aparecido *por primera vez* en la iteración i (el valor), en la secuencia de valores iterados de la función. Después, para el x_j que encontraremos ($j > i$), comprobamos si x_j ya está almacenado en la estructura de datos. Si lo está, implica que $x_j = x_i, \mu = i, \lambda = j - i$. Este algoritmo se ejecuta en $O((\mu + \lambda) \times coste\_DS)$, donde $coste\_DS$ es el coste por cada operación en la estructura de datos (inserción/búsqueda). El algoritmo requiere un espacio de, al menos, $O(\mu + \lambda)$ para almacenar los valores anteriores.

En muchos problemas de búsqueda de ciclos con un S bastante grande (y probablemente $\mu + \lambda$ también grande), podemos utilizar `unordered_map` de la STL de C++/`HashMap` de Java/`dict` de Python/`Hashtbl` de OCaml, con espacio $O(\mu + \lambda + búfer)$, para almacenar/comprobar los índices de iteración de los valores anteriores en tiempo $O(1)$. Pero si lo único que necesitamos es detener el algoritmo al encontrar el *primer* número repetido, podemos utilizar `unordered_set` de la STL de C++/`HashSet` de Java/`set` de Python (con llaves `{}`) en su lugar.

En otros problemas de búsqueda de ciclos, con un S relativamente pequeño (y, probablemente, $\mu + \lambda$ pequeño), podemos incluso utilizar una tabla de direccionamiento directo (DAT) con espacio $O(|S|)$, para almacenar/comprobar los índices de iteración de los valores anteriores, en tiempo $O(1)$.

Cabe destacar que, sacrificando espacio de memoria (mucho, hasta $O(\mu + \lambda)$), en realidad podemos resolver este problema de búsqueda de ciclos en un tiempo de ejecución eficiente de $O(\mu + \lambda)$.

Ejercicio 5.6.2.1

En muchos casos de prueba aleatorios del problema UVa 00350, los valores de μ y λ son cercanos a 0. La tarea consiste en generar un caso de prueba sencillo (determinar los valores de Z, I, M y L) para este problema de forma que, incluso un algoritmo de complejidad $O(\mu + \lambda)$, se ejecute realmente en $O(M)$, es decir, que se utilicen prácticamente todos, si no todos, los enteros posibles $\in [0..M - 1]$ antes de que se detecte un ciclo.

5.6.3 Algoritmo de búsqueda de ciclos de Floyd

Existe un algoritmo mejor, llamado algoritmo de búsqueda de ciclos de Floyd, que también se ejecuta con complejidad de tiempo de $O(\mu + \lambda)$ pero *solo* utiliza $O(1)$ espacio en memoria[27], mucho menos que las versiones más sencillas vistas antes. Este algoritmo también se llama de 'la liebre y la tortuga'. Tiene tres componentes que describimos a continuación, utilizando la función $f(x) = (Z \times x + I) \% M$ y con $Z = 26, I = 11, M = 80, L = 7$.

1. Método eficiente de detección de un ciclo: búsqueda de $k\lambda$

Observemos que por cada $i \geq \mu$, $x_i = x_{i+k\lambda}$, donde $k > 0$, por ejemplo, en la tabla 5.2, $x_3 = x_{3+1\times5} = x_8 = x_{3+2\times5} = x_{13} = 45$, y así sucesivamente. Si establecemos $k\lambda = i$, obtenemos $x_i = x_{i+i} = x_{2i}$. El algoritmo de búsqueda de ciclos de Floyd utiliza este truco.

i	x_0	x_1	x_2	x_3	x_4	x_5	x_6	x_7	x_8	x_9	x_{10}	x_{11}	x_{12}	x_{13}
	7	33	69	45	61	77	13	29	45	61	77	13	29	45
0	TL													
1		T	L											
2			T		L									
3				T			L							
4					T				L					
5						T					L			

Tabla 5.2: Parte 1: búsqueda de $k\lambda$, $f(x) = (26 \times x + 11) \% 80$, $x_0 = 7$

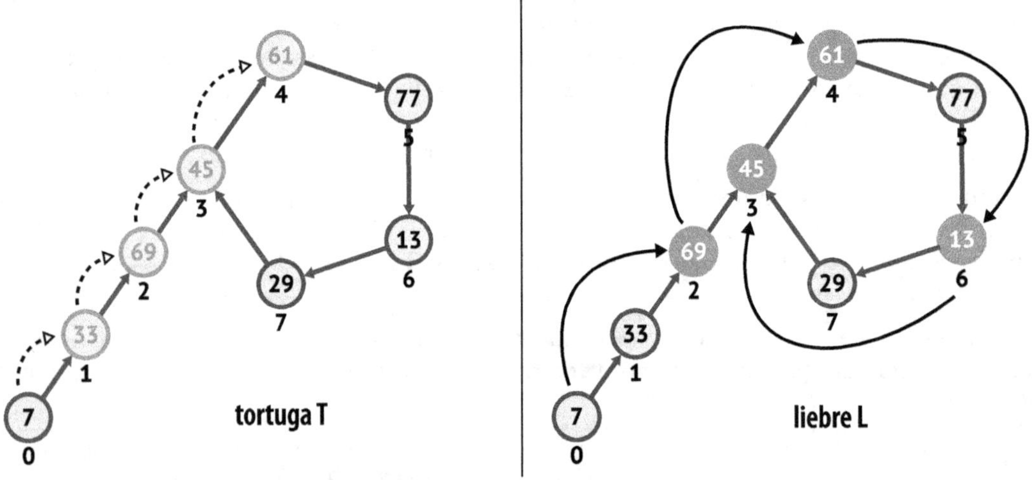

Figura 5.3: Búsqueda de $k\lambda = 5$ (un paso antes de que t y l apunten a $x_5 = x_{10} = 77$)

El algoritmo de búsqueda de ciclos de Floyd mantiene dos punteros, llamados 'tortuga' (el lento) en x_i y 'liebre' (el rápido) en x_{2i}. Inicialmente, ambos están en x_0. A cada paso del algoritmo,

---

[27]Aunque esta ventaja es difícil de verificar en los jueces en línea, por lo que las soluciones con estructuras de datos eficientes que hemos visto serán, probablemente, suficientes para resolver la mayoría de problemas de búsqueda de ciclos.

---

la tortuga se mueve *un paso* a la derecha y la liebre se mueve *dos pasos* a la derecha[28] en la secuencia. Entonces, el algoritmo compara los valores de la secuencia en esos dos punteros. El menor valor de $i > 0$, en el que la tortuga y la liebre apunten a valores iguales, es el valor de $k\lambda$ (múltiplo de λ). Deduciremos la λ real a partir de $k\lambda$, utilizando los dos pasos siguientes. En la tabla 5.2 y en la figura 5.3, cuando $i = 5$, tenemos $x_5 = x_{10} = x_{5+5} = x_{5+k\lambda} = 77$. Así, $k\lambda = 5$. En este ejemplo, veremos que k será, en algún momento, 1, igual que también será $\lambda = 5$.

2. Búsqueda de μ

A continuación, devolvemos la liebre a x_0 y mantenemos a la tortuga en su posición actual. Ahora, avanzamos *ambos* punteros hacia la derecha, un paso cada vez, manteniendo la separación $k\lambda$ entre ellos. Cuando la tortuga y la liebre apunten al mismo valor, habremos encontrado la *primera repetición* de longitud $k\lambda$. Como $k\lambda$ es un múltiplo de λ, debe ser cierto que $x_\mu = x_{\mu+k\lambda}$. La primera vez que encontremos la primera repetición de longitud $k\lambda$, tendremos el valor de μ. En la tabla 5.3 y en la parte izquierda de la figura 5.4, encontramos que $\mu = 3$.

μ	x_0	x_1	x_2	x_3	x_4	x_5	x_6	x_7	x_8	x_9	x_{10}	x_{11}	x_{12}	x_{13}
	7	33	69	45	61	77	13	29	45	61	77	13	29	45
0	L					T								
1		L						T						
2			L						T					
3				L						T				

Tabla 5.3: Parte 2: búsqueda de μ

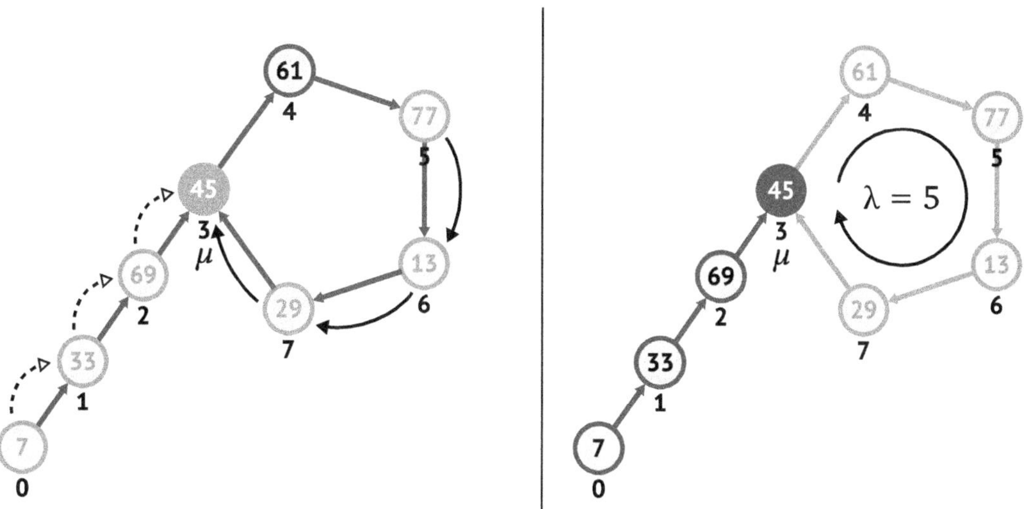

Figura 5.4: I: Búsqueda de $\mu = 3$ – D: Búsqueda de $\lambda = 5$

---

[28]Para movernos un paso a la derecha desde x_i, utilizamos $x_i = f(x_i)$. Para movernos dos pasos desde x_i, utilizamos $x_i = f(f(x_i))$.

3. Búsqueda de λ

λ	x_0	x_1	x_2	x_3	x_4	x_5	x_6	x_7	x_8	x_9	x_{10}	x_{11}	x_{12}	x_{13}
	7	33	69	45	61	77	13	29	45	61	77	13	29	45
1									T	L				
2									T		L			
3									T			L		
4									T				L	
5									T					L

Tabla 5.4: Parte 3: búsqueda de λ

Una vez que tenemos μ, dejamos a la tortuga en su posición actual y colocamos la libre a su lado. Ahora, movemos la liebre iterativamente hacia la derecha, de uno en uno. La liebre apuntará a un valor igual al de la tortuga, por *primera* vez, después de λ pasos. En la tabla 5.4 y en la parte derecha de la figura 5.4, vemos que después de que la liebre se mueva cinco veces, $x_8 = x_{8+5} = x_{13} = 45$. Así, $\lambda = 5$. Por lo tanto, devolvemos $\mu = 3$ y $\lambda = 5$ para $f(x) = (26 \times x + 11) \% 80$ y $x_0 = 7$. El tiempo de ejecución total del algoritmo es de $O(\mu + \lambda)$ con un consumo de memoria de *solo* $O(1)$.

4. La implementación del algoritmo de búsqueda de ciclos de Floyd

A continuación, incluimos la implementación en C/C++ de este algoritmo (con comentarios):

```cpp
ii floydCycleFinding(int x0) {                    // f(x) ya está definido
    // 1ª parte: buscar, la velocidad h de la libre es 2x la t de la tortuga
    int t = f(x0), h = f(f(x0));                   // f(x0) está después de x0
    while (t != h) { t = f(t); h = f(f(h)); }
    // 2ª parte: buscar mu, la liebre h y la tortuga t tienen la misma velocidad
    int mu = 0; h = x0;
    while (t != h) { t = f(t); h = f(h); ++mu; }
    // 3ª parte: buscar lambda, la liebre h se mueve, la tortuga t está quieta
    int lambda = 1; h = f(t);
    while (t != h) { h = f(h); ++lambda; }
    return {mu, lambda};
}
```

Se pueden encontrar más ejemplos visitando la visualización de búsqueda de ciclos de VisuAlgo, donde puedes definir tus propias[29] $f(x) = (a \times x^2 + b \times x + c) \% M$ y x_0, para ver este algoritmo en acción.

VISUALGO https://visualgo.net/en/cyclefinding

C++	ch5/UVa00350.cpp
Java	ch5/UVa00350.java
Python	ch5/UVa00350.py
OCaml	ch5/UVa00350.ml

---

[29]Se trata de una versión más genérica de la $f(x) = (Z \times x + I) \% M$ mostrada en esta sección.

5.7 Teoría de juegos (básica)

Enunciado del problema

La **teoría de juegos** es un modelo matemático para situaciones de estrategia (no necesariamente *juegos*, en su significado habitual) en el que el éxito de las decisiones de un jugador depende de las decisiones de *otros*. Muchos de los problemas de programación que implican la teoría de juegos se clasifican como **juegos de suma cero**, un término matemático para indicar que, si un jugador gana, el otro, necesariamente, pierde. Por ejemplo, los juegos del tres en raya (como UVa 10111), el ajedrez, varios juegos con números/enteros (UVa 10368, 10578, 10891, 11489, Kattis - amultiplicationgame) y otros (Kattis - bachetsgame), son juegos de dos jugadores que participan de forma alternativa (y, normalmente, perfecta) y en los que (habitualmente) solo puede haber un ganador.

La pregunta común de los problemas de concursos de programación, relativos a la teoría de juegos, es si el jugador que realiza la primera acción en un juego competitivo de dos jugadores tendrá el movimiento ganador, asumiendo que ambos **juegan perfectamente**, es decir, si cada jugador elige siempre su opción óptima.

Árbol de decisión

Una solución es escribir un código recursivo que explore el **árbol de decisión** del juego (también conocido como árbol del juego). Si no hay subproblemas superpuestos, el *backtracking* recursivo puro es una opción viable. En caso contrario, será necesaria la programación dinámica. Cada vértice describe al jugador actual y el estado actual de la partida. Todo vértice está conectado al resto de vértices que le son alcanzables, según las reglas del juego. El vértice raíz describe al jugador y estado iniciales de la partida. Si el estado de la partida en un vértice hoja es un estado ganador, significa la victoria del jugador actual (y la derrota del otro). En un vértice interno, el jugador actual elige el vértice que garantice una victoria con el margen máximo (o, si la victoria no es posible, elige el vértice con la derrota mínima). La estrategia se denomina **minimax**.

Por ejemplo, en el problema UVa 10368 - Euclid's Game, hay dos jugadores: Stan (jugador 0) y Ollie (jugador 1). El estado de la partida es una 3-tupla de enteros (id, a, b). El jugador actual id puede restar cualquier múltiplo positivo del menor de los dos números, el entero b, al mayor de los dos, el entero a, asumiendo que el número resultante no sea negativo. Siempre podemos mantener que $a \geq b$. Stan y Ollie juegan alternativamente, hasta que un jugador es capaz de restar un múltiplo del número menor, para hacer que el mayor llegue a 0 y, en ese momento, gana. Stan es el primer jugador. En la figura 5.5, se muestra el árbol de decisión de una partida con estado inicial $id = 0$, $a = 34$ y $b = 12$.

Vamos a seguir lo que ocurre en la figura 5.5. En la raíz (estado inicial), tenemos la 3-tupla $(0, 34, 12)$. En este punto, el jugador 0 (Stan) tiene dos opciones: restar $a - b = 34 - 12 = 22$ y moverse al vértice $(1, 22, 12)$ (rama izquierda), o restar $a - 2 \times b = 24 - 2 \times 12 = 10$ y moverse al vértice $(1, 12, 10)$ (rama derecha). Probamos ambas opciones recursivamente.

Empecemos con la rama izquierda. En el vértice $(1, 22, 12)$ (figura 5.5.B), el jugador actual 1 (Ollie) no tiene más opción que restar $a - b = 22 - 12 = 10$. Ahora estamos en el vértice $(0, 12, 10)$ (figura 5.5.C). Igualmente, Stan tiene como única opción restar $a - b = 12 - 10 = 2$. Nos encontramos ahora en el vértice hoja $(1, 10, 2)$ (figura 5.5.D). Ollie tiene varias opciones, pero seguro que puede ganar, ya que $a - 5 \times b = 10 - 5 \times 2 = 0$, lo que implica que el vértice $(0, 12, 10)$ es una derrota para Stan y el vértice $(1, 22, 12)$ es una victoria para Ollie.

Exploremos la rama derecha. En el vértice $(1, 12, 10)$ (figura 5.5.E), el jugador actual 1 (Ollie) no tiene más opción que restar $a - b = 12 - 10 = 2$. Ahora estamos en el vértice hoja $(0, 10, 2)$ (figura 5.5.F). Stan tiene varias opciones, pero seguro que ganará porque $a - 5 \times b = 10 - 5 \times 2 = 0$, lo que implica que el vértice $(1, 12, 10)$ es un estado de derrota para Ollie.

Por lo tanto, para que el jugador 0 (Stan) gane esta partida, debe comenzar eligiendo $a - 2 \times b = 34 - 2 \times 12$, ya que es un movimiento de victoria para él (figura 5.5.A).

A nivel de implementación, el primer entero id en la 3-tupla se podría eliminar, ya que sabemos que las profundidades 0 (raíz), 2, 4, …, son siempre los turnos de Stan, mientras que las profundidades 1, 3, 5, …, lo son de Ollie. Hemos utilizado el entero id en la figura 5.5 para simplificar la explicación.

Mecanismos matemáticos para simplificar la solución

No todos los problemas de teoría de juegos se pueden resolver explorando el árbol de decisión *completo* de la partida, especialmente si el tamaño del árbol es grande. Si el problema implica números, podemos diseñar algunos mecanismos matemáticos para acelerar los cálculos.

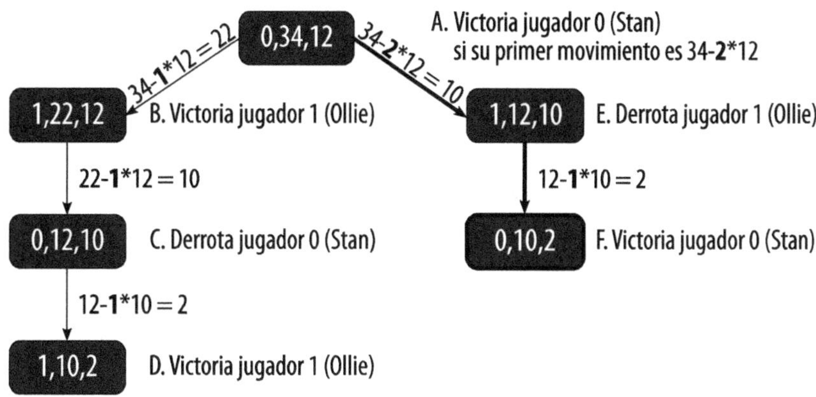

Figura 5.5: Árbol de decisión de una partida del 'Euclid's Game'

Por ejemplo, en el problema UVa 00847 - A multiplication game, hay dos jugadores: nuevamente Stan (jugador 0) y Ollie (jugador 1). El estado de la partida[30] es un entero p. El jugador actual puede multiplicar p por cualquier número entre 2 y 9. Stan y Ollie también juegan alternativamente, hasta que un jugador sea capaz de multiplicar p por un número entre 2 y 9, de forma que $p \geq n$ (n es el número objetivo), y ahí gana. El primer jugador es Stan con $p = 1$.

La figura 5.6 muestra una partida de este juego de multiplicación con $n = 17$. Inicialmente, el jugador 0 (Stan) tiene hasta 8 opciones (para multiplicar $p = 1$ por [2..9]). Pero los 8 estados son de victoria para el jugador 1, pues este siempre podrá multiplicar el p actual por [2..9], para lograr $p \geq 17$ (figura 5.6.B). Por lo tanto, el jugador 0 (Stan) perderá siempre (figura 5.6.A).

Como $1 < n < 4\,294\,967\,295$, el árbol de decisión resultante, en el caso de prueba máximo, puede ser gigante. Esto se debe a que cada vértice tiene un *enorme* factor de ramificación de 8 (ya que hay 8 números para elegir entre 2 y 9). No es viable explorarlo.

Resulta que la estrategia óptima para que gane Stan es multiplicar *siempre p* por 9 (el máximo posible), mientras que Ollie multiplicará *siempre p* por 2 (el mínimo posible). Estos mecanismos de optimización se pueden deducir observando el patrón encontrado en las instancias más pequeñas del problema. Un concursante de perfil matemático podría querer demostrar esta observación, antes de programar la solución.

Teoría de juegos en concursos de programación

Los problemas de teoría de juegos que hemos tratado en esta sección son los más elementales y se pueden resolver utilizando paradigmas y algoritmos básicos ya vistos. Sin embargo, existen formas más avanzadas de problemas relacionados con la teoría de juegos, que podremos conocer en la sección 9.16.

---

[30]Esta vez omitimos el *id* del jugador. Sin embargo, el parámetro *id* sigue apareciendo en la figura 5.6 por razones de claridad.

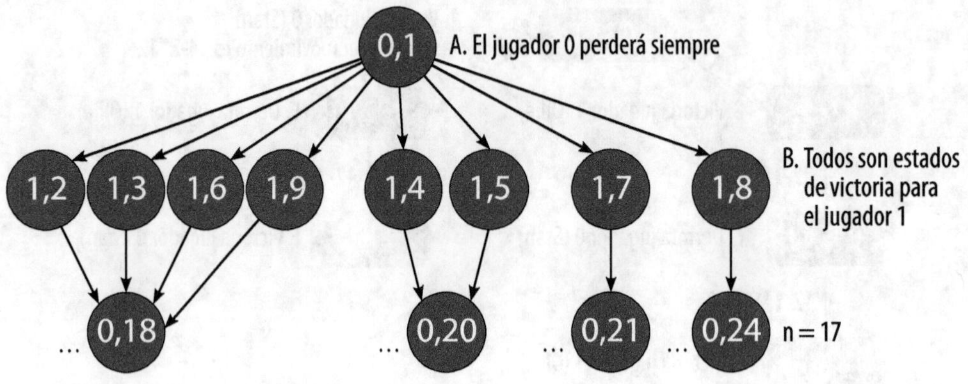

Figura 5.6: Árbol de decisión parcial de una partida de 'A multiplication game'

5.8 Potencia de matrices

5.8.1 Algunas definiciones y ejemplos de uso

En esta sección, trataremos el caso especial de una matriz[31]: la *matriz cuadrada*, una matriz que tiene el mismo número de filas y columnas, es decir, que su tamaño es $n \times n$. Para ser más precisos, trataremos una operación especial: las *potencias de una matriz cuadrada*. En términos

---

[31]Una matriz es un *array* rectangular bidimensional. La matriz de tamaño $m \times n$, tiene m filas y n columnas. Los elementos de la matriz vienen, normalmente, determinados por el nombre de la matriz con dos subíndices.

---

matemáticos, $M^0 = I$ y $M^p = \prod_{i=1}^{p} M$. I es la matriz de *identidad*[32] y p es la potencia de la matriz cuadrada M. Si podemos realizar esta operación en $O(n^3 \log p)$, que es el objetivo de esta sección, podremos resolver problemas interesantes de los concursos de programación, como:

- Calcular un *único*[33] término de la sucesión de Fibonacci $fib(p)$, en tiempo $O(\log p)$, en vez de $O(p)$.

  Si $p = 2^{30}$, la solución $O(p)$ tendrá un veredicto de TLE[34], pero la solución en $\log_2(p)$ solo necesita 30 pasos.

  Esto se consigue mediante la siguiente igualdad[35]:

$$
\begin{bmatrix} 1 & 1 \\ 1 & 0 \end{bmatrix}^p = \begin{bmatrix} fib(p+1) & \mathbf{\underline{fib(p)}} \\ \mathbf{\underline{fib(p)}} & fib(p-1) \end{bmatrix}
$$

  Por ejemplo, para calcular $fib(11)$, solo tenemos que multiplicar la matriz de Fibonacci 11 veces, es decir, elevarla a la undécima potencia. La respuesta está en la segunda diagonal de la matriz.

$$
\begin{bmatrix} 1 & 1 \\ 1 & 0 \end{bmatrix}^{11} = \begin{bmatrix} 144 & \mathbf{\underline{89}} \\ \mathbf{\underline{89}} & 55 \end{bmatrix} = \begin{bmatrix} fib(12) & \mathbf{\underline{fib(11)}} \\ \mathbf{\underline{fib(11)}} & fib(10) \end{bmatrix}
$$

- Calcular el número de caminos de longitud L de un grafo almacenado en una matriz de adyacencia, que es una matriz cuadrada, en $O(n^3 \log L)$. Por ejemplo, veamos el pequeño grafo de tamaño $n = 4$, almacenado en la siguiente matriz de adyacencia M. La entrada $M[0][1]$ muestra los diferentes caminos, de distintas longitudes, entre los vértices 0 y 1, después elevar M a la L-ésima potencia.

$0 \to 1$ con longitud 1: $0 \to 1$ (solo 1 camino)
$0 \to 1$ con longitud 2: imposible
$0 \to 1$ con longitud 3: $0 \to 1 \to 2 \to 1$ (y $0 \to 1 \to 0 \to 1$)
$0 \to 1$ con longitud 4: imposible
$0 \to 1$ con longitud 5: $0 \to 1 \to 2 \to 3 \to 2 \to 1$ (y 4 más)

$$
M = \begin{bmatrix} 0 & 1 & 0 & 0 \\ 1 & 0 & 1 & 0 \\ 0 & 1 & 0 & 1 \\ 0 & 0 & 1 & 0 \end{bmatrix} \quad M^2 = \begin{bmatrix} 1 & 0 & 1 & 0 \\ 0 & 2 & 0 & 1 \\ 1 & 0 & 2 & 0 \\ 0 & 1 & 0 & 1 \end{bmatrix} \quad M^3 = \begin{bmatrix} 0 & 2 & 0 & 1 \\ 2 & 0 & 3 & 0 \\ 0 & 3 & 0 & 2 \\ 1 & 0 & 2 & 0 \end{bmatrix} \quad M^5 = \begin{bmatrix} 0 & 5 & 0 & 3 \\ 5 & 0 & 8 & 0 \\ 0 & 8 & 0 & 5 \\ 3 & 0 & 5 & 0 \end{bmatrix}
$$

- Acelerar *algunos* problemas de DP, como veremos más adelante en esta sección

---

[32]La matriz de identidad es una matriz cuadrada compuesta únicamente de ceros, salvo sus diagonales, compuestas de unos.

[33]Si necesitamos $fib(n)$ **para todos** los $n \in [0..n]$, es mejor utilizar la solución de DP en $O(n)$, mencionada en la sección 5.4.1.

[34]Si, en un concurso de programación, encuentras un tamaño de entrada 'descomunal', como 1000 millones, lo más *habitual* es que el autor del problema vaya detrás de una solución logarítmica. No hay que olvidar que $\log_2(1000M) \approx \log_2(2^{30})$ sigue siendo 30.

[35]La deducción de esta matriz de Fibonacci se puede encontrar en la sección 5.8.4.

5.8.2 Potencia (exponenciación) modular eficiente

A efectos de esta sección, asumamos que estamos utilizando C++/OCaml, que no cuentan *todavía* con funciones integradas en la biblioteca para elevar un entero[36] b a una determinada potencia p (mód M). Esta función de exponenciación modular modPow(b, p, m) cobra especial importancia en los concursos de programación modernos, ya que el valor de b^p puede superar fácilmente el límite del tipo de datos entero de 64 bits, y utilizar la técnica *Big Integer* resultará muy lento (consultar el Volumen I).

Para continuar la discusión, utilizaremos el problema UVa 01230 (LA 4104) - MODEX, que se limita a pedirnos que calculemos x^y(mód n). Si realizamos la exponenciación modular 'por definición', como vemos a continuación, lograremos una solución bastante ineficiente, en $O(p)$, especialmente si p es grande.

```
int mod(int a, int m) { return ((a%m)+m) % m; }   // respuesta siempre positiva

int slow_modPow(int b, int p, int m) {            // asumimos que 0 <= b < m
  int ans = 1;
  for (int i = 0; i < p; ++i)                      // esto es O(p)
    ans = mod(ans*b, m);                           // ans siempre en [0..m-1]
  return ans;
}
```

Hay una solución mejor, que utiliza el principio de divide y vencerás. Expresamos b^p % m como:

- $b^0 = 1$ (caso base).

- $b^p = (b^{p/2} \times b^{p/2})$ % m, si p es impar.

- $b^p = (b^{p-1} \times b)$ % m, si p es par.

Como esta técnica divide constantemente el valor de p entre 2, se ejecuta en $O(\log p)$.

Vamos a asumir que m es (muy) grande y que $0 \leq b < m$. Si calculamos por definición: $2^9 = 2 \times 2 \times 2 \times 2 \times 2 \times 2 \times 2 \times 2 \times 2 \approx O(p)$ multiplicaciones. Pero con divide y vencerás: $2^9 = 2^8 \times 2 = (2^4)^2 \times 2 = ((2^2)^2)^2 \times 2 \approx O(\log p)$ multiplicaciones.

A continuación, incluimos una implementación recursiva típica de esta exponenciación de divide y vencerás, que resuelve el problema UVa 01230 (LA 4104) con un tiempo de ejecución de 0,000s:

```
int modPow(int b, int p, int m) {     // asumimos que 0 <= b < m
  if (p == 0) return 1;
  int ans = modPow(b, p/2, m);        // esto es O(log p)
  ans = mod(ans*ans, m);              // primero lo duplicamos
  if (p&1) ans = mod(ans*b, m);       // *b si p es impar
  return ans;                         // ans siempre en [0..m-1]
}
```

---

[36]Técnicamente, un entero es una matriz cuadrada de tamaño 1×1.

```cpp
 8
 9  int main() {
10    ios::sync_with_stdio(false); cin.tie(NULL);
11    int c; cin >> c;
12    while (c--) {
13      int x, y, n; cin >> x >> y >> n;
14      cout << modPow(x, y, n) << "\n";
15    }
16    return 0;
17  }
```

Versiones en Java y Python

Afortunadamente, Java y Python sí que cuentan con funciones integradas para calcular con eficiencia exponenciaciones modulares, en tiempo $O(\log p)$. El código de Java utiliza la función `modPow(BigInteger exponente, BigInteger m)`, de la clase `BigInteger` de Java, para calcular ($este^{exponente}$ mód m). Sin embargo, el tiempo de ejecución, de 0,080s, resulta más lento que las versiones manuales en C++/Python.

```java
 1  class Main {                                      // UVa 01230 (LA 4104)
 2    public static void main(String[] args) {
 3      Scanner sc = new Scanner(System.in);
 4      int c = sc.nextInt();
 5      while (c-- > 0) {
 6        BigInteger x, y, n;
 7        x = BigInteger.valueOf(sc.nextInt());        // valueOf convierte
 8        y = BigInteger.valueOf(sc.nextInt());        // enternos sencillos
 9        n = BigInteger.valueOf(sc.nextInt());        // en BigInteger
10        System.out.println(x.modPow(y, n));          // en la biblioteca
11      }
12    }
13  }
```

A continuación, el código de Python utiliza la función `pow(x, y[, z])` para calcular (x^y mód z). El resultado es todavía más corto y más rápido (tiempo de ejecución: 0,000s).

```python
 1  c = int(input())
 2  while c > 0:
 3      c -= 1
 4      [x, y, n] = map(int, input().split())          # Big Integer por defecto
 5      print(pow(x, y, n))                            # en la biblioteca
```

	C++	ch5/UVa01230.cpp
	Java	ch5/UVa01230.java
GitHub	Python	ch5/UVa01230.py

5.8.3 Potencia (exponenciación) modular de matrices eficiente

Podemos utilizar la misma técnica eficiente de exponenciación en $O(\log p)$ que hemos visto, para realizar exponenciaciones de matrices cuadradas (potencia de matrices) en $O(n^3 \log p)$, porque cada multiplicación de matrices[37] consume $O(n^3)$. La implementación *iterativa* (en contraste con la recursiva que hemos visto) es la siguiente:

```
ll MOD;

const int MAX_N = 2;                              // 2x2 para matriz Fib

struct Matrix { ll mat[MAX_N][MAX_N]; };          // devolvemos array 2D

ll mod(ll a, ll m) { return ((a%m)+m) % m; }      // respuesta siempre positiva

Matrix matMul(Matrix a, Matrix b) {               // normalmente O(n^3)
  Matrix ans;                                     // pero O(1) ya que n = 2
  for (int i = 0; i < MAX_N; ++i)
    for (int j = 0; j < MAX_N; ++j)
      ans.mat[i][j] = 0;
  for (int i = 0; i < MAX_N; ++i)
    for (int k = 0; k < MAX_N; ++k) {
      if (a.mat[i][k] == 0) continue;             // optimización
      for (int j = 0; j < MAX_N; ++j) {
        ans.mat[i][j] += mod(a.mat[i][k], MOD) * mod(b.mat[k][j], MOD);
        ans.mat[i][j] = mod(ans.mat[i][j], MOD); // aritmética modular
      }
    }
  return ans;
}

Matrix matPow(Matrix base, int p) {               // normalmente O(n^3 log p)
  Matrix ans;                                     // pero O(log p) ya que n = 2
  for (int i = 0; i < MAX_N; ++i)
    for (int j = 0; j < MAX_N; ++j)
      ans.mat[i][j] = (i == j);                   // matriz de identidad
  while (p) {                                      // versión D&C iterativa
    if (p&1)                                       // comprobar si p es impar
      ans = matMul(ans, base);                     // actualizar ans
    base = matMul(base, base);                      // base al cuadrado
    p >>= 1;                                        // dividir p por 2
  }
  return ans;
}
```

---

[37]Existe un algoritmo más rápido, aunque más complejo, de multiplicación de matrices: el algoritmo de Strassen en $O^{2,8074}$. Normalmente no lo utilizaremos en concursos de programación. La multiplicación de dos matrices de Fibonacci, mostrada en esta sección, solo necesita $2^3 = 8$ multiplicaciones, ya que $n = 2$. Lo podemos tratar como $O(1)$, por lo que podemos calcular *fib*(p) en $O(\log p)$.

5.8.4 Aceleración de DP con potencia de matrices

En esta sección, trataremos cómo deducir las matrices cuadradas necesarias para tres problemas de DP, y mostraremos que, elevar estas tres matrices cuadradas a las potencias requeridas, puede acelerar el cálculo de los problemas de DP originales.

La deducción de la matriz 2×2 de Fibonacci

Sabemos que $fib(0) = 0$, $fib(1) = 1$ y, para $n \geq 2$, tenemos $fib(n) = fib(n-1) + fib(n-2)$. En la sección 5.4.1, hemos visto que podemos calcular $fib(n)$ en $O(n)$, utilizando programación dinámica, al hallar progresivamente $fib(n)$, *de uno en uno*, desde $[2..n]$. Sin embargo, estas transiciones de DP *se pueden acelerar* reescribiendo la recurrencia de Fibonacci en forma de matriz, como vemos a continuación.

En primer lugar, escribiremos dos versiones de la recurrencia de Fibonacci, ya que hay dos términos en la misma:

$$fib(n + 1) + fib(n) = fib(n + 2)$$
$$fib(n) + fib(n - 1) = fib(n + 1)$$

Después, representamos la recurrencia como una matriz:

$$\begin{bmatrix} a & b \\ c & d \end{bmatrix} \times \begin{bmatrix} fib(n + 1) \\ fib(n) \end{bmatrix} = \begin{bmatrix} fib(n + 2) \\ fib(n + 1) \end{bmatrix}$$

Ahora, tenemos $a \times fib(n + 1) + b \times fib(n) = fib(n + 2)$ y $c \times fib(n + 1) + d \times fib(n) = fib(n + 1)$. Al expresar la recurrencia de DP de la forma anterior, tenemos una *matriz cuadrada* de 2×2. Los valores apropiados para a, b, c y d serán 1, 1, 1, 0, y esta es la matriz de Fibonacci de 2×2 que hemos visto en la sección 5.8.1. Cada multiplicación de la matriz hace avanzar un paso el cálculo por DP del término de Fibonacci. Si multiplicamos esta matriz de Fibonacci de 2×2 p veces, haremos avanzar el cálculo de DP del término de Fibonacci p pasos. Ahora tendremos:

$$\underbrace{\begin{bmatrix} 1 & 1 \\ 1 & 0 \end{bmatrix} \times \begin{bmatrix} 1 & 1 \\ 1 & 0 \end{bmatrix} \times \cdots \times \begin{bmatrix} 1 & 1 \\ 1 & 0 \end{bmatrix}}_{p} \times \begin{bmatrix} fib(n + 1) \\ fib(n) \end{bmatrix} = \begin{bmatrix} fib(n + 1 + p) \\ fib(n + p) \end{bmatrix}$$

Si, por ejemplo, establecemos $n = 0$ y $p = 11$, y utilizamos la potencia de matrices en $O(\log p)$, en vez de multiplicar la matriz p veces, obtendremos los siguientes cálculos:

$$\begin{bmatrix} 1 & 1 \\ 1 & 0 \end{bmatrix}^{11} \times \begin{bmatrix} fib(1) \\ fib(0) \end{bmatrix} = \begin{bmatrix} 144 & 89 \\ 89 & 55 \end{bmatrix} \times \begin{bmatrix} 1 \\ 0 \end{bmatrix} = \begin{bmatrix} 144 \\ \underline{\mathbf{89}} \end{bmatrix} = \begin{bmatrix} fib(12) \\ \underline{\mathbf{fib(11)}} \end{bmatrix}$$

Esta matriz de Fibonacci también se puede expresar en la forma que hemos visto en la sección 5.8.1, es decir:

$$\begin{bmatrix} 1 & 1 \\ 1 & 0 \end{bmatrix}^{p} = \begin{bmatrix} fib(p + 1) & fib(p) \\ fib(p) & fib(p - 1) \end{bmatrix}$$

El código fuente de ejemplo que proporcionamos, implementa este algoritmo en $O(\log p)$ para resolver el problema UVa 10229 - Modular Fibonacci, que se limita a pedir $fib(n) \% 2^m$.

C++	ch5/UVa10229.cpp
Java	ch5/UVa10229.java
Python	ch5/UVa10229.py
OCaml	ch5/UVa10229.ml

UVa 10655 - Contemplation, Algebra

Veamos otro ejemplo de cómo deducir la matriz cuadrada, necesaria para otro problema de DP, UVa 10655 - Contemplation, Algebra. El enunciado es muy sencillo: dados los valores de $p = a + b$, $q = a \times b$ y n, hallar el valor de $a^n + b^n$.

En primer lugar, trabajamos sobre la fórmula, para poder utilizar $p = a + b$ y $q = a \times b$:

$$a^n + b^n = (a + b) \times (a^{n-1} + b^{n-1}) - (a \times b) \times (a^{n-2} + b^{n-2})$$

A continuación, establecemos $X_n = a^n + b^n$, para tener $X_n = p \times X_{n-1} - q \times X_{n-2}$. Después, escribimos esta recurrencia dos veces, de la siguiente forma:

$$p \times X_{n+1} - q \times X_n = X_{n+2}$$
$$p \times X_n - q \times X_{n-1} = X_{n+1}$$

Y expresamos la recurrencia en forma de matriz:

$$\begin{bmatrix} p & -q \\ 1 & 0 \end{bmatrix} \times \begin{bmatrix} X_{n+1} \\ X_n \end{bmatrix} = \begin{bmatrix} X_{n+2} \\ X_{n+1} \end{bmatrix}$$

Si elevamos la matriz cuadrada de 2×2 a la n-ésima potencia, en tiempo $O(\log n)$, y multiplicamos la matriz cuadrada resultante por $X_1 = a^1 + b^1 = a + b = p$ y $X_0 = a^0 + b^0 = 1 + 1 = 2$, tendremos X_{n+1} y X_n. La respuesta que buscábamos es X_n. Esto es más rápido que el cálculo de DP estándar en $O(n)$, para la misma recurrencia.

$$\begin{bmatrix} p & -q \\ 1 & 0 \end{bmatrix}^n \times \begin{bmatrix} X_1 \\ X_0 \end{bmatrix} = \begin{bmatrix} X_{n+1} \\ X_n \end{bmatrix}$$

Kattis - linearrecurrence

Finalizamos esta sección viendo otro ejemplo de cómo deducir la matriz cuadrada necesaria para otro problema de DP: Kattis - linearrecurrence. Esta es una forma más general en relación a los dos ejemplos anteriores. Enunciado resumido del problema: dada una recurrencia lineal de grado N como $N + 1$ enteros $a_0, a_1, \ldots, a_N$, que describe la recurrencia lineal $x_t = a_0 + \sum_{i=1}^{N} a_i \times x_{t-i}$, así como N enteros $x_0, x_1, \ldots, x_{N-1}$, que indican los valores iniciales, calcular el valor de $x_T \% M$. Límites: $0 \leq T \leq 10^{18}$, $1 \leq M \leq 10^9$, $1 \leq N \leq 40$.

Vemos que T es muy grande y, por lo tanto, cabe esperar que la solución sea $O(\log T)$. Una recurrencia lineal general de grado N cuenta con $N - 1$ términos, por lo que M será una matriz cuadrada de tamaño $(N + 1) \times (N + 1)$. Podemos escribir $N + 1$ versiones de x_t consecutivos y expresarlo como una matriz.

Ejemplo 1 (Fibonacci, primer caso de prueba de ejemplo): $N = 2$, $a = \{0, 1, 1\}$ y $x = \{0, 1\}$. Tenemos $x_t = 0 + 1 \times x_{t-1} + 1 \times x_{t-2}$, que se puede escribir en forma de matriz como:

$$
\begin{bmatrix} 1 & 0 & 0 \\ 0 & 1 & 1 \\ 0 & 1 & 0 \end{bmatrix} \times \begin{bmatrix} 1 \\ X_i \\ X_{i-1} \end{bmatrix} = \begin{bmatrix} a_0 = 1 \\ X_{i+1} \text{ (lo que queremos)} \\ X_i \end{bmatrix}
$$

Ejemplo 2 (segundo caso de prueba de ejemplo): $N = 2$, $a = \{5, 7, 9\}$ y $x = \{36\,713, 5\,637\,282\}$. Tenemos $x_t = 5 + 7 \times x_{t-1} + 9 \times x_{t-2}$, que se puede escribir en forma de matriz como:

$$
\begin{bmatrix} 1 & 0 & 0 \\ 5 & 7 & 9 \\ 0 & 1 & 0 \end{bmatrix} \times \begin{bmatrix} 1 \\ X_1 = 5\,637\,282 \\ X_0 = 36\,713 \end{bmatrix} = \begin{bmatrix} a_0 = 1 \\ X_2 \text{ (lo que queremos)} \\ X_1 = 5\,637\,282 \end{bmatrix}
$$

Las primeras fila y columna de M son necesarias ya que la recurrencia lineal dada cuenta con un término a_0.

Ejercicio 5.8.4.1

Deducir la matriz de Tribonacci utilizando el formato de Kattis - linearrecurrence: $N = 3$, $a = \{0, 1, 1, 1\}$ y $x = \{0, 0, 1\}$. Los primeros 9 términos son $\{0, 0, 1, 1, 2, 4, 7, 13, 24, ...\}$.

Ejercicio 5.8.4.2*

Muestra cómo calcular $C(n, k)$ para un n muy grande, pero con un k muy pequeño (por ejemplo, $0 \leq n \leq 10^{18}, 1 \leq k \leq 100$) en tiempo $O(k^3 \log n)$, utilizando potencia de matrices, en vez de $O(n \times k)$ o en $O(1)$ si se utiliza procesamiento previo en $O(n)$, como hemos visto en la sección 5.4.

Ejercicios de programación

Ejercicios de programación relativos a potencia de matrices:

1. Nivel básico: **UVa 10229 - Modular Fibonacci** * — Fibonacci, modPow
2. **UVa 10655 - Contemplation, Algebra** * — deducir la matriz cuadrada
3. **UVa 11582 - Colossal Fibonacci ... ** * — periodo de Pisano: la sucesión $f(i)$ % n es periódica, usar modPow

4. **UVa 12796 - Teletransport** *

contar el número de caminos de longitud L en un grafo no dirigido donde L puede ser hasta 2^{30}

5. *Kattis - checkingforcorrectness* *

`BigInteger` de Java, una subtarea utiliza modPow

6. *Kattis - porpoises* *

Fibonacci, potencia de matrices, módulo

7. *Kattis - squawk* *

contar el número de caminos de longitud L alcanzables desde el origen s en un grafo no dirigido, después de t pasos

Adicionales UVa: *00374, 01230, 10518, 10870, 11029, 11486, 12470.*
Adicionales Kattis: *linearrecurrence, powers.*

5.9 Soluciones a los ejercicios no resaltados

Ejercicio 5.2.1*: la capacidad de detectar patrones en los datos puede resultar crucial en el ámbito de la programación competitiva. Hay muchas interpretaciones *posibles* para las sucesiones 1 y 3 (mostramos las más probables). Las sucesiones 2 y 4 resultan más interesantes. Existen varias interpretaciones válidas y te retamos a que sugieras, al menos, una.

1. 1, 2, 4, 8, 16, …

   Parece una sucesión de potencias de 2, los tres siguientes términos serán 32, 64, 128.

2*. 1, 2, 4, 8, 16, 31, …

   El último término no es 32, por lo que quizá *no es* una sucesión de potencias de 2.

3. 2, 3, 5, 7, 11, 13, …

   Parece una sucesión de los primeros números primos. Los siguientes serán 17, 19, 23.

4*. 2, 3, 5, 7, 11, 13, 19, …

   El último término no es 17, por lo que quizá *no es* una sucesión de primos.

Ejercicio 5.3.4.1:

```cpp
int numDiffPF(ll N) {
  int ans = 0;
  for (int i = 0; i < p.size() && p[i]*p[i] <= N; ++i) {
    if (N%p[i] == 0) ++ans;                   // contar el factor primo
    while (N%p[i] == 0) N /= p[i];            // una sola vez
  }
  if (N != 1) ++ans;
  return ans;
}
```

```cpp
ll sumPF(ll N) {
  ll ans = 0;
```

```cpp
3    for (int i = 0; i < p.size() && p[i]*p[i] <= N; ++i)
4      while (N%p[i] == 0) { N /= p[i]; ans += p[i]; }
5    if (N != 1) ans += N;
6    return ans;
7  }
```

Ejercicio 5.3.4.2: si N es primo, `numPF(N)` = 1, `numDiffPF(N)` = 1, `sumPF(N)` = N, `numDiv(N)` = 2, `sumDiv(N)` = N+1 y `EulerPhi(N)` = N-1.

Ejercicio 5.3.6.1: si multiplicamos $a \times b$ antes de dividir el resultado por $\gcd(a, b)$, habrá más posibilidades de que se produzca un desbordamiento que si operamos $a/\gcd(a, b) \times b$. En el ejemplo dado, tenemos $a = 2\,000\,000\,000$ y $b = 8$. El LCM de $2\,000\,000\,000$, que debería caber en un entero con signo de 32 bits, solo se puede calcular correctamente mediante $a/\gcd(a, b) \times b$.

Ejercicio 5.3.6.2: implementación del GCD iterativo:

```cpp
1  int gcd(int a, int b) {
2    while (b){
3      a %= b;
4      swap(a, b);
5    }
6    return a;
7  }
```

Ejercicio 5.3.8.1: $\gcd(A, B)$ se puede obtener tomando la potencia menor de los factores primos comunes de A y B. $\mathrm{lcm}(A, B)$ se puede obtener tomando la potencia mayor de todos los factores primos de A y B. Así, $\gcd(2^6 \times 3^3 \times 97^1, 2^5 \times 5^2 \times 11^2) = 2^5 = 32$ y $\mathrm{lcm}(2^6 \times 3^3 \times 97^1, 2^5 \times 5^2 \times 11^2) = 2^6 \times 3^3 \times 5^2 \times 11^2 \times 97^1 = 507\,038\,400$.

Ejercicio 5.3.8.2: Es evidente que no podemos calcular $200\,000!$, utilizando la técnica *Big Integer*, en 1 segundo y comprobar cuántos ceros tiene al final. En su lugar, debemos identificar el hecho de que se añade un cero al final cada vez que un factor primo 2 se multiplica por un factor primo 5 de $n!$ y que el número de factores primos 2 siempre es mayor o igual al número de factores primos 5. Por lo tanto, la respuesta se reduce a calcular la fórmula de Legendre $v_5(n!)$.

Ejercicio 5.4.1.1: la fórmula cerrada de Binet para Fibonacci $fib(n) = (\phi^n - (-\phi)^{-n})/\sqrt{5}$ debería ser correcta para un n grande. Pero como el tipo de datos de precisión doble es limitado, encontramos discrepancias en n grandes. Esta fórmula cerrada es correcta hasta $fib(75)$, si se implementa utilizando un tipo de datos doble típico de un programa informático. Por desgracia, esto resulta demasiado pequeño para ser útil en los problemas de concursos de programación típicos que incluyen la sucesión de Fibonacci.

Ejercicio 5.4.2.1: $C(n, 2) = \dfrac{n!}{(n-2)! \times 2!} = \dfrac{n \times (n-1) \times (n-2)!}{(n-2)! \times 2} = \dfrac{n \times (n-1)}{2} = 0{,}5n^2 - 0{,}5n = O(n^2)$.

Ejercicio 5.4.2.2: el valor de $n! \% p = 0$ cuando $n \geq p$, ya que, en ese caso, $p \mid n!$. Después, la salida de $C(n, k) \% p$, cuando $n \geq p$, será siempre 0, es decir, $C(100\,000, 50\,000) \% 997 = 0$. Para resolver esta cuestión de 'siempre 0' (que es independiente de si utilizamos el algoritmo euclídeo extendido o el pequeño teorema de Fermat para calcular el inverso multiplicativo modular), debemos aplicar el teorema de Lucas, tratado en la sección 9.14.

Ejercicio 5.4.2.3: esta solución está comentada en el código `ch5/combinatorics.cpp`.

Ejercicio 5.4.4.1: $6 \times 6 \times 2 \times 2 \times 2 = 6^2 \times 2^3 = 36 \times 8 = 288$ resultados diferentes posibles. Cada dado (de los dos) ofrece 6 resultados posibles y cada moneda (de las tres) ofrece 2. No hay diferencia si los procesamos de uno en uno o todos a la vez.

Ejercicio 5.4.4.2: 9×8 (si 7 es el primer dígito) $+\ 2 \times 8 \times 8$ (si 7 es el segundo o tercer dígito, recordemos que el primero no puede ser 0) $=$ 200 formas posibles.

Ejercicio 5.4.4.3: $(62 + 62^2 + \cdots + 62^{10})\ \%\ (1e9 + 7) = 894\,773\,311$ contraseñas posibles, según el criterio dado.

Ejercicio 5.4.4.4: $\frac{6!}{(6-3)!} = 6 \times 5 \times 4 = 120$ palabras de 3 letras.

Ejercicio 5.4.4.5: $\frac{5!}{3! \times 1! \times 1!} = \frac{120}{6} = 20$, porque hay 3 letras 'B', 1 letra 'O' y 1 letra 'Y'.

Ejercicio 5.4.4.6: digamos que A es el conjunto de enteros en $[1..1M]$ que son múltiplos de 5, entonces $|A| = 1M/5 = 200\,000$. Digamos que B es el conjunto de enteros en $[1..1M]$ que son múltiplos de 7, entonces $|B| = 1M/7 = 142\,857$. Digamos que $A \cap B$ es el conjunto de enteros en $[1..1M]$ que son múltiplos tanto de 5 como de 7 (múltiplos de $5 \times 7 = 35$), entonces $|A \cap B| = 1M/35 = 28\,571$. Por lo tanto, $|A \cup B| = 200\,000 + 142\,857 - 28\,571 = 314\,286$.

Ejercicio 5.4.4.7: las respuestas para algunos n pequeños $= \{4, 5, 6, 7, 8, 9, 10, 11, 12, 13, ...\}$ son $\{1, 3, 7, 13, 22, 34, 50, 70, 95, 125\}$. Puedes generar primero esos números, utilizando una solución de fuerza bruta. Después, busca el patrón y utilízalo. Presta atención al hecho de que las 9 diferencias entre estos 10 números son $\{+2, +4, +6, +9, +12, +16, +20, +25, +30, ...\}$. Las 8 diferencias de esas 9 diferencias son $\{+2, +2, +3, +3, +4, +4, +5, +5, ...\}$. Podemos aprovecharnos de este hecho.

Ejercicio 5.5.1: etiquetamos a las personas con $p_1, p_2, ..., p_n$ y a los sombreros con $h_1, h_2, ..., h_n$. Ahora, consideremos a la primera persona, p_1. Esta persona tiene $n - 1$ opciones de tomar el sombrero de otro (h_i, no h_1). Considera ahora la siguiente acción del propietario original de h_i, que es p_i. Hay dos posibilidades para p_i:

- p_i no toma h_1, caso en el que el problema se reduce a uno de desarreglo con $n-1$ personas y $n - 1$ sombreros, porque cada una de las otras $n - 1$ personas tiene 1 elección imposible de entre el resto de $n - 1$ sombreros (p_i no puede tomar h_1).

- p_i toma h_1, caso en el que el problema se reduce a uno de desarreglo con $n - 2$ personas y $n - 2$ sombreros.

Por lo tanto, $A_n = (n\text{-}1) \times (A_{n-1} + A_{n-2})$.

Ejercicio 5.5.2: debemos utilizar combinatoria. $C(7, 5)/C(15, 5) = \frac{1}{143}$.

Ejercicio 5.6.2.1: basta establecer $Z = 1, I = 1, M$ lo más grande posible, por ejemplo, $M = 10^8$ y $L = 0$. Entonces, la secuencia de valores iterados de la función es $\{0, 1, 2, ..., M-2, M-1, 0, ...\}$.

Ejercicio 5.8.4.1: Para Tribonacci con $N = 3$, $a = \{0, 1, 1, 1\}$ y $x = \{0, 0, 1\}$, tenemos $x_t = 0 + 1 \times x_{t-1} + 1 \times x_{t-2} + 1 \times x_{t-3}$, que se puede escribir en forma de matriz como:

$$\begin{bmatrix} 1 & 0 & 0 & 0 \\ 0 & 1 & 1 & 1 \\ 0 & 1 & 0 & 0 \\ 0 & 0 & 1 & 0 \end{bmatrix} \times \begin{bmatrix} 1 \\ X_i \\ X_{i-1} \\ X_{i-2} \end{bmatrix} = \begin{bmatrix} a_0 = 1 \\ X_{i+1} \\ X_i \\ X_{i-1} \end{bmatrix}$$

5.10 Notas del capítulo

Este capítulo ha crecido significativamente desde la primera edición de este libro. Sin embargo, incluso ahora, somos conscientes de que todavía hay muchos problemas y algoritmos matemáticos que no hemos tratado, como:

- Muchos más problemas y fórmulas de **combinatoria**, menos habituales.

- Otros teoremas, hipótesis y conjeturas.

- La geometría (computacional) también es parte de las matemáticas, pero como la veremos en el capítulo 7, guardamos para entonces el tratamiento de los problemas de geometría.

- Más adelante, en el capítulo 9, veremos algunos algoritmos/problemas más relacionados con las matemáticas, que son poco habituales, como:

  - Transformada rápida de Fourier para multiplicación polinómica rápida (sección 9.11).
  - Algoritmo rho de Pollard para la factorización rápida de enteros (sección 9.12).
  - Teorema del resto chino para resolver sistemas de congruencias (sección 9.13).
  - Teorema de Lucas para calcular $C(n, k) \% p$ (sección 9.14).
  - Fórmulas o teoremas poco habituales (sección 9.15).
  - Teorema de Sprague–Grundy en teoría de juegos con combinatoria (sección 9.16).
  - La eliminación gaussiana para resolver sistemas de ecuaciones lineales (sección 9.17).

Realmente, hay *muchos* temas que implican a las matemáticas. No resulta sorprendente, ya que se han investigado varios problemas matemáticos desde hace cientos de años. Algunos han sido tratados en este capítulo o se verán en los capítulos 7–9, muchos otros no y, sin embargo, solo aparecerán uno o dos en un conjunto de problemas. Para obtener un buen resultado en el ICPC, es una buena idea tener, al menos, a *un buen matemático* entre los miembros del equipo, para asegurar la solución de ese par de problemas. El conocimiento matemático también es importante para los concursantes de la IOI. Aunque la cantidad de temas específicos de problemas es menor, muchas tareas de la IOI requieren algún grado de conocimiento matemático.

Damos fin a este capítulo con algunas referencias que pueden resultar interesantes al lector: lee libros de teoría de números, como [40], investiga temas matemáticos en `https://www.wolframalpha.com` o en Wikipedia y trata de resolver muchos más ejercicios de programación relacionados con problemas matemáticos, como los que hay en las páginas web `https://projecteuler.net` [15] y `https://brilliant.org` [5].

Capítulo 6

Procesamiento de cadenas

El genoma humano tiene aproximadamente 3,2 gigas de parejas base.
— **Proyecto del genoma humano**

6.1 Introducción y motivación

En este capítulo, presentamos otro tema que aparece en el ICPC, aunque no con tanta frecuencia[1] como los problemas de grafos y matemáticos. Hablamos del procesamiento de cadenas. Esta técnica es muy común en el campo de la investigación en *bioinformática*. Como las cadenas (por ejemplo, cadenas de ADN) con las que trabajan los investigadores son, normalmente, muy largas, se hace imprescindible utilizar estructuras de datos y algoritmos específicos. Algunos de estos problemas aparecen en los concursos del ICPC. Al dominar el contenido del presente capítulo, los concursantes del ICPC tendrán más posibilidades de resolver los problemas de procesamiento de cadenas.

En la IOI también aparecen tareas de procesamiento de cadenas, pero normalmente no requieren estructuras de datos o algoritmos avanzados, debido a la restricción de su temario [16]. Además, los formatos de entrada y salida de las tareas de la IOI son, normalmente, sencillos[2]. Esto elimina la necesidad de programar procesadores de entrada o formatos de salida complejos, que sí se encuentran normalmente en los problemas del ICPC. Las tareas de la IOI que requieren procesamiento de cadenas, se suelen resolver utilizando paradigmas de resolución de problemas básicos (búsqueda completa, divide y vencerás, voraz o programación dinámica). Para los concursantes de la IOI, basta con ojear las secciones de este capítulo, con la excepción de la sección 6.3, que trata del procesamiento de cadenas mediante programación dinámica. Sin embargo, creemos que puede resultar ventajoso para ellos aprender algunas técnicas avanzadas por adelantado, aunque queden fuera de la materia programática.

La estructura de este capítulo comienza con una introducción que cuenta con una lista de problemas de cadenas *ad hoc*, que pueden resolverse con técnicas básicas (aunque más complicadas que las mencionadas en el Volumen I). Resolverlos mejorará, sin duda, tus habilidades en la pro-

---

[1]Una razón potencial es que la entrada (con problemas causados por espacios en blanco, saltos de línea, etc.) y salida de cadenas son más difíciles de procesar y formatear correctamente, haciendo que resulte menos atractiva que la de números enteros.

[2]La IOI de 2010 a 2019 requería que los concursantes utilizasen funciones en vez de rutinas de E/S.

gramación, pero debemos destacar que en concursos recientes del ICPC (y la IOI), no se suelen pedir soluciones con técnicas básicas, *excepto* en el problema 'de regalo', que la mayoría de equipos (o concursantes) deberían ser capaces de resolver. Las secciones más importantes son las que tratan los problemas de procesamiento de cadenas resolubles mediante programación dinámica (sección 6.3), la coincidencia de cadenas (sección 6.4), un extenso tratamiento de problemas de procesamiento de cadenas, en los que deberemos lidiar con cadenas razonablemente *largas*, utilizando *tries*, *tries* de sufijos, **árboles** y *arrays* (sección 6.5), un algoritmo de coincidencia de cadenas alternativo, que utiliza *hashing* (sección 6.6) y, por último, problemas de cadenas *ad hoc* de nivel intermedio, que emplean varias técnicas para cadenas: anagramas y palíndromos (sección 6.7).

6.2 Problemas de cadenas *ad hoc* (difíciles)

En el Volumen I hemos visto problemas de procesamiento de cadenas *ad hoc*. En esta sección, mencionamos su variantes más difíciles, que todavía no han sido tratadas.

- Cifrar/codificar/decodificar/descifrar (difíciles)

  La versión compleja de esta extensa categoría.

- Análisis sintáctico de la entrada (recursivo)

  Versión compleja que implica análisis gramatical y que requiere analizadores sintácticos (descendentes) recursivos.

- Expresiones regulares (de C++11 en adelante/Java/Python/OCaml)

  Algunos problemas (aunque no muchos) de procesamiento de cadenas se pueden resolver con una línea de código, `regex_match` de `<regex>`, `replaceAll(String regex, String reemplazo)`, `matches(String regex)`, funciones útiles de la clases `Pattern`/`String` de Java, `re` de Python o el módulo `Str` de OCaml. Para poder hacerlo, es necesario dominar el concepto de las **expresiones regulares** (*regex*). No vamos a tratar las expresiones regulares en detalle, pero podemos ilustrar el tema con dos ejemplos:

  1. En el problema UVa 00325 - Identifying Legal Pascal Real Constants, se nos pide decidir si la línea de entrada dada es una constante válida y real de Pascal. Si suponemos que la línea se almacena en `String s`, el siguiente código de Java de una línea es la solución pedida:

```
s.matches("[-+]?\\d+(\\.\\d+([eE][-+]?\\d+)?|[eE][-+]?\\d+)")
```

  2. En el problema UVa 00494 - Kindergarten Counting Game, nos pide contar las palabras que hay en una línea dada. Aquí, una palabra se define como una secuencia consecutiva de letras (mayúsculas y/o minúsculas). Si suponemos que la línea se almacena en `String s`, el siguiente código Java de una línea es la solución pedida:

```
s.replaceAll("[^a-zA-Z]+", " ").trim().split(" ").length
```

- Formato de salida

  La versión compleja de esta extensa categoría.

- Comparación de cadenas

  En estos problemas, los concursantes deben comparar cadenas según varios criterios. Esta subcategoría es similar a la de los problemas de coincidencia de cadenas de la sección 6.4, pero casi siempre se utilizarán funciones relacionadas con `strcmp`.

- Verdaderamente *ad hoc*

  Otros problemas con cadenas *ad hoc*, que no caben en ninguna de las categorías anteriores.

Perfiles de los inventores de algoritmos

Donald Ervin Knuth (nacido en 1938) es un informático y profesor emérito de la Stanford University. Es el autor del conocido libro sobre ciencias de la computación *"The Art of Computer Programming"*. Knuth es considerado el 'padre' del análisis de algoritmos. También es el creador de TEX, el sistema de procesamiento de textos utilizado para componer este libro.

Ejercicios de programación

Ejercicios de programación relacionados con el procesamiento de cadenas *ad hoc* (difíciles):

Cifrar/codificar/decodificar/descifrar, difíciles

1. Nivel básico: *Kattis - itsasecret* * — cifrado *playfair*, *array* bidimensional, bastante tedioso
2. **UVa 00213 - Message ... *** — LA 5152 - WorldFinals SanAntonio91
3. **UVa 00554 - Caesar Cypher *** — probar todos los desplazamientos, formato de salida
4. **UVa 11385 - Da Vinci Code *** — manipulación de cadenas y Fibonacci
5. *Kattis - crackingthecode* * — caso límite que implica la determinación del carácter de la posición 25 o 26
6. *Kattis - playfair* * — seguir el enunciado, algo tedioso, también disponible en UVa 11697 - Playfair Cipher
7. *Kattis - textencryption* * — convertir los caracteres de entrada a MAYÚSCULAS, bucle

   Adicionales UVa: *00179, 00306, 00385, 00468, 00726, 00741, 00850, 00856.*

   Adicionales Kattis: *goodmessages, grille, monumentmaker, kleptography, permutationencryption, progressivescramble, ummcode.*

Análisis sintáctico de la entrada (recursivo)

1. Nivel básico: *Kattis - polish* * — análisis recursivo
2. **UVa 10854 - Number of Paths *** — análisis recursivo y conteo
3. **UVa 11070 - The Good Old Times *** — evaluación gramatical recursiva
4. **UVa 11291 - Smeech *** — verificación gramatical recursiva
5. *Kattis - calculator* * — análisis recursivo y evaluación
6. *Kattis - otpor* * — evaluación en paralelo frente a en serie, escribir un analizador recursivo o utilizar una pasada lineal con una pila
7. *Kattis - subexpression* * — análisis recursivo, utilizar DP, similar al árbol `https://visualgo.net/en/recursion` frente a un DAG

Adicionales UVa: *00134, 00171, 00172, 00384, 00464, 00533, 00586, 00620, 00622, 00743.*
Adicionales Kattis: *selectgroup.*

Expresiones regulares[3]

1. Nivel básico: **UVa 00494 - Kindergarten ... ***   trivial con expresiones regulares
2. **UVa 00325 - Identifying Legal ... ***   trivial con expresiones regulares
3. **UVa 00576 - Haiku Review ***   se resuelve con expresiones regulares
4. **UVa 10058 - Jimmi's Riddles ***   se resuelve con expresiones regulares
5. *Kattis - apaxiaaans ***   se resuelve con expresiones regulares
6. *Kattis - hidden ***   manipulación de un *array* unidimensional, también se pueden utilizar expresiones regulares
7. *Kattis - lindenmayorsystem ***   DAT, mapear carácter a cadena, simulación, respuesta máxima $\leq 30 \times 5^5$, también podemos utilizar expresiones regulares

Formato de salida, difíciles

1. Nivel básico: *Kattis - imagedecoding ***   codificación *run-length* sencilla
2. **UVa 00918 - ASCII Mandelbrot ***   tedioso, seguir los pasos
3. **UVa 11403 - Binary Multiplication ***   similar a UVa 00338, tedioso
4. **UVa 12155 - ASCII Diamondi ***   LA 4403 - KualaLumpur08, utilizar manipulación de índices adecuada
5. *Kattis - asciifigurerotation ***   rotar la entrada 90 grados en el sentido de las agujas del reloj, eliminar los espacios del final, tedioso
6. *Kattis - juryjeopardy ***   problema tedioso
7. *Kattis - nizovi ***   formato con indentación, no es muy fácil pero la entrada/salida de ejemplo ayuda

Adicionales UVa: *00159, 00330, 00338, 00373, 00426, 00570, 00645, 00848, 00890, 01219, 10333, 10562, 10761, 10800, 10875.*
Adicionales Kattis: *mathworksheet, pathtracing, rot, wordsfornumbers.*

Comparación de cadenas

1. Nivel básico: **UVa 11734 - Big Number of ... ***   comparación personalizada
2. **UVa 00644 - Immediate Decodability ***   utilizar fuerza bruta
3. **UVa 11048 - Automatic Correction ... ***   comparación de cadenas flexible en relación a un diccionario
4. **UVa 11056 - Formula 1 ***   ordenación, comparación de cadenas donde las mayúsculas/minúsculas son irrelevantes
5. *Kattis - phonelist ***   ordenar los números, comprobar si el número i es un prefijo del número $i + 1$
6. *Kattis - rhyming ***   comparar un sufijo de una palabra común con una lista de otras palabras
7. *Kattis - smartphone ***   comparar el prefijo con la cadena objetivo y las 3 sugerencias, mostrar una de las cuatro opciones con el número más bajo de pulsaciones de teclas

Adicionales UVa: *00409, 00671, 00912, 11233, 11713.*
Adicionales Kattis: *aaah, detaileddifferences, softpasswords.*

> **Verdaderamente *ad hoc***
>
> 1. Nivel básico: *Kattis - raggedright* *   basta simular el requisito
> 2. **UVa 10393 - The One-Handed Typist** *   seguir el enunciado del problema
> 3. **UVa 11483 - Code Creator** *   directo, utilizar el 'carácter escape'
> 4. **UVa 12916 - Perfect Cyclic String** *   factorizar n, periodo de la cadena, ver también UVa 11452
> 5. *Kattis - irepeatmyself* *   periodo de la cadena, búsqueda completa
> 6. *Kattis - periodicstrings* *   fuerza bruta, ignorar los no divisores
> 7. *Kattis - zipfslaw* *   ordenar las palabras para simplificar el problema, también disponible en UVa 10126 - Zipf's Law
>
> Adicionales UVa: *00263, 00892, 00943, 01215, 10045, 10115, 10197, 10361, 10391, 10508, 10679, 11452, 11839, 11962, 12243, 12414.*
>
> Adicionales Kattis: *apaxianparent, help2, kolone, nimionese, orderlyclass, quickestimate, rotatecut, textureanalysis, thore, tolower.*

6.3 Procesamiento de cadenas con programación dinámica

En esta sección, trataremos varios problemas de procesamiento de cadenas que se pueden resolver mediante la técnica de programación dinámica, vista en el Volumen I. Veremos dos problemas *clásicos*: alineación de cadenas y subsecuencia común más larga, que deben ser conocidos por todos los participantes en concursos de programación, aunque cada vez son menos comunes. También veremos un problema *no clásico*: programación dinámica para dígitos, que cada vez tiene más presencia. Además, hemos añadido un compendio de algunas de las variantes conocidas de estos problemas.

Es importante poner de relevancia que, en varios problemas de DP con cadenas, normalmente manipulamos los *índices enteros* de las cadenas y no las propias cadenas (o subcadenas). No recomendamos en absoluto utilizar subcadenas como parámetros de funciones recursivas, ya que resulta muy lento y difícil de *memoizar*.

6.3.1 Alineación de cadenas (distancia de edición)

El problema de alineación de cadenas (o distancia de edición[4]) se define de la siguiente manera: la alineación[5] de dos cadenas A y B, con la mayor puntuación de alineación (o el menor número de operaciones de edición).

---

[3]Existen otros problemas de procesamiento de cadenas que se pueden resolver mediante expresiones regulares. Sin embargo, como prácticamente todos los problemas de procesamiento de cadenas a los que se puede aplicar expresiones regulares también se pueden resolver mediante técnicas estándar, no resulta crucial, en el ámbito de la programación competitiva, hacer uso de las primeras.

[4]También llamada 'distancia de Levenshtein'. Una aplicación notable es la utilidad de corrección ortográfica de los editores de texto. Si el usuario escribe incorrectamente una palabra, como 'probelma', se detectará que esta tiene una distancia de edición muy cercana a la correcta 'problema' y podrá corregirla automáticamente.

[5]La alineación es un proceso por el que se insertan espacios en las cadenas A o B, de forma que cuenten con el mismo número de caracteres. Se puede entender 'insertar espacios en B' como 'eliminar los caracteres alineados correspondientes de A'.

Después de alinear A con B, existen varias posibilidades entre los caracteres A[i] y B[i]:

1. Los caracteres A[i] y B[i] **coinciden** y no hacemos nada (puntúa '+2').

2. Los caracteres A[i] y B[i] **no coinciden** y sustituimos A[i] con B[i] (puntúa '−1').

3. Insertamos un espacio en A[i] (también puntúa '−1').

4. Eliminamos una letra de A[i] (y también puntúa '−1').

Por ejemplo (utilizamos el símbolo '_' para indicar un espacio):

```
A = 'ACAATCC' -> 'A_CAATCC'
B = 'AGCATGC' -> 'AGCATGC_'                  // Alineación no óptima
              2-22--2-                       // Puntos = 4*2 + 4*-1 = 4
```

Una solución de fuerza bruta, que pruebe todas las alineaciones posibles, tendrá un veredicto de TLE, incluso para cadenas A y/o B de longitud mediana. La solución para este problema es el algoritmo de DP de Needleman–Wunsch (de abajo a arriba) [42]. Consideremos dos cadenas A[1..n] y B[1..m]. Definimos $V(i,j)$ como la puntuación de la alineación óptima, para los prefijos A[1..i] y B[1..j] y $score(C1, C2)$ como la función que devuelve la puntuación, si el carácter $C1$ está alineado con el carácter $C2$.

Casos base:

- $V(0,0) = 0$ *Dos cadenas vacías no puntúan.*

- $V(i,0) = i \times score(A[i], \_)$ *Eliminar la subcadena A[1..i] para alinear, i > 0.*

- $V(0,j) = j \times score(\_, B[j])$ *Insertar la subcadena B[1..j] para alinear, j > 0.*

Recurrencias. Para $i > 0$ y $j > 0$:

- $V(i,j) = \text{máx}(opción1, opción2, opción3)$, donde

    - $opción1 = V(i-1, j-1) + score(A[i], B[j])$ *Puntuación de coincidencia o no coincidencia.*

    - $opción2 = V(i-1, j) + score(A[i], \_)$ *Eliminar A_i.*
    - $opción3 = V(i, j-1) + score(\_, B[j])$ *Insertar B_j.*

En resumen, este algoritmo de DP se concentra en las tres posibilidades del último par de caracteres, que deben ser una coincidencia/no coincidencia, una eliminación o una inserción. Aunque no sabemos cuál de ellos es el mejor, podemos probar todas las posibilidades, evitando recalcular los subproblemas superpuestos (es decir, básicamente una técnica de DP).

```
A = 'xxx...xx'      A = 'xxx...xx'      A = 'xxx...x_'
      |                   |                   |
B = 'yyy...yy'      B = 'yyy...y_'      B = 'yyy...yy'
no/coincidencia     eliminar           insertar
```

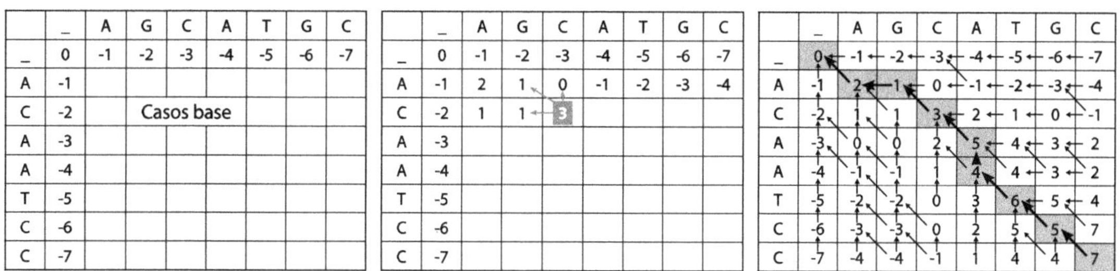

Tabla izquierda (casos base):

	_	A	G	C	A	T	G	C
_	0	-1	-2	-3	-4	-5	-6	-7
A	-1							
C	-2		Casos base					
A	-3							
A	-4							
T	-5							
C	-6							
C	-7							

Tabla central:

	_	A	G	C	A	T	G	C
_	0	-1	-2	-3	-4	-5	-6	-7
A	-1	2	1	0	-1	-2	-3	-4
C	-2	1	1	3				
A	-3							
A	-4							
T	-5							
C	-6							
C	-7							

Tabla derecha (solución completa):

	_	A	G	C	A	T	G	C
_	0	-1	-2	-3	-4	-5	-6	-7
A	-1	2	1	0	-1	-2	-3	-4
C	-2	1	1	3	2	1	0	-1
A	-3	0	0	2	5	4	3	2
A	-4	-1	-1	1	4	4	3	2
T	-5	-2	-2	0	3	6	5	4
C	-6	-3	-3	0	2	5	5	7
C	-7	-4	-4	-1	1	4	4	7

Figura 6.1: Ejemplo: A = 'ACAATCC' y B = 'AGCATGC' (puntuación de la alineación = 7)

Con una función de puntuación sencilla, donde una coincidencia obtiene +2 puntos y una no coincidencia, una inserción o una eliminación obtienen −1 punto, mostramos el detalle de la puntuación de alineación de A = 'ACAATCC' y B = 'AGCATGC' en la figura 6.1. Inicialmente, solo se conocen los casos base. Después, podemos rellenar los valores fila por fila, de izquierda a derecha. Para rellenar $V(i, j)$ para $i, j > 0$, únicamente necesitamos otros tres valores: $V(i - 1, j - 1)$, $V(i - 1, j)$ y $V(i, j - 1)$ (ver la figura 6.1, centro, fila 2, columna 3). La puntuación de alineación máxima se almacena en la celda inferior derecha (7 en el presente ejemplo).

Para reconstruir la solución, seguimos las celdas más oscuras desde la inferior derecha. La solución para las cadenas dadas A y B se muestra a continuación. Una flecha diagonal significa una coincidencia o una no coincidencia (por ejemplo, el último carácter ..C). Una flecha vertical significa una eliminación (por ejemplo, ..CA.. a ..C_A..). Una flecha horizontal significa una inserción (por ejemplo, A_C.. a AGC..).

```
A = 'A_CAAT[C]C'                    // Alineación óptima
B = 'AGC_AT[G]C'                    // Puntos = 5*2 + 3*-1 = 7
```

La complejidad espacial de este algoritmo de DP (de abajo a arriba) es $O(nm)$, el tamaño de la tabla de DP. Debemos rellenar todas las celdas de la tabla en $O(1)$ por celda. Por lo tanto, la complejidad de tiempo es $O(nm)$.

C++	ch6/string_alignment.cpp	
Java	ch6/string_alignment.java	
Python	ch6/string_alignment.py	
OCaml	ch6/string_alignment.ml	

Ejercicio 6.3.1.1

¿Por qué el coste de una coincidencia es +2 y el coste de sustituir, insertar o eliminar es −1? ¿Existen números mágicos? ¿Funcionaría +1 para las coincidencias? ¿Pueden ser los costes de sustituir, insertar o eliminar diferentes? Vuelve a analizar el algoritmo para descubrir la respuesta.

El código fuente de ejemplo solo muestra la *puntuación* de la alineación óptima. Modifica el código para mostrar la *alineación misma*.

Muestra cómo utilizar el 'truco de ahorro de espacio' del Volumen I, para mejorar este algoritmo de DP (de abajo a arriba) de Needleman–Wunsch. ¿Cuáles serán las nuevas complejidades de espacio y tiempo? ¿Hay inconveniente en utilizar una formulación así?

El problema de la alineación de cadenas de esta sección, se llama problema de alineación **global**, y se ejecuta en $O(nm)$. Si el problema concreto del concurso tiene un límite de d inserciones y eliminaciones, podemos utilizar un algoritmo más veloz. Encuentra una sencilla modificación del algoritmo de Needleman–Wunsch, para que realice un máximo de d inserciones o eliminaciones y se ejecute más rápido.

Investiga la mejora del algoritmo de Needleman–Wunsch (el algoritmo de **Smith–Waterman** [42]), para resolver el problema de alineación **local**.

6.3.2 Subsecuencia común más larga

El problema de la subsecuencia común más larga (LCS) se define de la siguiente manera: dadas dos cadenas A y B, determinar cuál es la subsecuencia común más larga entre ellas. Por ejemplo, A = 'ACAATCC' y B = 'AGCATGC', tienen una LCS de longitud 5, es decir, 'ACATC'.

Este problema de la LCS se puede reducir al problema de alineación de cadenas presentado antes, por lo que podemos utilizar el mismo algoritmo de DP. Establecemos el coste de una no coincidencia como infinito negativo (por ejemplo, $-1\,000\,000\,000$), el coste de la inserción y la eliminación en 0 y el coste de una coincidencia en 1. Esto provoca que el algoritmo de Needleman–Wunsch, para alineación de cadenas, nunca considere las no coincidencias.

¿Cuál es la LCS de A = "apple" y B = "people"?

El problema de la distancia de Hamming, es decir, la búsqueda del número de caracteres diferentes entre dos cadenas de igual longitud, se puede resolver fácilmente en $O(n)$. Pero también se puede reducir a un problema de alineación de cadenas. A efectos teóricos, asigna un coste adecuado a la coincidencia, no coincidencia, inserción y eliminación, de forma que podamos calcular la respuesta utilizando el algoritmo de Needleman–Wunsch.

El problema de la LCS se puede resolver en $O(n \log k)$, cuando todos los caracteres son distintos. Por ejemplo, si recibes dos permutaciones de longitud n, como en el problema UVa 10635, k es la longitud de la respuesta. Resuelve esta variante.

6.3.3 Procesamiento de cadenas no clásico con DP

En esta sección analizaremos el problema Kattis - hillnumbers. Un *número colina* es un entero positivo, cuyos dígitos posiblemente crecerán y, después, posiblemente decrecerán, pero nunca crecerán después de decrecer. Algunos ejemplos son 12321, 12223 y 33322111. Sin embargo, 1232321 no es un número colina. Verificar si un número dado es un número colina es una operación trivial. La parte difícil del problema es la siguiente: dado un entero positivo n (asumimos que ya lo hemos identificado como número colina), contar cuántos números colina menores o iguales a n existen. La dificultad estriba en que $1 \leq n \leq 10^{18}$.

Inicialmente, puede parecer imposible verificar todos los números $\leq n$ (TLE), o crear una tabla de DP de hasta 10^{18} celdas (MLE). Sin embargo, si nos damos cuenta de que 10^{18} tiene un máximo de 19 dígitos, podremos tratar los números como cadenas de un máximo de 20 caracteres y procesar los dígitos uno a uno. Esta técnica es conocida como 'DP para dígitos' en la comunidad de la programación competitiva, y *todavía* no está considerada como una solución clásica. Básicamente, tenemos que tratar con ciertos números grandes y el problema nos pide una determinada propiedad del número, que podemos descomponer en sus dígitos individuales.

Descubierto este detalle, rápidamente identificaremos el estado inicial s: (pos) y la transición, que consistirá en verificar todos los siguientes dígitos [0..9] posibles, de uno en uno. Sin embargo, no tardaremos en darnos cuenta de que tendremos que recordar cuál era el dígito anterior, así que actualizamos nuestro estado a s: (pos, dígito_ant). Ahora podremos comprobar si dígito_ant y dígito_sig constituyen un ascenso, una meseta o un descenso, según se nos pide. Pero también descubriremos en el acto que es necesario recordar si ya hemos llegado a la cumbre y debemos concentrarnos en el descenso, por lo que que actualizamos nuestro estado a s: (pos, dígito_ant, está_subiendo). Comenzamos con está_subiendo = verdadero y podremos modificarlo una sola vez en un número colina válido.

Llegados a este punto, el estado está casi completo pero, después de algunas pruebas iniciales, descubriremos que estamos contando mal la respuesta. Resulta que necesitamos añadir un parámetro, más_bajo, para completar el estado, s: (pos, dígito_ant, está_subiendo, más_bajo), donde más_bajo = falso inicialmente y lo estableceremos como verdadero una vez que hayamos utilizado un dígito_sig que sea estrictamente más bajo que el dígito actual de n en pos. Con este estado ya formado, podemos calcular correctamente la respuesta. Dejamos que el lector se sumerja en los detalles.

Ejercicios de programación

Ejercicios de programación relacionados con procesamiento de cadenas con DP:

Clásicos

1. Nivel básico: **UVa 10405 - Longest Common ...** * — problema de LCS clásico
2. **UVa 01192 - Searching Sequence ...** * — LA2460 - Singapore01, problema de alineación de cadenas con DP clásico con un poco de formato de salida (poco claro)
3. **UVa 12747 - Back to Edit ...** * — similar a UVa 10635
4. **UVa 13146 - Edid Tistance** * — problema clásico de distancia de edición
5. *Kattis - inflagrantedelicto* * — k_p siempre es 2 (leer el enunciado del problema), k_r es el LCS de las dos permutaciones más uno, solución en $O(n \log k)$
6. *Kattis - pandachess* * — LCS de 2 permutaciones $\rightarrow$ LIS, solución en $O(n \log k)$, ver también UVa 10635
7. *Kattis - princeandprincess* * — hallar el LCD de 2 permutaciones, también disponible en UVa 10635 - Prince and Princess

Adicionales UVa: *00164, 00526, 00531, 01207, 01244, 10066, 10100, 10192.*
Adicionales Kattis: *declaration, ls, signals.*

No clásicos

1. Nivel básico: *Kattis - stringfactoring* * — s: el peso mínimo de la subcadena [$i..j$], también disponible en UVa 11022 - String Factoring
2. **UVa 11258 - String Partition** * — dp(i) = entero de la subcadena [$i..k$] + dp(k)
3. **UVa 11361 - Investigating Div-Sum ...** * — contar caminos en un DAG, necesita perspectiva para una implementación eficiente, $K > 90$ es inútil, DP para dígitos
4. **UVa 11552 - Fewest Flops** * — dp(i, c) = número mínimo de trozos después de considerar los primeros i segmentos que terminan con el carácter c
5. *Kattis - exam* * — s: (pos, correctos_restantes), t: o tu amigo está equivocado o acierta, procesar como corresponda, existe una solución más sencilla
6. *Kattis - heritage* * — s: (pos_actual), t: probar las N palabras del diccionario, escribir la salida final módulo un primo
7. *Kattis - hillnumbers* * — DP para dígitos, s: (pos, dígito_ant, está_subiendo, más_bajo), probar dígito a dígito, ver el comentario en esta sección

Adicionales UVa: *11081, 11084, 12855,*

Adicionales Kattis: *chemistsvows, cudak, digitsum, haiku, zapis.*
Otros: ver también un problema de cadenas clásico en la sección 6.7.2: Palíndromos, que cuenta con algunas variantes interesantes que necesitan de soluciones de DP.

6.4 Coincidencia de cadenas

La *coincidencia* de cadenas (también llamada *búsqueda*[6]), consiste encontrar el índice, o índices, de una (sub)cadena (llamada *patrón* P) dentro de una cadena más larga (llamada *texto* T). Por ejemplo, asumamos que tenemos T = "STEVEN EVENT". Si P = "EVE", la respuesta serán los índices 2 y 7 (contando desde 0). Si P = "EVENT", la respuesta será solo 7. Si P = "EVENING", no habrá respuesta (no se encontrará ninguna coincidencia y devolveremos −1 o NULL).

6.4.1 Soluciones con bibliotecas

En la mayoría de los problemas de coincidencia de cadenas *puros*, con cadenas razonablemente cortas, podemos utilizar la biblioteca de cadenas de nuestro lenguaje de programación. Esta es strstr en <string.h> de C, find en <string> de C++, indexOf en la clase String de Java, find en Python y search_forward en el módulo Str de OCaml. Puedes repasar estas bibliotecas en el capítulo 1 del Volumen I.

6.4.2 Algoritmo de Knuth–Morris–Pratt (KMP)

En el Volumen I, tenemos un ejercicio que plantea encontrar todas las apariciones de una subcadena P (de longitud m) en una cadena (larga) T (de longitud n), si es que existe alguna. El código que incluimos a continuación es una implementación *ingenua* de un algoritmo de coincidencia de cadenas:

```
1  void naiveMatching() {
2    for (int i = 0; i < n-m; ++i) {              // probar todos los índices
3      bool found = true;
4      for (int j = 0; (j < m) && found; ++j)
5        if ((i+j >= n) || (P[j] != T[i+j]))      // si hay una no coincidencia
6          found = false;                          // abortar e intentar i+1
7      if (found)                                  // T[i..i+m-1] = P[0..m-1]
8        printf("P is found at index %d in T\n", i);
9    }
10 }
```

---

[6]Nos encontramos ante un problema de coincidencia de cadenas prácticamente cada vez que leemos o escribimos texto utilizando un ordenador. ¿Cuántas veces has utilizado la combinación de teclas 'CTRL + F' (el acceso directo habitual de Windows para realizar una búsqueda) en procesadores de textos, navegadores, etc.?

Este algoritmo ingenuo se puede ejecutar, *de media*, en $O(n)$ si se aplica a un texto natural, como el de los párrafos de este libro, pero puede llegar a ejecutarse en $O(nm)$ con un caso extremo, de los que podemos encontrar en un concurso de programación, como T = "AAAAAAAAAAB" (diez veces 'A' seguido de una 'B') y P = "AAAAB'". El algoritmo ingenuo fallará una y otra vez con el último carácter del patrón P y volverá a empezar en el siguiente índice, que corresponderá al anterior más uno. No resulta eficiente. Por desgracia para nosotros, un buen autor de problemas incluirá un caso así entre sus casos de prueba.

En 1977, Knuth, Morris y Pratt, de ahí el nombre de KMP, inventaron un algoritmo de coincidencia de cadenas mejor, que utiliza la información obtenida en las comparaciones anteriores, especialmente en las que se ha encontrado una coincidencia. El algoritmo KMP *nunca* vuelve a comparar un carácter de T que haya coincidido con un carácter de P. Sin embargo, el funcionamiento es similar al algoritmo ingenuo si el *primer* carácter del patrón P y el carácter actual de T no son iguales. En el siguiente ejemplo[7], la comparación de P[j] y T[i] y desde i = 0 a 13 con j = 0 (el primer carácter de P), no es diferente de la del algoritmo ingenuo.

```
                   1         2         3         4         5
        01234567890123456789012345678901234567890123456789
    T = I DO NOT LIKE SEVENTY SEV BUT SEVENTY SEVENTY SEVEN
    P = SEVENTY SEVEN
        0123456789012
                   1
        ^ el primer carácter de P no coincide con T[i] desde índice i = 0 a 13
        KMP debe desplazar +1 el índice inicial i, como con la versión ingenua
    ... en i = 14 y j = 0 ...
                   1         2         3         4         5
        01234567890123456789012345678901234567890123456789
    T = I DO NOT LIKE SEVENTY SEV BUT SEVENTY SEVENTY SEVEN
    P =               SEVENTY SEVEN
                      0123456789012
                                 1
                      ^ sin coincidencia en índices i = 25 y j = 11
```

Hay 11 coincidencias entre los índices i = 14 hasta 24, pero una no coincidencia en i = 25 (j = 11). El algoritmo de coincidencia ingenuo volverá a comenzar, de forma poco eficiente, en el índice i = 15, pero KMP puede continuar desde i = 25. Esto es debido a que los caracteres coincidentes antes de la no coincidencia son "SEVENTY SEV". "SEV" (de longitud 3) aparece **tanto** como sufijo y como prefijo de "SEVENTY SEV". Este "SEV" también es el **límite** de "SEVENTY SEV". Podemos ignorar con seguridad los índices desde i = 14 hasta 21: "SEVENTY " en "SEVENTY SEV", ya que no los volveremos a encontrar, pero no podemos descartar que la siguiente coincidencia comience en el segundo "SEV". Así que KMP establece de nuevo j a 3, ignorando 11 − 3 = 8 caracteres de "SEVENTY " (cuidado con el espacio final), mientras que i sigue en 25. Esta es la principal diferencia entre los algoritmos de coincidencia KMP e ingenuo.

---

[7]La frase de la cadena T que mostramos tiene efectos ilustrativos, aunque no sea correcta gramaticalmente.

```
... en i = 25 y j = 3 (esto hace eficiente a KMP) ...
                    1         2         3         4         5
      012345678901234567890123456789012345678901234567890
T = I DO NOT LIKE SEVENTY SEV BUT SEVENTY SEVENTY SEVEN
P =                     SEVENTY SEVEN
                        0123456789012
                                 1
                        ^ no coincidencia inmediata en i = 25, j = 3
```

Esta vez el prefijo de P, antes de la no coincidencia, es "SEV", pero no tiene un límite, así que KMP establece j a 0 (o, en otras palabras, reinicia el patrón P desde el principio).

```
... no coincide de i = 25 a i = 29... después coincide de i = 30 a i = 42 ...
                    1         2         3         4         5
      012345678901234567890123456789012345678901234567890
T = I DO NOT LIKE SEVENTY SEV BUT SEVENTY SEVENTY SEVEN
P =                              SEVENTY SEVEN
                                 0123456789012
                                          1
```

Aquí hay una coincidencia, de forma que P = "SEVENTY SEVEN" aparece en el índice i = 30. Después de esto, KMP sabe que "<u>SEVEN</u>TY <u>SEVEN</u>" tiene "SEVEN" (de longitud 5) como límite, por lo que retoma j desde 5, ignorando, por tanto, 13 − 5 = 8 caracteres de "SEVENTY " (cuidado con el espacio final) y retomando inmediatamente la búsqueda desde i = 43, encontrando otra coincidencia. Es una implementación eficiente.

```
... en i = 43 y j = 5, coincidencias desde i = 43 a i = 50 ...
Así P = 'SEVENTY SEVEN' aparece de nuevo en el índice i = 38.
                    1         2         3         4         5
      012345678901234567890123456789012345678901234567890
T = I DO NOT LIKE SEVENTY SEV BUT SEVENTY SEVENTY SEVEN
P =                                       SEVENTY SEVEN
                                          0123456789012
                                                   1
```

Para lograr esa mejora de velocidad, KMP debe procesar previamente la cadena patrón y obtener la 'tabla de reinicios' b (hacia atrás). Si el patrón de búsqueda P = "SEVENTY SEVEN", la tabla b tendrá este aspecto:

```
                      1
      0 1 2 3 4 5 6 7 8 9 0 1 2 3
P =   S E V E N T Y   S E V E N
b = -1 0 0 0 0 0 0 0 0 1 2 3 4 5
```

Esto significa que, si ocurre una no coincidencia en j = 11 (ver el ejemplo anterior), es decir, después de encontrar coincidencias para "SEVENTY SEV", sabremos que debemos reintentar la coincidencia de P desde el índice j = b[11] = 3. KMP asumirá entonces que únicamente ha localizado los tres primeros caracteres de "$\underline{\text{SEV}}$ENTY $\underline{\text{SEV}}$", que son "SEV", porque la próxima coincidencia puede comenzar con el prefijo "SEV". Incluimos, a continuación, una implementación comentada y relativamente corta del algoritmo de KMP. Aquí la complejidad es de $O(n + m)$ o, normalmente, de solo $O(n)$, ya que $n > m$:

```cpp
const int MAX_N = 200010;

char T[MAX_N], P[MAX_N];                           // T = texto, P = patrón
int n, m;                                          // n = |T|, m = |P|
int b[MAX_N], n, m;                                // b = tabla de reinicios

void kmpPreprocess() {                             // llamar primero
  int i = 0, j = -1; b[0] = -1;                    // valores iniciales
  while (i < m) {                                  // proceso previo de P
    while ((j >= 0) && (P[i] != P[j])) j = b[j];   // diferente, reiniciar j
    ++i; ++j;                                      // igual, avanzar ambos
    b[i] = j;
  }
}

void kmpSearch() {                                 // similar al anterior
  int i = 0, j = 0;                                // valores iniciales
  while (i < n) {                                  // buscar en T
    while ((j >= 0) && (T[i] != P[j])) j = b[j];   // si diferente, reiniciar j
    ++i; ++j;                                      // si igual, avanzar ambos
    if (j == m) {                                  // coincidencia encontrada
      printf("P is found at index %d in T\n", i-j);
      j = b[j];                                    // preparar j para siguiente
    }
  }
}
```

Aportamos nuestros código fuente, que compara la solución de biblioteca, la coincidencia ingenua y otro algoritmo de coincidencia de cadenas, Rabin–Karp, que veremos en la sección 6.6, con el algoritmo KMP tratado en esta sección.

C++	ch6/string_matching.cpp
Java	ch6/string_matching.java
Python	ch6/string_matching.py
OCaml	ch6/string_matching.ml

Ejercicio 6.4.1*

Ejecuta `kmpPreprocess()` con P = "ABABA" y muestra la tabla de reincios b.

Ejecuta `kmpSearch()` con P = "ABABA" y T = "ACABAABABDABABA". Explica el aspecto que tendrá la búsqueda KMP.

6.4.3 Coincidencia de cadenas en una rejilla bidimensional

El problema de procesamiento de cadenas también se puede plantear en dos dimensiones. Dada una rejilla/*array* bidimensional (en vez del ya conocido *array* de una dimensión), encontrar las apariciones del patrón P en la rejilla. Dependiendo de los requisitos del problema, el sentido de la búsqueda puede ser de 4 u 8 direcciones cardinales, y el patrón debe aparecer en línea recta o puede tener giros.

En el caso del siguiente ejemplo, del problema Kattis - boggle, el patrón pueden contener giros. La solución para una coincidencia de cadenas de este tipo, en una rejilla bidimensional, pasa normalmente por aplicar *backtracking recursivo* (ver el Volumen I). Esto es debido a que, a diferencia de la versión unidimensional, donde siempre nos desplazamos a la derecha, en cada coordenada (fila, columna) de una rejilla bidimensional, tenemos *más de una opción* que explorar. La complejidad de tiempo es exponencial, por lo que esta técnica solo nos servirá en rejillas pequeñas.

Para acelerar el proceso de *backtracking*, normalmente debemos utilizar esta sencilla estrategia de poda: una vez que la profundidad de la búsqueda recursiva supera la longitud del patrón P, podemos podar, inmediatamente, esa rama. Esto se llama también *búsqueda de profundidad limitada* (ver la sección 9.20).

```
ACMA        // Del problema Kattis - boggle
APcA        // Hay 8 direcciones posibles y el patrón se puede girar
toGI        // 'contest' aparece en minúsculas en la rejilla
nest        // ¿puedes encontrar 'CONTEST', 'ICPC', 'ACM' y 'GCPC'?
```

En el caso del ejemplo del problema UVa 10010, el patrón puede aparecer en una línea recta. Si la rejilla es pequeña, podremos seguir utilizando el *backtracking* recursivo mencionado, que es más sencillo de programar. Sin embargo, para rejillas grandes, tendremos que utilizar varias coincidencias de cadenas en $O(n + m)$, una por cada fila/columna/diagonal y sus sentidos inversos.

```
abcdefghigg     // De UVa 10010 - Where's Waldorf?
hebkWaldork     // Podemos ir en 8 direcciones, pero en línea recta
ftyawAldorm     // 'WALDORF' aparece en mayúsculas en la rejilla
ftsimrLqsrc
byoarbeDeyv     // ¿Puedes encontrar 'BAMBI' y 'BETTY'?
klcbqwikOmk
strebgadhRb     // ¿Encuentras 'DAGBERT' en esta fila?
yuiqlxcnbjF
```

Volveremos a encontrarnos con la coincidencia de cadenas en otras dos ocasiones. En la sección

6.5 veremos cómo resolver este problema utilizando estructuras de datos específicas para cadenas. Y en la sección 6.6, trataremos sobre cómo resolverlo mediante un algoritmo probabilístico.

Ejercicios de programación

Ejercicios de programación relacionados con coincidencia de cadenas:

Estándar

1. Nivel básico: *Kattis - quiteaproblem* * — coincidencia de cadenas por líneas trivial
2. **UVa 00455 - Periodic String** * — hallar s en $s+s$, similar a UVa 10298
3. **UVa 01449 - Dominating Patterns** * — LA 4670 - Hefei09, basta usar `strstr`, el *array* de sufijos será TLE ya que hay demasiadas cadenas largas que procesar
4. **UVa 11837 - Musical Plagiarism** * — transformar la entrada de X notas en $X - 1$ distancias, después KMP
5. *Kattis - geneticsearch* * — coincidencias de cadenas múltiples
6. *Kattis - powerstrings* * — hallar s en $s+s^8$, similar a UVa 00455, también disponible en UVa 10298 - Power Strings
7. *Kattis - scrollingsign* * — coincidencia de cadenas modificada, búsqueda completa, también disponible en UVa 11576 - Scrolling Sign

Adicionales UVa: *00886, 11362.*
Adicionales Kattis: *avion, cargame, deathknight, fiftyshades, hangman, ostgotska, redrover, simon, simonsays.*

En una rejilla bidimensional

1. Nivel básico: **UVa 10010 - Where's Waldorf?** * — rejilla bidimensional, *backtracking*
2. **UVa 00422 - Word Search Wonder** * — rejilla bidimensional, *backtracking*
3. **UVa 00736 - Lost in Space** * — rejilla bidimensional con alguna modificación
4. **UVa 11283 - Playing Boggle** * — rejilla bidimensional, *backtracking*
5. *Kattis - boggle* * — rejilla bidimensional, *backtracking*
6. *Kattis - kinarow* * — obtener por fuerza bruta el punto superior izquierdo de cada fila x u o posible, después coincidencia de cadenas bidimensional en una línea recta (vertical u horizontal) o dos diagonales
7. *Kattis - knightsearch* * — rejilla bidimensional, *backtracking* o DP

Adicionales UVa: *00604.*
Adicionales Kattis: *hiddenwords.*

Perfiles de los inventores de algoritmos

Saul B. Needleman y **Christian D. Wunsch** publicaron conjuntamente el algoritmo de programación dinámica para la alineación de cadenas en 1970. Lo tratamos en este libro.

Temple F. Smith es un profesor de ingeniería biomédica que ayudó a desarrollar el algoritmo Smith–Waterman, junto a Michael Waterman, en 1981. El algoritmo Smith–Waterman sirve como base para comparaciones de secuencias múltiples, identificando el segmento con la mayor similitud de secuencia *local*, para identificar segmentos similares de ADN, ARN y proteínas.

---

[8]Transformar s en $s + s$ es una técnica clásica de procesamiento de cadenas para simplicar casos 'envueltos'.

Michael S. Waterman es profesor en la University of Southern California. Waterman es uno de los fundadores y líderes actuales en el campo de la biología computacional. Su trabajo ha contribuido a algunas de las herramientas más utilizadas en ese ámbito. En concreto, el algoritmo Smith–Waterman (desarrollado junto a Temple F. Smith) es la base de muchos programas de comparación de secuencias.

6.5 *Trie*/Árbol/*Array* de sufijos

Los *tries*, árboles y *arrays* de sufijos, son estructuras de datos eficientes y adecuadas para las cadenas. No hemos tratado este tema en el Volumen I, ya que son estructuras de datos específicas para cadenas.

6.5.1 *Trie* de sufijos y aplicaciones

El **sufijo** *i* (o sufijo *i*-ésimo) de una cadena, es un 'caso especial' de subcadena, formado por la secuencia que va desde el carácter *i*-ésimo de la cadena hasta el *último* carácter de la misma. Por ejemplo, el sufijo 2-ésimo de 'STEVEN' es 'EVEN' y el 4-ésimo es 'EN' (con índice desde 0).

El *trie* **de sufijos**[9] de un conjunto de cadenas S, es un árbol de todos los posibles sufijos de las cadenas contenidas en S. Cada etiqueta de una arista representa un carácter. Cada vértice representa un sufijo indicado por la etiqueta de su ruta: una secuencia de etiquetas de aristas desde la raíz hasta ese vértice. Cada vértice está conectado a (algunos de) los otros 26 vértices (asumiendo que utilicemos el alfabeto latino internacional en mayúsculas), según los sufijos de las cadenas en S. El prefijo común de dos sufijos se comparte. Cada vértice tiene dos etiquetas booleanas, que indican que en S existe un sufijo o palabra, respectivamente, que *termina* en ese vértice. Por ejemplo: si tenemos que $S = \{$'CAR', 'CAT', 'RAT'$\}$, tendremos los sufijos $\{$'CAR', 'AR', 'R', 'CAT', 'AT', 'T', 'RAT', 'AT', 'T'$\}$. Después de ordenarlos y eliminar los duplicados, obtendremos $\{$'AR', 'AT', 'CAR', 'CAT', 'R', 'RAT', 'T'$\}$.

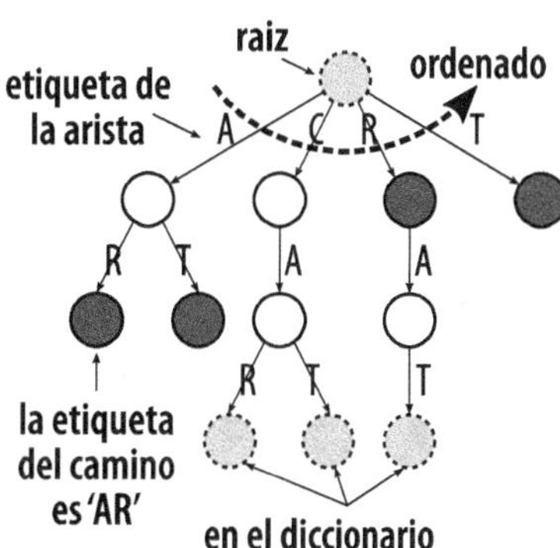

Figura 6.2: *Trie* de sufijos

La figura 6.2 muestra el *trie* de sufijos con 7 vértices de terminación de sufijos (los círculos rellenos) y 3 vértices de terminación de palabras (los círculos rellenos etiquetados como 'en el diccionario').

Un *trie* de sufijos se utiliza, normalmente, como una estructura de datos eficiente como *diccionario*. Asumiendo que se ha construido el *trie* de sufijos de un conjunto de cadenas como un diccionario, podemos determinar si una cadena de búsqueda/patrón P existe en este diccionario (*trie* de sufijos) en $O(m)$, donde m es la longitud de P. Este mecanismo es eficiente[10]. Operamos recorriendo el *trie* de sufijos desde la raíz. Por ejemplo, si queremos saber si la palabra $P = $ 'CAT'

---

[9]No se trata de una errata. La palabra *'TRIE'* viene del término inglés *'information reTRIEval'*.

[10]Otra estructura de datos para diccionarios es el BST equilibrado. Tiene un rendimiento de $O(\log n \times m)$ para cada búsqueda en el diccionario, donde n es el número de palabras que hay en el mismo. Esto se debe a que una comparación de cadenas ya tiene un coste de $O(m)$. Una tabla de *hash* podría no resultar apropiada, ya que necesitamos ordenar las palabras del diccionario.

existe en el *trie* de sufijos de la figura 6.2, podemos empezar desde el nodo raíz, seguir la arista etiquetada como 'C', después 'A' y, finalmente, 'T'. Como en este último vértice el marcador de final de palabra es verdadero, sabemos que la palabra 'CAT' existe en el diccionario. Sin embargo, si buscásemos P = 'CAD', seguiríamos este camino: raíz $\rightarrow$ 'C' $\rightarrow$ 'A', pero, como después no encontraríamos una arista etiquetada como 'D', la conclusión sería que 'CAD' no está en el diccionario.

A continuación, incluimos una implementación básica de un *trie* (no es un *trie* de sufijos completo). Asumiendo que solo trataremos con caracteres alfabéticos en MAYÚSCULAS ['A'..'Z'], estableceremos que cada vértice puede tener hasta 26 aristas ordenadas que representan las letras de las 'A' a la 'Z' y etiquetas de terminación de palabras. Insertamos en S cada palabra (completa)/cadena (no los sufijos), de longitud máxima m, de una en una. Esto tiene un coste de $O(m)$ por inserción y hay un máximo de n palabras para insertar, por lo que la construcción puede llegar a consumir $O(nm)$. Después, dado cualquier patrón P, podemos comenzar en la raíz y seguir las etiquetas de aristas correspondientes para determinar si P existe, o no, en S con una complejidad de $O(m)$.

```cpp
struct vertex {
  char alphabet;
  bool exist;
  vector<vertex*> child;
  vertex(char a): alphabet(a), exist(false) { child.assign(26, NULL); }
};

class Trie {                                    // esto es un TRIE
private:                                        // NO un trie de sufijos
  vertex* root;
public:
  Trie() { root = new vertex('!'); }

  void insert(string word) {                    // inserta palabra en el trie
    vertex* cur = root;
    for (int i = 0; i < (int)word.size(); ++i) { // O(n)
      int alphaNum = word[i]-'A';
      if (cur->child[alphaNum] == NULL)          // añadir nueva rama si NULL
        cur->child[alphaNum] = new vertex(word[i]);
      cur = cur->child[alphaNum];
    }
    cur->exist = true;
  }

  bool search(string word) {                    // verdadero si existe
    vertex* cur = root;
    for (int i = 0; i < (int)word.size(); ++i) { // O(m)
      int alphaNum = word[i]-'A';
      if (cur->child[alphaNum] == NULL)          // no encontrado
        return false;
      cur = cur->child[alphaNum];
```

```cpp
32      }
33      return cur->exist;                          // indica la existencia
34    }
35
36    bool startsWith(string prefix) {              // verdadero si prefijo
37      vertex* cur = root;
38      for (int i = 0; i < (int)prefix.size(); ++i) {
39        int alphaNum = prefix[i]-'A';
40        if (cur->child[alphaNum] == NULL)         // no encontrado
41          return false;
42        cur = cur->child[alphaNum];
43      }
44      return true;                                // si llega aquí, verdadero
45    }
46  };
```

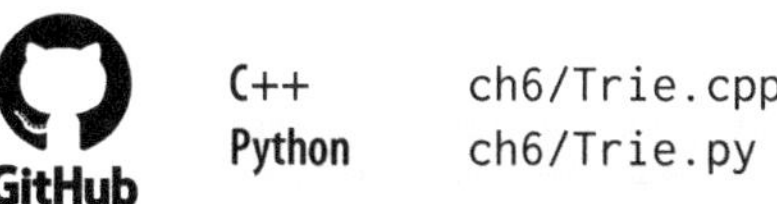

C++	ch6/Trie.cpp	
Python	ch6/Trie.py	

6.5.2 Árbol de sufijos

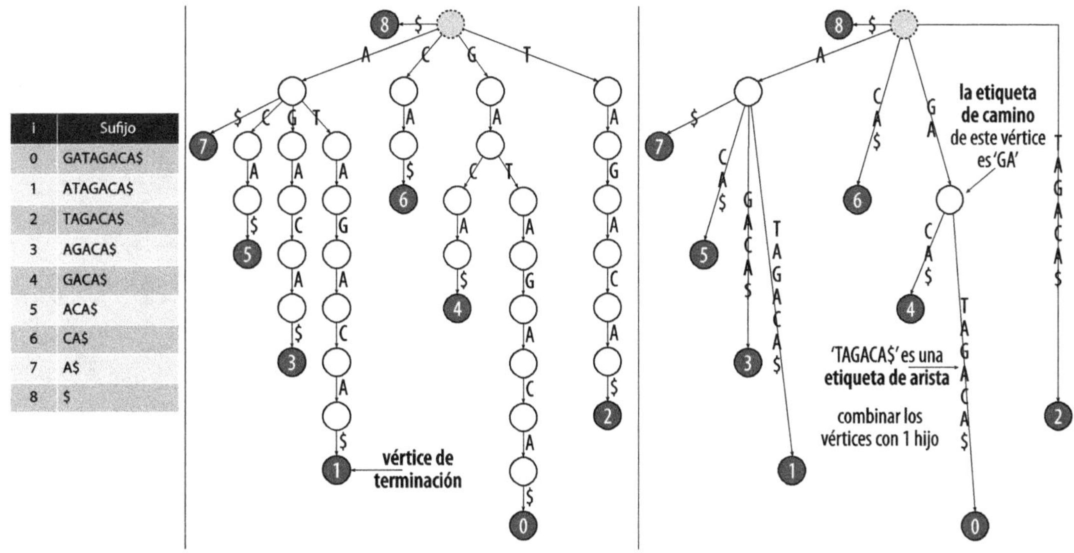

Figura 6.3: Sufijos, *trie* de sufijos y árbol de sufijos de T = "GATAGACA$"

Ahora, en vez de trabajar con varias cadenas cortas, lo haremos con una *(más) larga*. Consideremos la cadena T = "GATAGACA$". El último carácter '$' es un carácter especial de terminación, que se añade a la cadena original "GATAGACA". Tiene un valor ASCII menor[11] que los caracteres de T. Este carácter de terminación asegura que todos los sufijos terminen en vértices hoja.

El *trie* de sufijos de T aparece en el centro de la figura 6.3. Esta vez el **vértice de terminación** almacena el *índice* del sufijo que termina en ese vértice. Hay que notar que, cuanto más larga es la cadena T, habrá más vértices duplicados en el *trie* de sufijos, lo que puede resultar poco eficiente. El **árbol** de sufijos de T es un *trie* de sufijos, donde *combinamos* los vértices con un único hijo (esencialmente, realizamos una compresión de rutas). Al comparar los elementos del centro y de la derecha de la figura 6.3, podemos ver este proceso de compresión. Merecen especial atención las **etiquetas de aristas** y las **etiquetas de caminos** de la figura. Esta vez, la etiqueta de una arista puede contener más de un carácter. Un **árbol** de sufijos es mucho más *compacto* que un *trie* de sufijos, con un máximo de $O(n)$ vértices[12] (y, por tanto, un máximo de $O(n)$ aristas). Por todo ello, para una cadena T larga, utilizaremos un árbol de sufijos, en vez de un *trie* de sufijos, en las siguientes secciones.

El árbol de sufijos puede ser una estructura de datos nueva para la mayoría de lectores de este libro. Por lo tanto hemos añadido una herramienta de visualización en VisuAlgo, para mostrar el árbol de sufijos de cualquier cadena (relativamente corta) T, especificada por el propio lector. También se incluyen en la visualización varias aplicaciones de un árbol de sufijos, que mostramos en la siguiente sección 6.5.3.

VISUALGO https://visualgo.net/en/suffixtree

Ejercicio 6.5.2.1

Dados dos vértices que representan dos sufijos diferentes, por ejemplo los sufijos 1 y 5 de la parte derecha de la figura 6.3, determinar su prefijo común más largo (LCP). En consecuencia, ¿qué significado tiene este LCP entre dos sufijos?

Ejercicio 6.5.2.2*

Dibuja el *trie* y el árbol de sufijos de T = "BANANA$". Consejo: utiliza la herramienta de visualización del árbol de sufijos de VisuAlgo.

6.5.3 Aplicaciones del árbol de sufijos

Asumiendo que el árbol de sufijos de una cadena T *ya ha sido construido*, podemos utilizarlo en las siguientes aplicaciones (la lista no pretende ser exhaustiva):

---

[11]Debido a lo cual no podremos utilizar ' ' (un espacio, con valor ASCII 32) en T, ya que el valor ASCII de '$' es 36.

[12]Hay un máximo de n hojas para n sufijos. Todos los vértices internos que no sean el raíz originan ramas, por lo que no puede haber más de $n - 1$ de esos vértices. Total: n (hojas) + $(n - 1)$ (vértices internos) = $2n - 1$ vértices.

Coincidencia de cadenas en $O(m + occ)$

Con un árbol de sufijos, podemos encontrar (exactamente) todas las apariciones de un patrón P en T en $O(m + occ)$, donde m es la longitud de la cadena patrón P y occ es el número total de apariciones de P en T, *independientemente* de la longitud n de T[13]. Cuando el árbol de sufijos *ya está construido*, esta técnica es *mucho más rápida* que los algoritmos de coincidencia de cadenas tratados en la sección 6.4.

Dado el árbol de sufijos de T, nuestra tarea consiste en buscar, en el árbol de sufijos, el vértice x cuya etiqueta de camino represente el patrón P. Hay que recordar que una coincidencia es, después de todo, un *prefijo común* entre la cadena patrón P y algunos sufijos de la cadena T. Esto se hace en un único recorrido de la raíz a (en el peor de los casos) una hoja del árbol de sufijos de T, siguiendo las etiquetas de las aristas. El vértice más cercano a la raíz cuya etiqueta de ruta comience con P, es el vértice x buscado. A continuación, los índices de sufijos almacenados en los vértices de terminación (hojas) del subárbol con raíz en x, son las apariciones de P en T.

Por ejemplo, en el árbol de sufijos de T = "GATAGACA\$" de la figura 6.4 y con P = "A", podemos, sencillamente, recorrer desde la raíz, siguiendo la arista etiquetada como 'A', hasta encontrar el vértice x, con la etiqueta de camino 'A'. Hay 4 apariciones[14] de 'A' en el subárbol con raíz en x. Son los sufijos 7 ("A\$"), 5 ("ACA\$"), 3 ("AGACA\$") y 1 ("ATAGACA\$"). Si P = "Z", entonces el recorrido del árbol de sufijos no logrará hallar un vértice x válido e informará de que P no ha sido encontrado. Para profundizar en la comprensión de esta aplicación, visita la visualización de árboles de sufijos de VisuAlgo, donde podrás crear tu propio árbol de sufijos (con una cadena T pequeña) y comprobar el funcionamiento de esta coincidencia de cadenas utilizando el patrón P de tu elección.

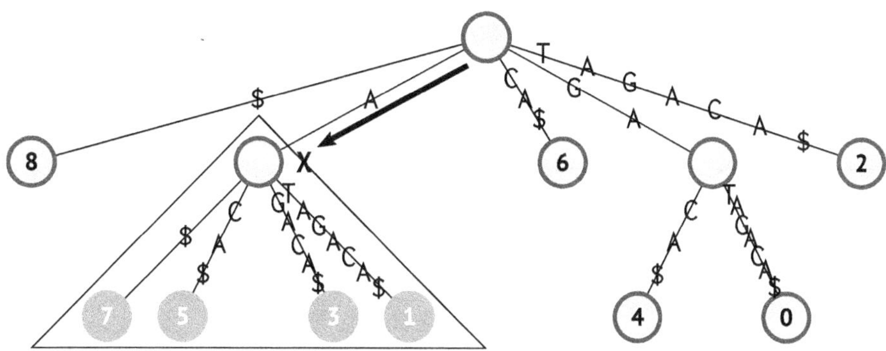

Figura 6.4: Coincidencia de cadenas de T = "GATAGACA\$" con la cadena patrón P = "A"

Búsqueda de la subcadena repetida más larga en $O(n)$

Dado el árbol de sufijos de T, también podemos encontrar la subcadena repetida más larga[15] (LRS) en T de forma eficiente. El problema de la LRS es el problema de encontrar la subcadena

---

[13]Normalmente, m será mucho más pequeño que n.

[14]Para ser más precisos, occ es el *tamaño* del subárbol con raíz en x, que puede ser más grande (aunque no más del doble) del número real (occ) de vértices de terminación (hojas) del subárbol con raíz en x.

[15]Este problema tiene algunas aplicaciones interesantes: encontrar el estribillo de una canción (que se repite varias veces), encontrar las frases (más largas) que se repiten en un discurso político, etc. Existe otra versión de este problema, ver el **ejercicio 6.5.3.4***.

más larga de una cadena que aparece, *al menos*, dos veces. La etiqueta de camino del vértice *interno más profundo x* en el árbol de sufijos de T será la respuesta. El vértice *x* se puede encontrar con un recorrido en $O(n)$ (DFS/BFS). El hecho de que *x* sea un vértice interno, implica que representa más de un sufijo de T (habrá > 1 vértices de terminación en el subárbol con raíz en *x*) y esos sufijos comparten un prefijo común (lo que implica una subcadena repetida). Al ser *x* el vértice interno *más profundo* (desde la raíz), su etiqueta de camino es la subcadena repetida *más larga*.

Ejemplo: en el árbol de sufijos de T = "GATAGACA$" de la figura 6.5, la LRS es "GA", ya que resulta ser la etiqueta de ruta del vértice interno más profundo *x* ("GA" se repite dos veces en "GATAGACA$"). La respuesta se puede hallar con una pasada por el árbol de sufijos en $O(n)$. Para mejorar tu comprensión de esta aplicación, te invitamos a que visites la sección de árboles de sufijos de VisuAlgo, donde podrás crear tu propio árbol de sufijos (sobre una cadena T pequeña con una sola subcadena larga repetida o varias subcadenas repetidas de igual longitud) y verificar el funcionaiento de esta aplicación de subcadena repetida más larga.

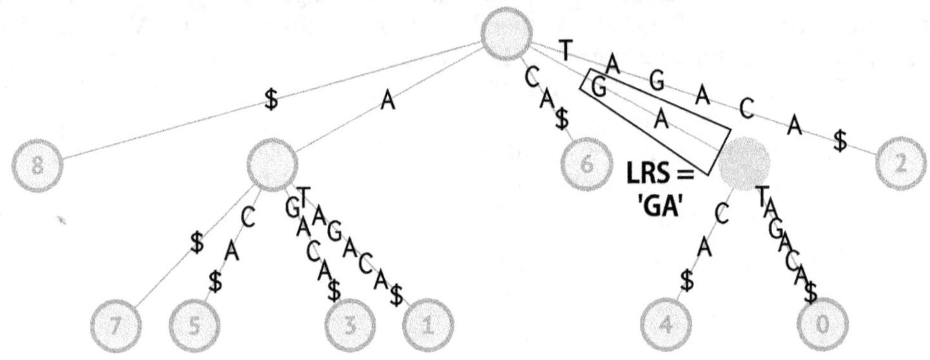

Figura 6.5: Subcadena repetida más larga de T = "GATAGACA$"

Búsqueda de la subcadena común más larga en $O(n)$

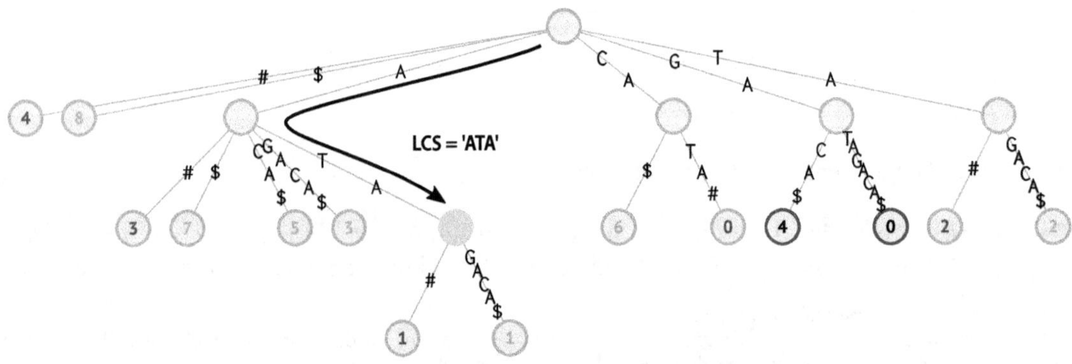

Figura 6.6: Árbol de sufijos generalizado de T_1 = "GATAGACA$" y T_2 = "CATA#" y su LCS

El problema de encontrar la **subcadena** común más larga (LCS[16]) de dos **o más** cadenas, se puede resolver en tiempo lineal[17] con un árbol de sufijos. Sin perder la generalidad, consideremos el caso de solo *dos* cadenas T_1 y T_2. Podemos construir un **árbol de sufijos generalizado** que combine el árbol de sufijos de T_1 y T_2. Para diferenciar el origen de cada sufijo, podemos emplear dos símbolos de vértice de terminación diferentes, uno para cada cadena. Después, marcamos los *vértices internos* que tengan vértices en sus subárboles, con símbolos de terminación *diferentes* en $O(n)$. Los sufijos representados por estos vértices de terminación internos marcados, comparten un prefijo común y vienen *conjuntamente* de T_1 y T_2. Esto es, los vértices internos marcados representan las subcadenas comunes entre T_1 y T_2. Como nos interesa la subcadena común *más larga*, nuestra respuesta será la etiqueta de la ruta del vértice marcado *más profundo*, que también se obtiene en $O(n)$.

Por ejemplo, con $T_1 = $ "GATAGACA\$" y $T_2 = $ "CATA#", la subcadena común más larga es "ATA", de longitud 3. En la figura 6.6, podemos ver que los vértices con etiquetas de ruta "A", "ATA", "CA" y "TA", tienen dos símbolos de terminación diferentes (hay que notar que el vértice con la etiqueta de camino "GA" *no* se considera, ya que ambos sufijos "GACA\$" y "GATAGACA\$" vienen de T_1). Esas son las subcadenas comunes entre T_1 y T_2. El vértice más profundo marcado es "ATA" y es la subcadena común más larga de T_1 y T_2. Para profundizar en tu comprensión de esta aplicación, te invitamos a visitar la sección de visualización de árboles de sufijos de VisuAlgo, donde podrás crear tu propio árbol de sufijos (sobre *dos* cadenas pequeña: T_1 y T_2) y verificar el funcionamiento de esta subcadena común más larga.

Ejercicio 6.5.3.1

Utiliza el árbol de sufijos de la figura 6.4, encuentra $P_1 = $ "C" y $P_2 = $ "CAT".

Ejercicio 6.5.3.2

Encuentra la LRS de T = "CGACATTACATTA\$". Construye primero el árbol de sufijos.

Ejercicio 6.5.3.3

Encuentra la LCS de $T_1 = $ "STEVEN\$" y $T_2 = $ "SEVEN#".

---

[16]Hay que tener en cuenta que 'subcadena' no es lo mismo que 'subsecuencia'. Por ejemplo, "BCE" es una subsecuencia, pero no una subcadena, de "ABCDEF", mientras que "BCD" (letras contiguas) es tanto una subsecuencia como una subcadena de "ABCDEF".

[17]Solo si utilizamos el algoritmo de construcción de un árbol de sufijos en tiempo lineal (que no tratamos en este libro, ver [43]).

Ejercicio 6.5.3.4*

En vez de encontrar la LRS, ahora queremos localizar la subcadena repetida *que aparezca más veces*. Entre varias candidatas posibles, selecciona la más larga. Por ejemplo, si T = "DEFG1<u>ABC</u>2DEFG3<u>ABC</u>4<u>ABC</u>$", la respuesta es "ABC", de longitud 3, que aparece tres veces (y no "BC", de longitud 2, o "C", de longitud 1, que también aparecen tres veces), en vez de "DEFG", de longitud 4, pero que solo aparece dos veces. Analiza la estrategia para resolverlo.

Ejercicio 6.5.3.5*

El problema de la subcadena repetida más larga (LRS), presentado en esta sección, permite la superposición. Por ejemplo, la LRS de T = "AAAAAAAA$" es "AAAAAAA", de longitud 7. ¿Qué deberíamos hacer si no permitimos que la LRS se superponga? Por ejemplo, la LRS sin superposición de T = "AAAAAAAA$" debería ser "AAAA", de longitud 4.

Ejercicio 6.5.3.6*

Piensa en cómo generalizar esta técnica para encontrar la LCS de *más de dos cadenas*. Por ejemplo, dadas tres cadenas T_1 = "STEVEN$", T_2 = "SEVEN#" y T_3 = "EVE@", ¿cómo podemos determinar que su LCS es "EVE"?

Ejercicio 6.5.3.7*

Modifica más la solución para encontrar la LCS de *k cadenas de un conjunto de n*, donde $k \leq n$. Por ejemplo, dadas las mismas tres cadenas T_1, T_2 y T_3 del ejercicio anterior, ¿cómo podemos determinar que la LCS de 2 de las 3 cadenas es "EVEN"?

Ejercicio 6.5.3.8*

El problema de la extensión común más larga (LCE) se define de la siguiente manera: dada una cadena T y dos índices i y j, calcular la subcadena más larga de T que comience tanto en i como en j. Los ejemplos asumen que T = "CGACATTACATTA$". Si i = 4 y j = 9, la respuesta es "ATTA". Si i = 7 y j = 9, la respuesta es "A". ¿Cómo podemos resolverlo mediante un árbol de sufijos?

6.5.4 *Array* de sufijos

En la subsección anterior, hemos mostrado algunos problemas de procesamiento de cadenas que se pueden resolver *si el árbol de sufijos ya ha sido construido*. Sin embargo, la implementación eficiente de la construcción del árbol de sufijos en tiempo lineal (ver [43]) es compleja y, por ello, un riesgo en el entorno de un concurso de programación. Por suerte, la siguiente estructura de datos que vamos a describir, el **array de sufijos**, inventado por Udi Manber y Gene Myers [31], tiene una funcionalidad similar a un árbol de sufijos, pero con una construcción y uso (mucho) más sencillos, especialmente durante un concurso de programación. No vamos, por lo tanto, a tratar la construcción del árbol de sufijos en $O(n)$ (ver [43]) y, en su lugar, nos centraremos en la construcción del *array* de sufijos en $O(n \log n)$ (ver [46]), que es más fácil de utilizar[18]. En la siguiente subsección, mostraremos que podemos aplicar el *array* de sufijos para resolver problemas que ya hemos resuelto con el árbol de sufijos.

Figura 6.7: Ordenación de los sufijos de T = "GATAGACA$"

Un *array* de sufijos es, básicamente, un *array* de enteros que almacena una permutación de n índices de sufijos *ordenados*. Por ejemplo, consideremos la misma[19] T = "GATAGACA$" con $n = 9$. El *array* de sufijos de T es una permutación de enteros [0..n-1] = {8, 7, 5, 3, 1, 6, 4, 0, 2}, como se muestra en la figura 6.7. Esto es, los sufijos ordenados son sufijo SA[0] = sufijo 8 = "$", sufijo SA[1] = sufijo 7 = "A$", sufijo SA[2] = sufijo 5 = "ACA$", ..., y, finalmente, sufijo SA[8] = sufijo 2 = "TAGACA$".

Árbol de sufijos frente a *array* de sufijos

El árbol y el *array* de sufijos están muy relacionados entre sí[20]. Como vemos en la figura 6.8, el recorrido DFS (los vecinos están ordenados según las etiquetas de las aristas ordenadas) del

---

[18]La diferencia entre algoritmos en $O(n)$ y $O(n \log n)$ es prácticamente irrelevante en un concurso de programación.

[19]Se puede observar que también utilizamos el símbolo de terminación '$' para simplificar el tratamiento del *array* de sufijos.

[20]Uso de memoria: el árbol de sufijos tiene $n|\Sigma|$ punteros, donde $|\Sigma|$ es el número de caracteres diferentes de T, por lo que necesita $O(n|\Sigma| \log n)$ bits para almacenar su información. Por otro lado, el *array* de sufijos es un simple *array* de n índices, por lo que solo necesita $O(n \log n)$ bits para almacenar su información, lo que lo hace ligeramente más eficiente.

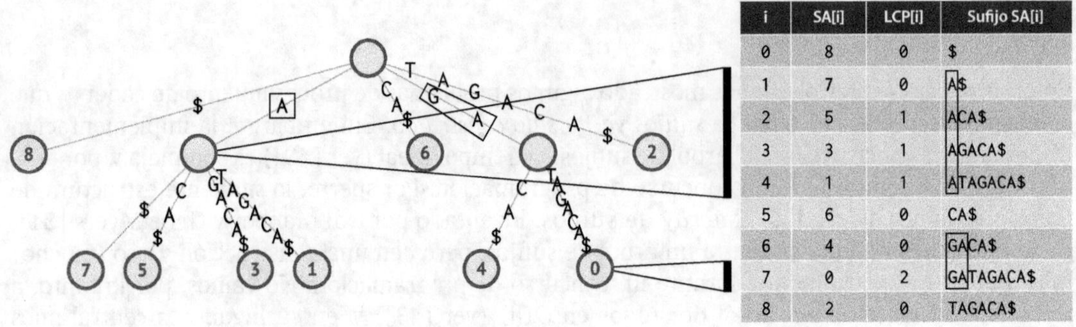

Figura 6.8: Árbol y *array* de sufijos de T = "GATAGACA$"

árbol de sufijos visita los vértices de terminación (las hojas) en el orden del *array* de sufijos. Un **vértice interno** del árbol de sufijos, corresponde a un **rango** del *array* de sufijos (una colección de sufijos ordenados que comparten un prefijo común más largo (LCP), que calcularemos a continuación). Un **vértice de terminación** (siempre en una hoja, debido al uso del carácter de terminación) del árbol de sufijos, corresponde a un **índice individual** del *array* (un único sufijo). Conviene no olvidar estas correspondencias, ya que nos serán útiles en la siguiente subsección, cuando veamos las aplicaciones del *array* de sufijos.

Construcción ingenua de un *array* de sufijos

Es muy sencillo construir un *array* de sufijos, dada una cadena T[0..n-1], siempre que esta cadena T no sea muy larga, como podemos ver:

```
1  // en int main()
2    scanf("%s", &T);                                  // leer T
3    int n = (int)strlen(T);                           // contar n
4    T[n++] = '$';                                     // añadir terminación
5    vi SA(n);
6    iota(SA.begin(), SA.end(), 0);                    // el SA inicial
7    // análisis de la ordenación: O(n log n) * cmp: O(n) = O(n^2 log n)
8    sort(SA.begin(), SA.end(), [](int a, int b) {  // O(n^2 log n)
9      return strcmp(T+a, T+b) < 0;
10   });                                               // continúa
```

Cuando se aplica a la cadena T = "GATAGACA$", el código de construcción ingenua, que ordena todos los sufijos con un sistema de ordenación incorporado en el lenguaje y una *biblioteca* de comparación de cadenas, genera correctamente el *array* de sufijos {8, 7, 5, 3, 1, 6, 4, 0, 2}. Sin embargo, esto no resulta muy útil en un concurso de programación, salvo que $n \leq 2500$. El tiempo de ejecución de este algoritmo es de $O(n^2 \log n)$, porque la operación strcmp, que se usa para determinar el orden de dos sufijos, posiblemente largos, tiene un coste de hasta $O(n)$ por cada par de sufijos comparados.

Cálculo del prefijo común más largo entre sufijos ordenados consecutivos

Dado el *array* de sufijos de T, podemos calcular el prefijo común más largo (LCP) entre sufijos *consecutivos* ordenados según el *array* de sufijos. Por definición, LCP[0] = 0, ya que el sufijo SA[0] es el primero en el orden del *array* de sufijos que no tiene un sufijo precedente. Para i >0, LCP[i] = la longitud del LCP entre los sufijos SA[i] y SA[i-1]. Por ejemplo, en la parte derecha de la figura 6.8, vemos que el sufijo SA[7] = sufijo 0 = "GACAGATA\$" tiene un LCP "GA", de longitud 2, con su sufijo anterior, según el orden, SA[6] = sufijo 4 = "GACA\$". Es posible calcular el LCP directamente, por definición, utilizando el siguiente código. Sin embargo, esta técnica es lenta ya que puede hacer que el valor de L crezca hasta $O(n^2)$ veces si, por ejemplo, intentamos calcular T = "AAAAAAA\$".

```cpp
// continúa del anterior
vi LCP(n);
LCP[0] = 0;                                // valor predeterminado
for (int i = 1; i < n; ++i) {              // por definición, O(n^2)
  int L = 0;                               // reiniciar siempre L a 0
  while ((SA[i]+L < n) && (SA[i-1]+L < n) &&
         (T[SA[i]+L] == T[SA[i-1]+L])) ++L; // mismo carácter L-ésimo, ++L
  LCP[i] = L;
}
printf("T = '%s'\n", T);
printf(" i SA[i] LCP[i]   Suffix SA[i]\n");
for (int i = 0; i < n; ++i)
  printf("%2d    %2d    %2d    %s\n", i, SA[i], LCP[i], T+SA[i]);
```

Incluimos el código fuente de este algoritmo lento, utilizando el lenguage más rápido (C++), pero probablemente no resultará útil en un concurso de programación moderno.

C++   ch6/sa_lcp_slow.cpp

Construcción de *array* de sufijos eficiente

Un *método mejor* para construir un *array* de sufijos consiste en ordenar los *pares de rangos* (enteros pequeños) de los sufijos en $O(\log_2 n)$ iteraciones, desde $k = 1, 2, 4, \dots$, la última **potencia de 2** que sea menor que n. Este algoritmo de construcción ordena, en cada iteración, los sufijos basados en el par de rangos (RA[SA[i]], RA[SA[i]+k]) del sufijo SA[i]. Este método se denomina algoritmo de duplicado de prefijo (Karp–Miller–Rosenberg, ver [27, 46]). A continuación, mostramos un ejemplo de ejecución para T = "GATAGACA\$" y $n = 9$.

- En primer lugar, SA[i] = i y RA[i] = valor ASCII de T[i] $\forall i \in [0..n-1]$ (izquierda de la tabla 6.1). En la iteración $k = 1$, el par de rangos de SA[i] es (RA[SA[i]], RA[SA[i]+1]).

  Ejemplo 1: el rango del sufijo 5 "ACA\$" es ('A', 'C') = (65, 67).

  Ejemplo 2: el rango del sufijo 3 "AGACA\$" es ('A', 'G') = (65, 71).

i	SA[i]	Sufijo	RA[SA[i]]	RA[SA[i]+k]		i	SA[i]	Sufijo	RA[SA[i]]	RA[SA[i]+k]
0	0	GATAGACA$	71	65		0	8	$	36	0
1	1	ATAGACA$	65	84		1	7	A$	65	36
2	2	TAGACA$	84	65		2	5	ACA$	65	67
3	3	AGACA$	65	71		3	3	AGACA$	65	71
4	4	GACA$	71	65		4	1	ATAGACA$	65	84
5	5	ACA$	65	67		5	6	CA$	67	65
6	6	CA$	67	65		6	0	GATAGACA$	71	65
7	7	A$	65	36		7	4	GACA$	71	65
8	8	$	36	0		8	2	TAGACA$	84	65

Tabla 6.1: I/D: antes y después de ordenar, $k = 1$, aparece la ordenación inicial

Después de ordenar los pares de rangos, el orden de los sufijos será el de la parte derecha de la tabla 6.1, donde el sufijo 5 "ACA$" se coloca antes que el sufijo 3 "AGACA$", etc.

- En la iteración $k = 2$, el par de rangos del sufijo SA[i] es (RA[SA[i]], RA[SA[i]+2]). Este par de rangos se obtiene consultando únicamente el primer y el segundo par de caracteres. Para obtener los nuevos pares de rangos, no es necesario recalcular mucho. Establecemos el primero, es decir, el sufijo 8 "$" con el nuevo rango $r = 0$. Después, iteramos desde i = [1..n-1]. Si el par de rangos del sufijo SA[i] difiere del par de rangos del sufijo anterior SA[i-1] ya ordenado, incrementamos el rango $r = r + 1$. En caso contrario, el rango se mantiene en r (ver la parte izquierda de la tabla 6.2).

i	SA[i]	Sufijo	RA[SA[i]]	RA[SA[i]+k]		i	SA[i]	Sufijo	RA[SA[i]]	RA[SA[i]+k]
0	8	$	0	0		0	8	$	0	0
1	7	A$	1	0		1	7	A$	1	0
2	5	ACA$	2	1		2	5	ACA$	2	1
3	3	AGACA$	3	2		3	3	AGACA$	3	2
4	1	ATAGACA$	4	3		4	1	ATAGACA$	4	3
5	6	CA$	5	0		5	6	CA$	5	0
6	0	GATAGACA$	6	7		6	4	GACA$	6	5
7	4	GACA$	6	5		7	0	GATAGACA$	6	7
8	2	TAGACA$	7	6		8	2	TAGACA$	7	6

Tabla 6.2: I/D: antes/después de ordenar, $k = 2$, se intercambian "GATAGACA" y "GACA"

Ejemplo 1: en la parte derecha de la tabla 6.1, el par de rangos del sufijo 7 "A$" es (65, 36), que es diferente del par de rangos del sufijo 8 anterior "$-", que es (36, 0). Por ello, en la parte izquierda de la tabla 6.2, el sufijo 7 tiene el nuevo rango 1.

Ejemplo 2: en la parte derecha de la tabla 6.1, el par de rangos del sufijo 4 "GACA$" es (71, 65), que es similar al par de rangos del sufijo 0 anterior "GATAGACA$", que también es (71, 65). Por ello, en la parte izquierda de la tabla 6.2, ya que al sufijo 0 se le da un nuevo rango 6, el sufijo 4 obtiene el mismo nuevo rango 6.

Una vez que hemos actualizado RA[SA[i]] $\forall i \in$ [0..n-1], se puede determinar, también fácilmente, el valor de RA[SA[i]+k]. En nuestra explicación, si SA[i]+k $\geq$ n, damos un rango predeterminado de 0. En el **ejercicio 6.5.4.1** se pueden encontrar más detalles sobre la implementación de este paso.

En este punto, el par de rangos del sufijo 0 "GATAGACA\$" es (6, 7), y del sufijo 4 "GACA\$" es (6, 5). Estos dos sufijos todavía no están ordenados, mientras que el resto sí. Después de otra ordenación, los sufijos se colocarán como se ve en el parte derecha del tabla 6.2.

- En la iteración $k = 4$ (atención al detalle de que *duplicamos* $k = 2$ a $k = 4$, ignorando $k = 3$) el par de rangos del sufijo SA[i] es (RA[SA[i]], RA[SA[i]+4]). Este par de rangos se obtiene consultando únicamente las primera y segunda 4-tuplas de caracteres. Ahora, nos encontramos con que el par de rangos anterior de los sufijos 4 (6, 5) y 0 (6,7), de la parte derecha de la tabla 6.2, son diferentes. Por lo tanto, después de recalcular los rangos, todos los n sufijos de la tabla 6.3 tienen un rango diferente. Es fácilmente verificable si RA[SA[n-1]] == n-1. Cuando esto ocurre, hemos obtenido el *array* de sufijos con éxito. Es relevante el hecho de que la principal carga de ordenación se ha realizado en las primeras iteraciones y, normalmente, no son necesarias muchas cuando T es una cadena aleatoria (ver también el **ejercicio 6.5.4.3**).

i	SA[i]	Sufijo	RA[SA[i]]	RA[SA[i]+k]
0	8	\$	0	0
1	7	A\$	1	0
2	5	ACA\$	2	0
3	3	AGACA\$	3	1
4	1	ATAGACA\$	4	2
5	6	CA\$	5	0
7	4	GACA\$	6	0
6	0	GATAGACA\$	7	6
8	2	TAGACA\$	8	5

Tabla 6.3: Antes/después de ordenar, $k = 4$, sin cambios

El algoritmo de construcción de un *array* de sufijos puede resultar una novedad para la mayoría de lectores, por lo que hemos añadido a VisuAlgo una herramienta de visualización de un *array* de sufijos, para mostrar los pasos de cualquier cadena T (corta), determinada por el propio lector. También incluimos, en la siguiente sección 6.5.5, varias aplicaciones del *array* de sufijos.

VISUALGO https://visualgo.net/en/suffixarray

Podemos implementar la ordenación de pares de rangos anterior, utilizando la biblioteca de ordenación (integrada) en $O(n \log n)$. Como repetimos el proceso de ordenación hasta $\log n$ veces, la complejidad de tiempo global es de $O(\log n \times n \log n) = O(n \log^2 n)$. Con esta complejidad de tiempo, podemos trabajar con cadenas de una longitud de hasta $\approx 30K$ caracteres. Sin embargo, ya que el proceso de ordenación trata solo con *pares de enteros pequeños*, podemos utilizar una ordenación *radix* de dos pasadas en *tiempo lineal* (que utiliza internamente la ordenación por cuentas, ver el Volumen I), para reducir el tiempo de ordenación a $O(n)$. Como repetimos el proceso de ordenación hasta $(\log n)$ veces, la complejidad de tiempo global será de $O(\log n \times n) = O(n \log n)$. Ahora podremos trabajar con cadenas de hasta $\approx 450K$ caracteres, lo que es bastante habitual en concursos de programación.

Cálculo eficiente del LCP entre dos sufijos consecutivos ordenados

Un método mejor para calcular el prefijo común más largo (LCP) entre sufijos *consecutivos* ordenados, según el *array* de sufijos, consiste en el empleo del teorema del prefijo común más largo permutado (PLCP, ver [26]). La idea es sencilla: es *más fácil* calcular el LCP en su posición en el orden original de los sufijos, que en el orden lexicográfico. En la parte derecha de la tabla 6.4, tenemos las posiciones según el orden original de los sufijos de T = "GATAGACA$". Hay que observar que la columna PLCP[i] forma un patrón: un bloque que decrece de 1 en 1 ($2 \rightarrow 1 \rightarrow 0$), crece a 1, vuelve a decrecer 1 ($1 \rightarrow 0$), vuelve a crecer a 1, vuelve a decrecer 1 ($1 \rightarrow 0$), etc.

i	SA[i]	LCP[i]	Sufijo		i	Phi[i]	PLCP[i]	Sufijo
0	8	0	$		0	4	2	GATAGACA$
1	7	0	A$		1	3	1	ATAGACA$
2	5	1	ACA$		2	0	0	TAGACA$
3	3	1	AGACA$		3	5	1	AGACA$
4	1	1	ATAGACA$		4	6	0	GACA$
5	6	0	CA$		5	7	1	ACA$
6	4	0	GACA$		6	1	0	CA$
7	0	2	GATAGACA$		7	8	0	A$
8	2	0	TAGACA$		8	-1	0	$

LCP[7] = PLCP[SA[7]] = PLCP[0] = 2

Phi[SA[3]] = SA[3-1]
Phi[3] = SA[2]
Phi[3] = 5

Tabla 6.4: Cálculo del LCP dado el SA de T = "GATAGACA$"

El teorema del PLCP afirma que el número total de operaciones de incremento (y decremento) tiene un máximo de $O(n)$. Tanto este patrón, como la garantía de ejecución en $O(n)$, son características que se deben aprovechar en la implementación.

Comenzamos calculando Phi[SA[i]], que almacena el índice del sufijo anterior al sufijo SA[i], en orden del *array* de sufijos. Por definición, Phi[SA[0]] = -1, es decir, no hay un sufijo que preceda a SA[0]. Podemos tomarnos un tiempo para verificar que la columna Phi[i] de la parte derecha de la tabla 6.4 es correcta. Por ejemplo, Phi[SA[3]] = SA[3-1], por ello Phi[3] = SA[2] = 5.

Ahora, con Phi[i], podemos calcular el LCP permutado. A continuación, se desarrollan los primeros pasos de este algoritmo. Cuando i = 0, tenemos Phi[0] = 4. Esto significa que el sufijo 0 "GATAGACA$" está después del sufijo 4 "GACA$" en orden del *array* de sufijos. Los dos primeros caracteres (L = 2) de estos dos sufijos coinciden, por lo que PLCP[0] = 2.

Cuando i = 1, sabemos que hay *al menos* L-1 = 1 caracteres que pueden coincidir, al tener el siguiente sufijo ordenado un carácter inicial menos que el actual. Tenemos Phi[1] = 3. Esto significa que el sufijo 1 "ATAGACA$", está después del sufijo 3 "AGACA$", en orden del *array* de sufijos. Hay que fijarse en que estos dos sufijos tienen, efectivamente, al menos una coincidencia de 1 carácter (es decir, no empezamos en L = 0, como en la función computeLCP_slow() vista anteriormente y, por ello, esta opción es más eficiente). Como no podemos extenderlo más, tenemos que PLCP[1] = 1.

Continuamos este proceso hasta que i = n-1, saltando el caso cuando Phi[i] = -1. Como el teorema PLCP dice que L será incrementado/decrementado n veces como mucho, esta parte se ejecuta en $O(n)$ amortizado. Por último, una vez que tenemos el *array* PLCP, podemos poner el LCP permutado nuevamente en su posición correcta. El código será relativamente corto.

La implementación eficiente

Incluimos nuestro código eficiente de construcción del SA en $O(n \log n)$, con cálculo del LCP entre sufijos consecutivos[21] ordenados en $O(n)$. Esta implementación de construcción del SA y cálculo del LCP es suficientemente eficaz para la mayoría de problemas complejos que implican *cadenas largas* en concursos de programación. Repasa el código hasta entender cómo funciona.

Para concursantes del ICPC: como está permitido llevar material escrito al concurso, es una buena idea incluir este código entre las notas del equipo.

```cpp
typedef pair<int, int> ii;
typedef vector<int> vi;

class SuffixArray {
private:
  vi RA;                                             // array de rangos

  void countingSort(int k) {                         // O(n)
    int maxi = max(300, n);                          // hasta 255 caracteres ASCII
    vi c(maxi, 0);                                   // limpiar tabla frecuencia
    for (int i = 0; i < n; ++i)                      // contar la frecuencia
      ++c[i+k < n ? RA[i+k] : 0];                    // de cada rango de enteros
    for (int i = 0, sum = 0; i < maxi; ++i) {
      int t = c[i]; c[i] = sum; sum += t;
    }
    vi tempSA(n);
    for (int i = 0; i < n; ++i)                      // ordenar SA
      tempSA[c[SA[i]+k < n ? RA[SA[i]+k] : 0]++] = SA[i];
    swap(SA, tempSA);                                // actualizar SA
  }

  void constructSA() {                               // hasta 400K caracteres
    SA.resize(n);
    iota(SA.begin(), SA.end(), 0);                   // el SA inicial
    RA.resize(n);
    for (int i = 0; i < n; ++i) RA[i] = T[i];        // rangos iniciales
    for (int k = 1; k < n; k <<= 1) {                // repetir log_2 n veces
      // this is actually radix sort
      countingSort(k);                               // ordenar por elemento 2
      countingSort(0);                               // ordenar por elemento 1
      vi tempRA(n);
      int r = 0;
      tempRA[SA[0]] = r;                             // proceso de reclasificación
      for (int i = 1; i < n; ++i)                    // comparar sufijos ady.
        tempRA[SA[i]] = // mismo par => mismo rango r; si no, incrementar r
          ((RA[SA[i]] == RA[SA[i-1]]) && (RA[SA[i]+k] == RA[SA[i-1]+k])) ?
            r : ++r;
```

---

[21]Ver también el **ejercicio 6.5.4.5*** que pide el LCP entre un *rango* de sufijos ordenados

```cpp
38      swap(RA, tempRA);                                  // actualizar RA
39      if (RA[SA[n-1]] == n-1) break;                     // buena optimización
40    }
41  }
42
43  void computeLCP() {
44    vi Phi(n);
45    vi PLCP(n);
46    PLCP.resize(n);
47    Phi[SA[0]] = -1;                                      // valor predeterminado
48    for (int i = 1; i < n; ++i)                           // calcular Phi en O(n)
49      Phi[SA[i]] = SA[i-1];                               // recordar sufijo ant.
50    for (int i = 0, L = 0; i < n; ++i) {                  // calcular PLCP en O(n)
51      if (Phi[i] == -1) { PLCP[i] = 0; continue; } // caso especial
52      while ((i+L < n) && (Phi[i]+L < n) && (T[i+L] == T[Phi[i]+L]))
53        ++L;                                             // L incr. máx n veces
54      PLCP[i] = L;
55      L = max(L-1, 0);                                    // L decr. máx n veces
56    }
57    LCP.resize(n);
58    for (int i = 0; i < n; ++i)                           // calcular LCP en O(n)
59      LCP[i] = PLCP[SA[i]];                               // restaurar PLCP
60  }
61
62 public:
63   const char* T;                                        // cadena de entradas
64   const int n;                                          // longitud de T
65   vi SA;                                                // array de sufijos
66   vi LCP;                                               // de sufijos ordenados ady.
67
68   SuffixArray(const char* initialT, const int _n) : T(initialT), n(_n) {
69     constructSA();                                      // O(n log n)
70     computeLCP();                                       // O(n)
71   }
72 };
73
74 int main() {
75   scanf("%s", &T);                                       // leer T
76   int n = (int)strlen(T);                                // contar n
77   T[n++] = '$';                                          // añadir terminación
78   SuffixArray S(T, n);                                   // construir SA y LCP
79   printf("T = '%s'\n", T);
80   printf(" i SA[i] LCP[i]   Suffix SA[i]\n");
81   for (int i = 0; i < n; ++i)
82     printf("%2d    %2d     %2d    %s\n", i, S.SA[i], S.LCP[i], T+S.SA[i]);
83 } // return 0;
```

En el código de construcción del *array* de sufijos mostrado antes, ¿provocará la línea

```
((RA[SA[i]] == RA[SA[i-1]]) && (RA[SA[i]+k] == RA[SA[i-1]+k])) ?
```

que el índice esté fuera de límites en algunos casos? Es decir, ¿serán alguna vez `SA[i]+k` o `SA[i-1]+k` $\geq$ `n` y harán fallar el programa? Razona tu respuesta.

¿Funcionará el código de construcción del *array* de sufijos mostrado antes, si la cadena de entrada `T` contiene un espacio en blanco (valor ASCII = 32)? En caso de que no funcione, ¿qué solución podríamos aplicar? Pista: el carácter de terminación predeterminado ('$') tiene un valor ASCII = 36.

Escribe una cadena de entrada `T`, de longitud 16, de forma que el código de construcción del *array* de sufijos en $O(n \log n)$ utilice completamente las $\log_2 16 = 4$ iteraciones.

Muestra los pasos para calcular el *array* de sufijos de `T` = "BANANA$" con $n = 7$. ¿Cuántas iteraciones de ordenación son necesarias para obtener ese *array*? Consejo: utiliza la herramienta de visualización del *array* de sufijos de VisuAlgo.

Muestra cómo extender el cálculo del LCP entre dos sufijos consecutivos ordenados al cálculo del LCP entre un rango de sufijos ordenados, es decir, que responda a `LCP(i, j)`. Por ejemplo, en la figura 6.8, `LCP(1, 4)` = 1 ("A"), `LCP(6, 7)` = 2 ("GA") y `LCP(0, 8)` = 0 (nada en común).

Muestra cómo utilizar la información del LCP para calcular el número de subcadenas distintas de `T` en tiempo $O(n \log n)$.

6.5.5 Aplicaciones del *array* de sufijos

Ya hemos mencionado que el *array* de sufijos está íntimamente relacionado con el árbol de sufijos. En esta subsección, mostramos que con un *array* de sufijos (que es más fácil de construir) podemos resolver también los problemas de procesamiento de cadenas que aparecían en la sección 6.5.3, resueltos mediante un árbol de sufijos.

Coincidencia de cadenas en $O(m \log n)$

Después de obtener el *array* de sufijos de T, podemos buscar una cadena patrón P (de longitud m) dento de T (de longitud n) en $O(m \log n)$. Esto supone un factor de $(\log n)$ veces más lento que en la versión del árbol de sufijos, pero en la práctica es bastante aceptable. La complejidad $O(m \log n)$ viene del hecho de que podemos hacer dos búsquedas binarias $O(\log n)$ en sufijos ordenados y hasta $O(m)$ comparaciones de sufijos[22]. La primera y segunda búsquedas binarias consisten en encontrar los límites inferior y superior, respectivamente. Estos límites, inferior y superior, corresponden a las i más pequeña y más grande, de forma que el prefijo de los sufijos SA[i] coincida con el patrón P, también respectivamente. Todos los sufijos entre los límites superior e inferior son las apariciones de la cadena patrón P en T. A continuación, mostramos nuestra implementación:

```
1   // extensión de la clase Suffix Array anterior
2   ii stringMatching(const char *P) {              // en O(m log n)
3     int m = (int)strlen(P);                        // normalmente, m < n
4     int lo = 0, hi = n-1;                          // rango = [0..n-1]
5     while (lo < hi) {                              // hallar límite inferior
6       int mid = (lo+hi) / 2;                       // redondeo
7       int res = strncmp(T+SA[mid], P, m);          // ¿P en sufijo SA[mid]?
8       (res >= 0) ? hi = mid : lo = mid+1;          // atención al signo >=
9     }
10    if (strncmp(T+SA[lo], P, m) != 0) return {-1, -1}; // no encontrado
11    ii ans; ans.first = lo;
12    hi = n-1;                                       // rango = [lo..n-1]
13    while (lo < hi) {                              // hallar límite superior
14      int mid = (lo+hi) / 2;
15      int res = strncmp(T+SA[mid], P, m);
16      (res > 0) ? hi = mid : lo = mid+1;           // atención al signo >
17    }
18    if (strncmp(T+SA[hi], P, m) != 0) --hi;        // caso especial
19    ans.second = hi;
20    return ans;                                     // devuelve (lb, ub)
21  }                                                 // donde se encuentra P
```

En la tabla 6.5 se muestra una ejecución de ejemplo de este algoritmo de coincidencia de cadenas, con el *array* de sufijos de T = "GATAGACA$" y con P = "GA".

Empezamos localizando el límite inferior. El rango actual es i = [0..8] y, por ello, el índice

---

[22]Esto se consigue utilizando la función strncmp, para comparar solo los m primeros caracteres de ambos.

central es i = 4. Comparamos los dos primeros caracteres del sufijo SA[4], que son "ATAGACA$", con P = 'GA'. Como P = 'GA' es más grande, continuamos explorando i = [5..8]. Después, comparamos los dos primeros caracteres del sufijo SA[6], que son "GACA$", con P = 'GA'. Coinciden. Como estamos buscando el límite *inferior,* no nos detenemos aquí, sino que continuamos explorando i = [5..6]. P = 'GA' es más grande que el sufijo SA[5], que es "CA$". Nos detenemos tras comprobar que SA[8] no comienza con el prefijo P = 'GA'. El índice i = 6 es el límite inferior, es decir, en el sufijo SA[6], que es "GACA$", aparece por *primera vez* el patrón P = 'GA', como prefijo de un sufijo contenido en la lista de sufijos ordenados.

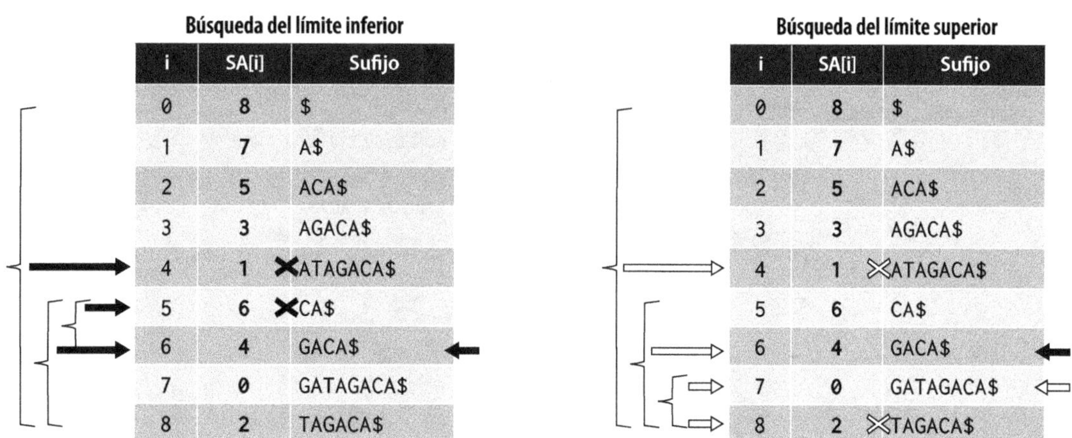

Tabla 6.5: Coincidencia de cadenas utilizando un *array* de sufijos

Después, buscamos el límite superior. El primer paso es igual al anterior. Pero, en el segundo, tenemos una coincidencia entre el sufijo SA[6], que es "GACA$", con P = 'GA'. Como lo que buscamos es el límite *superior,* debemos continuar explorando i = [7..8]. Encontramos otra coincidencia al comparar el sufijo SA[7], que es "GATAGACA$", con P = 'GA'. Nos detenemos aquí. El límite superior en este ejemplo es i = 7, es decir, el sufijo SA[7], que corresponde a "GATAGACA$", es la *última vez* que el patrón P = 'GA' aparece como prefijo de un sufijo contenido en la lista de sufijos ordenados.

Búsqueda de la subcadena repetida más larga en $O(n)$

Si hemos calculado el *array* de sufijos en $O(n \log n)$ y el LCP entre sufijos consecutivos en orden del *array* de sufijos en $O(n)$, podemos determinar la longitud de la subcadena repetida más larga (LRS) de T en $O(n)$.

La longitud de la subcadena repetida más larga es, precisamente, el número mayor del *array* LCP. En la parte izquierda de la tabla 6.4, que corresponde al *array* de sufijos y al LCP de T = "GATAGACA$", el número mayor es 2, en el índice i = 7. Los dos primeros caracteres del sufijo correspondiente SA[7] (sufijo 0) son 'GA'. Esta es la subcadena repetida más larga en T.

Búsqueda de la subcadena común más larga en $O(n)$

Sin perder la generalidad, consideremos un caso en el que solo tenemos *dos* cadenas. Utilizaremos el mismo ejemplo que en la sección del árbol de sufijos: T_1 = "GATAGACA$" y T_2 = "CATA#".

Para resolver el problema de la subcadena común más larga (LCS) utilizando un *array* de sufijos, primero debemos concatenar ambas cadenas (los caracteres de terminación de ambas *deben ser diferentes*), para obtener T = "GATAGACA$CATA#". Después, calculamos los *arrays* de sufijos y LCP de T, como se muestra en la figura 6.6.

i	SA[i]	LCP[i]	Propietario	Sufijo
0	13	0	2	#
1	8	0	1	$CATA#
2	12	0	2	A#
3	7	1	1	A$CATA#
4	5	1	1	ACA$CATA#
5	3	1	1	AGACA$CATA#
6	10	1	2	ATA#
7	1	3	1	ATAGACA$CATA#
8	6	0	1	CA$CATA#
9	9	2	2	CATA#
10	4	0	1	GACA$CATA#
11	0	2	1	GATAGACA$CATA#
12	11	0	2	TA#
13	2	2	1	TAGACA$CATA#

Tabla 6.6: *Array* de sufijos, LCP y propietario de T = "GATAGACA$CATA#"

A continuación, recorremos los sufijos consecutivos en $O(n)$. Si dos sufijos consecutivos pertenecen a un propietario diferente (se puede comprobar muy fácilmente[23], podemos, por ejemplo, saber si el sufijo SA[i] pertenece a T_1, verificando si SA[i] < la longitud de T_1), consultamos el *array* LCP y comprobamos si el LCP máximo encontrado hasta el momento se puede incrementar. Después de una pasada en $O(n)$, podremos determinar la subcadena común más larga. Esto ocurre, en la figura 6.6, cuando i = 7, ya que el sufijo SA[7] = sufijo 1 = "ATAGACA$CATA#" (que pertenece a T_1) y su sufijo anterior SA[6] = sufijo 10 = "ATA#" (que pertence a T_2), tienen un prefijo común de longitud 3, que es 'ATA'. Esta es la subcadena común más larga.

Cerramos la sección recordando la disponibilidad de nuestro código fuente. Dedica tiempo a entender ese código, que podría no resultar evidente para aquellos sin conocimiento previo de los *arrays* de sufijos.

C++	`ch6/sa_lcp.cpp`	
Java	`ch6/sa_lcp.java`	
Python	`ch6/sa_lcp.py`	
OCaml	`ch6/sa_lcp.ml`	

---

[23]Si tenemos tres o más cadenas, esta comprobación necesitará más expresiones 'if'.

Sugiere posibles mejoras a la función `stringMatching()` que aparece en esta sección, para que la complejidad de tiempo mejore hasta $O(m + \log n)$.

Compara los algoritmos KMP, de la sección 6.4, y Rabin–Karp, de la sección 6.6, con la coincidencia de cadenas utilizando un *array* de sufijos, y determina un método para saber cuándo es mejor utilizar un *array* de sufijos para los problemas de coincidencia de cadenas y cuándo es mejor utilizar KMP, Rabin–Karp o, simplemente, las bibliotecas estándar.

Resuelve todos los ejercicios de las aplicaciones del árbol de sufijos utilizando, en su lugar, un *array* de sufijos:

- **Ejercicio 6.5.3.4***: subcadenas repetidas con más apariciones y, en caso de empate, elegir la más larga.

- **Ejercicio 6.5.3.5***: LRS sin superposiciones.

- **Ejercicio 6.5.3.6***: LCS de $n \geq 2$ cadenas.

- **Ejercicio 6.5.3.7***: LCS de k de entre n cadenas donde $k \leq n$.

- **Ejercicio 6.5.3.8***: LCE de T, dados i y j.

Ejercicios de programación relativos al *array* de sufijos[24]:

1.	Nivel básico: *Kattis - suffixsorting* *	problema básico de construcción de un *array* de sufijos, cuidado con el símbolo de terminación
2.	**UVa 01254 - Top 10 ***	LA 4657 - Jakarta09, *array* de sufijos con árbol de segmenos o tabla dispersa, rango LCP
3.	**UVa 01584 - Circular Sequence ***	LA 3225 - Seoul04, rotación lexicográfica mínima[25], similar a UVa 00719, existen otras soluciones
4.	**UVa 11512 - GATTACA ***	subcadena repetida más larga
5.	*Kattis - automatictrading* *	*array* de sufijos, LCP de un rango, usar tabla dispersa
6.	*Kattis - buzzwords* *	subcadena repetida más larga que aparece X veces $(2 \leq X < N)$, también disponible en UVa 11855 - Buzzwords

7. *Kattis - suffixarrayreconstruction* *   problema inteligente y creativo que implica el concepto del *array* de sufijos, cuidado porque '*' puede representar a más de un carácter

Adicionales UVa: *00719, 00760, 01223, 12506.*

Adicionales Kattis: *aliens, burrowswheeler, dvaput, lifeforms, repeatedsubstrings, stringmultimatching, substrings.*

Otros: SPOJ SARRAY - Suffix Array (autor del problema: Felix Halim), IOI 2008 - Type Printer (recorrido DFS de un *trie* de sufijos). Ver también la sección 8.7, donde encontrarás problemas más difíciles que utilizan la estructura de datos del *trie* (de sufijos) como subrutina.

Perfiles de los inventores de estructuras de datos

Udi Manber es un científico de la computación israelí. Es uno de los vicepresidentes de ingeniería de Google. Junto a Gene Myers, Manber inventó la estructura de datos del *array* de sufijos en 1991.

Eugene "Gene" Wimberly Myers, Jr. es un científico de la computación y bioinformático estadounidense, principalmente conocido por su desarrollo de la herramienta BLAST (*Basic Local Alignment Search Tool*), para el análisis de secuencias. Su artículo de 1990, en el que describe BLAST, ha sido citado más de 24 000 veces, siendo uno de los más mencionados de la historia. También inventó el *array* de sufijos, junto a Udi Manber.

6.6 Coincidencia de cadenas mediante *hashing*

Dadas dos cadenas A y B, comparar una subcadena de A con una subcadena de B, por ejemplo, determinar si A[i..j] = B[k..l]. El método de fuerza bruta para resolver este problema consiste en comparar, de uno en uno, todos los caracteres de las dos subcadenas, lo que resultaría en una complejidad de $O(m)$, donde m es la longitud de la subcadena. Si repetimos varias veces esta comparación (con subcadenas diferentes), nos enfrentaríamos a la posibilidad de obtener un veredicto TLE, salvo que n fuese lo suficientemente pequeño o se repitiese en pocas ocasiones. Por ejemplo, pensemos en el siguiente problema de coincidencia de cadenas: dadas las cadenas T (texto) de longitud n y P (patrón) de longitud m $(m \leq n)$, contar el número de pares $\langle i, j \rangle$ presentes de forma que T[i..j] = P. Como existen $O(n - m)$ subcadenas de longitud fija m en una cadena T de longitud n, la solución de fuerza bruta tendrá una complejidad de $O(nm)$. En la sección 6.4 hemos conocido el algoritmo de Knuth–Morris–Pratt (KMP), capaz de resolver este problema de coincidencia de cadenas con complejidad $O(n + m)$. Además, en la sección 6.5, hemos visto la estructura de datos del *array* de sufijos, que puede resolver el problema con complejidad $O(m \log)$ (después de construir el *array* de sufijos en tiempo $O(n \log n)$). En esta sección, aprenderemos otra técnica para abordar este problema, en esta ocasión mediante *hashing*.

---

[24]Puedes intentar resolver estos problemas con un árbol de sufijos, pero tendrás que aprender a programar el algoritmo de construcción del árbol tú mismo.

[25]La rotación lexicográfica mínima es el problema de hallar la rotación de una cadena con el menor orden lexicográfico de todas las rotaciones posibles. Por ejemplo, la rotación lexicográfica mínima de "CGAGTC]AGCT" (añadimos ']' para mayor claridad) es "AGCTCGAGTC".

La idea del *hashing* de cadenas consiste en convertir las subcadenas en enteros, de forma que podamos realizar comparaciones de cadenas en $O(1)$, mediante la evaluación de sus valores de *hash* (enteros). Podemos hallar el valor de *hash* de cada subcadena en $O(1)$, con una preparación, que se realiza una sola vez, de $O(n)$, mediante el **hash rodante**.

6.6.1 Cómo obtener el *hash* de una cadena

El *hash* de una cadena T, de longitud n (con índice a partir de 0), se define normalmente de la siguiente manera:

$$h(\mathsf{T}_{0,n-1}) = \sum_{i=0}^{n-1} \mathsf{T}_i \cdot \mathsf{p}^i \ \ \text{mód}\,\mathsf{M}$$

Donde la *base* p y el *módulo* M son enteros seleccionados según estas recomendaciones:

- p debe tener, al menos, el tamaño del alfabeto (número de caracteres diferentes, indicado con $|\Sigma|$).

- M es grande (en caso contrario, nuestra función de *hash* sufriría de la paradoja del cumpleaños[26]).

- p y M son primos relativos (en caso contrario habrá demasiadas colisiones y también lo necesitaremos para el componente inverso multiplicativo).

Por ejemplo, consideremos que $\mathsf{p} = 131$ y $\mathsf{M} = 10^9 + 7$, donde p y M son primos relativos. Entonces, $h(\text{`ABCBC'}) = (\text{`A'}\cdot131^0 + \text{`B'}\cdot131^1 + \text{`C'}\cdot131^2 + \text{`B'}\cdot131^3 + \text{`C'}\cdot131^4)$ mód $1\,000\,000\,007$. Si sustituimos (`A', `B', `C') con $(0, 1, 2)$, obtendremos $h(\text{`ABCBC'}) = 591\,282\,386$. En la mayoría de los casos no necesitaremos mapear los alfabetos a $(0, 1, \ldots, |\Sigma| - 1)$, como acabamos de hacer. Utilizar el valor ASCII de cada carácter debería ser suficiente. En este caso, $h(\text{`ABCBC'}) = 881\,027\,078$.

6.6.2 *Hash* rodante

La belleza del *hash* rodante reside en su capacidad para calcular el valor de *hash* de una subcadena en $O(1)$, asumiendo que ya conozcamos el valor de *hash* de todas las subcadenas que sean sus prefijos. Digamos que $\mathsf{T}_{i,j}$, donde $i \leq j$, es la subcadena de T desde el índice i al índice j, ambos inclusive.

En primer lugar, observamos que el valor de *hash* de todos los prefijos de una cadena (donde $i = 0$) se pueden calcular juntos en $O(n)$, lo que es igual a $O(1)$ por prefijo. Veamos la deducción y el código de *hash* rodante que calcula los valores de *hash* de todos los prefijos de T en $O(n)$.

---

[26]¿Cuál es la probabilidad de que 2 personas de entre 23 compartan fecha de cumpleaños? Pista: es superior al 50 %, lo que es mucho más de lo que pensaría la mayoría de la gente, de ahí que se le denomine 'paradoja'.

$$h(T_{0,0}) = (S_0 \cdot p^0) \bmod M$$
$$h(T_{0,1}) = (S_0 \cdot p^0 + S_1 \cdot p^1) \bmod M$$
$$h(T_{0,2}) = (S_0 \cdot p^0 + S_1 \cdot p^1 + S_2 \cdot p^2) \bmod M$$
$$\vdots$$
$$h(T_{0,R}) = (h(S_{0,R-1}) + S_R \cdot p^R) \bmod M$$

```cpp
typedef vector<int> vi;
typedef long long ll;
const int p = 131;                              // p y M son
const int M = 1e9+7;                            // primos relativos

vi P;                                           // almacena p^i % M

vi prepareP(int n) {                            // calcular p^i % M
  P.assign(n, 0);
  P[0] = 1;
  for (int i = 1; i < n; ++i)                   // O(n)
    P[i] = ((ll)P[i-1]*p) % M;
  return P;
}

vi computeRollingHash(string T) {               // Total: O(n)
  vi P = prepareP((int)T.length());             // O(n)
  vi h(T.size(), 0);
  for (int i = 0; i < (int)T.length(); ++i) {   // O(n)
    if (i != 0) h[i] = h[i-1];                  // hash rodante
    h[i] = (h[i] + ((ll)T[i]*P[i]) % M) % M;
  }
  return h;
}
```

Si ahora queremos calcular el valor de *hash* de una subcadena $T_{L,R}$ (en este caso $L > 0$), la ecuación del *hash* rodante será (podemos tratar la subcadena $T_{L,R}$ como una nueva cadena T'):

$$h(T_{L,R}) = \sum_{i=L}^{R} T_i \cdot p^{i-L} \bmod M$$

Al igual que en el cálculo de la suma de un *subarray* en $O(1)$, utilizando la suma de sus prefijos (ver el Volumen I), es posible calcular el valor de $h(T_{L,R})$ en $O(1)$ mediante el valor de *hash* de su prefijo (ver la figura 6.9). Hemos eliminado p^L del resultado (mód M). Se deduce de la siguiente manera:

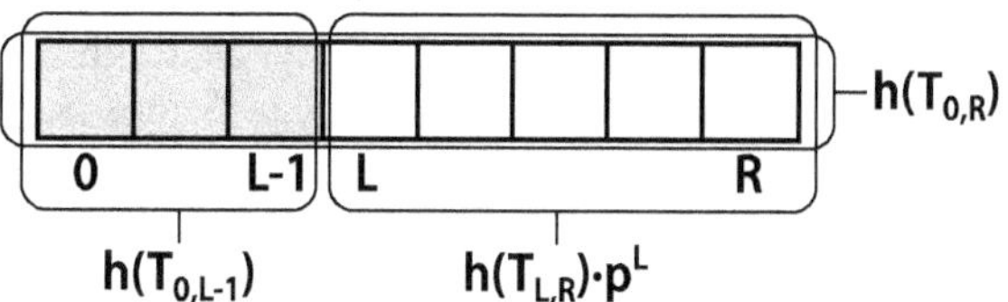

Figura 6.9: *Hash* rodante

$$h(\mathsf{T}_{\mathsf{L},\mathsf{R}}) = \frac{h(\mathsf{T}_{0,\mathsf{R}}) - h(\mathsf{T}_{0,\mathsf{L}-1})}{\mathsf{p}^{\mathsf{L}}} \ \text{mód}\, \mathsf{M}$$

$$= \frac{\sum_{i=0}^{\mathsf{R}} \mathsf{T}_i \cdot \mathsf{p}^i - \sum_{i=0}^{L-1} \mathsf{T}_i \cdot p^i}{\mathsf{p}^{\mathsf{L}}} \ \text{mód}\, \mathsf{M}$$

$$= \frac{\sum_{i=\mathsf{L}}^{\mathsf{R}} \mathsf{T}_i \cdot p^i}{\mathsf{p}^{\mathsf{L}}} \ \text{mód}\, \mathsf{M}$$

$$= \sum_{i=\mathsf{L}}^{\mathsf{R}} \mathsf{T}_i \cdot \mathsf{p}^{i-\mathsf{L}} \ \text{mód}\, \mathsf{M}$$

Para calcular la división $(1/\mathsf{p}^{\mathsf{L}})$, necesitamos convertirla en su inverso multiplicativo $(\mathsf{p}^{-\mathsf{L}})$, de forma que la ecuación se transforme en:

$$h(\mathsf{T}_{\mathsf{L},\mathsf{R}}) = (h(\mathsf{T}_{0,\mathsf{R}}) - h(\mathsf{T}_{0,\mathsf{L}-1})) \cdot \mathsf{p}^{-\mathsf{L}} \ \text{mód}\, \mathsf{M}$$

Podemos implementarlo[27] en estos términos:

```
int hash_fast(int L, int R) {              // hash O(1) de una subcadena
  if (L == 0) return h[R];                  // h guarda hash de prefijos
  int ans = 0;
  ans = ((h[R] - h[L-1]) % M + M) % M;      // calcular diferencias
  ans = ((ll)ans * modInverse(P[L], M)) % M;  // eliminar P[L]^-1 (mód M)
  return ans;
}
```

6.6.3 Algoritmo de coincidencia de cadenas de Rabin–Karp

Consideremos el problema de coincidencia de cadenas que acabamos de ver. El conocido algoritmo KMP puede resolverlo en $O(n + m)$, donde n es la longitud de la cadena T y m es la longitud de la cadena P. También podemos resolver este problema mediante el cálculo de *hash* rodante.

---

[27]Revisa el principio de inclusión–exclusión mencionado en el Volumen I y en la sección 5.3.10, sobre el algoritmo euclídeo extendido/inverso multiplicativo modular.

Con la técnica de fuerza bruta, comparamos cada subcadena de longitud m en T. Sin embargo, en vez de comparar las (sub)cadenas directamente en $O(m)$, podemos hacerlo en $O(1)$, utilizando sus valores de *hash*. En primer lugar, realizamos un cálculo de *hash* rodante sobre T y, además, calculamos el valor de *hash* de P (una sola vez). Después, por cada subcadena de T de longitud m, obtenemos su valor de *hash* y lo comparamos con $h(P_{0,m-1})$. Por tanto, el algoritmo completo tendrá una complejidad de $O(n+m)$. Nos estamos refiriendo al algoritmo de **Rabin–Karp**. Hemos implementado este algoritmo en un código funcional al que nos referimos a continuación (código que es una extensión del que aparecía en la sección 6.4.2).

C++	ch6/string_matching.cpp
Java	ch6/string_matching.java
Python	ch6/string_matching.py
OCaml	ch6/string_matching.ml

Una de las ventajas de conocer el *hashing* de cadenas, es que nos permite resolver distintas variantes de problemas de coincidencia de cadenas en los que podría no resultar sencillo utilizar o modificar el algoritmo KMP. Algunos ejemplos son el conteo del número de subcadenas palíndromas o el número de tuplas $\langle i, j, k, l \rangle$ tal que $T_{i,j} = P_{k,l}$.

6.6.4 Probabilidad de colisiones

Puede que hayas notado que, en ocasiones, dos cadenas diferentes pueden tener el mismo valor de *hash*. En otras palabras, se produce una *colisión*. Esas colisiones son inevitables, toda vez que el número de cadena posibles es "infinito" (en cualquier caso, mucho mayor[28] que M). Lo que pretendemos con el *hashing* es que: $h(T) = h(P)$ si $T = P$ y $h(T) \neq h(P)$ si $T \neq P$. El primer caso es evidente a partir de la función de *hash*, pero el segundo no está garantizado. Por lo tanto, queremos que $h(T) \neq h(P)$ sea <u>muy probable</u> cuando $T \neq P$. Analicemos las posibilidades de colisión en estas situaciones:

- Comparando 2 cadenas aleatorias.

  La probabilidad de colisión es de $\frac{1}{M}$, por lo que, con el $M = 10^9 + 7$ utilizado en esta sección, da un valor bastante pequeño.

- Comparando 1 cadena con otras k cadenas.

  Es decir, verificamos si una cadena en particular existe en un conjunto de k cadenas. En este caso, la probabilidad de colisión es de $\frac{k}{M}$.

- Comparando k cadenas entre ellas. Por ejemplo, si queremos determinar si las k cadenas son únicas.

  En este caso, nos resultará más sencillo calcular primero la probabilidad de que existan colisiones, que es $\frac{M}{M} \cdot \frac{M-1}{M} \cdots \frac{M-k+1}{M} = \frac{P(M,k)}{M^k}$, donde $P(M, k)$ es la permutación k-ésima de M. Entonces, la probabilidad de colisión es de $1 - \frac{P(M,k)}{M^k}$. Digamos que $M = 10^9 + 7$, con $k = 10^4$, lo que indica que la probabilidad de colisión es $\approx 5\,\%$. Con $k = 10^5$, la probabilidad de colisión pasa a ser $\approx 99\,\%$. Con $k = 10^6$ se puede garantizar que habrá una colisión[29].

---

[28]Piensa en el principio del palomar.

[29]Prueba con $k = 23$ y $M = 355$ para entender la paradoja del cumpleaños que hemos mencionado antes.

En el tercero de los casos, la probabilidad de colisión es un auténtico problema si tenemos un número de cadenas muy grande. Así, ¿cómo podemos resolverlo? Una opción es utilizar una M más grande, por ejemplo $10^{18} + 9$ (necesitaremos utilizar un tipo de datos entero de 64 bits[30]). Sin embargo, utilizar una M mayor de 32 bits podría provocar un desbordamiento al calcular el valor de $hash$[31]. Una alternativa mejor es utilizar **varios *hashes*.** Por lo tanto, una cadena T tendrá varios valores de *hash* (2 deberían ser suficientes) con p y M diferentes, es decir, $\langle h_1(T_{0,n-1}), h_2(T_{0,n-1}), \ldots \rangle$, etc. De esta forma, consideraremos que dos cadenas son iguales únicamente si todos sus valores de *hash* también lo son.

Ejercicios de programación

Ejercicios de programación relacionados con *hashing* de cadenas (la mayoría cuenta con soluciones alternativas):

1. Nivel básico: *Kattis - stringmatching* * — probar Rabin–Karp o KMP
2. **UVa 11475 - Extend to Palindromes** * — similar a UVa 12467
3. **UVa 12467 - Secret word** * — *hashing*/'límite' de KMP, ver UVa 11475
4. **UVa 12604 - Caesar Cipher** * — probar Rabin–Karp/KMP hasta 62 veces
5. *Kattis - animal* * — preliminar de Singapore15, calcular el *hash* de los subárboles y compararlos
6. *Kattis - hashing* * — la descripción del problema es muy clara, buenas prácticas de *hashing*, o utilizar *array* de sufijos y tabla dispersa
7. *Kattis - typo* * — *hash* rodante, actualizar el valor de *hash* cuando se elimine el carácter $s[i]$ de la cadena s, utilizar módulo de 2 primos grandes para estar seguros

Otros: ver también los ejercicios de programación de coincidencia de cadenas de la sección 6.4.

6.7 Anagramas y palíndromos

En esta sección trataremos dos problemas de procesamiento de cadenas, relativamente habituales, que pueden necesitar de estructuras de datos (de cadenas) más avanzadas, en comparación a las que hemos visto en la sección 6.2. Son los anagramas y los palíndromos.

6.7.1 Anagramas

Un anagrama es una palabra (o frase/cadena) cuyas letras (caracteres) se pueden reordenar para obtener otra palabra diferente, por ejemplo, 'irónicamente' es un anagrama de 'renacimiento'. Si las dos palabras/cadenas tienen longitudes diferentes, es evidente que no se tratará de un anagrama.

---

[30]O un primo de 128 bits, siempre que el concurso permita enteros de 128 bits, lo que no siempre ocurre.

[31]Vemos que en `prepareP()`, `computeRollingHash(T)` y `hash_fast(L, R)`, convertimos `int` a `ll` durante la multiplicación, para evitar desbordamientos.

Solución por ordenación

La estrategia más común para verificar si dos palabras/cadenas de igual longitud n son ana-gramas, consiste en ordenar sus letras y comparar los resultados. Por ejemplo, consideremos que `palabraA = 'cab'` y `palabraB = 'bca'`. Después de la ordenación, el resultado será que `palabraA = 'abc'` y, también, `palabraB = 'abc'`, por lo que está claro que son anagramas. Puedes consultar varias técnicas de ordenación en el Volumen I. El tiempo de ejecución será de $O(n \log n)$.

Solución con tabla de direccionamiento directo

Otra estrategia potencial para verificar si dos palabras son anagramas consiste en comprobar si las frecuencias de los caracteres de ambas son iguales. No necesitamos utilizar una tabla de *hash* en toda su extensión, sino que nos servirá una tabla de direccionamiento directo (DAT), que es más sencilla (puedes consultar la sección sobre la tabla de *hash* en el Volumen I), para mapear los caracteres de la primera palabra con sus frecuencias en $O(n)$. Haremos lo mismo con los caracteres de la segunda palabra. Después, compararemos las frecuencias en $O(k)$, donde k es el tamaño del alfabeto, por ejemplo 255 en el caso de caracteres ASCII, 26 minúsculas en el alfabeto inglés o 52 si también queremos utilizar las mayúsculas, etc.

6.7.2 Palíndromos

Un palíndromo es una palabra (o secuencia/cadena) que se lee de la misma forma en ambas direcciones. Por ejemplo, 'AB<u>C</u>D<u>C</u>BA' es un palíndromo.

Comprobación de palíndromos sencilla en $O(n)$

Dada una cadena s de longitud n caracteres, podemos comprobar si s es un palíndromo por la propia definición del término, es decir, invirtiendo[32] la cadena s y, después, comparando s con su inversa. Sin embargo, podemos ser un poco más audaces y comparar únicamente los caracteres de s hasta su carácter central. No importa que la longitud del palíndromo sea par o impar. La complejidad será de $O(n/2) = O(n)$.

```
1  // asumimos que s es una variable global
2  bool isPal(int l, int r) {              // ¿es s[l..r] un palíndromo?
3    int n = (r-l)+1;
4    for (int i = 0; i < n/2; ++i)
5      if (s[l+i] != s[r-i])
6        return false;
7    return true;
8  }
```

---

[32]En C++ podemos utilizar `reverse(s.begin(), s.end())` para invertir una cadena s.

Comprobación de subcadenas de palíndromos en $O(n^2)$

Una variante común de los problemas de palíndromos implica contar el número de subcadenas (l, r) que son palíndromos dentro de una cadena s de longitud n caracteres. Evidentemente, podemos realizar una búsqueda completa ingenua en $O(n^3)$ para verificarlo:

```
int countPal() {
  int n = (int)strlen(s), ans = 0;
  for (int i = 0; i < n; ++i)              // esto es O(n^2)
    for (int j = i+1; j < n; ++j)
      if (isPal(i, j))                     // x O(n), total O(n^3)
        ++ans;
  return ans;
}
```

Pero si nos damos cuenta de que muchos de los subproblemas (subcadenas) están, evidentemente, superpuestos, podemos definir una tabla recordatoria que describa cada subcadena, de forma que solo tengamos que calcularla una vez. De esta forma, tendremos una solución de programación dinámica en $O(n^2)$.

```
int isPalDP(int l, int r) {               // ¿es s[l..r] un palíndromo?
  if (l == r) return 1;                   // un carácter
  if (l+1 == r) return s[l] == s[r];      // dos caracteres
  int &ans = memo[l][r];
  if (ans != -1) return ans;              // ya está calculado
  ans = 0;
  if (s[l] == s[r]) ans = isPalDP(l+1, r-1);   // si verdadero, recursión
  return ans;
}


int countPalDP() {
  int n = (int)strlen(s), ans = 0;
  memset(memo, -1, sizeof memo);
  for (int i = 0; i < n; ++i)              // esto es O(n^2)
    for (int j = i+1; j < n; ++j)
      if (isPalDP(i, j))                   // x O(1), total O(n^2)
        ++ans;
  return ans;
}
```

Generación de un palíndromo a partir de una cadena no palíndroma con DP en $O(n^2)$

Si la cadena original s no es un palíndromo, podemos modificarla para que lo sea, añadiéndole un nuevo carácter, eliminando alguno de los caracteres existentes o sustituyendo alguno de sus caracteres por otro. Nos encontramos con un caso similar al del problema de la distancia de edición, pero personalizado para palíndromos. El estado típico es s(l, r) y la transición típica es if str[l] == str[r]. Después realizamos una recursión a (l+1, r-1) o, en caso contrario, hallamos el mínimo entre (l+1, r) y (l, r-1), como se ilustra a continuación.

UVa 11151 - Longest Palindrome

Enunciado resumido del problema: dada una cadena de hasta $n = 1000$ caracteres, determinar la longitud del palíndromo más largo que se pueda construir eliminando cero o más caracteres. Ejemplos:

'ADAM' $\rightarrow$ 'ADA' (de longitud 3, eliminar 'M')
'MADAM' $\rightarrow$ 'MADAM' (de longitud 5, no eliminar nada)
'NEVERODDOREVENING' $\rightarrow$ 'NEVERODDOREVEN' (de longitud 14, eliminar 'ING')
'RACEF1CARFAST' $\rightarrow$ 'RACECAR' (de longitud 7, eliminar 'F1' y 'FAST')

Solución de DP: sea $len(l, r)$ la longitud del palíndromo más largo de la cadena A[l..r].

Casos base:
Si $(l = r)$, entonces $len(l, r) = 1$.   *// longitud impar*
Si $(l + 1 = r)$, entonces $len(l, r) = 2$ si $(A[l] = A[r])$, o 1 en otro caso.   *// longitud par*

Recurrencias:
Si $(A[l] = A[r])$, entonces $len(l, r) = 2 + len(l + 1, r - 1)$. *// caracteres de los extremos iguales*
Si no $len(l, r) = $ máx$(len(l, r - 1), len(l + 1, r))$.   *// in/decrementar extremo izdo/dcho*

Esta solución de DP tiene una complejidad de $O(n^2)$.

Bifronte y *palinagrama*

Podemos combinar los conceptos de anagrama y palíndromo en bifrontes y *palinagramas*. Un bifronte es una palabra que tiene significado tanto si se lee hacia adelante como hacia atrás (al igual que el palíndromo), pero ese significado resulta ser diferente (como en el anagrama). Por ejemplo, "ANIMAL" = "LÁMINA". Un *palinagrama* es un palíndromo que, además, es un anagrama de otra palabra. Un ejemplo es "RESES", anagrama de "SERES", que también es un palíndromo. El problema UVa 12770 - Palinagram trata sobre esta cuestión.

Ejercicio 6.7.2.1*

Supongamos que estamos interesados en hallar la longitud de la subcadena más larga que forme un palíndromo dentro de una cadena s, con una longitud de hasta $n = 200\,000$ caracteres. Por ejemplo, la subcadena palíndroma más larga de "BANANA" es "ANANA" (de longitud 5) y la subcadena palíndroma más larga de "STEVEN" es "EVE" (de longitud 3). Cuidado con el hecho de que, aunque la subcadena palíndroma más larga de una cadena s no tiene por qué ser única, la longitud máxima sí lo será. Demuestra cómo resolver este problema utilizando una de las siguientes:

- Árbol/*array* de sufijos en $O(n \log n)$, como se explica en la sección 6.5. Pista: utiliza la solución del **ejercicio 6.5.3.8*** (LCE).

- *Hashing* de cadenas en $O(n \log n)$, como se explica en la sección 6.6.

- Algoritmo de Manacher en $O(n)$ [30].

Ejercicios de programación relativos a anagramas y palíndromos:

Anagramas

1. Nivel básico: **UVa 00195 - Anagram** * utilizar `algorithm::next_permutation`
2. **UVa 00156 - Ananagram** * fácil con `algorithm::sort`
3. **UVa 00642 - Word Amalgamation** * recorrer el pequeño diccionario proporcionado para consultar la lista de posibles anagramas
4. **UVa 12641 - Reodrnreig Lteetrs ... ** * variación del problema de anagramas
5. **UVa 12770 - Palinagram** * contar frecuencias, escribir los caracteres de frecuencia impar con excepción del último que se coloca en el centro de un palíndromo
6. *Kattis - multigram* * obtener por fuerza bruta las longitudes que sean divisores de la longitud original de la cadena, probar
7. *Kattis - substringswitcheroo* * anagramas, generar todas las frecuencias de todas las subcadenas de B, comparar con todas las subcadenas de A, tiempo límite 9 segundos

    Adicionales UVa: *00148, 00454, 00630, 10098.*

Palíndromos (comprobación)

1. Nivel básico: **UVa 00401 - Palindromes** * comprobación sencilla de palíndromos
2. **UVa 10848 - Make Palindrome Checker** * relacionado con UVa 10453, comprobación de palíndromos, comprobación de frecuencia de caracteres y otros
3. **UVa 11584 - Partitioning by ...** * utilizar DP en dos cadenas en $O(n^2)$, una para la comprobación de palíndromos y la otra para particionar
4. **UVa 11888 - Abnormal 89's** * sea `ss = s+s`, hallar inversos en `ss`, pero no puede coincidir con los primeros o últimos *n* caracteres de `ss`
5. *Kattis - kaleidoscopicpalindromes* * comprobar todos, al tratar de aumentar k las respuestas son, en realidad, 'pequeñas'
6. *Kattis - palindromesubstring* * probar todos los pares de $O(n^2)$ subcadenas con, al menos, 2 caracteres, mantener las que sean palíndromas (utilizar DP) en un `set` ordenado
7. *Kattis - peragrams* * solo puede haber un carácter de frecuencia impar en el centro del palíndromo una vez, el resto deben tener frecuencia par

    Adicionales UVa: *00257, 00353, 10945, 11221, 11309, 12960.*

Palíndromos (generación)

1. Nivel básico: **UVa 10018 - Reverse and Add** * generación de palíndromos con simulación matemática específica, muy fácil
2. **UVa 01239 - Greatest K-Palindrome ...** * LA 4144 - Jakarta08, como $S \leq 1000$, la fuerza bruta es suficiente, considerar palíndromos de longitudes pares e impares
3. **UVa 11404 - Palindromic Subsequence** * similar a UVa 10453, 10739 y 11151, escribir la solución de la forma lexicográficamente menor
4. **UVa 12718 - Dromicpalin Substrings** * LA 6659 - Dhaka13, probar todas las subcadenas, contar las frecuencias de caracteres y analizar

6.8 Soluciones a los ejercicios no resaltados

Ejercicio 6.3.1.1: un esquema de puntuación diferente producirá una alineación (global) diferente. Si te ves ante un problema de alineación de cadenas, lee el enunciado y determina cuál es el coste necesario para la coincidencia, no coincidencia, inserción y eliminación. Adapta el algoritmo de acuerdo a eso.

Ejercicio 6.3.1.2: tienes que guardar la información del precedente (las flechas) durante el cálculo de DP. Después, sigue las flechas utilizando *bactracking* recursivo.

Ejercicio 6.3.1.3: la solución de DP solo necesita referirse a la fila anterior, por lo que puede utilizar el 'truco de ahorro de espacio' y emplear, únicamente, dos filas, la actual y la anterior. La nueva complejidad de espacio será de solo $O(\text{mín}(n, m))$, esto es, coloca la cadena con menor longitud como cadena 2, de forma que cada fila tenga menos columnas (menos memoria). La complejidad de tiempo de esta solución sigue siendo $O(nm)$. El único inconveniente de esta técnica, al igual que con cualquier otro truco de ahorro de espacio, es que no podremos reconstruir la solución óptima. Así que, si esta es necesaria, no podemos ahorrar espacio.

Ejercicio 6.3.1.4: basta concentrarse a lo largo de la diagonal principal con ancho d. Al hacerlo, podemos acelerar el algoritmo de Needleman–Wunsch hasta $O(dn)$.

Ejercicio 6.3.1.5: implica nuevamente el algoritmo de Kadane (ver el problema de la suma máxima en el Volumen I).

Ejercicio 6.3.2.1: "`pple`".

Ejercicio 6.3.2.2: establecer la puntuación para coincidencia = 0, no coincidencia = 1, inserción y eliminación = infinito negativo y ejecutar el algoritmo de DP en $O(nm)$ de Needleman–Wunsch. Sin embargo, esta solución no es ni eficiente ni natural, ya que podemos utilizar, simplemente, un algoritmo $O(n)$ para explorar ambas cadenas y contar el número de caracteres diferentes.

Ejercicio 6.3.2.3: reducido a LIS, solución en $O(n \log k)$. No mostramos la reducción a LIS. Dibújalo y comprueba cómo se puede reducir este problema a LIS.

Ejercicio 6.5.2.1: el LCP de los sufijos 1 y 5 de la parte derecha de la figura 6.3 es 'A'. El LCP de 2 sufijos cualesquiera (que terminen en un vértice hoja, debido al uso del símbolo de terminación '$') es el ancestro común mínimo (LCA) entre esos 2 sufijos. Significa que la etiqueta del camino de este LCA está compartida entre estos 2 sufijos y el más largo. Tiene varias aplicaciones en la sección 6.5.3.

Ejercicio 6.5.3.1: "C" se encuentra (en el índice 6), "CAT" no.

Ejercicio 6.5.3.2: "ACATTA". En la versión sin superposiciones (ver el **ejercicio 6.5.3.5***) es "ACATT" o "CATTA".

Ejercicio 6.5.3.3: "EVEN".

Ejercicio 6.5.4.1: nunca existirá un índice fuera de límites porque, cuando la primera comprobación de igualdad se verifica, siempre garantizamos que los primeros k caracteres de esos dos sufijos no pueden contener el carácter de terminación '$\$$', por lo que comprobar $+k$ caracteres seguirá sin superar la longitud de la cadena T. En caso contrario, la primera igualdad no se verifica y no se comprobará la segunda igualdad.

Ejercicio 6.5.4.2: el código de construcción del SA dado utiliza el símbolo de terminación '$\$$' (código ASCII 36). Por lo tanto, pensará que un espacio ' ' (código ASCII 32) es otro símbolo de terminación y confundirá al proceso de ordenación. Una forma de solucionarlo consiste en sustituir todos los espacios con otro carácter de código ASCII mayor que 36 (pero inferior a 'A'). Otra opción es no utilizar ningún espacio en T.

Ejercicio 6.5.4.3: "AAAAAAAAAAAAAAA$".

6.9 Notas del capítulo

El material sobre alineación de cadenas (distancia de edición), subsecuencia común más larga y *trie*/árbol/*array* de sufijos pertenece originalmente a **Sung Wing Kin, Ken** [42], de la Escuela de Informática de la Universidad Nacional de Singapur. Desde entonces, el contenido ha evolucionado desde un estilo más teórico al de programación competitiva actual.

La sección sobre problemas de procesamiento de cadenas *ad hoc* más difíciles (sección 6.2) nació como consecuencia de nuestra experiencia con problemas y técnicas relativos a cadenas. El número de ejercicios de programación mencionado aquí, supone aproximadamente la mitad de todos los problemas de procesamiento de cadenas tratados en este capítulo (lo más sencillos están en el Volumen I). Somos conscientes de que no son problemas del ICPC o tareas de la IOI típicos, pero siguen siendo buenos ejercicios de programación para mejorar la capacidad de escribir código.

En la sección 6.3, hemos ampliado el tratamiento de los problemas de DP no clásicos que implican cadenas. Estamos convencidos de que la presencia de los problemas clásicos en los concursos de programación modernos es residual.

En la sección 6.4, tratamos las soluciones con bibliotecas y un algoritmo rápido (el de Knuth–Morris–Pratt/KMP) para el problema de coincidencia de cadenas. La implementación del KMP resultará útil si tienes que modificar elementos de coincidencia de cadenas básicos y sigues necesitando un rendimiento rápido. Consideramos que KMP es lo suficientemente veloz como para encontrar una cadena patrón, dentro de una cadena larga en un problema típico de un concurso. De forma empírica, podemos concluir que la implementación del KMP mostrada en este libro es un poco más rápida que las integradas en `strstr` de C, `string.find` de C++, `String.indexOf` de Java, `string.find` de Python y `search_forward` de OCaml. Si se necesita un algoritmo de coincidencia de cadenas todavía más rápido, durante un concurso, para una cadena más larga y muchas más consultas, sugerimos utilizar el *array* de sufijos tratado en la sección 6.5.4. En la sección 6.6 hemos tratado técnicas de *hashing* de cadenas, dentro del algoritmo de Rabin–Karp, para resolver algunos problemas de procesamiento de cadenas, que incluyen la coincidencia de cadenas. Hay otros algoritmos de coincidencia de cadenas que no hemos visto, como los de **Boyer–Moore**, el algoritmo Z, **Aho–Corasick**, **autómata de estados finitos**, etc. El lector interesado debería conocerlos.

Las aplicaciones del algoritmo de duplicado de prefijos de [27], para la construcción de *arrays* de sufijos, está inspirada en el artículo *"Suffix arrays - a programming contest approach"* de [46]. En esta sección, hemos integrado y sincronizado muchos de los ejemplos que aparecen en él. Es una buena idea resolver *todos* los ejercicios de programación incluidos en la sección 6.5, aunque no sean muchos.

Este capítulo ha crecido significativamente en relación a las ediciones anteriores de este libro, en un caso similar al del capítulo 5. Sin embargo, sigue habiendo otros problemas de procesamiento de cadenas que no hemos mencionado: el problema de la **supercadena común más corta**, el algoritmo de la **transformación de Burrows–Wheeler**, **autómata de sufijos**, **árbol de *radix***, el algoritmo de **Manacher**, etc.

Capítulo 7

Geometría (computacional)

Que ningún hombre ignorante de la geometría entre aquí.
— **Academia de Platón en Atenas**

7.1 Introducción y motivación

La geometría (computacional[1]) es otro de los temas recurrentes en los concursos de programación. Casi todos los conjuntos de problemas del ICPC incluyen, *al menos*, un problema de geometría. Si hay suerte, se te pedirá alguna solución geométrica que ya conozcas. Normalmente, dibujas los objetos geométricos y deduces la solución a partir de algunas fórmulas básicas. Sin embargo, muchos de ellos son de tipo *computacional*, y requieren algoritmos complejos.

En la IOI, la aparición de problemas específicos de geometría depende de las tareas seleccionadas por el comité científico de cada año. En los más recientes (2009-2019), las tareas de la IOI no han incluido problemas específicos de geometría *pura*. Sin embargo, en años anteriores [45], cada IOI presentaba uno o dos problemas relacionados con la materia.

Hemos observado que los problemas relacionados con la geometría no se suelen abordar durante las fases tempranas del concurso por *razones estratégicas*[2], ya que sus soluciones tienen *menos* probabilidades de obtener un veredicto de aceptado (AC), frente a las soluciones de otros tipos de problemas como, por ejemplo, los de búsqueda completa o programación dinámica. Los inconvenientes más habituales con problemas de geometría suelen ser:

- Muchos problemas de geometría tiene uno y, normalmente, varios 'casos límite' complicados. Por ejemplo, ¿qué ocurre si las líneas son verticales (gradiente infinito)? ¿O si los puntos son colineales? ¿O si el polígono es cóncavo? ¿O si el polígono tiene muy pocos puntos y degenera en un punto o una línea? ¿Y si la envolvente convexa de un conjunto de puntos es el propio conjunto? Así, normalmente es una buena idea que el equipo compruebe sus soluciones con muchos casos límite, antes de enviar a evaluar la solución.

---

[1]Diferenciamos entre problemas de geometría *pura* y de geometría *computacional*. Normalmente, los problemas de geometría pura se pueden resolver a mano (con lápiz y papel). Los problemas de geometría computacional suelen necesitar la ejecución de un algoritmo informático para llegar a la solución.

[2]En los concursos de programación que utilizan un sistema de penalización por tiempo, como el ICPC, la primera hora resulta crítica para los equipos que pretenden alcanzar el primer puesto, ya que deben resolver el mayor número de problemas fáciles consumiendo el menor tiempo posible. Por desgracia, los problemas de geometría suelen ser largos y tediosos.

- Existe la posibilidad de sufrir errores de precisión de coma flotante, que pueden provocar que un algoritmo 'correcto' obtenga un veredicto de respuesta incorrecta (WA).

- Las soluciones a los problemas de geometría suelen implicar una programación *tediosa*.

Estas razones provocan que muchos concursantes sientan que utilizar un tiempo (inicial) precioso en intentar resolver *otros* tipos de problemas, merezca más la pena que afrontar un problema de geometría, que tiene una probabilidad de aceptación menor.

Sin embargo, otra razón más preocupante, que justifica la falta de intentos de resolución de problemas de geometría, es que los concursantes no están bien preparados:

- Los concursantes olvidan algunas de las fórmulas básicas importantes, o no son capaces de deducir las más complejas, a partir de las primeras.

- Los concursantes no preparan correctamente funciones de biblioteca bien escritas, *antes* del concurso, y sus intentos de programar esas funciones en el ámbito, necesariamente estresante, del concurso, introduce uno, o varios[3], errores. Los mejores equipos del ICPC suelen ocupar una parte muy importante de sus notas escritas (que pueden consultar durante el concurso) con muchas fórmulas y funciones de biblioteca sobre geometría.

El objetivo principal de este capítulo es, por lo tanto, aumentar el número de intentos (y soluciones correctas[4]) de los problemas relacionados con la geometría en los concursos de programación. Estudia cómo extraer algunas ideas para afrontar problemas de geometría (computacional) en los ICPC y las IOI. Este capítulo consta de solo tres secciones.

En la sección 7.2, presentamos mucha (pero no toda) terminología sobre geometría[5] y varias fórmulas básicas para **objetos geométricos** de 0, 1 y 2 dimensiones[6], que suelen encontrarse en concursos de programación. Esta sección se puede utilizar como una guía de referencia rápida, cuando los concursantes se enfrenten a problemas de geometría y no estén seguros del sentido de alguno de los términos utilizados, o hayan olvidado algunas fórmulas básicas.

En la sección 7.3, tratamos algoritmos sobre **polígonos** bidimensionales. Encontrarás varias rutinas de biblioteca, ya escritas, que pueden marcar la diferencia entre los mejores equipos (concursantes) y los que están en la media, como las que determinan si un polígono es cóncavo o convexo, que deciden si un punto está dentro o fuera del polígono, que cortan un polígono con una línea recta, que encuentran la envolvente convexa de un conjunto de puntos, etc.

En la sección 7.4, cerraremos el capítulo tratando unos pocos temas sobre problemas de geometría tridimensional poco habituales.

La implementación de las fórmulas y algoritmos de geometría computacional, que incluimos en este capítulo, utiliza las siguientes técnicas para aumentar la probabilidad de obtener un veredicto de aceptado:

---

[3]Como referencia, el código de biblioteca sobre puntos, líneas, círculos, triángulos y polígonos, mostrado en este capítulo, requiere de varias iteraciones de corrección de errores, para asegurar que muchos de ellos (normalmente muy sutiles), así como casos especiales, son tratados correctamente.

[4]Intentar resolver cualquier problema, incluyendo los de geometría computacional, consume tiempo del concurso que puede resultar un auténtico lastre si la solución no es aceptada.

[5]Los concursantes del ICPC y de la IOI proceden de muy diversas nacionalidades y culturas, por lo que es importante que todos compartan una terminología común.

[6]Los objetos tridimensionales son muy poco habituales en concursos de programación, dada su complejidad adicional. Este fenómeno se conoce como 'maldición de las dimensiones'. Veremos geometría tridimensional en la sección 7.4.

1. Resaltamos los casos potencialmente especiales, que pueden surgir, y/o elegimos la implementación que reduce el número de estos casos especiales.

2. Tratamos de evitar operaciones de coma flotante (es decir, división, raíz cuadrada y cualquier otra operación que pueda provocar errores numéricos) y trabajamos con enteros precisos, siempre que sea posible (es decir, suma, resta y multiplicación de enteros).

3. Si, necesariamente, tenemos que trabajar con coma flotante, procederemos así:

   a) Realizaremos comprobaciones de igualdad de coma flotante de la siguiente manera: `fabs(a-b) < EPS`, donde `EPS` es un número pequeño[7] como `1e-9` (es decir, 10^{-9} o 0,000000001), en vez de comprobar si `a == b`.

   b) Comprobaremos si un número de coma flotante $x \geq 0,0$ utilizando `x > -EPS` (igualmente, al comprobar si $x \leq 0,0$, utilizaremos `x < EPS`).

   c) Utilizaremos, de forma predeterminada, tipos de datos de precisión doble, en vez de los de precisión sencilla.

   d) Retrasaremos todo lo posible las operaciones con coma flotante, para reducir el efecto del error de acumulación.

   e) Reduciremos el número de operaciones de coma flotante hasta donde nos sea posible, por ejemplo, en vez de calcular $a/b/c$ (dos operaciones de coma flotante), utilizaremos $a/(b \times c)$ en su lugar (solo una división de coma flotante).

Perfiles de los inventores de algoritmos

Pitágoras de Samos ($\approx$ 500 a.C.) fue un matemático y filósofo griego, nacido en la isla de Samos. Es conocido principalmente por el teorema de Pitágoras para triángulos rectángulos.

Euclides de Alejandría ($\approx$ 300 a.C.) fue un matemático griego, el 'padre de la geometría'. Provenía de la ciudad de Alejandría. Su trabajo más influyente en el campo de las matemáticas (especialmente la geometría) es los *'Elementos'*. En la obra, Euclides dedujo los principios de lo que conocemos como geometría euclídea, a partir de un pequeño conjunto de axiomas.

Herón de Alejandría ($\approx$ 10-70 d.C.) fue un matemático de la antigua Grecia, de la ciudad de Alejandría, en el Egipto romano (la misma ciudad que Euclides). Su nombre está muy ligado a su fórmula para el cálculo del área de un triángulo, a partir de la longitud de sus lados.

Ronald Lewis Graham (1935-2020) fue un matemático estadounidense. En 1972, inventó el método de Graham para hallar la envolvente convexa de un conjunto finito de puntos en el plano. En el actualidad, hay muchas otras variantes y mejoras del algoritmo para encontrar la envolvente convexa.

A. M. Andrew es una figura relativamente desconocida más allá del hecho de que publicó un algoritmo para la envolvente convexa en 1979 [1]. En este libro, utilizaremos el algoritmo de la cadena monótona de Andrew como el predeterminado para hallar la envolvente convexa.

---

[7]Salvo que se indique lo contrario, el mencionado `1e-9` será el valor por defecto que utilizaremos en este capítulo para EPS(ilon).

7.2 Objetos de geometría básicos con bibliotecas

7.2.1 Objetos sin dimensión: puntos

1. El **punto** es el elemento básico de construcción de objetos geométricos de más dimensiones. En el espacio euclídeo bidimensional[8], los puntos se suelen representar como una estructura en C/C++ (o una clase en Java/Python/OCaml) con dos[9] miembros: las coordenadas x e y, en relación al origen, es decir, la coordenada (0, 0).

   Si el enunciado del problema utiliza coordenadas con números enteros, utilizaremos `int`, en caso contrario, será `double`. Para no alejarnos de la generalidad, en este libro utilizaremos la versión de coma flotante de `struct point`. Es posible utilizar constructores predeterminados y modificados para simplificar la programación más adelante.

```cpp
// struct point_i { int x, y; };                // forma minimalista
struct point_i {
  int x, y;                                     // predeterminado
  point_i() { x = y = 0; }                      // predeterminado
  point_i(int _x, int _y) : x(_x), y(_y) {}     // definido por usuario
};

struct point {
  double x, y;                                  // mayor precisión
  point() { x = y = 0.0; }                      // predeterminado
  point(double _x, double _y) : x(_x), y(_y) {} // definido por usuario
};
```

2. En ocasiones, necesitamos ordenar los puntos en base a algún criterio. Uno de los más habituales es el de ordenar los puntos en base a su coordenada x creciente y, en caso de empate, por su coordenada y creciente. Este método es de aplicación en el algoritmo de la cadena monótona de Andrew, que veremos en la sección 7.3.7. Podemos hacerlo fácilmente, sobrecargando el operador 'menor que' dentro de `struct point` y utilizando la biblioteca de ordenación.

```cpp
struct point {
  double x, y;                                  // mayor precisión
  point() { x = y = 0.0; }                      // predeterminado
  point(double _x, double _y) : x(_x), y(_y) {} // definido por usuario
  bool operator < (point other) const {         // sobrecargar <
    if (fabs(x-other.x) > EPS)                   // útil para ordenar
      return x < other.x;                        // primero, por x
    return y < other.y;                          // empate, por y
```

---

[8]Por simplificar, los espacios euclídeos de dos y tres dimensiones se corresponden al mundo bidimensional y tridimensional de la vida real.

[9]Añadiremos un tercer miembro, z, si trabajamos sobre un espacio euclídeo tridimensional. Como esto ocurre en contadas ocasiones, omitiremos z en la implementación básica. Trataremos sobre la geometría tridimensional en la sección 7.4.

```
9    }
10  };
11
12  // en int main(), asumiendo que vector<point> P ya está poblado
13    sort(P.begin(), P.end());                    // P está ordenado
```

La implementación de la ordenación de un conjunto de n puntos utiliza nuestro valor predeterminado de EPS = 1e-9. Aunque el valor es suficientemente pequeño, no es absolutamente preciso. A continuación, reproducimos un curioso contraejemplo en el que la implementación dada (que utiliza EPS = 1e-9) no funcionará.

```
1  // en int main()
2    vector<point> P;
3    P.emplace_back(2e-9, 0);                      // el más grande
4    P.push_back({0, 2});                          // el más pequeño
5    P.push_back({1e-9, 1});                       // segundo más pequeño
6    sort(P.begin(), P.end());
7    for (auto &pt : P)                            // el resultado es
8      printf("%.9lf, %.9lf\n", pt.x, pt.y);       // inesperado
```

Para contrarrestar este problema, necesitamos que EPS sea todavía más pequeño. Como norma: al resolver problemas de geometría, comprueba la precisión necesaria y ajusta EPS según corresponda.

3. Otra veces, necesitaremos comprobar si dos puntos son iguales. También es fácil de lograr, sobrecargando el operador 'igual que', dentro de struct point. Esta prueba es más sencilla en la versión para enteros (struct point_i).

```
1  struct point {
2    double x, y;                                  // mayor precisión
3    .. // igual que antes
4    bool operator == (const point &other) const {  // usar EPS
5      return (fabs(x-other.x) < EPS) && (fabs(y-other.y) < EPS);
6    }
7  };
8
9  // en int main()
10   point P1 = {0, 0}, P2(0, 0), P3(0, 1);        // dos inicializaciones
11   printf("%d\n", P1 == P2);                      // verdadero
12   printf("%d\n", P1 == P3);                      // falso
```

4. Podemos medir la distancia euclídea[10] entre dos puntos, utilizando la siguiente función:

---

[10]La distancia euclídea entre dos puntos no es más que la distancia que se podría medir con una regla. En términos de algoritmia, se puede hallar utilizando el teorema de Pitágoras, que volveremos a ver en la subsección sobre triángulos. Aquí, simplemente, utilizamos una función de la biblioteca.

```cpp
double dist(const point &p1, const point &p2) {   // distancia euclídea
  // hypot(dx, dy) returns sqrt(dx*dx + dy*dy)
  return hypot(p1.x-p2.x, p1.y-p2.y);              // devuelve double
}
```

5. Podemos rotar un punto por un ángulo[11] θ en sentido inverso a las agujas del reloj, alrededor del origen (0, 0), mediante una matriz de rotación:

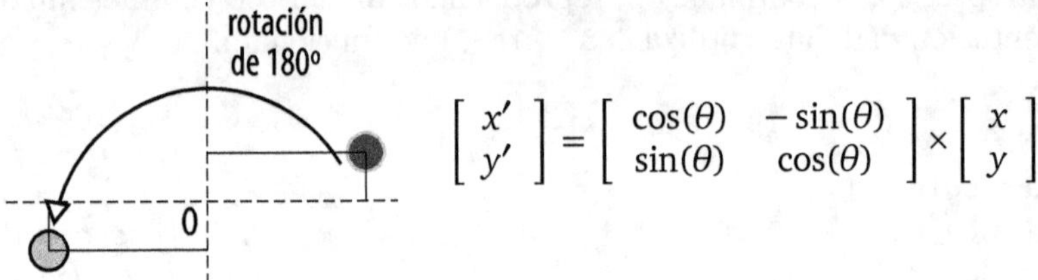

$$\begin{bmatrix} x' \\ y' \end{bmatrix} = \begin{bmatrix} \cos(\theta) & -\sin(\theta) \\ \sin(\theta) & \cos(\theta) \end{bmatrix} \times \begin{bmatrix} x \\ y \end{bmatrix}$$

Figura 7.1: Rotación de (10, 3) $180°$ contra las agujas del reloj, alrededor de (0, 0)

```cpp
// M_PI está en <cmath>, pero si tu compilador no lo incluye, utiliza
// const double PI = acos(-1.0)                  // o 2.0 * acos(0.0)

double DEG_to_RAD(double d) { return d*M_PI / 180.0; }
double RAD_to_DEG(double r) { return r*180.0 / M_PI; }

// rotar p theta grados contra las agujas del reloj alrededor de (0, 0)
point rotate(const point &p, double theta) {      // theta en grados
  double rad = DEG_to_RAD(theta);                 // convertir a radianes
  return point(p.x*cos(rad) - p.y*sin(rad),
               p.x*sin(rad) + p.y*cos(rad));
}
```

Ejercicio 7.2.1.1

En esta sección hemos visto un método sencillo para ordenar un conjunto de n puntos en base a su coordenada x creciente y, en caso de empate, por su coordenada y creciente. Muestra cómo ordenar $n - 1$ puntos, en relación a un punto pivote p, que tenga la coordenada y menor y, en caso de empate, la coordenada x más a la derecha.

---

[11]Los humanos, normalmente, trabajamos con grados, pero muchas funciones matemáticas, en los lenguajes de programación más comunes (C/C++/Java/Python/OCaml), lo hacen con radianes. Para convertir grados en radianes, multiplicamos el ángulo por $\frac{\pi}{180,0}$. Para convertir radianes en grados, multiplicamos el ángulo por $\frac{180,0}{\pi}$.

Calcula la distancia euclídea entre los puntos (2, 2) y (6, 5).

Rota 90 grados en sentido contrario a las agujas del reloj el punto (10, 3), alrededor del origen. ¿Cuál es la nueva coordenada del punto, una vez rotado? La respuesta es fácil de calcular a mano. Ten en cuenta que la rotación *en contra de las agujas del reloj* es diferente a que si fuese *a favor de las agujas del reloj* (especialmente cuando el ángulo no es de 0 o 180 grados).

Rota el mismo punto (10, 3) 77 grados en sentido contrario a las agujas del reloj, alrededor del origen. ¿Cuál es la nueva coordenada del punto, una vez rotado? (Esta vez, tendrás que utilizar una calculadora y la matriz de rotación).

7.2.2 Objetos unidimensionales: líneas

1. La **línea**, en el espacio euclídeo bidimensional, es un conjunto de puntos cuyas coordenadas satisfacen la ecuación lineal $ax + by + c = 0$. Las siguientes funciones de esta subsección dan por echo que esta ecuación lineal tiene $b = 1$ para las líneas no verticales y $b = 0$ para las verticales, salvo que se indique lo contrario. Las líneas se suelen representar con una estructura en C/C++ (o una clase en Java/Python/OCaml) de tres miembros: los coeficientes a, b y c de la ecuación.

```
1  struct line { double a, b, c; };                    // más versátil
```

2. Podemos calcular la ecuación de la línea correspondiente, si nos dan *al menos* dos de los puntos que pertenecen a esa línea, mediante la siguiente función:

```
1  // la respuesta se almacena en el tercer parámetro (pasa por referencia)
2  void pointsToLine(const point &p1, const point &p2, line &l) {
3    if (fabs(p1.x-p2.x) < EPS)                    // línea vertical
4      l = {1.0, 0.0, -p1.x};                      // predeterminados
5    else
6      l = {-(double)(p1.y-p2.y) / (p1.x-p2.x),
7           1.0,                                    // IMPORTANTE: b = 1.0
8           -(double)(l.a*p1.x) - p1.y};
9  }
```

3. Podemos calcular la ecuación de la línea si nos dan *un* punto y el gradiente de esa línea no vertical (ver la otra ecuación de la línea y sus limitaciones en el **ejercicio 7.2.2.1**).

```
// convertir punto y gradiente/pendiente en línea, si no es vertical
void pointSlopeToLine(point p, double m, line &l) { // m < Inf
  l.a = -m;                                  // siempre -m
  l.b = 1.0;                                 // siempre 1.0
  l.c = -((l.a * p.x) + (l.b * p.y));        // calcular esto
}
```

4. Podemos comprobar si dos líneas son *paralelas* verificando si sus coeficientes a y b son iguales. También podemos ir más allá y comprobar si dos líneas son *la misma*, verificando si son paralelas y su coeficiente c es igual (es decir, los tres coeficientes a, b y c son iguales). Recuerda que, en nuestra implementación, hemos establecido que el valor del coeficiente b sea 0,0, para todas las líneas verticales, y 1,0 para todas las que *no lo son*.

```
bool areParallel(line l1, line l2) {                 // comprobar a & b
  return (fabs(l1.a-l2.a) < EPS) && (fabs(l1.b-l2.b) < EPS);
}

bool areSame(line l1, line l2) {                     // comprobar también c
  return areParallel(l1, l2) && (fabs(l1.c-l2.c) < EPS);
}
```

5. Si dos líneas[12] no son paralelas (y no son la misma), tendrán una intersección en un punto. Es posible hallar ese punto de intersección (x, y) resolviendo un sistema de dos ecuaciones algebraicas lineales[13] con dos incógnitas: $a_1 x + b_1 y + c_1 = 0$ y $a_2 x + b_2 y + c_2 = 0$.

```
// devuelve verdadero y punto de intersección p si dos líneas intersecan
bool areIntersect(line l1, line l2, point &p) {
  if (areParallel(l1, l2)) return false;         // no hay intersección
  // resolver sistema de 2 ecuaciones algebraicas con 2 incógnitas
  p.x = (l2.b*l1.c - l1.b*l2.c) / (l2.a*l1.b - l1.a*l2.b);
  // caso especial: comprobar línea vertical para evitar división por 0
  if (fabs(l1.b) > EPS) p.y = -(l1.a*p.x + l1.c);
  else                  p.y = -(l2.a*p.x + l2.c);
  return true;
}
```

6. Un **segmento de una línea** es una línea con dos extremos y *longitud finita*.

7. Un **vector**[14] es un segmento (por lo que tiene dos extremos y una longitud/magnitud) con una *dirección*. Normalmente[15], los vectores se representan con una estructura de C/C++

---

[12]Para evitar confusiones, debemos diferenciar entre intersección de líneas (infinitas) e intersección de *segmentos* (finitos), que veremos después.

[13]Consulta la sección 9.17 para ver la solución generalista a un sistema de ecuaciones lineales.

[14]No confundir con el `vector` de la STL de C++ o el `Vector` de Java.

[15]Otra estrategia de diseño potencial consiste en combinar `struct point` con `struct vec`, ya que son similares.

(o clase en Java/Python/OCaml) con dos miembros: las magnitudes x e y del vector. Es posible aplicar un escalar a la magnitud de un vector, si es necesario.

8. Podemos trasladar (mover) un punto en relación a un vector, pues los vectores describen magnitudes de desplazamiento en los ejes x e y.

```cpp
struct vec { double x, y; // 'vec' es diferente del vector de la STL
  vec(double _x, double _y) : x(_x), y(_y) {}
};

vec toVec(const point &a, const point &b) {        // convertir 2 puntos
  return vec(b.x-a.x, b.y-a.y);                     // al vector a->b
}

vec scale(const vec &v, double s) {                // s = [<1..1..>1]
  return vec(v.x*s, v.y*s);                         // corto/igual/largo
}                                                  // devuelve nuevo vec

point translate(const point &p, const vec &v) {  // trasladar p
  return point(p.x+v.x, p.y+v.y);                  // según v
}                                                  // devuelve nuevo punto
```

9. Podemos calcular el ángulo aob, dados tres puntos *distintos*: a, o y b, utilizando el producto escalar de los vectores oa y ob. Como $oa \cdot ob = |oa| \times |ob| \times \cos(\theta)$, tenemos[16] $\theta = \arccos(oa \cdot ob/(|oa| \times |ob|))$.

```cpp
double angle(const point &a, const point &o, const point &b) {
  vec oa = toVec(o, a), ob = toVec(o, b);          // a != o != b
  return acos(dot(oa, ob) / sqrt(norm_sq(oa) * norm_sq(ob)));
}                                                  // ángulo en radianes
```

10. Dados tres puntos p, q y r, podemos determinar si los puntos p, q y, después, r, en este orden, forman parte de un giro a la izquierda (en contra de las agujas del reloj), a la derecha (a favor de las agujas del reloj) o si son colineales. La verificación se utiliza mediante el *producto vectorial*. Digamos que pq y pr son los dos vectores obtenidos a partir de estos tres puntos. El producto vectorial $pq \times pr$ resulta en otro vector que será perpendicular tanto a pq como a pr. La magnitud de este vector es igual al área del *paralelogramo* que forman los vectores[17]. Una magnitud positiva/cero/negativa nos dará la información de que $p \rightarrow q \rightarrow r$ son un giro a la izquierda/colineales/un giro a la derecha, respectivamente (ver la parte derecha de la figura 7.2). La verificación del giro a la izquierda es más conocida como la **verificación CCW (contra las agujas del reloj)**.

```cpp
double cross(vec a, vec b) { return a.x*b.y - a.y*b.x; }
// devuelve verdadero si el punto r está a la izquierda de la línea pq
bool ccw(point p, point q, point r) {
```

---

[16]acos es el nombre de la función de C/C++ para la función matemática arc cos.
[17]El área del triángulo pqr será, por tanto, la *mitad* del área de este paralelogramo.

```
4    return cross(toVec(p, q), toVec(p, r)) > EPS;
5  }
6  // devuelve verdadero si el punto r pertenece a la línea pq
7  bool collinear(point p, point q, point r) {
8    return fabs(cross(toVec(p, q), toVec(p, r))) < EPS;
9  }
```

11. Dados un punto p y una línea l (descrita por dos puntos a y b), podemos obtener la distancia
mínima de p a l, calculando primero la ubicación del punto c de l más cercano al punto p
(ver la parte izquierda de la figura 7.2) y, después, obtener la distancia euclídea entre p y c.
Se puede entender el punto c como el punto a, trasladado por una magnitud modificada por
un escalar u, del vector ab, o $c = a + u \times ab$. Para obtener u, realizamos la proyección escalar
del vector ap sobre el vector ab, utilizando el producto escalar (ver el vector punteado
$ac = u \times ab$, en la parte izquierda de la figura 7.2).

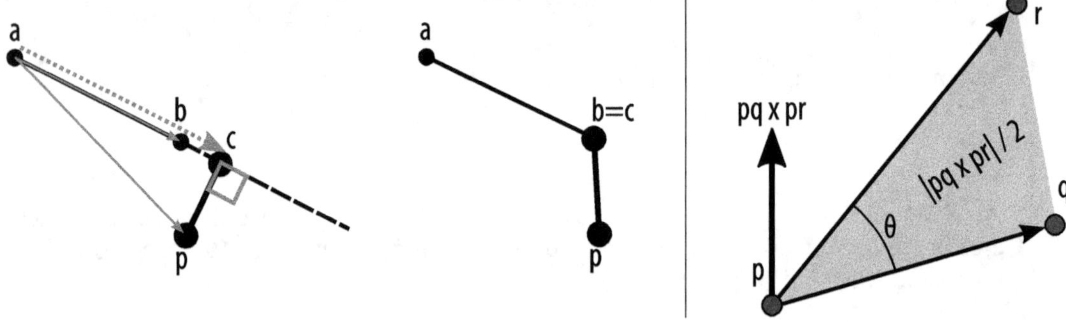

Figura 7.2: Distancia a la línea (izquierda) y al segmento (centro), producto vectorial (derecha)

La breve implementación de esta solución se reproduce a continuación.

```
1  double dot(vec a, vec b) { return (a.x*b.x + a.y*b.y); }
2
3  double norm_sq(vec v) { return v.x*v.x + v.y*v.y; }
4
5  // devuelve la distancia desde p a la línea definida por
6  // dos puntos a y b (que deben ser diferentes)
7  // el punto más cercano se almacena en el cuarto parámetro (referencia)
8  double distToLine(point p, point a, point b, point &c) {
9    vec ap = toVec(a, p), ab = toVec(a, b);
10   double u = dot(ap, ab) / norm_sq(ab);
11   // fórmula: c = a + u*ab
12   c = translate(a, scale(ab, u));              // trasladar a hasta c
13   return dist(p, c);                           // distancia euclídea
```

Ten en cuenta que esta no es la única forma de obtener la respuesta pedida. Puedes encontrar un método alternativo entre los ejercicios escritos de esta sección.

12. Si, en su lugar, nos dan un *segmento* (definido por dos *extremos* a y b), la distancia míni-

ma desde el punto *p* al segmento *ab* deberá considerar también dos casos especiales, los extremos *a* y *b* de ese segmento (ver la parte central de la figura 7.2). La implementación es muy similar a la anterior de `distToLine`.

```
1   // devuelve la distancia desde p al segmento ab definido por
2   // dos puntos a y b (que, técnicamente, deben ser diferentes)
3   // el punto más cercano se almacena en el cuarto parámetro (referencia)
4   double distToLineSegment(point p, point a, point b, point &c) {
5     vec ap = toVec(a, p), ab = toVec(a, b);
6     double u = dot(ap, ab) / norm_sq(ab);
7     if (u < 0.0) {                          // más cerca de a
8       c = point(a.x, a.y);
9       return dist(p, a);                    // distancia p hasta a
10    }
11    if (u > 1.0) {                          // más cerca de b
12      c = point(b.x, b.y);
13      return dist(p, b);                    // distancia p hasta b
14    }
15    return distToLine(p, a, b, c);          // usar distToLine
16  }
```

C++	ch7/points_lines.cpp
Java	ch7/points_lines.java
Python	ch7/points_lines.py
OCaml	ch7/points_lines.ml

Ejercicio 7.2.2.1

Una línea también se puede describir mediante la siguiente ecuación: $y = mx + c$, donde m es el 'gradiente'/'pendiente' de la línea y c la constante 'intersección con y'. ¿Qué método es mejor ($ax + by + c = 0$ o el de pendiente–intersección $y = mx + c$)? ¿Por qué?

Ejercicio 7.2.2.2

Calcula la ecuación de la línea que pasa por estos dos puntos:

a. (2, 2) y (4, 3).

b. (2, 2) y (2, 4).

Supón que insistimos en utilizar la otra ecuación de la línea: $y = mx + c$. Muestra cómo calcular esa ecuación, dados dos puntos que formen parte de la línea. Prueba con (2, 2) y (2, 4), como en el **ejercicio 7.2.2.2** (b). ¿Algún problema?

Ejercicio 7.2.2.4

Traslada un punto c (3, 2), según un vector ab (definido a continuación). ¿Cuál es la nueva coordenada del punto?

a. El vector ab está definido por dos puntos: a (2, 2) y b (4, 3).

b. Igual que en (a), pero la magnitud del vector ab se reduce a *la mitad*.

c. Igual que en (a) (sin reducir la magnitud del vector a la mitad), pero rotamos el punto resultante 90 grados alrededor del origen y en contra de las agujas del reloj.

Ejercicio 7.2.2.5

Rota un punto c (3, 2) 90 grados en sentido contrario a las agujas del reloj, alrededor del origen, después traslada el punto resultante según un vector ab (igual que en el **ejercicio 7.2.2.4** (a)). ¿Cuál es la nueva coordenada del punto? ¿Es el resultado similar al del **ejercicio 7.2.2.4** (a)? ¿Qué podemos aprender de este fenómeno?

Ejercicio 7.2.2.6

Rota un punto c (3, 2) 90 grados en sentido contrario a las agujas del reloj, pero alrededor del punto p (2, 1) (ten en cuenta que el punto p *no es* el origen). Pista: necesitas trasladar el punto.

Ejercicio 7.2.2.7

Calcula el ángulo aob en grados:

a. a (2, 2), o (2, 6) y b (6, 6).

b. a (2, 2), o (2, 4) y b (4, 3).

$$\boxed{\textbf{Ejercicio 7.2.2.8}}$$

Determina si el punto r (35, 30) está a la izquierda, es colineal, o está a la derecha de una línea que pasa por los puntos p (3, 7) y q (11, 13).

$$\boxed{\textbf{Ejercicio 7.2.2.9}}$$

Podemos calcular la ubicación del punto c en la línea l que esté más cerca del punto p, buscando la otra línea l' que sea perpendicular a l y pase por el punto p. El punto más cercano c es el de intersección entre las líneas l y l'. Pero, ¿cómo logramos una línea perpendicular a l? ¿Hay algún caso especial con el que debamos ser cuidadosos?

$$\boxed{\textbf{Ejercicio 7.2.2.10}}$$

Dados un punto p y una línea l (descrita por dos puntos a y b), calcula la ubicación del punto simétrico r de p, cuando se refleja a lo largo de la línea l.

$$\boxed{\textbf{Ejercicio 7.2.2.11*}}$$

Dados dos *segmentos* (cada uno definido por dos extremos), determina si se intersecan. Por ejemplo, el segmento 1 entre (0, 0) y (10, 0) *no se interseca* con el segmento 2 entre (7, 1) y (7, 0,1), mientras que sí lo hace con el segmento 3 entre (7, 1) y (7, −1).

7.2.3 Objetos bidimensionales: círculos

1. Un **círculo** centrado en la coordenada (a, b) en un espacio euclídeo bidimensional, con **radio** r, es el conjunto de todos los puntos (x, y) de forma que $(x - a)^2 + (y - b)^2 = r^2$.

2. Para comprobar si un punto está dentro, fuera, o exactamente en la circunferencia de un círculo, podemos utilizar la siguiente función. Modifícala un poco para obtener una versión de coma flotante.

```cpp
int insideCircle(const point_i &p, const point_i &c, int r) {
  int dx = p.x-c.x, dy = p.y-c.y;
  int Euc = dx*dx + dy*dy, rSq = r*r;          // todos enteros
  return Euc < rSq ? 1 : (Euc == rSq ? 0 : -1);  // dentro/borde/fuera
}
```

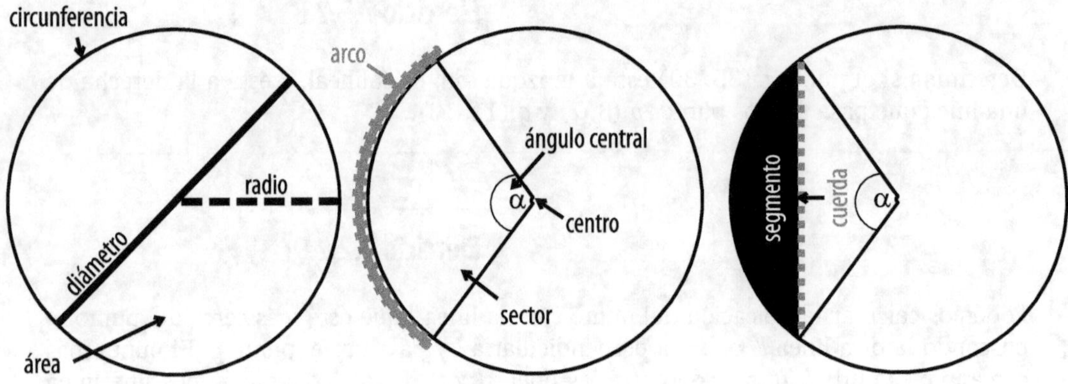

Figura 7.3: Círculos

3. La constante **Pi** (π) es la razón entre la circunferencia de *cualquier* círculo y su diámetro. En algunos lenguajes esta constante está definida, como en el caso de `M_PI` en la biblioteca `<cmath>` de C++. En otros casos, el valor más seguro en un concurso de programación es `PI = arc cos(−1,0)` o `PI = 2 × arc cos(0,0)`.

4. Un círculo, con radio r, tiene un **diámetro** $d = 2 \times r$ y una **circunferencia** (o **perímetro**) $c = 2 \times \pi \times r$.

5. Un círculo de radio r tiene un **área** $A = \pi \times r^2$.

6. El **arco** de un círculo se define como una sección conexa de la circunferencia c del círculo. Dado el ángulo central α (un ángulo cuyo vértice está en el centro del círculo, ver la parte central de la figura 7.3) en grados, podemos calcular la longitud del arco correspondiente como $\frac{\alpha}{360,0} \times c$.

7. La **cuerda** de un círculo se define como el segmento cuyos extremos están dentro del círculo[18]. Un círculo con radio r y un ángulo central α en grados (ver la parte derecha de la figura 7.3), tiene su cuerda correspondiente de longitud $\sqrt{2 \times r^2 \times (1 - \cos(\alpha))}$. Esto se puede deducir del teorema del coseno (ver la explicación de este teorema en la sección que trata sobre triángulos). Otro método para calcular la longitud de la cuerda, dados r y α, es utilizando trigonometría: $2 \times r \times \sin(\alpha/2)$. También hablaremos de trigonometría más adelante.

8. El **sector** de un círculo se define como una región del mismo, delimitada por dos radios y un arco situado entre ellos. Un círculo de área A y un ángulo central α en grados (ver la parte central de la figura 7.3), tiene un sector de área $\frac{\alpha}{360,0} \times A$.

9. El **segmento** de un círculo se define como una región del círculo delimitada por una cuerda y un arco entre los extremos de la misma (ver la parte derecha de la figura 7.3). El área de un segmento se puede calcular restando el área del sector correspondiente al área de un triángulo isósceles de lados r, r y longitud de la cuerda.

10. Dados 2 puntos de un círculo ($p1$ y $p2$) y el radio r correspondiente, podemos determinar la ubicación de los centros ($c1$ y $c2$) de los dos posibles círculos (ver la figura 7.4). El código se reproduce a continuación.

---

[18]El diámetro es la cuerda más larga de un círculo.

```
1  bool circle2PtsRad(point p1, point p2, double r, point &c) {
2      double d2 = (p1.x-p2.x) * (p1.x-p2.x) + (p1.y-p2.y) * (p1.y-p2.y);
3      double det = r*r/d2 - 0.25;
4      if (det < EPS) return false;
5      double h = sqrt(det);
6      // para obtener el otro centro, invertir p1 y p2
7      c.x = (p1.x+p2.x) * 0.5 + (p1.y-p2.y) * h;
8      c.y = (p1.y+p2.y) * 0.5 + (p2.x-p1.x) * h;
9      return true;
10 }
```

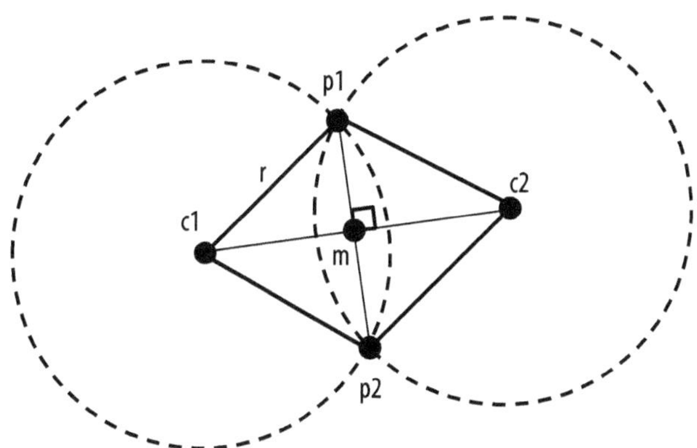

Figura 7.4: Explicación de un círculo que pasa por 2 puntos y un radio

Explicación: digamos que $c1$ y $c2$ son los centros de los dos círculos posibles que pasan por dos puntos dados, $p1$ y $p2$, y que tienen radio r. El cuadrilátero $p1$-$c2$-$p2$-$c1$ es un rombo (ver la sección 7.2.5), ya que sus cuatro lados (de longitud r) son iguales.

Digamos que m es la intersección de las dos diagonales del rombo $p1$-$c2$-$p2$-$c1$. De acuerdo a las propiedades de un rombo, m bisecciona las dos diagonales y ambas son perpendiculares entre sí. Nos damos cuenta de que es posible calcular $c1$ y $c2$ escalando los vectores $mp1$ y $mp2$ por la razón apropiada ($mc1/mp1$), para obtener la misma magnitud que en $mc1$ y, después, rotando 90 grados los puntos $p1$ y $p2$ alrededor de m.

En el código anterior, la variable h representa la *mitad* de la razón $mc1/mp1$ (puedes deducir sobre el papel por qué h se puede calcular así). En las dos líneas que calculan las coordenadas de uno de los centros, los primeros operandos de las sumas son las coordenadas de m, mientras que los segundos operandos son el resultado de escalar y rotar el vector $mp2$ alrededor de m.

C++	ch7/circles.cpp
Java	ch7/circles.java
Python	ch7/circles.py
OCaml	ch7/circles.ml

7.2.4 Objetos bidimensionales: triángulos

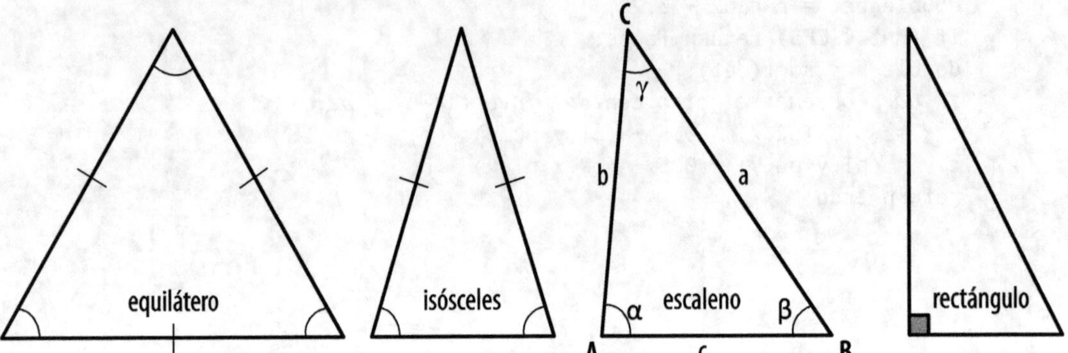

Figura 7.5: Triángulos

1. El **triángulo** (tres ángulos) es un polígono formado por tres vértices y tres aristas. Existen varios tipos de triángulos:

   a. **Equilátero:** tres aristas de igual longitud y todos los ángulos interiores de 60 grados.

   b. **Isósceles:** dos aristas tienen la misma longitud y dos ángulos interiores son iguales.

   c. **Escaleno:** todas las aristas son de diferente longitud.

   d. **Rectángulo:** *uno* de sus ángulos interiores tiene 90 grados (es un **ángulo recto**).

2. Para comprobar si tres segmentos de longitudes a, b y c pueden formar un triángulo, basta con verificar estas *desigualdades del triángulo*: $(a + b > c)$ && $(a + c > b)$ && $(b + c > a)$. Si el resultado es falso, entonces los tres segmentos no podrán formar un triángulo. Si las tres longitudes están ordenadas, siendo a la menor y c la mayor, podemos simplificar la comprobación a solo $(a + b > c)$.

3. Un triángulo con base b y altura h tiene un **área** $A = 0{,}5 \times b \times h$.

4. Un triángulo con tres lados a, b y c, tiene un **perímetro** $p = a + b + c$ y un **semiperímetro** $s = 0{,}5 \times p$.

5. Un triángulo con 3 lados a, b, c, y un semiperímetro s, tiene un área

$$A = \sqrt{(s \times (s - a) \times (s - b) \times (s - c))}.$$

Esta fórmula es conocida como **fórmula de Herón**.

6. Un triángulo de área A y semiperímetro s, tiene una **circunferencia inscrita** de radio $r = A/s$.

```
1  double rInCircle(double ab, double bc, double ca) {
2    return area(ab, bc, ca) / (0.5 * perimeter(ab, bc, ca));
3  }
4
```

```
5  double rInCircle(point a, point b, point c) {
6    return rInCircle(dist(a, b), dist(b, c), dist(c, a));
7  }
```

7. El centro de la circunferencia inscrita es el punto de encuentro de las *bisectrices de los ángulos* del triángulo (ver la parte izquierda de la figura 7.6). Podemos obtener el centro si tenemos dos bisectrices y encontramos su punto de intersección. La implementación:

```
1   // asumimos que se han escrito las funciones de puntos/líneas
2   // devuelve verdadero si hay un centro inCircle, si no, falso
3   // si devuelve verdadero, ctr será el centro de la inscrita
4   // y r será igual a rInCircle
5   bool inCircle(point p1, point p2, point p3, point &ctr, double &r) {
6     r = rInCircle(p1, p2, p3);
7     if (fabs(r) < EPS) return false;              // sin centro de inCircle
8
9     line l1, l2;                                  // 2 bisectrices
10    double ratio = dist(p1, p2) / dist(p1, p3);
11    point p = translate(p2, scale(toVec(p2, p3), ratio / (1+ratio)));
12    pointsToLine(p1, p, l1);
13
14    ratio = dist(p2, p1) / dist(p2, p3);
15    p = translate(p1, scale(toVec(p1, p3), ratio / (1+ratio)));
16    pointsToLine(p2, p, l2);
17
18    areIntersect(l1, l2, ctr);                    // punto de intersección
19    return true;
20  }
```

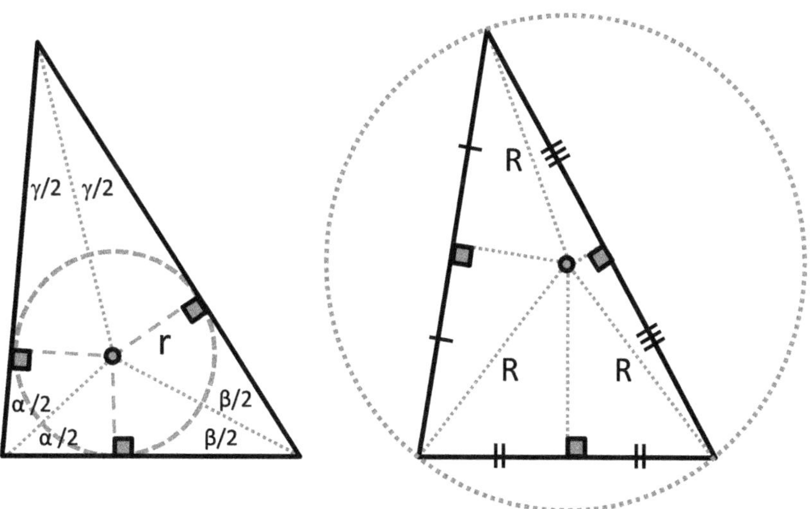

Figura 7.6: Circunferencias inscrita y exinscrita de un triángulo

8. Un triángulo con tres lados a, b y c, y área A, tiene una **circunferencia exinscrita** de radio
   $R = a \times b \times c/(4 \times A)$.

```
1  double rCircumCircle(double ab, double bc, double ca) {
2    return ab * bc * ca / (4.0 * area(ab, bc, ca));
3  }
4
5  double rCircumCircle(point a, point b, point c) {
6    return rCircumCircle(dist(a, b), dist(b, c), dist(c, a));
7  }
```

9. El centro de la circunferencia exinscrita es el punto de encuentro de las *mediatrices* del triángulo (ver la parte derecha de la figura 7.6).

10. Cuando estudiamos el triángulo, no podemos olvidarnos de la **trigonometría**, el estudio de las relaciones entre los lados y los ángulos de un triángulo. En la trigonometría, el **teorema de cosenos** (llamado también **ley de cosenos**), es una afirmación sobre un triángulo generalista, que relaciona las longitudes de sus lados con el coseno de uno de sus ángulos. Veamos el triángulo escaleno de la figura 7.5. Con las notaciones descritas, tenemos que $c^2 = a^2 + b^2 - 2 \times a \times b \times \cos(\gamma)$ o $\gamma = \arccos(\frac{a^2+b^2-c^2}{2 \times a \times b})$. La fórmula para los otros dos ángulos, α y β, se define de forma similar.

11. En trigonometría, el **teorema de los senos** (también conocido como **ley de los senos**), es una ecuación que relaciona la longitud de los lados de un triángulo arbitrario con los senos de sus ángulos. Veamos el triángulo escaleno (central) de la figura 7.5. Con las notaciones descritas ahí y siendo R el radio de su circunferencia exinscrita, tenemos que $\frac{a}{\sin(\alpha)} = \frac{b}{\sin(\beta)} = \frac{c}{\sin(\gamma)} = 2R$.

12. El **teorema de Pitágoras** especializa el teorema de cosenos. Solo se aplica a los triángulos rectángulos. Si el ángulo γ es recto (de 90° o $\pi/2$ radianes), entonces $\cos(\gamma) = 0$, por lo que el teorema de cosenos se reduce a $c^2 = a^2 + b^2$. El teorema de Pitágoras se utiliza para hallar la distancia euclídea entre dos puntos, como hemos visto antes.

13. La **terna pitagórica** se compone de tres enteros positivos a, b y c (expresada como (a, b, c)) tal que $a^2 + b^2 = c^2$. Un ejemplo famoso es $(3, 4, 5)$. Si (a, b, c) es una terna pitagórica, entonces también lo será (ka, kb, kc), para cualquier entero positivo k. Una terna pitagórica describe las longitudes enteras de los tres lados de un triángulo rectángulo.

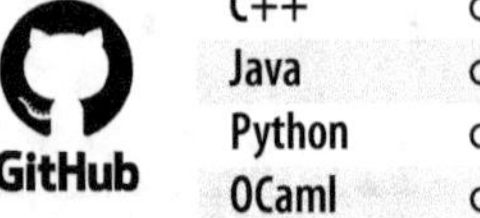

C++	ch7/triangles.cpp	
Java	ch7/triangles.java	
Python	ch7/triangles.py	
OCaml	ch7/triangles.ml	

Digamos que los a, b y c de un triángulo son 2^{18}, 2^{18} y 2^{18}. ¿Es posible calcular el área de este triángulo, utilizando la fórmula de Herón que hemos visto en el punto 5, sin provocar un desbordamiento (damos por hecho que utilizamos enteros de 64 bits)? ¿Qué deberíamos hacer para evitar este problema?

Implementa el código para hallar el centro de la circunferencia exinscrita de tres puntos a, b y c. La estructura de la función es similar a la de `inCircle`, vista en esta sección.

Implementa otro código, que compruebe si un punto d se encuentra dentro de la circunferencia exinscrita de tres puntos a, b y c.

El punto de Fermat–Torricelli es un punto dentro de un triángulo tal que la distancia total desde los tres vértices del triángulo al mismo sea mínima. Por ejemplo, si los vértices del triángulo son $\{(0, 0), (0, 1), (1, 0)\}$, el punto de Fermat–Torricelli será $(0{,}211, 0{,}211)$. Estudia las soluciones geométrica y algorítmica de este problema. También es la solución (punto de Steiner) para el problema del árbol de Steiner (euclídeo) con 3 puntos (terminales). Consulta la sección 8.6.10 y trata de resolver Kattis - europeantrip.

7.2.5 Objetos bidimensionales: cuadriláteros

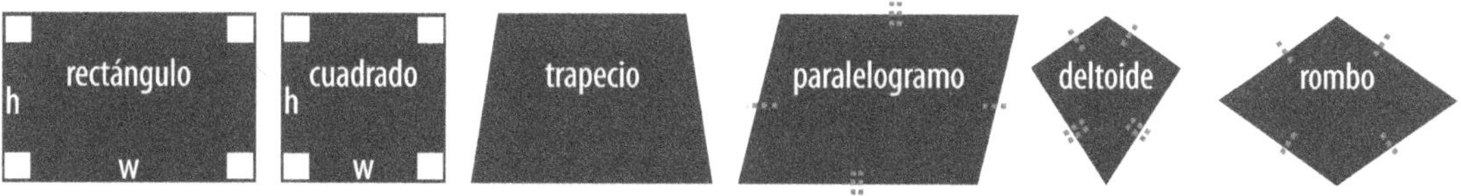

Figura 7.7: Cuadriláteros

1. Un **cuadrilátero**, o **cuadrángulo**, es un polígono con cuatro aristas (y cuatro vértices). El término 'polígono' está descrito con más detalle en la sección 7.3. La figura 7.7 muestra algunos ejemplos de cuadriláteros.

2. Un **rectángulo,** es un polígono con cuatro aristas, cuatro vértices y cuatro ángulos rectos.

3. Un rectángulo, con anchura w y altura h, tiene un **área** $A = w \times h$, y un **perímetro** $p = 2 \times (w + h)$.

4. Dado un rectángulo descrito por su esquina inferior izquierda (x, y) y sus anchura w y altura h, podemos aplicar las siguientes verificaciones para determinar si un punto (a, b) está dentro, en el borde o fuera de dicho rectángulo:

```
int insideRectangle(int x, int y, int w, int h, int a, int b) {
  if ((x < a) && (a < x+w) && (y < b) && (b < y+h))
    return 1;                              // estrictamente dentro
  else if ((x <= a) && (a <= x+w) && (y <= b) && (b <= y+h))
    return 0;                              // en el borde
  else
    return -1;                             // fuera
}
```

5. El **cuadrado** es un caso especial de rectángulo, en el que $w = h$.

6. El **trapecio** es un polígono con cuatro vértices y cuatro aristas, dos de ellas paralelas. Si los dos lados no paralelos tienen la misma longitud, hablamos de un **trapecio isósceles.**

7. Un trapecio con un par de aristas paralelas de longitudes $w1$ y $w2$, y con una altura h entre ambas aristas paralelas, tiene un área $A = 0{,}5 \times (w1 + w2) \times h$.

8. El **paralelogramo** es un polígono con cuatro aristas y cuatro vértices. Además, los lados opuestos deben ser paralelos.

9. El **deltoide** es un cuadrilátero, que tiene dos parejas de lados de la misma longitud, que son adyacentes entre sí. El área de un deltoide es $diagonal_1 \times diagonal_2/2$.

10. El **rombo** es un paralelogramo especial, en el que todos los lados tienen la misma longitud. También se puede definir como un caso específico de deltoide.

Ejercicios de programación

Ejercicios de programación relativos a la geometría básica:

Puntos

1. Nivel básico: **UVa 00587 - There's treasure ... ***   distancia euclídea
2. **UVa 01595 - Symmetry ***   utilizar `set` para almacenar las posiciones de todos los puntos ordenados, comprobar si el conjunto guarda las simetrías de la mitad de los puntos
3. **UVa 10927 - Bright Lights ***   ordenar los puntos por gradiente, distancia euclídea
4. **UVa 11894 - Genius MJ ***   sobre rotación y traslación de puntos
5. *Kattis - browniepoints ***   puntos y cuadrantes, sencillo, también disponible en UVa 10865 - Brownie Points

6. *Kattis - cursethedarkness* * distancia euclídea, simulación
7. *Kattis - imperfectgps* * distancia euclídea, simulación
   Adicionales UVa: *00152, 00920, 10357, 10466, 10585, 10832, 11012, 12704.*
   Adicionales Kattis: *logo, mandelbrot, sibice.*

Líneas

1. Nivel básico: *Kattis - unlockpattern* * búsqueda completa, distancia euclídea
2. **UVa 10263 - Railway** * utilizar `distToLineSegment`
3. **UVa 11783 - Nails** * verificación de intersección de segmentos por fuerza bruta en $O(N^2)$
4. **UVa 13117 - ACIS, A Contagious ...** * `dist` y `distToLineSegment`
5. *Kattis - hurricanedanger* * distancia de punto a línea (no vector), cuidado con el error de precisión, trabajar con enteros
6. *Kattis - logo2* * n vectores que suman 0, dados $n - 1$ vectores hallar el desconocido, también disponible en UVa 11519 - Logo 2
7. *Kattis - platforme* * comprobaciones de intersección de segmentos, $N \leq 100$, se puede utilizar búsqueda completa
   Adicionales UVa: *00191, 00378, 00833, 00837, 00866, 01249, 10242, 10250, 10902, 11068, 11343.*
   Adicionales Kattis: *completingthesquare, countingtriangles, goatrope, rafting, segmentdistance, svm, triangleornaments, trojke.*

Círculos (solo)

1. Nivel básico: *Kattis - estimatingtheareaofacircle* * experimento de estimación de π
2. **UVa 01388 - Graveyard** * LA 3708 - NortheasternEurope06, primero dividir el círculo en n sectores y, después, en $(n + m)$ sectores
3. musttryUVa 10005 - Packing polygons búsqueda completa, usar `circle2PtsRad`
4. **UVa 10678 - The Grazing Cows** * área de una *elipse*, generalización de la fórmula del área del círculo
5. *Kattis - amsterdamdistance* * arcos de círculos, no es necesario modelarlo como un problema de SSSP/Dijkstra
6. *Kattis - biggest* * hallar el área más grande del sector mediante simulación, utilizar un *array* (no es muy grande) para evitar el error de precisión
7. *Kattis - ornaments* * longitud del arco más dos veces las longitudes de las tangentes
   Adicionales UVa: *10136, 10180, 10209, 10221, 10283, 10287, 10432, 10451, 10573, 10589, 12578, 12748.*
   Adicionales Kattis: *anthonyanddiablo, ballbearings, dartscores, fractalarea, halfacookie, herman, pizza2, racingalphabet, sanic, tracksmoothing, watchdog.*

Triángulos (trigonometría)

1. Nivel básico: *Kattis - egypt* * teorema de Pitágoras/terna pitagórica, también disponible en UVa 11854 - Egypt
2. **UVa 00427 - FlatLand Piano Movers** * por cada 2 corredores consecutivos, rotar el piano por un ángulo de $\alpha \in [0, 1..89,9]$ grados, trigonometría
3. **UVa 11326 - Laser Pointer** * trigonometría, tangente, reflexión
4. **UVa 11909 - Soya Milk** * teorema de los senos (o tangentes), dos casos posibles

5. *Kattis - alldifferentdirections* *   trigonometría, calcular desplazamiento de x e y

6. *Kattis - billiard* *   ampliar la mesa de billar, después se resuelve con `atan2`

7. *Kattis - mountainbiking* *   hasta 4 segmentos, trigonometría simple, ecuación de física/cinética sencilla

Adicionales UVa: *00313, 10210, 10286, 10387, 10792, 12901.*

Adicionales Kattis: *bazen, humancannonball2, ladder, santaklas, vacuumba.*

Triángulos (y círculos)

1. Nivel básico: **UVa 00438 - The Circumference of ... ***   calcular la circunferencia exinscrita de un triángulo

2. **UVa 10577 - Bounding box ***   obtener el centro y el radio del círculo exterior a partir de 3 puntos, obtener todos los vértices, obtener los mín-x/máx-x/mín-y/máx-y del polígono

3. **UVa 11281 - Triangular Pegs in ... ***   circunferencia exinscrita de un triángulo no obtuso, lado más largo de un triángulo obtuso

4. **UVa 13215 - Polygonal Park ***   área del rectángulo menos el área de los cuadrados y triángulos equiláteros

5. *Kattis - cropeasy* *   probar los 3 puntos/árbol, verificar si el centro es un entero

6. *Kattis - stickysituation* *   comprobar si los 3 lados forman un triángulo, ver UVa 11579

7. *Kattis - trilemma* *   propiedades del triángulo, ordenar primero los 3 lados

Adicionales UVa: *00143, 00190, 00375, 10195, 10347, 10522, 10991, 11152, 11164, 11437, 11479, 11579, 11936.*

Adicionales Kattis: *greedypolygons, queenspatio.*

Cuadriláteros

1. Nivel básico: *Kattis - cetvrta* *   ordenar los puntos x e y, después descubrirás el cuarto punto

2. **UVa 00209 - Triangular Vertices ***   LA 5148 - WorldFinals SanAntonio91, verificación por fuerza bruta, la respuesta será un triángulo, un paralelogramo o un hexágono

3. **UVa 11800 - Determine the Shape ***   usar `next_permutation` para probar las 4! = 24 permutaciones de 4 puntos posibles, comprobar los requisitos

4. **UVa 12256 - Making Quadrilaterals ***   LA 5001 - KualaLumpur10, los primeros 3 lados son 1, 1, 1, del cuarto en adelante son la suma de los tres anteriores

5. *Kattis - officespace* *   rectángulos, números pequeños, *arrays* booleanos bidimensionales

6. *Kattis - rectanglesurrounding* *   rectángulos, pequeños, *arrays* booleanos bidimensionales

7. *Kattis - roundedbuttons* *   verificación en rectángulo/cuadrado, verificaciones en 4 círculos

Adicionales UVa: *00155, 00460, 00476, 00477, 11207, 11314, 11345, 11455, 11639, 11648, 11834, 12611, 12894.*

Adicionales Kattis: *areal, flowlayout, frosting, grassseed, hittingtargets, kornislav, pieceofcake2, taisformula.*

7.3 Algoritmos para polígonos con bibliotecas

Un **polígono** es una figura plana, que está limitada por un camino cerrado (que comienza y termina en el mismo vértice), compuesta de una secuencia finita de segmentos rectos. Estos segmentos reciben el nombre de aristas o lados. El punto en el que se encuentran dos segmentos es un vértice o esquina del polígono. El polígono es el origen de muchos problemas de geometría (computacional), ya que permite al autor del problema presentar objetos más realistas que los tratados en la sección 7.2.

7.3.1 Representación de polígonos

La forma normalizada de representar un polígono, consiste simplemente en enumerar los vértices del mismo, en orden, a favor o en contra de las agujas del reloj, esto es, con giros a la derecha o a la izquierda, siendo el primer vértice igual al último (algunas de las funciones que mencionaremos más adelante en esta sección, requieren esta disposición para simplificar la implementación). En este libro, utilizaremos por defecto la ordenación de vértices en contra de las agujas del reloj. También asumimos que el polígono de entrada será *sencillo*, con, al menos, 3 aristas (no puntos o líneas) y sin aristas cruzadas que puedan hacer que algunas de las funciones utilizadas pierdan el sentido. En la parte izquierda de la figura 7.8, se muestra el polígono resultante de ejecutar el siguiente código. El polígono de este ejemplo no es *convexo*, es decir, es *cóncavo* (ver más detalles en la sección 7.3.4).

```
// 6(+1) puntos, en contra de las agujas del reloj con índice a partir de 0
vector<point> P;
P.emplace_back(1, 1);                        // P0
P.emplace_back(3, 3);                        // P1
P.emplace_back(9, 1);                        // P2
P.emplace_back(12, 4);                       // P3
P.emplace_back(9, 7);                        // P4
P.emplace_back(1, 7);                        // P5
P.push_back(P[0]);                           // cerrar bucle, P6 = P0
```

7.3.2 Perímetro de un polígono

El perímetro de un polígono (sea cóncavo o convexo) con n vértices dados, en alguna forma ordenada (a favor o en contra de las agujas del reloj), se puede calcular con la sencilla función que reproducimos a continuación.

La parte derecha de la figura 7.8 muestra el momento inmediatamente anterior al del polígono completo, donde todavía no se ha calculado la longitud de la última arista (P[5], P[0]). Esta es (P[5], P[6]) ya que, en nuestra implementación, P[6] = P[0]. En la sección de visualización de polígonos de VisuAlgo podrás dibujar tu propio polígono sencillo y observar el funcionamiento de esta función `perimeter`.

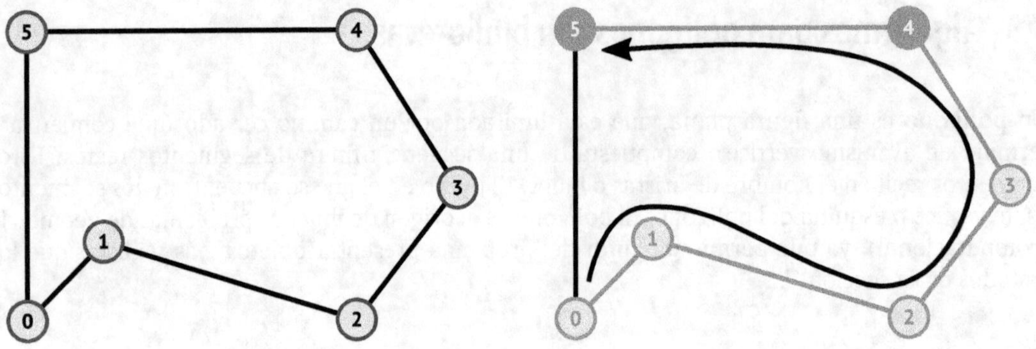

Figura 7.8: I: ejemplo de polígono (cóncavo) – D: ejecución (parcial) de `perimeter`

```
1  // devuelve el perímetro, que es la suma de las distancias euclídeas
2  // de los segmentos consecutivos (aristas de un polígono)
3  double perimeter(const vector<point> &P) {        // por referencia
4    double ans = 0.0;
5    for (int i = 0; i < (int)P.size()-1; ++i)       // nota: P[n-1] = P[0]
6      ans += dist(P[i], P[i+1]);                    // ya que duplicamos P[0]
7    return ans;
8  }
```

7.3.3 Área de un polígono

El área A, con signo[19], de un polígono (cóncavo o convexo) con n vértices dados, en alguna forma ordenada (a favor o en contra de las agujas del reloj), se puede hallar calculando la multiplicación cruzada de coordenadas de la matriz, como se muestra a continuación. Esta fórmula, conocida como fórmula de la lazada, debería estar entre las incluidas en el código de biblioteca.

$$
A = \frac{1}{2} \times \begin{bmatrix} x_0 & y_0 \\ x_1 & y_1 \\ x_2 & y_2 \\ \dots & \dots \\ x_{n-1} & y_{n-1} \end{bmatrix} = \frac{1}{2} \times (x_0 \times y_1 + x_1 \times y_2 + \cdots + x_{n-1} \times y_0 - x_1 \times y_0 - x_2 \times y_1 - \cdots - x_0 \times y_{n-1})
$$

```
1  // devuelve el área del polígono P
2  double area(const vector<point> &P) {
3    double ans = 0.0;
4    for (int i = 0; i < (int)P.size()-1; ++i)       // fórmula de la lazada
5      ans += (P[i].x*P[i+1].y - P[i+1].x*P[i].y);
6    return fabs(ans)/2.0;                           // aquí solo / 2.0
7  }
```

---

[19]El área es positiva/negativa cuando los vértices del polígono se expresan en orden en contra o a favor de las agujas del reloj, respectivamente.

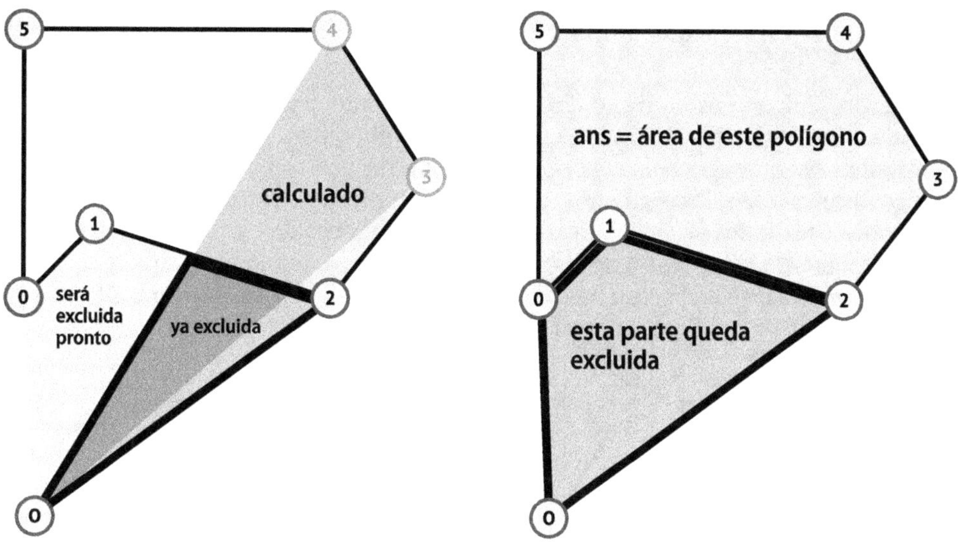

Figura 7.9: I: ejecución parcial de area – D: resultado final

La fórmula de la lazada, que acabamos de ver, se deduce de las sumas sucesivas de áreas con signo de triángulos, definidos por el punto de origen $(0, 0)$ y las aristas del polígono. Si el origen, $(P[i], P[i + 1])$, forma un giro a la derecha , el área con signo del triángulo será negativa y, en caso contrario, será positiva. Una vez calculadas las áreas con signo de todos los triángulos, tendremos la respuesta final = la suma de todas las áreas absolutas de los triángulos menos la suma de las áreas que quedan fuera del polígono. A continuación, incluimos un código similar[20] que proporciona la misma respuesta, pero utilizando operaciones con vectores.

```
1  // devuelve el área del polígono P, que es la mitad de los productos
2  // cruzados de los vectores definidos por los extremos de las aristas
3  double area_alternative(const vector<point> &P) {
4    double ans = 0.0; point O(0.0, 0.0);              // O = el Origen
5    for (int i = 0; i < (int)P.size()-1; ++i)       // suma de áreas con signo
6      ans += cross(toVec(O, P[i]), toVec(O, P[i+1]));
7    return fabs(ans)/2.0;
8  }
```

La parte izquierda de la figura 7.9 muestra un momento de la ejecución parcial de la función area, mientras que, en la parte derecha, se puede ver el resultado final. En la sección de visualización de polígonos de VisuAlgo, puedes dibujar tu propio polígono sencillo y ejecutar eta función area.

---

[20]Y que, sin embargo, no recomendamos utilizar ya que es más largo (debido a las definiciones de las funciones *toVec* y *cross*) que la implementación directa de la fórmula que acabamos de ver.

7.3.4 Comprobación de si un polígono es convexo

Se dice que un polígono es **convexo** si cualquier segmento trazado dentro del mismo no se
interseca con ninguna de sus aristas. En caso contrario, el polígono será **cóncavo**. Sin embargo,
para comprobar si un polígono es convexo, existe una técnica computacional más sencilla que
"intentar comprobar todos los segmentos que se pueden dibujar dentro del polígono". Basta con
que comprobemos si todos grupos de tres vértices consecutivos del polígono giran en el mismo
sentido (a la izquierda, o en contra de las agujas del reloj, si así es como están ordenados, como
en todos los ejemplos de este libro, o a la derecha en otro caso). Si podemos encontrar, al menos,
una 3-tupla donde esto sea falso, entonces el polígono será cóncavo.

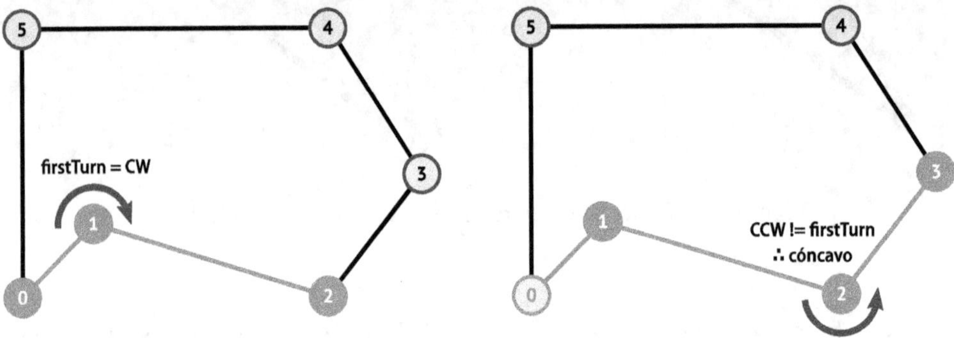

Figura 7.10: I: primer giro a favor de las agujas del reloj – D: hallado giro al contrario → cóncavo

La parte izquierda de la figura 7.10 muestra el primer paso de la función isConvex (encuentra
un giro 0-1-2, a favor de las agujas del reloj), mientras que la parte derecha de la misma figura
muestra el resultado final del ejemplo, donde la función isConvex descubre un giro 1-2-3, en
contra de las agujas del reloj, que es diferente al primero. Por lo tanto, concluye que el polígono
dado no es convexo o, dicho de otra forma, es cóncavo. En la sección para visualización de
polígonos de VisuAlgo, puedes dibujar tu propio polígono sencillo y observar el funcionamiento
de esta función isConvex.

```cpp
// devuelve verdadero si el giro siempre es igual al
// examinar todas las aristas del polígono, una a una
bool isConvex(const vector<point> &P) {
  int n = (int)P.size();
  // un punto/sz=2 o una línea/sz=3 no son convexos
  if (n <= 3) return false;
  bool firstTurn = ccw(P[0], P[1], P[2]);          // guardar un resultado,
  for (int i = 1; i < n-1; ++i)                     // comparar con los otros
    if (ccw(P[i], P[i+1], P[(i+2) == n ? 1 : i+2]) != firstTurn)
      return false;                                 // diferente -> cóncavo
  return true;                                       // en otro caso -> convexo
}
```

¿Qué parte del código anterior deberías modificar para aceptar puntos colineales? Por ejemplo, el polígono {(0,0), (2,0), (4,0), (2,2), (0,0)} debería ser tratado como convexo.

7.3.5 Comprobación de si un punto está dentro de un polígono

Otra comprobación muy común sobre un polígono P, es verificar si un punto pt está dentro o fuera del mismo. La siguiente función, que implementa el 'algoritmo del índice de una curva', permite realizar esta comprobación *tanto* para polígonos cóncavos como convexos. De forma similar a la fórmula de la lazada, esta función `insidePolygon` calcula la suma con signo de los ángulos entre tres puntos {$P[i]$, pt, $P[i + 1]$}, donde ($P[i]$, $P[i + 1]$) son lados consecutivos del polígono P, teniendo cuidado en los giros a la izquierda (se suma el ángulo) y a la derecha (se resta el ángulo). Si la suma final es 2π (360 grados), entonces pt está dentro del polígono P. En caso contrario (si la suma final es 0π o 0 grados), pt se encuentra fuera de P. La parte izquierda

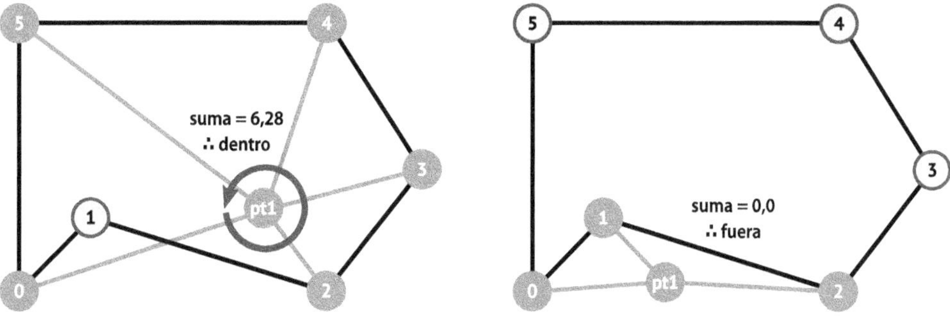

Figura 7.11: I: dentro del polígono – D: fuera del polígono

de la figura 7.11 muestra una instancia donde esta función `insidePolygon` devuelve 'verdadero'. El 'error' del ángulo negativo $0 - pt1 - 1$ queda cancelado por el siguiente $1 - pt1 - 2$, como si hubiese calculado el ángulo $0 - pt1 - 2$ de forma indirecta. El cálculo de los cuatro ángulos siguientes, $2 - pt1 - 3$, $3 - pt1 - 4$, $4 - pt1 - 5$ y $5 - pt1 - 0$ (o punto 6) da como resultado la suma de 360 grados, por lo que la conclusión es que el punto se encuentra dentro del polígono. Por otro lado, la parte derecha de la figura 7.11 muestra otra instancia, en la que la llamada a `insidePolygon` devuelve 'falso'. Tanto $0 - pt1 - 1$ como $1 - pt1 - 2$ forman giros a favor de las agujas del reloj y, con ello, tenemos que el ángulo $0 - pt1 - 2$ tiene ≈ -187 grados. Sin embargo, esto queda cancelado por los siguientes cuatro ángulos, $2 - pt1 - 3$, $3 - pt1 - 4$, $4 - pt1 - 5$ y $5 - pt1 - 0$ (o punto 6). Como la suma de los ángulos no resulta en 360 grados (es de 0 grados), la conclusión es que el punto se encuentra fuera del polígono. En la sección de visualización de polígonos de VisuAlgo, podrás dibujar tu propio polígono sencillo, añadir un punto de referencia y verificar si este se encuentra dentro o fuera del polígono, utilizando la función `insidePolygon`.

Existe un caso límite potencial si el punto pt que estamos consultando resulta ser uno de los vértices del polígono o se encuentra en una de sus aristas (es colineal con dos puntos sucesivos cualquiera del polígono). Deberemos declarar, en este caso, que el punto pt consultado está sobre el polígono (vértice/arista). Hemos incorporado esa comprobación adicional a nuestro código de biblioteca, que se puede probar directamente en el problema Kattis - pointinpolygon.

```cpp
// devuelve 1/0/-1 si el punto p está dentro/sobre/fuera del
// polígono P, ya sea este cóncavo o convexo
int insidePolygon(point pt, const vector<point> &P) {
  int n = (int)P.size();
  if (n <= 3) return -1;                           // evitar punto o línea
  bool on_polygon = false;
  for (int i = 0; i < n-1; ++i)                    // ¿sobre vértice/arista?
    if (fabs(dist(P[i], pt) + dist(pt, P[i+1]) - dist(P[i], P[i+1])) < EPS)
      on_polygon = true;
  if (on_polygon) return 0;                        // pt está sobre el polígono
  double sum = 0.0;                                // primer punto = último
  for (int i = 0; i < n-1; ++i) {
    if (ccw(pt, P[i], P[i+1]))
      sum += angle(P[i], pt, P[i+1]);              // giro a la izquierda
    else
      sum -= angle(P[i], pt, P[i+1]);              // giro a la derecha
  }
  return fabs(sum) > M_PI ? 1 : -1;                // 360°->dentro, 0°->fuera
}
```

Ejercicio 7.3.5.1

Si el primer vértice no se repite como último vértice, ¿funcionarán correctamente las funciones `perimeter`, `area`, `isConvex` e `insidePolygon` que acabamos de ver?

Ejercicio 7.3.5.2*

Comenta los pros y los contras de los siguientes métodos alternativos de comprobación de si un punto está dentro de un polígono:

1. Dividir un polígono convexo en triángulos y comprobar si la suma de las áreas de los mismos es igual al área del polígono convexo. ¿Se puede utilizar este método con un polígono cóncavo?

2. Algoritmo de *ray casting*: trazamos un rayo desde el punto a cualquier dirección fija, de forma que se produzca una intersección con alguna arista del polígono. Si hay un número impar/par de intersecciones, el punto está dentro/fuera, respectivamente.

7.3.6 Corte de un polígono con una línea recta

Otra cosa interesante que podemos hacer con un polígono *convexo* (ver el **ejercicio 7.3.6.2*** para un polígono cóncavo), es dividirlo en dos subpolígonos convexos, mediante una línea recta, definida por dos puntos A y B (el orden de los puntos es importante). Algunos de los ejercicios de programación que veremos hacen uso de esta función.

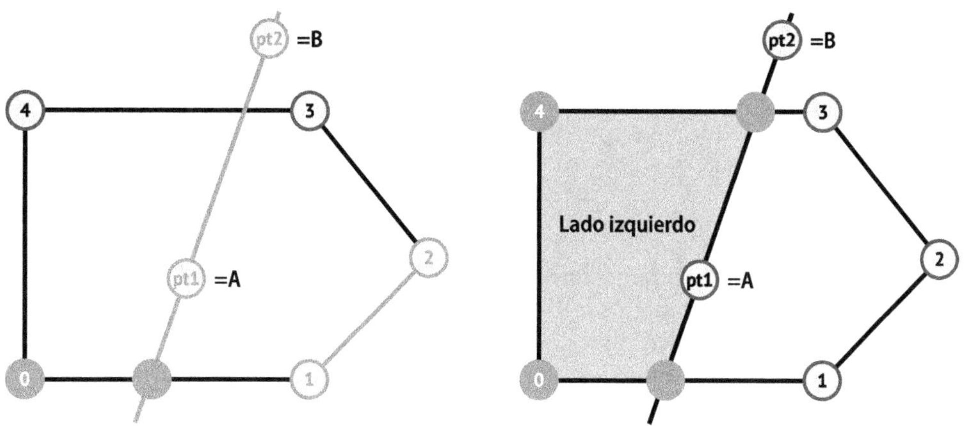

Figura 7.12: I: antes del corte – D: después del corte – $pt1/pt2 = A/B$, respectivamente

La idea básica de la siguiente función `cutPolygon` es iterar por los vértices del polígono original Q, de uno en uno. Si el punto A, el punto B y el vértice v forman un giro a la izquierda (lo que implica que v está en el lado izquierdo de la línea AB, donde el orden es importante), colocamos v dentro del nuevo polígono P. Una vez que encontremos una arista del polígono que forme una intersección con la línea AB, utilizaremos ese punto de intersección como parte del nuevo polígono P (ver en la parte izquierda de la figura 7.12 el nuevo vértice en la arista (0-1)). Obviamos los siguientes vértices de Q, que quedan a la derecha de la línea AB (ver en la parte izquierda de la figura 7.12 los vértice 1, 2 y, después, 3). Antes o después, volveremos a encontrar una arista que forme otra intersección con la línea AB (ver la parte derecha de la figura 7.12, el nuevo vértice en la arista (3-4)). Continuamos añadiendo vértices de Q a P, porque volvemos a estar en el lado izquierdo de la línea AB. Nos detenemos cuando lleguemos al vértice inicial y devolvemos el polígono resultante P (ver la zona sombreada en la derecha de la figura 7.12).

```cpp
// calcular el punto de intersección entre el segmento p-q y la línea A-B
point lineIntersectSeg(point p, point q, point A, point B) {
  double a = B.y-A.y, b = A.x-B.x, c = B.x*A.y - A.x*B.y;
  double u = fabs(a*p.x + b*p.y + c);
  double v = fabs(a*q.x + b*q.y + c);
  return point((p.x*v + q.x*u) / (u+v), (p.y*v + q.y*u) / (u+v));
}

// corta el polígono Q en la línea formada por los puntos A->B (orden importa)
// (nota: el último punto debe ser el mismo que el primero)
vector<point> cutPolygon(point A, point B, const vector<point> &Q) {
  vector<point> P;
  for (int i = 0; i < (int)Q.size(); ++i) {
    double left1 = cross(toVec(A, B), toVec(A, Q[i])), left2 = 0;
    if (i != (int)Q.size()-1) left2 = cross(toVec(A, B), toVec(A, Q[i+1]));
    if (left1 > -EPS) P.push_back(Q[i]);             // Q[i] está a la izquierda
    if (left1*left2 < -EPS)                          // cruza la línea AB
      P.push_back(lineIntersectSeg(Q[i], Q[i+1], A, B));
```

```
19    }
20    if (!P.empty() && !(P.back() == P.front()))
21      P.push_back(P.front());                    // cerrar el polígono
22    return P;
23 }
```

Visita la sección de visualización de polígonos de VisuAlgo, donde podrás dibujar tu propio polígono sencillo (solo se permiten polígonos convexos). Añade una línea (definida por dos puntos de referencia cuyo orden es importante) y observa cómo funciona esta función `cutPolygon`. La URL para acceder a las visualizaciones de los distintos algoritmos de geometría computacional sobre polígonos mencionados en las secciones anteriores se incluye a continuación.

VISUALGO https://visualgo.net/en/polygon

Ejercicio 7.3.6.1

Esta función `cutPolygon` solo devuelve el lado izquierdo del polígono Q después del corte con la línea AB. ¿Qué deberíamos hacer si, en su lugar, queremos el lado derecho?

Ejercicio 7.3.6.2*

¿Qué ocurre si ejecutamos la función `cutPolygon` sobre un polígono *cóncavo*?

7.3.7 Búsqueda de la envolvente convexa de un conjunto de puntos

La **envolvente convexa** de un conjunto de puntos *Pts*, es el polígono convexo $CH(Pts)$ más pequeño, en el que cada punto de *Pts* está, o en el límite, o dentro de $CH(Pts)$. Imagina que los puntos son clavos en una superficie bidimensional plana y que tenemos una goma elástica lo suficientemente grande como para rodearlos a todos. Si liberamos esa goma elástica, se ajustará al área más pequeña posible. Ese es el área de la envolvente convexa de ese conjunto de puntos (ver la figura 7.13). Encontrar la envolvente convexa de un conjunto de puntos tiene aplicaciones prácticas en problemas de *empaquetado* y se puede utilizar como paso de procesamiento previo para problemas de geometría computacional más complejos.

Como cada vértice de $CH(Pts)$ es un vértice del propio conjunto de puntos *Pts*, el algoritmo de búsqueda de la envolvente convexa es, esencialmente, un algoritmo que decide[21] qué puntos de *Pts* forman parte de ella. Existen varios algoritmos eficientes de búsqueda de la envolvente convexa. En esta sección trataremos dos de ellos: el *algoritmo de exploración de Ronald Graham* en $O(n \log n)$ (por razones históricas), seguido del algoritmo de la cadena monótona de Andrew, en $O(n \log n)$, más eficiente y que tomamos como preferido.

---

[21]Afortunadamente, este problema clásico de optimización **no es** NP-complejo.

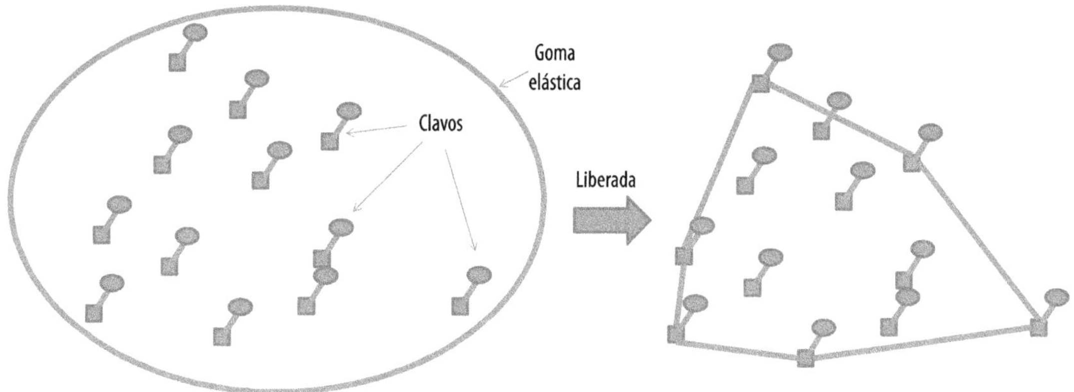

Figura 7.13: Analogía de la goma elástica para encontrar la envolvente convexa

Exploración de Graham

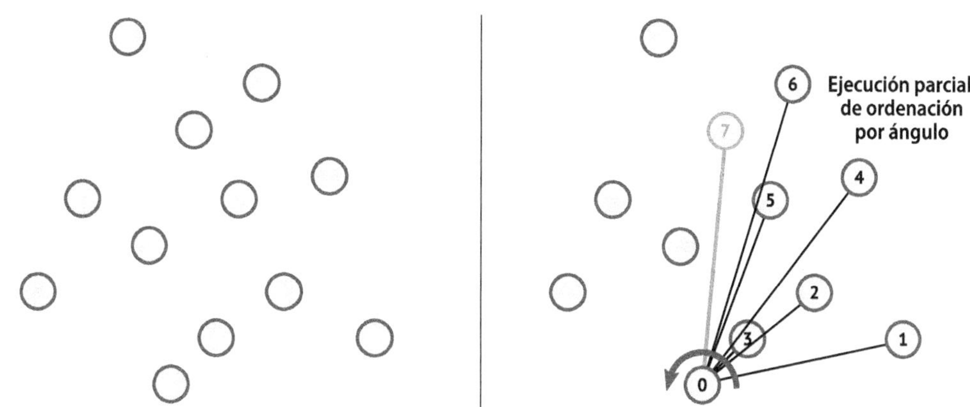

Figura 7.14: Orden de un conjunto de 12 puntos por ángulo en relación al pivote (punto 0)

El algoritmo de exploración de Graham comienza ordenando los n puntos de *Pts* (ya que *Pts* es un conjunto de puntos y no el conjunto de vértices de un polígono, el primer punto no debe ser replicado en el último, ver la parte izquierda de la figura 7.14), en base a sus ángulos en relación a un punto llamado pivote $P0$, y almacena los resultados ordenados en un conjunto de puntos 'temporal' P. Este algoritmo utiliza el punto más abajo (y, en caso de empate, el más a la derecha) de *Pts* como pivote $P0$. Ordenamos los puntos en base a sus ángulos alrededor del pivote, mediante verificaciones sobre si están en contra de las agujas del reloj[22]. Consideremos 3 puntos: el pivote, a y b. El punto a es encuentra antes del b, tras realizar la ordenación, si, y solo si, el pivote, a y b forman un giro en contra de las agujas del reloj. Después, en la parte derecha de la figura 7.14, podemos ver que las aristas 0-1, 0-2, 0-3, …, 0-6 y 0-7, están en orden contrario a las agujas del reloj alrededor del pivote $P0$. Esta captura, en la parte derecha de la figura 7.14, muestra la ejecución *parcial* de esta ordenación de ángulos, hasta la arista 0-7, y el orden de los 4 últimos puntos todavía no ha sido determinado.

---

[22]Otro método es utilizar la función `atan2` (arco tangente) con 2 argumentos, que puede devolver el cuadrante del ángulo calculado, pero esto resulta más lento por tiempo constante.

Después, el algoritmo mantiene una pila S de puntos candidatos. Cada punto de P se añade *una vez* a S, de donde se acabarán eliminando los que no vayan a formar parte de la envolvente convexa. La exploración de Graham mantiene este aspecto invariable: los tres elementos superiores de la pila S siempre deben formar un giro a la izquierda (propiedad básica de un polígono convexo).

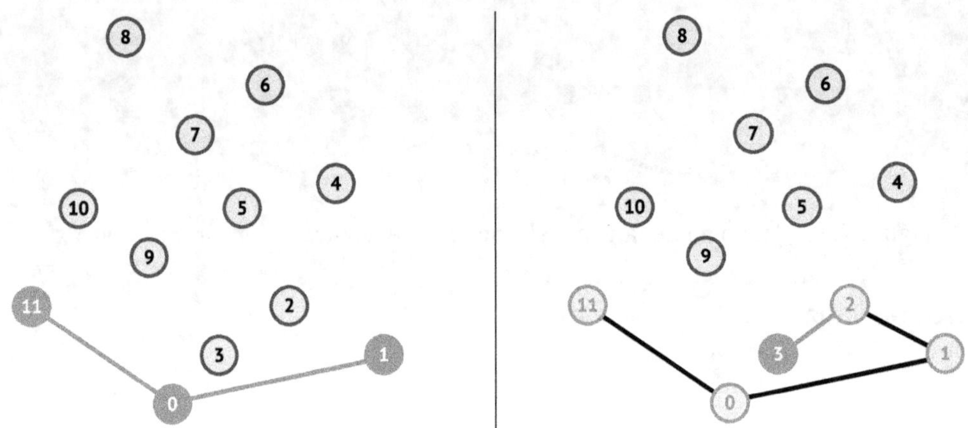

Figura 7.15: I: estado inicial de S – D: después de los 2 pasos siguientes

Inicialmente, insertamos los tres puntos $N - 1$, 0 y 1. En nuestro ejemplo, la pila comienza conteniendo (abajo) 11-0-1 (arriba). Esto siempre forma un giro a la izquierda (ver la parte izquierda de la figura 7.15). Después, 0-1-2 y 1-2-3 forman giros a la izquierda, por lo que, en este momento, aceptamos tanto el vértice 2 como el 3 y la pila contendrá (abajo) 11-0-1-2-3 (arriba) (ver la parte derecha de la figura 7.15).

Después, al examinar 2-3-4, encontramos un giro a la derecha, por lo que sabremos que el vértice 3 **no formará parte** de la envolvente convexa, por lo que lo eliminaremos de S. Sin embargo, 1-2-4 también forma un giro a la derecha, por lo que sabremos que el vértice 2 **tampoco** estará en la envolvente convexa y también lo eliminaremos de S. Después, 0-1-4 es un giro a la izquierda, con lo que aceptaremos el vértice 4 y la pila contendrá (abajo) 11-0-1-4 (arriba) (ver la parte izquierda de la figura 7.16).

Repetimos este proceso hasta procesar todos los vértices. Al finalizar la ejecución de la exploración de Graham, lo que quede en S es el conjunto de puntos $P = CH(Pts)$ (ver la parte derecha de la figura 7.16). La exploración de Graham elimina todos los giros a la derecha. Como tres vértices consecutivos cualquiera de S siempre implican un giro a la izquierda, tenemos un polígono convexo (que hemos tratado en la sección 7.3.4).

A continuación, incluimos nuestra implementación de la exploración de Graham. Utilizaremos `vector<point>S`, que se comporta como una pila, en lugar de `stack<point>S`, ya que necesitamos acceder al segundo vértice de la pila además de al primero. La primera parte de la exploración de Graham (la búsqueda del pivote) se ejecuta en solo $O(n)$. La tercera parte (las comprobaciones de giros), también lo hace en $O(n)$, ya que cada uno de los n vértices solo puede ser añadido y eliminado una vez de la pila. La segunda parte (ordenación de los puntos por su ángulo, en relación al pivote `P[0]`) es el *grueso* del algoritmo, y requiere $O(n \log n)$. El tiempo total de ejecución de la exploración de Graham es de $O(n \log n)$.

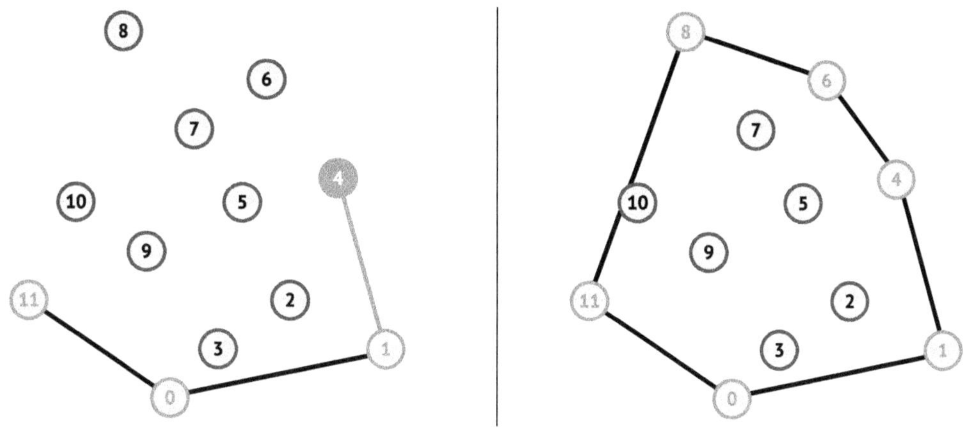

Figura 7.16: I: vértices 2 y 3 rechazados, vértice 4 aceptado – D: la envolvente convexa final

```cpp
vector<point> CH_Graham(vector<point> &Pts) {       // total O(n log n)
  vector<point> P(Pts);                              // copiar todos los puntos
  int n = (int)P.size();
  if (n <= 3) {                                      // punto/línea/triángulo
    if (!(P[0] == P[n-1])) P.push_back(P[0]);        // caso límite
    return P;                                        // envolvente es la misma P
  }

  // primero, hallar P0 = punto con Y menor y, si empate, X más a la derecha
  int P0 = min_element(P.begin(), P.end())-P.begin();
  swap(P[0], P[P0]);                                 // intercambiar P[P0] con P[0]

  // segundo, ordenar puntos por ángulo alrededor de P0, en O(n log n)
  sort(++P.begin(), P.end(), [&](point a, point b) {
    return ccw(P[0], a, b);                          // usar P[0] como pivote
  });

  // tercero, comprobación de giros, aunque compleja solo es O(n)
  vector<point> S({P[n-1], P[0], P[1]});             // S inicial
  int i = 2;                                         // después comprobar el resto
  while (i < n) {                                    // n > 3, O(n)
    int j = (int)S.size()-1;
    if (ccw(S[j-1], S[j], P[i]))                     // giro a la izquierda
      S.push_back(P[i++]);                           // aceptar este punto
    else                                             // giro a la derecha
      S.pop_back();                                  // extraer hasta giro izda
  }
  return S;                                          // devolver el resultado
}
```

Cadena monótona de Andrew

La implementación de la exploración de Graham que hemos incluido se puede simplificar más[23], especialmente en la sección de la ordenación de los ángulos.

En realidad, la misma idea básica de la tercera parte de la exploración de Graham (las comprobaciones de giro) sigue funcionando si la entrada está ordenada según la coordenada x (en caso de empate, por la coordenada y), en vez de por el ángulo. Pero esto obligará a que el cálculo de la envolvente convexa deba realizarse en dos pasos distintos, que resultarán en las partes *inferior* y *superior* de la misma. Esto es debido a que la tercera parte de la exploración de Graham (las comprobaciones de giro) solo obtendrán la envolvente inferior cuando se realice sobre un conjunto de puntos ordenados de izquierda a derecha (ver la parte izquierda de la figura 7.17). Para completar la envolvente convexa, debemos 'rotar' 180 grados el conjunto de puntos completo y repetir el proceso o, simplemente, aplicar la tercera parte de la exploración de Graham, pero de derecha a izquierda, para obtener la envolvente superior (ver la derecha de la figura 7.17).

Esta modificación fue desarrollada por A. M. Andrew, y es conocida como el algoritmo de la cadena monótona de Andrew. Cuenta con las mismas propiedades básicas que la exploración de Graham, pero evita las costosas comparaciones entre ángulos [10].

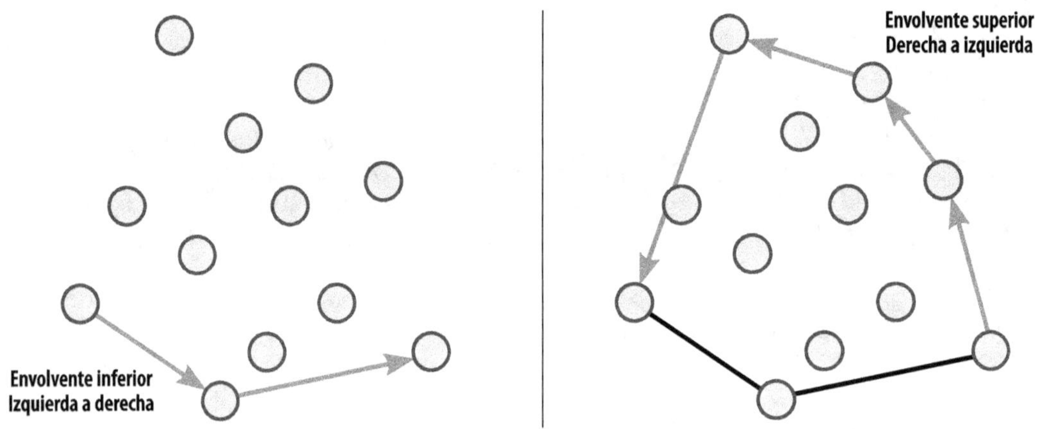

Figura 7.17: I: envolvente inferior – D: envolventes inferior y superior

A continuación, incluimos nuestra implementación, mucho más sencilla, del algoritmo de la cadena monótona. Debido a su eficiencia (sigue siendo de $O(n \log n)$, por la ordenación basada en coordenadas, pero con un factor de tiempo constante más rápido que la exploración de Graham) y a la brevedad de su código, es nuestra variante preferida.

```cpp
vector<point> CH_Andrew(vector<point> &Pts) {      // total O(n log n)
  int n = Pts.size(), k = 0;
  vector<point> H(2*n);
  sort(Pts.begin(), Pts.end());                    // ordenar puntos por x/y
  for (int i = 0; i < n; ++i) {                     // envolvente inferior
    while ((k >= 2) && !ccw(H[k-2], H[k-1], Pts[i])) --k;
```

---

[23]De hecho, ya hemos evitado el uso de la operación `atan2`, que tiene un elevado consumo de recursos.

```
7      H[k++] = Pts[i];
8    }
9    for (int i = n-2, t = k+1; i >= 0; --i) {          // envolvente superior
10     while ((k >= t) && !ccw(H[k-2], H[k-1], Pts[i])) --k;
11     H[k++] = Pts[i];
12   }
13   H.resize(k);
14   return H;
15 }
```

Finalizaremos esta sección volviendo a recomendar al lector la herramienta de visualización
VisuAlgo, que hemos construido para mejorar este libro, ya que las explicaciones estáticas aquí
incluidas palidecen frente a las demostraciones animadas. En esta ocasión, podrás introducir
un conjunto de puntos *Pts* y ejecutar sobre el mismo el algoritmo de envolvente convexa de tu
elección. También animamos al lector a explorar nuestro código fuente para resolver los ejercicios
de programación que incluimos.

VISUALGO https://visualgo.net/en/convexhull

C++	ch7/polygon.cpp
Java	ch7/polygon.java
Python	ch7/polygon.py
OCaml	ch7/polygon.ml

Ejercicio 7.3.7.1

Supongamos que tenemos 5 puntos, $P = \{(0,0), (1,0), (2,0), (2,2), (0,2)\}$. La envolvente convexa de los 5 puntos está formada, de hecho, por ellos mismos (más la vuelta al vértice $(0,0)$). Sin embargo, nuestras implementaciones de la exploración de Graham y de la cadena monótona de Andrew eliminan el punto $(1,0)$, pues $(0,0)$-$(1,0)$-$(2,0)$ son colineales. ¿Qué parte de las implementaciones debemos modificar para aceptar puntos colineales? (Teniendo en cuenta que nosotros preferimos eliminarlos, a pesar de todo).

Ejercicio 7.3.7.2

¿Cuál es la complejidad de tiempo del algoritmo de la cadena monótona de Andrew si los puntos de entrada ya están ordenados por los valores crecientes de x y, en caso de empate, crecientes de y?

Ejercicio 7.3.7.3*

Prueba el código de la exploración de Graham y de la cadena monótona de Andrew en los siguientes casos límite. ¿Cuáles son las envolventes convexas en los distintos casos?

1. Un solo punto, por ejemplo, $P_1 = \{(0,0)\}$.

2. Dos puntos (una línea), por ejemplo, $P_2 = \{(0,0),(1,0)\}$.

3. Tres puntos (un triángulo), por ejemplo, $P_3 = \{(0,0),(1,0),(1,1)\}$.

4. Tres puntos (colineales), por ejemplo, $P_4 = \{(0,0),(1,0),(2,0)\}$.

5. Cuatro puntos (colineales), por ejemplo, $P_5 = \{(0,0),(1,0),(2,0),(3,0)\}$.

A continuación, incluimos una lista de ejercicios de programación relacionados con polígonos. Sin el código de biblioteca descrito previamente, que hemos visto en esta sección, muchos de estos problemas parecen 'difíciles'. Con el código de biblioteca disponible, se vuelven asumibles, ya que se pueden descomponer en una pocas rutinas. Dedica tiempo a resolverlos, especialmente aquellos señalados como **obligatorios ***.

Ejercicios de programación

Ejercicios de programación relacionados con polígonos:

Polígonos, fáciles

1. Nivel básico: *Kattis - convexpolygonarea* * — un problema sobre el área de un polígono todavía más básico que Kattis - polygonarea

2. **UVa 00634 - Polygon *** — rutina `insidePolygon` básica, cuidado con el hecho de que el polígono de entrada puede ser convexo o cóncavo

3. musttryUVa 11447 - Reservoir Logs — `area` de un polígono

4. **UVa 11473 - Campus Roads *** — `perimeter` modificado de un polígono

5. *Kattis - convexhull* * — problema básico de envolvente convexa, cuidado con los puntos duplicados y colineales

6. kattisKattis - cuttingcorners — simulación de comprobaciones de ángulos

7. *Kattis - robotprotection* * — basta con hallar el área de la envolvente convexa

Adicionales UVa: *00478, 00681, 01206, 10060, 10112, 11072, 11096, 11626.*

Adicionales Kattis: *convexhull2, cookiecutter, dartscoring, jabuke, polygonarea, simplepolygon.*

Polígonos, difíciles

1. Nivel básico: **UVa 11265 - The Sultan's Problem *** — parece un problema complejo pero, esencialmente, se basa en `cutPolygon`, `insidePolygon`, `area`

2. **UVa 00361 - Cops and Robbers *** — comprueba si un punto está dentro de la envolvente convexa del policía o el ladrón, si pt está dentro de la envolvente convexa, pt satisface el requisito

3. musttryUVa 01111 - Trash Removal

4. **UVa 10256 - The Great Divide ***

5. *Kattis - convex **

6. *Kattis - pointinpolygon **

7. *Kattis - roberthood **

LA 5138 - WorldFinals Orlando11, envolvente conexa, escribir la distancia *minimax* desde cada lado de la envolvente convexa al resto de vértices

dadas 2 envolventes convexas, escribir 'No' si un punto de la primera está dentro de la segundo, 'Yes' en caso contrario

hay que entender el concepto de polígono convexo, un poco de conocimientos matemáticos, GCD, ordenar

dentro, fuera y sobre el polígono

el problema clásico de la pareja más alejada, utilizar la envolvente convexa y rotar el calibre

Adicionales UVa: *00109, 00132, 00137, 00218, 00596, 00858, 10002, 10065, 10406, 10445.*
Adicionales Kattis: *abstractart, largesttriangle, playingtheslots, skyline, wrapping.*

7.4 Geometría tridimensional

El uso de estas fórmulas es poco habitual si lo comparamos con sus equivalentes para dos dimensiones (en la sección 7.2). En cualquier caso, las que mostramos en la tabla 7.1 son las más populares.

Objeto	Volumen	Área de la superficie	Comentarios	Ejemplo
Cubo	s^3	$6s^2$	$s=$ lado	UVa 00737
Ortoedro	lwh	$2(lw + lh + wh)$	$l/w/h=$ largo/ancho/alto	Kattis - movingday
Esfera	$\frac{4}{3}\pi r^3$	$4\pi r^2$	$r=$ radio	Kattis - pop

Tabla 7.1: Recordatorio de algunas fórmulas tridimensionales

Volumen de un sólido de revolución

Enunciado resumido de Kattis - flowers: la función $f(x) = a \cdot e^{-x^2} + b \cdot \sqrt{x}$ describe la silueta de una maceta tridimensional de alto h. Si rotamos $f(x)$ por su eje x desde $x = 0$ hasta $x = h$, obtendremos un sólido de revolución (que es un objeto tridimensional). Tenemos k macetas como 3-tuplas (a, b, h), y nuestra tarea consiste en identificar cuál de ellas tiene el volumen más cercano al objetivo V.

La parte difícil de este problema se encuentra en el cálculo del volumen de este sólido. Veamos una maceta de ejemplo. En izquierda de la figura 7.18, tenemos el ejemplo $f(x) = e^{-x^2} + 2 \cdot \sqrt{x}$. Si integramos esta función desde $x = 0$ hasta 2, calcularemos el área bidimensional sombreado bajo la curva. Esta idea es extensible a las tres dimensiones, para calcular el volumen. Imaginemos, por cada x, que existe un círculo alrededor del eje x, de radio $f(x)$, como se indica en la parte derecha de la figura 7.18. El área de este círculo es $\pi \times f(x)^2$. Si ahora integramos este área desde $x = 0$ hasta 2, es decir, $\pi \times \int_0^2 (e^{-x^2} + 2 \cdot \sqrt{x})^2$ (podemos extraer π de la integral), obtendremos el volumen del sólido (maceta), que, en este ejemplo, es 34,72.

Podemos utilizar técnicas numéricas para calcular esta integral definida, como, por ejemplo, la regla de Simpson: $\int_a^b f(x)dx \approx \frac{\Delta x}{3}(f(x_0) + 4f(x_1) + 2f(x_2) + \cdots + 4f(x_{n-1}) + f(x_n))$, $\Delta x = \frac{b-a}{n}$ y $x_i = a + i\Delta x$. Si queremos obtener más precisión, podemos incrementar n tanto como sea posible antes de provocar un veredicto TLE, por ejemplo, $n = 1e6$.

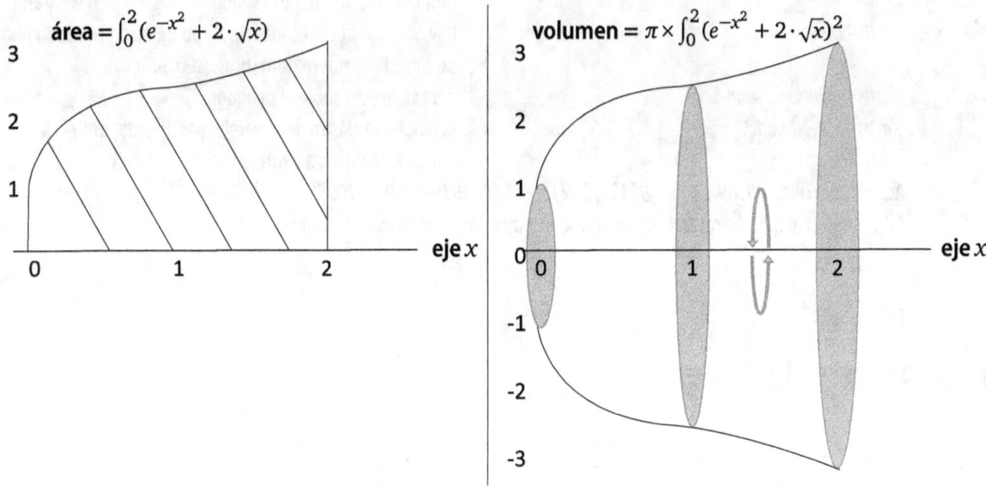

Figura 7.18: I: $f(x)$ y su área – D: sólido de revolución de $f(x)$ y su volumen

Este tema poco habitual sobre tres dimensionales apareció como subproblema en finales recientes del ICPC (Kattis - bottles y Kattis - cheese).

Distancia de círculo máximo

La **distancia de círculo máximo** entre dos puntos A y B en una esfera, es la distancia más corta sobre la **superficie de la esfera**. Este camino es un *arco* en el **círculo máximo** de esa esfera, que pasa por los dos puntos A y B. Podemos entender el círculo máximo como el círculo resultante de cortar la esfera con un plano, de forma que tengamos dos semiesferas *iguales* (ver la izquierda y el centro de la figura 7.19).

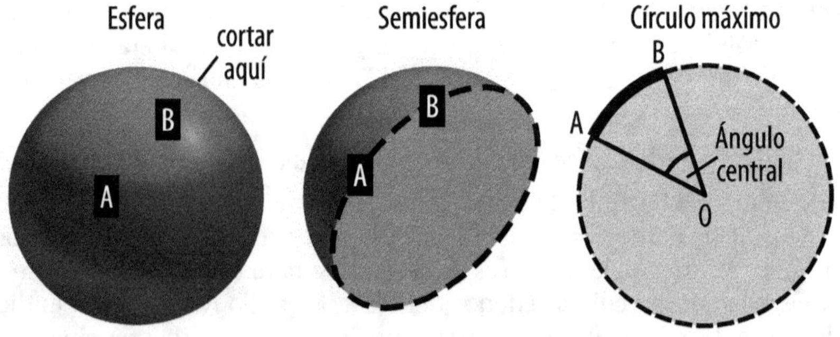

Figura 7.19: I: esfera, C: semiesfera y círculo máximo, D: gcDistance (arco $A - B$)

Para encontrar la distancia de círculo máximo, tenemos que encontrar primero el ángulo central *AOB* (ver la parte derecha de la figura 7.19) del círculo máximo, donde *O* es el centro de ese círculo máximo (que es, también, el centro de la esfera). Dado el radio de la esfera/círculo máximo, podemos entonces determinar la longitud del arco $A - B$, que resulta ser la distancia de círculo máximo requerida.

Aunque ya es poco habitual, algunos problemas de concursos relativos a 'la Tierra', 'líneas aéreas', etc., utilizan la medida de esta distancia. Normalmente, los dos puntos de la superficie de la esfera se proporcionan como coordenadas terrestres, es decir, un par (latitud, longitud). El siguiente código de biblioteca nos ayudará a obtener la distancia de círculo máximo dados dos puntos y el radio de la esfera. Omitimos la demostración, ya que no es relevante para la programación competitiva.

```cpp
double gcDist(double pLa, double pLo, double qLa, double qLo, double r) {
  pLa *= M_PI/180; pLo *= M_PI/180;              // grados a radianes
  qLa *= M_PI/180; qLo *= M_PI/180;
  return r * acos(cos(pLa)*cos(pLo)*cos(qLa)*cos(qLo) +
        cos(pLa)*sin(pLo)*cos(qLa)*sin(qLo) + sin(pLa)*sin(qLa));
} // esta fórmula tiene un nombre: fórmula de Haversine
```

	C++	ch7/UVa11817.cpp
	Java	ch7/UVa11817.java
GitHub	Python	ch7/UVa11817.py

Ejercicios de programación

Ejercicios de programación relativos a la geometría tridimensional:

1. Nivel básico: *Kattis - beavergnaw* * — volúmenes de cilindros y conos, inclusión–exclusión, también disponible en UVa 10297 - Beavergnaw
2. **UVa 00737 - Gleaming the Cubes** * — cubos e intersecciones de cubos
3. **UVa 00815 - Flooded** * — LA 5215 - WorldFinals Eindhoven99, volumen, voraz
4. **UVa 11817 - Tunnelling The Earth** * — gcDistance, distancia euclídea tridimensional
5. *Kattis - bottles* * — LA 6027 - WorldFinals Warsaw12, BSTA y fórmula geométrica, también disponible en UVa 01280 - Curvy Little Bottles
6. *Kattis - flowers* * — la clave de este problema es la integración
7. *Kattis - airlinehub* * — gcDistance, también disponible en UVa 10316 - Airline Hub

Adicionales UVa: *00535, 10897.*

Adicionales Kattis: *cheese, infiniteslides, movingday, pop, waronweather.*

7.5 Soluciones a los ejercicios no resaltados

Ejercicio 7.2.1.1: ver la primera parte de la exploración de Graham en la sección 7.3.7.

Ejercicio 7.2.1.2: 5,0.

Ejercicio 7.2.1.3: $(-3,0, 10,0)$.

Ejercicio 7.2.1.4: $(-0,674, 10,419)$.

Ejercicio 7.2.2.1: la ecuación de la línea $y = mx + c$ no puede manejar todos los casos: las líneas verticales tienen una pendiente 'infinita' y las 'casi verticales' también pueden ser problemáticas. Si utilizamos esta ecuación, tenemos que tratar las líneas verticales por separado en nuestro código, lo que reduce las posibilidades de un veredicto de aceptado. Es mejor utilizar la ecuación: $ax + by + c = 0$.

Ejercicio 7.2.2.2: a) $-0,5 \times x + \underline{1,0} \times y - 1,0 = 0,0$. b) $1,0 \times x + \underline{0,0} \times y - 2,0 = 0,0$. Recuerda que b (subrayada) es $\underline{1,0}/\underline{0,0}$ en las líneas no verticales/verticales, respectivamente.

Ejercicio 7.2.2.3: dados 2 puntos $(x1,y1)$ y $(x2,y2)$, es posible calcular la pendiente con $m = (y2 - y1)/(x2 - x1)$. A partir de ahí, se puede calcular la 'intersección con y', c, mediante la sustitución de los valores de un punto (cualquiera de ellos) y la pendiente m. El código tendrá el siguiente aspecto. Puedes ver que tenemos que tratar la línea vertical por separado y de forma poco práctica. Al probarlo en el **ejercicio 7.2.2.2** (b), obtendremos $x = 2,0$, ya que no podemos representar una línea vertical utilizando la forma $y = ?$.

```
1  struct line2 { double m, c; };                 // forma alternativa
2
3  int pointsToLine2(point p1, point p2, line2 &l) {
4    if (p1.x == p2.x) {                           // línea vertical
5      l.m = INF;                                  // esto indica una
6      l.c = p1.x;                                 // línea x = x_valor
7      return 0;                                   // diferenciar el resultado
8    }
9    else {
10     l.m = (double)(p1.y-p2.y) / (p1.x-p2.x);
11     l.c = p1.y - l.m*p1.x;
12     return 1;                                   // y = mx + c estándar
13   }
14 }
```

Ejercicio 7.2.2.4: a) $(5,0, 3,0)$. b) $(4,0, 2,5)$. c) $(-3,0, 5,0)$.

Ejercicio 7.2.2.5: $(0,0, 4,0)$. El resultado es diferente al del **ejercicio 7.2.2.4** (a). 'Trasladar y rotar' es distinto a 'rotar y trasladar'. Cuidado con el orden en el que se realizan estas acciones.

Ejercicio 7.2.2.6: $(1,0, 2,0)$. Si no rotamos sobre el origen, trasladamos el punto de entrada c $(3, 2)$ por un vector descrito por $-p$, como $(-2, -1)$, al punto c' $(1, 1)$. Después, realizamos el giro de 90 grados, contra las agujas del reloj, alrededor del punto origen, para obtener c'' $(-1, 1)$. Por último, trasladamos c'', por un vector descrito por p, al punto $(1, 2)$, para obtener la respuesta.

Ejercicio 7.2.2.7: a) 90,00 grados. b) 63,43 grados.

Ejercicio 7.2.2.8: punto p (3, 7) $\rightarrow$ punto q (11, 13) $\rightarrow$ punto r (35, 30), forman un giro a la derecha. Por lo tanto, el punto r se encuentra a la derecha de una línea que pasa por los puntos p y q. Si el punto r está en (35, 31), entonces p, q y r son colineales.

Ejercicio 7.2.2.9: esta es la solución:

```
void closestPoint(line l, point p, point &ans) {
  // esta línea es perpendicular a l y pasa por p
  line perpendicular;
  if (fabs(l.b) < EPS) {                    // línea vertical
    ans.x = -(l.c);
    ans.y = p.y;
    return;
  }
  if (fabs(l.a) < EPS) {                    // línea horizontal
    ans.x = p.x;
    ans.y = -(l.c);
    return;
  }
  pointSlopeToLine(p, 1/l.a, perpendicular);    // línea normal
  // la línea l interseca con esta línea perpendicular
  // el punto de intersección es el punto más cercano
  areIntersect(l, perpendicular, ans);
}
```

Ejercicio 7.2.2.10: a continuación, se incluye una solución, pero existen otras:

```
// devuelve el reflejo de un punto en una línea
void reflectionPoint(line l, point p, point &ans) {
  point b;
  closestPoint(l, p, b);                    // similar a distToLine
  vec v = toVec(p, b);                       // crear un vector
  ans = translate(translate(p, v), v);       // trasladar p dos veces
}
```

Ejercicio 7.2.4.1: podemos utilizar tipos de datos `double`, que nos proporcionan el mayor rango. Sin embargo, para reducir el riesgo de un desbordamiento, también podemos reescribir la fórmula de Herón como $A = \sqrt{s} \times \sqrt{s-a} \times \sqrt{s-b} \times \sqrt{s-c}$. Al hacerlo así, el resultado será un poco menos preciso, ya que calculamos cuatro raíces cuadradas en lugar de una.

Ejercicio 7.3.5.1: si el primer vértice no se repite como el último, entonces:

- La funciones `perimeter` y `area` fallarán seguro (no ejecutarán el último paso), ya que esto (duplicar el primer vértice como último) se hace para evitar el uso de aritmética modular para comprobar casos de 'envoltura' a lo largo del bucle.

- La función `isConvex` solo será incorrecta si todos los giros, con la excepción del último, son en contra de las agujas del reloj y el último es a favor.

- La función `insidePolygon` solo será incorrecta en casos de prueba extremos, ya que

```
return fabs(sum) > M_PI ? 1 : -1;
```

es muy robusto.

Ejercicio 7.3.6.1: intercambiar los puntos a y b al llamar a `cutPolygon(a, b, Q)`.

Ejercicio 7.3.7.1: editar la función `ccw` para que acepte puntos colineales.

Ejercicio 7.3.7.2: podemos hacer que el algoritmo de la cadena monótona de Andrew se ejecute en $O(n)$ si tenemos la garantía de que los puntos de entrada ya está ordenados por los valores de x crecientes y, en caso de empate, por los valores de y crecientes y, en consecuencia, no ejecutamos la rutina de ordenación.

7.6 Notas del capítulo

Algunos materiales de este capítulo están derivados de los que, cortésmente, nos ha cedido el **Dr. Cheng Holun, Alan**, de la Escuela de Informática de la Universidad Nacional de Singapur. Otras de las funciones de biblioteca provienen de las creadas por **Igor Naverniouk** (https://shygypsy.com/tools/) y han sido modificadas y extendidas, para incluir muchas otras funciones de geometría interesantes.

En comparación a las ediciones anteriores de este libro, este capítulo, al igual que los capítulos 5 y 6, ha crecido gradualmente. Sin embargo, el material incluido dista mucho de estar completo, especialmente para los concursantes del ICPC. Si te estás preparando para este concurso, es una buena idea que dediques a una persona de tu equipo a estudiar este tema en profundidad. Este miembro debería dominar las fórmulas geométricas básicas y las técnicas avanzadas de geometría computacional, quizá leyendo los capítulos relativos a ello en los libros [35, 10, 7]. Pero no basta solo con la teoría, también debe prepararse para programar soluciones de geometría *robustas*, que puedan tratar con los casos especiales y los errores de precisión.

Nos quedan por tratar en este libro algunas técnicas de geometría más, como la intersección de **otros objetos geométricos**, el **problema del par más alejado**, el algoritmo de los **calibres giratorios**, etc.

Capítulo 8

Materias más avanzadas

El genio es un uno por ciento de inspiración
y un noventa y nueve por ciento de esfuerzo.
— **Thomas Alva Edison**

8.1 Introducción y motivación

La razón principal de la existencia de este capítulo es por organización. Las siguientes cuatro secciones contienen las materias más difíciles de los capítulos 3 y 4 del Volumen I. En las secciones 8.2 y 8.3, trataremos las variantes y técnicas más complejas de los dos paradigmas de resolución de problemas más populares: la búsqueda completa y la programación dinámica. En las secciones 8.4 y 8.5, veremos los problemas de grafos más difíciles y sus algoritmos asociados: el flujo de red y el emparejamiento de grafos. Si hubiésemos introducido este material en sus capítulos correspondientes, probablemente habríamos asustado a algunos de los *nuevos* lectores del libro.

En la sección 8.6 estudiaremos un tipo especial de problemas de computación, clasificados como NP-complejos (la versión de optimización con una impronta clave: maximizar esto o minimizar aquello) o NP-completos (la versión de decisión con su propia impronta: responder, simplemente, sí o no). En la teoría de la complejidad, salvo que $P = NP$, no existirá ninguna persona en el mundo que sepa cómo resolver estos problemas de forma eficiente en tiempo polinómico. Debido a ello, las soluciones típicas[1] serán de búsqueda completa en las instancias más pequeñas, de programación competitiva en aquellos casos en los que podamos trabajar con parámetros razonablemente pequeños (si es que se producen cálculos repetidos) o tendremos que hallar y utilizar aquellas restricciones especiales y, normalmente, sutiles que se ocultan en los enunciados de los problemas y que devolverán a estos al mundo de las soluciones polinómicas. Algunos de ellos implican flujo de red o emparejamiento de grafos. La teoría de los algoritmos NP-completos se suele impartir, normalmente, en el último curso de los grados de ciencias de la computación. La mayoría de los programadores competitivos (más jóvenes) desconocen esta materia. Es por ello que hemos considerado oportuno retrasar el tratamiento de los problemas NP-completos hasta este capítulo.

---

[1]Evitamos tratar algoritmos de aproximación en el ámbito de la programación competitiva, ya que la respuesta que se pide en la práctica totalidad de los concursos debe ser exacta.

La sección 8.7 nos introduce a problemas complejos, que requieren *más de un* algoritmo y/o estructura de datos para su solución. Este método, si se incluye en los primeros capítulos, suele resultar confuso para los nuevos programadores. Un ejemplo será el nuevo tratamiento de la búsqueda binaria de la respuesta, que vimos en el Volumen I, esta vez combinada con otros algoritmos. Consideramos más oportuno incorporar estos aspectos al presente capítulo, cuando ya hemos visto varias estructuras de datos y algoritmos (más fáciles). Por ello, es una buena idea comenzar leyendo los capítulos anteriores.

Volvemos a insistir al lector que trate de evitar la simple memorización de las soluciones pero, incluso más importante, que trate de entender las ideas clave que se introducen y que podrían ser de aplicación a otros problemas.

8.2 Técnicas de búsqueda más avanzadas

En el Volumen I, hemos tratado varias técnicas (sencillas) de búsqueda completa iterativa y recursiva (*backtracking*). Sin embargo, algunos de los problemas más difíciles necesitan soluciones de búsqueda completa *más inteligentes*, para evitar un veredicto de tiempo límite superado (TLE). A continuación, veremos algunas de ellas con varios ejemplos.

8.2.1 *Backtracking* con máscara de bits

En el Volumen I, hemos aprendido que se puede utilizar una máscara de bits para modelar un conjunto pequeño de boolenaos. Las operaciones con máscaras de bits son muy ligeras y, por ello, siempre que tengamos la necesidad de utilizar un conjunto pequeño de booleanos, podemos considerar utilizarlas para acelerar nuestra solución (de búsqueda completa). En esta subsección, encontraremos dos ejemplos.

El problema *N*-reinas, revisitado

En el Volumen I, hemos visto el UVa 11195 - Another N-Queens Problem. Pero, incluso después de mejorar las comprobaciones de las diagonales izquierda y derecha, almacenando la disponibilidad de las n filas y las $2 \times n - 1$ diagonales izquierda/derecha en tres `bitset`, seguíamos recibiendo un veredicto TLE. Convertir los tres `bitset` a máscaras de bits puede ayudar un poco, pero seguirá siendo TLE.

Por suerte, hay una forma mejor de utilizar estas comprobaciones de fila, diagonal izquierda (de arriba a la izquierda a abajo a la derecha) y diagonal derecha (de abajo a la izquierda a arriba a la derecha), como se describe a continuación. Esta formulación[2] nos permite un *backtracking* con máscara de bits eficiente. Utilizaremos directamente tres máscaras de bits para `rw`, `ld` y `rd`, para representar el estado de la búsqueda. Los bits activos en las máscaras de bits `rw`, `ld` y `rd` describen qué *filas* son atacadas en la *siguiente columna*, debido a los ataques en *fila*, *diagonal izquierda* o *diagonal derecha*, respectivamente, de las reinas colocadas anteriormente. Como valoramos una columna cada vez, solo habrá n diagonales izquierda/derecha posibles, por lo que podemos operar con tres máscaras de bits de la misma longitud de n bits (en comparación con los $2 \times n - 1$ necesarios para las diagonales izquierda/derecha de la formulación que vimos en el Volumen I).

---

[2]Aunque esta solución está adaptada a este problema concreto, algunas técnicas son bastante genéricas.

Aunque ambas soluciones (la del Volumen I y esta) utilizan la misma estructura de datos, tres máscaras de bits, la descrita aquí es mucho más eficiente. Esto pone de relieve la necesidad de que quien resuelva el problema, debe abordarlo desde diferentes puntos de vista.

Comenzamos mostrando el breve código de este *backtracking* recursivo con máscara de bits, para el problema de las N-reinas (general), con $n = 5$ y, después, explicamos cómo funciona.

```cpp
#include <bits/stdc++.h>
using namespace std;

int ans = 0, OK = (1<<5) - 1;                    // comprobar n = 5-reinas

void backtrack(int rw, int ld, int rd) {
  if (rw == OK) { ans++; return; }               // todos bits de rw activos
  int pos = OK & (~(rw | ld | rd));              // se puede usar el 1 en pos
  while (pos) {                                   // más rápido que O(n)
    int p = pos & -pos;                          // LSOne---esto es rápido
    pos -= p;                                     // desactivar ese bit
    backtrack(rw|p, (ld|p)<<1, (rd|p)>>1);       // inteligente
  }
}
int main() {
  backtrack(0, 0, 0);                            // el punto de inicio
  printf("%d\n", ans);                           // debe ser 10 para n = 5
} // return 0;
```

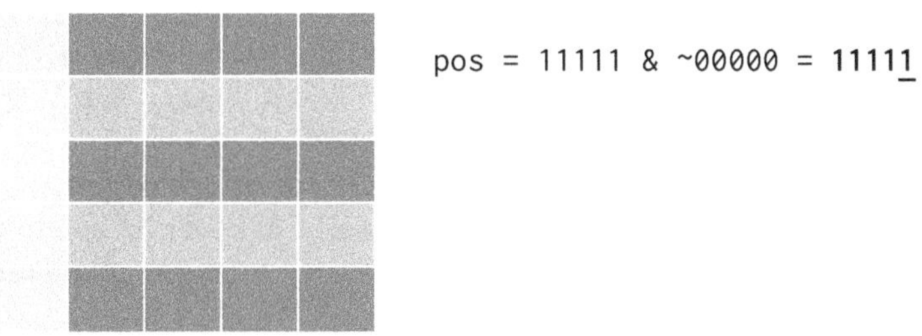

Figura 8.1: Problema 5-reinas: el estado inicial

Para $n = 5$, partimos del estado (rw, ld, rd) = (0, 0, 0) = $(00000, 00000, 00000)_2$, que mostramos en la figura 8.1. La variable OK = (1<<5)-1 = $(11111)_2$ se utiliza como comprobación de la condición de finalización, y para ayudar a decidir qué filas están disponibles para una columna determinada. La operación pos = OK & (~(rw|ld|rd)), *combina* la información de qué filas de la siguiente columna son atacadas por las reinas ya colocadas (con ataques por fila, diagonal izquierda o diagonal derecha), *hace negativo* el resultado, y lo *combina* con OK, para obtener las filas *disponibles* para la siguiente columna. Inicialmente, todas las filas de la columna 0 están disponibles.

La búsqueda completa (el *backtracking* recursivo) probará con todas las filas posibles (esto es, todos los *bits activados* en la variable pos) de una columna determinada, de una en una. En el

Volumen I, vimos un método para explorar todos los bits activos en una máscara de bits en $O(n)$:

```
for (int p = 0; p < n; ++p)              // O(n)
  if (pos & (1<<p))                      // bit p activo en pos
    // procesar p
```

Sin embargo, este no es el método más eficiente. A medida que el *backtracking* recursivo gana en profundidad, cada vez habrá menos filas disponibles para seleccionar. En vez de probar con todas las n filas, podemos acelerar el bucle probando con todos los bits activos de la variable pos. El siguiente bucle se ejecuta en $O(k)$, donde k es el número de bits activos en la variable pos:

```
while (pos) {                            // O(k)
  int p = LSOne(pos);                    // LSOne(S) = (S) & (-S)
  int j = __builtin_ctz(p);              // 2^j = p, obtener j
  // procesar p (o índice j)
  pos -= p;                              // desactivar el bit
}
```

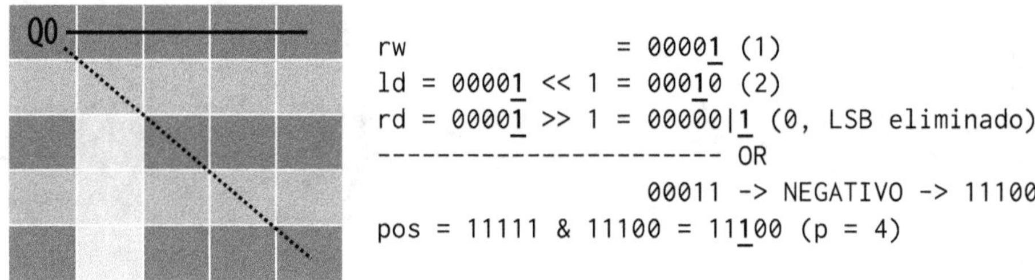

Figura 8.2: Problema 5-reinas: después de colocar la primera reina

Volviendo a nuestra explicación, para pos = $(11111)_2$, comenzamos con p = pos & -pos = 1, o fila 0. Después de colocar la primera reina (reina Q0) en la fila 0 de la columna 0, la fila 0 ya no estará disponible en la siguiente columna 1, y esto es reflejado rápidamente por la operación de bits rw|p (también ld|p y rd|p). Aquí se encuentra la belleza de esta solución. Una diagonal izquierda/derecha aumenta/disminuye en uno, respectivamente, el número de fila que ataca, al cambiar a la siguiente columna. Una operación de desplazamiento a izquierda y derecha, (ld|p) $<<$ 1 y (rd|p) $>>$ 1, puede gestionar este comportamiento con eficiencia. En la figura 8.2, vemos que para la siguiente columna 1, la fila 1 no está disponible, debido al ataque diagonal de la reina Q0. Así que solo tendremos disponibles las filas 2, 3 y 4 para esa columna 1. Comenzaremos con la fila 2.

Después de colocar la segunda reina (reina Q1) en la fila 2 de la columna 1, las filas 0 (debido a la reina Q0) y, ahora, 2, ya no están disponibles para la siguiente columna 2. La operación de desplazamiento a la izquierda, para la limitación de la diagonal izquierda, provoca que la filas 2 (debido a la reina Q0) y, ahora, 3, no estén disponibles para la columna 2. Por lo tanto, solo nos queda libre la fila 4 para la columna 2, y esa es la que tendremos que elegir (figura 8.3).

Después de colocar la tercera reina (reina Q2) en la fila 4 de la columna 2, las filas 0 (por la reina Q0), 2 (por la reina Q1) y, ahora, 4, ya no están disponibles para la columna 3. La operación de

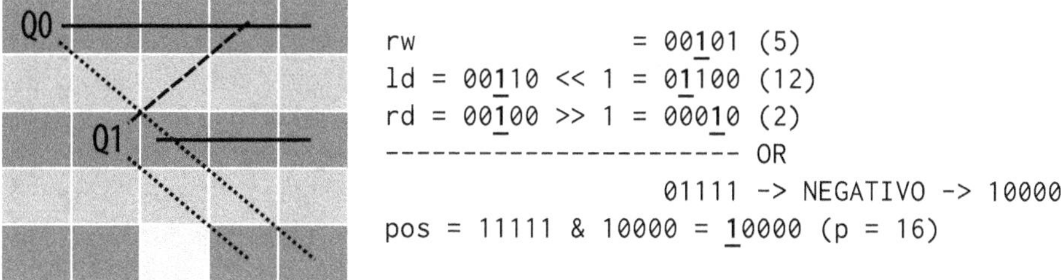

Figura 8.3: Problema 5-reinas: después de colocar la segunda reina

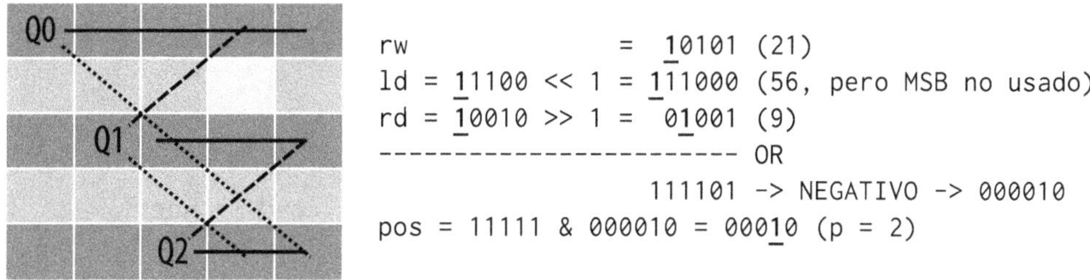

Figura 8.4: Problema 5-reinas: después de colocar la tercera reina

desplazamiento a la izquierda, por la limitación de la diagonal izquierda, provoca que las filas 3 (por la reina Q0) y 4 (por la reina Q1) no estén disponibles para la columna 3 (no hay fila 5, el bit más significativo de ld no se utiliza). La operación de desplazamiento a la derecha, por la limitación de la diagonal derecha, provoca que las filas 0 (debido a la reina Q1) y, ahora, 3 no estén disponibles para la columna 3. Al combinar toda esta información, resulta que solo la fila 1 está disponible para la columna 3, y es la que tendremos que elegir (ver la figura 8.4).

Se puede aplicar la misma explicación para las cuarta y quinta reinas (reinas Q3 y Q4) para obtener la primera solución $\{0, 2, 4, 1, 3\}$, como se muestra en la figura 8.5. Podemos continuar el proceso para obtener las otras nueve soluciones para $n = 5$.

Mediante esta técnica, podemos resolver el problema UVa 11195. Basta con modificar el código anterior[3], para tomar en consideración las casillas prohibidas (que también se pueden modelar como máscaras de bits). Vamos a analizar brevemente el peor caso para un tablero $n \times n$, sin casillas prohibidas. Asumiendo que este *backtracking* recursivo con máscara de bits tiene, aproximadamente, dos filas disponibles menos en cada paso, tendremos una complejidad de tiempo de $O(n!!)$, donde $n!!$ es la notación de multifactorial. Para $n = 14$, sin casillas prohibidas, la solución de *backtracking* recursivo del Volumen I necesita hasta $14! \approx 87\,178M$ operaciones, mientras que el *backtracking* recursivo con máscara de bits presentado aquí, solo requiere unas $14!! = 14 \times 12 \times 10 \times \cdots \times 2 = 645\,120$ operaciones. De hecho, el algoritmo en $O(n!!)$ es probablemente válido con hasta $n \leq 17$ por caso de prueba.

---

[3]En esta sección, donde el tiempo de ejecución es crítico, preferimos utilizar C++ para garantizar que cumplimos con el límite de tiempo.

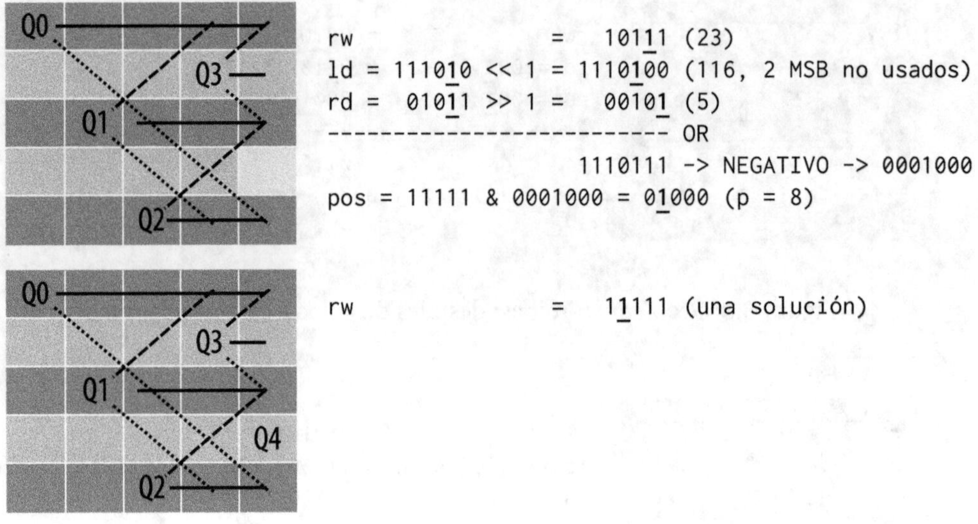

Figura 8.5: Problema 5-reinas: después de colocar las cuarta y quinta reinas

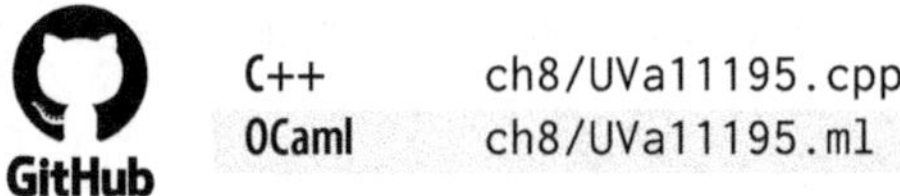

Ejercicio 8.2.1.1*

¿Qué deberías hacer si solo quieres hallar y mostrar *una única* solución del problema de las N-reinas o, en su caso, afirmar que no existe solución, pero $1 \leq N \leq 200\,000$?

Ejercicio 8.2.1.2*

Otro problema complicado de *backtracking* con máscara de bits es el del rompecabezas criptoaritmo, donde recibimos una ecuación aritmética, como SEND+MORE = MONEY y debemos sustituir cada letra por un dígito, de forma que la ecuación sea correcta como, por ejemplo, 9567+1085 = 10652. Puede haber 0 (ninguna), 1 (única, como en el ejemplo SEND+MORE = MONEY) o múltiples soluciones para un rompecabezas dado. Es evidente que solo puede haber 10 caracteres diferentes en el rompecabezas y que podemos convertir esta parte en una máscara de bits. Pon a prueba tus habilidades con el *backtracking* y resuelve Kattis - greatswercporto y/o Kattis - sendmoremoney.

8.2.2 Búsqueda estado–espacio con BFS o Dijkstra

En el capítulo 4 del Volumen I, hemos tratado dos algoritmos de grafos estándar, utilizados para resolver el problema de los caminos más cortos de origen único (SSSP). Se puede utilizar BFS si el grafo no es ponderado, mientras que emplearemos (la versión apropiada de) Dijkstra si tenemos un grafo ponderado. Los problemas de SSSP enumerados en el Volumen I siguen siendo fáciles, en el sentido de que, en la mayoría de los casos, podemos ver fácilmente 'el grafo' en el enunciado del problema. Pero esto ya no es cierto en algunos de los problemas de búsqueda en grafos más difíciles, que aparecen en esta sección, donde los grafos, normalmente implícitos, no son tan evidentes y los estados/vértices pueden ser objetos complejos. En ese caso, normalmente denominaremos la búsqueda como de 'estado–espacio', en vez de SSSP.

Cuando el estado es un objeto complejo (como un par de datos en UVa 321 - The New Villa/Kattis - ecoins, una 3-tupla en UVa 01600 - Patrol Robot/Kattis - keyboard, una 4-tupla en UVa 10047 - The Monocycle/Kattis - robotmaze, etc.), normalmente no usamos `vector<int> dist` estándar para almacenar la información de distancia, como en las implementaciones estándar de BFS o Dijkstra. Esto se debe a que esos estados no se convierten bien a índices enteros. En C++, podemos utilizar el `pair<int, int>` comparable (forma abreviada: ii) para almacenar un par de datos (enteros). Si necesitamos más información que la ofrecida por un par, como una 3-tupla o una 4-tupla, C++ nos ofrece `tuple<int, int, int>`/`tuple<int, int, int, int>` comparables. Así, podremos aplicar `pair` (o `tuple`) junto a `map<TIPO-VÉRTICE, int> dist` de C++ como estructura de datos, para mantener el registro de los valores de las distancias de este TIPO-VÉRTICE complejo. Esta técnica añade un (pequeño) factor ($\log V$) a la complejidad de tiempo de BFS o Dijkstra. Pero para una búsqueda estado–espacio compleja, este tiempo de ejecución adicional puede ser aceptable si, con ello, reducimos la complejidad general del código.

Pero, ¿qué ocurre si TIPO-VÉRTICE[4] es un *array*/vector pequeño (como en UVa 11212 - Editing a Book o en Kattis - safe)? Veremos, a continuación, un ejemplo de esta búsqueda compleja de estado–espacio.

UVa 11212 - Editing a Book

Enunciado resumido del problema: dados n párrafos, numerados de 1 a n, hay que colocarlos en orden $\{1, 2, …, n\}$. Con la ayuda del portapapeles, puedes presionar Ctrl-X (cortar) y Ctrl-V (pegar), varias veces. No puedes cortar dos veces antes de pegar, pero puedes cortar varios párrafos contiguos al mismo tiempo, y luego se pegarán en el mismo orden. ¿Cuál es el número mínimo de pasos necesarios?

Ejemplo 1: para ordenar $\{2, 4, (1), 5, 3, 6\}$, cortamos el párrafo (1) y lo pegamos antes del 2, para obtener $\{1, 2, 4, 5, (3), 6\}$. Después, cortamos el párrafo (3) y lo pegamos antes del 4, para llegar a $\{1, 2, 3, 4, 5, 6\}$. La respuesta es 2 pasos.

Ejemplo 2: para ordenar $\{(3, 4, 5), 1, 2\}$, cortamos tres párrafos al mismo tiempo, (3, 4, 5), y los pegamos después del 2, para obtener $\{1, 2, 3, 4, 5\}$. Aquí lo hemos resuelto con un solo paso. La solución no es única, pues existe la alternativa de cortar simultáneamente (1, 2) y pegarlos antes del párrafo 3, para obtener igualmente $\{1, 2, 3, 4, 5\}$.

---

[4]En Java no contamos con `pair` (o `tuple`) integrados en la forma de C++, por lo que tendremos que crear una clase que implemente la posibilidad de realizar comparaciones. Podemos utilizar `TreeMap<TIPO-VÉRTICE, Integer> dist` para guardar el registro de las distancias. En Python las tuplas son comunes y se pueden utilizar para este fin. Los conjuntos de Python (`dist = {}`) nos ayudarán a mantener el registro de las distancias. OCaml también incluye tuplas.

El estado de este problema es una *permutación* de párrafos, que se suele almacenar como un *array* o vector. Si utilizamos el `vector<int>` comparable de C++ para representar el estado, podremos emplear `map<vector<int>, int> dist` directamente. Sin embargo, existe un medio ligeramente más rápido y más eficiente en términos de memoria, aunque un poco más complejo, si creamos funciones de codificación y decodificación que relacionen cada `TIPO-VÉRTICE` con un entero pequeño, y viceversa. Por ejemplo, en este problema la función de codificación podría ser tan sencilla como convertir un vector de n enteros individuales de un dígito en un solo entero de n dígitos y la función de decodificación debería devolver ese entero de n dígitos a su forma original de un vector de n enteros de un dígito. Por ejemplo, {1, 2, 3, 4, 5} se codificaría en el entero 12345 y, este, se decodificaría de nuevo a {1, 2, 3, 4, 5}.

Después, deberemos analizar el tamaño del estado–espacio. Hay $n!$ permutaciones de párrafos. Con un $n = 9$ máximo, según el enunciado del problema, esto es 9! o 362 880. Por lo tanto, el tamaño del estado–espacio tampoco es tan grande. Si utilizamos las funciones de codificación/decodificación que acabamos de ver, necesitaremos `vector<int> dist(1e9, -1)` que resultará, probablemente, en un veredicto MLE. Por suerte, ahora estamos tratando con enteros, por lo que podemos utilizar `unordered_map<int, int> dist(2*363000)`. En el **ejercicio 8.2.2.2*** se menciona un método ligeramente más rápido y más eficiente en consumo de memoria, donde podemos utilizar `vector<int> dist(363000, -1)`, que ocupa mucho menos espacio. En el resto de esta subsección, y a efectos de claridad, utilizaremos las sencillas funciones de codificación/decodificación propuestas.

El límite superior aproximado del número de pasos necesarios para reordenar estos n párrafos es $O(k)$, donde k es el número de párrafos que están descolocados inicialmente. Esto es debido a que podemos utilizar el siguiente algoritmo 'trivial' (e incorrecto): cortar un solo párrafo que esté descolocado y pegarlo en su posición correcta. Después de k operaciones de cortar y pegar, seguro que tendremos el texto bien colocado. Pero este podría no ser el camino más corto.

Por ejemplo, el algoritmo 'trivial' mencionado procesará 54321 de la siguiente manera: 5<u>4321</u> → <u>43</u>215 → <u>32</u>145 → <u>21</u>345 → 12345, totalizando 4 pasos. Esto no es óptimo, pues podemos resolver este caso en solo 3 pasos: 54<u>321</u> → 3<u>2541</u> → 34<u>125</u> → 12345.

Este problema tiene un espacio de búsqueda tan *enorme* que, incluso para una instancia con un 'pequeño' $n = 9$, es casi imposible resolverlo a mano. Casi seguro que ni siquiera intentaremos dibujar el árbol de recursiones para verificar que necesitamos, al menos, 4 pasos[5] para ordenar 549873216 y, al menos 5 pasos[6], para hacerlo con 987654321.

La dificultad del problema reside en el número de *aristas* del grafo estado–espacio. Dada una permutación de longitud n (un vértice), hay $^{n}C_2$ puntos de corte posibles (índice $i, j \in [1..n]$) y n puntos posibles para pegar (índice $k \in [1..(n - (j - i + 1))]$). Por lo tanto, cada uno de los $n!$ vértices tiene conectadas, aproximadamente, $O(n^3)$ aristas.

En realidad, el problema pedía el camino más corto desde el vértice de origen/estado (la permutación de entrada) al vértice de destino (una permutación ordenada) en este grafo estado–espacio no ponderado, pero enorme. El peor caso, si ejecutamos una BFS sencilla en $O(V + E)$ en este grafo, es $O(n! + (n! \times n^3)) = O(n! \times n^3)$. Para $n = 9$, esto es $9! \times 9^3 = 264\,539\,520 \approx 265M$ operaciones. Casi con toda certeza la solución recibirá un veredicto TLE.

Necesitamos una solución mejor, que encontraremos en la sección 8.2.3.

---

[5] En forma comprimida: 549873<u>216</u> → 549816732 → 567349812 → <u>567</u>812349 → 123456789.
[6] En forma comprimida: 987654321 → 985432761 → 943278561 → <u>327</u>894561 → <u>345</u>612789 → 123456789.

¿Podemos considerar la búsqueda estado–espacio como un problema de maximización?

Hemos visto un método sencillo para codificar n enteros de 1 dígito en un solo entero de n dígitos. Cuando $n = 9$ (ignoramos el número 0, como en UVa 11212), utilizaremos un espacio en memoria de hasta $10^9 = 1G$. Sin embargo, muchas de las celdas estarán vacías. Estos n enteros forman una permutación de n enteros. Diseña una codificación más eficiente, junto a su función de decodificación, para asignar un vector de n enteros a su índice de permutación, por ejemplo, $\{1, 2, \ldots, n-1, n\}$ tiene índice 0, $\{1, 2, \ldots, n, n-1\}$ tiene índice 1, ..., y $\{n, n-1, \ldots, 2, 1\}$ tiene índice $n!-1$. De esta forma, solo necesitaremos un espacio de memoria de $9! = 362K$.

8.2.3 Encuentro en el medio

En algunos problemas de SSSP (normalmente de búsqueda estado–espacio) en grafos enormes de los que conocemos dos vértices, el vértice/estado origen s y el vértice/estado destino t, podemos reducir de forma *significativa* la complejidad de tiempo de búsqueda, si realizamos esta desde *ambas direcciones* y esperamos *encontrarnos en el medio*. Ilustraremos esta técnica continuando con el difícil problema UVa 11212.

La técnica de encuentro en el medio no se refiere siempre a una búsqueda bidireccional (BFS), como en el **ejercicio 8.6.2.3***. Se trata de una estrategia de resolución de problemas de 'búsqueda desde dos direcciones/lugares', que puede aparecer en diferentes formas en otros problemas de búsqueda complejos.

Búsqueda bidireccional (BFS): UVa 11212 - Editing a Book (revisitado)

Aunque la complejidad de tiempo en el peor caso de búsqueda estado–espacio de este problema es mala, la respuesta más grande posible es pequeña. Cuando ejecutamos BFS en el caso de prueba más grande, con $n = 9$, desde el estado de destino t (la permutación ordenada 123456789), para alcanzar todos los otros estados, encontramos que, en este caso, la profundidad máxima de la BFS para $n = 9$ es solo de 5 (después de ejecutarla durante *unos minutos*, lo que significa TLE en un concurso).

Esta importante información nos permite realizar una BFS bidireccional, eligiendo llegar hasta solo la profundidad 2 desde cada dirección. Aunque conocer este dato no es necesario para ejecutar una BFS bidireccional, ayuda a reducir el espacio de búsqueda.

A continuación, tratamos tres casos posibles:

- Caso 1: el vértice s está a dos pasos del vértice t (ver la figura 8.6).

  Comenzamos ejecutando BFS (profundidad máxima de la BFS = 2) desde el vértice de

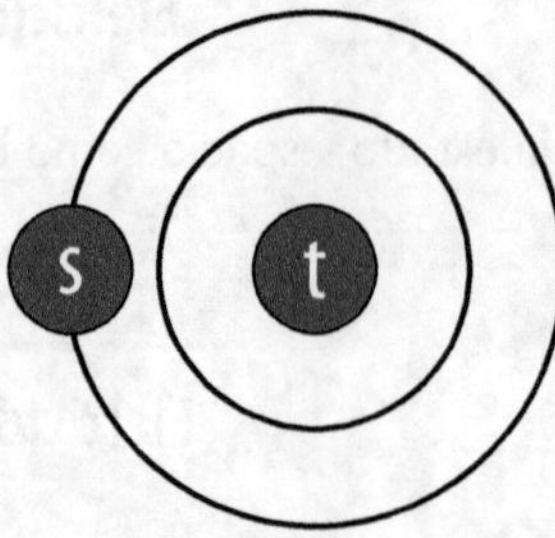

Figura 8.6: Caso 1: ejemplo cuando s está a dos pasos de t

destino t, para poblar la información de distancia desde t: `dist_t`. Si ya hemos encontrado el vértice de origen s, es decir, si `dist_t[s]` no es `INF`, devolvemos este valor. Las respuestas posibles son 0 (si $s = t$), 1 o 2 pasos.

- Caso 2: el vértice s está a tres o cuatro pasos del vértice t (ver la figura 8.7).

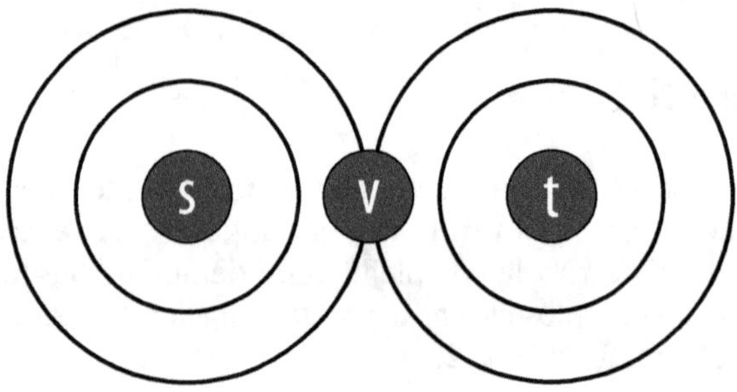

Figura 8.7: Caso 2: ejemplo cuando s está a cuatro pasos de t

Si no hemos sido capaces de encontrar el vértice de origen s después del caso 1 anterior, es decir, `dist_t[s]` = `INF`, sabremos que s se encuentra más alejado del vértice t. Ahora, ejecutamos BFS desde el vértice de origen s (también con profundidad máxima de la BFS = 2), para poblar la información de distancia desde s: `dist_s`. Si encontramos un vértice común v 'en el medio', durante la ejecución de esta segunda BFS, sabremos que el vértice v está alejado dos capas de los vértices t y s. Entonces, la respuesta será `dist_s[v]` + `dist_t[v]` pasos. Las respuestas posibles son 3 o 4 pasos.

- Caso 3: el vértice s está a, exactamente, cinco pasos del vértice t (ver la figura 8.8).

Si no somos capaces de encontrar un vértice v común, después de ejecutar la segunda BFS en el caso 2, la respuesta serán, claramente, los 5 pasos que ya conocíamos, pues sabemos que s y t siempre son alcanzables. Detenernos en la profundidad 2 nos evitará calcular la 3, que requiere *mucho más tiempo*.

Hemos visto que, dada una permutación de longitud n (un vértice), tendremos unas $O(n^3)$ ramas, en este enorme grafo estado–espacio. Sin embargo, si ejecutamos cada BFS con una profundidad máxima de 2, solo deberemos procesar un máximo de $O((n^3)^2) = O(n^6)$ operaciones por BFS. Con $n = 9$, esto son $9^6 = 531\,441$ operaciones (mayor que 9!, pues hay algunas superposiciones). Como el vértice de destino t no cambia durante la búsqueda estado–espacio, podemos

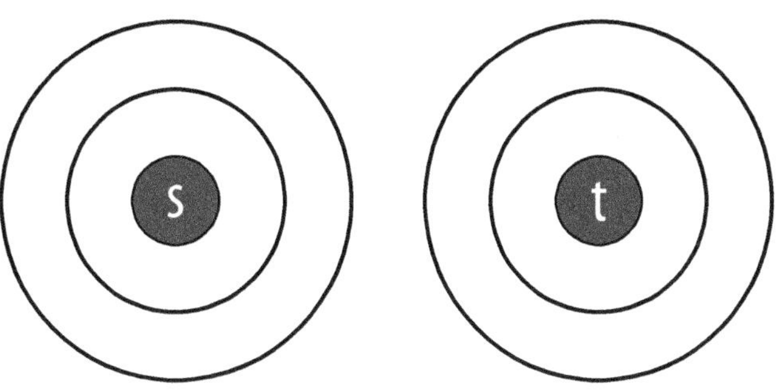

Figura 8.8: Caso 3: ejemplo cuando s está a cinco pasos de t

comenzar calculando la BFS desde el vértice de destino t una sola vez. Después, calculamos la segunda BFS desde el vértice s para cada consulta. Nuestra implementación de la BFS tendrá un factor (log) adicional, debido al uso de una estructura de datos de tabla (como map), para almacenar dist_t y dist_s. Ahora la solución será aceptada.

C++	ch8/UVa11212.cpp
OCaml	ch8/UVa11212.ml

En el caso de que no sea posible conocer el límite superior por adelantado, podemos escribir una versión más generalista del encuentro en el medio/búsqueda bidireccional (BFS) de la siguiente manera: inicialmente encolamos dos orígenes, (s, desde s) y (t, desde t) y realizamos la BFS con normalidad. Nos 'encontraremos en el medio' si un vértice etiquetado como 'desde s' se encuentra con un vértice etiquetado como 'desde t'.

Ejercicios de programación

Ejercicios de programación que se resuelven con técnicas de búsqueda más avanzadas:

Problemas de *backtracking* más complicados

1. Nivel básico: **UVa 00711 - Dividing up** * *backtracking* con poda
2. **UVa 01052 - Bit Compression** * LA 3565 - WorldFinals SanAntonio06, *backtracking* con alguna forma de máscara de bits
3. **UVa 11451 - Water Restrictions** * los límites de la entrada son pequeños, *backtracking* con máscara de bits sin *memoización*, o utilizar DP
4. **UVa 11699 - Rooks** * probar todas las combinaciones de filas posibles en las que podemos colocar las torres y quedarnos con la mejor
5. *Kattis - committeeassignment* * *backtracking*, poda, añadir un miembro a un comité existente o crear un nuevo comité, TLE con DP con máscara de bits
6. *Kattis - holeynqueensbatman* * similar a UVa 11195
7. *Kattis - greatswercporto* * utilizar *backtracking* con poda, probar con hasta 10! permutaciones posibles seguramente será TLE

Adicionales UVa: *00131, 00211, 00387, 00710, 10202, 10309, 10318, 10890, 11090, 11127, 11195, 11464, 11471.*

Adicionales Kattis: *bells, capsules, correspondence, knightsfen, minibattleship, pebblesolitaire, sendmoremoney.*

Búsqueda estado-espacio, BFS, fáciles

1. Nivel básico: **UVa 10047 - The Monocycle** * s: (fila, col, dir, color)
2. **UVa 01600 - Patrol Robot** * LA 3670 - Hanoi06, s: (fila, col, k_restantes), reiniciar k_restantes a la k original tan pronto como el robot entre en una casilla que no sea un obstáculo
3. **UVa 11513 - 9 Puzzle** * s: (vector de 9 enteros), SDSP, BFS
4. **UVa 12135 - Switch Bulbs** * LA 4201 - Dhaka08, s: (máscara de bits), BFS, similar a UVa 11974
5. *Kattis - ecoins* * s: (valor convencional, valor infotecnológico), BFS, también disponible en UVa 10306 - e-Coins
6. *Kattis - flipfive* * s: (máscara de bits), solo hay $2^9 = 512$ configuraciones de la rejilla, BFS
7. *Kattis - safe* * s: (convertir rejilla 3×3 en un entero de base 4), BFS

   Adicionales UVa: *00298, 00928, 10097, 10682, 11974.*
   Adicionales Kattis: *hydrasheads, illiteracy.*

Búsqueda estado–espacio, BFS, difíciles

1. Nivel básico: **UVa 11212 - Editing a Book** * encuentro en el medio
2. **UVa 11198 - Dancing Digits** * s: (permutación), difícil de programar
3. **UVa 11329 - Curious Fleas** * s: (máscara de bits), 4 bits para la posición del dado, 16 bits para las casillas con pulgas, 6 bits para lados con una pulga, usar map, tedioso
4. **UVa 12445 - Happy 12** * encuentro en el medio, similar a UVa 11212
5. *Kattis - keyboard* * LA 7155 - WorldFinals Marrakech15, s: (fila, col, carácter_escrito), también disponible en UVa 01714 - Keyboarding
6. *Kattis - robotmaze* * s: (r, c, dir, pasos), cuidado con los casos límite
7. *Kattis - robotturtles* * s: (r, c, dir, máscara_castillo_hielo), escribir solución

   Adicionales UVa: *00321, 00704, 00816, 00985, 01251, 01253, 10021, 10085, 11160, 12569.*
   Adicionales Kattis: *buggyrobot, distinctivecharacter, enteringthetime, jabuke2, jumpingmonkey, jumpingyoshi, ricochetrobots.*

Búsqueda estado–espacio, Dijkstra

1. Nivel básico: **UVa 00658 - It's not a Bug ...** * s: (máscara de bits — hay un bicho presente o no), el grafo estado–espacio es ponderado
2. **UVa 01048 - Low Cost Air Travel** * LA 3561 - WorldFinals SanAntonio06, problema de búsqueda de estado–espacio tedioso, usar Dijkstra
3. **UVa 01057 - Routing** * LA 3570 - WorldFinals SanAntonio06, Floyd–Warshall, APSP, reducir al problema de los SSSP ponderados, Dijkstra
4. **UVa 10269 - Adventure of Super Mario** * usar Floyd–Warshall para el cálculo previo de los APSP utilizando solo pueblos, usar Dijkstra sobre s: (u, super_run_restante)
5. *Kattis - bumped* * s: (ciudad, billete_gratis_utilizado), usar Dijkstra
6. *Kattis - destinationunknown* * usar Dijkstra dos veces, uno de forma normal, el otro con s: (punto, arista_g_h_utilizada), comparar los resultados
7. *Kattis - justpassingthrough* * s: (r, c, n_restantes), Dijkstra/SSSP sobre DAG

   Adicionales UVa: *10923, 11374.*
   Adicionales Kattis: *bigtruck, kitchen, rainbowroadrace, treasure, xentopia.*

Ver también problemas de búsqueda adicionales (difíciles) en las secciones 8.6, 8.7 y 9.20.

8.3 Técnicas de DP más avanzadas

A lo largo del Volumen I, hemos visto una introducción a la técnica de la programación dinámica (DP), varios problemas clásicos de DP y sus soluciones, y una breve introducción a problemas de DP no clásicos. Existen otras técnicas de DP más avanzadas, que no han quedado cubiertas en esas secciones. A continuación, presentamos algunas de ellas.

8.3.1 DP con máscara de bits

Algunos de los problemas de DP modernos, necesitan un (pequeño) conjunto de booleanos como uno de los parámetros del estado de DP. Nos encontramos ante otra situación en la que las máscaras de bits puede resultar útiles (ver también la sección 8.2.1). Esta técnica es válida para la DP, ya que el entero, que representa la máscara de bits, se puede utilizar como índice de la tabla de DP. Nos hemos acercado a este método al tratar el problema del viajante con DP (ver el Volumen I). Aquí mostramos otro ejemplo.

UVa 10911 - Forming Quiz Teams

Para leer el enunciado resumido del problema y el código que lo soluciona, consulta el primer problema mencionado en la primera página del Volumen I. El grandilocuente nombre de este problema es "emparejamiento perfecto de peso mínimo en un grafo ponderado general completo pequeño", que se tratará formalmente en la sección 8.5. En su variante general, este problema es difícil. Sin embargo, si el tamaño de la entrada es pequeño, de hasta $M \leq 20$, es posible utilizar una solución de DP con máscara de bits.

La solución de DP con máscara de bits de este problema es sencilla. El estado de emparejamiento se representa con un `bitmask`. Lo ilustraremos con un pequeño ejemplo, cuando $M = 6$. Comenzamos en un estado en el que todavía no ha habido emparejamientos, es decir, `bitmask=111111`. Si los elementos 0 y 2 se emparejan, podemos desactivar dos bits (0 y 2) al mismo tiempo, mediante la sencilla operación `bitmask^(1<<0)^(1<<2)`, para que el estado sea `bitmask=111010`. Recordemos que el índice empieza desde 0 y se cuenta desde la derecha. Si, desde este estado, el siguiente emparejamiento es entre los elementos 1 y 5, el nuevo estado será `bitmask=011000`. El emparejamiento perfecto se producirá cuando el estado solo esté compuesto por ceros, en este caso: `bitmask=000000`.

Aunque hay muchas formas de llegar a un estado determinado, solo existen $O(2^M)$ estados diferentes. Para cada uno de ellos, registramos el peso mínimo de los emparejamientos anteriores que hay que realizar para llegar a ese punto. Buscamos el emparejamiento perfecto. En primer lugar, buscamos un bit 'activo' i, utilizando la técnica de `LSOne` en $O(1)$. Después, buscamos el siguiente mejor bit 'activo' j desde $[i + 1 .. M - 1]$, utilizando un bucle en $O(k)$ de verificaciones `LSOne`, donde k es el número de bits 'activos' en `bitmask` y, recursivamente, emparejamos i y j. El algoritmo se ejecuta en $O(M \times 2^M)$. En el problema UVa 10911, $M = 2N$ y $2 \leq N \leq 8$, por lo que esta solución de DP con máscara de bits es viable. Estudia los detalles en el código.

C++	ch8/UVa10911.cpp
Java	ch8/UVa10911.java
Python	ch8/UVa10911.py
OCaml	ch8/UVa10911.ml

En esta subsección, hemos visto que es posible utilizar DP con máscara de bits para resolver instancias pequeñas ($M \leq 20$) de emparejamientos en un grafo general. Como norma genérica, la técnica de máscara de bits nos permite representar un conjunto pequeño, de hasta ≈ 20 elementos. Los ejercicios de programación de esta sección contienen más ejemplos en los que se utiliza una máscara de bits como *uno de los parámetros* del estado de DP.

Ejercicio 8.3.1.1

Muestra la solución de DP con máscara de bits necesaria, si tenemos que tratar con "coincidencia de cardinalidad máxima en un grafo general pequeño ($V \leq 18$)". La diferencia más notable con el problema UVa 10911 está en que, en esta ocasión, la coincidencia que se pide no tiene por qué ser perfecta, sino aquella que tenga la cardinalidad máxima.

8.3.2 Recopilación de parámetros comunes (de DP)

Tras haber resuelto un buen número de problemas de DP (incluyendo *backtracking* recursivo sin *memoización*), los concursantes desarrollarán un instinto sobre los parámetros que se eligen, normalmente, para representar los estados de los problemas de DP (o *backtracking* recursivo). Por lo tanto, los concursantes con más experiencia tratarán de elegir el conjunto de parámetros necesarios correcto, de entre los que aparecen en esta lista, cuando se vean ante un problema de DP 'nuevo'. Estos son algunos de ellos (la lista no pretende ser exhaustiva y recomendamos que compiles la tuya propia, a medida que resuelvas más problemas de DP):

1. Parámetro: el índice i en un *array*, como $[x_0, x_1, \ldots, x_i, \ldots]$.
   Transición: extender el *subarray* $[0..i]$ (o $[i..n-1]$), procesar i, tomar el elemento i o no.
   Ejemplo: suma máxima unidimensional, LIS, parte de la mochila 0-1, TSP (Volumen I).

2. Parámetros: índices (i, j) en dos *arrays*, como $[x_0, x_1, \ldots, x_i] + [y_0, y_1, \ldots, y_j]$.
   Transición: extender i, j o ambos, etc.
   Ejemplo: alineación de cadenas/distancia de edición, LCS, etc., (sección 6.3).

3. Parámetro: *subarray* (i, j) de un *array* $[\ldots, x_i, x_{i+1}, \ldots, x_j, \ldots]$.
   Transición: separar (i, j) en $(i, k) + (k + 1, j)$, o en $(i, i + k) + (i + k + 1, j)$, etc.
   Ejemplo: multiplicación de cadenas de matrices (sección 9.7), etc.

4. Parámetro: un vértice (posición) en un DAG (normalmente implícito).
   Transición: procesar los vecinos de este vértice, etc.
   Ejemplo: número de caminos o caminos más corto/largo en un DAG (Volumen I), etc.

5. Parámetro: parámetro de estilo mochila.
   Transición: reducir (o aumentar) el valor actual hasta llegar a 0 (o al umbral), etc.
   Ejemplo: mochila 0-1, sumar subconjuntos, cambio de monedas (Volumen I), etc.
   Nota: este parámetro no es muy adecuado para la DP si el rango es muy amplio (consultar el término 'pseudopolinómico' en la sección 8.6).
   Ver también consejos en la sección 8.3.3 si el valor del parámetro puede ser negativo.

6. Parámetro: conjunto pequeño (normalmente utilizando máscaras de bits).
   Transición: etiquetar uno o más elementos del conjunto como activos (o no), etc.
   Ejemplo: TSP con DP (Volumen I), DP con máscara de bits (sección 8.3.1), etc.

Los problemas más difíciles de DP combinan, normalmente, dos o más parámetros para representar distintos estados. Intenta resolver los problemas de DP que incluimos en esta sección, para mejorar tus habilidades.

8.3.3 Tratamiento de valores de parámetros negativos con técnica de desplazamiento

En algunos casos, poco habituales, el rango de un parámetro utilizado en un estado de DP puede ser negativo. Esto provoca un problema en la solución de DP, ya que asignamos los valores de los parámetros a índices de una tabla de DP. Los índices de una tabla de DP no deben ser negativos. Por suerte, podemos resolver esta cuestión utilizando una técnica de desplazamiento, para hacer que los índices no sean negativos. Mostramos esta técnica con otro problema de DP complicado: Free Parentheses.

UVa 01238 - Free Parentheses (ICPC Jakarta08, LA 4143)

Enunciado resumido del problema: recibes una expresión aritmética sencilla, que consta solo de los operadores de *suma y resta*, por ejemplo, $1 - 2 + 3 - 4 - 5$. Puedes poner *paréntesis* en la expresión, libremente y en la posición que quieras, mientras siga siendo *válida*. ¿Cuántos números *diferentes* puedes componer? La respuesta para la expresión anterior es de 6:

$$1 - 2 + 3 - 4 - 5 \quad = \quad -7 \qquad 1 - (2 + 3 - 4 - 5) \quad = \quad 5$$
$$1 - (2 + 3) - 4 - 5 = -13 \qquad 1 - 2 + 3 - (4 - 5) \quad = \quad 3$$
$$1 - (2 + 3 - 4) - 5 = \quad -5 \qquad 1 - (2 + 3) - (4 - 5) = -3$$

El problema establece los siguientes límites: la expresión consta de solo $2 \leq N \leq 30$ números no negativos menores que 100, separados por operadores de suma o resta. No hay ningún operador antes del primer número, ni después del último.

Para resolver este problema, son necesarias tres observaciones:

1. Solo necesitamos abrir un paréntesis después de un signo '−' (negativo) para invertir el significado de los siguientes operadores '+' y '−'.

2. Solo podemos cerrar X paréntesis si ya los hemos abierto antes. Debemos llevar la cuenta, para procesar los subproblemas correctamente.

3. El valor máximo es $100 + 100 + \cdots + 100$ (100 repetido 30 veces) $= 3000$, y el valor mínimo es $0 - 100 - \cdots - 100$ (un 0 seguido de 29 veces -100) $= -2900$. También tendremos que almacenar esta información, como veremos más adelante.

Para resolver este problema utilizando DP, debemos determinar qué conjunto de parámetros del problema representarán los distintos estados. Los más fáciles de identificar son estos dos:

1. 'idx', la posición actual que estamos procesando, necesitamos saber dónde estamos.

2. 'abiertos', número de paréntesis abiertos para generar una expresión válida[7].

---

[7] En idx = N (hemos procesado el último número), es correcto que abiertos > 0, ya que podemos cerrar todos los paréntesis que sea necesario al final de la expresión, por ejemplo: $1 - (2 + 3 - (4 - (5)))$.

Pero estos dos parámetros no son suficientes para identificar de forma única el estado. Por ejemplo, la expresión parcial '1−1+1−1 ...' tiene idx = 3 (los índices 0, 1, 2 y 3 han sido procesados), abiertos = 0 (no se pueden cerrar paréntesis), lo que suma 0. Ocurre que '1 − (1 + 1 − 1) ...' tiene los mismos idx = 3, abiertos = 0 y también suma 0. Pero '1 − (1 + 1) − 1 ...' tiene los mismos idx = 3, abiertos = 0 y suma -2. Así que estos dos parámetros de DP *no* identifican un estado de forma única. Necesitamos otro parámetro para distinguirlos, el valor 'val'. Esta habilidad para identificar el conjunto correcto de parámetros para representar los distintos estados es algo que hay de desarrollar, para resolver correctamente problemas de DP. El código y la explicación están un poco más adelante.

Como podemos observar consultando el siguiente código, podemos representar todos los estados posibles del problema mediante un *array* tridimensional: bool visited[idx][open][val]. El propósito de esta tabla recordatoria visited es el de etiquetar si cierto estado ya ha sido visitado, o no. Como los valores de val pueden ir desde −2900 hasta 3000 (5901 valores diferentes), tenemos que desplazar el rango para asegurarnos de que no habrá valores negativos. En este ejemplo, utilizamos una constante segura de +3000. El número de estados (con un cierto margen de maniobra) es $35 \times 35 \times 6010 \approx 7,5M$, con un coste de procesamiento de $O(1)$ por estado. Resulta lo suficientemente rápido.

```
void dp(int idx, int open, int val) {          // OFFSET = 3000
  if (visited[idx][open][val+OFFSET])          // ya se ha visitado
    return;                                     // desplzamiento +3000 para
                                                // tener índices [100..6000]
  visited[idx][open][val+OFFSET] = true;       // fijar como verdadero
  if (idx == N) {                              // último número
    S.insert(val);                             // val es uno de los
    return;                                    // resultados de la expresión
  }
  int nval = val + num[idx] * sign[idx] * ((open%2 == 0) ? 1 : -1);
  if (sign[idx] == -1)                          // 1: abrir paréntesis
    dp(idx+1, open+1, nval);                    //    solo si el signo es -
  if (open > 0)                                 // 2: cerrar paréntesis
    dp(idx+1, open-1, nval);                    //    si hay >1 abiertos
  dp(idx+1, open, nval);                        // 3: no hacer nada
}

// Procesamiento previo: crear un array booleano 'used' inicialmente falso,
// después ejecutar esta DP de arriba a abajo llamando a rec(0, 0, 0)
// La solución es el # de valores en (o el tamaño de) el unordered_set 'used'
```

C++	ch8/UVa01238.cpp
Java	ch8/UVa01238.java
Python	ch8/UVa01238.py
OCaml	ch8/UVa01238.ml

8.3.4 ¿MLE/TLE? Usa una representación de estados mejor

Nuestra solución de DP 'correcta' (que obtiene la respuesta correcta, pero utiliza más recursos de cálculo) podría obtener un veredicto de límite de memoria superado (MLE) o límite de tiempo superado (TLE), si el autor del problema ha utilizado una mejor representación de estados y ha establecido límites mayores en la entrada. Si esto ocurre, no tendremos más remedio que buscar una representación de estados de DP mejor, para reducir el tamaño de la tabla de DP (y, en consecuencia, acelerar la complejidad de tiempo total). Ilustramos esta técnica con un ejemplo:

UVa 01231 - ACORN (ICPC Singapore07, LA 4106)

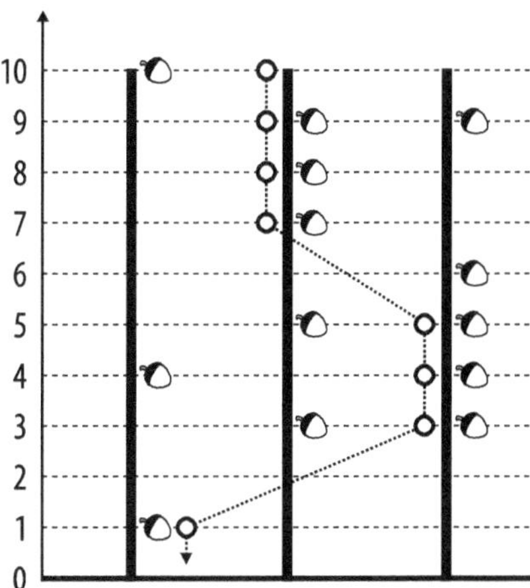

Figura 8.9: El camino de descenso

Enunciado resumido del problema: dados t robles, la altura h de *todos* ellos, la altura f que la ardilla Jayjay pierde cuando salta de un árbol a otro, $1 \leq t, h \leq 2000$, $1 \leq f \leq 500$ y las posiciones de las bellotas en cada uno de los robles, `acorn[árbol][altura]`, determinar el número máximo de bellotas que puede recoger Jayjay en *un solo descenso*. Por ejemplo, si $t = 3, h = 10, f = 2$ y `acorn[árbol][altura]` es como se muestra en la figura 8.9, el mejor camino de descenso suma un total de 8 bellotas (ver la línea punteada).

Una solución ingenua de DP utiliza una tabla `total[árbol][altura]`, que almacena las mejores bellotas posibles a recoger cuando Jayjay se encuentra en un árbol determinado, a una altura determinada. Después, Jayjay intenta bajar una unidad (-1) en el *mismo* árbol o salta $(-f)$ unidades a $t-1$ robles *diferentes*, desde su posición. En el caso más grande, se requieren $2000 \times 2000 = 4M$ estados y $4M \times 2000 = 8000M$ de operaciones. Este método resultará claramente en un veredicto de tiempo límite superado (TLE).

Una solución de DP mejor es la siguiente. En realidad, podemos ignorar la información: "en qué árbol está ahora Jayjay", ya que *memoizar* el mejor de todos será suficiente. Esto es debido a que saltar a cualquier otro de los $t-1$ robles, reduce la altura de Jayjay de la misma forma. Establecer una tabla `dp[altura]`, que almacene las mejores bellotas posibles para recoger cuando Jayjay está a esa `altura`. El código de DP de abajo a arriba, que solo necesita $2000 = 2K$ estados, y una complejidad de tiempo de $2000 \times 2000 = 4M$, es el siguiente:

```
1   for (int tree = 0; tree < t; ++tree)                    // inicialización
2     dp[h] = max(dp[h], acorn[tree][h]);
3
4   for (int height = h-1; height >= 0; --height)
5     for (int tree = 0; tree < t; ++tree) {
6       acorn[tree][height] +=
7         max(acorn[tree][height+1],                         // desde este árbol +1 arriba
8         ((height+f <= h) ? dp[height+f] : 0));             // desde el árbol en height+f
9       dp[height] = max(dp[height], acorn[tree][height]);   // actualizar también
10    }
11
12  printf("%d\n", dp[0]);                                   // esta es la solución
```

C++	ch8/UVa01231.cpp
Java	ch8/UVa01231.java
Python	ch8/UVa01231.py
OCaml	ch8/UVa01231.ml

Cuando el tamaño de los estados de DP ingenuos es tan grande que provoca que la complejidad de tiempo total no sea viable, hay que pensar en otra forma más eficiente (aunque menos obvia) de representarlos. Utilizar una buena representación de estados mejora la velocidad potencial de una solución de DP. Recuerda que ningún problema en un concurso de programación es irresoluble, por lo que el autor ha tenido que utilizar algún mecanismo conocido para ello.

8.3.5 ¿MLE/TLE? Abandona un parámetro, recuperándolo de los otros

Otra técnica conocida para reducir el uso de memoria de una solución de DP (y, con ello, acelerar la solución), consiste en abandonar un parámetro importante, que se pueda recuperar a partir del resto o, en otras palabras, se puede ignorar ese parámetro para conformar un estado de DP menor. Utilizaremos un problema de una final mundial del ICPC para ilustrarlo.

UVa 01099 - Sharing Chocolate (Final mundial del ICPC de Harbin 2010)

Enunciado resumido del problema: tenemos una gran tableta de chocolate, de tamaño $1 \leq w, h \leq 100$, $1 \leq n \leq 15$ amigos y el tamaño de la petición de cada amigo. ¿Podremos dividir el chocolate, utilizando cortes horizontales y verticales, de forma que cada amigo reciba *una porción* del tamaño deseado?

Por ejemplo, veamos la parte izquierda de la figura 8.10. El tamaño de la tableta de chocolate original tiene $w = 4$ y $h = 3$. Si hay 4 amigos que piden porciones de chocolate de tamaños {6, 3, 2, 1}, respectivamente, podremos dividir el chocolate en 4 trozos, utilizando los 3 cortes que se muestran en la parte derecha de la misma figura.

Los concursantes que ya estén familiarizados con la programación dinámica, pensarán rápidamente en las siguientes ideas: en primer lugar, si la suma de todas las peticiones no es igual a $w \times h$, no habrá solución. En caso contrario, podemos representar un estado único de este

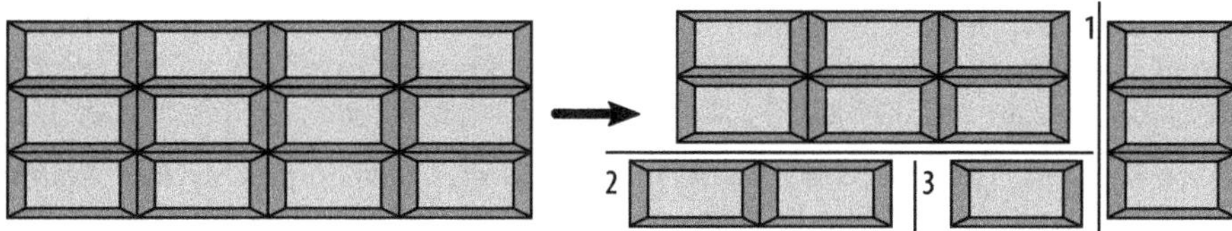

Figura 8.10: Ilustración de ICPC WF2010 - J - Sharing Chocolate

problema, utilizando tres parámetros: $(w, h, máscara\_de\_bits)$, donde w y h son las dimensiones de la tableta que estamos considerando, y $máscara\_de\_bits$ el subconjunto de amigos que ya han recibido una porción de chocolate del tamaño deseado. Sin embargo, un análisis rápido nos mostrará que esto necesita una tabla de DP de tamaño $100 \times 100 \times 2^{15} = 327M$. Es demasiado para un concurso de programación.

Existe una representación de estados mejor con solo dos parámetros, o $(w, máscara\_de\_bits)$ o $(h, máscara\_de\_bits)$. Sin perder la generalidad, elegiremos $(w, máscara\_de\_bits)$. Gracias a esta, podemos 'recuperar' el valor h necesario mediante sum($máscara\_de\_bits$) / w, donde el dividendo sum($máscara\_de\_bits$) es la suma de los tamaños de las porciones solicitadas por los amigos ya satisfechos en $máscara\_de\_bits$ (es decir, todos los bits 'activos' de $máscara\_de\_bits$). De esta forma, tendremos todos los parámetros necesarios: w, h y $máscara\_de\_bits$, pero solo utilizaremos una tabla de DP de tamaño $100 \times 2^{15} = 3M$. Esta versión es viable.

En relación a la implementación, podemos utilizar DP de arriba a abajo con dos parámetros, $(w, máscara\_de\_bits)$, y recuperar h al inicio de la recursión de la DP o, en realidad, podemos seguir utilizando DP de arriba a abajo con tres parámetros, $(w, h, máscara\_de\_bits)$, pero, como sabemos que el parámetro h siempre estará relacionado con w y con $máscara\_de\_bits$), nos basta con utilizar una tabla recordatoria bidimensional para w y $máscara\_de\_bits$).

Casos base: si $máscara\_de\_bits$ solo contiene un bit 'activo' y el tamaño de la porción de chocolate solicitada por esa persona es igual a $w \times h$, tendremos una solución. En caso contrario, no la tendremos.

Casos generales: si tenemos una tableta de chocolate de tamaño $w \times h$ y un conjunto de amigos satisfechos $máscara\_de\_bits = máscara\_de\_bits_1 \bigcup máscara\_de\_bits_2$, podemos realizar un corte horizontal, o vertical, para dividirlo en dos trozos que satisfagan a los amigos en $máscara\_de\_bits_1$ y $máscara\_de\_bits_2$.

La complejidad de tiempo del peor caso de este problema sigue siendo enorme pero, con la poda adecuada, la solución se ejecutará dentro del límite de tiempo.

C++	ch8/UVa01099.cpp
OCaml	ch8/UVa01099.ml

8.3.6 ¿Varios casos de prueba? No reinicialices la tabla recordatoria

En algunos problemas de DP con varios casos de prueba (no relacionados entre sí), lo que provocará que el tiempo total de ejecución sea, normalmente, el número de casos de prueba multiplicado por el tiempo de ejecución del peor posible, podríamos necesitar reinicializar nuestra tabla recordatoria (normalmente, a valores −1). Este paso, por sí mismo, puede consumir mucho tiempo de CPU como, por ejemplo, en el caso de un problema de DP en $O(n^2)$ con 200 casos y $n \leq 2000$, que necesitará $200 \cdot 2000 \cdot 2000 = 8 \cdot 10^8$ operaciones de inicialización.

Si utilizamos DP de arriba a abajo, donde podríamos *evitar* visitar *todos los estados posibles* en la mayoría de casos de prueba, podemos utilizar un *array* (o map) últimavisita, donde últimavisita[s] = 0 (cuando el estado s todavía no ha sido visitado) o últimavisita[s] = c (cuando la última vez que se visitó el estado s fue en el caso c). Si nos encontramos en el t-ésimo caso de prueba y encontramos un estado s, podemos identificar si ya ha sido visitado (para este caso de prueba t-ésimo) mediante la sencilla comprobación de si últimavisita[s] = t. Con ello, no será necesario reinicializar la tabla recordatoria al comienzo de cada caso de prueba. En aquellos problemas donde el tiempo resulta crítico, este pequeño cambio puede suponer la diferencia entre un veredicto TLE y uno AC.

8.3.7 ¿MLE? Utiliza BST equilibrado o tabla de *hash* como tabla recordatoria

En el Volumen I, hemos visto un problema de DP, la mochila 0-1, donde el estado es $(id, remW)$. El parámetro *id* tiene un rango de $[0..n − 1]$ y *remW* de $[0..S]$. Si el autor del problema decide que $n \times S$ sea de un tamaño suficiente, provocará que el *array* bidimensional (para la tabla de DP), de tamaño $n \times S$, sea demasiado grande (MLE en concursos).

Por suerte, para un problema como el de la mochila 0-1, si ejecutamos DP de arriba a abajo, nos daremos cuenta de que no se visitan todos los estados (mientras que sí se hará con la versión de DP de abajo a arriba). Por lo tanto, podemos intercambiar tiempo de ejecución por un menor espacio, utilizando un BST equilibrado (map en la STL de C++ o TreeMap en Java), como tabla recordatoria. Este BST equilibrado *solo* registrará los estados que han sido visitados por la DP de arriba a abajo. Por lo tanto, si solo hay k estados visitados, podemos utilizar un espacio de $O(k)$, en vez de $n \times S$. El tiempo de ejecución de la DP de arriba a abajo aumenta por un factor de $O(c \times \log k)$. Sin embargo, hay que tener en cuenta que esta técnica es útil pocas veces, debido al gran factor constante c implicado.

De forma alternativa, podemos utilizar una tabla de *hash* (unordered_map en la STL de C++ o HashMap en Java) como tabla recordatoria. Aunque esto es más rápido, nos veremos obligados, normalmente, a escribir nuestra propia función de *hash*, especialmente si los estados de DP utilizan más de un parámetro, lo que, de entrada, podría no ser fácil de implementar.

Por lo tanto, deberíamos considerar esta técnica solo como un último recurso, cuando hayamos probado el resto de las que conocemos (y no hayamos resuelto el problema). Por ejemplo, Kattis - woodensigns se puede ver como un problema estándar de conteo de caminos en un DAG, con el estado $(idx, base1, base2)$ y, como transición, desplazarse a izquierda, derecha o ambas. La cuestión está en que el estado es muy grande, ya que idx, $base1$ y $base2$ pueden tener valores en el rango $[1..2000]$. Por suerte, podemos mapear $(idx, base1, base2)$ a una clave entera bastante grande $= idx \cdot 2000 \cdot 2000 + base1 \cdot 2000 + base2$ y, después, utilizar una tabla de *hash* para asignar esta clave a un valor, evitando así repetir cálculos.

8.3.8 ¿TLE? Utiliza la aceleración de transición con búsqueda binaria

En casos poco comunes, una solución ingenua de DP resultará en TLE, pero te darás cuenta de que es posible acelerar la transición de la DP mediante búsqueda binaria, debido a la ordenación de los datos.

Kattis - busticket

Enunciado resumido del problema: recibimos un precio s correspondiente a un único viaje en autobús, un precio p para un abono que será válido durante m días consecutivos desde su compra, n viajes de autobús que realizarás en el futuro y un *array t* que contiene n enteros no negativos, en *orden no decreciente*, donde $t[i]$ describe el número de días transcurridos desde hoy (día 0) hasta que realices el viaje i-ésimo. La tarea consiste en calcular el menor coste posible de realizar los n viajes. El problema es $1 \leq n \leq 10^6$ y un algoritmo $O(n^2)$ obtendrá un veredicto TLE.

Una solución de DP ingenua consiste en $dp(i)$ que calcula el coste mínimo de los viajes en autobús desde el día $[i..n-1]$. Si $i = n$, habremos terminado y devolvemos 0. En caso contrario, tomamos el mínimo entre dos opciones. La primera es comprar un billete sencillo para el viaje i-ésimo (con coste s) y avanzar a $dp(i+1)$. La segunda es comprar un abono que comience en el viaje i-ésimo y sea válido desde este hasta el inmediatamente anterior al viaje j-ésimo, donde $j > i$ es la primera vez que $t[j] \geq t[i] + m$, es decir, el abono no cubre el viaje j-ésimo. Después, sumamos el coste p y avanzamos a $dp(j)$. Hay $O(n)$ estados y la segunda opción implica, si se realiza de forma iterativa, un bucle $O(n)$, por lo que habremos llegado a una solución en $O(n^2)$ que obtendrá un veredicto TLE.

Sin embargo, si leemos el enunciado del problema con atención, deberíamos fijarnos en una expresión peculiar: orden *no decreciente* de t_i. Esto significa que podemos buscar la primera j donde $t[j] \geq t[i] + m$ mediante búsqueda binaria. Esto acelerará la fase de transición desde $O(n)$ hasta $O(\log n)$, lo que provocará que el tiempo de ejecución total sea de $O(n \log n)$. Esta solución será aceptada.

8.3.9 Otras técnicas de DP

Hay algunos problemas de DP en las secciones 8.6 y 8.7, así como en el capítulo 9. Son:

1. Sección 8.6.3: problema del viajante bitónico (caso especial del problema del viajante).

2. Sección 8.6.6: conjunto independiente ponderado máximo (en un árbol), con DP.

3. Sección 8.6.12: pequeñas instancias de cobertura de *cliques* mínima, que se resuelven con DP en $O(3^n)$.

4. Sección 9.3: la estructura de datos de tabla dispersa utiliza DP.

5. Sección 9.7: multiplicación de cadenas de matrices (un problema de DP clásico).

6. Sección 9.22: rompecabezas de lanzamiento de huevos que se puede resolver con DP (varias soluciones).

7. Sección 9.23: técnicas poco habituales para optimizar más la DP.

8. Sección 9.29: problema del cartero chino (otro uso de DP con máscara de bits).

Ejercicios de programación relativos a DP más avanzada:

DP de nivel 3 (más difíciles que los de los capítulos 3 a 6)

1. Nivel básico: **UVa 01172 - The Bridges of ... *** LA 3986 - SouthWesternEurope07, emparejamiento bipartito ponderado con límites adicionales

2. **UVa 00672 - Gangsters *** s: ($id\_gangster$, $nivel\_apertura$), no utilizar $tiempo\_actual$ como parte del estado

3. **UVa 01211 - Atomic Car Race *** LA 3404 - Tokyo05, cálculo previo de T[L], el tiempo necesario para recorrer un camino de longitud L, s: (i) - punto de control i significa cambio de ruedas

4. **UVa 10645 - Menu *** s: ($días\_restantes$, $presupuesto\_restante$, $plato\_anterior$, $cnt\_plato\_anterior$), los dos primeros parámetros son de estilo mochila, los dos últimos determinan el precio

5. Kattis - aspenavenue * ordenar, calcular tres posiciones, s: ($l\_restante$, $r\_restante$), t: colocar el siguiente árbol a izquierda/derecha, también disponible en UVa 11555 - Aspen Avenue

6. Kattis - busticket * s: ($día\_i$), t: o comprar billete diario o saltar al final del abono (utilizar búsqueda binaria para evitar TLE)

7. Kattis - protectingthecollection * DP, s: (r, c, dir, $ha\_instalado\_un\_espejo$), t: proceder, o instalar espejo '/' o '\' en un '.'

Adicionales UVa: *10163, 10604, 10898, 11002, 11523, 12208, 12563.*
Adicionales Kattis: *bridgeautomation, crackerbarrel, eatingeverything, exchangerates, homework, ingestion, mailbox, posterize, welcomehard, whatsinit.*

DP de nivel 4

1. Nivel básico: Kattis - coke * abandonar parámetro $n1$, recuperarlo de b (número de refresco comprado), $n5$ y $n10$, también disponible en UVa 10626 - Buying Coke

2. **UVa 01238 - Free Parentheses *** LA 4143 - Jakarta08, técnica de desplazamiento
3. **UVa 10304 - Optimal Binary ... *** ver sección 9.23
4. **UVa 12870 - Fishing *** LA 6848 - Bangkok14, dividir DP para pesca y nutrición, probar todas las combinaciones de K eventos de pesca + $2K$ eventos de nutrición

5. Kattis - companypicnic * s: ($nombre$, $está\_emparejado$), emparejamiento ponderado con DP (tanto cardinalidad como peso) en un árbol

6. Kattis - recursionrandfun * DP, los posibles valores aleatorios son pequeños debido a los módulos b y c, probar todos, $memoizar$

7. Kattis - rollercoasterfun * s: (T), dividir DP cuando $b = 0$ y cuando $b \neq 0$
   Adicionales UVa: *00473, 00812, 01222, 01231, 10029, 10118, 10482, 10559.*
   Adicionales Kattis: *bundles, city, johnsstack, mububa, volumeamplification.*

DP, conteo de caminos en un DAG, difíciles

1. Nivel básico: **UVa 11432 - Busy Programmer *** conteo de caminos en un DAG, el DAG implícito no es trivial, 6 parámetros

2. **UVa 00702 - The Vindictive Coach *** s: (n_arriba, n_abajo, $subir$)

3. **UVa 11125 - Arrange Some Marbles** * conteo de caminos en DAG implícito, el DAG implícito no es trivial, 8 parámetros

4. **UVa 11375 - Matches** * conteo de caminos en un DAG, 2 parámetros, cuidado porque podemos crear un '0' con 6 palillos, necesita *Big Integer*

5. *Kattis - countcircuits* * s: (*id*, *x_actual*, *y_actual*), t: ignorar o utilizar este vector, usar técnica de desplazamiento para evitar índices negativos

6. *Kattis - favourable* * s: (*página_actual*), t: saltar a una de las 3 secciones

7. *Kattis - pachinkoprobability* * s: (pos), modelado de DAG, `long long`

Adicionales UVa: *10722, 11133, 12063.*

Adicionales Kattis: *constrainedfreedomofchoice, frustratedqueue, ratings, tractor, woodensigns.*

DP con máscara de bits

1. Nivel básico: **UVa 10911 - Forming Quiz ...** * el primer problema de este libro, DP con máscara de bits, MCM ponderado, grafo completo pequeño ponderado

2. **UVa 01099 - Sharing Chocolate** * LA 4794 - WorldFinals Harbin10, s: (*w*, *máscara_de_bits*), recuperar valor del parámetro *h*

3. **UVa 01252 - Twenty Questions** * LA 4643 - Tokyo09, DP, s: (*máscara*1, *máscara*2) donde *máscara*1/*máscara*2 describen las características/respuesta, respectivamente

4. **UVa 11825 - Hacker's Crackdown** * empezar utilizando fuerza bruta iterativa: probar qué subconjunto de vértices puede cubrir a todos los vértices, después usar DP

5. *Kattis - hidingchickens* * MCM ponderado, grafo completo pequeño ponderado, hacer que el zorro vuelva a la trampa después de ocultar uno o dos pollos

6. *Kattis - narrowartgallery* * s: (*fila, estado_máscara_fila_anterior, k_restantes*)

7. *Kattis - pebblesolitaire2* * s: (*máscara_de_bits*), basta *backtracking* para Kattis - pebblesolitaire, pero esta versión necesita *memoización* adicional

Adicionales UVa: *01076, 01240, 10123, 10149, 10364, 10817, 11218, 11391, 11472, 11806, 12030.*

Adicionales Kattis: *goingdutch, uxuhulvoting, wherehaveyoubin.*

8.4 Flujo de red

8.4.1 Introducción y motivación

Problema: imagina un grafo conexo, ponderado (con enteros) y dirigido[8], como una red de tuberías, donde las aristas son las tuberías y los vértices son los puntos de bifurcación. Cada arista tiene un peso equivalente a la capacidad de la tubería. También existen dos vértices especiales: el origen s y el desagüe t. ¿Cuál es el flujo (caudal) máximo desde el origen s hasta el desagüe t en este grafo (imaginemos que hay agua fluyendo por la red de tuberías y que queremos saber el volumen máximo de agua que puede pasar por ella)? Este problema es conocido como el de flujo máximo, un problema de flujo de red. En la parte izquierda de la figura 8.11 hay una

---

[8]Una arista ponderada no dirigida en un grafo no dirigido se puede transformar en dos aristas dirigidas con el mismo peso, pero de direcciones opuestas.

ilustración un grafo de flujo y, en la derecha, el flujo máximo/corte mínimo correspondiente. Profundizaremos en los detalles a lo largo de las siguientes secciones.

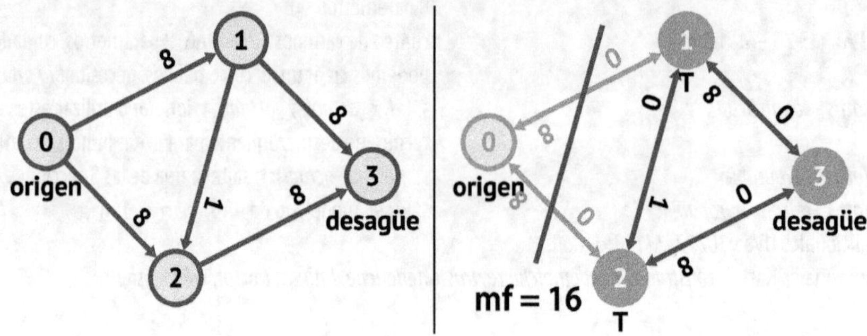

Figura 8.11: Ilustración del flujo máximo/corte mínimo

8.4.2 Método de Ford–Fulkerson

Una solución al problema del flujo máximo es el método de Ford–Fulkerson, inventado por el mismo Lester Randolph *Ford*, Jr. del algoritmo de Bellman–Ford, y por Delbert Ray *Fulkerson*. El pseudocódigo (después utilizaremos versiones más rápidas) de este método es el siguiente:

```
grafo residual dirigido con capacidad de aristas = pesos del grafo original
mf = 0                                       // algoritmo iterativo
mientras (existe un aumento de camino p desde s hasta t)
  // p es un camino s->t que pasa por aristas positivas en el grafo
  aumentar/enviar flujo f por el camino p (s -> ... -> i -> j -> ... t)
    // f = peso de arista i-j, que sea el mínimo en el camino p
    1. reducir capacidad de aristas adelante (p.e., (i, j)) en p por f
    2. aumentar capacidad de aristas atrás (p.e., (j, i)) en p por f
    3. mf += f                               // aumentar mf
escribir mf                                  // valor del flujo máximo
```

El método Ford–Fulkerson es un algoritmo iterativo que encuentra repetidamente el aumento de camino p: un camino desde el origen s al desagüe t, que pasa por las aristas de peso positivo en el grafo residual[9]. Después de encontrar un aumento de camino $p = s \rightarrow \ldots i \rightarrow j \ldots t$, que tenga f como peso mínimo de la arista (i, j) en el camino p (la arista que es el cuello de botella en este camino), el método de Ford–Fulkerson realizará tres pasos importantes: disminuir/aumentar la capacidad de las aristas adelante (i, j)/atrás (j, i) del camino p en f, respectivamente, y sumar f al valor del flujo máximo global mf. El método repetirá este proceso hasta que no queden más aumentos de camino posibles, desde el origen s hasta el desagüe t, lo que implica que el flujo total hasta ese momento es el flujo máximo (para demostrar este método, es necesario entender el teorema del flujo máximo y corte mínimo, cuyo detalles se encuentran en [7]).

---

[9]Utilizamos el término 'grafo residual' porque, inicialmente, el peso de cada arista `res[i][j]` es el mismo que la capacidad original de la arista (i, j) en el grafo original. Si esta arista (i, j) se utiliza en un aumento de camino y, por ella, pasa un flujo de peso f $\leq$ `res[i][j]` (un flujo no puede exceder esta capacidad), entonces la capacidad remanente (o residual) de la arista (i, j) será `res[i][j]-f`, mientras que la capacidad residual de la arista inversa (j, i) crecerá a `res[j][i]+f`.

La razón para reducir la capacidad de la siguiente arista es evidente. Al enviar un flujo a través del aumento de camino p, reduciremos la capacidad restante (residual) de las aristas (adelante) utilizadas en p. La razón para aumentar la capacidad de las aristas atrás puede no ser tan obvia, pero este paso es importante para la ejecución correcta del método Ford–Fulkerson. Al aumentar la capacidad de una arista atrás (j, i), el método permite las *iteraciones (flujos) futuras* para cancelar (parte de) la capacidad utilizada por una arista adelante (i, j), que haya sido utilizada incorrectamente en algún flujo anterior.

Hay varias formas para encontrar un aumento de camino s-t en el pseudocódigo anterior, cada una con un comportamiento diferente. En esta sección veremos dos de ellas, usando DFS o BFS (dos implementaciones diferentes con resultados ligeramente distintos).

El método de Ford–Fulkerson, que utiliza DFS para calcular el valor del flujo máximo de la parte izquierda de la figura 8.11, funciona de la siguiente manera:

1. En la figura 8.12.1 podemos ver el grafo residual inicial. Compáralo con el grafo de flujo inicial de la parte izquierda de la figura 8.11. Notarás la presencia de aristas de flujo inverso con capacidad 0.

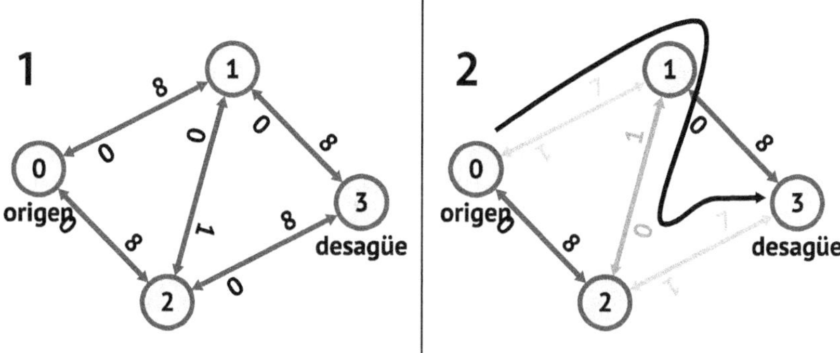

Figura 8.12: Ilustración del método de Ford–Fulkerson (DFS) – Parte 1

2. En la figura 8.12.2 vemos que la DFS encuentra el primer aumento de camino $0 \to 1 \to 2 \to 3$. El cuello de botella está en la arista $1 \to 2$, con capacidad 1. Actualizamos el grafo residual reduciendo la capacidad de todas las aristas adelante utilizadas por 1 e incrementando la capacidad de todas las aristas atrás utilizadas también por 1 (atención especial al hecho de que la capacidad del flujo inverso $2 \to 1$ crece de 0 a 1, para permitir la futura cancelación de algún flujo en la arista adelante $1 \to 2$) y enviamos la primera unidad de flujo desde el origen $s = 0$ al desagüe $t = 3$.

3. En la figura 8.13.3 supongamos que la DFS[10] encuentra el segundo aumento de camino $0 \to 2 \to 1 \to 3$, también con una capacidad de 1 en el cuello de botella. Si no actualizamos el flujo inverso $2 \to 1$ en la iteración anterior, no podremos obtener el valor del flujo máximo correcto al final. Actualizamos el grafo residual (volvemos a invertir la arista $2 \to 1$ a $1 \to 2$) y enviamos otra unidad de flujo desde s hasta t.

---

[10]Dependiendo de la implementación, la segunda llamada a la DFS podría hallar otro aumento de camino. Por ejemplo, si los vecinos de un vértice aparecen en orden del número creciente del vértice, la segunda DFS debería hallar el aumento de camino $0 \to 1 \to 3$. Pero, a efectos de la ilustración, vamos a asumir que la segunda llamada a la DFS nos devuelve $0 \to 2 \to 1 \to 3$, lo que conformará la situación de intercambio entre las aristas $0 \to 1$ y $1 \to 0$.

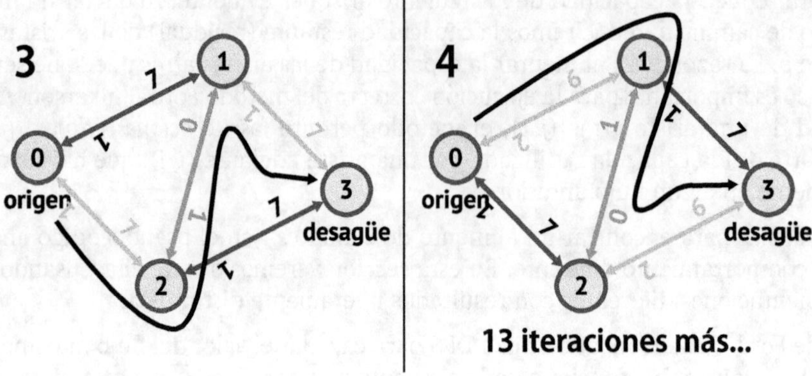

Figura 8.13: Ilustración del método de Ford–Fulkerson (DFS) – Parte 2

4. En la figura 8.13.4 supongamos que la DFS encuentra el tercer aumento de camino $0 \to 1 \to 2 \to 3$, nuevamente con un cuello de botella de capacidad 1. Actualizamos el grafo residual y enviamos otra unidad de flujo desde s hasta t. Seguimos repitiendo el intercambio de las aristas $1 \to 2$ y $2 \to 1$ durante 13 iteraciones más, hasta que hayamos enviado 16 unidades de flujo (ver la parte derecha de la figura 8.11).

El método de Ford–Fulkerson implementado utilizando DFS *podría* ejecutarse en $O(mf \times E)$, donde mf es el valor del flujo máximo. Pero podemos encontrarnos ante una situación donde dos aumentos de camino, $0 \to 2 \to 1 \to 3$ y $0 \to 1 \to 2 \to 3$, reduzcan las capacidades de la arista (adelante), a lo largo del camino, en 1. En el peor de los casos, esto se repetiría mf veces (lo que supone $3 + 13$ veces más, después de la figura 8.13.4, para un total de 16, pero imaginemos qué ocurriría si se multiplicasen los pesos de las aristas originales por $1000M$, con la excepción de la arista $1 \to 2$, que mantendría peso 1). Como la DFS se ejecuta en $O(E)$ en un grafo de flujo[11], la complejidad total será de $O(mf \times E)$. En un concurso de programación, esta incertidumbre es poco deseable, ya que el autor del problema podría elegir un valor (muy) grande para mf (algo que, muy probablemente, hará).

8.4.3 Algoritmo de Edmonds–Karp

Una implementación mejor del método Ford–Fulkerson consiste en utilizar BFS para encontrar el camino más corto en términos de número de capas/saltos entre s y t. Este algoritmo fue descubierto por Jack *Edmonds* y Richard Manning *Karp*, por lo que lleva el nombre de algoritmo de Edmonds–Karp [13]. Se ejecuta en $O(VE^2)$, ya que se puede demostrar que tras $O(VE)$ iteraciones de BFS, todos los aumentos de camino han quedado agotados (se pueden consultar referencias como [13, 7] para aprender más sobre esta demostración). Una BFS se ejecuta, en un grafo de flujo, en $O(E)$, para una complejidad de tiempo total de $O(VE^2)$.

El algoritmo de Edmonds–Karp solo necesita, en el mismo grafo de flujo de la figura 8.11, dos caminos s-t. En la figura 8.14.1: $0 \to 2 \to 3$ (2 saltos, envía 8 unidades de flujo) y, en la figura

---

[11]En un grafo de flujo típico, $E \geq V$-1. Por lo tanto, normalmente asumiremos que tanto DFS como BFS (utilizando una lista de adyacencia) se ejecutarán en $O(E)$, en vez de en $O(V + E)$, para simplificar el análisis de complejidad de tiempo de los algoritmos de flujo máximo.

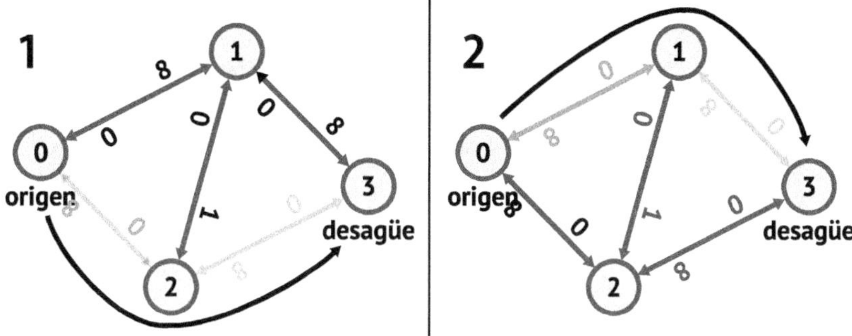

Figura 8.14: Ilustración del algoritmo de Edmonds–Karp (BFS)

8.14.2: $0 \rightarrow 1 \rightarrow 3$ (2 saltos, otras 8 unidades y finaliza con un total de $8 + 8 = 16$ unidades de flujo). Así, no pierde tiempo enviando el flujo a través de los caminos más largos (3 saltos): $0 \rightarrow 1 \rightarrow 2 \rightarrow 3$, como en la figura 8.12.2. Pero todavía es posible mejorar un poco el algoritmo de Edmonds–Karp en $O(VE^2)$.

8.4.4 Algoritmo de Dinic

Hasta ahora hemos visto el método, ciertamente impredecible, de Ford–Fulkerson en $O(mf \times E)$ para la búsqueda de aumentos de camino con DFS y el algoritmo de Edmonds–Karp en $O(VE^2)$ (búsqueda de aumentos de camino con BFS), que resulta preferible, para resolver el problema del flujo máximo. Algunos de los problemas más difíciles de flujo máximo pueden necesitar un algoritmo ligeramente más rápido que el de Edmonds–Karp para su solución. Uno de ellos es el algoritmo de Dinic[12], que se ejecuta en $O(V^2E)$. Como un grafo de flujo típico suele tener $V < E$ y $E << V^2$, la complejidad del algoritmo de Dinic en el peor de los casos es, teóricamente, mejor que la de Edmonds–Karp. Hasta la fecha, hemos encontrado algunos casos *esporádicos* en los que el algoritmo de Edmonds–Karp ha recibido un veredicto de TLE, frente a un AC con Dinic, en el *mismo* grafo de flujo. Por ello, utilizaremos de forma predeterminada el algoritmo de Dinic para problemas de flujo máximo en concursos de programación, con lo que aseguraremos el resultado.

La idea de Dinic es similar a la de Edmonds–Karp, ya que también encuentra los aumentos de camino *más cortos* (en términos de números de capas/saltos entre s y t) iterativamente. Sin embargo, el algoritmo de Dinic utiliza el concepto más adecuado de 'flujos de bloqueo' para encontrar esos caminos. Entender este concepto es clave para transformar el algoritmo de Edmonds–Karp, fácil de entender, en el de Dinic.

Vamos a definir dist[v] como la longitud del camino más corto (no ponderado) del vértice origen s a v, en el grafo residual. Así, el grafo de nivel L del grafo residual es el subgrafo del grafo residual, después de ejecutar la BFS, que finaliza después de L niveles. Formalmente, las aristas del grafo de nivel L son aquellas en las que dist[v] = dist[u] + 1. Por lo tanto, un 'flujo de bloqueo' de este grafo de nivel L es un flujo s-t, denominado f (que puede contener varios caminos s-t), de forma que, tras enviar el flujo f desde s a t, el grafo de nivel L ya no contenga un aumento de camino s-t.

---

[12]El otro es el algoritmo de empujar–reetiquetar (*push–relabel*), que veremos en la sección 9.24.

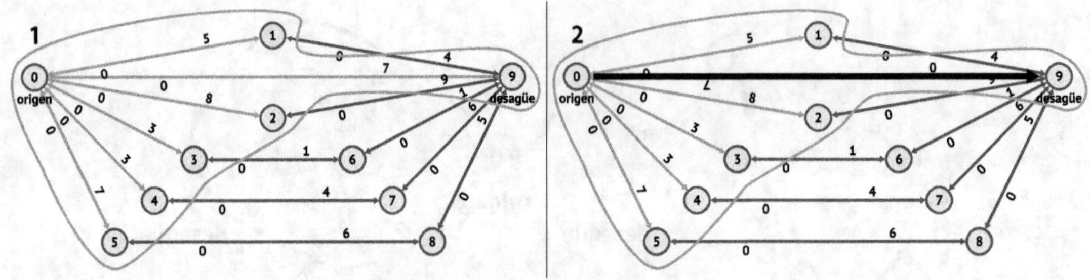

Figura 8.15: Ilustración del algoritmo de Dinic (BFS) — Parte 1

Veamos la figura 8.15. En los pasos 1 y 2, el algoritmo de Dinic se comporta exactamente igual que el de Edmonds–Karp, es decir, encuentra el primer grafo de nivel $L = 1$ (destacado en la figura 8.15.1), envía 7 unidades de flujo de bloqueo a través del aumento de camino más corto (único) $0 \rightarrow 9$ (destacado en la figura 8.15.2), para desconectar s y t de este grafo $L = 1$.

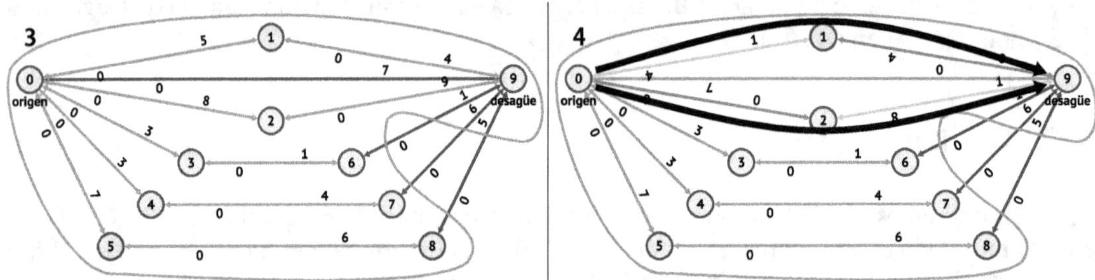

Figura 8.16: Ilustración del algoritmo de Dinic (BFS) — Parte 2

Sin embargo, en la figura 8.16, el algoritmo de Dinic resulta más eficaz que el Edmonds–Karp. Dinic hallará el grafo de nivel $L = 2$ (destacado en la figura 8.16.3) y, en ese grafo de nivel, habrá *dos* caminos de longitud 2 que conecten $s = 0$ con $t = 9$. Estos son $0 \rightarrow 1 \rightarrow 9$ y $0 \rightarrow 2 \rightarrow 9$. Edmonds–Karp consumirá 2 llamadas individuales a la BFS para enviar 2 flujos *individuales* (para un total de $4 + 8 = 12$ unidades de flujo adicionales), mientras que Dinic enviará únicamente un flujo de bloqueo (que consta de los 2 mismos caminos, pero de forma más eficiente), para eliminar los aumentos de camino *s-t* desde este grafo de nivel $L = 2$, y vuelve a desconectar s y t (destacado en la figura 8.16.4).

Igualmente, el algoritmo de Dinic hallará el último grafo de nivel $L = 3$ (no mostrado) y enviará 1 flujo de bloqueo ($1 + 3 + 5 = 9$ unidades adicionales de flujo) de forma más eficiente que Edmonds–Karp, con 3 llamadas individuales a la BFS.

Se ha demostrado (ver [11]) que el número de aristas de cada flujo de bloqueo aumenta en, al menos, una por cada iteración. Hay un máximo de $V - 1$ flujos de bloqueo en el algoritmo, porque solo puede haber $V-1$ aristas en el camino sencillo 'más largo' de s a t. El grafo de nivel se puede construir con una BFS en $O(E)$, y se encuentra un flujo de bloqueo en cada grafo de nivel en $O(VE)$ (ver una mejora de velocidad importante en la implementación de ejemplo, donde recordamos la última arista procesada en la iteración anterior de la DFS dentro de `last[u]`). Por lo tanto, la complejidad del peor caso de Dinic es de $O(V \times (E + VE)) = O(V^2 E)$, lo que resulta más rápido que el algoritmo de Edmonds–Karp en $O(VE^2)$, a pesar de su parecido, porque, en la mayoría de los grafos de flujo, $E > V$.

Implementación de los algoritmos de Edmonds–Karp y Dinic

La implementación de Dinic es similar a la de Edmonds–Karp. En Edmonds–Karp, ejecutamos una BFS, que ya nos genera el grafo de nivel L, pero solo la utilizamos para encontrar *un* aumento de camino, llamando a augment(t, INF). En el caso de Dinic, necesitamos utilizar la información generada por la BFS de forma un poco distinta. Hallaremos, de forma eficiente, un flujo de bloqueo al ejecutar la DFS sobre el grafo de nivel L encontrado por la BFS, para aumentar *todos* los caminos *s-t* posibles de este grafo de nivel, gracias a la ayuda de last[u]. A continuación, incluimos ambos códigos (pero, en realidad, puedes borrar la parte relativa a Edmonds–Karp, que únicamente mantenemos para ayudar a la solución del **ejercicio 8.4.4.3***).

```cpp
typedef long long ll;
typedef tuple<int, ll, ll> edge;
typedef vector<int> vi;
typedef pair<int, int> ii;

const ll INF = 1e18;                                 // tamaño suficiente

class max_flow {
private:
  int V;
  vector<edge> EL;
  vector<vi> AL;
  vi d, last;
  vector<ii> p;

  bool BFS(int s, int t) {                           // hallar aumento de camino
    d.assign(V, -1); d[s] = 0;
    queue<int> q({s});
    p.assign(V, {-1, -1});                           // guardar árbol sp de BFS
    while (!q.empty()) {
      int u = q.front(); q.pop();
      if (u == t) break;                             // parar al llegar a t
      for (auto &idx : AL[u]) {                       // explorar vecinos de u
        auto &[v, cap, flow] = EL[idx];              // almacenado en EL[idx]
        if ((cap-flow > 0) && (d[v] == -1))          // arista residual positiva
          d[v] = d[u]+1, q.push(v), p[v] = {u, idx}; // 3 líneas en una
      }
    }
    return d[t] != -1;                               // tiene aumento de camino
  }

  ll send_one_flow(int s, int t, ll f = INF) {       // enviar un flujo de s->t
    if (s == t) return f;                            // cuello de botella f
    auto &[u, idx] = p[t];
    auto &cap = get<1>(EL[idx]), &flow = get<2>(EL[idx]);
    ll pushed = send_one_flow(s, u, min(f, cap-flow));
```

```cpp
37      flow += pushed;
38      auto &rflow = get<2>(EL[idx^1]);              // arista atrás
39      rflow -= pushed;                              // flujo atrás
40      return pushed;
41    }
42
43    ll DFS(int u, int t, ll f = INF) {              // recorrer de s->t
44      if ((u == t) || (f == 0)) return f;
45      for (int &i = last[u]; i < (int)AL[u].size(); ++i) { //desde última arista
46        auto &[v, cap, flow] = EL[AL[u][i]];
47        if (d[v] != d[u]+1) continue;               // no está en grafo de capas
48        if (ll pushed = DFS(v, t, min(f, cap-flow))) {
49          flow += pushed;
50          auto &rflow = get<2>(EL[AL[u][i]^1]);      // arista atrás
51          rflow -= pushed;
52          return pushed;
53        }
54      }
55      return 0;
56    }
57
58  public:
59    max_flow(int initialV) : V(initialV) {
60      EL.clear();
61      AL.assign(V, vi());
62    }
63
64    // si estás añadiendo una arista bidireccional u<->u con peso w a tu
65    // grafo de flujo, fijar directed = false (por defecto directed = true)
66    void add_edge(int u, int v, ll w, bool directed = true) {
67      if (u == v) return;                           // para evitar bluce infinto
68      EL.emplace_back(v, w, 0);                      // u->v, límite w, flujo 0
69      AL[u].push_back(EL.size()-1);                  // guardar este índice
70      EL.emplace_back(u, directed ? 0 : w, 0);       // arista atrás
71      AL[v].push_back(EL.size()-1);                  // guardar este índice
72    }
73
74    ll edmonds_karp(int s, int t) {
75      ll mf = 0;                                     // mf significa flujo máximo
76      while (BFS(s, t)) {                            // algoritmo en O(V*E^2)
77        ll f = send_one_flow(s, t);                  // hallar y enviar 1 flujo f
78        if (f == 0) break;                           // si f == 0, parar
79        mf += f;                                     // si f > 0, sumar a mf
80      }
81      return mf;
82    }
83
```

```
84    ll dinic(int s, int t) {
85      ll mf = 0;                              // mf significa flujo máximo
86      while (BFS(s, t)) {                      // algoritmo en O(V^2*E)
87        last.assign(V, 0);                     // aceleración importante
88        while (ll f = DFS(s, t))               // consumir flujo de bloqueo
89          mf += f;
90      }
91      return mf;
92    }
93  };
```

VisuAlgo

Hemos incluido en VisuAlgo la animación de los diversos algoritmos para flujo máximo tratados en esta sección[13]. Puedes utilizarla para mejorar tu comprensión de los algoritmos, aportando tu propio grafo de flujo en la entrada (recomendamos que los vértices de origen y desagüe se identifiquen como $0/V-1$, para que podamos situarlos en los vértices más a la izquierda/derecha, respectivamente, en la visualización) y observando cómo se desarrolla en vivo el algoritmo de flujo máximo para ese caso en particular.

VISUALGO https://visualgo.net/en/maxflow

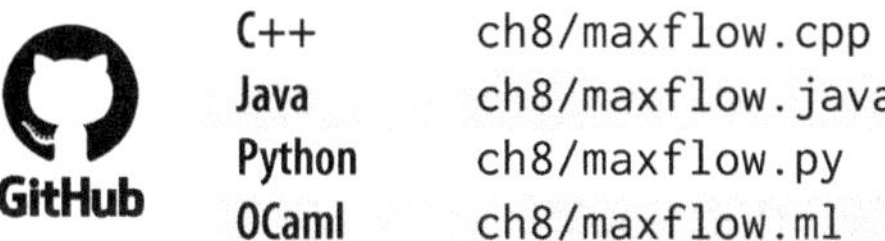

C++	ch8/maxflow.cpp
Java	ch8/maxflow.java
Python	ch8/maxflow.py
OCaml	ch8/maxflow.ml

Ejercicio 8.4.4.1

Antes de continuar, responde a la pregunta de la figura 8.17.

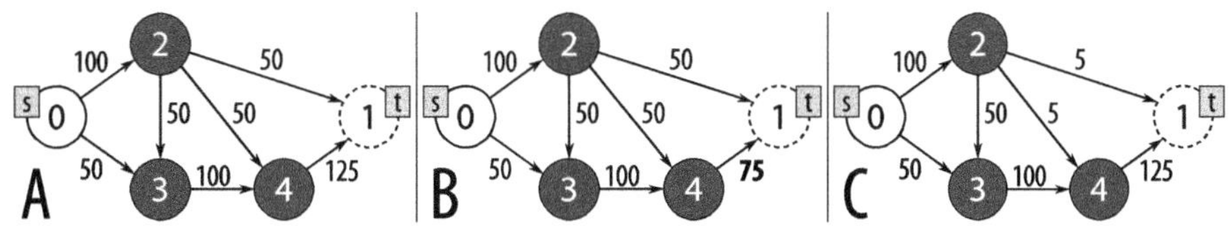

Figura 8.17: ¿Cuál es el valor del flujo máximo de estos tres grafos de flujo?

---

[13]Todavía queda otro algoritmo de flujo máximo por ver, empujar–reetiquetar, que dejamos para la sección 9.24. Su funcionamiento es diferente a los tres de esta sección, basados en el algoritmo de Ford–Fulkerson.

> ### Ejercicio 8.4.4.2*
>
> Imagina que tenemos un grafo de flujo grande como, por ejemplo, $V = 1M$, $E = 10M$, y que hemos ejecutado nuestro mejor código para flujo máximo durante varias horas, para obtener el valor de ese flujo máximo. Entonces, observas con horror que *exactamente una* de las aristas $u \to v$ tiene una capacidad inicial errónea. En vez de c, debería haber sido $c + 1$. ¿Podrías encontrar una solución de corrección rápida, en $O(V)$, que evite volver a ejecutar el algoritmo de flujo máximo en todo el grafo? ¿Y si, en vez de c, debería haber sido $c - 1$?

> ### Ejercicio 8.4.4.3*
>
> Utiliza el código que incluye tanto el algoritmo de Edmonds–Karp como el de Dinic, que hemos reproducido antes. Compáralos en varios de los ejercicios de programación de esta sección. ¿Notas diferencias significativas en el tiempo de ejecución?

> ### Ejercicio 8.4.4.4*
>
> Construye un grafo de flujo tal que, bien el algoritmo de Edmonds–Karp o bien el de Dinic, encuentren tantos aumentos de camino s-t como sea posible.

Perfiles de los inventores de algoritmos

Jack R. Edmonds (nacido en 1934) es matemático. Con Richard Karp, inventó el **algoritmo de Edmonds–Karp**, que calcula el flujo máximo en una red de flujo en $O(VE^2)$ [13]. También inventó un algoritmo para el MST en grafos dirigidos (problema de arborescencia). Este fue propuesto inicialmente, de forma independiente, por Chu y Liu (1965) y, posteriormente, por Edmonds (1967), de ahí que se le llame **algoritmo de Chu–Liu/Edmonds** [6]. Sin embargo, su aportación más importante es, probablemente, el **algoritmo de emparejamiento** de Edmonds, uno de los artículos de ciencias de la computación más citados [12].

Richard Manning Karp (nacido en 1935) es un científico de la computación. Ha realizado muchos descubrimientos importantes para las ciencias de la computación, en el ámbito de los algoritmos de combinatoria. En 1971, publicó, junto a Edmonds, el **algoritmo de Edmonds–Karp**, para resolver el problema del flujo máximo [13]. En 1973, John Hopcroft y él publicaron el **algoritmo de Hopcroft–Karp**, que sigue siendo el método más rápido conocido para encontrar el emparejamiento bipartito de cardinalidad máxima [23].

Delbert Ray Fulkerson (1924-1976) fue un matemático estadounidense, coautor del **método Ford–Fulkerson**, un algoritmo para resolver el problema del flujo máximo en redes. En 1956 publicó su artículo sobre el método Ford–Fulkerson, junto a Lester R. Ford.

Yefim Dinitz es el científico de la computación que inventó el algoritmo de Dinic.

8.4.5 Modelado de grafos de flujo – Clásico

Con el código ya visto en la sección 8.4.4 para el algoritmo de Dinic, resolver un problema de flujo de red (especialmente de flujo máximo) es, ahora, más sencillo. Es cuestión de:

1. Reconocer que el problema es, efectivamente, de flujo de red (esta habilidad irá mejorando a medida que vayas resolviendo más problemas del mismo estilo).

2. Construir el grafo de flujo adecuado (es decir, si utilizas el código que hemos mostrado, establecer el número correcto de vértices V, añadir las aristas adecuadas del grafo de flujo y establecer los valores apropiados para s y t).

3. Ejecutar el código del algoritmo de Dinic en ese grafo de flujo.

Existen diversas variantes/aplicaciones de interés en los problemas que implican el flujo en una red. Trataremos ahora los clásicos, y dejaremos el resto para las secciones 8.5 (MCBM), 8.6 y 9.25. Algunas de estas técnicas también se podrían aplicar a otros problemas de grafos.

Emparejamiento bipartito de cardinalidad máxima (MCBM)

Una de las aplicaciones comunes del algoritmo de flujo máximo es la de resolver un problema específico de emparejamiento de grafos denominado emparejamiento bipartito de cardinalidad máxima (MCBM). Sin embargo, proponemos, para ello, un algoritmo más específico: el algoritmo de aumento de camino (más detalles en la sección 8.5). En su lugar, estudiaremos otra variante del emparejamiento de grafos: el problema de asignación, donde la solución de flujo máximo es preferible (ver también el **ejercicio 8.4.5.2***).

Problema de asignación

Hemos mostrado un ejemplo de *modelado* del grafo de flujo (residual) del problema UVa 00259 - Software Allocation[14]. El enunciado resumido de este problema es el siguiente: tienes 26 aplicaciones (etiquetadas de la 'A' a la 'Z'), hasta 10 ordenadores (numerados del 0 al 9), el número de personas que han venido a utilizar cada aplicación ese día (un entero positivo de un dígito, o `[1..9]`), la lista de ordenadores en los que se puede ejecutar una aplicación en particular y el hecho de que cada ordenador solo puede ejecutar una aplicación ese día. La tarea consiste en determinar si se puede realizar una asignación (es decir, un *emparejamiento*) de aplicaciones a ordenadores válidos y, si es así, generar esa posible asignación. En caso contrario, basta con escribir un signo de exclamación '!'.

En la figura 8.18 se muestra una formulación de un grafo de flujo (bipartito). Indexamos los vértices como `[0..37]`, ya que hay 26+10+2 vértices especiales = 38 vértices. Se asigna el índice 0 al origen s, las 26 posibles aplicaciones son `[1..26]`, los 10 posibles ordenadores son `[27..36]` y, finalmente, el desagüe t obtiene el índice 37.

---

[14]En realidad, este problema tiene un tamaño de entrada pequeño (solo hay 26+10 = 36 vértices, más otros 2: el origen y el desagüe), lo que hace que se pueda resolver mediante *backtracking* recursivo (ver el Volumen I). Si el grafo dado implica entorno a [100..200] vértices, el flujo máximo es la solución buscada. El nombre de este problema es 'problema de asignación', o emparejamiento bipartito (especial) con capacidad.

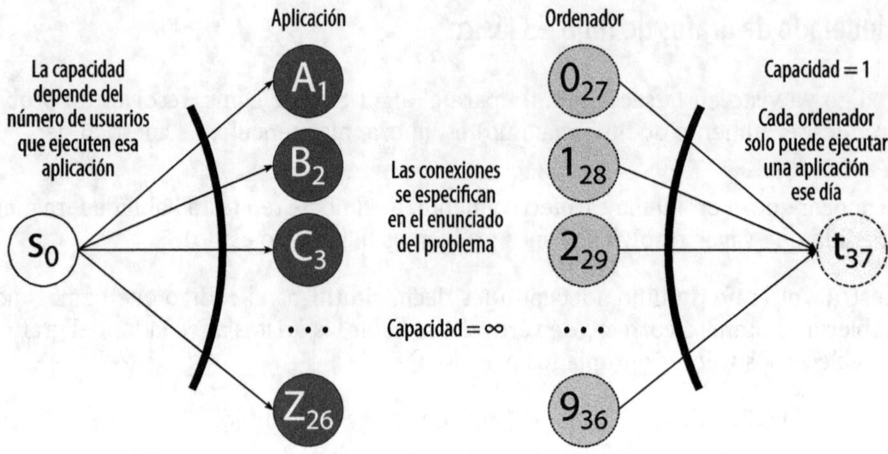

Figura 8.18: Grafo residual de UVa 00259 [36]

Después, vinculamos las aplicaciones a los ordenadores válidos, como se indica en el enunciado del problema. Conectamos el origen s a todas las aplicaciones y conectamos todos los ordenadores al desagüe t. Todas las aristas de este grafo de flujo son *dirigidas*. El problema indica que puede haber *más de un* usuario (digamos que X) que puede utilizar una aplicación concreta A en un día dado. Por lo tanto, establecemos el peso de la arista dirigida (capacidad) del origen s a una aplicación en particular A como X. El problema también indica que cada ordenador solo se puede usar una vez. Así, fijamos el peso de la arista dirigida de cada ordenador B al desagüe t como 1. El peso de la arista entre aplicaciones y ordenadores válidos será ∞. Con esta disposición, si existe un flujo desde una aplicación A a un ordenador B y, de ahí, al desagüe t, habrá *una asignación (un emparejamiento)* entre esa aplicación A y el ordenador B.

Una vez que tengamos este grafo de flujo, podemos ejecutar sobre él nuestra implementación del algoritmo de Edmonds–Karp (vista antes), para obtener el flujo máximo `mf`. Si `mf` es igual al número de aplicaciones ejecutadas ese día, significa que tenemos una solución, es decir, si hay X usuarios ejecutando la aplicación A, entonces el algoritmo de Edmonds–Karp debe encontrar X caminos diferentes (emparejamientos) desde A hasta el desagüe t (igual para el resto).

Las asignaciones aplicación → ordenador se pueden encontrar fácilmente, comprobando las aristas atrás entre los ordenadores (vértices 27-36) y las aplicaciones (vértices 1-26). Una arista atrás (ordenador → aplicación) en la matriz residual `res`, contendrá el valor +1, si la arista adelante correspondiente (aplicación → ordenador) está seleccionada en los caminos que aportan al flujo máximo `mf`. Esta es también la razón por la que comenzamos el grafo de flujo utilizando solo aristas *dirigidas* de las aplicaciones a los ordenadores.

Corte mínimo

Vamos a definir un corte s-t C = (componente-S, componente-T) como una partición de $V \in G$, de forma que el origen $s \in$ componente-S y el desagüe $t \in$ componente-T. Definimos también un *conjunto de cortes* de C como el conjunto $\{(u, v) \in E \mid u \in$ componente-S, $v \in$ componente-$T\}$, de forma que, si se eliminan todas las aristas del conjunto de cortes de C, el flujo máximo de s a t sea 0 (es decir, s y t estén desconectados). El coste de un corte s-t C, se define como la suma de la capacidad de las aristas en el conjunto de cortes de C. El problema del corte mínimo consiste en minimizar la capacidad de un corte s-t. Este problema es más generalista que la búsqueda de puentes (ver el Volumen I), es decir, en este caso podemos cortar *más* de una arista, y queremos hacerlo de la forma menos costosa. Como con los puentes, el corte mínimo tiene aplicaciones en el 'sabotaje' de redes, por ejemplo, un problema de corte mínimo puro es UVa 10480 - Sabotage.

La solución es sencilla: el subproducto del cálculo del flujo máximo es el corte mínimo. Una vez ha finalizado el algoritmo del flujo máximo, ejecutamos un nuevo recorrido del grafo (DFS/BFS) desde el origen s. Todos los vértices alcanzables por el origen s, utilizando aristas de peso positivo en el grafo residual, pertenecen al componente-S. Todos los vértices no alcanzables pertenecen al componente-T. Todas las aristas que conectan el componente-S con el componente-T, pertenecen al conjunto de cortes de C. El valor del corte mínimo es igual al valor del flujo máximo `mf`. Este es el mínimo de todos los cortes s-t posibles.

Multiorigen/multidesagüe

En ocasiones, podemos tener más de un origen y/o más de un desagüe. Sin embargo, esta variante no es más difícil que el problema de flujo de red original, con origen y desagüe únicos. Creamos un superorigen ss y un superdesagüe st. Conectamos ss con todos los s con capacidad infinita, y todos los t con st, también con capacidad infinita, y ejecutamos el algoritmo de flujo máximo con normalidad.

Capacidad de los vértices

También existe una variante de flujo de red en la que las capacidades no vienen determinadas solo por las aristas, sino *también por los vértices*. Para resolverla, podemos utilizar la técnica de la *división de vértices* que, por desgracia, *duplica* el número de vértices del grafo de flujo. Un grafo ponderado con peso en los vértices se puede convertir en otro más cómodo, *sin* peso en los vértices, dividiendo cada vértice ponderado v en v_{in} y v_{out}, reasignando las aristas entrantes y salientes a v_{in}/v_{out}, respectivamente, y, por último, estableciendo el peso del vértice original v como peso de la arista $v_{in} \rightarrow v_{out}$. En la figura 8.19 hay una ilustración de ello. Con todos los pesos ya asignados a las aristas, se ejecuta el algoritmo de flujo máximo con normalidad.

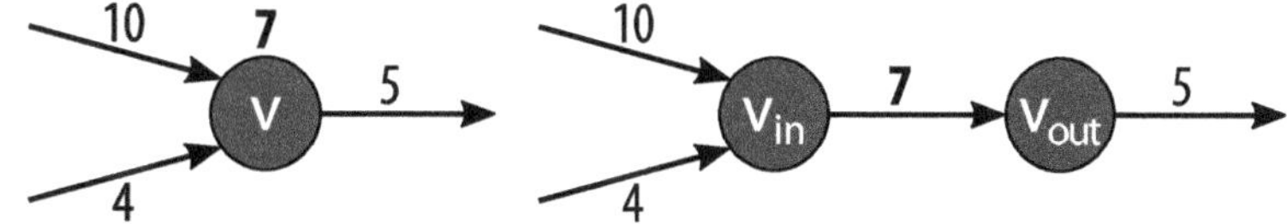

Figura 8.19: Técnica de división de vértices

La implementación del código de flujo máximo con división de vértices se puede simplificar mediante la siguiente técnica (existen otras formas de hacerlo). Si los vértices V originales están etiquetados con los índices estándar $[0..V - 1]$, después de la división tendremos $2 \times V$ vértices y los rangos $[0..V - 1]/[V..2 \times V - 1]$ serán los índices de v_{in}/v_{out}, respectivamente. Después, podemos definir estas dos funciones auxiliares:

```
int in (int v) { return v;   }
int out(int v) { return V+v; }                    // desplazar v por V índices
```

Caminos independientes y arista–disjuntos

Se dice que dos caminos que empiezan en un vértice s y van hasta un vértice de desagüe t, son *independientes* (vértice–disjuntos), si no comparten ningún vértice, aparte de s y t. También se dice que dos caminos que empiezan en un vértice s y van hasta un desagüe t, son arista–disjuntos si no comparten ninguna arista (pero pueden compartir más vértices que s y t).

El problema de encontrar el número máximo de caminos independientes desde el origen s al desagüe t, se puede reducir al problema de flujo de red (máximo). Construimos una red de flujo $N = (V, E)$, a partir de G, con capacidades en los vértices, donde N es un calco de G, con la salvedad de que la capacidad de cada $v \in V$ es 1 (es decir, cada vértice se puede utilizar una sola vez, ver cómo abordar la capacidad de los vértices en lo ya dicho en esta sección) y la capacidad de cada $e \in E$ también es 1 (es decir, cada arista también se puede utilizar una sola vez). Después, ejecutamos el algoritmo de flujo máximo con normalidad.

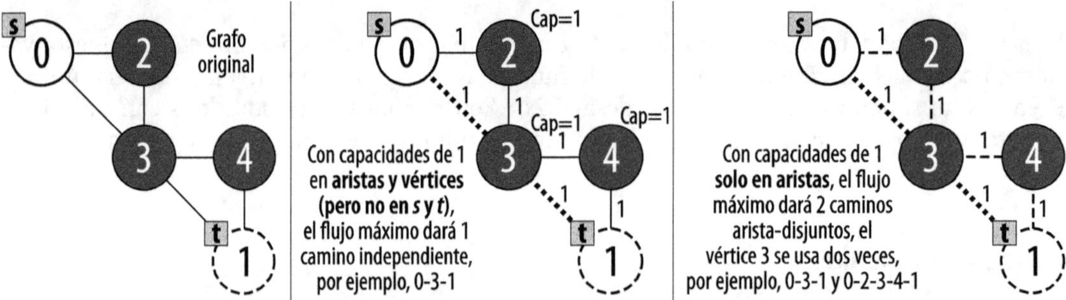

Figura 8.20: Comparativa de caminos independientes y caminos arista–disjuntos máximos

Encontrar el número máximo de caminos arista–disjuntos, desde s a t, es similar a encontrar los caminos independientes (máximos). La única diferencia es que, esta vez, no asignaremos capacidad a los vértices, lo que implica que dos caminos arista–disjuntos pueden compartir un mismo vértice. En la figura 8.20, hay una comparativa entre los caminos independientes y los caminos arista–disjuntos máximos desde $s = 0$ a $t = 1$.

Problema de eliminación de béisbol

Enunciado resumido del problema Kattis - unfairplay: imaginemos una liga deportiva ficticia. Tenemos N ($1 \leq N \leq 100$) equipos y la puntuación actual de los mismos. Después, recibimos el valor M ($0 \leq M \leq 1000$) y una lista de los M partidos restantes entre dos equipos a y b ($a \neq b$). Los equipos están numerados de 1 a N y tu equipo es N. Una victoria/empate/derrota vale 2/1/0 puntos, respectivamente. La pregunta es si todavía podrías ganar (teóricamente) la liga (acumular un total de puntos superior al de cualquier otro equipo).

La primera condición necesaria es evidente. El equipo N debe ganar todos sus encuentros si juega en alguno de los M partidos restantes. Si la mejor puntuación teórica de N es insuficiente para derrotar al equipo que tenga mayor puntuación en este momento de la liga, entonces, evidentemente, N no podrá ganar con independencia del número de partidos restante.

Satisfecha la primera condición, debemos enfrentarnos a la segunda. Puede que no sea tan evidente, pero constituye el problema de flujo máximo clásico denominado problema de eliminación de béisbol (y tiene numerosas variantes). Por cada M' ($M' \leq M$) partidos restantes que *no impliquen* al equipo N, construimos el siguiente grafo de flujo bipartito (origen s, partidos restantes sin el equipo N, lista de los equipos sin el equipo N y desagüe t):

- Conectar el origen s a todos los vértices i de partidos restantes, que no impliquen al equipo N, con capacidad 2, para indicar que este partido restante supone 2 puntos.

- Conectar un vértice de partido i a los dos equipos (a y b, $a \neq N$, $b \neq N$) que disputen este partido i, con capacidad 2 (o más, podemos establecerlo a ∞).

- Conectar un equipo j al desagüe t con la siguiente capacidad específica: puntos del equipo N (nosotros) – puntos actuales del equipo j – 1 (esta es la puntuación máxima que podrá acumular j para que N (nosotros) todavía pueda ganar la liga).

Ahora resultará fácil comprobar que si el flujo máximo de este grafo de flujo (bipartito) construido especialmente no es $2 \times M'$, el equipo N ya no podrá ganar la liga.

Ejercicio 8.4.5.1

¿Por qué utilizamos ∞ para los pesos (capacidades) de las aristas dirigidas de las aplicaciones a los ordenadores? ¿Podríamos utilizar la capacidad 1 en vez de ∞?

Ejercicio 8.4.5.2*

¿Se puede resolver el problema general de asignación (emparejamiento bipartito con capacidad, no solo este problema de ejemplo UVa 00259) con el algoritmo estándar de emparejamiento bipartito de cardinalidad máxima (MCBM), que vimos en el Volumen I (repetido después en la sección 8.5)? Si es posible, indica cuál es la mejor solución. Si no es posible, explica el motivo.

Ejercicio 8.4.5.3*

Una operación de flujo máximo habitual en concursos de programación modernos es la de *obtener* (o, incluso, *actualizar*) el flujo (y/o la capacidad) de una arista concreta $u \rightarrow v$ (una vez que se ha hallado el flujo máximo). Una aplicación potencial es la de identificar/mostrar las aristas que forman parte de la asignación máxima (emparejamiento bipartito con capacidad). Muestra cómo modificar el código de biblioteca para flujo máximo, que hemos proporcionado, para permitir esta operación. Pista: necesitamos un método rápido, en $O(1)$, para identificar rápidamente a la arista $u \rightarrow v$ dentro del EL que contiene hasta E aristas.

8.4.6 Modelado de grafos de flujo – No clásico

Repetimos que la parte más difícil de tratar con el problema del flujo de red, es modelar el grafo de flujo (asumiendo que tenemos un buen código para el flujo máximo ya escrito). En la sección 8.4.5, hemos visto varios ejemplos de modelado de grafos de flujo. Ahora veremos otro (más complicado), para el problema UVa 11380 - Down Went The Titanic, que está considerado como 'no clásico'. Un consejo antes de continuar leyendo: no te limites a memorizar la solución, trata de entender los pasos clave necesarios para obtener el grafo de flujo requerido.

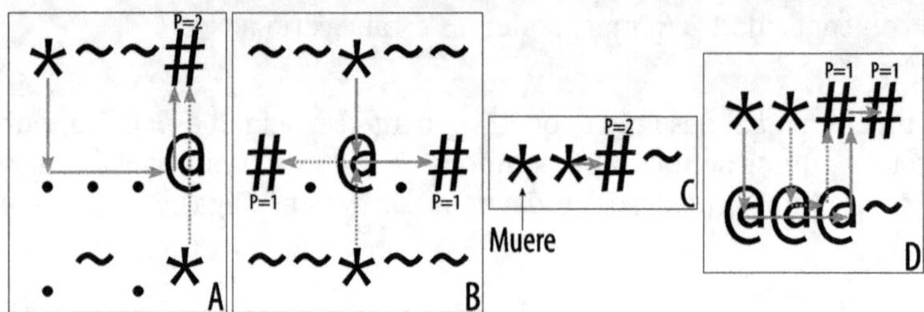

Figura 8.21: Algunos casos de prueba de UVa 11380

En la figura 8.21, encontramos cuatro pequeños casos de prueba para UVa 11380. Tenemos una pequeña rejilla bidimensional, que contiene los cinco caracteres de la tabla 8.1. Queremos poner la mayor cantidad de '*' (gente, un 50% del tamaño de la rejilla como máximo) en los diferentes lugares seguros: las '#' (tablas grandes, con capacidad P ($1 \leq P \leq 10$)). Las flechas sólidas y punteadas de la figura 8.21 indican la respuesta.

Símbolo	Significado	Veces usado (capacidad del vértice)
*	Gente en el hielo flotante	1
~	Agua congelada (no se puede usar)	0
.	Hielo flotante	1
@	Iceberg grande	∞
#	Tabla grande	∞

Tabla 8.1: Caracteres utilizados en UVa 11380

Para modelar el grafo de flujo, podemos utilizar el siguiente proceso mental. En la figura 8.22.A, comenzamos conectando las celdas que no son '~', con una capacidad grande (1000 es suficiente para este problema). Esto describe los posibles movimientos en la rejilla.

En la figura 8.22.B, establecemos la capacidad de los vértices de las casillas "*" y '.' a 1, para indicar que solo se pueden utilizar *una vez*. Después, establecemos la capacidad de los vértices de '@' y '#' a un valor grande (nuevamente 1000 es suficiente en este caso) para indicar que se pueden utilizar *varias veces*. Esto se resume en la columna **Veces usado (capacidad del vértice)** de la tabla 8.1.

En la figura 8.22.C, creamos un supervértice de origen s y un supervértice de desagüe t. El origen s está conectado a todas las casillas "*", con capacidad 1, de la rejilla, para indicar que hay una persona a la que salvar. Todas las casillas '#' de la rejilla están conectadas al desagüe t, con capacidad P, para indicar que la tabla grande se puede utilizar P veces.

En este punto, la respuesta solicitada (el número de supervivientes), equivale al valor del flujo máximo entre el origen s y el desagüe t en este grafo de flujo. Como el grafo de flujo utiliza las capacidades de los vértices (según se describen en la tabla 8.1), tenemos que utilizar la técnica de *división de vértices* que hemos visto antes.

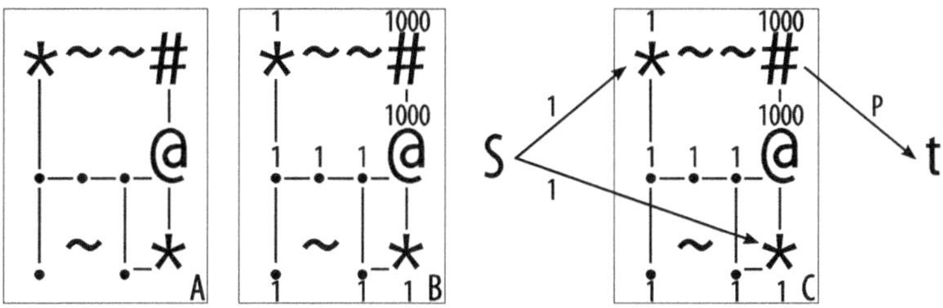

Figura 8.22: Modelado del grafo de flujo

Ejercicio 8.4.6.1

¿Son el algoritmo de Edmonds–Karp, en $O(VE^2)$, o el de Dinic, en $O(V^2E)$, lo suficientemente rápidos para calcular el valor del flujo máximo en el grafo de flujo más grande posible en el problema UVa 11380: rejilla de 30×30 y $P = 10$? ¿Por qué o por qué no?

8.4.7 Flujo de red en concursos de programación

En el momento de publicación de este libro, cuando un problema de flujo de red, normalmente máximo, aparece en un concurso de programación, *suele* ser uno de los problemas 'decisivos'. Muchos de los problemas de grafos interesantes del ICPC están escritos de forma que, a primera vista, no parezcan de flujo de red. Lo más difícil para el concursante es darse cuenta de que el problema subyacente es, de hecho, de flujo de red y, a partir de ahí, pueda modelar el grafo de flujo correctamente. Esta habilidad clave se desarrolla mediante la práctica.

Para ahorrar tiempo, siempre escaso, en la programación (y, especialmente, en la depuración) del código, relativamente largo, del flujo máximo, sugerimos que, en un equipo del ICPC, uno de los miembros dedique un esfuerzo significativo en preparar un buen código de flujo máximo (la implementación del algoritmo de Dinic, en la sección 8.4.4 o, quizá, el algoritmo de empujar–reetiquetar de la sección 9.24) y pruebe a resolver varios problemas de flujo de red, de entre los disponibles en muchos jueces en línea, para mejorar su confianza con los flujos de red y sus variantes. En la lista de ejercicios de programación de esta sección, hemos incluido algunos sencillos de flujo de red máximo, emparejamiento bipartito con capacidad (problema de asignación), corte mínimo y flujo de red con capacidades en los vértices. Intenta resolver todos los que puedas y prepara subrutinas auxiliares allí donde sea necesario (por ejemplo, para la parte de división de vértices, el listado de las aristas empleadas efectivamente en el flujo máximo, como en el **ejercicio 8.4.5.3***, etc.).

En la sección 8.5, veremos que el problema clásico del emparejamiento bipartito de cardinalidad máxima (MCBM) se puede resolver también mediante flujo máximo, aunque existe un algoritmo más sencillo y específico. Más adelante, trataremos algunos problemas más difíciles, relacionados con flujo de red como, por ejemplo, el problema del conjunto independiente *ponderado* máximo en grafos bipartitos (sección 8.6.6), el algoritmo de empujar–reetiquetar (sección 9.24) y el problema del flujo (máximo) de coste mínimo (sección 9.25).

En la IOI, el flujo de red (y sus variantes) no se encuentra incluido en el temario [16]. Por lo tanto, los concursantes de la IOI podrían ignorar esta sección. Sin embargo, creemos que es una buena idea que se adelanten a las materias más avanzadas, para mejorar sus capacidades con problemas de grafos.

Ejercicios de programación

Ejercicios de programación relativos a flujo de red:

Estándar

1. Nivel básico: **UVa 00820 - Internet Bandwidth** * — LA 5220 - WorldFinals Orlando00, problema de flujo máximo muy básico
2. **UVa 11167 - Monkeys in the Emei ... *** — muchas aristas en el grafo de flujo, comprimir las aristas de capacidad 1 cuando sea posible, utilizar Dinic
3. **UVa 11418 - Clever Naming Patterns *** — dos capas de emparejamiento de grafos (en realidad no es emparejamiento bipartito), utilizar solución de flujo máximo
4. **UVa 12873 - The Programmers *** — LA 6851 - Bangkok14, problema de asignación, similar a UVa 00259, 11045 y 10092, usar Dinic
5. *Kattis - dutyscheduler* * — probar todas las posibilidades (el rango de respuestas es pequeño), problema de asignación, emparejamiento con capacidad, flujo máximo
6. *Kattis - jupiter* * — buen problema de modelado, un buen ejercicio para quienes quieran dominar el modelado de flujo máximo
7. *Kattis - mazemovement* * — utilizar GCD para todos los pares de vértices en la construcción del grafo de flujo, después es un problema de flujo máximo estándar

Adicionales UVa: *00259, 10092, 10779, 11045, 11082.*
Adicionales Kattis: *councilling, maxflow, mincut, piano, tomography, waif, water.*

Variantes

1. Nivel básico: **UVa 00563 - Crimewave** * — comprobar si el número máximo de caminos independientes en el grafo de flujo es igual a b bancos
2. **UVa 11380 - Down Went The ... *** — modelado de flujo máximo con capacidades en los vértices, similar a UVa 12125
3. **UVa 11757 - Winger Trial *** — construir el grafo de flujo con un poco de geometría simple que implica círculos, corte mínimo desde s/izquierda a t/derecha
4. **UVa 11765 - Component Placement *** — variante interesante del corte mínimo
5. *Kattis - avoidingtheapocalypse* * — modelado de flujo máximo interesante, volar los vértices en base al tiempo
6. *Kattis - thekingofthenorth* * — problema de corte mínimo interesante
7. *Kattis - transportation* * — flujo máximo con capacidades en los vértices

Adicionales UVa: *01242, 10330, 10480, 11506.*
Adicionales Kattis: *budget, chesscompetition, congest, conveyorbelts, copsandrobbers, darkness, fakescoreboard, floodingfields, landscaping, marchofpenguins, neutralground, openpitmining, unfairplay.*

8.5 Emparejamiento de grafos

8.5.1 Introducción y motivación

El emparejamiento de grafos es el problema de seleccionar un subconjunto de aristas M de un grafo $G(V, E)$, de forma que un mismo vértice no esté compartido por dos aristas. La mayor parte de las veces, lo que nos interesa es el emparejamiento de *cardinalidad máxima*, es decir, queremos saber el *número máximo de aristas* que podemos emparejar en un grafo G. Otra cuestión habitual es el emparejamiento *perfecto*, donde tenemos que cumplir tanto con la cardinalidad máxima como con el hecho de que ningún vértice quede sin emparejar[15]. Si la aristas son no ponderadas, el coste de dos emparejamientos distintos con la misma cardinalidad es siempre igual. Sin embargo, si las aristas son ponderadas, este aspecto deja de ser cierto.

A diferencia de otros problemas de grafos, que hemos visto en el capítulo 4 del Volumen I y en la sección 8.4, donde existen algoritmos polinómicos relativamente sencillos de explicar, los algoritmos para los problemas de emparejamiento de grafos resultan más complejos, aunque siguen siendo polinómicos. Esto hace que, en muchos concursos de programación, los problemas de emparejamiento de grafos resulten decisivos para el resultado.

8.5.2 Variantes del emparejamiento de grafos

El atributo más importante en los problemas de emparejamiento de grafos de los concursos de programación, que puede alterar (de forma significativa) el nivel de dificultad, es si el grafo de entrada es bipartito. El emparejamiento de grafos es más sencillo en grafos bipartitos y mucho más complejo en grafos generales. Hay un subconjunto de problemas de emparejamiento bipartito que es, de hecho, abordable mediante el algoritmo voraz que vimos en el Volumen I y que no es objeto de esta sección.

Sin embargo, aunque el grafo de entrada no sea bipartito, los problemas de emparejamiento de grafos se pueden resolver mediante programación dinámica con máscara de bits, siempre que el número de vértices implicado sea pequeño. Usamos esta variante en la primera página del Volumen I, está tratada en profundidad en la sección 8.3.1 y no es el objeto de esta sección.

El segundo atributo más importante, después de verificar si el grafo de entrada es bipartito, se encuentra en el hecho de si es no ponderado. El emparejamiento de grafos es más sencillo en los grafos no ponderados o, dicho de otra forma, es más complejo es los grafos ponderados.

Estas dos características generan cuatro variantes, como mostramos a continuación (ver también la parte inferior de la figura 8.23). Somos conscientes de la existencia de otras variantes sobre emparejamiento de grafos, muy poco habituales, más allá de las cuatro descritas, como el problema del matrimonio estable[16] o el teorema del matrimonio de Hall[17]. Sin embargo, en esta sección nos concentraremos únicamente en las siguientes cuatro variantes:

---

[15]Si V es impar, el emparejamiento perfecto resulta imposible. El emparejamiento perfecto se puede resolver hallando la cardinalidad máxima normal y comprobando después si todos los vértices están emparejados, de forma que trataremos esta variante en los mismos términos que el emparejamiento de cardinalidad máxima.

[16]Dados n hombres y n mujeres y donde cada persona ha clasificado a todos los miembros del sexo contrario en orden de preferencia, formar matrimonios entre hombres y mujeres de forma que no haya dos personas de sexos opuestos que prefiriesen tener parejas distintas a las asignadas.

[17]Supongamos un grafo bipartito con conjuntos bipartitos L y R. El teorema del matrimonio de Hall afirma que existe un emparejamiento que cubre a L si, y solo si, por cada conjunto W de L, $|W| \leq |N(W)|$ donde $N(W)$ es el conjunto de todos los vértices de R adyacentes a algún elemento de W.

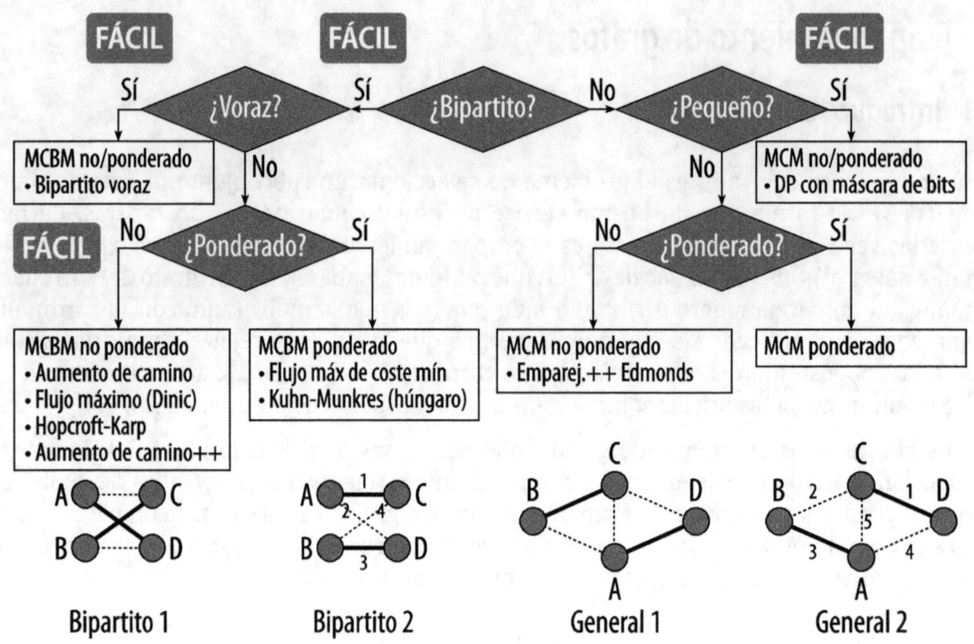

Figura 8.23: Las cuatro variantes de emparejamiento de grafos más comunes en concursos

1. Emparejamiento bipartito de cardinalidad máxima no ponderado (MCBM no ponderado).

   Es la variante más sencilla y común. En la parte inferior de la figura 8.23 (Bipartito 1), el valor del MCBM es 2 y existen dos soluciones posibles: {A-D, B-C}, como se muestra, o {A-C, B-D}. Describiremos algoritmos que pueden operar con grafos de hasta $V \leq 1500$.

2. Emparejamiento bipartito de cardinalidad máxima ponderado (MCBM ponderado).

   Problema similar al anterior, pero ahora las aristas de G tienen peso. Normalmente, buscaremos el MCBM de *menor* o *mayor* peso total. En la parte inferior de la figura 8.23 (Bipartito 2), el valor del MCBM es 2. El peso del emparejamiento {A-D, B-C} es $2 + 4 = 6$ y el peso del emparejamiento {A-C, B-D} es $1 + 3 = 4$. Si nuestro objetivo es obtener el peso mínimo total, devolveremos {A-C, B-D}, como se muestra. En este libro, describiremos algoritmos que pueden operar con grafos de hasta $V \leq 450$.

3. Emparejamiento de cardinalidad máxima no ponderado (MCM no ponderado).

   No se garantiza que el grafo sea bipartito, pero buscamos la cardinalidad máxima. En la parte inferior de la figura 8.23 (General 1), el valor del MCM es 2 y existen dos soluciones posibles: {A-D, B-C}, como se muestra, o {A-B, C-D}. En este libro, describiremos algoritmos que pueden operar con grafos de hasta $V \leq 450$.

4. Emparejamiento de cardinalidad máxima ponderado (MCM ponderado).

   En la parte inferior de la figura 8.23 (General 2), el valor del MCM es 2. El peso del emparejamiento {A-D, B-C} es $4 + 2 = 6$ y el peso del emparejamiento {A-B, C-D} es $3 + 1 = 4$. Si nuestro objetivo es obtener el peso mínimo total, devolveremos {A-B, C-D}, como se muestra. Esta es la variante más difícil. En este libro solo describiremos un algoritmo de programación dinámica con máscara de bits, que únicamente puede operar con grafos de hasta $V \leq 20$.

8.5.3 MCBM no ponderado

Esta variante es la más sencilla, ya hemos visto varias soluciones en la sección sobre grafos bipartitos del Volumen I, la sección 8.4 (solución basada en el flujo de red) y volveremos a encontrarla en la sección 9.26 (algoritmo de Hopcroft–Karp, únicamente para grafos bipartitos). Los problemas de MCBM no ponderado también pueden aparecer dentro de casos especiales de algunos problemas NP-complejos, como los de la cobertura mínima de vértices (MVC), conjunto independiente máximo (MVC) y la cobertura de caminos mínima en un DAG (consultar la sección 8.6 una vez finalizada esta). La siguiente lista enumera cuatro posibles soluciones a esta variante:

1. Algoritmo de aumento de camino en $O(VE)$ para MCBM no ponderado.

   Ver los comentarios a continuación.

2. Reducir el problema del MCBM no ponderado al de flujo máximo.

   Revisar la sección 8.4 para el tratamiento del algoritmo de flujo máximo.

   El problema del MCBM se puede reducir al de flujo máximo asignando un supervértice de origen s, conectado a todos los vértices de set1, mientras que todos los de set2 se conectarán a un supervértice de desagüe t. Las aristas son dirigidas ($s \rightarrow u, u \rightarrow v, v \rightarrow t$, donde $u \in$ set1 y $v \in set2$). Al establecer las capacidades de todas las aristas de este grafo de flujo a 1, obligamos a que todos los vértices de set1 se emparejen con, al menos, un vértice de set2. El flujo máximo será igual al número máximo de emparejamientos del grafo original (ver un ejemplo en la parte derecha de la figura 8.24). La complejidad de tiempo depende del algoritmo de flujo máximo elegido, es decir, será rápida, en $O(\sqrt{V}E)$, si utilizamos el algoritmo de Dinic en dicho grafo de flujo.

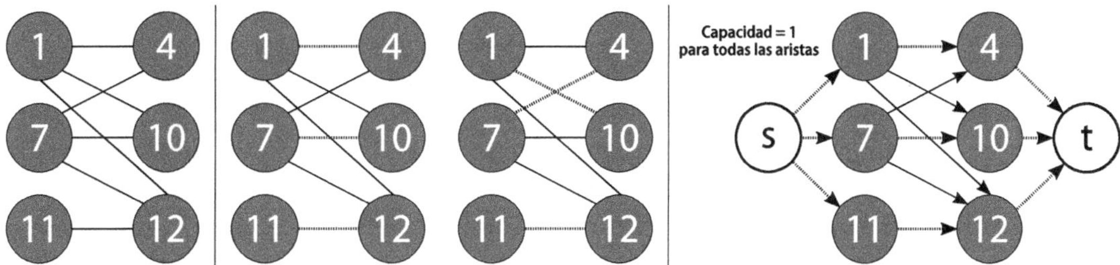

Figura 8.24: El problema del emparejamiento bipartito se puede reducir a uno de flujo máximo

3. Algoritmo de Hopcroft–Karp en $O(\sqrt{V}E)$ para MCBM no ponderados.

   Ver más detalles en la sección 9.26. Probablemente no necesitaremos este algoritmo en concursos de programación, pues es idéntico al de flujo máximo de Dinic.

4. Algoritmo++ de aumento de camino en $O(kE)$ para MCBM no ponderados.

   Ver los comentarios a continuación.

Algoritmo++ de aumento de camino para MCBM

La implementación del lema de Berge en el algoritmo de aumento de camino en $O(VE)$, que vimos en el Volumen I (y que reproducimos a continuación), suele bastar para resolver los problemas de MCBM más sencillos.

```cpp
vi match, vis;                                    // variables globales
vector<vi> AL;

int Aug(int L) {
  if (vis[L]) return 0;                           // L visitado, devolver 0
  vis[L] = 1;
  for (auto &R : AL[L])
    if ((match[R] == -1) || Aug(match[R])) {
      match[R] = L;                               // intercambiar estado
      return 1;                                   // 1 emparejamiento
    }
  return 0;                                       // ningún emparejamiento
}
```

Este resulta no ser el mejor algoritmo para hallar el MCBM. Los algoritmos de Dinic [11] (ver la sección 8.4.4) o Hopcroft–Karp [23] (en esencia una variante del algoritmo de Dinic, ver la sección 9.26), pueden resolver el problema del MCBM con la mejor complejidad de tiempo teórica conocida, de $O(\sqrt{V}E)$, permitiéndonos resolver el problema del MCBM en grafos bipartitos más grandes o cuando el problema del MCBM es un subproblema de otro más amplio.

Sin embargo, no tenemos ninguna obligación de utilizar estos algoritmos más vistosos para resolver el problema del MCBM con eficacia. De hecho, se puede utilizar una sencilla mejora al algoritmo básico de aumento de camino, que hemos tratado, para evitar su complejidad de tiempo de $O(VE)$ en el peor caso en grafos bipartitos (casi) completos. La observación clave es que muchos emparejamientos triviales implican a un vértice libre (no emparejado), a una arista libre (no emparejada) y a otros vértices libres que se pueden localizar fácilmente mediante una rutina de procesamiento previo voraz y que puede implementarse en $O(V^2)$. Para evitar casos de prueba adversos, incluso podemos aleatorizar esta rutina de procesamiento previo voraz. Al hacerlo, reduciremos el número de vértices libres (en el conjunto izquierdo) desde V a una variable k, donde $k < V$. De forma empírica, hemos encontrado que esta k suele ser un número pequeño en varios grafos bipartitos aleatorios grandes y, posiblemente, no mayor que $\sqrt{V}$. Por lo tanto, la complejidad de tiempo de la implementación de este algoritmo++ de aumento de camino se estima en $O(V^2 + kE)$.

A continuación, incluimos el código correspondiente al paso de procesamiento previo voraz. Puedes comparar el rendimiento del algoritmo de aumento de camino, en varios problemas de MCBM, con y sin este paso de procesamiento previo.

```cpp
// dentro de int main()
// construir grafo bipartito no ponderado con aristas dirigidas izda->dcha
// que tenga V vértices y Vleft vértices en el conjunto izquierdo
unordered_set<int> freeV;
for (int L = 0; L < Vleft; ++L)
  freeV.insert(L);                                // asunción inicial
match.assign(V, -1);
int MCBM = 0;
// procesamiento previo voraz para aumentos de camino triviales
// haz pruebas ejecutando y no ejecutando este bucle for
```

```cpp
11    for (int L = 0; L < Vleft; ++L) {                     // O(V+E)
12      vi candidates;
13      for (auto &R : AL[L])
14        if (match[R] == -1)
15          candidates.push_back(R);
16      if ((int)candidates.size() > 0) {
17        ++MCBM;
18        freeV.erase(L);                                  // L emparejado
19        int a = rand()%(int)candidates.size();           // aleatorizar
20        match[candidates[a]] = L;
21      }
22    }                                                    // por cada vértice libre
23    for (auto &f : freeV) {                               // (en orden aleatorio)
24      vis.assign(Vleft, 0);                              // primero reiniciar
25      MCBM += Aug(f);                                     // intentar emparejar f
26    }
```

Puedes revisar el mismo código fuente que en el Volumen I.

C++	ch4/mcbm.cpp
Java	ch4/mcbm.java
Python	ch4/mcbm.py
OCaml	ch4/mcbm.ml

Ejercicio 8.5.3.1*

Hemos visto, en la parte derecha de la figura 8.24, una método para reducir un problema de MCBM (donde los pesos de todas las aristas son 1) a otro de flujo máximo. ¿Deben ser dirigidas las aristas del grafo de flujo? ¿Es correcto el uso de aristas no dirigidas en el grafo de flujo?

Ejercicio 8.5.3.2*

Construir un pequeño grafo bipartito no ponderado, de forma que sea casi imposible (*probabilidad* < 5 %) que el paso de procesamiento previo voraz aleatorizado tenga una suerte extraordinaria y no se utilice (en absoluto) el paso del algoritmo de aumento de camino.

8.5.4 MCBM ponderado y MCM ponderado/no ponderado

Mientras que el MCBM no ponderado es la variante de emparejamiento de grafos más sencilla, con varias soluciones posibles, las tres siguientes variantes resultan *poco habituales* en concursos de programación. Son mucho más complejas y necesitan algoritmos especializados que mencionaremos brevemente en el capítulo 9.

MCBM ponderado

Cuando las aristas del grafo bipartito son ponderadas, no todos los MCBM posibles son óptimos. Necesitamos escoger un MCBM (no necesariamente único) que tenga el mínimo peso total[18]. Una solución posible es reducir el problema del MCBM ponderado al de flujo máximo de coste mínimo (MCMF), que veremos en la sección 9.25. Alternativamente, si queremos obtener un MCBM ponderado *perfecto*[19], podemos utilizar el algoritmo de Kuhn–Munkres (húngaro), más *rápido* aunque más específico, que veremos en la sección 9.27.

MCM no ponderado

Mientras que el problema de emparejamiento de grafos es sencillo con grafos bipartitos, es 'complejo' en grafos generales. En el pasado, los científicos de la computación pensaron que estaban ante otro problema de optimización NP-completo (ver la sección 8.6), hasta que Jack Edmonds publicó, en su artículo de 1965 titulado *"Paths, trees, and flowers"* [12], un algoritmo polinómico y eficiente para resolverlo.

El problema principal es que, en un grafo general, podemos encontrar aumentos de ciclos de longitud impar. Edmonds llamó a esos ciclos 'flores' y veremos cómo trabajar con ellas en la sección 9.28.

La implementación en $O(V^3)$ (con un factor constante alto) del algoritmo de emparejamiento de Edmonds no es evidente, pero nos permite resolver el problema del MCM no ponderado en grafos de hasta $V \leq 200$. Por tanto, para hacer esta variante del emparejamiento de grafos más manejable, muchos autores de problemas limitan el tamaño de sus grafos generales no ponderados (por ejemplo, a $V \leq 20$), para que un algoritmo de DP con máscara de bits en $O(V \times 2^V)$ pueda resolverlos (ver el **ejercicio 8.3.1.1**).

MCM ponderado

Esta es, potencialmente, la variante más compleja. El grafo dado es un grafo general y las aristas tienen pesos asociados. En el entorno típico de un concurso de programación, la solución más probable será la DP con máscara de bits (sección 8.3.1), ya que los autores de los problemas procurarán que solo haya *un grafo general pequeño* y, quizá, también exijan el criterio de un emparejamiento perfecto en un grafo completo, para simplificar más el problema (sección 9.29).

---

[18]El problema del MCBM/MCM ponderado también puede pedir el máximo peso total.

[19]Siempre podemos transformar el problema del MCBM ponderado estándar a uno de MCBM ponderado perfecto, añadiendo vértices ficticios para hacer que el tamaño del conjunto izquierdo se iguale al del conjunto derecho al tiempo que añadimos aristas ficticias, con pesos apropiados, que no interfieran con la respuesta final.

VisuAlgo

Para ayudar al lector a entender estas variantes de emparejamiento de grafos, y sus soluciones, hemos creado la siguiente herramienta de visualización:

VISUALGO https://visualgo.net/en/matching

El usuario puede dibujar cualquier grafo no dirigido (y no ponderado) y la herramienta utilizará el algoritmo de emparejamiento de grafos correcto, en base a dos características: si el grafo de entrada es bipartito o no.

Ejercicios de programación

Los ejercicios de programación relativos al emparejamiento de grafos se encuentran dispersos a lo largo del libro:

Problemas de emparejamiento (bipartito) en el Volumen I.
Problemas de MCBM no ponderado en el Volumen I.
Problemas de asignación (emparejamiento bipartito con capacidad) en la sección 8.4.
Casos especiales de problemas NP-complejos reducibles a problemas MCBM no ponderado en las secciones 8.6.6 y 8.6.8.
Problemas de MCBM ponderado en las secciones 9.25 y 9.27.
Problemas de MCM (pequeño) en la sección 8.3 (DP).
Problemas de MCM no ponderado en la sección 9.28 (algoritmo de emparejamiento de Edmonds).
Otros problemas de MCM ponderado sobre *grafos generales pequeños* en la sección 9.29 (problema del cartero chino).

Perfiles de los inventores de algoritmos

Dénes Kőnig (1884-1944) fue un matemático húngaro que trabajó en el campo de la teoría de grafos, siendo autor del primer libro de texto publicado sobre la materia. En 1931, Kőnig describió una equivalencia entre el problema del emparejamiento bipartito de cardinalidad máxima (MCBM) y el de cobertura de vértices mínima (MVC), en el contexto de grafos bipartitos, es decir, demostró que el tamaño del MCBM es igual al tamaño de la MVC en grafos bipartitos, mediante su demostración constructiva.

Jenő Egerváry (1891-1958) fue un matemático húngaro que generalizó el teorema de Dénes Kőnig al caso de los grafos ponderados. Su trabajo, redactado originalmente en húngaro, fue traducido y popularizado por Kuhn en 1955.

Harold Williams Kuhn (1925-2014) fue un matemático estadounidense que publicó y popularizó el algoritmo descrito anteriormente por dos matemáticos húngaros: Kőnig y Egerváry.

James Raymond Munkres (nacido en 1930) es un matemático estadounidense que revisó el algoritmo húngaro de Kuhn en 1955 y analizó su complejidad de tiempo polinómica. En la actualidad, el algoritmo es conocido como de Kuhn–Munkres o 'húngaro'.

Philip Hall (1904-1982) fue un matemático inglés. Su principal aportación incluida en este libro es el teorema del matrimonio de Hall.

8.6 Problemas NP-complejos/completos

8.6.1 Preliminares

NP-complejo y NP-completo son clases de complejidad computacional relacionadas. Se dice que un problema de optimización (de maximización o minimización) es NP-complejo siempre que provenga de la reducción/transformación de un problema NP-completo conocido (algunos de los cuales mencionaremos en esta sección) en tiempo polinómico[20]. Se dice que un problema de decisión (sí/no) es NP-completo si es NP-complejo y, además, NP[21]. En resumen, salvo que $P = NP$, lo que, a día de hoy, no se ha demostrado, podemos afirmar que no existen soluciones eficientes, es decir, polinómicas, para los problemas pertenecientes a las clases de complejidad NP-complejo/completo. Invitamos al lector a consultar otras referencias, como [7].

Así, si recibimos un nuevo problema de un concurso de programación y podemos, de alguna manera, reducir o transformar un problema NP-complejo ya conocido a este 'nuevo' problema, en tiempo polinómico (hay que tener en cuenta la dirección de la reducción), deberemos hacernos la siguiente pregunta[22]: ¿es el límite del tamaño de entrada *relativamente pequeño*, es decir, $\approx$ 10 u 11 para los problemas de permutación, $\approx$ 20 o 21 para los problemas de subconjuntos? Si la respuesta es afirmativa, **no necesitaremos** perder tiempo pensando en soluciones eficientes/polinómicas durante el concurso, ya que tales soluciones no existirán salvo que $P = NP$. Debemos programar inmediatamente el mejor algoritmo de búsqueda completa (o, si existen subproblemas superpuestos, programación dinámica) con la mayor cantidad de poda posible.

Sin embargo, si el límite del tamaño de entrada *no es tan pequeño*, deberemos volver a leer el enunciado del problema y tratar de detectar cualquier límite *sutil* que convierta el problema NP-completo general en un caso especial que cuente con una solución polinómica.

Para mejorar nuestra capacidad de detección (rápida) de que un problema nuevo, normalmente disfrazado de una historieta sin relación aparente, es realmente NP-complejo/completo, necesitamos ampliar la lista de los problemas NP-completos que conocemos (así como sus variantes y soluciones polinómicas). En esta sección, presentamos una lista de algunos de ellos, con un resumen en la sección 8.6.14.

Ejercicio 8.6.1.1*

Identifica los problemas NP-complejos/completos en esta lista de problemas clásicos[23]: *Suma de 2, Suma de subconjuntos, Mochila fraccional, Mochila 0-1, Caminos más cortos de origen único* (SSSP), *Camino más largo, Árbol de expansión mínimo* (MST), *Árbol de Steiner, Emparejamiento bipartito de cardinalidad máxima* (MCBM), *Emparejamiento de cardinalidad máxima* (MCM), *Camino euleriano, Camino hamiltoniano*, generación de la sucesión de *de Bruijin, Problema del cartero chino* y *Programación lineal con enteros*.

---

[20]En la teoría de la complejidad computacional, nos referiremos por algoritmo de tiempo polinómico, o eficiente, a aquel de complejidad $O(n^k)$, incluso aunque el valor de k sea muy grande. Por otro lado, decimos que un algoritmo $O(k^n)$ o $O(n!)$ es de tiempo exponencial, o no eficiente.

[21]NP significa 'polinómico no determinista', un tipo de problema de decisión donde la solución de un instancia 'sí' se puede verificar en tiempo polinómico.

[22]En realidad, hay otra pregunta posible: ¿es correcto desarrollar una solución ligeramente no óptima utilizando técnicas como algoritmos de aproximación o búsqueda local? Sin embargo, en la programación competitiva esta vía no tendrá mucho recorrido, pues la mayoría de problemas de optimización buscan exclusivamente la respuesta óptima.

[23]Puedes utilizar el índice alfabético del libro para localizar rápidamente los nombres de estos problemas.

8.6.2　Pseudopolinómico: mochila, suma de subconjuntos, cambio de monedas

En el Volumen I hemos visto soluciones de DP para estos tres problemas: mochila 0-1[24], suma de subconjuntos y el cambio de monedas *generalista*. En esa sección, hablábamos de que esos problemas tienen soluciones de DP conocidas y son considerados como *clásicos*. Pero ahora, incidiremos en la cuestión de que estos tres problemas son, en realidad, problemas de optimización NP-complejos y que nuestras soluciones con DP solo funcionarán bajo ciertas condiciones.

Cada una de las soluciones de DP utilizan dos parámetros, el índice actual, en el rango $[0..n-1]$ y otro que podemos clasificar como *pseudopolinómico*, es decir, `remW` en el caso de la mochila 0-1, `curSum` en la suma de subconjuntos y `valor` para el cambio de monedas generalista. No olvidemos las advertencias que incluimos como notas al pie en aquellas secciones. Los parámetros pseudopolinómicos de estos tres problemas se pueden *memoizar* si, y solo si, sus tamaños multiplicados por n (el índice actual) son 'suficientemente pequeños' como para evitar el veredicto de límite de memoria superado[25]. Para trabajar con estos tres problemas diremos, como norma general, que nS y nV no deberían superar los $100M$ en las soluciones de DP típicas. En el caso general donde estos parámetros no son (ni pueden ser) limitados por un rango 'suficientemente pequeño'[26], no se podrá utilizar esta solución de DP y tendremos que recurrir a otras soluciones, esta vez exponenciales.

La mayoría de los ejercicios de programación que implican a estos tres problemas de optimización (sencillos) seguirán en el capítulo 3, ahora que ya sabes que, en realidad, son NP-complejos.

Ejercicio 8.6.2.1

Busca todos los casos especiales posibles para el problema de la suma de subconjuntos que tengan verdaderas soluciones polinómicas.

Ejercicio 8.6.2.2*

¿Cómo resolverías el problema UVa 12455 - Bars, que tratamos en profundidad en el Volumen I, si $1 \leq n \leq 40$ y cada entero puede tener un tamaño de hasta $1000M$ (10^9)? Consulta el problema UVa 12911 - Subset sum.

---

[24]Normalmente, cuando mencionamos el problema de la mochila, nos referimos a la versión 0-1 con enteros, es decir, tomamos o no tomamos un elemento y no fracciones del mismo.

[25]La DP de abajo a arriba con la técnica de ahorro de espacio puede ayudar un poco con el límite de memoria, pero seguiremos teniendo problemas con el límite de tiempo.

[26]En la teoría de la complejidad computacional, se dice que un algoritmo se ejecuta en tiempo *pseudopolinómico* si su tiempo de ejecución es polinómico en relación al valor de la entrada (es decir, debe ser 'suficientemente pequeño'), pero, en realidad, es *exponencial* en relación a la longitud de la entrada si lo vemos como el número de bits necesarios para representar esa entrada.

Supongamos que añadimos un parámetro más al problema clásico de la mochila 0-1. Digamos que K_i indica el número de copias del elemento i que utilizaremos en el problema. Por ejemplo: $n = 2$, $V = \{100, 70\}$, $W = \{5, 4\}$, $K = \{2, 3\}$, $S = 17$ significa que existen dos copias del elemento 0, con peso 5 y valor 100, y que hay otras tres copias del elemento 1, con peso 4 y valor 70. La solución óptima de este ejemplo consiste en tomar un elemento 0 y tres elementos 1, con un peso total de 17 y un valor total de 310. Resuelve esta variante de la mochila 0-1, asumiendo que $1 \leq n \leq 500$, $1 \leq S \leq 2000$, $n \leq \sum_{i=0}^{n-1} K_i \leq 100\,000$. Pista: todo entero es expresable como suma de potencias de 2.

La mochila fraccional (o mochila continua) es igual a la mochila 0-1 (con entrada, enunciado y salida similares), pero, en esta ocasión, en vez de decidir si tomamos (1) o no tomamos (0) un elemento, podemos decidir tomar *cualquier cantidad fraccional* de cada elemento. Esta variante no es NP-compleja. Diseña un algoritmo polinómico que la resuelva.

8.6.3 El problema del viajante (TSP)

El problema del viajante (TSP) clásico y su solución de DP

En el Volumen I hemos tratado otra solución de DP clásica para este problema: la solución de DP de Held–Karp para el problema del viajante (TSP).

Esa solución tiene dos parámetros de DP, el índice actual, en el rango $[0..n-1]$, y el parámetro visitado, que es una máscara de bits, para almacenar qué subconjunto de ciudades ya han sido visitadas en el recorrido TSP actual. El parámetro de la máscara de bits tiene una complejidad de espacio de $O(2^b)$, donde b es el número de bits utilizados. Nuevamente, este valor no puede ser muy grande, ya que 2^b crece rápidamente. De hecho, una implementación optimizada de DP para el TSP solo funcionará con un n de hasta 18 o 19 y tendrá un veredicto TLE con tamaños de entrada más grandes.

Dejamos en el capítulo 3 la mayoría de los ejercicios de programación para instancias generales, pero pequeñas[27], del TSP. Sin embargo: existe un caso especial conocido del TSP: el TSP bitónico, que ya ha aparecido en concursos de programación y que cuenta con una solución polinómica (que permite entradas grandes). Lo tratamos a continuación.

---

[27]Como desafío, puedes consultar el problema *Kattis - tsp* *, que es un problema de optimización que implica una instancia grande del TSP, de hasta $N \leq 1000$. Para obtener una buena puntuación en este problema, deberás utilizar técnicas *no tratadas* en este libro.

VisuAlgo

Hemos incluido la animación de algunos algoritmos relativos al TSP en VisuAlgo:

Caso especial: problema del viajante bitónico y su solución

El problema del viajante bitónico (abreviado como TSP bitónico) se puede describir así: dada una lista de coordenadas de n vértices, en un espacio euclídeo bidimensional, que ya están ordenados por la coordenada x (y por la y, en caso de empate), encontrar la ruta de menor coste que comience en el vértice más a la izquierda, avance, estrictamente, de izquierda a derecha (de momento podemos ignorar algunos vértices) y, al llegar al vértice más a la derecha, vuelva, estrictamente de derecha a izquierda, al vértice inicial, utilizando el resto de vértice que quedaron libres en la primera ruta de izquierda a derecha (de esta forma se cumple la condición de que todos los vértices deben ser visitados una vez). El comportamiento de esa ruta se denomina 'bitónico'.

La ruta resultante puede no ser la más corta posible, bajo la definición estándar del TSP (ver el Volumen I). La figura 8.25 muestra una comparativa entre las dos variantes. La ruta TSP 0-3-5-6-4-1-2-0 no es la ruta bitónica, porque, aunque inicialmente va de izquierda a derecha (0-3-5-6), y luego de derecha a izquierda (6-4-1), realiza otros dos pasos de izquierda a derecha (1-2) y de derecha a izquierda (2-0). La ruta 0-2-3-5-6-4-1-0 es bitónica válida, porque la podemos descomponer en dos caminos, 0-2-3-5-6 de izquierda a derecha y 6-4-1-0 en sentido contrario.

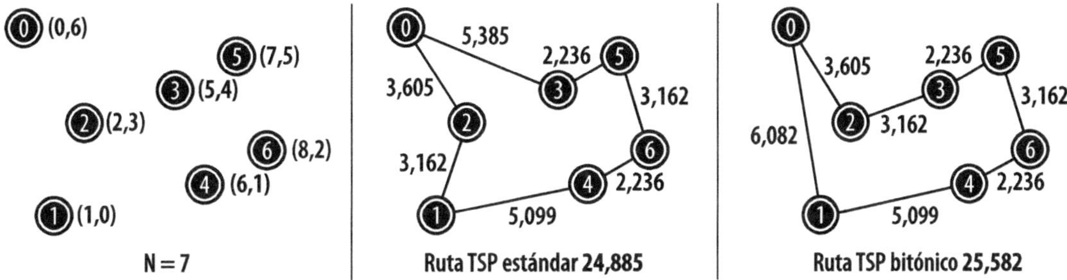

Figura 8.25: El problema del viajante estándar frente al bitónico

Aunque una ruta TSP bitónica, de un conjunto de n vértices, suele ser más larga que la estándar, esta limitación bitónica nos permite calcular una 'ruta suficientemente buena' en $O(n^2)$, utilizando programación dinámica (como veremos a continuación), frente a la ruta en $O(2^{n-1} \times n^2)$ del TSP estándar (Volumen I).

La observación más importante para deducir la solución de DP, es el hecho de que podemos (y debemos) dividir la ruta en dos caminos: de izquierda a derecha (LR) y de derecha a izquierda (RL). Ambos incluyen al vértice 0 (el más a la izquierda) y al vértice $n - 1$ (el más a la derecha). El camino LR comienza en el vértice 0 y termina en el $n - 1$. Por contra, el camino RL comienza en el vértice $n - 1$ y termina en el 0.

Recordemos que todos los vértices están ordenados[28] por la coordenada x (y por la y, en caso de

---

[28]Incluso si los vértices no están ordenados, podemos ordenarlos en tiempo $O(n \log n)$.

empate). Podemos considerar los vértices uno a uno. Ambos caminos, LR y RL, comienzan en el vértice 0. Digamos que v es el siguiente vértice a considerar. Para cada $v \in [1 \ldots n-2]$, podemos decidir si añadir el vértice v como el siguiente punto del camino LR (para extender el camino LR hacia la derecha) o como el anterior para el camino RL de vuelta (el camino RL comenzará ahora en v y vuelve a 0). Para ello, debemos registrar dos parámetros más, $p1$ y $p2$. Digamos que $p1/p2$ son el vértice *final/inicial* del camino LR/RL, respectivamente.

El caso base se produce cuando $v = n-1$, donde solo necesitamos conectar los dos caminos LR y RL con el vértice $n-1$.

Con estas observaciones en mente, podemos escribir una solución de DP[29] sencilla como esta:

```
double dp1(int v, int p1, int p2) {              // llamar con dp1(1, 0, 0)
  if (v == n-1) return d[p1][v]+d[v][p2]; // d[u][v]: distancia entre u->v
  if (memo3d[v][p1][p2] > -0.5) return memo3d[v][p1][p2];
  return memo3d[v][p1][p2] = min(
    d[p1][v] + dp1(v+1, v, p2),   // extender LR: p1->v, RL se mantiene: p2
    d[v][p2] + dp1(v+1, p1, v)); // LR se mantiene: p1, extender RL: p2<-v
}
```

Sin embargo, la complejidad de tiempo[30] de dp1 con tres parámetros (v, p1, p2) es $O(n^3)$. No resulta eficiente y el programador competitivo experimentado notará rápidamente que una complejidad $O(n^3)$ no es adecuada. Pero resulta que se puede abandonar el parámetro v y recuperarlo posteriormente de $1 + \text{máx}(p1, p2)$ (ver esta técnica de optimización de la DP en la sección 8.3.5). La solución de DP mejorada que aparece a continuación se ejecuta en $O(n^2)$.

```
double dp2(int p1, int p2) {                       // llamar con dp2(0, 0)
  int v = 1+max(p1, p2);                           // esta línea acelera la solución
  if (v == n-1) return d[p1][v]+d[v][p2];
  if (memo2d[p1][p2] > -0.5) return memo2d[p1][p2];
  return memo2d[p1][p2] = min(
    d[p1][v] + dp2(v, p2),           // extender LR: p1->v, RL se mantiene: p2
    d[v][p2] + dp2(p1, v));          // LR se mantiene: p1, extender RL: p2<-v
}
```

8.6.4 Camino/ruta hamiltonianos

El Problema I - 'Robots on Ice' de la final mundial del ICPC de 2010 se puede ver como una 'prueba de esfuerzo en estrategia de poda'. Enunciado resumido del problema: dado un tablero $M \times N$ con 3 puntos de control {A, B, C}, hallar un camino hamiltoniano[31] de longitud $(M \times N)$, desde la coordenada (0, 0) hasta la coordenada (0, 1). Aunque la comprobación de si un grafo tiene un camino hamiltoniano, o no, es NP-completo, esta variante presenta una instancia pequeña (límites: $2 \leq M, N \leq 8$) y una asunción adicional que lo *simplifica*: este camino hamiltoniano

---

[29]La tabla recordatoria es de coma flotante y se inicializa con $-1,0$. Podemos comprobar si se ha asignado un valor a una celda de la tabla recordatoria comparándola con $-0,5$, para minimizar el error de precisión.

[30]Inicializar la tabla de DP tridimensional con $-1,0$ ya tiene un coste de $O(n^3)$.

[31]Un camino hamiltoniano es un camino, en un grafo no dirigido, que visita cada vértice exactamente una vez.

debe pasar por los tres puntos de control A, B y C, a un cuarto, la mitad y tres cuartos de su recorrido, respectivamente.

Por ejemplo: dado el tablero 3×6 con A = (fila, columna) = (2, 1), B = (2, 4) y C = (0, 4), como muestra la figura 8.26, tendremos dos caminos posibles.

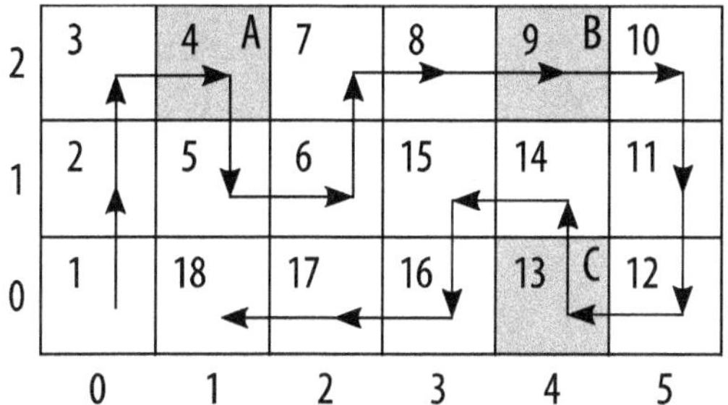
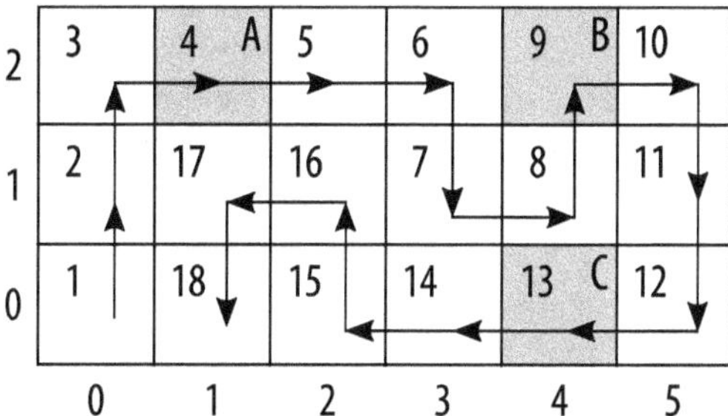

Figura 8.26: Visualización de UVa 01098 - Robots on Ice

Un algoritmo ingenuo de *backtracking* recursivo resultará en TLE, ya que hay hasta 3 elecciones en cada paso y la longitud máxima del camino es $8 \times 8 = 64$, en el caso de prueba más grande. Probar los 3^{64} caminos posibles es inviable. Para acelerar el algoritmo, podaremos el espacio de búsqueda si la búsqueda:

1. Explora fuera de la rejilla $M \times N$ (evidente).

2. No alcanza el objetivo buscado de situar los puntos de control en las distancias de 1/4, 1/2 y 3/4. La presencia de estos tres puntos de control contribuye a *reducir* el espacio de búsqueda.

3. Alcanza el punto de control antes de tiempo.

4. No es capaz de llegar a tiempo al siguiente punto de control desde la posición actual.

5. No es capaz de alcanzar ciertas coordenadas si el camino parcial actual bloquea el acceso a las mismas. Este extremo se puede comprobar mediante una DFS/BFS sencilla (ver el Volumen I). Para empezar, ejecutamos la DFS/BFS desde la coordenada de destino (0, 1). Si existen coordenadas en la rejilla $M \times N$ que *no sean* alcanzables desde (0, 1) y *todavía no hayan sido visitadas*, podemos podar el camino parcial actual.

Ejercicio 8.6.4.1*

Las cinco estrategias de poda que hemos mencionado en esta subsección son buenas pero, en realidad, insuficientes para cumplir con el límite de tiempo establecido en los problemas LA 4793 y UVa 01098. Existe una solución más rápida que utiliza la técnica de encuentro en el medio (ver la sección 8.2.3). Este ejemplo ilustra que la elección del límite de tiempo puede determinar qué soluciones de búsqueda completa son lo suficientemente rápidas. Estudia la idea de la técnica de encuentro en el medio, de la sección 8.2.3, y aplícala para resolver este problema de 'Robots on Ice'.

8.6.5 Camino más largo

Enunciado del problema

El problema del camino más largo consiste en la búsqueda del camino *sencillo* más largo en un grafo general. Recuerda que un camino sencillo es aquel en el que no se repiten vértices. Esto es debido a que, si existe un ciclo en el grafo, un camino podría pasar varias veces por ese ciclo provocando que fuese más largo que el auténtico camino 'más largo'. Esta situación anómala ocurre de forma análoga con los ciclos negativos en el problema de los caminos más cortos, que hemos visto en el Volumen I.

Este problema se puede plantear en su versión no ponderada (número de aristas a lo largo del camino más largo) o ponderada (suma de los pesos de las aristas a lo largo de camino más largo). Estamos ante un problema NP-complejo[32] en grafos generales.

Instancias pequeñas: grafos generales con $1 \leq V \leq [17..19]$

Si el grafo no es especial, solo podremos resolver casos de hasta $V \leq [17..19]$ utilizando una modificación de la solución de programación dinámica para el problema del viajante que tratamos en el Volumen I. Son necesarios dos cambios:

1. A diferencia del problema del viajante, no es necesario volver al vértice de inicio.

2. A diferencia del problema del viajante, no es necesario visitar todos los vértices para obtener el camino más largo.

Si $1 \leq V \leq [10..11]$, también podríamos utilizar la solución de *backtracking* recursivo, más sencilla, para hallar el camino más largo en el grafo general.

Caso especial: en un DAG

En el Volumen I, hemos hablado de que si el grafo de entrada es un DAG, podemos hallar el camino más largo utilizando la solución de ordenación topológica en $O(V + E)$ (o programación dinámica), ya que no hay ciclos positivos de los que debamos preocuparnos.

El problema de la subsecuencia creciente máxima (LIS), que hemos visto en el Volumen I, también se puede interpretar como el problema de hallar el camino más largo en el DAG implícito, donde los vértices son los números, ubicados inicialmente a lo largo del eje x, según sus índices, y después elevados en el eje y, según sus valores. A partir de ahí, dos vértices a y b estarán conectados por una arista dirigida si $a < b$ y b está a la derecha de a. Como puede haber hasta $O(V^2)$ en ese DAG implícito, el problema de la LIS necesita $O(V^2)$ si se resuelve con este método (la solución en $O(n \log k)$ alternativa, más rápida, se ha tratado en la misma sección).

---

[32]La demostración más común para probar la característica de NP-complejo, consiste en la reducción a un problema NP-completo conocido: en este caso, el camino hamiltoniano que hemos visto en la sección 8.6.4.

Caso especial: en un árbol

En el Volumen I también hemos hablado de que si el grafo de entrada es un árbol, el camino más largo en el mismo es igual a su diámetro (la mayor 'longitud de camino más corto'), ya que cualquier camino único entre cualquier par de vértices del árbol es, al mismo tiempo, el camino más corto y más largo. El diámetro se puede determinar en $O(V)$, mediante dos llamadas a DFS/BFS.

Hemos dejado en el Volumen I los ejercicios de programación más relevantes en relación a estos problemas de caminos más largos, ahora que ya sabes que también son problemas NP-complejos.

8.6.6 Conjunto independiente máximo y cobertura de vértices mínima

Dos problemas relacionados

Un conjunto independiente (IS) es un conjunto $IS \subseteq V$ tal que, por cada par de vértices $\{u, v\} \in IS$, estos no son adyacentes. Una cobertura de vértices (VC) es un conjunto $VC \subseteq V$ tal que, por cada arista $e = (u, v) \in E$, o $u \in VC$, o bien $v \in VC$ (o ambos $u, v \in VC$).

El conjunto independiente máximo (abreviado normalmente como MIS) de G es el problema de seleccionar un IS de G con cardinalidad máxima. La cobertura de vértices mínima (MVC) de G es un problema similar en el que hay que seleccionar una VC de G con cardinalidad mínima. Ambos problemas son NP-complejos en un grafo general [18].

Hay que destacar que el complemento del conjunto independiente (IS) es la cobertura de vértices (VC), con independencia del tipo de grafo, por lo que, normalmente, podemos utilizar la solución para uno de los problemas, por ejemplo MIS, y transformarla en la solución del otro problema relacionado, es decir, MVC = V-MIS.

Instancias pequeñas: estructura de datos de grafo de matriz de adyancencia compacto

El problema UVa 11065 - Gentlemen Agreement se reduce al cálculo de dos enteros: el número de conjuntos independientes *maximales*[33] y el tamaño de un conjunto independiente máximo (MIS) de un grafo general dado con $1 \leq V \leq 60$. La búsqueda del MIS en un grafo general es un problema NP-complejo. Por lo tanto, parece poco probable que exista un algoritmo polinómico para este problema, salvo que P = NP. Vemos que el valor de V puede llegar a 60. Esto hace que no nos baste con aplicar una solución de fuerza bruta con máscara de bits en 2^V, como mencionamos en el Volumen I y en la sección 8.2.1, ya que 2^{60} es demasiado grande.

Una solución válida para la configuración de UVa 11065 la encontramos en el siguiente *backtracking* recursivo. El estado de la búsqueda es una 3-tupla: (i, máscara, profundidad). El primer parámetro i implica que podemos considerar los vértices en $[i..V - 1]$ para su inclusión en el conjunto independiente. El segundo parámetro, máscara, es una máscara de bits de longitud V bits, que identifica a los vértices que todavía pueden ser incluidos en el conjunto independiente actual. El tercer parámetro, profundidad, almacena la profundidad de la recursión (que también es el tamaño del conjunto independiente actual).

---

[33]El conjunto independiente maximal es aquel conjunto independiente que no es un subconjunto de otro conjunto independiente. El MIS es tanto máximo como maximal.

Existe una técnica de máscara de bits audaz para este problema, que puede acelerar la solución de forma significativa. Vemos que el grafo de entrada es pequeño, con $V \leq 60$. Por lo tanto, podemos almacenarlo en una matriz de adyacencia de tamaños $V \times V$ (en el caso de este problema, establecemos como verdaderas todas las celdas a lo largo de la diagonal principal de la matriz). Sin embargo, podemos comprimir *una fila* de V booleanos ($V \leq 60$) en una máscara de bits, utilizando un entero con signo de 64 bits. Hemos mencionado esta técnica en el Volumen I.

Con esta matriz de adyacencia AM compacta (compuesta por solo V filas de enteros con signo de 64 bits), podemos utilizar una operación de máscara de bits rápida para etiquetar eficientemente a los vecinos de los vértices. Si decidimos tomar un vértice libre v, incrementamos profundidad en uno y, después, utilizamos una operación de máscara de bits en $O(1)$: máscara & ~AM[v] para quitar la etiqueta de *todos* los vecinos de v, incluyendo al propio v (recuerda que AM[v] también es una máscara de bits de longitud V bits con el bit v-ésimo activado).

Cuando todos los bits de la máscara queden desactivados, habremos encontrado otro conjunto independiente *maximal*. También registramos el valor más alto de profundidad a lo largo del proceso, que será el tamaño del conjunto independiente *máximo* del grafo de entrada.

La complejidad de tiempo, en el peor de los casos, de esta solución de búsqueda completa sigue siendo de $O(2^V)$. En realidad, es posible[34] (aunque probablemente no será lo que ocurre con el caso de prueba secreto de este problema) crear un caso de prueba con hasta $V = 60$ vértices que provoquen que la solución sea muy lenta. Por ejemplo, un grafo en estrella de tamaño $V = 60$ es un grafo conexo. Cualquier subconjunto de vértices que no sean raíz, formará un conjunto independiente y habrá hasta $O(2^{59})$ de ellos.

A continuación, vemos las partes más relevantes del código:

```
void backtrack(int u, ll mask, int depth) {
  if (mask == 0) {                              // todos visitados
    ++numIS;                                    // un posible IS más
    MIS = max(MIS, depth);                      // tamaño del conjunto
  }
  else {
    ll m = mask;
    while (m) {
      ll two_pow_v = LSOne(m);
      int v = __builtin_ctzl(two_pow_v);        // v no ha sido utilizado
      m -= two_pow_v;
      if (v < u) continue;                      // no contar dos veces
      backtrack(v+1, mask & ~AM[v], depth+1);   // usar v + sus vecinos
    }
  }
}

// dentro de int main()
  // AM compacta para operaciones de conjuntos más rápidas
  for (int u = 0; u < V; ++u)
    AM[u] = (1LL<<u);                           // u a sí misma
```

---

[34] Lo que hace que este problema sea verdaderamente 'imposible'.

```
22    while (E--) {
23      int a, b; scanf("%d %d", &a, &b);
24      AM[a] |= (1LL<<b);
25      AM[b] |= (1LL<<a);
26    }
```


Casos especiales: MIS y MVC en un árbol

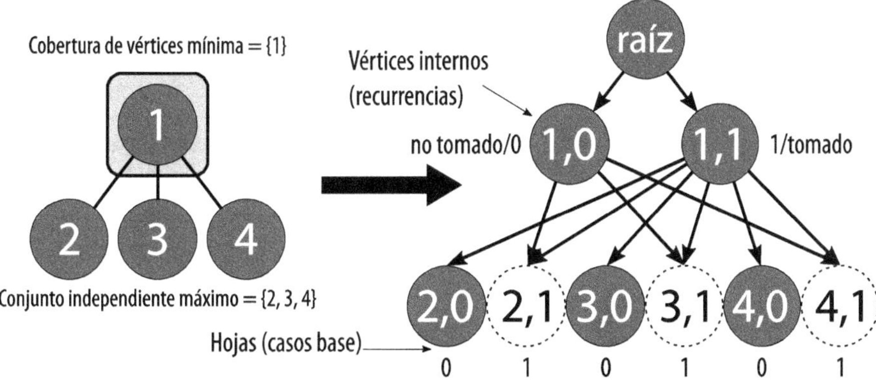

Figura 8.27: El grafo/árbol general dado (izquierda) convertido a un DAG

El problema de la cobertura de vértices mínima (MVC) en un árbol tiene soluciones polinómicas. Una de ellas emplea programación dinámica (ver también el **ejercicio 8.6.6.3***). En el caso del árbol de ejemplo de la parte izquierda de la figura 8.27, la solución consiste en tomar únicamente el vértice {1}, porque todas las aristas (1-2, 1-3 y 1-4) son incidentes al mismo. Como el conjunto independiente máximo (MIS) es el complemento del MVC, los vértices {2, 3, 4} forman la solución al MIS en el mismo árbol de ejemplo.

Cada vértice tiene únicamente dos estados posibles. O el vértice ha sido tomado o no. Al adjuntar este estado de 'tomado o no tomado' a cada vértice, y establecer la raíz del árbol en un grafo dirigido con aristas que se alejan (hacia abajo) de la raíz, convertimos el árbol en un DAG (parte derecha de la figura 8.27). Cada vértice tiene ahora (número de vértice, etiqueta booleana tomado/no tomado). Las aristas implícitas están determinadas por las siguientes reglas:

1. Si el vértice actual no ha sido tomado, tendremos que tomar a todos sus hijos para obtener una solución válida.

2. Si el vértice actual ha sido tomado, elegiremos la mejor opción entre tomar o no tomar a sus hijos.

Los casos base son los vértices hoja. Devolvemos 1/0 si una hoja ha sido tomada/no tomada, respectivamente. Ahora podremos escribir la siguiente recurrencia de DP de arriba a abajo: MVC(u, etiqueta). La respuesta se encuentra en mín(MVC(raíz, verdadero), MVC(raíz, falso)). Podemos ver la presencia de subproblemas superpuestos (círculos punteados) en el DAG. Sin embargo, como solo hay $2 \times V$ estados, y cada vértice tiene un máximo de dos aristas entrantes, esta solución de DP se ejecuta en $O(V)$.

```cpp
int MVC(int u, int flag) {                  // obtener |MVC| en árbol
  int &ans = memo[u][flag];
  if (ans != -1) return ans;                // DP de arriba a abajo
  if ((int)Children[u].size() == 0)         // u es una hoja
    ans = flag;                             // 1/0 = tomado/no tomado
  else if (flag == 0) {                     // si u no está tomado,
    ans = 0;                                // debemos tomar a
    for (auto &v : Children[u])             // todos sus hijos
      ans += MVC(v, 1);
  }
  else if (flag == 1) {                     // si u está tomado,
    ans = 1;                                // obtenemos el mínimo
    for (auto &v : Children[u])             // entre tomar o
      ans += min(MVC(v, 1), MVC(v, 0));     // no tomar a sus hijos
  }
  return ans;
}
```

C++	ch8/UVa10243.cpp
Python	ch8/UVa10243.py

Casos especiales: MIS y MVC en un grafo bipartito

En un grafo bipartito, el número de emparejamientos en un MCBM es igual al número de vértices de la cobertura de vértices mínima (MVC) (teorema del matemático húngaro Dénes *Kőnig*). La demostración constructiva del teorema de *Kőnig* es la siguiente: obtenido el MCBM del grafo bipartito, contenga U los vértices no emparejados del conjunto izquierdo y Z los vértices en U o conectados a U a través de un camino alterno (arista libre-arista emparejada-arista libre-...). Entonces, la MVC $= (L \setminus Z) \bigcup (R \bigcap Z)$.

En la figura 8.28.A, vemos que el MCBM del grafo bipartito es 2.

En la figura 8.28.B, vemos que el vértice 2 es el único no emparejado del conjunto izquierdo, por lo que $U = \{2\}$.

En la figura 8.28.C, vemos que el vértice 2 está conectado al vértice 5 a través de una arista libre y, después, al vértice 1 a través de una arista emparejada, por lo que $Z = \{1, 2, 5\}$.

En la figura 8.28.D, podemos utilizar el teorema de Kőnig para concluir que:

$$\text{MVC} = (\{0, 1, 2\} \setminus \{1, 2, 5\}) \bigcup (\{3, 4, 5\} \bigcap \{1, 2, 5\}) = \{\{0\} \bigcup \{5\}\} = \{0, 5\},$$

de tamaño 2.

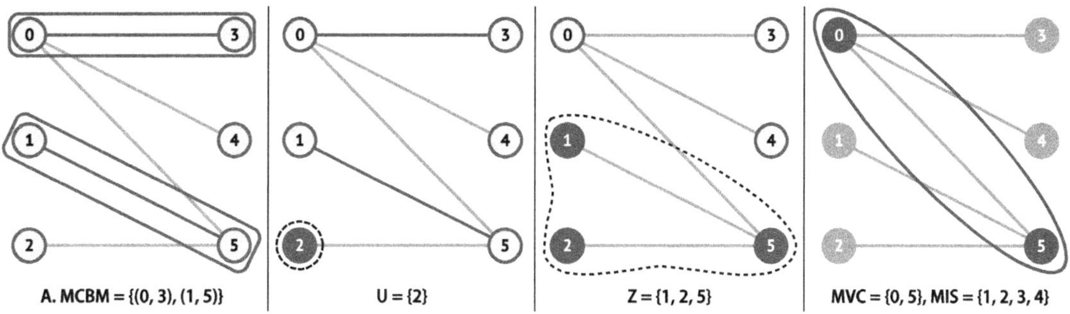

Figura 8.28: MCBM y teorema de Kőnig

En un grafo bipartito, el tamaño del MIS + el tamaño del MCBM = $|V|$. En otras palabras, el tamaño del MIS = $|V| -$ el tamaño del MCBM. En la figura 8.28.D, tenemos un grafo bipartito con 3 vértices en el lado izquierdo y otros 3 en el derecho (un total de 6). El tamaño del MCBM es 2 (las dos líneas destacadas en la figura 8.28.A). Por cada 2 de estas líneas emparejadas, solo podemos tomar uno de los extremos para el MIS. En otras palabras, no se pueden seleccionar $|$MCBM$|$ vértices, es decir, el tamaño del MIS es $6 - 2 = 4$. De hecho, $\{1, 2, 3, 4\}$, de tamaño 4, son los miembros del MIS de este grafo bipartito y este es el complemento de $\{0, 5\}$, los miembros de la MVC, de tamaño 2 (mismo tamaño que la MCBM), hallados anteriormente por la demostración constructiva del teorema de Kőnig.

Aunque los valores de MCBM/MIS/MVC son únicos, las soluciones pueden no serlo. Por ejemplo: en la figura 8.28.A, también podemos emparejar $\{0, 4\}$ y $\{2, 5\}$, resultando en la misma cardinalidad de 2.

Kattis - guardianofdecency/UVa 12083 - Guardian of Decency

Enunciado resumido del problema: dados $N \leq 500$ estudiantes (clasificados por su estatura, sexo, gusto musical y deporte favorito), determinar cuántos son aptos para realizar una excursión, si el profesor quiere que cualquier pareja de estudiantes cumpla con, al menos, uno de estos cuatro criterios, para que ninguna sea compatible: 1) su estatura difiere en más de 40 cm.; 2) son del mismo sexo; 3) su música preferida es diferente; 4) su deporte favorito es el mismo (seguramente será aficionados a distintos equipos y no se pondrán de acuerdo).

En primer lugar, nos fijamos en que el problema trata la búsqueda del conjunto independiente máximo, es decir, los estudiantes elegidos no deben tener la posibilidad de ser compatibles. El conjunto independiente es un problema difícil en un grafo general, así que vamos a comprobar si el grafo es especial. Después, hay que darse cuenta de que hay un grafo bipartito evidente en el enunciado del problema: el sexo de los estudiantes (que está limitado a dos). Podemos poner a los estudiantes masculinos a la izquierda y a los femeninos a la derecha. En este punto, nos debemos preguntar: ¿cuáles son las aristas de este grafo bipartito? La respuesta está relacionada con el problema del conjunto independiente: trazamos una arista entre un estudiante masculino i y una estudiante femenina j, si existe la posibilidad de que (i, j) sean compatibles.

En el contexto de este problema: si i y j son de sexo distinto y su estatura difiere por no más de 40 cm. y su música preferida es la misma y su deporte favorito es diferente, entonces esta pareja, formada por un estudiante masculino i y uno femenino j, tiene una alta probabilidad de ser compatible. El profesor solo podrá elegir a uno de los dos.

Obtenido este grafo bipartito, ejecutamos el algoritmo MCBM e informamos del resultado: $N -$ MCBM. Con este ejemplo, volvemos a poner de relieve la importancia de tener buenas habilidades para el *modelado de grafos*. No tiene sentido conocer el algoritmo del MCBM y su código, si, para empezar, el concursante no puede identificar el grafo bipartito en el enunciado.

Las variantes ponderadas

Los problemas MIS y MVC también se pueden plantear en sus variantes ponderadas, proporcionando como entrada un grafo G con *vértices ponderados*, por lo que nos encontraremos con los problemas del conjunto independiente *ponderado* máximo (abreviado como MWIS) y la cobertura de vértices *ponderada* mínima (abreviado como MWVC). En esta ocasión, tu tarea[35] es la de seleccionar un IS (o VC) de G con el máximo (o mínimo) peso total (de vértices). Como la variante no ponderada es NP-compleja, esta también lo es. De hecho, la variante ponderada es un poco más difícil de resolver. Evidentemente, las soluciones (normalmente más lentas) de la variante ponderada también servirán para la no ponderada. Sin embargo, si el grafo G dado es un árbol o un grafo bipartito, seguiremos teniendo soluciones eficientes (aunque ligeramente distintas).

MWIS y MWVC en un árbol

Si el grafo G es un árbol, podemos hallar el MWIS de G utilizando programación dinámica, al igual que en la variante no ponderada, pero, esta vez, en vez de asignar un coste 1/0 a tomar o no tomar un vértice, utilizaremos los costes $w(v)/0$, respectivamente. El resto de la solución es idéntica.

MWIS y MWVC en un grafo bipartito

Si el grafo G es bipartito, tendremos que reducir el problema del MWIS (y MWVC) a uno de flujo máximo, en vez de al problema de emparejamiento bipartito de cardinalidad máxima (MCBM), como hacíamos con la versión no ponderada. Asignamos el coste del vértice original (el peso de tomar ese vértice) como la capacidad desde el origen a dicho vértice, para el conjunto izquierdo del grafo bipartito, y la capacidad desde ese vértice al desagüe, para el conjunto derecho. Después, establecemos capacidad 'infinita' (o muy grande) para cualquier arista que vaya del conjunto izquierdo al derecho. El MWVC del grafo bipartito será el valor del flujo máximo de este grafo de flujo. El MWIS será el peso del coste de todos los vértices menos ese valor de flujo máximo.

En la parte izquierda de la figura 8.29, podemos ver un ejemplo de reducción de una instancia de la MWVC, donde el coste de tomar los vértices 1 a 6 son {2, 3, 4, 7, 1, 5}, respectivamente. En la parte derecha de la misma figura, vemos que el valor de flujo máximo de este grafo de flujo es de 7, y este será el valor de la MWVC de esta instancia.

También es posible aplicar el teorema de Kőnig a este grafo de flujo. En la parte izquierda de la figura 8.30, vemos que el conjunto Z que tratamos en la versión no ponderada es, simplemente, el componente S (los vértices todavía alcanzables desde el vértice de origen s después de hallar

---

[35]Como reto puedes intentar resolver el problema *Kattis - mwvc* *, un problema de optimización que implica una instancia grande de MWVC, de hasta $N \leq 4000$. Para obtener una puntuación alta en este problema, necesitarás utilizar técnicas *no incluidas* en este libro.

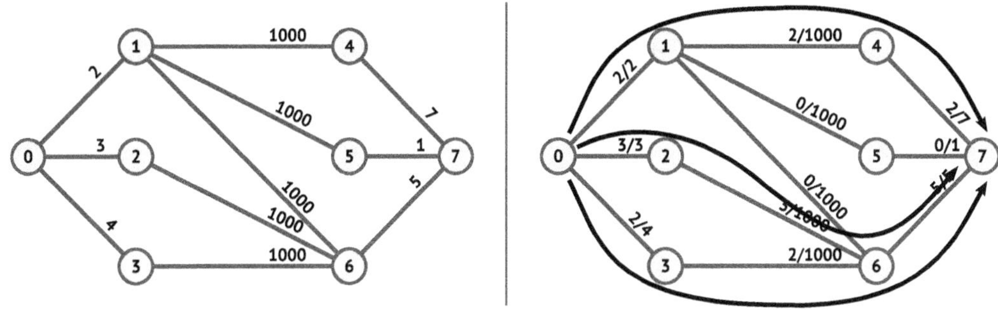

Figura 8.29: Reducción de la MWVC a un problema de flujo máximo

el flujo máximo del grafo de flujo inicial). El conjunto que no forma parte de Z es el componente T. En este ejemplo, el componente S viene determinado por los vértices $\{0$ (origen s), 2, 3, 6$\}$ y el componente T por los vértices $\{1, 4, 5, 7\}$. Así, podemos transformar MVC $= (L \setminus Z) \bigcup (R \cap Z)$ en MWVC $= (L \cap \text{componente-}T) \bigcup (R \cap \text{componente-}S)$. En la parte derecha de la figura 8.30, aplicamos MWVC $= (\{1, 2, 3\} \cap \{1, 4, 5, 7\}) \bigcup (\{4, 5, 6\} \cap \{0, 2, 3, 6\}) = \{\{1\} \bigcup \{6\}\} = \{1, 6\}$, de tamaño 2.

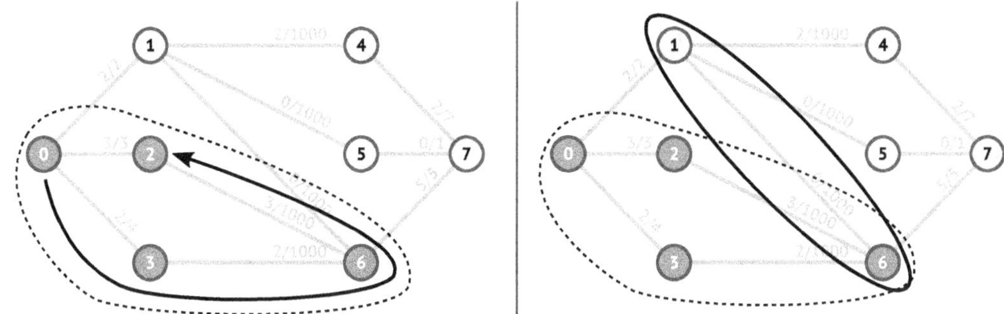

Figura 8.30: Teorema de Kőnig para la variante MWVC

UVa 01212 - Duopoly

Enunciado resumido del problema: tenemos dos empresas, A y B. Cada empresa realiza pujas, por ejemplo, las de A son $\{A_1, A_2, \dots, A_n\}$, y cada puja tiene un precio $P(A_1), P(A_2)$, etc. Las transacciones utilizan canales compartidos, por ejemplo, la puja A_1 utiliza los canales $\{r_1, r_2\}$. El acceso a un canal es exclusivo, así, si se ha seleccionado A_1, no se podrá seleccionar ninguna puja de la empresa B que utilice r_1 o r_2. Está garantizado que dos pujas de la empresa A *nunca* utilizarán el mismo canal, pero dos pujas de distintas empresas sí podrían competir por ese mismo canal. La tarea consiste en maximizar la suma de los pesos de las pujas elegidas.

Realizamos un análisis de la terminología del problema. Si se selecciona una puja de la empresa A, *no se podrá* seleccionar ninguna de la empresa B que comparta alguno o todos los canales. Esto debería indicarnos rápidamente que tenemos un requisito de **conjuntos independientes**. Y como queremos maximizar la suma de los pesos de las transacciones seleccionadas, estamos ante el problema del conjunto independiente ponderado máximo (MWIS). Como, además, solo hay dos empresas (dos conjuntos) y el enunciado del problema garantiza que no habrá conflictos en los canales provenientes de pujas de la misma empresa, tendremos la seguridad de que el grafo de entrada será **bipartito**. Por lo tanto, nos encontramos con un problema de **MWIS en un grafo bipartito**, que se puede resolver mediante un algoritmo de flujo máximo.

VisuAlgo

Hemos incluido en VisuAlgo la animación de varios algoritmos relacionados con MIS/MVC/M-WIS/MWVC. Puedes utilizar la herramienta para fortalecer tu comprensión de los mismos.

VISUALGO https://visualgo.net/en/mvc

Ejercicio 8.6.6.1

¿Cuáles son las soluciones a otros dos casos especiales de los problemas MVC y MIS: en vértices aislados y en un grafo completo?

Ejercicio 8.6.6.2

¿Qué deberíamos hacer si el grafo de entrada de los problemas de la MVC o del MIS contiene varios componentes conexos?

Ejercicio 8.6.6.3*

Resuelve los problemas de la MVC y del MIS en un árbol utilizando un algoritmo voraz en lugar del de DP que hemos mostrado en esta sección ¿Funciona el algoritmo voraz para las variantes MWVC y MWIS?

Ejercicio 8.6.6.4*

Resuelve el problema de la MVC utilizando *backtracking* recursivo en $O(2^k \times E)$, si tenemos la garantía de que el tamaño de la MVC será de k como máximo y k es muy inferior a V.

Ejercicio 8.6.6.5*

Resuelve los problemas de la MVC y del MIS en un pseudobosque utilizando un algoritmo voraz o de programación dinámica. Un pseudobosque es un grafo no dirigido en el que cada componente conexo tiene un ciclo como máximo.

8.6.7 Cobertura de conjuntos mínima

Enunciado del problema

La cobertura de conjuntos mínima[36] se puede describir así: dado un conjunto de elementos $\{1, 2, \ldots, n\}$ (denominado 'universo') y una colección S de m conjuntos cuya unión es igual al universo, el problema de la cobertura de conjuntos mínima trata de hallar el subconjunto más pequeño de S cuya unión sea igual al universo. Este problema también se puede plantear en su versión ponderada, es decir, la cobertura de conjuntos ponderada mínima, donde buscamos minimizar la suma de los pesos de los subconjuntos seleccionados.

Instancias pequeñas: $1 \leq n \leq [24..26]$ elementos

Kattis - font plantea el problema sencillo de contar las posibles coberturas de conjuntos. Dadas n (hasta 25) palabras, determinar cuántos conjuntos posibles cubren el rango completo ['A'..'Z']. Cada palabra cubre, al menos, 1 letra y hasta las 26 del alfabeto inglés. Podemos almacenar esta información en una matriz de adyacencia compacta, como se describe en el Volumen I. De esta forma, es posible aplicar un *backtracking* sencillo en $O(2^n)$, que tome, o no, una palabra y utilice la velocidad de las operaciones con máscara de bits en $O(1)$ para unir dos conjuntos pequeños (el conjunto global y el de las letras cubiertas por la palabra tomada). Incrementaremos la respuesta en uno cuando hayamos examinado las n palabras y las elegidas hayan formado un pangrama[37]. De hecho, $n \leq [24..26]$ es, probablemente, el límite superior abordable en un segundo por un algoritmo en $O(2^n)$ en un ordenador actual.

Ejercicio 8.6.7.1*

Demuestra que toda instancia de cobertura de vértices mínima se puede reducir fácilmente a otra de cobertura de conjuntos mínima en tiempo polinómico, pero lo contrario no es cierto.

---

[36]Es fácil demostrar que el problema de la cobertura de conjuntos mínima es NP-completo, mediante la reducción desde la cobertura de vértices.

[37]Un pangrama es una frase que utiliza cada una de las letras de un alfabeto dado al menos una vez, es decir, las 26 letras quedan cubiertas.

El conjunto dominante de un grafo $G = (V, E)$ es un subconjunto D de V tal que cada vértice que no se encuentre en D sea adyacente a, al menos, un miembro de D. Normalmente buscaremos el número dominante $\gamma(G)$, el tamaño más pequeño de un D válido. Este problema es similar, aunque no igual, al de la cobertura de vértices mínima, que hemos visto en la sección 8.6.6, y queda mejor explicado mediante una ilustración (ver la figura 8.31). Conocemos a este problema como el del conjunto dominante mínimo. Demuestra que toda instancia del conjunto dominante mínimo se puede reducir fácilmente a otra de cobertura de conjuntos mínima en tiempo polinómico, pero lo contrario no es cierto.

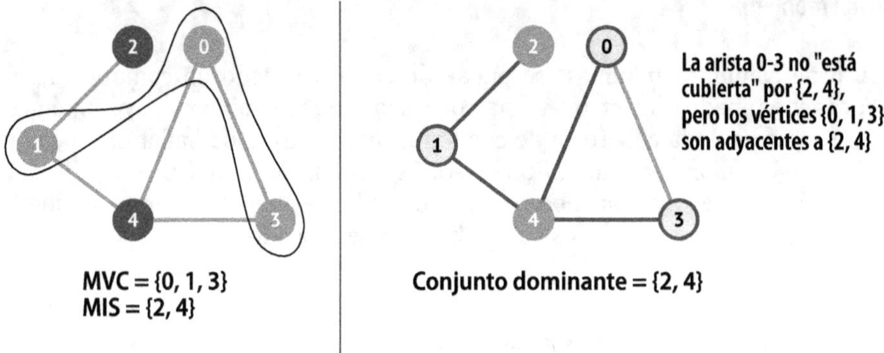

Figura 8.31: I: MVC/MIS del grafo – D: conjunto dominante del grafo

8.6.8 Cobertura de caminos mínima

Caso general

El problema de la cobertura de caminos mínima (MPC) es el de la búsqueda del número mínimo de caminos que cubran *cada vértice* de un grafo $G = (V, E)$. Se dice que un camino $v_0, v_1, \ldots, v_k$ cubre todos los vértices de su recorrido. Este problema de optimización es NP-complejo en grafos generales, pero cuenta con una interesante solución polinómica si se plantea sobre grafos acíclicos dirigidos (DAG).

Caso especial: en un DAG

El problema del MPC en un DAG es un caso especial, en el que el $G = (V, E)$ dado es un DAG, es decir, dirigido y acíclico.

Enunciado resumido de UVa 01201 - Taxi Cab Scheme: imagina que los vértices de la figura 8.32.A son pasajeros, y dibujamos una arista entre dos vértices u-v si un taxi puede atender al pasajero u y, después, al v *a tiempo*. La pregunta es: ¿cuál es el número mínimo de taxis que debemos emplear para atender a *todos* los pasajeros?

La respuesta es dos taxis. En la figura 8.32.D, vemos una solución óptima posible. Un taxi (línea punteada) atiende al pasajero 1, al 2 y, después, al 4. Otro taxi (línea rayada) atiende a los pasajeros 3 y 5. Todos los pasajeros quedarán atendidos con solo dos taxis. Existe otra solución óptima: $1 \to 3 \to 5$ y $2 \to 4$.

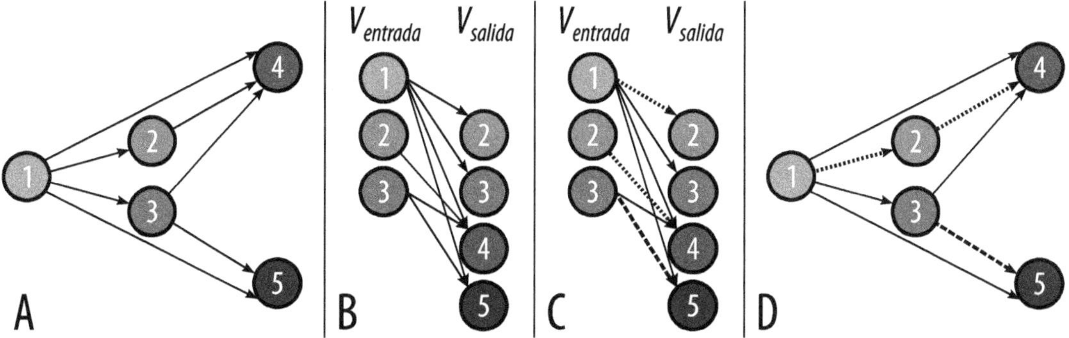

Figura 8.32: Cobertura de caminos mínima en un DAG (de UVa 01201 [36])

Soluciones

Este problema tiene solución polinómica: construir un grafo bipartito $G' = (V_{salida} \bigcup V_{entrada}, E')$ desde G, donde $V_{salida} = \{v \in V : v$ tiene grado de salida positivo$\}$, $V_{entrada} = \{v \in V : v$ tiene grado de entrada positivo$\}$ y $E' = \{(u, v) \in (V_{salida} \times V_{entrada}) : (u, v) \in E\}$. Este G' es un grafo bipartito. Un emparejamiento en el grafo bipartito G' nos obliga a seleccionar un máximo de una arista de salida de cada $u \in V_{salida}$ (e, igualmente, un máximo de una arista de entrada de $v \in V_{entrada}$). El DAG G tiene, inicialmente, n vértices, que pueden ser cubiertos con n caminos de longitud 0 (los propios vértices). Un emparejamiento entre los vértices a y b, utilizando la arista (a, b), indica que podemos utilizar un camino menos, pues la arista $(a, b) \in E'$ puede cubrir ambos vértices en $a \in V_{salida}$ y $b \in V_{entrada}$. Por lo tanto, si el MCBM en G' tiene tamaño m, solo necesitaremos $n - m$ caminos para cubrir todos los vértices de G.

El MCBM de G', necesario para resolver la MPC de G, se puede calcular mediante las diferentes soluciones polinómicas vistas en la sección 8.5, es decir, el flujo máximo, el algoritmo++ de aumento de camino o el algoritmo de Dinic/Hopcroft–Karp. Como la solución al emparejamiento bipartito se ejecuta en tiempo polinómico, la solución de la MPC en un DAG también lo hace. Pero no olvidemos que la MPC es NP-compleja en grafos generales.

8.6.9 Satisfacibilidad (SAT)

3-CNF-DAT (3-SAT)

Recibimos una conjunción de disyunciones ("AND" de "ORs"), donde cada disyunción (la operación "OR") tiene tres (3) argumentos, que pueden ser variables o la negación de variables. Las disyunciones de pares se denominan 'cláusulas' y la fórmula es conocida como 3-CNF (forma normal conjuntiva). El problema 3-CNF-SAT (normalmente referido como 3-SAT) consiste en hallar una asignación de certeza (esto es, verdadero o falso) a esas variables, que haga cierta la fórmula 3-CNF, es decir, cada cláusula debe tener, al menos, un término evaluado como verdadero. El problema 3-SAT es NP-completo[38] pero, si solo hay dos (2) argumentos por cada disyunción, existe una solución polinómica.

2-CNF-SAT (2-SAT)

Enunciado simplificado del problema

El problema 2-CNF-SAT (normalmente referido como 2-SAT) es un problema SAT donde cada disyunción tiene dos (2) argumentos.

Ejemplo 1: $(x_1 \vee x_2) \wedge (\neg x_1 \vee \neg x_2)$ se puede satisfacer porque podemos asignar $x_1 = $ *verdadero* y $x_2 = $ *falso* (la asignación alternativa es $x_1 = $ *falso* y $x_2 = $ *verdadero*).

Ejemplo 2: $(x_1 \vee x_2) \wedge (\neg x_1 \vee x_2) \wedge (\neg x_2 \vee x_3) \wedge (\neg x_2 \vee \neg x_3)$ no se puede satisfacer. Puedes probar con las ocho posibles combinaciones de valores booleanos de x_1, x_2 y x_3 para descubrir que ninguna de ellas satisface esta fórmula 2-SAT.

Soluciones

Búsqueda completa

Aquellos concursantes que solo tengan un conocimiento remoto del problema de satisfacibilidad, podrían pensar que se trata de un problema NP-completo y, debido a ello, intentar una solución de búsqueda completa. Si la fórmula 2-CNF tiene n variables y m cláusulas, probar las 2^n asignaciones posibles y verificar cada una de ellas en $O(m)$ lleva a una complejidad de tiempo de $O(2^n \times m)$. Con toda probabilidad este intento terminará en un veredicto TLE.

El 2-SAT es un *caso especial* del problema de satisfacibilidad y admite una solución polinómica como la que mostramos a continuación.

Reducción a grafo de implicación y búsqueda de SCC

En primer lugar, debemos darnos cuenta de que una cláusula de una fórmula 2-CNF $(a \vee b)$ se puede expresar como $(\neg a \Rightarrow b)$ y $(\neg b \Rightarrow a)$. Por lo tanto, partiendo de esta fórmula, podemos construir el 'grafo de implicación' correspondiente. Cada variable tiene dos vértices en el grafo de implicación, ella misma y su variable de negación/inversa[39]. Una arista conecta dos vértices cuando las variables correspondientes están relacionadas por una implicación de la fórmula 2-CNF. La figura 8.33 muestra los grafos de implicación de las dos fórmulas 2-CNF vistas antes.

Como se puede ver en la figura 8.33, una fórmula 2-CNF con n variables (excluyendo las negaciones) y m cláusulas, tendrá $V = \theta(2n) = \theta(n)$ vértices y $E = O(2m) = O(m)$ aristas, en el grafo de implicación.

Ahora, una fórmula 2-CNF quedará satisfecha si, y solo si, "no hay ninguna variable que pertenezca al mismo componente fuertemente conexo (SCC) que su negación".

---

[38]Uno de los algoritmos más conocidos para resolver el CNF-SAT es el de *backtracking* recursivo de Davis–Putnam–Logemann–Loveland (DPLL). Tiene complejidad exponencial en el peor de los casos, pero realiza una poda intensa del espacio de búsqueda a medida que avanza.

[39]Técnica de programación: le damos a una variable un índice i y a su negación $i + 1$. De esta forma, podemos llegar de una a otra mediante manipulación de bits $i \oplus 1$, donde $\oplus$ es el operador 'OR exclusivo'.

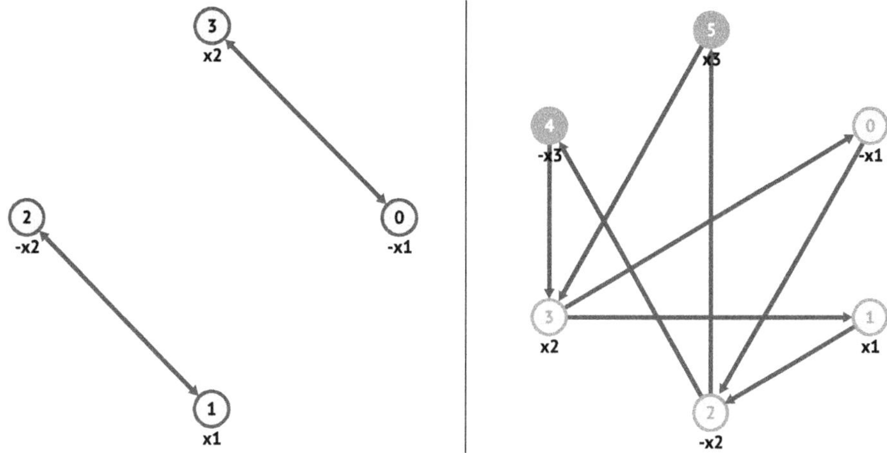

Figura 8.33: Los grafos de implicación de los ejemplos 1 (izquierda) y 2 (derecha)

En la parte izquierda de la figura 8.33, podemos ver que hay dos SCC: {0, 3} y {1, 2}. Como no hay ninguna variable que pertenezca al mismo SCC que su negación, podemos concluir que la fórmula 2-CNF del ejemplo 1 queda satisfecha.

En la parte derecha de la misma figura, observamos que los seis vértices pertenecen a un mismo SCC. Por lo tanto, tenemos los vértices 0 (que representa a $\neg x_1$) y 1 (que representa a[40] x_1), los vértices 2 ($\neg x_2$) y 3 (x_2) y los vértices 4 ($\neg x_3$) y 5 (x_3), en el mismo SCC. La conclusión es que no se puede satisfacer la fórmula 2-CNF del ejemplo 2.

Para encontrar los SCC de un grafo dirigido, podemos utilizar los algoritmos de Tarjan o Kosaraju, que vimos en el Volumen I.

Ejercicio 8.6.9.1*

Para encontrar la asignación de veracidad concreta, debemos realizar alguna tarea más que comprobar si ninguna variable pertenece al mismo SCC que su negación. ¿Cuáles son los pasos adicionales requeridos para encontrar, realmente, la asignación de veracidad de una fórmula 2-CNF que se pueda satisfacer?

Ejercicio 8.6.9.2*

Estudia el algoritmo de *backtracking* recursivo de Davis–Putnam–Logemann–Loveland (DPLL), capaz de resolver instancias pequeñas y medianas de la variante 3-CNF-SAT, que es NP-completa.

---

[40]Utilizando la técnica de indexación mencionada (0/1 para $\neg x_1/x_1$, 2/3 para $\neg x_2/x_2$, etc.), podemos comprobar fácilmente si dos vértices x e y son una variable y *su negación*, mediante la verificación de $x = y \oplus 1$.

8.6.10 Árbol de Steiner

Enunciado del problema

El problema del árbol de Steiner es un término amplio que engloba a un grupo de problemas relacionados[41]. En esta sección, trataremos el problema del árbol de Steiner en grafos[42] con el siguiente enunciado: dados un grafo conexo no dirigido con pesos de aristas no negativos (como el de la parte izquierda de la figura 8.34) y un subconjunto de k vértices, normalmente denominados vértices terminales o requeridos (en esta variante simplificaremos[43] los vértices terminales y serán los numerados con $0, 1, \ldots, k - 1$), hallar un árbol de peso total mínimo que incluya a todos los vértices terminales, pero que también podría incluir vértices adicionales, denominados vértices/puntos de Steiner. Este problema es NP-complejo [18].

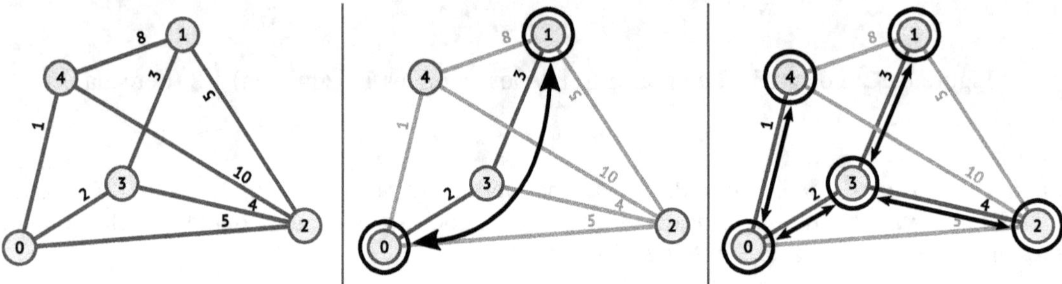

Figura 8.34: Ilustraciones del árbol de Steiner – Primera parte

Caso especial, $k = 2$

Este problema del árbol de Steiner[44] con $k = 2$ degenera a un problema de caminos más cortos de destino único y origen único (SSSDSP). El camino más corto entre los dos vértices terminales requeridos es la respuesta solicitada. Puedes encontrar la solución en el Volumen I mediante, por ejemplo, el algoritmo de Dijkstra, que se ejecuta en $O((V + E) \log V)$. En la parte central de la figura 8.34, si los $k = 2$ vértices terminales son los vértices 0 y 1, la solución es, sencillamente, el camino más corto de 0 a 1, que es el camino $0 \to 3 \to 1$ con coste $2 + 3 = 5$.

Caso especial, $k = N$

Este problema del árbol de Steiner con $k = N$ degenera al del árbol de expansión mínimo (MST). Cuando $k = N$, son necesarios todos los vértices del grafo y, con ello, el MST que recubre a todos los vértices es, claramente, la solución pedida. Puedes consultar las opciones en el Volumen I, como, por ejemplo, los algoritmos de Prim o Kruskal, ambos en $O(E \log V)$. En la parte derecha de la figura 8.34, si los vértices terminales son todos los $k = N = 5$ vértices, la solución es el MST del grafo de entrada, que toma las aristas $0 \to 4$, $0 \to 3$, $3 \to 1$ y $3 \to 4$, con un coste total de $1 + 2 + 3 + 4 = 10$.

---

[41]No trataremos el problema del árbol de Steiner euclídeo en esta sección.

[42]Este problema está íntimamente relacionado con el del árbol de expansión mínimo.

[43]En la versión completa podemos seleccionar cualquier conjunto de k vértices como vértices terminales.

[44]La solución al caso especial con $k = 1$ es trivial: basta con tomar un vértice terminal con coste 0.

Caso especial, $k = 3$

Comenzamos realizando $k = 3$ llamadas a un algoritmo para SSSP (como Dijkstra), desde estos $k = 3$ vértices terminales, para obtener los valores de los caminos más cortos desde estos hasta el resto de vértices. Existe un estudio sobre este problema del árbol de Steiner que afirma que, si hay k vértices terminales, solo podrá haber hasta $k - 2$ vértices de Steiner adicionales. Como solo hay[45] $k = 3$ vértices terminales, tendremos un máximo de $3 - 2 = 1$ vértices de Steiner.

Así, probaremos cada vértice i del grafo G como (único) vértice de Steiner potencial (para simplificar, trataremos también los 3 vértices terminales con candidatos, lo que significa que no utilizaremos un vértice de Steiner si fuese el caso) e informaremos del mínimo total de caminos más cortos desde estos $k = 3$ vértices terminales hasta el vértice de Steiner i. La complejidad de tiempo de esta solución sigue siendo de $O((V + E) \log V)$. En la parte izquierda de la figura 8.35, si los $k = 3$ vértices terminales son los vértices 0, 1 y 2, entonces la mejor opción es incluir al vértice 3 como vértice de Steiner adicional. El coste total es el camino más corto desde 0 hasta 3, 1 hasta 3 y 2 hasta 3, que resulta ser $2 + 3 + 4 = 9$. Esta opción es mejor que formar un subárbol que no incluya a ningún vértice de Steiner, por ejemplo, el subárbol 0-2-1 con un coste total de $5 + 5 = 10$.

Caso especial, el grafo de entrada es un árbol

El problema del árbol de Steiner también se puede plantear sobre un árbol, es decir, queremos obtener un subárbol (más pequeño) que conecte los k vértices terminales requeridos (que siguen estando numerados como $0, 1, \ldots, k - 1$). Podemos ejecutar una DFS modificada, empezando en el vértice 0 (para $k > 0$, el vértice 0 es necesario). Si nos encontramos en el vértice u, existe una arista $u \rightarrow v$ y hay un vértice requerido en el subárbol con raíz en v, no tendremos otra opción que tomar la arista $u \rightarrow v$. En la parte derecha de la figura 8.35, si los $k = 3$ vértices terminales son los vértices 0, 1 y 2, entonces la solución consistirá en tomar la arista $0 \rightarrow 1$ (con coste 1), pues el vértice 1 es necesario y, después, tomar la arista $3 \rightarrow 2$ (con coste 1), pues el vértice 2 también es necesario, ignorar las aristas $4 \rightarrow 5$ (no necesitamos el vértice 5) y $3 \rightarrow 4$ (no necesitamos el vértice 4) y, por último, tomar la arista $0 \rightarrow 3$ (con coste 2) ya que el vértice 3, aunque no es necesario, tiene como hijo al vértice 2, que sí lo es. El coste total es de $1 + 1 + 2 = 4$.

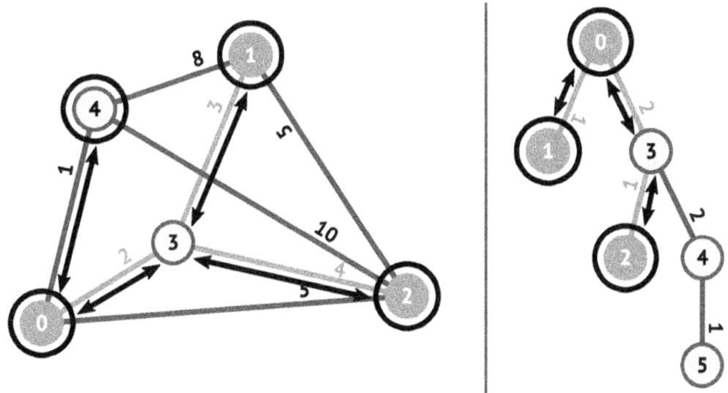

Figura 8.35: Ilustraciones del árbol de Steiner – Segunda parte

---

[45]Esta idea también se puede utilizar para otros valores pequeños de k, como $k = 4$.

Como $V \leq 15$, podemos probar como puntos de Steiner potenciales todos los subconjuntos posibles (incluyendo el conjunto vacío) de vértices del grafo G, que no sean vértices requeridos (habrá un máximo de 2^{V-k} subconjuntos). Combinamos los k puntos terminales con los puntos de Steiner y hallamos el MST de ese subconjunto. Mantenemos registro del mínimo. La complejidad de tiempo de esta solución es de $O(2^{V-k} \times E \log V)$, y solo funcionará con V pequeños.

VisuAlgo

Hemos incluido en VisuAlgo una visualización de esta variante del problema del árbol de Steiner:

VISUALGO https://visualgo.net/en/steinertree

Ejercicio 8.6.10.1*

En instancias de tamaño medio, donde $V \leq 50$ pero $k \leq 11$, la idea de probar todos los subconjuntos posibles de vértices no necesarios como puntos de Steiner potenciales obtendrá TLE. Estudia el algoritmo de programación dinámica de Dreyfus–Wagner, que puede resolver esta variante.

Perfiles de los inventores de algoritmos

Jakob Steiner (1796-1863) fue un matemático suizo. Es a quien deben su nombre el árbol de Steiner y sus problemas relacionados.

8.6.11 Coloreado de grafos

Enunciado del problema

El problema del coloreado de grafos trata del coloreado de los vértices de un grafo de forma que no haya dos vértices adyacentes del mismo color. El problema de decisión de coloreado de grafos es NP-completo, salvo en los casos de 0 colores (trivial, solo para grafos sin vértices), 1 color (también trivial, solo para grafos sin aristas), 2 colores y un caso especial de 4 colores.

2 colores

Un grafo se puede colorear con 2 colores si, y solo si, es un grafo bipartito. Podemos comprobar esta condición ejecutando una DFS/BFS sencilla en $O(V + E)$, tal y como se muestra en la sección correspondiente del Volumen I.

4 colores

El teorema de los cuatro colores afirma, en resumen, que "todo grafo planar se puede colorear con 4 colores". El teorema de los cuatro colores no es aplicable a grafos generales.

9 colores y sudoku

El rompecabezas sudoku es, en realidad, un problema NP-completo y constituye la instancia más conocida del problema de coloreado de grafos. La mayoría de los rompecabezas sudoku son 'pequeños' y, en consecuencia, susceptibles del uso de una solución de *backtracking* recursivo en los tableros estándar de 9×9 ($n = 3$). Esta solución de *backtracking* se puede acelerar utilizando máscaras de bits: por cada casilla vacía (r, c), podemos tratar de colocar un dígito $[1..n^2]$, de uno en uno, en caso de tratarse de un movimiento válido o, en caso contrario, podarlo lo antes posible. Las comprobaciones de n^2 filas, n^2 columnas y $n \times n$ casillas se pueden abordar mediante tres máscaras de bits de longitud n^2 bits. Puedes resolver dos problemas similares mediante esta técnica: UVa 00989 y 10957.

Relación con cobertura de *cliques* mínima y DP en $O(3^n)$ para instancias pequeñas

El coloreado de grafos guarda una estrecha relación con la cobertura de *cliques* (o partición en *cliques*) de un grafo no dirigido, tema que abordaremos en la siguiente subsección.

Podemos entender el coloreado de un grafo $G = (V, E)$ como la cobertura de *cliques* del grafo complementario G' de G (básicamente, $G' = (V, (u, v) \notin E)$). Por lo tanto, ejecutar una solución de cobertura de *cliques* mínima sobre G es también la solución de la versión de optimización del coloreado de grafos en G', es decir, hallar la menor cantidad (*número cromático*) de colores necesarios para G'. Trata de hallar los números cromáticos de los grafos de la figura 8.36.

Con estos parecidos en mente, trataremos la solución de DP en $O(3^n)$ para instancias pequeñas, tanto de coloreado de grafos como de cobertura de *cliques* mínima, en la siguiente subsección.

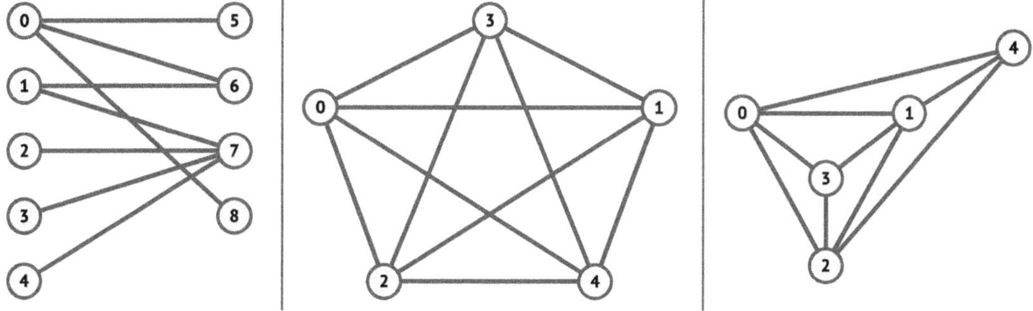

Figura 8.36: Colorea estos grafos planares con el menor número de colores posible

8.6.12 Cobertura de *cliques* mínima

En la cobertura de *cliques*, se nos pide particionar los vértices del grafo de entrada en *cliques* (subconjuntos de vértices dentro de los cuales cada dos vértices son adyacentes). La cobertura de *cliques* mínima es la versión de optimización NP-compleja, que utiliza el menor número de *cliques* posible.

Partición en 2 *cliques*

Un grafo G se puede particionar en 2 *cliques* si, y solo si, su complementario G' es un grafo bipartito (coloreable con 2 colores). Podemos comprobar si un grafo es bipartito ejecutando una verificación DFS/BFS sencilla, en $O(V + E)$, como se muestra en la sección sobre DFS/BFS en el Volumen I.

Instancias pequeñas: $1 \leq n \leq [16..17]$ elementos

Kattis - busplanning se puede interpretar como un problema de cobertura de *cliques* mínima. Recibimos un grafo pequeño G, con hasta n ($1 \leq n \leq 17$) niños y una lista de k parejas de niños que son enemigos entre sí. Si trazamos una arista entre dos niños que *no sean* enemigos, tendremos el grafo complementario G'. Nuestro trabajo consiste en particionar G' en *cliques* de niños que *no sean* enemigos, sujetos a la limitación de la capacidad del autobús de c niños.

Podemos comenzar realizando un procesamiento previo de los 2^n subconjuntos de niños no enemigos posibles y con tamaño máximo c en tiempo $O(2^n \times n^2)$. El aspecto más difícil es utilizar esta información para resolver el problema de la cobertura de *cliques* mínima. Una posibilidad es emplear una máscara de bits de DP $f(máscara)$, donde los bits 1/0 de *máscara* describan a los niños que han sido/no han sido asignados, respectivamente, a un autobús. El caso base se produce cuando *máscara* = 0 (todos los niños han sido asignados), no necesitamos autobuses adicionales y devolvemos 0. Sin embargo, ¿cómo generamos subconjuntos de una máscara de bits *máscara* donde no todos los bits sean 1? Por ejemplo: cuando $máscara_1 = 137 = (10001001)_2$, es decir, solo tenemos 3 bits activos en $máscara_1$, entonces sus subconjuntos (no vacíos) son $\{137 = (10001001)_2, 136 = (10001000)_2, 129 = (10000001)_2, 128 = (10000000)_2, 9 = (00001001)_2, 8 = (00001000)_2, 1 = (00000001)_2\}$. Hemos aprendido la siguiente técnica en el Volumen I:

```
int mask = 137;                          // (10001001)_2
int N = 8;
for (int ss = 1; ss < (1<<N); ++ss)      // forma anterior, excluye 0
  if ((mask & ss) == ss)                 // ss es un subconjunto de mask
    cout << ss << "\n";
```

Con esta implementación, incurriremos estrictamente en un consumo de $O(2^n)$ por cálculo de cada estado de $f(máscara)$, haciendo que la DP global se ejecute en $O(2^n \times 2^n) = O(4^n)$, lo que resultará en TLE para $n \leq 17$ (más de 17 000 millones). Sin embargo, podemos hacerlo mucho mejor con la siguiente implementación:

```cpp
int mask = 137;                            // (10001001)_2
for (int ss = mask; ss; ss = (ss-1) & mask)    // técnica nueva
  cout << ss << "\n";                      // ss es un subconjunto de mask
```

Afirmamos que el trabajo global realizado por $f(máscara)$ es $O(3^n)$, lo que cumplirá con el límite de tiempo para $n \leq 17$ (unos 100 millones). Con esta implementación actualizada, solo iteramos en los subconjuntos de *máscara*. Si una *máscara* tiene k bits activos, realizaremos, exactamente, 2^k iteraciones. La parte más importante es que k se va reduciendo a medida que la recursión de DP va ganando profundidad. Ahora, el número total de máscaras con, exactamente, k bits activos es $C(n, k)$. Gracias a una pequeña aportación de la combinatoria, calculamos que el trabajo total realizado es $\sum_{k=0}^{n} C(n, k) \times 2^k = 3^n$. Esto resulta mucho más pequeño que el número n-ésimo de Bell, que es el número de posibles particiones de un conjunto de n elementos/el espacio de búsqueda de un algoritmo de búsqueda completa ingenuo (el 17-ésimo número de Bell supera los 80 000 millones).

8.6.13 Otros problemas NP-complejos/completos

Existen otros problemas NP-complejos/completos que han aparecido ocasionalmente en problemas de concursos de programación, pero son muy poco habituales:

1. Partición: decidir si un conjunto múltiple S de enteros positivos se puede particionar/dividir en dos subconjuntos S_1 y S_2 de tal manera que la suma de los números de S_1 sea igual a la suma de los números de S_2. Este problema de decisión[46] es NP-completo. Podemos modificar ligeramente este problema para convertirlo en uno de optimización: particionar el conjunto múltiple S en dos subconjuntos S_1 y S_2, de tal forma que la diferencia entre la suma de los elementos de S_1 y la suma de los elementos de S_2 se minimice. Esta versión es NP-compleja.

2. Conjunto de arcos de retroalimentación mínimo: un conjunto de arcos (aristas) de retroalimentación es un conjunto de aristas que, al eliminarse de un grafo, genera un DAG. En un conjunto de arcos de retroalimentación mínimo, buscamos minimizar el número[47] de aristas que debemos eliminar para obtener un DAG.

   Por ejemplo: tenemos un grafo $G = (V, E)$ con $V = 10K$ vértices y hasta $E = 100K$ aristas dirigidas de pesos distintos. Solo se pueden eliminar de G las aristas con peso igual al valor de un término de la sucesión de Fibonacci (ver la sección 5.4.1) menor de 2000. Ahora, la tarea consiste en eliminar el menor número de aristas de G que sea posible, para hacer que G se convierta en un grafo acíclico dirigido (DAG) o indicar que dicha operación es imposible si no hay ningún subconjunto de las aristas de G que se pueda eliminar para obtener el resultado deseado.

   Si estás muy familiarizado con la teoría del NP-completo, este problema se denomina problema de optimización del conjunto de arcos de retroalimentación mínimo, que es NP-complejo (ver la sección 8.6). Sin embargo, existen dos límites destacados para aquellos

---

[46]Es sencillo demostrar que el problema de partición es NP-completo mediante reducción desde la suma de subconjuntos.

[47]Este problema también se puede plantear en su versión ponderada, donde buscamos minimizar la suma de los pesos de las aristas que eliminamos.

con conocimientos más profundos: los pesos distintos de las aristas y los valores de los términos de la sucesión de Fibonacci menores a 2000. Solo existen 16 términos de las sucesión de Fibonacci con valores inferiores a 2000. Por lo tanto, solo tendremos que comprobar la posible eliminación de 2^{16} subconjuntos de aristas y verificar si se forma un DAG (esta operación se puede realizar en $O(E)$). Entre los posibles subconjuntos de aristas, elegiremos como respuesta aquel de menor cardinalidad.

3. Supercadena común más corta: dado un conjunto de cadenas $S = \{s_1, s_2, \dots, s_n\}$, hallar la cadena más corta S^* que contenga cada elemento de S como subcadena, es decir, que S^* sea una supercadena de S. Por ejemplo: $S = \{$"steven", "boost", "vent"$\}$, $S^* =$ "boostevent".

4. Particiones en triángulos: dado un grafo $G = (V, E)$ (a efectos de simplificar la explicación, diremos que V será un múltiplo de 3, es decir, $|V| = 3k$), ¿existe una partición de V en k conjuntos disjuntos $\{V_1, V_2, \dots, V_k\}$, de 3 vértices cada uno, tal que las 3 posibles aristas entre cada V_i se encuentre en E? Pongamos atención en que formar equipos para ICPC a partir de un grupo de $3k$ estudiantes, donde existe una arista entre 2 estudiantes si trabajan bien juntos, es, básicamente, este problema de decisión NP-completo.

5. *Clique* máximo: dado un grafo $G = (V, E)$, hallar un *clique* (subgrafo completo) de G con el mayor número de vértices que sea posible.

8.6.14 Resumen

Nombre	Soluciones exponenciales	Casos especiales
Mochila 0-1	Pequeño: mochila con DP	Mochila fraccional
	Mediano: encuentro en el medio	
Suma de subconjuntos	Suma de subconjuntos con DP, similar a mochila con DP	Suma 2/3/4
Cambio de monedas	Cambio de monedas con DP, similar a mochila con DP	
TSP/Ruta hamiltoniana	Pequeño: Held–Karp con DP	TSP bitónico
	Pequeño: *backtracking* con poda intensa	
Camino más largo	$V \leq 10$: *backtracking* con poda intensa	En DAG: ordenación topológica/DP
	$V \leq 18$: variante de Held–Karp con DP	En árbol: 2 DFS/BFS
MWVC/MWIS	Pequeño: máscara de bits optimizada	En árbol: DP/voraz
	k pequeño: *backtracking* inteligente (**ejercicio 8.6.6.4***)	Bipartito: flujo máximo/emparejamiento
MSC	Pequeño: *backtracking* con máscara de bits	
MPC		En DAG: MCBM
SAT	3-SAT pequeño: DPLL	2-SAT: reducción a SCC
Árbol de Steiner	$k \leq V \leq 15$, CS + MST	$k = 2$, SSSDSP
	Mediano: Dreyfus–Wagner con DP (**ejercicio 8.6.10.1***)	$k = N$, MST
		$k = 3$, CS +1 punto de Steiner
		En árbol: LCA
Coloreado de grafos/MCC	Mediano: DP en $O(3^n)$ sobre subconjuntos	2 colores/bipartito
		4 colores/planar
		9 colores/sudoku

Tabla 8.2: Soluciones exponenciales y casos especiales para problemas NP-complejos/completos

Ejercicios de programación relativos a problemas NP-complejos/completos:

Instancias pequeñas de problemas NP-complejos/completos, fáciles

1. Nivel básico: **Kattis - equalsumseasy** * — partición, generar todos los subconjuntos posibles con máscara de bits, usar `set` para registrar qué sumas se han calculado
2. **UVa 00989 - Su Doku** * — rompecabezas sudoku clásico, la instancia pequeña de 9×9 se puede resolver con *backtracking* con poda, utilizar máscara de bits para acelerar
3. **UVa 11088 - End up with More Teams** * — similar a UVa 10911 pero particionando *tres* personas a un equipo, partición en triángulos
4. **UVa 12455 - Bars** * — suma de subconjuntos, probar todos, ver UVa 12911, más difícil, que necesita encuentro en el medio
5. *Kattis - flowfree* * — combinación por fuerza bruta 3^{10} o 4^8, después problema de camino más largo en un no DAG entre dos extremos del mismo color
6. *Kattis - font* * — contar el número de coberturas de vértices posibles, utilizar *backtracking* 2^N, pero utilizar máscara de bits para representar el conjunto pequeño de letras cubiertas
7. *Kattis - socialadvertising* * — conjunto dominante mínimo/cobertura de conjuntos mínima, $n \leq 20$, usar técnica de matriz de adyacencia compacta

Adicionales UVa: *00193, 00539, 00574, 00624, 00775, 10957*.
Adicionales Kattis: *balanceddiet, satisfiability, ternarianweights, tightfitsudoku, vivoparc*.

Instancias pequeñas de problemas NP-complejos/completos, difíciles

1. Nivel básico: **UVa 01098 - Robots on Ice** * — LA 4793 - WorldFinals Harbin10, ruta hamiltoniana, *backtracking*+poda, encuentro en el medio
2. **UVa 10571 - Products** * — problema de *backtracking* complicado, tiene aspectos del rompecabezas sudoku
3. **UVa 11095 - Tabriz City** * — versión de optimización de la cobertura de vértices mínima en un grafo general, que es NP-complejo
4. **UVa 12911 - Subset sum** * — suma de subconjuntos, no podemos utilizar DP porque $1 \leq N \leq 40$ y $-10^9 \leq T \leq 10^9$, usar encuentro en el medio
5. *Kattis - beanbag* * — problema de cobertura de conjuntos, T granjeros pueden confabularse para darle a Jack el subconjunto más difícil posible de alubias
6. *Kattis - busplanning* * — cobertura de *cliques* mínima, DP con máscara de bits sobre los conjuntos
7. *Kattis - programmingteamselection* * — partición en triángulos, podar si el número de estudiantes $\% 3 \neq 0$, generar hasta $m/3$ equipos, *backtracking* con tabla recordatoria

Adicionales UVa: *01217, 10160, 11065*.
Adicionales Kattis: *celebritysplit, coloring, mapcolouring, sudokunique, sumsets, tugofwar*.
Otros: revisar todos los ejercicios de programación de DP clásica que tengan complejidades de tiempo pseudopolinómicas (Volumen I y sección 8.3): mochila 0-1, suma de conjuntos, cambio de monedas y TSP.

Casos especiales de problemas NP-complejos/completos, fáciles

1. Nivel básico: **UVa 01347 - Tour** * LA 3305 - SoutheasternEurope05, esta es la versión pura del problema del viajante bitónico
2. **UVa 10859 - Placing Lampposts** * cobertura de vértices mínima, maximizar el número de aristas con sus dos extremos cubiertos
3. **UVa 11159 - Factors and Multiples** * conjunto independiente máximo, en grafo bipartito, la respuesta es igual a su MCBM
4. **UVa 11357 - Ensuring Truth** * no es un problema puro de CNF SAT, es un caso especial ya que solo se debe satisfacer una cláusula
5. *Kattis - bilateral* * cobertura de vértices mínima en un grafo bipartito, MCBM, teorema de Kőnig que puede ocuparse correctamente del 1009
6. *Kattis - europeantrip* * árbol de Steiner con 3 vértices terminales y hasta 1 punto de Steiner, podemos utilizar dos búsquedas ternarias
7. *Kattis - reactivity* * verificar si existe un camino hamiltoniano en el DAG, hallar una ordenación topológica del DAG, verificar si es la única en tiempo lineal

Adicionales UVa: *01194, 10243, 11419, 13115*.
Adicionales Kattis: *antennaplacement, bookcircle, catvsdog, citrusintern, countingclauses, cross, guardianofdecency*.

Casos especiales de problemas NP-complejos/completos, difíciles

1. Nivel básico: **UVa 01096 - The Islands** * LA 4791 - WorldFinals Harbin10, variante del TSP bitónico, escribir el camino
2. **UVa 01086 - The Ministers' ...** * LA 4452 - WorldFinals Stockholm09, se puede modelar como un problema de 2-SAT
3. **UVa 01184 - Air Raid** * LA 2696 - Dhaka02, cobertura de caminos mínima, en un DAG, $\approx$ MCBM
4. **UVa 01212 - Duopoly** * LA 3483 - Hangzhou05, conjunto independiente ponderado máximo, en grafo bipartito, $\approx$ flujo máximo
5. *Kattis - jailbreak* * árbol de Steiner, en rejilla, 3 vértices terminales: 'fuera' y 2 prisioneros, BFS, obtener el mejor punto de Steiner que los conecte
6. *Kattis - ridofcoins* * no es el problema de minimización de cambio de monedas, es el de maximización, poda voraz, búsqueda completa en instancias pequeñas
7. *Kattis - wedding* * se puede modelar como un problema de 2-SAT, también disponible en UVa 11294 - Wedding

Adicionales UVa: *01220, 10319*.
Adicionales Kattis: *airports, delivering, eastereggs, itcanbearranged, ironcoal, joggers, mafija, taxicab*.
Otros: ver también todos los ejercicios de programación que implican grafos especiales, por ejemplo el camino más largo (en un DAG o un árbol) en el Volumen I.

8.7 Descomposición de problemas

Aunque solo hay 'unos pocos' algoritmos y estructuras de datos básicos, que forman parte de los problemas de concursos de programación (creemos que hemos cubierto la mayoría en este libro), los problemas más difíciles pueden necesitar una *combinación* de dos (o más) de ellos. Para resolverlos, primero debemos descomponer esos problemas en componentes que abordaremos de forma independiente. Y, para poder hacerlo, debemos familiarizarnos con esos componentes individuales (todo el contenido desde el capítulo 1 hasta la sección 8.6).

Hay $_NC_2$ combinaciones posibles de dos algoritmos y/o estructuras de datos de entre los N totales, pero no todas tienen sentido. En esta sección hemos recopilado una lista de algunas[48] de las combinaciones *más comunes* de dos algoritmos y/o estructuras de datos, basándonos en nuestra experiencia resolviendo ≈ 3458 problemas de los jueces UVa y Kattis. Finalizaremos la sección tratando la, casi inexistente, combinación de *tres* algoritmos y/o estructuras de datos.

8.7.1 Dos componentes: búsqueda binaria de la respuesta y otro

En el Volumen I, hemos visto la búsqueda binaria de la respuesta (BSTA) en un problema de simulación (sencillo), que no depende de los algoritmos más sofisticados que aparecen después. En realidad, esta técnica se puede combinar con algunos de los otros algoritmos que presentamos en el libro. Algunas de las variantes que hemos detectado, combinan la búsqueda binaria de la respuesta con:

- Algoritmo voraz (Volumen I), UVa 00714, 12255, Kattis - wifi.

- Comprobación de conectividad de un grafo (Volumen I), UVa 00295, 10876, Kattis - gettingthrough.

- Algoritmo de los SSSP (Volumen I), UVa 10537, 10816, Kattis - arachnophobia, enemyterritory, IOI 2009 (Mecho).

- Algoritmo de flujo máximo (sección 8.4), UVa 10983, Kattis - gravamen.

- Algoritmo de la MCBM (Volumen I y sección 8.5), UVa 01221, 11262, Kattis - gridgame.

- Operaciones con *Big Integer* (Volumen I), UVa 10606, Kattis - prettygoodcuberoot.

- Fórmulas geométricas (sección 7.2), UVa 10566, 11646, 12097, 12851, 12853, Kattis - expandingrods.

- Otros, UVa 10372/física, 11670/física, 12428/teoría de grafos, 12908/matemáticas, Kattis - skijumping/física, etc.

En esta sección, incluimos dos ejemplos más del uso de la técnica de búsqueda binaria de la respuesta. Su combinación con otro algoritmo se puede detectar mediante la pregunta: "Si intentamos adivinar la respuesta solicitada (en forma de búsqueda binaria), ¿se convierte el problema original en una pregunta de verdadero/falso?".

---

[48]La lista no es exhaustiva ni, probablemente, lo será nunca.

Búsqueda binaria de la respuesta (BSTA) y algoritmo voraz

Enunciado resumido del problema UVa 00714 - Copying Books: se nos dan $m \leq 500$ libros numerados $1, 2, \ldots, m$, que pueden tener un número distinto de páginas $(p_1, p_2, \ldots, p_m)$. Quieres hacer una copia de cada uno. La tarea consiste en asignar esos libros a k escribas, $k \leq m$. Cada libro se le puede asignar a un solo escriba, y cada escriba debe recibir una *secuencia continua* de libros. Eso significa que existe una sucesión creciente de números $0 = b_0 < b_1 < b_2 < \cdots < b_{k-1} \leq b_k = m$, de forma que el escriba i-ésimo ($i > 0$) reciba una secuencia de libros entre $b_{i-1} + 1$ y b_i. Todos los escribas copian las páginas a la misma velocidad. Por lo tanto, el tiempo necesario para copiar todos los libros viene determinado por el escriba al que se le asigne más trabajo. Ahora hay que determinar: "¿cuál es el mínimo de páginas que copiará el escriba con más trabajo?".

Existe una solución de programación dinámica para este problema, pero podemos resolverlo probando a adivinar la respuesta mediante búsqueda binaria. Utilicemos un ejemplo, en el que $m = 9$, $k = 3$ y $p_1, p_2, \ldots, p_9$ son 100, 200, 300, 400, 500, 600, 700, 800 y 900, respectivamente.

Si imaginamos que la *respuesta* = 1000, el problema se hace más 'fácil', es decir, si el escriba con más trabajo solo puede copiar hasta 1000 páginas, ¿se puede resolver el problema? La respuesta es que no. Podemos asignar de forma voraz los trabajos del libro 1 al m de la siguiente manera: {100, 200, 300, 400} para el escriba 1, {500} para el escriba 2 y {600} para el escriba 3. Pero, si lo hacemos así, seguiremos teniendo 3 libros {700, 800, 900} sin asignar. Por lo tanto, la respuesta debe ser > 1000.

Si probamos con *respuesta* = 2000, podemos asignar de forma voraz los trabajos de la siguiente manera: {100, 200, 300, 400, 500} para el escriba 1, {600, 700} para el escriba 2 y {800, 900} para el escriba 3. Se copiarán todos los libros, pero seguimos teniendo lagunas, porque los escribas 1, 2 y 3 tendrán un potencial no utilizado de {500, 700, 300}. Por lo tanto, la respuesta debe ser ≤ 2000.

Podemos buscar esta *respuesta* de forma binaria entre $[lo..hi]$, donde $lo = \text{máx}(p_i), \forall i \in [1..m]$ (el número de páginas del libro más grueso) y $hi = p_1 + p_2 + \cdots + p_m$ (la suma de las páginas de todos los libros). Y, para los curiosos, la *respuesta* óptima para este caso de prueba es 1700. La complejidad de tiempo de esta solución es de $O(m \log hi)$. Tengamos en cuenta que, en el ámbito de un concurso de programación[49], ese factor log adicional suele ser despreciable.

Búsqueda binaria de la respuesta y fórmulas geométricas

Utilizaremos el problema UVa 11646 - Athletics Track, para ilustrar otra posibilidad de la técnica de búsqueda binaria de la respuesta. El enunciado resumido del problema dice: examina un campo de fútbol rectangular con una pista de atletismo alrededor, como se ve en la parte izquierda de la figura 8.37, donde los dos arcos de ambos lados (arco1 y arco2) pertenecen al mismo círculo, centrado en el campo de fútbol. Queremos que la longitud de la pista de atletismo (L1 + arco1 + L2 + arco2) sea de, exactamente, 400 metros. Si recibimos la razón de la longitud L y la anchura W del campo de fútbol, en forma $a : b$, ¿cuáles deben ser la longitud L y la anchura W del campo de fútbol, que satisfaga los límites anteriores?

Es muy difícil, aunque no imposible, obtener la solución con papel y lápiz (solución analítica), pero con la ayuda de un ordenador y la búsqueda binaria de la respuesta (en realidad, el método de bisección), la respuesta es muy fácil.

---

[49]Establecer $lo = 1$ y $hi = 1e9$ también funcionará, ya que este valor será buscado de forma binaria en tiempo logarítmico. Esto es, no necesitamos establecer los valores de lo y hi de forma muy precisa mientras la respuesta esté $\in [lo..hi]$.

Identificamos por búsqueda binaria el valor de L. Con L podemos obtener $W = b/a \times L$. La longitud esperada de un arco es $(400 - 2 \times L)/2$. Ahora, podemos utilizar trigonometría para calcular el radio r y el ángulo o, mediante el triángulo CMX (ver la parte derecha de la figura 8.37). $CM = 0{,}5 \times L$ y $MX = 0{,}5 \times W$. Con r y o, podemos calcular la verdadera longitud del arco. Entonces comparamos este valor con la longitud esperada del arco, para decidir si tenemos que aumentar o reducir la longitud L.

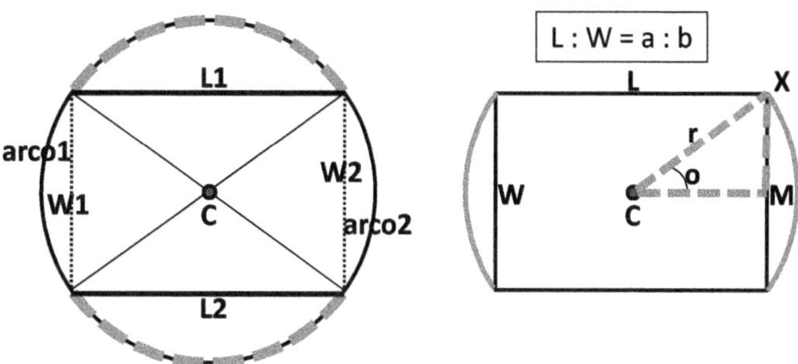

Figura 8.37: Pista de atletismo (de UVa 11646)

Mostramos el código relevante a continuación:

```cpp
double lo = 0.0, hi = 400.0, L, W;              // rango de respuesta
for (int i = 0; i < 40; ++i) {
  L = (lo+hi) / 2.0;                            // método de bisección en L
  W = (double)b/a*L;                            // deducir W de L y a:b
  double expected_arc = (400 - 2.0*L) / 2.0;    // valor de referencia
  double CM = 0.5*L, MX = 0.5*W;                // utilizar trigonometría
  double r = sqrt(CM*CM + MX*MX);
  double angle = 2.0 * atan(MX/CM) * 180.0/M_PI;
  double this_arc = angle/360.0 * M_PI * (2.0*r);
  (this_arc > expected_arc) ? hi = L : lo = L;
}
printf("Case %d: %.12lf %.12lf\n", ++caseNo, L, W);
```

	C++	ch8/UVa11646.cpp
GitHub	Java	ch8/UVa11646.java
	Python	ch8/UVa11646.py

Ejercicio 8.7.1.1*

Demostrar que otras estrategias no serán mejores que la voraz mencionada, para la solución del problema UVa 00714.

Ejercicio 8.7.1.2*

Deducir la solución analítica del problema UVa 11646, en vez de utilizar la técnica de búsqueda binaria de la respuesta.

8.7.2 Dos componentes: con estructura de datos eficiente

Esta combinación suele aparecer en algunos problemas 'estándar', pero con límites de entrada *grandes*, de forma que debemos utilizar una estructura de datos más eficiente, para evitar un veredicto de TLE. Las estructuras de datos más eficientes suelen ser los BST equilibrados (set/map), muy eficientes, las tablas de *hash*, rápidas, las colas de prioridad, UFDS o los árboles de Fenwick/segmentos.

Por ejemplo, el problema UVa 11967-Hic-Hac-Hoe, es una extensión del juego de las tres en raya. En vez de utilizar el pequeño tablero de 3×3, nos encontramos ante un tablero 'infinito'. Por lo tanto, no hay forma de almacenarlo en un *array* bidimensional. Por suerte, podemos almacenar las coordenadas de los 'círculos' y las 'cruces' en un BST equilibrado y referirnos a él para comprobar el estado de la partida.

8.7.3 Dos componentes: con geometría

Muchos problemas de geometría (computacional) se pueden resolver utilizando búsqueda completa (aunque algunos necesitan una solución de divide y vencerás, voraz, programación dinámica u otras técnicas). Cuando los límites de la entrada permitan una solución de búsqueda completa, no dudes y hazlo así. En la lista de ejercicios de programación sobre descomposición de problemas, hemos separados los que corresponden a "Geometría y búsqueda completa" de los de "Geometría y otros".

Por ejemplo, el problema UVa 11227 - The silver bullet, se reduce a lo siguiente: dados N ($1 \leq N \leq 100$) puntos en un plano bidimensional, determinar el número máximo de puntos que son colineales. Podemos permitirnos utilizar la siguiente solución de búsqueda completa en $O(N^3)$, ya que $N \leq 100$ (aunque hay una solución mejor). Para cada par de puntos i y j, comprobamos si los otros $N - 2$ puntos son colineales con la línea $i \rightarrow j$. Esta solución es muy fácil, con tres bucles anidados y la función `bool collinear(point p, point q, point r)`, que aparece en la sección 7.2.2.

Ejercicio 8.7.3.1*

Diseña una solución en $O(N^2 \log N)$ para este problema UVa 11227, que permita resolverlo incluso aunque N crezca hasta 2000.

8.7.4 Dos componentes: con grafos

Este tipo de combinaciones de problemas se detecta porque uno de los componentes es, claramente, un algoritmo de grafos. Sin embargo, necesitamos otro algoritmo de apoyo que, normalmente, será alguna regla matemática o geométrica (para construir el grafo subyacente) o, incluso, otro algoritmo de grafos. En esta subsección, ilustramos uno de esos ejemplos.

Hemos mencionado en el Volumen I que, en algunos problemas, no es necesario almacenar el grafo subyacente en ninguna estructura de datos específica de grafos (grafo implícito). Esto es posible si podemos deducir con facilidad las aristas del grafo, o mediante algunas reglas. UVa 11730 - Number Transformation es uno de esos problemas.

Aunque el enunciado es eminentemente matemático, la cuestión principal es, en realidad, un problema de caminos más cortos de origen único (SSSP) en un grafo no ponderado, que se resuelve mediante BFS. El grafo subyacente se genera al vuelo durante la ejecución de la BFS. El origen es el número S. A partir de ahí, cada vez que la BFS procesa un vértice u, añade a una cola el vértice no visitado $u + x$, donde x es un factor primo de u, que no sea ni 1 ni el propio u. El número de capa de la BFS, cuando se alcanza el vértice de destino T, es el número mínimo de transformaciones necesarias para convertir S en T, según las reglas del problema.

8.7.5 Dos componentes: con matemáticas

En esta combinación, uno de los componentes es, claramente, un problema matemático, pero no es el único. El otro no será, normalmente, un grafo, ya que, en ese caso, estaría clasificado en el punto anterior. Lo más probable es que sea *backtracking* recursivo o búsqueda binaria. También es posible tener dos algoritmos matemáticos diferentes en el mismo problema. A continuación, ilustramos un ejemplo de ello.

UVa 10637 - Coprimes, es el problema de partición de S ($0 < S \le 100$) en t ($0 < t \le 30$) números coprimos. Por ejemplo, para $S = 8$ y $t = 3$, podemos tener $1 + 1 + 6$, $1 + 2 + 5$ o $1 + 3 + 4$. Después de leer el enunciado del problema, tendremos una fuerte sensación de que estamos ante un problema de matemáticas (teoría de números). Sin embargo, necesitaremos algo más que la criba de Eratóstenes para generar los primos y el GCD para comprobar si dos números son coprimos: una rutina de *backtracking* recursivo para crear todas las particiones (de hecho, los problemas de particiones son, en general, NP-completos).

8.7.6 Dos componentes: procesamiento previo de un grafo y DP

En esta subsección, nos centramos en problemas en los que el procesamiento previo de un grafo es uno de los componentes, ya que implica grafos, y la DP es el otro. Mostramos esta combinación con dos ejemplos.

SSSP/APSP y TSP con DP

Utilizaremos el problema UVa 10937 - Blackbeard the Pirate, para ilustrar esta combinación de SSSP/APSP y TSP con DP. Los SSSP/APSP se utilizan para transformar la entrada (normalmente un grafo implícito o una rejilla) en otro grafo (generalmente más pequeño). Entonces, ejecutamos la solución de programación dinámica para TSP en el segundo grafo (normalmente más pequeño).

La entrada de este problema se muestra en la parte izquierda del siguiente diagrama. Se trata del 'mapa' de una isla. Barbanegra acaba de atracar en esta isla, en la posición indicada con una '@'. Ha enterrado hasta 10 tesoros en la isla. Los tesoros están etiquetados con el símbolo de exclamación '!'. Hay nativos furiosos indicados con un '*'. Barbanegra debe mantenerse, al menos, a una casilla de distancia de los nativos furiosos, en cualquiera de las ocho direcciones. Pero Barbanegra quiere recuperar todos sus tesoros y volver al barco. Solo puede desplazarse por tierra, '.', y no por agua '~' o por zonas de obstáculos '#'.

```
      Entrada:              Índices @ y !
    grafo implícito        Aumentar * con X

   ~~~~~~~~~~             ~~~~~~~~~~
   ~~!!!###~~             ~~123###~~
   ~##...###~             ~##..X###~
   ~#....*##~             ~#..XX*##~
   ~#!..**~~~       →     ~#4.X**~~~       →
   ~~....~~~~             ~~..XX~~~~
   ~~~....~~~             ~~~....~~~
   ~~..~..@~~             ~~..~..0~~
   ~#!.~~~~~~             ~#5.~~~~~~
   ~~~~~~~~~~             ~~~~~~~~~~
```

Matriz de distancias APSP de un grafo completo (pequeño)

	0	1	2	3	4	5
0	0	11	10	11	8	8
1	11	0	1	2	5	9
2	10	1	0	1	4	8
3	11	2	1	0	5	9
4	8	5	4	5	0	6
5	8	9	8	9	6	0

Estamos, claramente, ante un problema de optimización del TSP NP-complejo (ver Volumen I), pero antes de que podamos utilizar la solución de TSP con DP, tenemos que hacer del grafo de entrada una matriz de distancias.

En este problema, solo nos interesan los '@' y los '!'. Asignamos el índice 0 a '@' e índices positivos a los otros '!'. Aumentamos el alcance de cada '*', sustituyendo el '.' alrededor del '*' con una 'X'. Ejecutamos BFS en el grafo no ponderado implícito, empezando por '@' y todos los '!', accediendo solo a las celdas etiquetadas como '.' (tierra). Esto dará una matriz de distancias de los caminos más cortos entre todos los pares (APSP), como vemos en el diagrama.

Ahora, una vez que tenemos la matriz de distancias APSP, podemos ejecutar TSP con DP, como vimos en el Volumen I, para obtener la respuesta. Para el caso de prueba anterior, la ruta TSP óptima es: 0-5-4-1-2-3-0, con un coste = 8 + 6 + 5 + 1 + 1 + 11 = 32.

Contracción de SCC y algoritmo de DP en un DAG

En algunos problemas modernos, que implican grafos *dirigidos*, hemos tenido que tratar con los componentes fuertemente conexos (SCC) del grafo dirigido (ver el Volumen I). Una de las variantes más recientes es el problema que pide *contraer* primero todos los SCC del grafo dirigido dado, para formar vértices más grandes (que llamaremos supervértices).

No se garantiza que el grafo dirigido original sea acíclico, por lo que no podemos aplicar inmediatamente técnicas de DP. Pero cuando se contraen los SCC de un grafo dirigido, el grafo de supervértices resultante es un DAG. Si recuerdas los comentarios del Volumen I, un DAG resulta muy apropiado para las técnicas de DP, porque siempre es acíclico. UVa 11324 - The Largest Clique[50] es un de esos problemas. En resumen, trata sobre encontrar el camino más largo en el DAG de SCC contraídos. Cada supervértice tiene un peso, que representa el número de vértices que se han contraído en él.

8.7.7 Dos componentes: con RSQ/RMQ estática unidimensional

Esta combinación debería ser bastante fácil de detectar. El problema implica *otro* algoritmo, para poblar el contenido de un *array estático* unidimensional (que no cambiará una vez completado)

---

[50]El título de este problema puede resultar un poco confuso para quienes conocen bien la teoría del NP-completo. *No estamos* ante el problema NP-complejo del *clique* máximo.

---

y sobre el que habrá *muchas* consultas de suma/mínimo/máximo de rango (RSQ/RMQ). La mayor parte de las veces, estas RSQ/RMQ se realizan en la fase de salida del problema. Pero, en ocasiones, se utilizan para acelerar el mecanismo interno de otros algoritmos.

En el Volumen I se ha tratado la solución para RSQ estática unidimensional con programación dinámica. Para la RMQ estática unidimensional, tenemos la estructura de datos de tabla de dispersión (que es una solución de DP), tratada en la sección 9.3. Sin esta aceleración de la DP de RSQ/RMQ, el otro algoritmo necesario para resolver el problema obtendrá, probablemente, un veredicto de TLE.

Como ejemplo sencillo, consideremos un problema simple, que pide saber cuántos primos hay en varios rangos de consulta $[a..b]$ $(2 \leq a \leq b \leq 1\,000\,000)$. Este problema implica, obviamente, generación de números primos (por ejemplo, con el algoritmo de criba, sección 5.3.1). Pero, como el problema tiene $2 \leq a \leq b \leq 1\,000\,000$, recibiremos un veredicto de TLE si realizamos cada consulta en tiempo $O(b - a + 1)$, iterando desde a hasta b, especialmente si el autor ha decidido, a propósito, que $b - a + 1$ sea cercano a $1\,000\,000$ en (casi) cada consulta. Necesitamos acelerar la fase de salida hasta $O(1)$ por consulta, utilizando una solución de programación dinámica con RSQ estática unidimensional.

8.7.8 Tres (o más) componentes

Hemos visto, en las secciones 8.7.1–8.7.7, varios ejemplos de problemas que implicaban dos componentes. En esta subsección, mostraremos dos ejemplos de combinaciones poco habituales de tres (o más[51]) algoritmos y/o estructuras de datos diferentes.

Factores primos, DP y búsqueda binaria

Enunciado resumido de UVa 10856 - Recover Factorial: dado N, el número de factores primos de $X!$, ¿cuál es el valor mínimo posible de X? $(N \leq 10\,000\,001)$. Este problema se puede descomponer en varios elementos.

En primer lugar, calculamos el número de factores primos de un entero i, y lo almacenamos en una tabla `NumPF[i]`, con la siguiente recurrencia: si i es primo, entonces `NumPF[i]` = 1 factor primo; pero si $i = PF \times i'$, entonces `NumPF[i]` = 1 + el número de factores primos de i'. Calculamos este número de factores primos $\forall i \in [1..2\,703\,665]$. El límite superior de este rango lo obtenemos por ensayo–error, de acuerdo a los límites establecidos en el enunciado.

La segunda parte de la solución consiste en *acumular* el número de factores primos de $N!$, estableciendo `NumPF[i] += NumPF[i-1]`; $\forall i \in [1..N]$. Por lo tanto, `NumPF[N]` contiene el número de factores primos de $N!$. Esta es la solución de DP para el problema de la RSQ estática unidimensional.

Por último, la tercera parte de la solución debería ser obvia: podemos hacer una búsqueda binaria para encontrar el índice X, de forma que `NumPF[X]` = `N`. Si no hay respuesta, la salida indicará "`Not possible.`".

---

[51]En realidad, es muy raro encontrar más de tres componentes en un problema de un concurso de programación.

Búsqueda completa, búsqueda binaria y voraz

A continuación, veremos un problema de la final mundial del ICPC que combina *tres* paradigmas de resolución de problemas, que aprendimos en el capítulo 3. Concretamente, búsqueda completa, divide y vencerás (búsqueda binaria) y voraz.

Enunciado resumido del problema UVa 01079 - A Careful Approach (final mundial del ICPC Stockholm09): estamos ante una situación de aterrizaje de aviones, en la que hay $2 \leq n \leq 8$ aparatos. Cada uno tiene una ventana de tiempo en la que puede aterrizar con seguridad. Esta ventana viene determinada por dos enteros, a_i y b_i, que indican el principio y el final de un intervalo cerrado $[a_i .. b_i]$, en el que debe aterrizar el avión i-ésimo. Los números a_i y b_i indican minutos y satisfacen $0 \leq a_i \leq b_i \leq 1440$ (24 horas). En este problema puedes asumir que el tiempo que emplea el avión en aterrizar es cero. Las tareas son:

1. Calcular un **orden para el aterrizaje de todos los aviones**, que respete las ventanas de tiempo. Pista: ¿orden = permutación = búsqueda completa?

2. Además, los aterrizajes deben estar separados entre sí **todo lo que se pueda**, de forma que el espacio de tiempo transcurrido entre aterrizajes sucesivos sea lo más grande posible. Por ejemplo, si aterrizarán tres aviones a las 10:00, 10:05 y 10:15, el menor periodo entre aterrizajes es de 5 minutos, lo que sucede entre los dos primeros aviones. Los periodos no deben ser iguales, pero el menor debe ser lo más largo posible. Pista: ¿tenemos una situación similar a la del problema de 'cobertura de intervalos' (ver el Volumen I)?

3. Muestra la respuesta en minutos y segundos, redondeando al segundo más cercano.

Puedes ver una ilustración en la figura 8.38, donde las líneas indican la ventana de tiempo de un avión y las estrellas su momento óptimo de aterrizaje.

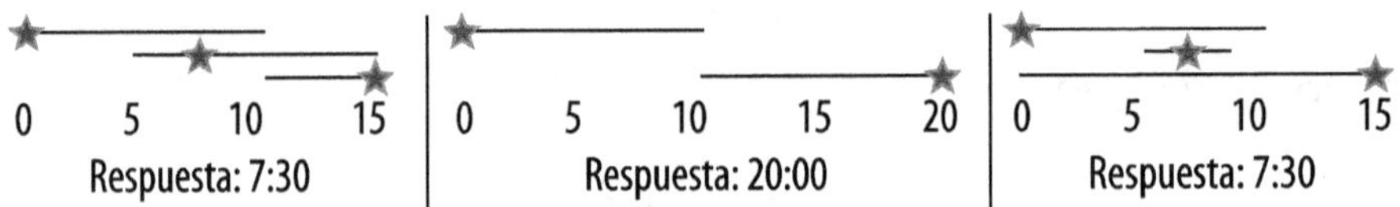

Figura 8.38: Ilustración de ICPC WF2009 – A - A Careful Approach

Solución: como habrá un máximo de 8 aviones, se puede encontrar una solución óptima, probando los $8! = 40\,320$ órdenes de aterrizajes posibles. Este es el componente de **búsqueda completa** del problema, que se puede implementar con facilidad utilizando `next_permutation` de `algorithm`, en la STL de C++.

Para cada orden de aterrizaje específico, queremos conocer la ventana de aterrizaje más larga posible. Supongamos que probamos a adivinar que la respuesta es cualquier longitud L. Podemos verificar vorazmente si esa L es viable, obligando al primer avión a aterrizar lo antes posible y al resto en máx($a[ese\ avión]$, *hora de aterrizaje anterior* $+ L$). Este es el componente **voraz**.

Una ventana de longitud L demasiado larga/corta, provocará que `lastLanding` (ver el código a continuación) se quede largo/corto para $b[último\ avión]$, por lo que habrá que reducir o aumentar L. Podemos buscar la respuesta de forma binaria para L. Este es el componente de **divide y vencerás** de este problema. Como solo necesitamos saber la respuesta redondeada al entero más cercano, podemos detener la búsqueda binaria cuando el error $\epsilon < $ 1e-3. Para más detalles, estudia el código fuente.

```cpp
int n, order[8];
double a[8], b[8], L;

// con cierto orden de aterrizaje y 'respuesta' L, aterrizar vorazmente
double greedyLanding() {
  double lastLanding = a[order[0]];                // voraz para primer avión
  for (int i = 1; i < n; ++i) {                    // para resto de aviones
    double targetLandingTime = lastLanding+L;
    if (targetLandingTime <= b[order[i]])
      // aterriza: máximo voraz entre a[order[i]] y targetLandingTime
      lastLanding = max(a[order[i]], targetLandingTime);
    else
      return 1;
  } // devolver positivo/negativo obliga búsqueda binaria y reduce/aumenta L
  return lastLanding - b[order[n-1]];
}

int main() {
  int caseNo = 0;
  while (scanf("%d", &n), n) {                      // 2 <= n <= 8
    for (int i = 0; i < n; ++i) {                   // i aterriza en [ai,bi]
      scanf("%lf %lf", &a[i], &b[i]);
      a[i] *= 60; b[i] *= 60;                       // convertir a segundos
      order[i] = i;
    }
    double maxL = -1.0;                             // la respuesta
    do {                                            // permutar orden aterrizaje
      double lo = 0, hi = 86400;                    // mín 0s, máx 86400s
      L = -1;
      for (int i = 0; i < 30; ++i) {                // BSTA (L)
        L = (lo+hi) / 2.0;
        double retVal = greedyLanding();            // ver lo anterior
        (retVal <= 1e-2) ? lo = L : hi = L;         // aumentar/reducir L
      }
      maxL = max(maxL, L);                          // máximo total
    }
    while (next_permutation(order, order+n));       // probar todas
    maxL = (int)(maxL+0.5);                         // redondeo al seg. más cercano
    printf("Case %d: %d:%0.2d\n", ++caseNo, (int)(maxL/60), (int)maxL%60);
  } // otro método de redondeo mediante printf: %.0lf:%0.2lf
  return 0;
}
```

	C++	ch8/UVa01079.cpp
	Java	ch8/UVa01079.java
GitHub	OCaml	ch8/UVa01079.ml

El código utiliza el tipo de datos `double` para `lo`, `hi` y `L`. En realidad, esto no es necesario, ya que se pueden realizar todos los cálculos con enteros. Reescribe el código.

Ejercicios de programación

Ejercicios de programación relativos a descomposición de problemas:

Dos componentes – Búsqueda binaria de la respuesta y otro, fáciles

1. Nivel básico: **UVa 00714 - Copying Books** *   con emparejamiento voraz
2. **UVa 10816 - Travel in Desert** *   con Dijkstra
3. **UVa 11262 - Weird Fence** *   con MCBM, similar a UVa 10804
4. **UVa 12097 - Pie** *   con fórmula geométrica
5. *Kattis - arrivingontime* *   BSTA: la última hora de inicio, usar Dijkstra para calcular si todavía podemos llegar al punto de reunión a tiempo
6. *Kattis - charlesincharge* *   BSTA: arista máxima que puede usar Charles, SSSP de 1 a N pasando por las aristas que no lo superen, ¿es correcto?
7. *Kattis - programmingtutors* *   con MCBM perfecto

Adicionales UVa: *10566, 10606, 10804, 11646, 12851, 12853, 12908*.
Adicionales Kattis: *expandingrods, fencebowling, forestforthetrees, gridgame, prettygoodcuberoot, rockclimbing, skijumping*.
Otros: IOI 2009 - Mecho (con BFS de múltiples orígenes).

Dos componentes – Búsqueda binaria de la respuesta y otro, difíciles

1. Nivel básico: *Kattis - wifi* *   con voraz, también disponible en UVa 11516 - WiFi
2. **UVa 01221 - Against Mammoths** *   LA 3795 - Tehran06, con MCBM
3. **UVa 10537 - The Toll, Revisited** *   con Dijkstra en grafo estado–espacio
4. **UVa 10983 - Buy one, get ...** *   con flujo máximo
5. *Kattis - catandmice* *   BSTA: velocidad inicial del gato cartesiano, TSP con DP para verificar si el gato puede cazar a todos los ratones en el menor tiempo posible
6. *Kattis - enemyterritory* *   MSSP desde todos los vértices enemigos, BSTA, ejecutar BFS desde (xi, yi) hasta (xr, yr) evitando los vértices muy cercanos a cualquier enemigo
7. *Kattis - gravamen* *   BSTA y flujo máximo

Adicionales UVa: *10372, 11670, 12255, 12428*.
Adicionales Kattis: *arachnophobia, carpet, freighttrain, low, risk*.

Dos componentes – Con estructuras de datos eficientes, fáciles

1. Nivel básico: *Kattis - undetected* *   fuerza bruta, geometría sencilla, UFDS
2. **UVa 11960 - Divisor Game** *   criba modificada, número de divisores, consulta de máximo de rango estática, utilizar estructura de datos de tabla dispersa
3. **UVa 12318 - Digital Roulette** *   fuerza bruta con `unordered_set`

4. **UVa 12460 - Careful teacher** *   problema de BFS sencillo, usar `set` de estructura de datos de cadena para acelerar la comprobación de si una palabra está en el diccionario
5. *Kattis - bing* *   mapear todos los prefijos a frecuencias utilizando una tabla de *hash*, o *trie*
6. *Kattis - busnumbers2* *   búsqueda completa, usar `unordered_map`
7. *Kattis - selfsimilarstrings* *   búsqueda completa pues la cadena es corta, conteo de frecuencia, usar `unordered_map`, repetición

    Adicionales UVa: *10789, 11966, 11967, 13135.*

    Adicionales Kattis: *gcds, reducedidnumbers, thesaurus, znanstvenik.*

Dos componentes – Con estructuras de datos eficientes, difíciles

1. Nivel básico: *Kattis - dictionaryattack* *   el límite de tiempo es generoso, se pueden generar todas las contraseñas posibles con solo 3 intercambios, almacenar en *set*
2. **UVa 00843 - Crypt Kicker** *   *backtracking*, probar a mapear cada letra a otra del alfabeto, usar *trie* para acelerar
3. **UVa 11474 - Dying Tree** *   UFDS, conectar las tres ramas, conectar dos árboles alcanzables (usar geometría), conectar árboles que puedan llegar al doctor
4. **UVa 11525 - Permutation** *   usar árbol de Fenwick y búsqueda binaria de la respuesta para hallar el índice i más pequeño que tenga $RSQ(1, i) = Si$
5. *Kattis - doublets* *   s: (cadena), BFS, usar *trie* para identificar rápidamente al vecino que está a una distancia de Hamming, también disponible en UVa 10150 - Doublets
6. *Kattis - magicallights* *   LA 7487 - Singapore15, aplanar el árbol con DFS, usar árbol de Fenwick para consulta impar de rango, usar `long long`
7. *Kattis - sparklesseven* *   siete bucles anidados con estructura de datos rápida

    Adicionales UVa: *00922, 10734.*

    Adicionales Kattis: *chesstournament, circular, clockconstruction, dailydivision, downfall, kletva, lostisclosetolose, mario, numbersetseasy, numbersetshard, setstack.*

Dos componentes – Geometría y búsqueda completa

1. Nivel básico: **UVa 11227 - The silver ...** *   fuerza bruta, verificación `collinear`
2. **UVa 10012 - How Big Is It?** *   probar la 8! permutaciones, distancia euclídea
3. **UVa 10167 - Birthday Cake** *   obtener A y B por fuerza bruta, verificaciones `ccw`
4. **UVa 10823 - Of Circles and Squares** *   búsqueda completa, verificar si el punto está dentro de los círculos/cuadrados
5. *Kattis - collidingtraffic* *   probar todos los pares de botes, 0,0 si un par colisiona, o usar ecuación cuadrática, también disponible en UVa 11574 - Colliding Traffic
6. *Kattis - cranes* *   intersección círculo–círculo, *backtracking* o fuerza bruta de los subconjuntos con máscara de bits, también disponible en UVa 11515 - Cranes
7. *Kattis - doggopher* *   búsqueda completa, distancia euclídea `dist`, también disponible en UVa 10310 - Dog and Gopher

    Adicionales UVa: *00142, 00184, 00201, 00270, 00356, 00638, 00688, 10301.*

    Adicionales Kattis: *areyoulistening, beehives, splat, unlockpattern2, unusualdarts.*

Dos componentes – Geometría y otros

1. Nivel básico: *Kattis - humancannonball* *   construir el grafo de viaje en el tiempo con cálculos de distancia euclídea, usar Floyd–Warshall
2. **UVa 10514 - River Crossing** *   usar geometría básica para calcular los pesos de las aristas del grafo de islas y ambas orillas, SSSP, Dijkstra
3. **UVa 11008 - Antimatter Ray Clear... ** *   verificación colineal, DP con máscara de bits
4. **UVa 12322 - Handgun Shooting Sport** *   empezar usando `atan2` para convertir los ángulos a intervalos unidimensionales, después ordenar y utilizar una exploración voraz para obtener la respuesta
5. *Kattis - findinglines* *   elegir dos puntos aleatoriamente, existe la probabilidad de que el 20% o más de los puntos se encuentren en la línea definida por esos dos puntos
6. *Kattis - umbraldecoding* *   subdivisión recursiva, verificación de superposición, umbra
7. *Kattis - walkway* *   podemos construir el grafo y calcular el área del trapezoide utilizando geometría sencilla, SSSP en grafo ponderado, Dijkstra

Adicionales Kattis: *dejavu, galactic, particlecollision, subwayplanning, targetpractice, tram, urbandesign*.

Dos componentes – Con grafos

1. Nivel básico: **UVa 12159 - Gun Fight** *   LA 4407 - KualaLumpur08, utilizar verificaciones de CCW sencillas (geometría) para construir el grafo bipartito, MCBM
2. **UVa 00393 - The Doors** *   construir el pequeño grafo de visibilidad con verificaciones de intersección de segmentos, ejecutar Floyd–Warshall para obtener la respuesta
3. **UVa 01092 - Tracking Bio-bots** *   LA 4787 - WorldFinals Harbin10, comprimir el grafo, recorrido desde la salida en dirección SO, inclusión–exclusión
4. **UVa 12797 - Letters** *   subconjunto iterativo, elegir el subconjunto de letras MAYÚSCULAS en esta ronda, BFS para hallar los SSSP, elegir el mejor
5. *Kattis - crowdcontrol* *   problema de caminos *maximin*, MST, DFS desde la estación de ferrocarril a BAPC, bloquear aristas no utilizadas
6. *Kattis - gears2* *   verificación de alcanzable en el grafo, un ciclo con razón igual es válido, fracción matemática
7. *Kattis - gridmst* *   preliminar de Singapore15, problema de MST rectilíneo, rejilla bidimensional pequeña, BFS de orígenes múltiples para construir aristas cortas, ejecutar Kruskal

Adicionales UVa: *00273, 00521, 01039, 01243, 01263, 10068, 10075, 11267, 11635, 11721, 11730, 12070*.
Adicionales Kattis: *artur, bicikli, borg, deadend, diplomacy, findpoly, godzilla, primepath, units, uniquedice, vuk, wordladder2*.

Dos componentes – Con matemáticas

1. Nivel básico: *Kattis - industrialspy* *   obtener por fuerza bruta máscara de bits recursiva con verificación de primos, también disponible en UVa 12218 - An Industrial Spy
2. **UVa 01069 - Always an integer** *   LA 4119 - WorldFinals Banff08, procesamiento de cadenas, divisibilidad de polinomio, fuerza bruta y `modPow`
3. **UVa 10539 - Almost Prime Numbers** *   criba, obtener 'casi primos' listando las potencias de cada primo, ordenarlos, búsqueda binaria

4. **UVa 11282 - Mixing Invitations** *   desarreglo y coeficiente binomial, *Big Integer*

5. *Kattis - emergency* *   el problema se plantea como de SSSP en un grafo especial, pero hay una fórmula sencilla que lo resuelve, *Big Integer*

6. *Kattis - megainversions* *   un poco de combinatoria, usar árbol de Fenwick para calcular rápidamente los números pequeños/grandes

7. *Kattis - ontrack* *   DFS en un árbol, la entrada es un árbol, podemos verificar todos los cruces posibles para buscar el crítico

Adicionales UVa: *01195, 10325, 10419, 10427, 10637, 10717, 11099, 11415, 11428, 12802*.

Adicionales Kattis: *digitdivision, dunglish, thedealoftheday, unicycliccount*.

Dos componentes – Procesamiento previo de grafos y DP

1. Nivel básico: **UVa 10937 - Blackbeard the ...** *   información para TSP BFS $\rightarrow$ APSP, después DP o *backtracking*

2. **UVa 00976 - Bridge Building** *   relleno por difusión para separar las orillas norte y sur, calcular el coste de instalar un puente en cada columna, DP

3. **UVa 11324 - The Largest Clique** *   camino más largo en un DAG, empezar transformando el grafo en un DAG de sus SCC, ordenación topológica

4. **UVa 11331 - The Joys of Farming** *   comprobaciones de grafo bipartito, calcular el tamaño de los conjuntos izquierdo/derecho por componente bipartito, suma de subconjuntos con DP

5. *Kattis - globalwarming* *   el *clique* más grande tiene un máximo de 22 vértices, emparejamiento en grafo general (pequeño)

6. *Kattis - treasurediving* *   SSSP desde el origen y todas las posiciones del ídolo, parecido al TSP pero con un parámetro `air_left` de estilo mochila, usar *backtracking*

7. *Kattis - walkforest* *   conteo de caminos en un DAG, construcción del DAG, Dijkstra desde 'casa', también disponible en UVa 10917 - A Walk Through the Forest

Adicionales UVa: *10944, 11284, 11405, 11643, 11813*.

Adicionales Kattis: *contestscheduling, dragonball1, ntnuorienteering, shopping, speedyescape*.

Dos componentes – Con RSQ/RMQ unidimensional con DP

1. Nivel básico: **UVa 10533 - Digit Primes** *   criba, verificar si un primo es un primo de dígitos, suma de rango unidimensional con DP

2. **UVa 10891 - Game of Sum** *   DP doble, RSQ unidimensional más otra DP para evaluar el árbol de decisión, s: (i, j), probar a dividir todos los puntos, *minimax*

3. **UVa 11032 - Function Overloading** *   observación: $sod(i)$ solo puede ir de 1 a 63, usar consulta de suma de rango unidimensional para $fun(a, b)$

4. **UVa 11408 - Count DePrimes** *   necesita consulta de suma de rango unidimensional

5. *Kattis - centsavings* *   RSQ unidimensional con DP para sumar precios de $[i..j]$, redondeo arriba/abajo, s: $(idx, d\_restantes)$, t: probar todas las posiciones del siguiente divisor

6. *Kattis - dvoniz* *   implica RSQ unidimensional con DP, búsqueda binaria de la respuesta

7. *Kattis - program* *   inicialmente parecido a la criba de Eratóstenes y RSQ unidimensional con DP para acelerar al final

Adicionales UVa: *00967, 10200, 10871, 12028, 12904*.

Adicionales Kattis: *eko, hnumbers, ozljeda, sumandproduct, tiredterry*.

1. Nivel básico: *Kattis - gettingthrough* * — BSTA y conectividad de grafos, búsqueda–unión, similar a UVa 00295
2. musttryUVa 00295 - Fatman — BSTA x: si la persona tiene diámetro x, ¿podemos ir de izquierda a derecha?, conectividad del grafo, similar a UVa 10876
3. **UVa 01250 - Robot Challenge** * — LA 4607 - SoutheastUSA09, geometría, SSSP en un DAG $\rightarrow$ DP, suma de rango unidimensional con DP
4. **UVa 10856 - Recover Factorial** * — calcular el número de factores primos de cada entero en el rango deseado, usar RSQ unidimensional con DP, búsqueda binaria
5. *Kattis - beeproblem* * — transformar el panal de abejas en una rejilla bidimensional, calcular el tamaño de cada componente conexo, voraz
6. *Kattis - researchproductivityindex* * — ordenar artículos por probabilidad decreciente, obtener k por fuerza bruta y enviar vorazmente los k mejores artículos, probabilidad con DP, mantener máximo
7. *Kattis - shrine* * — un poco de geometría (longitud de la cuerda), BSTA + primera capilla por fuerza bruta + comprobaciones de barrido voraces

Adicionales UVa: *10876, 11610.*

Adicionales Kattis: *cardhand, cpu, enviousexponents, equilibrium, glyphrecognition, gmo, highscore2, ljutnja, mobilization, pyro, wheels.*

Tres (o más) componentes, difíciles

1. Nivel básico: *Kattis - artwork* * — relleno por difusión para contar componentes conexos, UFDS, probar a deshacer el trazo de línea horizontal/vertical a la inversa
2. **UVa 00811 - The Fortified Forest** * — LA 5211 - WorldFinals Eindhoven99, obtener envolvente convexa y perímetro del polígono, generar todos los subconjuntos iterativamente con máscara de bits
3. **UVa 01040 - The Traveling Judges** * — LA 3271 - WorldFinals Shanghai05, probar todos los subconjuntos de 2^{20} ciudades, MST, formato de salida complicado
4. **UVa 01079 - A Careful Approach** * — LA 4445 - WorldFinals Stockholm09, búsqueda completa iterativa (permutación), BSTA + voraz
5. kattisKattis - carpool — Floyd–Warshall/APSP, obtener subconjunto y permutación por fuerza bruta iterativa, DP, también disponible en UVa 11288 - Carpool
6. *Kattis - clockpictures* * — ordenar ángulos, calcular 'cadena' de diferencias de ángulos adyacentes (usar módulo), rotación lexicográfica mínima
7. *Kattis - guessthenumbers* * — permutación hasta 5! por fuerza bruta, procesado de cadenas recursivo (BNF sencillo), también disponible en UVa 12392 - Guess the Numbers

Adicionales UVa: *01093.*

Adicionales Kattis: *installingapps, pikemanhard, sprocketscience, tightlypacked, weather.*

8.8 Soluciones a los ejercicios no resaltados

Ejercicio 8.2.2.1: la búsqueda estado–espacio es, en esencia, una extensión del problema de los caminos *más cortos* de origen único, que es un problema de minimización. El problema del camino más largo (maximización) es NP-complejo (sección 8.6) y, normalmente, no lo utilizamos, ya que (el problema de minimización de) la búsqueda estado–espacio es lo suficientemente complicada.

Ejercicio 8.3.1.1: la solución es similar a la de UVa 10911, vista en el Volumen I. Pero en el problema del "emparejamiento de cardinalidad máxima", existe la posibilidad de que un vértice *no esté* emparejado. A continuación, incluimos la solución de DP con máscara de bits para un grafo general pequeño:

```
int MCM(int bitmask) {
  if (bitmask == (1<<N) - 1) return 0;                // no más emparejamientos
  int &ans = memo[bitmask];
  if (ans != -1) return ans;

  int p1, p2;
  for (p1 = 0; p1 < N; ++p1)                          // hallar vértice libre p1
    if (!(bitmask & (1<<p1)))
      break;

  // Esta es la diferencia clave: podemos ignorar el vértice libre p1
  ans = MCM(bitmask | (1<<p1));

  // Asumimos que el grafo pequeño se almacena en una matriz de adyacencia
  for (p2 = 0; p2 < N; ++p2)                          // hallar p2 libre
    if (AM[p1][p2] && (p2 != p1) && !(bitmask & (1<<p2)))
      ans = max(ans, 1 + MCM(bitmask | (1<<p1) | (1<<p2)));

  return ans;
}
```

Ejercicio 8.4.3.1: A = 150, B = 125, C = 60.

Ejercicio 8.4.5.1: utilizamos ∞ como capacidad de las 'aristas dirigidas centrales', entre los conjuntos izquierdo y derecho del grafo bipartito, para asegurar que, globalmente, el modelado de este grafo de flujo es correcto también en otros problemas similares. Si la capacidad del conjunto derecho al desagüe t *no es* 1, como en UVa 00259, obtendremos un valor de flujo máximo incorrecto al establecer la capacidad de estas 'aristas dirigidas centrales' a 1.

Ejercicio 8.4.6.1: si realizamos un análisis utilizando las complejidades de tiempo estándar de Edmonds–Karp/Dinic, es decir $O(VE^2)$ para el primero y $O(V^2E)$ para el segundo, podemos esperar un veredicto TLE, ya que $V = 30 \times 30 \times 2 = 1800$ (utilizamos división de vértices) y $E = (1 + 4) \times V = 5 \times 900 = 4500$ (cada $v_{entrada}$ está conectado a v_{salida} y cada v_{salida} está conectado a un máximo de otros 4 $u_{entrada}$). Incluso el algoritmo de Dinic, en $O(V^2E)$, necesita hasta $1800^2 \times 4500 = 1 \times 10^{10}$ operaciones.

Sin embargo, debemos darnos cuenta de otro detalle importante. Edmonds–Karp/Dinic son algoritmos basados en el de Ford–Fulkerson, por lo que también están limitados por la temida complejidad de tiempo $O(mf \times E)$ que nos preocupaba inicialmente. El grafo de flujo de UVa 11380 tendrá un valor *mf muy pequeño*, porque este es el mínimo ente el número de '$\ast$'/personas (con un límite superior de $50\% \cdot 900 = 450$) y el número de '#'/tablas grandes (con un límite superior de 900 si todas las casillas son '#'s), multiplicado por el valor más grande posible de P (así, $900 \cdot 10 = 9000$). Este mín$(450, 900) \times 4500$ es 'pequeño' (solo $2M$ de operaciones).

La complejidad de tiempo más 'ajustada' del algoritmo de Dinic es $O(\text{mín}(\text{mín}(a, b) \times E, V^2 \times E))$, donde a/b son las sumas de las capacidades de las aristas que salen de s/entran en t, respectivamente. No pierdas de vista estos valores de a y b, potencialmente 'bajos', cuando resuelvas otro problema de flujo de red.

Ejercicio 8.6.2.1: a continuación incluimos una lista de algunos casos especiales de suma de conjuntos que tienen verdaderas soluciones polinómicas:

- 1–SUM: hallar un subconjunto formado por, exactamente, 1 entero en un *array A* que sume/tenga valor v. Podemos realizar una búsqueda lineal en $O(n)$ si A no está ordenado o una búsqueda binaria en $O(\log n)$ cuando sí que lo está.

- 2–SUM: hallar un subconjunto formado por, exactamente, 2 enteros en un *array A* que sumen el valor v. Este es un problema clásico de 'pareja objetivo' que se puede resolver en tiempo $O(n)$, después de ordenar A en tiempo $O(n \log n)$, si es que no lo estaba antes.

- 3–SUM: hallar un subconjunto formado por, exactamente, 3 enteros en un *array A* que sumen el valor v. También se trata de un problema clásico que se puede resolver en $O(n^2)$ (o mejor). Una solución posible es calcular un *hash* para cada entero de A y añadirlo a una tabla de *hash* y, entonces, por cada par de índices i y j, podemos comprobar si la tabla de *hash* contiene el entero $v - (A[i] + A[j])$.

- 4–SUM: hallar un subconjunto formado por, exactamente, 4 enteros en un *array A* que sumen el valor v. Nuevamente estamos ante un problema clásico que se puede resolver en $O(n^3)$ (o mejor). Una solución posible consiste en comenzar ordenando A en $O(n \log n)$ y, después, probar todos los posibles $A[i]$, donde $i \in [0..n-3]$, y $A[j]$, donde $j \in [i+1..n-2]$, y resolver la pareja objetivo en $O(n)$.

Ejercicio 8.6.6.1: los MVC y MWVC de un grafo que solo contenga vértices aislados es, claramente, 0. El MVC de un grafo no ponderado completo es solo $V - 1$. Sin embargo, el MWVC de un grafo completo ponderado corresponde a (*peso de todos los vértices − peso del vértice más pesado*).

Ejercicio 8.6.6.2: si el grafo contiene varios componentes conexos (CC), podemos procesar cada uno de ellos por separado, ya que son independientes.

Ejercicio 8.7.8.1: revisa la sección de divide y vencerás en el Volumen I para hallar la solución.

8.9 Notas del capítulo

Dominar el contenido de este capítulo (y los temas poco habituales del capítulo 9) es importante para quienes aspiran a obtener un (muy) buen resultado en un concurso de programación.

En esta edición, hemos trasladado las secciones sobre flujo de red (8.4) desde el capítulo 4 a este. También hemos reubicado aquí la materia sobre emparejamiento de grafos (8.5), desde el capítulo 9, para consolidar varios aspectos de este interesante problema de grafos.

También en esta edición, hemos añadido una importante sección adicional (8.6), sobre problemas NP-complejos/completos en concursos de programación. No se pretende resolver los casos generales de estos problemas NP-complejos/completos, sino pequeñas instancias o casos especiales de los mismos. Familiarizado con esta clase de problemas, el programador competitivo pasará de malgastar tiempo tratando de hallar una solución polinómica (que no existirá, salvo que $P = NP$) a escribir soluciones de búsqueda completa eficientes o detectar las condiciones especiales (normalmente muy sutiles) que se ocultan en los enunciados de los problemas y que le ayudarán a simplificar el problema hasta un punto en el que sí exista una solución polinómica. Hemos recopilado pequeños fragmentos que, en ediciones anteriores, se encontraban dispersos por otras secciones del libro, a la vez que hemos ampliado sustancialmente las explicaciones ofrecidas sobre este tema apasionante.

Los materiales sobre cobertura de vértices mínima, cobertura de conjuntos mínima y árbol de Steiner, se los debemos atribuir originalmente al profesor Seth Lewis Gilbert, de la Escuela de informática de la Universidad Nacional de Singapur. No obstante, la redacción actual es una evolución desde un estilo más teórico a otro más adaptado a las necesidades de la programación competitiva.

Pero este no es el último capítulo del libro. Todavía nos espera el capítulo 9, donde incluimos una lista de temas poco habituales, que raramente encontraremos en concursos de programación, pero que pueden ser interesantes para el concursante entusiasta.

Capítulo 9

Temas poco habituales

El conocimiento es un tesoro que sigue a su dueño a todas partes.
— **Proverbio chino**

9.1 Introducción y motivación

En este capítulo, enumeramos temas poco habituales, 'exóticos' o más complejos, dentro de las ciencias de la computación, que podrían (aunque raramente lo hacen) aparecer en un concurso de programación. Estos problemas, estructuras de datos y algoritmos, son un poco distintos de los que hemos tratado en los ocho primeros capítulos, más generales. Algunos de los problemas tienen, incluso, *soluciones alternativas* que hemos tratado. Aprender la materia de este capítulo se podría considerar como poco eficaz pues, después de invertir un gran esfuerzo en su estudio, lo más probable es que *no esté* presente en ningún concurso. Sin embargo, en nuestra opinión, estos temas poco habituales, resultarán atractivos a quienes, sinceramente, quieran ampliar su conocimiento sobre las ciencias de la computación. Nunca se sabe cuándo podrían ser de aplicación los conocimientos adquiridos.

Ignorar este capítulo no causará grandes daños de cara a la preparación para un concurso del tipo del ICPC, ya que la probabilidad de que aparezca cualquiera de estos temas es bastante baja[1] en cualquier caso[2]. Sin embargo, cuando los encontremos, los concursantes con un conocimiento previo, tendrán una ventaja evidente sobre los que no lo adquieran. Los buenos concursantes podrán deducir la solución a partir de conceptos básicos, pero será un proceso más lento que el de aquellos que ya han tenido contacto con los planteamientos y las soluciones.

Muchos de estos temas poco habituales no están incluidos en el temario de la IOI [16]. Por lo tanto, los concursantes de la IOI podrían aplazar el aprendizaje de este capítulo hasta su ingreso en la universidad. Sin embargo, una lectura rápida siempre es una buena idea.

A lo largo del capítulo, hemos intentado mantener el tratamiento de cada tema en la forma más concisa posible, dedicándole una, dos o, a lo sumo, tres páginas. No se incluye mucho código de ejemplo, ya que el lector que domine el contenido de los capítulos 1 al 8 no debería encontrar mucha dificultad en trasladar los algoritmos mencionados a un lenguaje de programación. Además, tampoco hay un número significativo de ejercicios escritos.

---

[1]Ninguna de las secciones de este capítulo 9 tiene más de 20 ejercicios sumando los de UVa y Kattis.
[2]Algunas empresas tecnológicas podrían usarlos en entrevistas de trabajo.

El capítulo cuenta con 32 temas: 3 estructuras de datos, 14 algoritmos y 15 problemas poco habituales. En la tabla 9.1 hemos establecido la relación que guarda cada uno de los temas con el resto de capítulos del libro. Si no identificas algún tema específico, es posible que no hayamos escrito sobre ello o que estemos utilizando una denominación alternativa a la esperada (quizá una consulta al índice alfabético, al final del libro, pueda aclarar tus dudas al respecto).

Capítulo	Tema	Comentarios	Sección
1	n/d	-	-
2	Ventana corredera	Técnica poco habitual pero útil	9.2
	Tabla dispersa	Solución para RMQ más sencilla (estática)	9.3
	Descomposición en raíces cuadradas	Técnica de estructura de datos	9.4
	Descomposición pesada–ligera	Técnica de estructura de datos	9.5
3	Torres de Hanoi	Problema *ad hoc*	9.6
	Multiplicación de cadenas de matrices	DP clásica aunque en desuso	9.7
4	Ancestro común mínimo	Problema con árboles	9.8
	Isomorfismo de árboles	Problema con árboles	9.9
	Sucesión de De Bruijn	Problema de grafos eulerianos	9.10
5	Transformada rápida de Fourier	Algoritmo polinómico	9.11
	Algoritmo rho de Pollard	Algoritmo de factorización en primos	9.12
	Teorema del resto chino	Problema matemático	9.13
	Teorema de Lucas	Técnica de C(n, k) % m	9.14
	Fórmulas o teoremas poco habituales	Fórmulas matemáticas muy poco habituales	9.15
	Teoría de juegos con combinatoria	Tendencia emergente	9.16
	Eliminación gaussiana	Álgebra lineal	9.17
6	n/d	-	-
7	Problema de la galería de arte	Problema de geometría computacional	9.18
	Problema del par más cercano	Problema clásico de divide y vencerás	9.19
8	A* e IDA*	Algoritmo de búsqueda avanzado	9.20
	Ordenación de tortitas	Estado–espacio muy poco habitual	9.21
	Rompecabezas de lanzamiento de huevos	DP muy poco habitual	9.22
	Optimización de programación dinámica	Técnicas complejas de DP	9.23
	Algoritmo de empujar–reetiquetar	Algoritmo alternativo de flujo máximo	9.24
	Flujo (máximo) de coste mínimo	Poco habitual en relación al flujo máximo normal	9.25
	Algoritmo de Hopcroft–Karp	Existe una solución MCBM más sencilla	9.26
	Algoritmo de Kuhn–Munkres	MCBM ponderado	9.27
	Algoritmo de emparejamiento de Edmonds	MCM muy poco habitual	9.28
	Problema del cartero chino	No es NP-complejo	9.29
9	Problemas constructivos	Tipo de problema emergente	9.30
	Problemas interactivos	Tipo de problema emergente	9.31
	Programación lineal	Tipo de problema poco habitual	9.32
	Descenso por gradiente	Búsqueda local poco habitual	9.33

Tabla 9.1: Temas según su relación con los capítulos 1-8

9.2 Ventana corredera

Enunciado del problema

Existen diversas variantes del problema de la ventana corredera, pero todas surgen de la misma idea básica: 'deslizar' un *subarray* (al que llamamos 'ventana', y que puede tener longitud estática o dinámica, normalmente ≥ 2) de forma lineal, de izquierda a derecha, sobre el *array* original de n elementos, para calcular algo. Algunas de esas variantes son:

1. Encontrar el tamaño del *subarray* más pequeño (longitud de ventana mínima), de forma que la suma del *subarray* sea mayor o igual que una determinada constante S en $O(n)$. Ejemplos:

   - Para el *array* $A_1 = \{5, 1, 3, [5, 10], 7, 4, 9, 2, 8\}$ y $S = 15$, la respuesta es 2.
   - Para el *array* $A_2 = \{1, 2, [3, 4, 5]\}$ y $S = 11$, la respuesta es 3.

2. Encontrar el tamaño del *subarray* más pequeño (longitud de ventana mínima), de forma que sus elementos contengan todos los enteros del rango $[1..K]$. Ejemplos:

   - Para el *array* $A = \{1, [2, 3, 7, 1, 12, 9, 11, 9, 6, 3, 7, 5, 4], 5, 3, 1, 10, 3, 3\}$ y $K = 4$, la respuesta es 13.
   - Para el mismo *array* $A = \{[1, 2, 3], 7, 1, 12, 9, 11, 9, 6, 3, 7, 5, 4, 5, 3, 1, 10, 3, 3\}$ y $K = 3$, la respuesta es 3.

3. Encontrar la suma máxima de determinado *subarray* de tamaño (estático) K. Ejemplos:

   - Para el *array* $A_1 = \{10, [50, 30, 20], 5, 1\}$ y $K = 3$, la respuesta es 100, al sumar el *subarray* resaltado.
   - Para el *array* $A_2 = \{49, 70, 48, [61, 60], 60\}$ y $K = 2$, la respuesta es 121, al sumar el *subarray* resaltado.

4. Encontrar el mínimo de *cada* uno de los posibles *subarrays* de tamaño (estático) K:

   - Para el *array* $A = \{0, 5, 5, 3, 10, 0, 4\}$, $n = 7$ y $K = 3$, hay $n - K + 1 = 7 - 3 + 1 = 5$ *subarrays* posibles, de tamaño $K = 3$, que son, $\{0, 5, 5\}$, $\{5, 5, 3\}$, $\{5, 3, 10\}$, $\{3, 10, 0\}$ y $\{10, 0, 4\}$. El mínimo de cada *subarray* es 0, 3, 3, 0, 0, respectivamente.

Soluciones

Ignoraremos las soluciones ingenuas de estas variantes del problema de la ventana corredera y pasaremos, directamente, a las soluciones en $O(n)$. Las siguientes cuatro soluciones se ejecutan en el mencionado $O(n)$, ya que lo que hacemos es 'deslizar' una ventana sobre el *array* original de n elementos, utilizando algunos trucos interesantes.

En la primera variante, mantenemos una ventana creciente (añadimos el elemento actual al final, lado derecho, de la ventana) y sumamos el valor del elemento actual a una suma continua, o decreciente (eliminamos el primer elemento, lado izquierdo, de la ventana) mientras la suma continua sea $\geq S$. Mantenemos la menor longitud de la ventana durante el proceso, e informamos de la respuesta.

En la segunda variante, mantenemos una ventana creciente si el rango $[1..K]$ no ha quedado ya cubierto por los elementos de la ventana actual, o decreciente en caso contrario. Mantenemos la menor longitud de la ventana durante el proceso, e informamos de la respuesta. La comprobación de si el rango $[1..K]$ está cubierto, o no, se puede simplificar mediante un método de conteo de frecuencia. Cuando todos los enteros $\in [1..K]$ tienen una frecuencia distinta de cero, decimos que el rango $[1..K]$ está cubierto. El aumento de la ventana incrementa la frecuencia de un entero determinado, lo que puede provocar que el rango $[1..K]$ quede completamente cubierto (no tiene 'huecos'), mientras que reducir la ventana, reduce también la frecuencia del entero eliminado y, si la frecuencia de ese entero llega a 0, el rango $[1..K]$, antes cubierto, dejará de estarlo (tiene un 'hueco').

Para la tercera variante, insertamos los primeros K enteros en la ventana, calculamos su suma y declaramos esta como el máximo actual. Después, deslizamos la ventana hacia la derecha, añadiendo un elemento al lado derecho de la ventana y eliminando otro del lado izquierdo, manteniendo así la longitud de la ventana en K. Incrementamos la suma con el valor del elemento añadido, menos el valor del eliminado, y los comparamos con el máximo que teníamos registrado, para verificar si estamos ante un nuevo máximo. Repetimos este proceso de deslizamiento $n - K$ veces, e informamos de la suma máxima encontrada.

La cuarta variante es un poco más complicada, especialmente si n es grande. Para lograr una solución en $O(n)$, necesitamos utilizar una estructura de datos deque (cola de dos extremos), para modelar la ventana. Esto es debido a que la deque cuenta con inserción y eliminación eficiente, en $O(1)$, tanto en el principio como en el final de la cola (ver los comentarios sobre la deque en el Volumen I). En esta ocasión, mantendremos la ventana (es decir, la deque) ordenada de forma ascendente, en otras palabras, que el índice más alto de la deque almacena el menor valor. Sin embargo, esto cambia el orden de los elementos del *array*. Para mantener un registro de si un elemento se encuentra, en un momento dado, dentro de la ventana, también necesitamos recordar su índice. El siguiente código de C++ explica las acciones en más detalle. Esta ventana ordenada se puede reducir por sus dos extremos, y puede crecer desde el final. De ahí la necesidad de utilizar una estructura de datos de deque[3].

```cpp
void SlidingWindow(int A[], int n, int K) {
  // ii, o pair<int, int>, representa el par (A[i], i)
  deque<ii> window; // mantenemos la ventana a ordenar en orden ascendente
  for (int i = 0; i < n; ++i) {                    // esto es O(n)
    while (!window.empty() && (window.back().first >= A[i]))
      window.pop_back();                           // mantener window ordenado

    window.push_back({A[i], i});

    // usar el segundo campo para ver si forma parte de la ventana actual
    while (window.front().second <= i-K)           // eliminación perezosa
      window.pop_front();
    if (i+1 >= K)                                   // primera ventana en adelante
      printf("%d\n", window.front().first);        // respuesta para esta ventana
  }
}
```

---

[3]Estructura de datos que no resulta necesaria en las variantes 1 a 3.

9.3 Estructura de datos de tabla dispersa

En el Volumen I, hemos visto que se puede utilizar la estructura de datos del árbol de segmentos para resolver el problema de la consulta del mínimo de rango, o problema de búsqueda del índice que contenga el menor elemento de un rango $[i..j]$ del *array* subyacente A. El tiempo de procesamiento previo de construcción de un árbol de segmentos es de $O(n)$ y, una vez generado, cada RMQ tiene un consumo de solo $O(\log n)$. Con un árbol de segmentos, podemos tratar la *versión dinámica* de este problema de la RMQ, es decir, cuando se actualiza el *array* subyacente, solo necesitaremos $O(\log n)$ para actualizar el árbol correspondiente.

Sin embargo, en algunos problemas que implican RMQ, el *array* subyacente A permanece inmutado tras la primera consulta. En este caso, hablamos del problema *estático* de la RMQ. Aunque, evidentemente, se puede utilizar un árbol de segmentos para resolver el problema estático de la RMQ, existe una alternativa de DP con un tiempo de procesamiento de $O(n \log n)$ y un coste por consulta de $O(1)$. Encontramos dos ejemplos notables en las respuestas al prefijo común más largo (LCP) de un rango de sufijos ordenados (**ejercicio 6.5.4.5*** de la sección 6.5.4) y al problema del ancestro común mínimo (LCA) de la sección 9.8.

La idea clave de la solución de DP radica en dividir A en *subarrays* de longitud 2^j, para cada entero no negativo j, de forma que $2^j \leq n$. Mantendremos un *array* SpT, de tamaño $\log n \times n$, donde SpT[i][j] almacena el índice del valor mínimo del *subarray* que comience en el índice i, y con longitud 2^i. Este *array* SpT será disperso, ya que no todas sus celdas almacenarán un valor (de ahí el nombre de 'tabla dispersa'). Usamos la abreviatura SpT, para diferenciar esta estructura de datos del árbol de segmentos (ST).

Para construir el *array* SpT, utilizaremos una técnica similar a la de muchos algoritmos de divide y vencerás, como es la ordenación por mezcla. Sabemos que, en un *array* de longitud 1, su único elemento es también el menor. Este será nuestro caso base o de inicialización. Para encontrar el índice del elemento más pequeño de un *array* de tamaño 2^i, podemos comparar los valores de los índices de los elementos más pequeños de dos *subarrays* distintos, de tamaño 2^{i-1}, es decir, $[j..(j + 2^{i-1} - 1)]$ y $[(j + 2^{i-1})..(j + 2^i - 1)]$, y tomar el menor. Construir un *array* SpT como este, tiene un coste de $O(n \log n)$. Te recomendamos que analices detenidamente el constructor de la clase SparseTable del código fuente que incluimos a continuación, y que implementa la construcción del *array* SpT.

Es fácil entender cómo se procesaría una consulta si la longitud del rango fuese una potencia de 2. Como esta es, exactamente, la información que almacena SpT, devolveríamos, sin más,

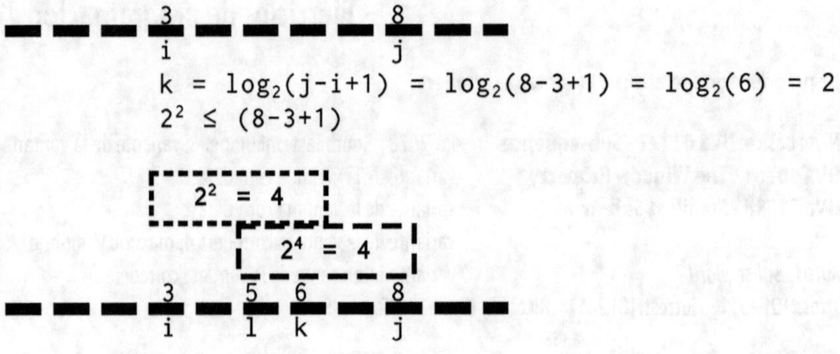

$$k = \log_2(j-i+1) = \log_2(8-3+1) = \log_2(6) = 2$$
$$2^2 \leq (8-3+1)$$

$$2^2 = 4$$
$$2^4 = 4$$

Figura 9.1: Explicación de un ejemplo de RMQ(i, j)

la entrada correspondiente del *array*. Sin embargo, para calcular el resultado de una consulta con índices de inicio y fin arbitrarios, tenemos que recuperar la entrada de dos *subarrays* más pequeños y tomar el mínimo de ellos. Es posible que estos dos *subarrays* se superpongan, pero la cuestión es que queremos cubrir el rango completo con dos *subarrays*, y no tomar nada fuera del mismo. Esto siempre es posible, incluso aunque la longitud de los *subarrays* tenga que ser una potencia de 2. En primer lugar, hallamos la longitud del rango de consulta, que es $j - i + 1$. Después, le aplicamos $\log_2$ y redondeamos el resultado a la baja, es decir, $k = \lfloor \log_2(j - i + 1) \rfloor$. De esta forma, $2^k \leq (j - i + 1)$. En la parte superior de la figura 9.1 tenemos $i = 3, j = 8$, un espectro de $j - i + 1 = 8 - 3 + 1 = 6$ índices. Calculamos $k = 2$. Después, comparamos el valor de los subrangos $[i..(i + 2^k - 1)]$ y $[(j - 2^k + 1)..j]$ y devolvemos el índice del menor elemento de ambos. En la parte inferior de la figura 9.1, tenemos el primer rango como $[3..k = (3 + 2^2 - 1)] = [3..k = 6]$ y el segundo, $[l = (8 - 2^2 + 1)..8] = [l = 5..8]$. Como, potencialmente, puede haber subproblemas superpuestos (el rango $[5..6]$, en la parte inferior de la figura 9.1), clasificamos esta parte de la solución como programación dinámica.

A continuación, incluimos una implementación de una tabla dispersa, para resolver el problema estático de la RMQ. Puedes compararla con la del árbol de segmentos del Volumen I. La función RMQ(i, j) devuelve el índice de la RMQ (que se puede convertir al valor correspondiente), mientras que el código del árbol de segmentos, con actualización perezosa, devolvía directamente el valor de la RMQ.

```cpp
typedef vector<int> vi;

class SparseTable {                          // estilo POO
private:
  vi A, P2, L2;
  vector<vi> SpT;                            // tabla dispersa
public:
  SparseTable() {}                           // constructor predeterminado

  SparseTable(vi &initialA) {                // procesamiento previo
    A = initialA;
    int n = (int)A.size();
    int L2_n = (int)log2(n)+1;
```

```cpp
    P2.assign(L2_n, 0);
    L2.assign(1<<L2_n, 0);
    for (int i = 0; i <= L2_n; ++i) {
      P2[i] = (1<<i);                          // para acelerar 2^i
      L2[(1<<i)] = i;                           // para acelerar log_2(i)
    }
    for (int i = 2; i < P2[L2_n]; ++i)
      if (L2[i] == 0)
        L2[i] = L2[i-1];                         // para rellenar los vacíos

    // fase de inicialización
    SpT = vector<vi>(L2[n]+1, vi(n));
    for (int j = 0; j < n; ++j)
      SpT[0][j] = j;                             // RMQ del subarray [j..j]

    // los dos bucles anidados tienen una complejidad global de O(n log n)
    for (int i = 1; P2[i] <= n; ++i)             // para todos los i, 2^i <= n
      for (int j = 0; j+P2[i]-1 < n; ++j) {      // para todos los j válidos
        int x = SpT[i-1][j];                     // [j..j+2^(i-1)-1]
        int y = SpT[i-1][j+P2[i-1]];             // [j+2^(i-1)..j+2^i-1]
        SpT[i][j] = A[x] <= A[y] ? x : y;
      }
  }

  int RMQ(int i, int j) {
    int k = L2[j-i+1];                           // 2^k <= (j-i+1)
    int x = SpT[k][i];                           // cubre [i..i+2^k-1]
    int y = SpT[k][j-P2[k]+1];                   // cubre [j-2^k+1..j]
    return A[x] <= A[y] ? x : y;
  }
};
```

C++	ch9/SparseTable.cpp	
Java	ch9/SparseTable.java	
Python	ch9/SparseTable.py	
OCaml	ch9/SparseTable.ml	

Para el mismo caso de prueba con $n = 7$ y $A = \{18, 17, 13, 19, 15, 11, 20\}$, que el de la sección de árbol de segmentos del Volumen I, el contenido de la tabla dispersa SpT es:

A	18	17	13	19	15	11	20
Índice	0	1	2	3	4	5	6
$i = 2^0 = 1$	0	1	2	3	4	5	6
Cubre RMQ	(0,0)	(1,1)	(2,2)	(3,3)	(4,4)	(5,5)	(6,6)
$i = 2^1 = 2$	1	2	2	4	5	5	-
Cubre RMQ	(0,1)	(1,2)	(2,3)	(3,4)	(4,5)	(5,6)	-
$i = 2^2 = 4$	2	2	5	5	-	-	-
Cubre RMQ	(0,3)	(1,4)	(2,5)	(3,6)	-	-	-

En la primera fila, tenemos $i = 2^0 = 1$, que indica la RMQ del *subarray* que empieza en el índice j, con longitud $2^0 = 1$ (la propia j), eso significa SpT[i][j] = j. Esta es la fase de inicialización o caso base de la DP.

En la segunda fila, tenemos $i = 2^1 = 2$, que indica la RMQ del *subarray* que empieza en el índice j, con longitud $2^1 = 2$. Deducimos el valor utilizando DP y teniendo en consideración la fila anterior. Es de importancia que la última columna está vacía.

En la tercera fila, tenemos $i = 2^2 = 4$, que indica la RMQ del *subarray* que empieza en el índice j, con longitud $2^2 = 4$. Nuevamente, deducimos el valor mediante DP y teniendo en consideración la fila anterior. Como vemos, las tres últimas columnas están vacías.

En las siguientes filas observamos que cada vez hay menos columnas, de ahí que esta estructura de datos tenga la denominación de "tabla dispersa". Podemos optimizar un poco el espacio utilizado y aprovecharnos de esa dispersión, pero este tipo de optimizaciones no suelen aportar grandes ventajas en esta estructura de datos.

9.4 Descomposición en raíces cuadradas

La descomposición en raíces cuadradas en una técnica que se utiliza para calcular algunas operaciones sobre un *array* en tiempo $O(\sqrt{N})$ mediante la partición de la información o las operaciones en $\sqrt{N}$ contenedores, cada uno de tamaño $\sqrt{N}$.

Estructura de datos basada en descomposición en raíces cuadradas

Para ilustrar esta estructura de datos, consideremos el siguiente problema de ejemplo: dado un *array* de N enteros (A[]), admitir Q consultas de los siguientes tipos:

1. update_value(X, K) – actualizar el valor de A[X] a K.

2. gcd_range(L, R) – devolver el máximo común divisor (GCD) de A[L..R].

De forma ingenua, la primera operación se puede realizar en $O(1)$, mientras que la segunda es abordable en $O(N)$, mediante la sencilla iteración de todos los enteros afectados. Sin embargo, si N y Q son grandes (por ejemplo, $N, Q \leq 200\,000$), entonces esta técnica ingenua resultará en un veredicto TLE y podríamos necesitar una estructura de datos como el árbol de segmentos para poder realizar ambas operaciones en $O(\log N)$ cada una.

El árbol de segmentos es, en esencia, un árbol binario en el que los vértices hoja están definidos por el *array* original y los vértices internos son los vértices "segmento". Si, por ejemplo, dos vértices hoja a y b estuviesen conectados al mismo vértice padre c, implicaría que el vértice c representa un segmento que contiene tanto a a como a b. Un árbol de segmentos se construye recursivamente con profundidad $\log N$ y cada vértice interno tiene 2 hijos directos (ver Volumen I).

Ahora, en vez de un árbol binario con profundidad $\log N$, en el que cada vértice interno tiene 2 hijos directos, podemos construir una estructura de datos de árbol, aparentemente "menos potente" pero más sencilla, similar al árbol de segmentos con solo 2 niveles, en el que cada vértice interno cuenta con $\sqrt{N}$ hijos directos.

El espacio total necesario para almacenar esta estructura de datos es $N + \sqrt{N}$, ya que tenemos N vértices hoja (el *array* original) y $\sqrt{N}$ vértices internos. Por otro lado, ambos tipos de consulta tendrán una complejidad de tiempo[4] de $O(\sqrt{N})$. Esta estructura de datos no tiene un mejor aspecto en términos de eficiencia que la de su compañera, el árbol de segmentos, que es capaz de responder a ambos tipos de consulta en $O(\log N)$. Sin embargo, el hecho de que la profundidad del árbol sea de solo 2, hace que la implementación de la estructura sea trivial, ya que no hay necesidad de construir el árbol de forma explícita.

El siguiente código es una implementación de la operación `update_value()` utilizando la técnica de descomposición en raíces cuadradas. Los `arrays` A/B representan las hojas/vértices internos, respectivamente. Cada vértice interno almacena el GCD de todos sus hijos. Esta implementación utiliza espacio $2N$ (en vez de $N + \sqrt{N}$), pues el *array* B utiliza los mismos índices que el A, lo que provoca que muchos elementos de B queden sin utilizar (solo se utilizarán $\sqrt{N}$ elementos de B). Sin embargo, el consumo de espacio es, normalmente, la menor de nuestras preocupaciones al aplicar esta técnica.

```cpp
int sqrt_n = sqrt(N)+1;
int A[maxn] = {0};
int B[maxn] = {0};

void update_internal(int X) {
  int idx = X / sqrt_n * sqrt_n;            // índice vértice interno
  B[idx] = A[idx];                          // primero copiar
  for (int i = idx; i < idx+sqrt_n; ++i)    // iteración en O(sqrt(n))
    B[idx] = gcd(B[idx], A[i]);             // GCD A[idx..idx+sqrt(n)]
}
void update_value(int X, ll K) {
  A[X] = K;                                 // O(1)
  update_internal(X);                       // más O(sqrt(n))
}
```

---

[4] El análisis de complejidad de tiempo de esta estructura de datos es muy similar al del árbol de segmentos.

A continuación, la implementación de la operación `gcd_range()`.

```cpp
int gcd_range(int L, int R) {
  int ans = 0;                                // GCD(0, x) = x
  for (int i = L; i <= R; ) {                 // total O(sqrt(n))
    if ((i%sqrt_n == 0) && (i+sqrt_n-1 <= R)) // índice vértice interno
      ans = gcd(res, B[i]), i += sqrt_n;      // ignorar sqrt(n) índices
    else
      ans = gcd(res, A[i]), ++i;              // procesar uno a uno
  }
  return res;
}
```

Podemos observar que, mediante esta técnica, ambas operaciones tienen una complejidad de tiempo de $O(\sqrt{N})$.

Aunque este problema es bastante sencillo (y también se puede resolver mediante un árbol de segmentos, aunque con un código más largo), existen otros que son mucho más fáciles de resolver con la técnica de descomposición en raíces cuadradas. Veamos el siguiente problema de ejemplo.

Kattis - modulodatastructures

Kattis - modulodatastructures es sencillo de explicar: dado un *array*, `Arr[1..N]`, que contiene, inicialmente, solo ceros ($N \leq 200\,000$), admitir Q consultas de los siguientes tipos:

1. Incrementar todos los `Arr[k]` por `C` para todos `k ≡ A` (mód `B`).

2. Escribir `Arr[D]` para un `D` dado.

La implementación de la solución de forma literal (responder a las consultas de tipo 1 en $O(N)$ y a las de tipo 2 en $O(1)$) resultará en TLE, ya que se puede llegar a ejecutar en $O(Q \times N)$ planteando muchas consultas de tipo 1 con algunas ocasionales de tipo 2, para actualizar los valores.

Sin embargo, conociendo la técnica de descomposición en raíces cuadradas, este problema se convierte en fácil. Descomponemos el *array* `Arr` en $\sqrt{N} \times \sqrt{N}$ contenedores. Para el $N = 200\,000$ más grande, $\sqrt{200\,000}$ es solo 447 (N no tiene por qué ser, necesariamente, un cuadrado perfecto). Ahora, por cada consulta de tipo 1, realizar una de estas dos actualizaciones:

1. Si $B \leq \sqrt{N}$, solo actualizamos una celda: `bucket[B][A] += C`, en $O(1)$.

2. En caso contrario, si $B > \sqrt{N}$, realizamos `Arr[j] += C` por cada $j \in [A, A+B, A+2B, ...]$ y nos detenemos cuando $j > N$ (como $B > \sqrt{N}$, este bucle será de solo $O(N/\sqrt{N}) = O(\sqrt{N})$, lo que es una mejora sustancial en relación a la implementación literal).

Ahora podremos responder a las consultas de tipo 2 también en tiempo $O(\sqrt{N})$, al combinar valores de `Arr[D]` (esto es $O(1)$) y sumas de `bucket[B][D % B]` por cada $B \in [1..\sqrt{N}]$ (esto es $O(\sqrt{N})$). Así, obtendremos la respuesta correcta con una solución lo suficientemente rápida.

Procesamiento de consultas fuera de línea (técnica de reordenación)

Supongamos que tenemos Q consultas de <u>segmentos</u> en un *array* unidimensional A[], que se pueden procesar *fuera de línea*[5]. En este caso, existe una técnica que utiliza la descomposición en raíces cuadradas y que reduce la complejidad de tiempo del tratamiento de todas las consultas.

Consideremos un problema de ejemplo: dado un *array* A[] de N enteros, admitir Q consultas de (L, R), el número de enteros distintos en A[L..R].

Una técnica ingenua consistiría en iterar por todos los índices afectados por cada consulta y contar el número de enteros distintos (por ejemplo, con set en C++). Este método tiene una complejidad de tiempo de $\Omega(N)$ por consulta, por lo que la complejidad de tiempo global de todas las consultas sería de $\Omega(QN)$. En este caso utilizamos la notación Big-Ω para abstraernos de la estructura de datos utilizada pues, por ejemplo, como las operaciones de inserción y consulta del set de C++ tienen una complejidad de $O(\log N)$, la complejidad total sería de $O(QN \log N)$, pero, como este aspecto no es nuestra preocupación principal en este caso, podríamos aplicar esta técnica a cualquier estructura de datos.

Valoremos ahora un abordaje alternativo. En vez de realizar consultas de forma independiente, podemos realizar cada una utilizando el resultado de la anterior, mediante una operación de "actualización". Supongamos que la última consulta que hemos procesado corresponde al segmento A[4..17] y que la siguiente será para el A[4..17], por ejemplo, A[4..17] + A[3] + A[2] - A[17]. Estas operaciones + y - no son las convencionales de suma y resta, sino una suma y resta de conjuntos. Podemos lograr, en este problema de ejemplo, la operación de suma de conjuntos mediante el contenedor map de C++, entre otros. Para la operación +, nos basta con ejecutar ++m[A[x]]. Por otro lado, la operación - implica -m[A[x]] y la verificación de si m[A[x]] tiene valor 0 como consecuencia. Si la respuesta es que sí, eliminamos la clave (m.erase(A[x])). Después, para obtener el resultado de la consulta, nos basta con devolver (int)m.size(). Este método parece prometedor, sin embargo la complejidad de tiempo para procesar todas las consultas sigue siendo de $\Omega(QN)$.

Ahora ya estamos listos para aplicar la técnica. Pensemos en el método del párrafo anterior pero, en vez de realizar las consultas en el orden dado, lo haremos en otro: descomponemos el *array* A[] en $\sqrt{N}$ *subarrays* (contenedores), cada uno de tamaño $\sqrt{N}$. Después, ordenamos todas las consultas en orden no descendente por el **contenedor** en el que reside la parte izquierda del segmento (L) y, en caso de empate, en orden no descendente por la parte derecha del segmento (R). Si repetimos el método anterior con este orden de consultas, la complejidad de tiempo pasa a ser de $\Omega((Q + N)\sqrt{N})$ para procesar **todas** las consultas. Lo explicaremos más adelante.

Por ejemplo, digamos que $N = 16$ (desde 0 hasta 15) y las $Q = 5$ consultas son:

$$(5, 12), (2, 9), (3, 7), (14, 15), (6, 15)$$

El tamaño del contenedor $s = \sqrt{16} = 4$, por lo que los rangos de contenedores son: [0..3], [4..7], [8..11] y [12..15].

- Los segmentos $(\underline{3}, 7)$ y $(\underline{2}, 9)$ quedan en el primer contenedor, es decir, [0..3].

---

[5]Una consulta fuera de línea implica que puede procesarse en un orden **diferente** al de aparición, por lo que podemos reordenar las consultas y el resultado no se verá afectado. Podemos analizar este aspecto en contraste con las consultas *en línea*, que deben ser realizadas en el orden establecido o, en caso contrario, el resultado no será correcto. Puedes conocer más detalles en los problemas interactivos de la sección 9.31.

- Los segmentos $(\underline{5}, 12)$ y $(\underline{6}, 15)$ quedan en el segundo contenedor, es decir, [4..7].

- El segmento $(\underline{14}, 15)$ queda en el cuarto contenedor, es decir, [12..15].

Por lo tanto, las consultas ordenadas son:

$$(3, 7), (2, 9), (5, 12), (6, 15), (14, 15)$$

El siguiente código implementa la técnica de reordenación:

```cpp
struct tquery { int idx, L, R; };
struct toutput { int idx, value; };

vi answerAllQueries(vi A, vector<tquery> query) {
  int L = 0;
  int R = -1;
  map<int, int> m;
  vector<toutput> out;
  sort(query.begin(),query.end());
  for (tquery q : query) {
    while (L > q.L) {
      --L;
      ++m[A[L]];
    }
    while (R < q.R) {
      ++R;
      ++m[A[R]];
    }
    while (L < q.L) {
      if (--m[A[L]] == 0) m.erase(A[L]);
      ++L;
    }
    while (R > q.R) {
      if (--m[A[R]] == 0) m.erase(A[R]);
      --R;
    }
    out.push_back((toutput){q.idx, (int)m.size()});
  }
  sort(out.begin(),out.end());
  vi ans;
  for (toutput t : out)
    ans.push_back(t.value);
  return ans;
}
```

Las reglas de ordenación se establecen en el siguiente código:

```cpp
int s = sqrt(N)+1;

bool operator < (const tquery &a, const tquery &b) {
  if ((a.L/s) != (b.L/s)) return a.L < b.L;
  return a.R < b.R;
}

bool operator < (const toutput &a, const toutput &b) {
  return a.idx < b.idx;
}
```

La complejidad de tiempo global para este método es de $\Omega(Q \log Q + (Q + N)\sqrt{N})$.

¿Por qué la complejidad de tiempo pasa a ser de $\Omega(Q \log Q + (Q + N)\sqrt{N})$?

El análisis de la complejidad de tiempo tiene dos componentes, es decir, $\Omega(Q \log Q)$ y $\Omega((Q + N)\sqrt{N})$. La primera parte viene de la ordenación de las consultas, mientras que la segunda responde al procesamiento de las mismas. Observemos que hay dos tipos de procesamiento de las consultas:

1. Procesamiento de una consulta que comparte el <u>mismo</u> contenedor que la anterior. En este caso, la parte izquierda del segmento (L) se puede desplazar, pero no se saldrá del rango del contenedor (nota: el mismo que en la consulta anterior), que tiene tamaño $\sqrt{N}$, por lo que la complejidad de tiempo para procesar Q de esas consultas será de $\Omega(Q\sqrt{N})$. Por otro lado, la parte derecha del segmento (R) solo se puede desplazar hacia la derecha, debido a la ordenación no decreciente de R cuando comparten contenedor, por lo que la complejidad de tiempo para procesar Q de esas consultas es de $\Omega(Q+N)$. Así, la complejidad de tiempo de este tipo de consulta es de $\Omega(Q\sqrt{N} + Q + N)$ o, sencillamente, $\Omega(Q\sqrt{N} + N)$.

2. Procesamiento de una consulta con un contenedor <u>diferente</u> al de la anterior. En este caso, tanto L como R se pueden desplazar por el *array* en $O(N)$. Sin embargo, solo puede haber $O(\sqrt{N})$ casos de este tipo de consulta (con cambios de contenedor), ya que solo tenemos $\sqrt{N}$ contenedores (recuerda que primero procesamos todas las consultas del mismo contenedor antes de pasar al siguiente, lo que tiene como consecuencia que el número de cambios de contenedor esté limitado al número de contenedores disponibles). Por lo tanto, la complejidad de tiempo para procesar este tipo de consulta es de $\Omega(N\sqrt{N})$.

Con ambos tipos de consulta en mente, la complejidad de tiempo total para procesar todas las consultas, después de su ordenación, es de $\Omega(Q\sqrt{N} + N + N\sqrt{N})$ o, simplemente, $\Omega((Q + N)\sqrt{N})$.

1. *Kattis - cardboardcontainer* * — dos valores de entre L, W y H deben ser $\leq \sqrt{V}$, obtener L y W por fuerza bruta en $\sqrt{V} \times \sqrt{V}$ y verificar si V es divisible por $(L \times W)$

2. *Kattis - modulodatastructures* * — problema básico que se puede resolver mediante la técnica de descomposición en raíces cuadradas

9.5 Descomposición pesada–ligera

La descomposición pesada–ligera (HLD) es una técnica para la descomposición de un árbol en un conjunto de caminos disjuntos. Resulta particularmente útil para abordar problemas que nos piden la realización de consultas de caminos en un árbol, algo que puede parecer complicado pero suficientemente sencillo como para resolverlo en un grafo lineal. La idea consiste en descomponer el árbol en varios **caminos** (grafos lineales) de vértices disjuntos. Después, es posible responder a cada consulta de caminos del árbol original mediante consultas a uno o más de esos caminos.

Descomponer un árbol de forma aleatoria (eliminando aristas arbitrarias) no resulta suficiente, ya que podría haber una consulta de caminos que implicase a $O(N)$ caminos, es decir, no supondría una mejora sobre la solución de búsqueda completa. Resulta necesario descomponer el árbol de tal forma que cualquier consulta implique únicamente a una cantidad reducida de caminos. La descomposición pesada–ligera logra este objetivo a la perfección. Garantiza que cualquier consulta al árbol original implique únicamente $O(\log N)$ caminos.

Una arista (a, b) es **pesada** si, y solo si, $tamaño(b) \geq tamaño(a)/2$. En caso contrario, es **ligera**.

En consecuencia, eliminamos todas las aristas ligeras del árbol, de forma que solo queden las pesadas. Hay que tener en cuenta que los vértices conectados por aristas pesadas forman caminos, ya que cada vértice solo puede tener una arista pesada hacia sus hijos. Los denominaremos **caminos pesados**.

Pensemos en el siguiente ejemplo (figura 9.2) de un árbol con 19 vértices, con el vértice a como raíz. En este ejemplo, tenemos 8 aristas ligeras y un total de 10 aristas pesadas.

La figura 9.3 muestra los caminos pesados tras la descomposición.

Realizada la operación, cualquier consulta sobre el árbol original implicará solo $O(\log n)$ caminos pesados. Por ejemplo, una consulta de caminos desde el vértice k al vértice m incluye 2 caminos pesados: (b, e, k, n) y (a, c, h, m, p). Una consulta de caminos desde el vértice j al vértice g incluye 4 caminos pesados: (j), (b, e, k, n), (a, c, h, m, p) y (g).

La HLD resulta en esta propiedad tan interesante debido a que una arista ligera (a, b) implica que el tamaño del subárbol de b es menor que la mitad del tamaño del subárbol de a, por tanto, una consulta de caminos que pase por una arista ligera reducirá el número de vértices en más de la mitad. La consecuencia es que cualquier consulta de caminos sobre el árbol original pasará por un máximo de $(\log N)$ aristas ligeras.

---

[6]Esta técnica de descomposición en raíces cuadradas no suele aparecer en la programación competitiva, pero podemos buscar problemas (de estructuras de datos) en los que pueda ser de aplicación.

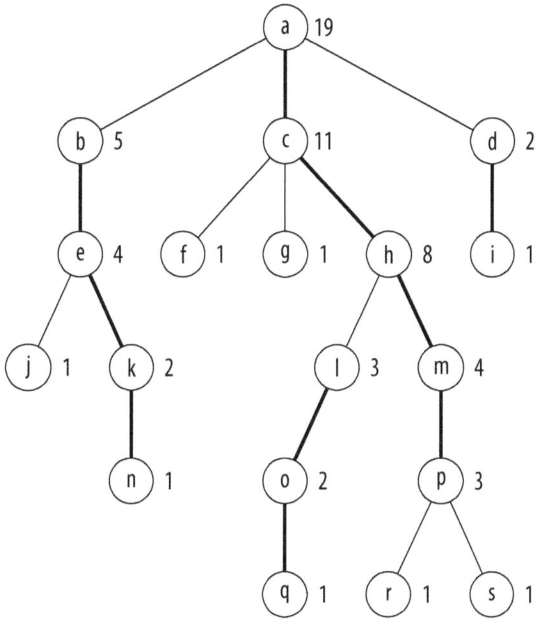

Figura 9.2: HLD de un árbol con raíz. El número junto a cada vértice indica el tamaño del subárbol con raíz en ese vértice. Las aristas **pesadas** se muestran más gruesas que las **ligeras**.

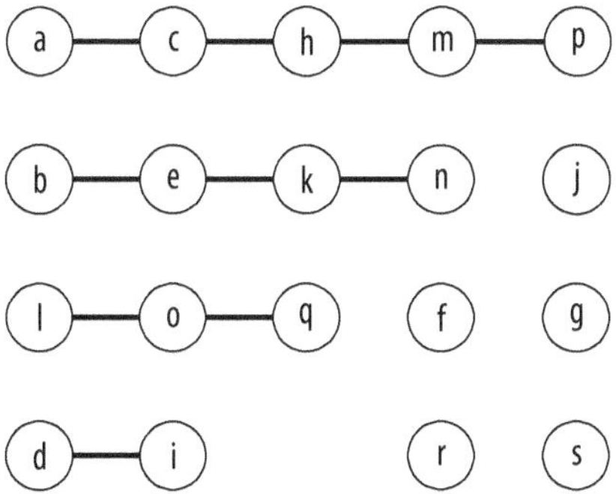

Figura 9.3: Caminos pesados del árbol de la figura 9.2

Implementación

Para facilitar la implementación, podemos modificar ligeramente la definición de arista pesada a arista al hijo con el subárbol más grande. Esta nueva definición de la arista pesada mantiene las mismas propiedades que la original, pero resulta más sencilla de implementar ya que nos permite determinar si una arista es pesada al tiempo que calculamos el tamaño del subárbol.

```cpp
vector<vi> AL;                             // árbol no dirigido
vi par, heavy;

int heavy_light(int x) {                   // recorrido DFS en árbol
  int size = 1;
  int max_child_size = 0;
  for (auto &y : AL[x]) {                  // arista x->y
    if (y == par[x]) continue;            // evitar ciclos en el árbol
    par[y] = x;
    int child_size = heavy_light(y);       // recursión
    if (child_size > max_child_size) {
      max_child_size = child_size;
      heavy[x] = y;                        // y = hijo más pesado de x
    }
    size += child_size;
  }
  return size;
}
```

El siguiente código descompone los vértices en sus propios grupos de caminos pesados:

```cpp
vi group;

void decompose(int x, int p) {
  group[x] = p;                            // x está en el grupo p
  for (auto &y : AL[x]) {                  // arista x->y
    if (y == par[x]) continue;            // evitar ciclos en el árbol
    if (y == heavy[x])
      decompose(y, p);                     // y en el grupo p
    else
      decompose(y, y);                     // y en nuevo grupo y
  }
}
```

C++	ch9/HLD.cpp
Java	ch9/HLD.java
Python	ch9/HLD.py
OCaml	ch9/HLD.ml

Ejemplo: consulta de actualización/suma en un camino en un árbol

Dado un árbol de N vértices (de valor inicial 0) con raíz y Q consultas de dos tipos:

1. `add a b k` — incrementa en k cada vértice del camino desde el vértice a al b.

2. `sum a b` — devuelve la suma de todos los vértices del camino desde el vértice a al b.

Si el grafo es lineal, este problema se puede resolver fácilmente con una estructura de datos como el árbol de Fenwick/binario indexado (BIT) o el árbol de segmentos. Sin embargo, al tratarse de un árbol, no será posible la aplicación directa de estas.

En primer lugar, descomponemos el árbol en varios caminos de vértices disjuntos mediante la técnica de la descomposición pesada–ligera que hemos visto. Después, construimos una estructura de datos de árbol de Fenwick o de segmentos para cada camino pesado. Dividimos cada consulta (a, b) (ya sea una consulta para añadir o para sumar) en (a, x) y (x, b), donde x es el *ancestro común mínimo* (LCA, ver la sección 9.8) de los vértices a y b, de forma que los vértices a y x tengan una relación descendiente–ancestro (igual para los vértices x y b). Resolvemos para (a, x) realizando la consulta en todos los caminos pesados desde el vértice a al x. Para hallar los caminos pesados, simplemente saltamos desde un vértice al principio de su camino pesado (mediante `group[]`) y, después, pasamos por una arista ligera (mediante `par[]`), entonces saltamos al principio del siguiente camino pesado y, así, sucesivamente. Resolvemos de igual forma para (x, b). La complejidad de tiempo para realizar una consulta en un camino pesado, con la estructura de datos apropiada, es de $O(\log N)$, ya que habrá un máximo de $O(\log N)$ caminos pesado implicados en la consulta, por lo que la complejidad de tiempo global será de $O(\log^2 N)$.

9.6 Torres de Hanoi

Enunciado del problema

El enunciado clásico del problema es el siguiente: tenemos tres varillas, A, B y C, y n discos, todos de diferentes tamaños. Comenzando con todos los discos apilados en orden ascendente en una de las varillas (la A), la tarea consiste en desplazar los n discos a otra de las varillas (la C). No se permite colocar un disco encima de otro de tamaño menor, y solo se puede mover un disco cada vez, desde la parte superior de una varilla a otra.

Soluciones

Existe una solución sencilla de *backtracking* recursivo para el problema clásico. La cuestión de mover n discos de la varilla A a la C, utilizando la varilla B como intermedia, se puede dividir en los siguientes subproblemas:

1. Mover $n-1$ discos de la varilla A a la B, utilizando la C como intermedia. Después de realizar este paso recursivo, nos queda el disco n solo en la varilla A.

2. Mover el disco n de la varilla A a la C.

3. Mover $n-1$ discos de la varilla B a la C, utilizando la A como intermedia. Estos $n-1$ discos quedarán encima del disco n, que ahora está abajo de la pila de la varilla C.

Los pasos 1 y 3 son recursivos. El caso base lo encontramos cuando $n=1$, donde nos basta con mover el único disco desde su varilla de origen a la de destino, saltando la intermedia. Esta es una implementación de ejemplo en C++:

```cpp
void solve(int count, char source, char destination, char intermediate) {
  if (count == 1)
    printf("Move top disc from pole %c to pole %c\n", source, destination);
  else {
    solve(count-1, source, intermediate, destination);
    solve(1, source, destination, intermediate);
    solve(count-1, intermediate, destination, source);
  }
}

int main() {
  solve(3, 'A', 'C', 'B');                          // primer parámetro <= 26
} // return 0;
```

El número mínimo de movimientos necesarios para resolver el problema clásico de las Torres de Hanoi, con n discos, mediante esta solución de *backtracking* recursivo, es de $2^n - 1$, por lo que no se puede utilizar para resolver instancias grandes (por ejemplo, $2^{27} > 10^8$ operaciones por segundo).

Ejercicios de programación

Ejercicios de programación relativos a las Torres de Hanoi:

1. Nivel básico: **UVa 10017 - The Never Ending ...** *   problema clásico
2. **UVa 00254 - Towers of Hanoi** *   definir una fórmula recursiva
3. **UVa 10254 - The Priest Mathematician** *   encontrar el patrón, `BigInteger` de Java

9.7 Multiplicación de cadenas de matrices

Enunciado del problema

Dadas n matrices, $A_1, A_2, ..., A_n$, donde cada A_i tiene un tamaño $P_{i-1} \times P_i$, mostrar el producto correctamente expresado de $A_1 \times A_2 \times \cdots \times A_n$, que minimice el número de multiplicaciones escalares. Se dice que un producto de matrices está correctamente expresado si cumple una de las siguientes condiciones:

1. Es una sola matriz.

2. Es el producto de 2 productos correctamente expresados, indicado entre paréntesis.

Ejemplo: recibimos el tamaño de 3 matrices en forma de *array* $P = \{10, 100, 5, 50\}$, que implica que la matriz A_1 tiene tamaño 10×100, A_2 tiene tamaño 100×5 y A_3 tiene 5×50. Podemos expresar correctamente estas tres matrices de dos maneras:

1. $(A_1 \times (A_2 \times A_3)) = 100 \times 5 \times 50 + 10 \times 100 \times 50 = 75\,000$ multiplicaciones escalares.

2. $((A_1 \times A_2) \times A_3) = 10 \times 100 \times 5 + 10 \times 5 \times 50 = 7500$ multiplicaciones escalares.

En el ejemplo anterior, podemos ver que el coste de multiplicar estas 3 matrices, en términos del número de multiplicaciones escalares, depende de la forma en que las expresemos. Sin embargo, una comprobación exhaustiva de todas las posibles expresiones es demasiado lenta, ya que el número de posibilidades es enorme (existen $Cat(n-1)$ expresiones correctas de n matrices, ver la sección 5.4.3).

Multiplicación de matrices

Podemos multiplicar dos matrices a, de tamaño $p \times q$, y b, de tamaño $q \times r$, si el número de columnas de a es el mismo que el de filas de b (la dimensión interna es coincidente). El resultado de esta multiplicación es la matriz c, de tamaño $p \times r$. El coste de la operación es de $p \times q \times r$ multiplicaciones, y se puede implementar con el siguiente código de C++ (este código es una extensión del de multiplicación de matrices cuadradas de la sección 5.8.3):

```cpp
const int MAX_N = 10;                    // aumentar/reducir según sea necesario

struct Matrix {
  int mat[MAX_N][MAX_N];
};

Matrix matMul(Matrix a, Matrix b, int p, int q, int r) { // O(pqr)
  Matrix c;
  for (int i = 0; i < p; ++i)
    for (int j = 0; j < r; ++j) {
```

```
11        c.mat[i][j] = 0;
12        for (int k = 0; k < q; ++k)
13          c.mat[i][j] += a.mat[i][k] + b.mat[k][j];
14      }
15   return c;
16 }
```

Por ejemplo, si tenemos las siguientes matrices a de 2×3, y b de 3×1, necesitaremos $2 \times 3 \times 1 = 6$ multiplicaciones escalares.

$$\begin{bmatrix} a_{1,1} & a_{1,2} & a_{1,3} \\ a_{2,1} & a_{2,2} & a_{2,3} \end{bmatrix} \times \begin{bmatrix} b_{1,1} \\ b_{2,1} \\ b_{3,1} \end{bmatrix} = \begin{bmatrix} c_{1,1} = a_{1,1} \times b_{1,1} + a_{1,2} \times b_{2,1} + a_{1,3} \times b_{3,1} \\ c_{2,1} = a_{2,1} \times b_{1,1} + a_{2,2} \times b_{2,1} + a_{2,3} \times b_{3,1} \end{bmatrix}$$

Cuando las dos matrices son cuadradas, de tamaño $n \times n$, esta multiplicación se ejecuta en $O(n^3)$ (ver la sección 5.8.3).

Soluciones

El problema de la multiplicación de cadenas de matrices es uno de los ejemplos clásicos que se utilizan para ilustrar la técnica de la programación dinámica (DP). Como ya hemos tratado la DP en detalle en el Volumen I, solo comentaremos las ideas clave. Para este problema, en realidad, no multiplicamos las matrices como hemos visto en la subsección anterior. Nos basta con encontrar la expresión correcta óptima de las n matrices.

Digamos que $coste(i, j)$, donde $i < j$ indica el número de multiplicaciones escalares necesarias para multiplicar las matrices $A_i \times A_{i+1} \times \cdots \times A_j$. En este caso, tenemos las siguientes recurrencias de búsqueda completa:

1. $coste(i, j) = 0$ si $i = j$, en caso contrario:

2. $coste(i, j) = \text{mín}(coste(i, k) + coste(k + 1, j) + P_{i-1} \times P_k \times P_j), \forall k \in [i \ldots j - 1]$.

El coste óptimo se almacena en $coste(1, n)$. Hay $O(n^2)$ pares diferentes de subproblemas (i, j). Por lo tanto, necesitamos una tabla de DP de tamaño $O(n^2)$. Calcular cada subproblema necesita hasta $O(n)$. Así, la complejidad de tiempo de esta solución de DP, para la multiplicación de cadenas de matrices, es de $O(n^3)$, lo que resulta mucho mejor que explorar las $Cat(n - 1)$ posibilidades para n matrices.

Ejercicios de programación

Ejercicios de programación relativos a multiplicación de cadenas de matrices:

1. Nivel básico: **UVa 00348 - Optimal Array Mult ...** *   DP, s(i, j), escribir la solución óptima, la secuencia óptima no es única

9.8 Ancestro común mínimo

Enunciado del problema

Dado un árbol T con raíz y n vértices, el ancestro común mínimo (LCA) entre dos vértices u y v, o $LCA(u, v)$, se define como el menor vértice de T que tenga a u y v como descendientes. Permitimos que un vértice sea descendiente de sí mismo, es decir, cabe la posibilidad de que $LCA(u, v) = u$ o $LCA(u, v) = v$.

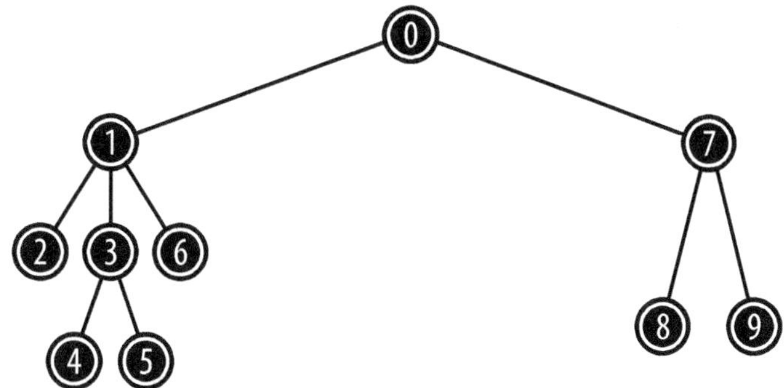

Figura 9.4: Ejemplo de un árbol T con raíz con $n = 10$ vértices

Por ejemplo, en la figura 9.4, verificamos que $LCA(4, 5) = 3$, $LCA(4, 6) = 1$, $LCA(4, 1) = 1$, $LCA(8, 9) = 7$, $LCA(4, 8) = 0$ y $LCA(0, 0) = 0$.

Soluciones

Solución de búsqueda completa

Una solución ingenua es hacerlo en dos pasos. Viajamos desde el primer vértice u hasta la raíz de T, y registramos todos los vértices recorridos (que podría significar $O(n)$, si el árbol está muy desequilibrado). Desde el segundo vértice v, también podemos ir hasta la raíz de T pero, esta vez, nos detendremos la primera vez que encontremos un vértice común (también puede ser $O(n)$ si el $LCA(u, v)$ es la raíz y el árbol está muy desequilibrado). Ese vértice común es el LCA. Necesitamos $O(n)$ por cada consulta (u, v), lo que resulta muy lento con muchas consultas.

Por ejemplo, si queremos calcular el $LCA(4, 6)$ del árbol de la figura 9.4, utilizando esta solución de búsqueda completa, primero tenemos que recorrer el camino $4 \rightarrow 3 \rightarrow 1 \rightarrow 0$, y registramos esos 4 vértices. Después, recorremos el camino $6 \rightarrow 1$ y nos detenemos. Informamos de que el LCA es el vértice 1.

Reducción a consulta de mínimo de rango

Podemos reducir el problema del LCA al de consulta de mínimo de rango (RMQ) (ver la sección de árbol de segmentos en el Volumen I). Si la estructura del árbol T no cambia durante las Q

consultas, podemos utilizar una estructura de datos de tabla dispersa, con tiempo de construcción $O(n \log n)$ y tiempo de RMQ $O(1)$. En la sección 9.3 podemos ver en detalle la estructura de tabla dispersa. De momento, vamos a analizar el proceso de reducción de LCA a RMQ, tal y como se trata en [3].

Podemos reducir el LCA a RMQ en tiempo lineal. La idea clave está en observar que $LCA(u, v)$ es el vértice más superficial del árbol que se visita durante un recorrido DFS a u y v. Lo que tenemos que hacer es ejecutar una DFS sobre el árbol y registrar información sobre la profundidad y el momento de visita de cada nodo. Alcanzaremos un total de $2 \cdot n - 1$ vértices durante la DFS, porque los vértices internos se visitarán varias veces. Necesitamos construir tres *arrays* durante esta DFS: E[0..2*n-2] (que registra la secuencia de nodos visitados), L[0..2*n-2] (que registra la profundidad de cada nodo visitado) y H[0..N-1] (donde H[i] registra el índice de la primera aparición del nodo i en E). A continuación, incluimos la sección clave de la implementación:

```cpp
int L[2*MAX_N], E[2*MAX_N], H[MAX_N], idx;

void dfs(int cur, int depth) {
  H[cur] = idx;
  E[idx] = cur;
  L[idx++] = depth;
  for (auto &nxt : children[cur]) {
    dfs(nxt, depth+1);
    E[idx] = cur;                           // vuelta a cur
    L[idx++] = depth;
  }
}

void buildRMQ() {
  idx = 0; memset(H, -1, sizeof H);
  dfs(0, 0);                                // raíz en índice 0
}
```

C++	ch9/LCA.cpp
Java	ch9/LCA.java
GitHub	Python	ch9/LCA.py

Por ejemplo, si llamamos a dfs(0, 0) sobre el árbol de la figura 9.4, tendremos:

Índice	0	1	2	3	4	5	6	7	8	9	10	11	12	13	14	15	16	17	18
H	0	1	2	4	5	7	10	13	14	16									
E	0	1	2	1	3	4	3	5	3	(1)	6	1	0	7	8	7	9	7	0
L	0	1	2	1	2	3	2	3	2	1	2	1	0	1	2	1	2	1	0

Tabla 9.2: Reducción de LCA a RMQ

Una vez que tenemos los tres *arrays* con los que trabajar, podemos resolver el LCA utilizando RMQ. Asumimos que H[u] < H[v] o, en caso contrario, intercambiamos u y v. Aquí vemos que el problema se reduce a encontrar el vértice de menor profundidad en E[H[u]..H[v]]. Así, la solución viene dada por $LCA(u, v)$ = `E[RMQ(H[u], H[v])]`, donde `RMQ(i, j)` se ejecuta sobre el *array* `L`. Si utilizamos la estructura de tabla dispersa de la sección 9.3, el *array* que habrá que procesar en la fase de construcción es `L`.

Por ejemplo, si queremos obtener el $LCA(4, 6)$ del árbol de la figura 9.4, calcularemos `H[4]` = 5 y `H[6]` = 10, y buscaremos el vértice de profundidad mínima en `E[5..10]`. Una llamada a `RMQ(5, 10)` sobre el *array* `L` (ver las casillas subrayadas de la fila `L` en la tabla 9.2) devuelve 9. El valor de `E[9]` = 1 (ver la casilla en cursiva de la fila `E` en la misma tabla), por lo que informaremos de que 1 es la respuesta de $LCA(4, 6)$.

Ejercicios de programación

Ejercicios de programación relativos al LCA:

1. Nivel básico: **UVa 10938 - Flea circus** *   problema de LCA básico
2. **UVa 12238 - Ants Colony** *   similar a UVa 10938
3. *Kattis - boxes* *   unir los bosques en un árbol, LCA, tamaño del subárbol por DP
4. *Kattis - chewbacca* *   ordenación completa del árbol k-ario, indexación de montículo binario, LCA
5. *Kattis - rootedsubtrees* *   digamos que d es el número de vértices que se encuentran estrictamente entre r y p, ambos inclusive (se calcula con LCA), deducir la fórmula en relación a d

9.9 Isomorfismo de árboles

El término **isomorfismo** viene de dos palabras del griego antiguo, *isos* (igual) y *morphe* (forma). Se dice que dos grafos G y H son *isomorfos* si, y solo si, tienen la misma forma (con independencia de sus etiquetas). En otras palabras, dos grafos son isomorfos si, y solo si, existe una biyección[7] entre todos los vértices de G y H, $f : V(G) \rightarrow V(H)$, de forma que los vértices u y v de G estén conectados por una arista si, y solo si, los vértices $f(u)$ y $f(v)$ de H también lo están[8]. El problema de determinar si dos grafos son isomorfos es conocido como el problema del isomorfismo de grafos y es un problema complejo[9]. Sin embargo, el problema del isomorfismo de **árboles** es P o, en otras palabras, existe un algoritmo de complejidad de tiempo polinómica para determinar si dos árboles son isomorfos. Hablaremos de esta variante.

La figura 9.5 muestra un ejemplo de tres árboles isomorfos. La relaciones de biyección de los vértices son: (a, 5, ii), (b, 4, i), (c, 2, iii), (d, 1, iv) y (e, 3, v). En otras palabras, el vértice a del primer grafo es igual al vértice 5 del segundo y al vértice ii del tercero, el vértice b del primer grafo es igual al vértice 4 del segundo y al vértice i del tercero, etc. Podemos comprobar si estas relaciones de biyección generan un isomorfismo mediante la verificación de la existencia (o inexistencia) de aristas para cada par de vértices de tales grafos. Por ejemplos, los vértices a

---

[7]Una biyección es una correspondencia uno a uno entre dos conjuntos, de forma que cada elemento del primer conjunto esté emparejado con, exactamente, un elemento del segundo y cada elemento del segundo esté emparejado con, exactamente, un elemento del primero.

[8]En otras palabras, existe una correspondencia uno a uno entre los vértices de G y los de H.

[9]En la actualidad se desconoce si el problema de isomorfismo de grafos es P o NP-completo. Sí está demostrado que el problema del isomorfismo de subgrafos es NP-completo.

y b están conectados por una arista, lo mismo ocurre con los vértices 5 y 4 y con los vértices i i
y i. Los vértices b y e no están conectados por una arista, al igual que los vértices 4 y 3 y los
vértices i y v.

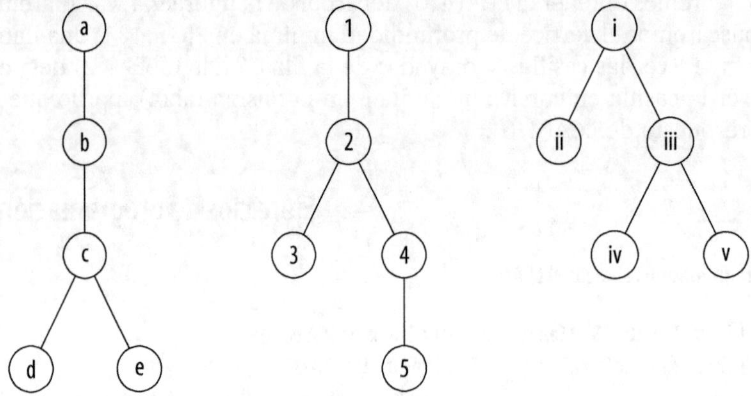

Figura 9.5: Tres árboles isomorfos

Método erróneo: secuencia de grados

Una *secuencia de grados*[10] de una grafo es una colección de los grados de sus vértices en orden no
creciente. Por ejemplo, la secuencia de grados del árbol de la figura 9.5 es $\{3, 2, 1, 1, 1\}$, es decir,
existe un vértice de grado 3, otro de grafo 2 y tres vértices de grado 1. Dos árboles (y también se
aplica a los grafos generales) no pueden ser isomorfos si sus secuencias de grados son diferentes.
Sin embargo, dos árboles con la misma secuencia de grados **no son** necesariamente isomorfos[11].
Veamos los árboles de la figura 9.6. Ambos tienen la misma secuencia de grados, en concreto
$\{3, 2, 2, 1, 1, 1\}$, pero no son isomorfos.

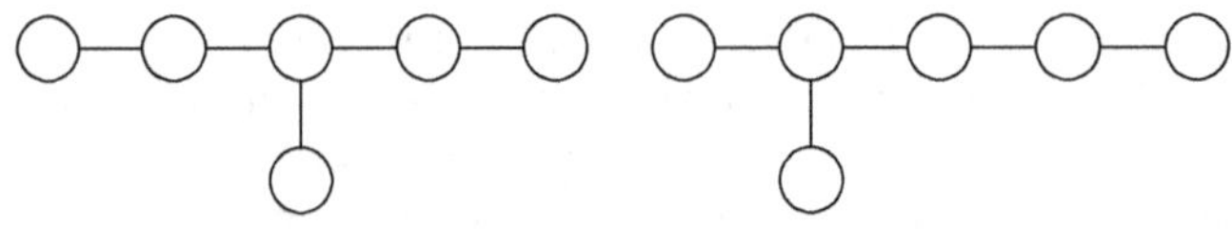

Figura 9.6: Dos árboles no isomorfos con la misma secuencia de grados de $\{3, 2, 2, 1, 1, 1\}$

Podríamos ponernos "creativos" (y seguiríamos fallando) comprobando el grado de los vecinos
de cada vértice. Este método se conoce como *secuencia de grados del vecindario*. Para obtener la
secuencia de grados del vecindario de un grafo, basta con sustituir cada grado de su secuencia de
grados por la lista de grados de sus vecinos. Por ejemplo, la secuencia de grados del vecindario
del árbol de la figura 9.5 sería $\{\{2, 1, 1\}, \{3, 1\}, \{3\}, \{3\}, \{2\}\}$. Podemos ver que, si solo tenemos
en cuenta el tamaño de cada elemento de esta secuencia, obtendremos $\{3, 2, 1, 1, 1\}$, que resulta
ser la secuencia de grados del grafo.

---

[10]El lector interesado puede informarse sobre el teorema de Erdős–Gallai en la sección 9.15.

[11]En nuestra experiencia, los recién llegados a la programación competitiva que no tienen una experiencia amplia en
ciencias de la computación o matemáticas tienden a utilizar la secuencia de grados para determinar el isomorfismo de
árboles y, obviamente, fallan.

Los árboles de la figura 9.6 tienen una secuencia de grados del vecindario diferente. La del árbol de la izquierda es {{2, 2, 1}, {3, 1}, {3, 1}, {3}, {2}, {2}}, mientras que la correspondiente al árbol de la derecha es {{2, 1, 1}, {3, 2}, {2, 1}, {3}, {3}, {2}}.

Sin embargo, los árboles de la figura 9.7 tienen las mismas secuencias de grados y de grados del vecindario, pero no son isomorfos. Su secuencia de grados es {3, 2, 2, 2, 2, 2, 2, 1, 1, 1} y la de grados del vecindario es {{2, 2, 1}, {3, 2}, {3, 2}, {2, 2}, {2, 2}, {2, 1}, {2, 1}, {3}, {2}, {2}}.

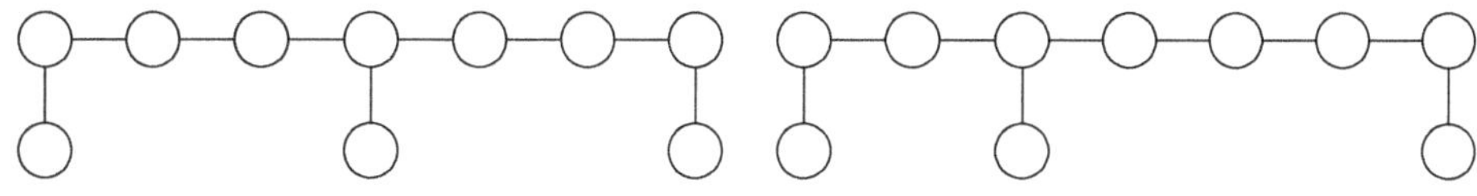

Figura 9.7: Dos árboles no isomorfos que comparten secuencia de grados del vecindario

Isomorfismo de árboles con raíz en $O(N^2)$

En esta sección, asumiremos que los árboles para los que queremos comprobar el isomorfismo tienen raíz (más adelante eliminaremos este aspecto). Para determinar si dos árboles con raíz son isomorfos, podemos codificar cada árbol y verificar si ambos comparte la misma codificación. A estos efectos, necesitamos un sistema de codificación que sirva para árboles con raíz no etiquetados.

Asignamos una **tupla de paréntesis**[12] a cada vértice u, para representar al subárbol con raíz en ese vértice u. La tupla de paréntesis de un vértice u tendrá la forma (H), donde H es la concatenación de <u>todas</u> las duplas de paréntesis de los hijos (directos) de u, <u>ordenados</u> de forma no descendente[13]. Hemos utilizados los caracteres (y), pero podríamos utilizar cualquier otro par de símbolos para representar la apertura y cierre de paréntesis, como 01, ab o {}. La codificación de un árbol con raíz será igual a la codificación de su raíz.

Por ejemplo, un vértice hoja tendrá una tupla de paréntesis (), ya que no tiene hijos, mientras que un vértice con 3 hijos que cuentan, respectivamente, con las tuplas de paréntesis ((())), (()) y (()()), tendrá una tupla de paréntesis ((())) (()()) (())). Podemos ver que (()()) aparece ordenado antes que (()). Hemos añadido espacios por razones de claridad pero, en realidad, no deben estar presentes en una tupla de paréntesis.

La figura 9.8 muestra un ejemplo de la codificación de un árbol con raíz mediante tuplas de paréntesis. Vemos que la <u>ordenación</u> de las tuplas de paréntesis de los hijos es importante si queremos utilizar esta codificación para verificar el isomorfismo de los árboles. La razón es similar a la que hace que los *anagramas* se puedan comprobar mediante la ordenación de cadenas.

Mediante este método, cada vértice tendrá una tupla de paréntesis de longitud $O(N)$, lo que provocará que la complejidad de tiempo global sea de $O(N^2)$. El siguiente código es una implementación de la codificación de árboles mediante tuplas de paréntesis. Para verificar si los árboles son isomorfos nos basta comprobar que tienen la <u>misma</u> codificación[14].

---

[12]Recordemos el problema de emparejamiento de paréntesis del Volumen I.

[13]Cualquier orden debería servir siempre que no se produzcan empates y se mantenga su consistencia en la codificación de todos los vértices.

[14]Solo necesitamos comprobar las raíces, pues ya contienen la codificación de todo el árbol.

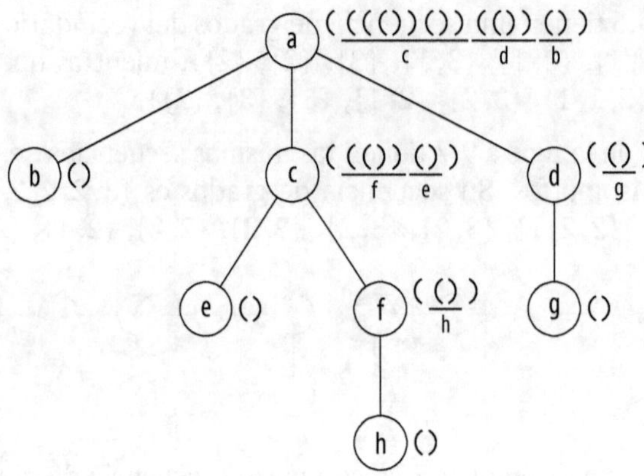

Figura 9.8: Ejemplo de la codificación de un árbol con raíz mediante tuplas de paréntesis

```cpp
string encodeTree(int u) {
  vector<string> tuples;
  for (auto &v : child[u])
    tuples.push_back(encodeTree(v));
  sort(tuples.begin(), tuples.end());
  string H;
  for (auto &c : tuples)
    H += c;
  return "(" + H + ")";
}
```

Isomorfismo de árboles con raíz en $O(N)$

Hemos visto que, con el método anterior, cada vértice se codifica mediante una tupla de paréntesis de longitud $O(N)$. Para mejorar el tiempo de ejecución, podemos representar cada tupla de paréntesis con un entero. Una forma de hacerlo es mediante el _hashing de cadenas_ (ver la sección 6.6), es decir, asignamos un _hash_ de un solo entero a la tupla de paréntesis, donde **se asume** que el entero es único[15] para cada tupla. Con este método, la complejidad de tiempo global para codificar el árbol con raíz se reduce a $O(N)$.

Isomorfismo de árboles sin raíz

Para comprobar el isomorfismo de árboles sin raíz, basta con convertirlos a árboles con raíz y utilizar la codificación que acabamos de ver. Sin embargo, no podemos elegir un vértice arbitrario como raíz del árbol, pues cada vértice (si es elegido como raíz) podría resultar en una codificación diferente. Necesitamos un vértice con una propiedad única y que exista en cualquier árbol.

---

[15]Consulta en la sección 6.6 cómo tratar con las probabilidades de colisión en el _hash_.

Normalmente existen dos tipos de vértices que son "únicos" en un árbol y que pueden servir a nuestro propósito, son el centro y el centroide.

El vértice **centro** de un árbol es un aquel que presenta menor excentricidad o, en otras palabras, su distancia al vértice más alejado es mínima. Este vértice reside en el camino más largo (diámetro) del árbol. Además, habrá un máximo de dos de estos vértices en función de si el diámetro del árbol tiene longitud par o impar.

El siguiente algoritmo en $O(N)$ hallará el centro de un árbol:

1. Realizar una BFS desde cualquier vértice arbitrario y hallar su vértice más alejado u.

2. Realizar una BFS desde el vértice u y hallar su vértice más alejado v. El camino desde el vértice u al v será un diámetro del árbol, es decir, el camino más largo dentro del mismo. Hemos estudiado este tema en el Volumen I.

3. Hallar el vértice en el centro del camino que va del vértice u al vértice v. Habrá uno o dos vértices que cumplan el requisito.

Por otro lado, el vértice **centroide** de un árbol es aquel cuya eliminación dividirá al árbol en un bosque (de árboles no conexos), de forma que ninguno de los árboles no conexos tenga más de la mitad del número de vértices del árbol original. Al igual que en el caso del vértice centro, un árbol tendrá un máximo de dos vértices centroides.

Para hallar los centroides debemos comenzar asumiendo cualquier vértice arbitrario como raíz del árbol y, entonces, calcular el tamaño de cada subárbol con raíz (utilizando, por ejemplo, DFS). Después, evaluamos cada vértice, uno a uno, comenzando en la raíz y desplazándonos hacia el hijo que tenga el subárbol con raíz más grande.

El siguiente código encuentra el centroide de un árbol. El elemento del *array* `size[x]` contiene el tamaño del subárbol con raíz del vértice x. La variable `psize` contiene el tamaño del subárbol inverso (del padre), es decir, el tamaño del subárbol con raíz del vértice p (padre del vértice u) **si** el árbol tiene su raíz en el vértice u.

```cpp
vi getCentroids(int u, int psize) {
  if (2*psize > N) return vi(0);
  bool is_centroid = true;
  int sum = 0;                            // suma de tamaños de subárboles
  int next = -1;                          // el subárbol más grande
  for (auto &v : child[u]) {
    sum += size[v];
    if (2*size[v] > N)
      is_centroid = false;
    if ((next == -1) || (size[next] < size[v]))
      next = v;
  }
  vi res = getCentroids(next, psize+sum-size[next]+1);
  if (is_centroid)
    res.push_back(u);
  return res;
}
```

En caso de que existan dos centros (o centroides), necesitaremos las codificaciones del árbol con raíz en cada uno de esos vértices, ordenadas y concatenadas. Los árboles serán isomorfos si comparten la misma codificación. La búsqueda de los centros o centroides de un árbol se puede realizar en $O(N)$ y la codificación de un árbol con raíz también tiene un coste $O(N)$, como hemos visto antes. Por lo tanto, el isomorfismo de árboles sin raíz se puede resolver con una complejidad de tiempo de $O(N)$.

Ejercicios de programación

Ejercicios de programación relativos a isomorfismo de árboles:

1. **LA 2577 - Rooted Trees Isomorphism** *

9.10 Sucesión de De Bruijn

Una **sucesión de De Bruijn** (también llamada ciclo de De Bruijn) es la *cadena circular* más corta[16] que contenga como subcadenas todas las cadenas posibles de longitud n de los alfabetos Σ ($|\Sigma| = k$). Como en Σ hay k^n posibles cadenas de longitud n, la longitud de la cadena circular deberá ser de, al menos, k^n. Además, se puede demostrar que existe una cadena de longitud, exactamente, k^n (ver más adelante el algoritmo constructivo)[17].

Por ejemplo, digamos que $k = 2$ ($\Sigma = \{a, b\}$) y $n = 3$. Una sucesión de De Bruijn para esos k y n, también expresada como $B(k = 2, n = 3)$, es aaababbb, de longitud $2^3 = 8$. Vamos a comprobarlo. Las subcadenas de longitud $n = 3$ de una cadena circular aaababbb son: aaa, aab, aba, bab, abb, bbb, bba y baa. Esas 8 subcadenas son únicas, y el hecho de que existan 2^3 subcadenas de longitud $n = 3$ posibles en $k = 2$ alfabetos, implica que esas 8 subcadenas son completas (contienen todas las cadenas posibles de longitud $n = 3$ en $k = 2$ alfabetos). Otra sucesión de De Bruijn para $B(2, 3)$ es aaabbbab. También hay más sucesiones de De Bruijn, como aababbba, babbbaaa, aabbbaba, etc., que son válidas, pero se considera que son las mismas que las dos anteriores (se pueden obtener mediante la rotación de la cadena), es decir, aababbba y babbbaaa son iguales a aaababbb, y aabbbaba es la misma que aaabbbab.

Consideremos otro ejemplo, con $k = 6$ ($\Sigma = \{a, b, c, d, e, f\}$) y $n = 2$. Las cadenas de longitud $n = 2$ posibles con $\Sigma = \{a, b, c, d, e, f\}$ son aa, ab, ac, ..., fe, ff, y todas ellas aparecen como subcadenas de la cadena circular aabacadaeafbbcbdbebfccdcecfddedfeeff, de longitud $6^2 = 36$. Evidentemente, existen más sucesiones de De Bruijn para $B(6, 2)$.

Grafo de De Bruijn

Una sucesión de De Bruijn se puede generar con la ayuda de un grafo de De Bruijn. Un **grafo de De Bruijn de m dimensiones sobre alfabetos** Σ se define de la siguiente manera:

---

[16]Una cadena circular es una cadena en la que sus dos extremos (izquierdo y derecho) se juntan para formar un ciclo. Por ejemplo, abcdef y cdefab son la misma cadena circular, pues la segunda se puede obtener de desplazar la primera dos posiciones a la izquierda.

[17]Si no queremos que la cadena sea circular, entonces la longitud será $k^n + n - 1$, es decir, basta con añadir los primeros $n - 1$ caracteres al final de la misma.

- Existe un vértice por cada cadena posible de longitud m en Σ.

- Un vértice u tiene una arista dirigida hacia el vértice v, (u, v), **si, y solo si,** la cadena representada por v se puede obtener eliminando el primer carácter de la cadena representada por u y añadiendo un nuevo carácter al final de esa cadena. Entonces, la arista dirigida (u, v) tendrá una etiqueta igual al nuevo carácter añadido. Por ejemplo, un vértice que represente `aa` tiene una arista dirigida, etiquetada como `b`, hacia un vértice que represente `ab`. Un vértice que represente `abcde` tiene una arista dirigida, etiquetada como `f`, a un vértice que represente `bcdef`.

Estas dos propiedades implican que tal grafo tendrá k^m vértices y k^{m+1} aristas dirigidas. Además, cada vértice tendrá m aristas salientes y m aristas entrantes. Las figuras 9.9 y 9.10 muestran ejemplos de grafos de De Bruijn sobre alfabetos $\Sigma = \{a, b\}$ con 2 y 3 dimensiones, respectivamente.

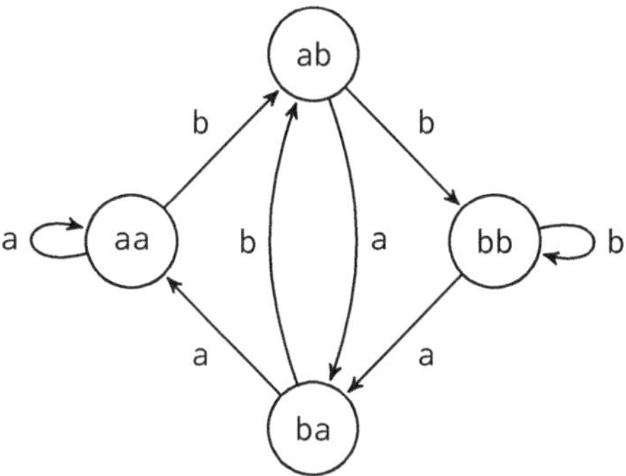

Figura 9.9: Grafo de De Bruijn de 2 dimensiones sobre alfabetos $\Sigma = \{a, b\}$

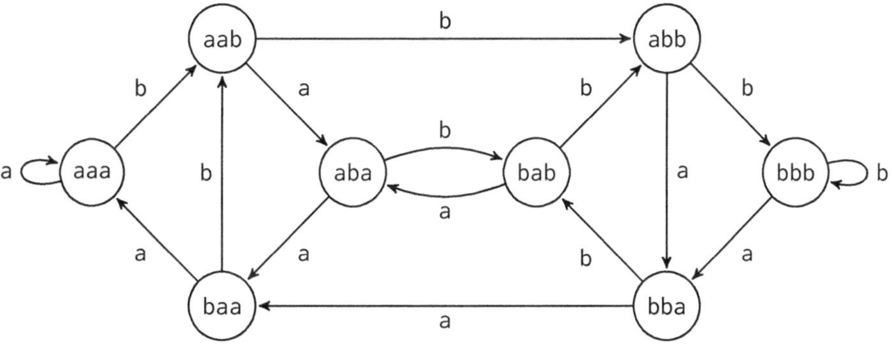

Figura 9.10: Grafo de De Bruijn de 3 dimensiones sobre alfabetos $\Sigma = \{a, b\}$

En general, hay dos métodos para generar una sucesión de De Bruijn a partir de un grafo de De Bruijn, mediante un camino/ruta hamiltonianos y mediante una ruta euleriana.

Generación de una sucesión de De Bruijn mediante un camino/ruta hamiltonianos

Este método resulta cómodo para generar una sucesión de De Bruijn de $B(k, n)$, una vez que se ha construido un grafo de De Bruijn de n dimensiones. Utilicemos, por ejemplo, la figura 9.10. Los vértices de un grafo de De Bruijn de 3 dimensiones son todas las cadenas posibles de longitud $n = 3$ que deben estar presentes en una sucesión de De Bruijn $B(2, n = 3)$. Por otro lado, una arista en el grafo implica que podemos obtener la siguiente cadena (del vértice adyacente) añadiendo un carácter. Por lo tanto, lo que necesitamos hacer para obtener una sucesión de De Bruijn es, simplemente, hallar un camino en el grafo que visite cada vértice exactamente una vez, lo que constituye, ni más ni menos, un **camino hamiltoniano**. La lista de vértices de ese camino es la lista de cadenas de longitud n de una sucesión de De Bruijn en su orden de aparición.

Por ejemplo, el siguiente es un camino hamiltoniano en la figura 9.10.

$$aaa \rightarrow aab \rightarrow abb \rightarrow bbb \rightarrow bba \rightarrow bab \rightarrow aba \rightarrow baa$$

Para obtener la sucesión de De Bruijn correspondiente, podemos combinar esas cadenas mientras encogemos todas las cadenas adyacentes (por ejemplo, combinamos aaa y aab en aaab). El resultado para el ejemplo anterior es aaabbbabaa. La sucesión obtenida con este método tiene caracteres sobrantes, pues no la hemos convertido en una cadena circular. Basta eliminar los últimos $n - 1$ (en este caso, $n - 1 = 2$) caracteres del resultado para formar la sucesión de De Bruijn, es decir, aaabbbab.

De forma alternativa, podemos utilizar las etiquetas de las aristas de una **ruta hamiltoniana** para obtener una sucesión de De Bruijn.

$$aaa \xrightarrow{b} aab \xrightarrow{b} abb \xrightarrow{b} bbb \xrightarrow{a} bba \xrightarrow{b} bab \xrightarrow{a} aba \xrightarrow{a} baa \xrightarrow{a} aaa$$

La etiqueta de arista que también es una sucesión de De Bruijn es bbbabaaa. Esta bbbabaaa es igual a aaabbbab (basta con rotarla).

Puede que ya te hayas dado cuenta de que encontrar un camino/ruta hamiltonianos en un grafo es un problema NP-completo, por lo que utilizar este método en un concurso de programación podría no ser viable. Por suerte, existe un método alternativo, mucho mejor, para generar una sucesión de De Bruijn, mediante una ruta euleriana.

Generación de una sucesión de De Bruijn mediante una ruta euleriana

Recordemos que para generar una sucesión de De Bruijn $B(k, n)$ a partir de un camino/ruta eulerianos, necesitamos un grafo de De Bruijn de n dimensiones. Es posible generar la misma sucesión de De Bruijn a partir de una ruta euleriana en un grafo de De Bruijn de $(n - 1)$ dimensiones.

En este grafo de De Bruijn de $(n - 1)$ dimensiones, cada arista saliente se corresponde con una cadena de longitud n, es decir, la cadena del vértice (de longitud $n - 1$) concatenada con la etiqueta de la arista saliente (de longitud 1). Por lo tanto, para obtener todas las cadenas posibles de longitud n, lo único que tenemos que hacer es hallar una ruta que recorra cada arista una sola vez, lo que constituye una **ruta euleriana**.

Por ejemplo, consideremos la figura 9.9 (de 2 dimensiones) al generar una sucesión de De Bruijn $B(2, n = 3)$. La siguiente es una ruta euleriana en ese grafo.

$$bb \xrightarrow{a} ba \xrightarrow{a} aa \xrightarrow{a} aa \xrightarrow{b} ab \xrightarrow{a} ba \xrightarrow{b} ab \xrightarrow{b} bb \xrightarrow{b} bb$$

Al igual que hicimos anteriormente con la ruta hamiltoniana, la etiqueta de las aristas de una ruta euleriana en un grafo de De Bruijn de 2 dimensiones forma una sucesión de De Bruijn $B(2, n = 3)$, es decir, aaababbb.

Vemos también que ese grafo de De Bruijn es conexo y que cada vértice tiene el mismo número de aristas entrantes y salientes, por lo que necesariamente debe existir una ruta euleriana.

Para encontrarla, podemos utilizar un algoritmo como el de Hierholzer, que vimos en el Volumen I, que tiene complejidad de tiempo polinómica. Existen también otros métodos para generar una sucesión de De Bruijn sin la ayuda de un grafo de De Bruijn como, por ejemplo, la concatenación de palabras de Lyndon[18] o el algoritmo de construcción basado en desplazamiento, pero no trataremos aquí ninguno de los dos métodos.

Conteo de sucesiones de De Bruijn únicas

Es posible hallar el número total de sucesiones de De Bruijn únicas de $B(k, n)$, mediante la siguiente fórmula:

$$\frac{(k!)^{k^{n-1}}}{k^n}$$

Si preferimos no considerar que la cadena rotada es la misma cadena, basta con eliminar la parte fraccional.

En el caso especial de $k = 2$, la fórmula se reduce a la siguiente:

$$2^{2^{n-1}-n}$$

Por ejemplo, el número de sucesiones de De Bruijn únicas para $B(2, 3)$ es $2^{2^{3-1}-3} = 2^{4-3} = 2$ que, como hemos mostrado al principio de esta sección, son aaababbb y aaabbbab.

Ejercicios de programación

Ejercicios de programación relativos a la sucesión de De Bruijn:

1. Nivel básico: **UVa 10506 - The Ouroboros problem** * problema de sucesión de De Bruijn básico
2. **UVa 10040 - Ouroboros Snake** * sucesión de De Bruijn lexicográficamente menor
3. **UVa 10244 - First Love!!! ***
4. ICPC 2018 Jakarta – Problema C - Smart Thief sucesión de De Bruijn parcial

---

[18]Una palabra de Lyndon es una cadena no periódica que resulta ser la lexicográficamente menor de entre todas sus rotaciones.

9.11 Transformada rápida de Fourier

El título más adecuado para esta sección habría sido "**Multiplicación rápida de polinomios**", pero hemos decidido mantener "Transformada rápida de Fourier" ya que trataremos de este tema específico de forma mayoritaria.

La transformada rápida de Fourier (FFT) es un método (rápido) para realizar la transformada discreta de Fourier (DFT), una transformada muy utilizada en ingeniería (eléctrica) y otros ámbitos científicos, para convertir una señal del dominio del tiempo al de la frecuencia. Sin embargo, en el contexto de la programación competitiva, la FFT y su inversa se utilizan habitualmente para multiplicar dos polinomios (grandes).

El problema

Dados dos polinomios de grado n, $A(x)$ y $B(x)$, la tarea consiste en calcular su multiplicación, $A(x) \cdot B(x)$. Por ejemplo, dados estos dos polinomios de grado $n = 2$:

$$A(x) = 1 + 3x + 5x^2$$
$$B(x) = 4 - 2x + x^2$$

Entonces,

$$A(x) \cdot B(x) = 4 + 10x + 15x^2 - 7x^3 + 5x^4$$

Si n es lo suficientemente pequeño, el siguiente código directo en $O(n^2)$ resulta suficiente para calcular el resultado.

```
for (int j = 0; j <= n; ++j)
  for (int k = 0; k <= n; ++k)
    res[j+k] += A[j] * B[k];
```

Si los polinomios son de distinto grado, basta con añadir uno o más ceros al de grado inferior para llevarlo al grado del otro. Por ejemplo, veamos estos dos polinomios:

$$A(x) = 1 + 4x \qquad \to A(x) = 1 + 4x + 0x^2 + 0x^3$$
$$B(x) = 3 + 2x^2 + 5x^3 \to B(x) = 3 + 0x + 2x^2 + 5x^3$$

El polinomio no se modifica, pero ahora ambos tienen el mismo "grado"[19] y se podrá utilizar el código anterior.

En esta sección, describiremos un algoritmo para realizar multiplicaciones de polinomios, que se ejecuta con complejidad de tiempo $O(n \log n)$, gracias a la FFT y a su inversa.

---

[19]En realidad hemos abusado ligeramente de la terminología. La definición del grado de un polinomio es la potencia más alta de sus términos con un coeficiente distinto a cero. Añadir ceros a un polinomio no aumenta su grado.

Representación de polinomios

Antes de entrar en profundidad en la FFT, comenzaremos indicando varias formas de representar un polinomio.

Representación de coeficientes

La representación de coeficientes de un polinomio $a_0 + a_1x + a_2x^2 + \cdots + a_nx^n$ es un vector de coeficientes:

$$(a_0, a_1, a_2, \ldots, a_n)$$

Por ejemplo,

$$A(x) = 1 + 3x + 5x^2 \to (1, 3, 5)$$
$$B(x) = 4 - 2x + x^2 \to (4, -2, 1)$$

En esta representación, se puede evaluar eficientemente el valor de un polinomio, para una x dada, en $O(n)$ utilizando, por ejemplo, el método de Horner[20]. Sin embargo, realizar una multiplicación de polinomios (estrictamente) con esta representación, podría necesitar el código anterior en $O(n^2)$. En general, los problemas que incluyen polinomios suelen presentarlos de esta forma.

Representación punto–valor

La representación punto–valor (o representación punto) de un polinomio de grado n, $A(x)$, es un conjunto de (al menos) $n + 1$ pares punto–valor

$$\{(x_0, y_0), (x_1, y_1), (x_2, y_2), \ldots, (x_n, y_n)\}$$

tales que todos los x_j son <u>diferentes</u> e $y_j = A(x_j)$ para todos los j.

Podemos tener más (pero no menos) de $n + 1$ pares punto–valor para representar un polinomio[21] de grado n. Por ejemplo, estas representaciones punto–valor corresponden al mismo polinomio $1 + 3x + 5x^2$ de grado $n = 2$.

$$\{(1, 9), (2, 27), (3, 55)\}$$
$$\{(1, 9), (2, 27), (3, 55), (4, 93)\}$$
$$\{(1, 9), (3, 55), (4, 93), (5, 141)\}$$
$$\{(2, 27), (3, 55), (5, 141), (7, 267), (10, 531)\}$$

Algunos artículos/libros se refieren a esta representación como *representación de muestreo*, porque nos proporciona suficientes puntos de muestreo (x_j, y_j) para poder reconstruir el polinomio original utilizando, por ejemplo, la fórmula de interpolación de Lagrange.

---

[20]Vemos que $a_0 + a_1x^1 + a_2x^2 + \cdots + a_nx^n = a_0 + x(a_1 + x(a_2 + \cdots + x(a_{n-1} + xa_n)))$.

[21]Puedes encontrar más información sobre esto en la interpolación de polinomios y en la teoría fundamental del álgebra.

Para multiplicar dos polinomios con representación punto–valor, necesitamos:

1. Que ambos polinomios se encuentren representados en el mismo dominio ($x_j \in X$ para todos los j).

2. Que haya, al menos, $2n + 1$ puntos distintos en el conjunto punto–valor.

El primer requisito se da por sentado, pues lo que queremos calcular es $A(x_j) \cdot B(x_j)$ para un x_j dado. El segundo surge del hecho de que multiplicar dos polinomios de grado n resultará en un polinomio de grado $2n$, por lo que son necesarios $2n + 1$ pares punto–valor para representar el resultado.

Consideremos el ejemplo anterior, $A(x) = 1 + 3x + 5x^2$ y $B(x) = 4 - 2x + x^2$. Digamos que $x_j \in X$ es[22] $\{0, 1, 2, 3, 4\}$.

x_j	0	1	2	3	4
$A(x_j)$	1	9	27	55	93
$B(x_j)$	4	3	4	7	12
$A(x_j) \cdot B(x_j)$	4	27	108	385	1116

Por tanto, el polinomio resultante es

$$\{(0, 4), (1, 27), (2, 108), (3, 385), (4, 1116)\}$$

que corresponde al polinomio $4 + 10x + 15x^2 - 7x^3 + 5x^4$.

Como vemos, dada la representación punto–valor de dos polinomios (que satisfagan los requisitos), podemos calcular directamente su multiplicación en tiempo $O(n)$, es decir, basta con multiplicar $A(x_j)$ y $B(x_j)$ por cada x_j.

La gran idea

En primer lugar, vamos a añadirle algunos detalles a nuestro problema. Dados dos polinomios de grado n, en representación de <u>coeficientes</u>, $A(x)$ y $B(x)$, calcular su multiplicación, $A(x) \cdot B(x)$.

Recordemos que ya hemos mencionado que multiplicar directamente dos polinomios en representación de coeficientes implica una complejidad de tiempo de $O(n^2)$. Sin embargo, también sabemos que la multiplicación de polinomios con representación punto–valor se puede realizar en $O(n)$, y es un aspecto que vamos a explotar.

Lo que sigue es la gran idea de la multiplicación rápida de polinomios en tres pasos, que también está ilustrada en la figura 9.11:

(1) Convertir los polinomios dados a representación punto–valor.

(2) Realizar la multiplicación en representación punto–valor.

(3) Convertir el resultado nuevamente a representación de coeficientes.

---

[22]Podemos utilizar cualquier conjunto de números siempre que sean diferentes. Además, como el grado del polinomio es 2, necesitaremos que el tamaño de X sea, al menos, $2 \times 2 + 1 = 5$.

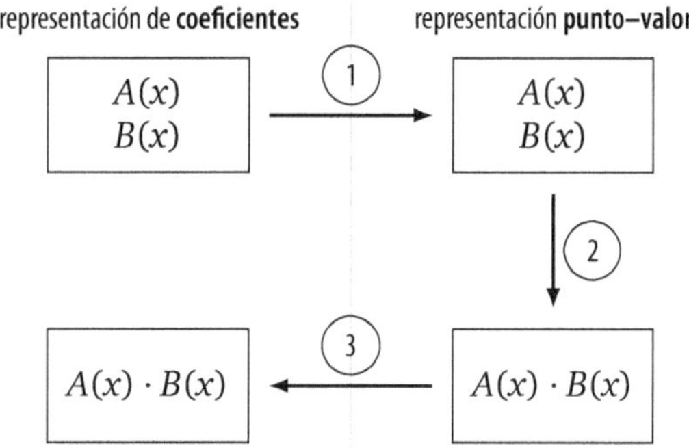

Figura 9.11: Multiplicación rápida de polinomios: la gran idea

Sabemos que el paso (2) se puede realizar en $O(n)$ pero, ¿qué ocurre con los pasos (1) y (3)? Una técnica ingenua al paso (1) consistiría en evaluar el polinomio con una x_j para obtener y_j (es decir, un par punto–valor (x_j, y_j)), realizar esta operación para los $2n + 1$ diferentes x_j y, así, obtener la representación punto–valor del polinomio. Sin embargo, la evaluación de un polinomio para una x consume $O(n)$, lo que provocaría que la complejidad de tiempo global para obtener los $2n + 1$ pares punto–valor fuese de $O(n^2)$.

Por suerte, el algoritmo de la FFT puede realizar el paso (1) en $O(n \log n)$, y el paso (3) se puede ejecutar con la FFT inversa, también en $O(n \log n)$, lo que llevará a que la complejidad de tiempo global para realizar la multiplicación de los polinomios, siguiendo los pasos descritos, sea de $O(n \log n)$.

Transformada rápida de Fourier

La transformada rápida de Fourier es un algoritmo de divide y vencerás para calcular la transformada discreta de Fourier de una serie (o conjunto ordenado de coeficientes polinómicos). Para entender la FFT y la DFT, es necesario el conocimiento de los números complejos y la fórmula de Euler (o trigonometría) en su relación con la raíz n-ésima de la unidad.

Como estamos trabajando con números complejos, debemos incluir esta advertencia antes de continuar, para evitar cualquier confusión causada por i.

La notación de i durante (toda) esta sección, hace referencia a una unidad **imaginaria** de un número complejo (por ejemplo, $5 + 2i$), y no se refiere a ninguna variable o índice.

Algoritmo de divide y vencerás (D&C)

Comenzamos describiendo un algoritmo de divide y vencerás para evaluar un polinomio $A(x)$ para una x dada. Aunque podemos utilizar el método de Horner para evaluar el polinomio, de cara a la aplicación posterior de la FFT, necesitaremos este algoritmo.

Digamos que $A(x) = (a_0, a_1, a_2, \ldots, a_n)$ es un función polinómica (en representación de coeficientes). $A_0(x)$ es un polinomio cuyos coeficientes son el coeficiente de $A(x)$ en los términos **pares**, es decir, $A_0(x) = (a_0, a_2, a_4, a_6, \ldots)$, y $A_1(x)$ es un polinomio cuyos coeficientes son el coeficiente de $A(x)$ en los términos **impares**, es decir, $A_1(x) = (a_1, a_3, a_5, a_7, \ldots)$.[23] El grado tanto de $A_0(x)$ como de $A_1(x)$ es la mitad del grado de $A(x)$.

$$A(x) = (a_0, a_1, a_2, a_3, \ldots, a_n) \rightarrow a_0 + a_1 x^1 + a_2 x^2 + a_3 x^3 + \cdots + a_n x^n$$
$$A_0(x) = (a_0, a_2, a_4, a_6, \ldots) \rightarrow a_0 + a_2 x^1 + a_4 x^2 + a_6 x^3 + \cdots$$
$$A_1(x) = (a_1, a_3, a_5, a_7, \ldots) \rightarrow a_1 + a_3 x^1 + a_5 x^2 + a_7 x^3 + \cdots$$

Vemos que $A(x)$ se puede calcular mediante la siguiente fórmula[24]

$$A(x) = A_0(x^2) + x \cdot A_1(x^2)$$

Con esto, ya tenemos un algoritmo de divide y vencerás para evaluar el polinomio.

En el siguiente ejemplo abusaremos ligeramente de la notación: digamos que $A_{(a_0, a_1, \ldots, a_n)}(x)$ es un polinomio $(a_0, a_1, \ldots, a_n)$, es decir, los coeficientes polinómicos vienen dados por el subíndice de A.

Pensemos en el siguiente ejemplo. Digamos que $A_{(3,0,2,5)}(x)$ es la función polinómica y que queremos evaluarla para $x = 2$. Separamos los coeficientes de los términos pares e impares y evaluamos sobre x^2, es decir, $A_{(3,2)}(x^2)$ y $A_{(0,5)}(x^2)$. Para evaluar $A_{(3,2)}(x^2)$, separamos recursivamente los coeficientes de sus términos pares e impares y los evaluamos sobre $(x^2)^2$, es decir, $A_{(3)}(x^4)$ y $A_{(2)}(x^4)$. Igualmente, para evaluar $A_{(0,5)}(x^2)$, separamos recursivamente los coeficientes de sus términos pares e impares y los evaluamos sobre $(x^2)^2$, es decir, $A_{(0)}(x^4)$ y $A_{(5)}(x^4)$.

$$A_{(3)}(2^4) = 3 \qquad A_{(2)}(2^4) = 2 \qquad A_{(0)}(2^4) = 0 \qquad A_{(5)}(2^4) = 5$$
$$A_{(3,2)}(2^2) = A_{(3)}(2^4) + 2^2 \cdot A_{(2)}(2^4) = 3 + 2^2 \cdot 2 = 11$$
$$A_{(0,5)}(2^2) = A_{(0)}(2^4) + 2^2 \cdot A_{(5)}(2^4) = 0 + 2^2 \cdot 5 = 20$$
$$A_{(3,0,2,5)}(2) = A_{(3,2)}(2^2) + 2 \cdot A_{(0,5)}(2^2) = 11 + 2 \cdot 20 = 51$$

Por último, obtenemos $A(2) = 51$ mediante el algoritmo de divide y vencerás. Podemos confirmar el resultado evaluando directamente $A(2) = 3 + 0 \cdot 2 + 2 \cdot 2^2 + 5 \cdot 2^3$, que da un resultado de 51.

Este algoritmo se ejecuta con una complejidad de tiempo de $O(n \log n)$ para evaluar una x, lo que es peor que el método de Horner, que funciona en $O(n)$. Con este algoritmo de divide y vencerás, necesitaremos $O(n^2 \log n)$ si queremos evaluar todas las $x \in X$, de una en una, donde $|X| = 2n + 1$. Podemos evaluar todas las $x \in X$ de una sola vez[25], pero seguirá necesitando[26] $O(n^2)$. Resulta que con una elección adecuada de $x \in X$, el algoritmo de divide y vencerás puede evaluar n valores en solo $O(n \log n)$, como veremos pronto.

---

[23]Vemos que a_2 es el coeficiente para x^1 en $A_0(x)$, a_5 es el coeficiente para x^2 en $A_1(x)$ y, así, sucesivamente.

[24]Son $A_0(x^2)$ y $A_1(x^2)$, no $A_0(x)$ y $A_1(x)$. Animamos al lector a que verifique si la fórmula es correcta.

[25]Modificamos el algoritmo de divide y vencerás para que también acepte el conjunto $x \in X$ que queremos evaluar.

[26]Pista: dibuja y analiza el árbol de recursión.

Raíces de unidad n-ésimas

Para evaluar $A(x)$ mediante el algoritmo de divide y vencerás, comenzamos realizando una recursión y evaluación de $A_0(x^2), A_1(x^2)$, combinando después el resultado en $A(x)$. Si queremos evaluar todas las $x \in X$ de una sola vez, el algoritmo realizará la recursión y evaluación de $x^2 \; \forall x \in X$ en el segundo nivel de recursión, $x^4 \; \forall x \in X$ en el tercer nivel de recursión, etc. El tamaño de X nunca se reduce y esto supone un auténtico problema. Sin embargo, lo cierto es que podemos elegir $2n + 1$ valores de x cualquiera, siempre que sean diferentes. No tienen por qué ser $0, 1, 2, \ldots, 2n$. Ni siquiera tienen por qué ser números reales.

¿Qué ocurriría si $X = \{1, -1\}$? En el segundo nivel de recursión, el algoritmo de divide y vencerás calcularía $\{1^2, (-1)^2\}$, que es solamente $\{1\}$. Podemos calcular tanto $A(1)$ como $A(-1)$ simplemente calculando $A_0(1)$ y $A_1(1)$, ya que ambas comparten la misma x^2.

$$A(1) = A_0(1) + 1 \cdot A_1(1)$$
$$A(-1) = A_0(1) - 1 \cdot A_1(1)$$

Pero podemos ir más allá. ¿Qué ocurría si $X = \{1, -1, i, -i\}$? En el segundo nivel de recursión, el algoritmo de divide y vencerás calculará $\{1^2, (-1)^2, i^2, (-i)^2\}$, que se reduce a $\{1, -1\}$. En el tercer nivel de recursión, calculará $\{1^2, (-1)^2\}$, que se reduce a solo $\{1\}$.

Así, si necesitamos realizar cálculos para $|X| = 2n + 1$ valores distintos de x (y podemos elegir cualquier x que queramos), necesitamos hallar una X que tenga una buena **propiedad de colapso** o, en otras palabras, en el siguiente nivel de recursión $|X|$ se reduzca a la mitad y, en el último nivel de recursión, X se colapse hasta $\{1\}$. Podemos lograrlo utilizando las **raíces de unidad**[27] $|X|$-ésimas. Además, para tener una buena divisibilidad, debemos asegurarnos de que $|X|$ es una potencia de 2, para lo que nos basta con añadirle ceros a X (o, en este caso, a los coeficientes polinómicos) hasta que se convierta en potencia de 2. Hallada esta X, podremos reducir significativamente el tiempo de ejecución del algoritmo anterior de divide y vencerás, con todos a la vez.

Las raíces de unidad n-ésimas son n números distintos tales que, si se eleven a la potencia de n, todos se colapsarán a 1. Por ejemplo, las raíces de unidad 2-ésimas son $\{1, -1\}$. Las raíces de unidad 4-ésimas son $\{1, -1, i, -i\}$. Las raíces de unidad 8-ésimas son $\{\pm 1, \pm i, \pm(\frac{1}{2}\sqrt{2} + \frac{1}{2}\sqrt{2}i), \pm(\frac{1}{2}\sqrt{2} - \frac{1}{2}\sqrt{2}i)\}$. Evidentemente, también existen raíces de unidad 3-ésimas, 5-ésimas, 6-ésimas, …, pero solo nos preocupan aquellas cuya n sea una potencia de 2. Las raíces de unidad n-ésimas también son los puntos de un *plano complejo* cuya distancia al origen sea, justamente, 1. En la figura 9.12 se puede ver una ilustración de las raíces de unidad 8-ésimas.

La raíces de unidad n-ésimas se pueden hallar mediante la fórmula

$$e^{i2\pi k/n}$$

donde e es el número de Euler (2,7182818…) y $k = 0, 1, \ldots, n - 1$. Podemos ver que, si elevamos la fórmula a la n-ésima potencia, obtendremos 1 con independencia de k. $(e^{i2\pi k/n})^n = e^{i2\pi k} = (e^{i2\pi})^k = 1$ (nota: $e^{i2\pi} = 1$). La parte $2\pi k/n$ muestra, de hecho, el grado (en radianes) del punto k-ésimo, como se ilustra en la figura 9.12.

---

[27] El término "unidad" es, en este caso, sinónimo de 1 (uno).

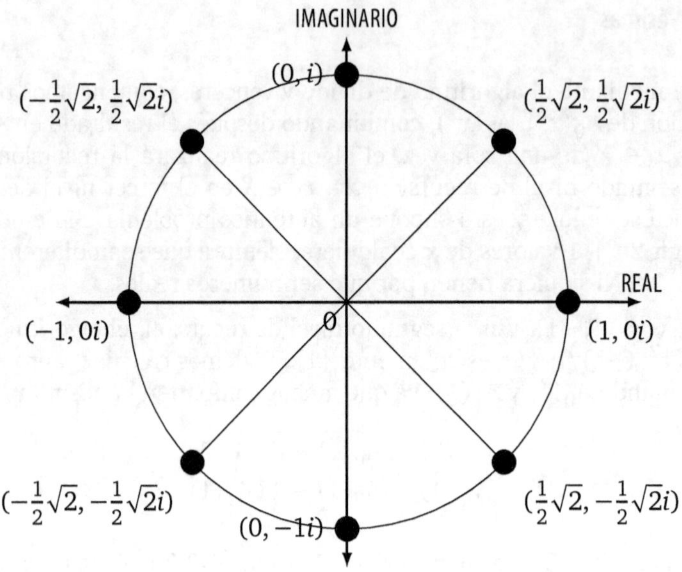

Figura 9.12: Las raíces de unidad 8-ésimas.

Para librarnos de e y de la necesidad de calcular la potencia, podemos utilizar la **fórmula de Euler**[28,29].

$$e^{i\theta} = \cos\theta + i\sin\theta$$

Con $\theta = 2\pi k/n$, la fórmula se transforma en

$$e^{i2\pi k/n} = \cos(2\pi k/n) + i\sin(2\pi k/n)$$

Por lo tanto, para que el conjunto X tenga una propiedad de colapso adecuada, nos basta con hacer que $x \in X$ esté formado por $e^{i2\pi k/n}$ o $\cos(2\pi k/n) + i\sin(2\pi k/n)$, donde $k = 0, 1, \ldots, n-1$. La evaluación de un polinomio en las raíces de unidad es una técnica conocida también como transformada discreta de Fourier (DFT).

FFT, un algoritmo recursivo

En este momento ya estamos listos para convertir todo lo dicho en un algoritmo. Para simplificar algunas notaciones, diremos que

$$w_n^k = e^{i2\pi k/n}$$

es decir, w_n^k es un raíz de unidad n-ésima.

La estructura principal del algoritmo parte, evidentemente, del divide y vencerás. La función `FFT()` tiene un parámetro: `A[]`, un vector (o *array*) que contiene los coeficientes polinómicos. El resultado de `FFT(A)` será un vector `F[]` formado por números complejos, del mismo tamaño

---

[28]Se puede entender la fórmula aplicando trigonometría básica a la figura 9.12.

[29]Si $\theta = \pi$, entonces la fórmula de Euler se convierte en la que está considerada como la ecuación más bella de las matemáticas, la identidad de Euler: $e^{i\pi} = \cos\pi + i\sin\pi = -1 + 0i = -1$ o, simplemente, $e^{i\pi} + 1 = 0$.

que A[], donde cada elemento es un valor evaluado del polinomio $A(x)$ en una raíz de unidad n-ésima, es decir, F[k] $= A(w_n^k)$.[30]

No es necesario incluir el conjunto X a evaluar como parámetro, ya que podemos generarlo al vuelo, pues está formado por las raíces de unidad n-ésimas. Para generar $x \in X$ en una llamada recursiva, nos basta aplicar la fórmula de Euler.

$$x = \cos(2\pi k/n) + i\sin(2\pi k/n) \qquad \forall\, k = 0, 1, \ldots, n-1$$

La función FFT(A) es recursiva y llamará a FFT(A0) y FFT(A1), donde A0[] y A1[] son los términos pares e impares separados de A[]. Después, combinará los resultados de FFT(A0) y FFT(A1), concretamente en F0[] y F1[], respectivamente.

Digamos que n es el tamaño de A[] en una llamada recursiva, y supongamos que F0[] y F1[] ya están calculados para esa llamada.

$$F0[k] = A_0(w_{n/2}^k) \qquad\qquad \forall\, k = 0, 1, \ldots, n/2 - 1$$
$$F1[k] = A_1(w_{n/2}^k) \qquad\qquad \forall\, k = 0, 1, \ldots, n/2 - 1$$

Nuestro objetivo es calcular F[].

$$F[k] = A(w_n^k) \qquad\qquad \forall\, k = 0, 1, \ldots, n-1$$

Podemos hacerlo utilizando la anterior fórmula de divide y vencerás, $A(x) = A_0(x^2) + x \cdot A_1(x^2)$.

Para simplificar la explicación, definiremos que el rango para k sea $0, 1, \ldots, n/2 - 1$, de forma que el rango para la primera mitad de F[] sea, sencillamente, k, mientra que el rango para la segunda mitad sea $n/2 + k$.[31]

La primera mitad parece sencilla, pues podemos utilizar la fórmula de divide y vencerás directamente. Resulta que la segunda mitad también es sencilla, debido a la propiedad de las raíces de unidad n-ésimas, como veremos más adelante.

La primera mitad de F[] es la siguiente. Empezamos con la fórmula de divide y vencerás.

$$F[k] = A(w_n^k) = A_0((w_n^k)^2) + w_n^k \cdot A_1((w_n^k)^2)$$
$$= A_0(w_n^{2k}) + w_n^k \cdot A_1(w_n^{2k}) \qquad\qquad \forall\, k = 0, 1, \ldots, n/2 - 1$$

Vemos que w_n^{2k} es igual a $w_{n/2}^k$.

$$w_n^{2k} = e^{i2\pi(2k)/n} = e^{i2\pi k/(n/2)} = w_{n/2}^k$$

Por lo tanto,

$$F0[k] = A_0(w_{n/2}^k) = A_0(w_n^{2k})$$
$$F1[k] = A_1(w_{n/2}^k) = A_1(w_n^{2k})$$

---

[30]Cuando realicemos la implementación, utilizaremos el vector A[] para almacenar el resultado para F[], tanto para reducir el uso de memoria como para ganar en velocidad de cálculo.

[31]Además, observamos que tanto F0[] como F1[] tienen un tamaño de solo $n/2$.

Después podemos calcular la primera mitad de `F[]` utilizando `F0[]` y `F1[]`.

$$F[k] = F0[k] + w_n^k \cdot F1[k] \qquad\qquad \forall\, k = 0, 1, \dots, n/2 - 1$$

La segunda mitad de `F[]` es la siguiente. Al igual que con la primera mitad, también empezamos con la fórmula de divide y vencerás pero, esta vez, dividimos más los exponentes.

$$
\begin{aligned}
F[n/2 + k] = A(w_n^{n/2+k}) &= A_0((w_n^{n/2+k})^2) + w_n^{n/2+k} \cdot A_1((w_n^{n/2+k})^2) \\
&= A_0(w_n^{n+2k}) + w_n^{n/2+k} \cdot A_1(w_n^{n+2k}) \\
&= A_0(w_n^n w_n^{2k}) + w_n^{n/2} w_n^k \cdot A_1(w_n^n w_n^{2k}) \qquad \forall\, k = 0, 1, \dots, n/2 - 1
\end{aligned}
$$

Sabemos que $w_n^n = e^{i2\pi} = 1$ y $w_n^{n/2} = e^{i\pi} = -1$.

$$
\begin{aligned}
F[n/2 + k] = A(w_n^{n/2+k}) &= A_0(1 \cdot w_n^{2k}) + (-1) \cdot w_n^k \cdot A_1(1 \cdot w_n^{2k}) \\
&= A_0(w_n^{2k}) - w_n^k \cdot A_1(w_n^{2k}) \qquad \forall\, k = 0, 1, \dots, n/2 - 1
\end{aligned}
$$

Hemos mostrado antes que $A_0(w_n^{2k})$ y $A_1(w_n^{2k})$ son, sencillamente, `F0[k]` y `F1[k]`. Por lo tanto, la fórmula para calcular la segunda mitad de `F[]` es la siguiente.

$$F[n/2 + k] = F0[k] - w_n^k \cdot F1[k] \qquad\qquad \forall\, k = 0, 1, \dots, n/2 - 1$$

Si nos reflejamos en estas fórmulas para calcular `F[]`, estaremos, en realidad, calculando tanto $A(x)$ como $A(-x)$, con una llamada recursiva de $A_0(x^2)$ y $A_1(x^2)$, cada una con la mitad del tamaño de los coeficientes de A. Esto es, resolvemos dos valores, x $(= w_n^k)$ para la primera mitad y $-x$ $(= -w_n^k)$ para la segunda[32], con un solo valor, x^2 $(= w_n^{2k})$. Exactamente lo que pretendíamos al utilizar las raíces de unidad n-ésimas.

Implementación. Podemos simplificar la implementación haciendo que `A[]` almacene también los valores evaluados `F[]`. Por lo tanto, la función `FFT()` no necesita devolver nada sino que, en su lugar, modifica directamente el vector `A[]` (convirtiéndolo en `F[]`). Para hacer que esto sea posible, `A[]` debe ser un vector de números complejos.

Podemos utilizar la clase `std::complex` de C++ y el módulo `complex()` de Python para tratar con números complejos. Lamentablemente, Java no incluye ninguna clase integrada para operar con números complejos, así que es posible que tengas que implementarla tú mismo. Puede que quieras aprovechar para refrescar tus conocimientos sobre algunas operaciones aritméticas básicas con números complejos (solo utilizaremos suma/resta y multiplicación).

A continuación, incluimos una implementación de la FFT en C++:

```cpp
typedef complex<double> cd;
const double PI = acos(-1.0);

void FFT(vector<cd> &A) {
  int n = A.size();
```

---

[32]La raíz de unidad para la segunda mitad de `F[]`, $w_n^{n/2+k}$, es igual a $-w_n^k$, como ya hemos visto antes.

```cpp
6    if ( n == 1 ) return;

7

8    vector<cd> A0(n/2), A1(n/2);                   // divide
9    for ( int k = 0; 2 * k < n; ++k ) {
10     A0[k] = A[2*k];
11     A1[k] = A[2*k+1];
12   }

13

14   FFT(A0);                                        // vencerás
15   FFT(A1);

16

17   for ( int k = 0; 2 * k < n; ++k ) {            // combinar
18     cd x = cd(cos(2*PI*k/n), sin(2*PI*k/n));
19     A[k] = A0[k] + x * A1[k];
20     A[k+n/2] = A0[k] - x * A1[k];
21   }
22 }
```

Cada una de las partes *divide* y *vencerás* se ejecutan en $O(n)$, mientras que la parte *vencerás* reduce el tamaño de la entrada a la mitad, por tanto, la relación de recurrencia es $T(n) = 2 \cdot T(n/2) + O(n)$. Así, según el teorema maestro, la implementación que presentamos se ejecuta en $O(n \log n)$.

Para llamar a `FFT()`, puedes utilizar el siguiente código. Ten presente que solo mostramos cómo llamar a `FFT()` y, en consecuencia, el código no se debe utilizar directamente para la multiplicación rápida de polinomios.

```cpp
1  // contiene los coeficientes polinómicos
2  // polynomial.size() debería ser una potencia de 2
3  vi polynomial;

4

5  // convierte vector<int> en vector<complex<double>>
6  vector<cd> A(polynomial.begin(), polynomial.end());

7

8  // llama a FFT con A como un vector de números complejos
9  FFT(A);

10

11 for ( auto &p : A )
12   printf("%lf + i %lf\n", p.real(), p.imag());
```

FFT, un algoritmo *in situ*

Es posible mejorar la implementación anterior de la FFT mediante la modificación de la estructura recursiva en otra iterativa, con lo que se eliminará la carga adicional de llamadas a funciones, lo que redundará en un tiempo de ejecución más rápido.

En la FFT, la sucesión $(a_0, a_1, a_2, a_3, a_4, a_5, a_6, a_7)$ quedará separada en otras dos: (a_0, a_2, a_4, a_6)

y (a_1, a_3, a_5, a_7), es decir, se produce la separación de los términos pares e impares. En todos los términos pares, el bit menos significativo será 0, mientras que será 1 para los términos impares. Por lo tanto, realizar primero las operaciones sobre los términos pares y, después, sobre los impares (de forma recursiva) es lo mismo que si priorizamos las operaciones sobre los números que tengan un bit menos significativo menor. En realidad, esto es igual que realizar las operaciones con el orden de los bits invertido.

Orden normal		Orden de bits invertido	
Decimal	Binario	Decimal	Binario
0	0000	0	0000
1	0001	8	1000
2	0010	4	0100
3	0011	12	1100
4	0100	2	0010
5	0101	10	1010
6	0110	6	0110
7	0111	14	1110
8	1000	1	0001
9	1001	9	1001
10	1010	5	0101
11	1011	13	1101
12	1100	3	0011
13	1101	11	1011
14	1110	7	0111
15	1111	15	1111

Para ordenar $(0, 1, 2, 3, \dots)$ en orden de bits invertidos, necesitamos comprobar cada j, compararla con su `reverseBit(j)` e intercambiarlas según corresponda. Después, para realizar la FFT (*in situ*), basta con ordenar la sucesión según el orden de bits invertido y realizar el proceso de divide y vencerás desde la longitud más corta, es decir, $2, 4, 8, 16, \dots$.

El siguiente código implementa la FFT *in situ* en C++:

```cpp
typedef complex<double> cd;
const double PI = acos(-1.0);

int reverseBit(int x, int m) {
  int ret = 0;
  for ( int k = 0; k < m; ++k )
    if ( x & (1 << k) ) ret |= 1 << (m-k-1);
  return ret;
}

void InPlaceFFT(vector<cd> &A) {
  int m = 0;
  while ( m < A.size() ) m <<= 1;         // m debe ser potencia de 2

  for ( int k = 0; k < A.size(); ++k )
```

```
16     if ( k < reverseBit(k, m) )
17       swap(A[k], A[reverseBit(k, m)]);
18
19   for ( int n = 2; n <= A.size(); n <<= 1 ) {
20     for ( int k = 0; 2 * k < n; ++k ) {
21       cd x = cd(cos(2*PI*k/n), sin(2*PI*k/n));
22       A[k] = A0[k] + x * A1[k];
23       A[k+n/2] = A0[k] - x * A1[k];
24     }
25   }
26 }
```

Si `A.size()` ya es una potencia de 2, podemos, sencillamente, asignar `m = A.size()`.

Transformada rápida de Fourier inversa

La DFT convierte coeficientes polinómicos en sus evaluaciones en la raíces de unidad[33], y la FFT es un algoritmo rápido para calcularla. Para realizar una multiplicación polinómica rápida, también necesitaremos realizar la **DFT inversa (IDFT)**, con el fin de convertir el polinomio desde una representación punto–valor a una representación de coeficientes. Por suerte, la IDFT se puede calcular fácilmente mediante la FFT, con algunos pasos adicionales. Por lo tanto, podemos utilizar la implementación anterior de la FFT para realizar la IDFT o, en este caso, la FFT inversa (IFFT).

Para simplificar algunas notaciones, reutilizaremos la expresión w_n^k, sin embargo, en esta ocasión, eliminaremos el subíndice n y la expresaremos como w^k, para facilitar la lectura.

$$w^k = e^{i2\pi k/n}$$

La evaluación de un polinomio $A(x)$ con $x = w^k$ es la siguiente.

$$\begin{aligned}
A(w^k) &= a_0(w^k)^0 + a_1(w^k)^1 + a_2(w^k)^2 + \cdots + a_{n-1}(w^k)^{n-1} \\
&= a_0 w^{0k} \quad + a_1 w^{1k} \quad + a_2 w^{2k} \quad + \cdots + a_{n-1} w^{(n-1)k}
\end{aligned}$$

Para realizar la DFT, evaluamos el polinomio para todas la $k = 0, 1, 2, \ldots, n-1$. También podemos representar las operaciones completas de la DFT mediante la multiplicación de matrices.

$$\begin{pmatrix}
w^0 & w^0 & w^0 & \cdots & w^0 \\
w^0 & w^1 & w^2 & \cdots & w^{n-1} \\
w^0 & w^2 & w^4 & \cdots & w^{2(n-1)} \\
\vdots & \vdots & \vdots & \ddots & \vdots \\
w^{n-1} & w^{2(n-1)} & w^{3(n-1)} & \cdots & w^{(n-1)(n-1)}
\end{pmatrix}
\begin{pmatrix}
a_0 \\ a_1 \\ a_2 \\ \vdots \\ a_{n-1}
\end{pmatrix} =
\begin{pmatrix}
y_0 \\ y_1 \\ y_2 \\ \vdots \\ y_{n-1}
\end{pmatrix}$$

o, simplemente,

$$W\mathbf{a} = \mathbf{y}$$

---

[33]En el ámbito de la ingeniería, la DFT transforma series del dominio de tiempo al dominio de frecuencia.

donde W es la matriz DFT[34], **a** es un vector de coeficientes polinómicos e **y** es el vector resultante, donde $y_k = A(w^k)$. En otras palabras, para obtener **y** a partir de **a**, basta con multiplicar **a** por W. Para recuperar **a** desde **y** (la operación inversa), necesitamos multiplicar **y** por la <u>inversa</u> de W (es decir, W^{-1}).

$$\mathbf{a} = W^{-1}\mathbf{y}$$

La matriz DFT tiene la interesante propiedad de que sus elementos son las raíces de unidad, por lo tanto, es muy sencillo hallar la inversa. La matriz DFT inversa (IDFT) tiene la siguiente forma.

$$W^{-1} = \frac{1}{n}\begin{pmatrix} w^0 & w^0 & w^0 & \cdots & w^0 \\ w^0 & w^{-1} & w^{-2} & \cdots & w^{-(n-1)} \\ w^0 & w^{-2} & w^{-4} & \cdots & w^{-2(n-1)} \\ \vdots & \vdots & \vdots & \ddots & \vdots \\ w^0 & w^{-(n-1)} & w^{-2(n-1)} & \cdots & w^{-(n-1)(n-1)} \end{pmatrix}$$

Podemos verificarlo multiplicando W por W^{-1}, para obtener una matriz de identidad I. Digamos que S es $W \cdot W^{-1}$.

$$S = \frac{1}{n}\begin{pmatrix} w^0 & w^0 & w^0 & \cdots & w^0 \\ w^0 & w^1 & w^2 & \cdots & w^{n-1} \\ w^0 & w^2 & w^4 & \cdots & w^{2(n-1)} \\ \vdots & \vdots & \vdots & \ddots & \vdots \\ w^{n-1} & w^{2(n-1)} & w^{3(n-1)} & \cdots & w^{(n-1)(n-1)} \end{pmatrix}\begin{pmatrix} w^0 & w^0 & w^0 & \cdots & w^0 \\ w^0 & w^{-1} & w^{-2} & \cdots & w^{-(n-1)} \\ w^0 & w^{-2} & w^{-4} & \cdots & w^{-2(n-1)} \\ \vdots & \vdots & \vdots & \ddots & \vdots \\ w^0 & w^{-(n-1)} & w^{-2(n-1)} & \cdots & w^{-(n-1)(n-1)} \end{pmatrix}$$

Ahora mostraremos que S es una matriz de identidad[35] I. La fila r-ésima y la columna c-ésima de S tienen la siguiente forma (a partir de la multiplicación de matrices).

$$S_{r,c} = \frac{1}{n}(w^{0r}w^{0c} + w^{1r}w^{-1c} + w^{2r}w^{-2c} + \cdots + w^{(n-1)r}w^{-(n-1)c})$$

$$= \frac{1}{n}(w^{0(r-c)} + w^{1(r-c)} + w^{2(r-c)} + \cdots + w^{(n-1)(r-c)})$$

Digamos que $r - c = d$. Entonces,

$$S_{r,c} = \frac{1}{n}(w^{0d} + w^{1d} + w^{2d} + \cdots + w^{(n-1)d})$$

Cuando $d = 0$ (en la diagonal principal de la matriz), $S_{r,c}$ se reduce a:

$$S_{r,c} = S_{k,k} = \frac{1}{n}(w^0 + w^0 + w^0 + \cdots + w^0)$$

$$= \frac{1}{n}(1 + 1 + 1 + \cdots + 1)$$

$$= 1$$

---

[34]Una matriz de este tipo también se denomina matriz de Vandermonde.

[35]Hemos desplazado el escalar $\frac{1}{n}$ al principio para facilitar la lectura. La posición de un valor escalar no afecta en la multiplicación de matrices.

¿Qué ocurrirá cuando $d \neq 0$? En primer lugar, fijémonos en que $w^k = w^{k \bmod n}$. Esto se puede explicar observando que $e^{i\theta}$ reside en un círculo cuya distancia al origen es igual a 1 (figura 9.12), por lo que, si $k >= n$ (o $\theta >= 2\pi$), entonces, sencillamente, lo envuelve. Además, hay que notar que $\langle w^{0d}, w^{1d}, w^{2d}, \dots, w^{(n-2)d} \rangle$ son **todas** las $(n/\gcd(n, d))$-ésimas raíces de unidad. Por ejemplo, digamos que $n = 4$ y $d = 3$, entonces $\langle w^{0 \bmod 4}, w^{3 \bmod 4}, w^{6 \bmod 4}, w^{9 \bmod 4} \rangle = \langle w^0, w^3, w^2, w^1 \rangle = \langle e^{i2\pi 0/4}, e^{i2\pi 3/4}, e^{i2\pi 2/4}, e^{i2\pi 1/4} \rangle$ son las 4-ésimas raíces de unidad. Otro ejemplo, digamos que $n = 4$ y $d = 2$, entonces $\langle w^{0 \bmod 4}, w^{2 \bmod 4}, w^{4 \bmod 4}, w^{6 \bmod 4} \rangle = \langle w^0, w^2, w^0, w^2 \rangle$. Eliminando duplicados, $\langle w^0, w^2 \rangle = \langle e^{i2\pi 0/4}, e^{i2\pi 2/4} \rangle = \langle e^{i2\pi 0/2}, e^{i2\pi 1/2} \rangle$ son las 2-ésimas raíces de unidad.

Un **hecho interesante**: la suma de todas las n-ésimas raíces de unidad es 0. Existen muchas formas de demostrar esta afirmación, pero podemos intuirlo en la figura 9.12 y ver que el "centro de la masa" de todas las n-ésimas raíces de unidad está en el origen.

Hemos llegado a la conclusión de que todos los elementos de la diagonal principal de S tienen valor 1, mientras que el resto de elementos son 0, por lo que S es una matriz de identidad y la W^{-1} dada es, de hecho, la inversa de una matriz DFT.

Cálculo de la IDFT

Vemos que W^{-1} presenta una estructura muy similar a W, con dos diferencias, el signo negativo en el exponente y el factor de reducción, $\frac{1}{n}$. En primer lugar, trataremos con w^{-k}.

$$w^{-k} = e^{-i2\pi k/n} = \cos\left(-2\pi k/n\right) + i\sin\left(-2\pi k/n\right)$$

También conocemos, gracias a la trigonometría básica, el coseno y el seno de un ángulo negativo.

$$\cos\left(-\theta\right) = \cos\left(\theta\right)$$
$$\sin\left(-\theta\right) = -\sin\left(\theta\right)$$

Por tanto, $e^{-i2\pi k/n}$ es igual a la siguiente fórmula

$$e^{-i2\pi k/n} = \cos\left(-2\pi k/n\right) + i\sin\left(-2\pi k/n\right)$$
$$= \cos\left(2\pi k/n\right) - i\sin\left(2\pi k/n\right)$$

Queremos realizar una modificación mínima en la implementación anterior de la FFT que nos permita hallar la IFFT (y nos haga la vida más fácil). Estaría muy bien si pudiésemos calcular $y_j \cdot e^{-i2\pi k/n}$ al procesar la IDFT, sin la necesidad de cambiar el signo de $e^{i2\pi k/n}$, para que podamos utilizar la implementación anterior de la FFT sin más. Por suerte, podemos hacerlo con la ayuda del operador del **conjugado** para números complejos. El conjugado complejo de $a + bi$ es $a - bi$, es decir, mantiene la misma parte real y la misma magnitud imaginaria pero con el signo opuesto.

Digamos que r y s son dos números complejos, y que $\bar{z}$ es el conjugado de un número complejo z. Es conocido que

$$r \cdot s = \overline{\bar{r} \cdot \bar{s}}$$

Aprovechando esta noción, podemos reducir el cálculo de $y_j \cdot e^{-i\theta}$ a lo siguiente:

$$
\begin{aligned}
y_j \cdot e^{-i\theta} &= y_j \cdot (\cos\theta - i\sin\theta) \\
&= \overline{\overline{y_j} \cdot (\cos\theta - i\sin\theta)} \\
&= \overline{\overline{y_j} \cdot (\cos\theta + i\sin\theta)} \\
&= \overline{\overline{y_j} \cdot e^{i\theta}}
\end{aligned}
$$

Por tanto, podemos utilizar $e^{i\theta}$ o $e^{i2\pi k/n}$, en vez de $e^{-i2\pi k/n}$, para calcular la IDFT, y estos ya han sido utilizados en la anterior implementación de la FFT.

En resumen, para realizar la IFFT, nos basta con seguir estos pasos:

1. Realizar la conjugación compleja de cada elemento (es decir, invertir la parte imaginaria).

2. Realizar la FFT en esa sucesión.

3. Realizar la conjugación compleja de cada elemento.

4. Reducir la sucesión.

En C++, podemos utilizar `std::conj()` para realizar la conjugación compleja, mientras que en Python es posible aplicar la función `conjugate()` a un número complejo. De forma alternativa, podemos implementarlo directamente, ya que la operación de conjugación compleja consiste, únicamente, en invertir el signo de la parte imaginaria de un número complejo.

El siguiente código implementa la IFFT en C++.

```cpp
void IFFT(vector<cd> &A) {
  for ( auto &p : A ) p = conj(p);      // conjugación compleja
                                        // a + bi -> a - bi

  FFT(A);

  for ( auto &p : A ) p = conj(p);      // conjugación compleja
                                        // **no nos resulta necesaria**

  for ( auto &p : A ) p /= A.size();    // reducción (1/n)
}
```

Vemos que la segunda conjugación compleja (después de la FFT) no es necesaria si nuestro objetivo es, únicamente, el de realizar una multiplicación rápida de polinomios sobre números reales/enteros, donde la entrada y la salida no tienen ninguna parte imaginaria. Este código se ejecuta en $O(n \log n)$.

Multiplicación rápida de polinomios

Como ya tenemos la FFT y la IFFT, estamos listos para abordar el problema de la multiplicación rápida de polinomios. Esta multiplicación rápida utilizando la FFT necesita de tres pasos, como vimos en la figura 9.11: (1) realizar la FFT en ambos polinomios, (2) calcular la multiplicación, (3) realizar la IFFT sobre el resultado.

La multiplicación de un polinomio de grado n_1 por un polinomio de grado n_2, resultará en un polinomio de grado $n = n_1 + n_2$ y, para representar un polinomio de grado n mediante una representación punto–valor, necesitamos, al menos, $n + 1$ pares punto–valor. Recordemos, también, que la anterior implementación de la FFT necesita que la longitud de la sucesión sea una potencia de 2, por tanto, podríamos necesitar añadir uno o más ceros a cada polinomio hasta alcanzar esa longitud potencia de 2 y no inferior a $n_1 + n_2 + 1$. Debido a esto, quizá nos interese redimensionar el polinomio resultante a su grado original, es decir, $n_1 + n_2 + 1$.

El siguiente código implementa la multiplicación rápida de polinomios en C++:

```cpp
vi multiply(vi p1, vi p2) {
  int n = 1;                              // n debe ser potencia de 2
  while ( n < p1.size() + p2.size() - 1 )
    n <<= 1;

  vector<cd> A(p1.begin(), p1.end());     // preparar A y B para la FFT
  vector<cd> B(p2.begin(), p2.end());
  A.resize(n);
  B.resize(n);

  FFT(A);                                 // transformada
  FFT(B);

  vector<cd> C(n);                        // realizar la multiplicación
  for ( int k = 0; k < n; ++k )
    C[k] = A[k] * B[k];

  IFFT(C);                                // transformada inversa

  vi res;                                 // preparar la salida
  for ( auto &p : C )
    res.push_back(round(p.real()));

  res.resize(p1.size() + p2.size() - 1);  // redimensión al grado original

  return res;
}
```

Observamos que `p1.size()` es $n_1 + 1$ y que `p2.size()` es $n_2 + 1$, porque el grado de un polinomio es igual al número de coeficientes (incluyendo todos los ceros que no estén al final) menos 1. Por tanto, la notación `p1.size() + p2.size() - 1` es idéntica a $n_1 + n_2 + 1$.

Precisión y error de redondeo

En la implementación anterior de `FFT()`, hemos utilizado `complex<double>` para representar un número complejo, donde tanto su parte real como su parte imaginaria se almacenan en un tipo de datos `double` (coma flotante de precisión doble). En la mayoría de los problemas esto debería ser suficiente, ya que un tipo de datos `double` tiene una precisión de hasta unos 15 dígitos. Sin embargo, si el problema, o tu solución, provocan que el resultado de la multiplicación de polinomios necesite un número mayor, podrías verte en la necesidad de evitar utilizar `double` y optar por `long double` en su lugar, es decir, `complex<long double>`.

Convolución

La representación de coeficientes de un polinomio también se puede entender como una serie o sucesión. Realizar una **convolución** de dos series finitas es <u>idéntico</u> a realizar la multiplicación polinómica de esas dos sucesiones, tratando cada una de ellas como un polinomio. En ocasiones, resulta más sencillo pensar en el problema que estamos resolviendo en términos de convolución en vez de multiplicación de polinomios, ya que, normalmente, no aparecerá ningún polinomio (explícito) en el mismo.

La convolución se suele indicar mediante el operador $*$. Por ejemplo, una convolución de dos series, f y g, se expresa como $f*g$. Una auto convolución múltiple también se puede indicar como $\underbrace{f*f*...f}_{m} = f^{*m}$.

El elemento s-ésimo de $f*g$ se define de la siguiente manera:

$$(f*g)_s = \sum_{j+k=s} f_j \cdot g_k$$

que, básicamente, es la suma de todas las multiplicaciones entre f_j y g_k donde $j + k = s$. Este valor es igual al término s-ésimo del resultado de multiplicar f y g como polinomios.

Aplicaciones

Dentro de la programación competitiva existen muchas aplicaciones para la FFT y la mayoría, a primera vista, parecen no tener nada que ver con la multiplicación de polinomios.

Todas las sumas posibles

Dados dos *arrays* de enteros no negativos, A y B, calcular de cuántas formas se puede obtener la suma de $y = A_j + B_k$, para todos los valores posibles de y.

Podemos resolverlo creando dos vectores, f y g, donde f_j indica cuántos elementos hay en A cuyo valor es j, y g_k indica cuántos elementos hay B cuyo valor es k. Como f y g son los vectores de frecuencia de A y B, sus tamaños podrían no coincidir. La convolución, $f*g$, nos indica el número de maneras en que se puede formar y como suma de un elemento de A más un elemento de B para todos los valores posibles de y.

Por ejemplo, digamos que $A = \{1, 1, 1, 3, 3, 4\}$ y $B = \{1, 1, 2, 3, 3\}$. En A, hay 3 elementos cuyo valor es 1 ($f_1 = 3$), 2 elementos cuyo valor es 3 ($f_3 = 2$) y 1 elemento cuyo valor es 4 ($f_4 = 1$). Por tanto, $f = (0, 3, 0, 2, 1)$. Igualmente, $g = (0, 2, 1, 2)$.

La convolución de f y g es $f * g = (0, 0, 6, 3, 10, 4, 5, 2)$, donde cada elemento corresponde al número de maneras de obtener la suma de y a partir de A y B. Por ejemplo, hay 10 maneras de obtener la suma de 4, $(f * g)_4 = 10$. Existen 3 métodos para obtener 4 mediante la suma de dos enteros no negativos, es decir, $1 + 3$, $2 + 2$ y $3 + 1$.

- Hay 6 formas de elegir (j, k) tales que $A_j = 1$ y $B_k = 3$.

- Hay 0 formas de elegir (j, k) tales que $A_j = 2$ y $B_k = 2$.

- Hay 4 formas de elegir (j, k) tales que $A_j = 3$ y $B_k = 1$.

En total, en este ejemplo existen $6 + 0 + 4 = 10$ formas de obtener 4 sumando un elemento de A y un elemento de B.

Todos los productos escalares

Dados dos *arrays* de enteros, A y B (sin perder la generalidad, asumimos que $|A| \geq |B|$), determinar el producto escalar[36] de B con una subsecuencia contigua de A, para todas las subsecuencias contiguas de A con igual longitud a B.

Por ejemplo, digamos que $A = \{5, 7, 2, 1, 3, 6\}$ y $B = \{2, 1, 3, 4\}$. Existen tres subsecuencias contiguas de A (de longitud $|B| = 4$) para las que debemos calcular su producto escalar con B.

```
A:  5 7 2 1 3 6        5 7 2 1 3 6        5 7 2 1 3 6
    | | | |              | | | |              | | | |
B:  2 1 3 4            2 1 3 4            2 1 3 4
```

Sus productos escalares son los siguientes:

- $5 \cdot 2 + 7 \cdot 1 + 2 \cdot 3 + 1 \cdot 4 = 27$

- $7 \cdot 2 + 2 \cdot 1 + 1 \cdot 3 + 3 \cdot 4 = 31$

- $2 \cdot 2 + 1 \cdot 1 + 3 \cdot 3 + 6 \cdot 4 = 38$

Digamos que f es igual a A y que g es igual a la <u>inversa</u> de B. En ese caso, es posible obtener la salida de este problema en la convolución de f y g. En el ejemplo anterior, $f = (5, 7, 2, 1, 3, 6)$, $g = (4, 3, 1, 2)$ y $f * g = (20, 43, 34, \mathbf{27}, \mathbf{31}, \mathbf{38}, 23, 12, 12)$. El resultado buscado se encuentra en el "centro" de $f * g$ (el texto en negrita).

Además, el resto de números de $f * g$ corresponden al producto escalar de un sufijo/prefijo de A con B, si extendemos la definición de nuestro problema añadiendo ceros al principio y al final de A.

```
A:  0 0 0 5 7 2 1 3 6    0 0 5 7 2 1 3 6    0 5 7 2 1 3 6
    | | | |                  | | | |              | | | |
B:  2 1 3 4            2 1 3 4            2 1 3 4
```

---

[36]El producto escalar, o producto punto, de $(a_0, a_1, \ldots, a_{n-1})$ y $(b_0, b_1, \ldots, b_{n-1})$ es $a_0 b_0 + a_1 b_1 + \cdots + a_{n-1} b_{n-1}$.

```
A:   5 7 2 1 3 6 0     5 7 2 1 3 6 0 0     5 7 2 1 3 6 0 0 0
       | | | |             | | | |                 | | | |
B:     2 1 3 4             2 1 3 4                 2 1 3 4
```

¿Por qué la convolución de f y g (la inversa de B) nos da este resultado? Podemos obtener la respuesta a esta pregunta observando la fórmula de convolución o, simplemente, prestando atención a lo ocurrido durante la multiplicación de dos polinomios. Por ejemplo, pensemos en el caso en el que multiplicamos (a, b, c, d, e) y (z, y, x) (es decir, (x, y, z) en orden inverso).

$$
\begin{array}{rccccc}
 & a & b & c & d & e \\
\times & & & z & y & x \\
\hline
 & ax & bx & cx & dx & ex \\
 & ay & by & cy & dy & ey \\
az & bz & cz & dz & ez \\
\end{array}
$$

El resultado es el polinomio

$$(az, ay + bz, ax + by + cz, bx + cy + dz, cx + dy + ez, dx + ey, ex)$$

donde cada elemento es el producto escalar de una subsecuencia contigua de (a, b, c, d, e) y (x, y, z), como pedía el problema.

Encontramos otra variante de este problema cuando A es una sucesión circular. En este caso, solo necesitaremos concatenar A consigo misma y resolver el problema con el método que acabamos de describir.

Esta técnica de convolución de una sucesión con una sucesión inversa suele aparecer como parte de la solución de muchos otros problemas, por lo que es interesante conocerla bien.

Alineación de cadenas de bits

Dadas dos cadenas de bits, A y B, determinar cuántas subcadenas de A, con la misma longitud que B, satisfacen la siguiente condición: si $B_k = 1$ entonces $A'_k = 1$ (donde A' es una subcadena de A que tiene la misma longitud que B).

Por ejemplo, digamos que $A = 11011110$ y $B = 1101$. Existen 2 subcadenas de A que están *alineadas* con B, es decir $A_{0..3} = 1101$ y $A_{3..6} = 1111$.

```
A:   11011110        11011110
     || |            || |
B:   1101            1101
```

Observamos que el producto escalar de una alineación satisfactoria debe ser igual al peso de Hamming[37] de B. Con esta observación, podemos resolver el problema de forma similar al ante-

---

[37]El peso de Hamming de una cadena es igual al número de caracteres diferentes al símbolo cero del alfabeto que estemos utilizando. En el caso de una cadena de bits, el peso de Hamming corresponde al número de bits 1.

rior de todos los productos escalares. Digamos que f es igual a A y que g es igual a la inversa[38] de B. La salida de este problema será igual al número de elementos de $f * g$ que sean iguales al peso de Hamming de B.

Coincidencia de cadenas de bits

Dadas dos cadenas de bits, A y B, determinar cuántas veces aparece B como subcadena de A.

Estamos ante una extensión del problema anterior de alineación de cadenas de bits. En este caso, debemos alinear tanto los bits 0 como 1.

Podemos resolver este problema mediante la ejecución de la convolución del problema de alineación de cadenas de bits dos veces, una para el bit 1 y otra para el bit 0.[39] Digamos que la convolución para el bit 1 es p y que la convolución para el bit 0 es q. Entonces, la salida del problema será igual al número de elementos en $p + q$ que sean iguales a la longitud de B.[40]

Coincidencia de cadenas

Dadas dos cadenas, A y B, determinar cuántas veces aparece B como subcadena de A.

Esta es la versión general del problema anterior sobre coincidencia de cadenas de bits. Evidentemente, podemos resolverlo mediante la ejecución de la convolución para alineación de cadenas de bits tantas veces como sea necesario, para ajustarse al tamaño del alfabeto utilizado, una por cada letra diferente. De esta forma, se puede obtener el resultado contando el número de elementos de la suma de los resultados de todas esas convoluciones, que son iguales a la longitud de B. Sin embargo, existe un método mejor.

Digamos que f es el polinomio correspondiente a A, donde cada elemento tiene la forma $e^{i2\pi k/n}$. La variable k corresponde a A_j ($a \rightarrow 0$, $b \rightarrow 1$, $c \rightarrow 2, \ldots, z \rightarrow 25$) y n es el tamaño de los alfabetos utilizados (por ejemplo, 26). Igualmente, digamos que g es el polinomio correspondiente a la B invertida, donde cada elemento tiene la forma $e^{-i2\pi k/n}$ (exponente negativo).

Si multiplicamos $e^{i2\pi p/n}$ por $e^{-i2\pi q/n}$ (que es igual a $e^{i2\pi(p-q)/n}$), cuando $p = q$, obtendremos $e^0 = 1 + 0i$ como resultado. Por otra parte, cuando $p \neq q$, obtendremos $e^{i2\pi r/n}$, donde $r = p + q \neq 0$. Este valor es igual a la n-ésima raíz de unidad que no sea $1 + 0i$ o, específicamente, $a + bi$, donde $a = [-1, 1)$ y $b = [-1, 1]$ (consulta la figura 9.12). Observamos que solo podemos obtener un 1 en la parte real de $e^{i2\pi(p-q)/n}$ cuando $p = q$. En caso contrario, la parte real es menor que 1.

En consecuencia, el producto escalar de las cadenas coincidentes debe ser igual a la longitud de la cadena (cada elemento aporta $1 + 0i$ a la suma). Por tanto, la salida de este problema será igual al número de elementos de $f * g$ que sean iguales a la longitud de B.

Esta solución se puede emplear como alternativa a otros algoritmos de coincidencia de cadenas, como los de Knuth–Morris–Pratt (sección 6.4.2) o Rabin–Karp (sección 6.6). Aunque este método tiene una complejidad de tiempo (ligeramente) peor, ofrece cierta flexibilidad, como veremos en el siguiente problema. Es posible que, para aplicar esta técnica, necesitemos modificar el código anterior, para que `multiply()` acepte y devuelva un vector de números complejos.

---

[38]Podría ser necesaria la conversión de los caracteres numéricos ('0' y '1') a enteros (0 y 1).

[39]En el caso de la alineación de los bits 0, basta con intercambiarlos todos ($0 \leftrightarrow 1$).

[40]La suma de polinomios de $(a_0, a_1, \ldots, a_{n-1})$ y $(b_0, b_1, \ldots, b_{n-1})$ es $(a_0 + b_0, a_1 + b_1, \ldots, a_{n-1} + b_{n-1})$.

Coincidencia de cadenas con comodines

Dadas dos cadenas, A y B, determinar cuántas veces aparece B como subcadena de A. La cadena B puede contener cero o más caracteres comodín, representados por '?'. Cada comodín se corresponde con cualquier carácter único. Por ejemplo, `?c?c` coincide con `icpcec` en los índices 0 (`icpc`) y 2 (`pcec`).

La solución a este problema es similar al anterior de coincidencia de cadenas. Sin embargo, necesitamos establecer el coeficiente de g a 0 siempre que el carácter correspondiente en (la inversa de) B sea un comodín, es decir, ignoraremos ese carácter en el proceso de coincidencia. La salida de este problema será el número de elementos de $f*g$ que sean iguales a la longitud de B sin comodines, por ejemplo, `?c?c` tiene longitud 2. Puede que quieras considerar únicamente los coeficientes de $f*g$, que corresponden a una coincidencia de longitud completa, es decir, el "centro" de $f*g$, como en el problema de todos los productos escalares. Sin embargo, `??x` tendrá una coincidencia con `xyyyz` en el índice -2 o `z??` tendrá una coincidencia con `xyyyz` en el índice 4, lo que no tiene ningún sentido en este problema.

Todas las distancias

Dada una cadena de bits, A, determinar de cuántas formas podemos elegir dos posiciones de A, p y q, tal que $A_p = A_q = 1$ y $q - p = k$ para cualquier distancia posible de k.

Por ejemplo, digamos que $A = $ `10111`. Es importante notar que una distancia negativa de k tendrá el mismo resultado que su distancia positiva.

- $|k| = 0 \rightarrow 4$ formas (trivial).

- $|k| = 1 \rightarrow 2$ formas, es decir, `10111` y `10111`.

- $|k| = 2 \rightarrow 2$ formas, es decir, `10111` y `10111`.

- $|k| = 3 \rightarrow 1$ forma, es decir, `10111`.

- $|k| = 4 \rightarrow 1$ forma, es decir, `10111`.

Podemos resolver este problema calculando todos los productos escalares de A con la propia A, sin embargo, en esta ocasión, los necesitaremos <u>todos</u>, incluyendo los productos escalares "sufijo/prefijo" (consultar el problema de todos los productos escalares). El elemento central de la convolución $f*g$ corresponde al número de formas tal que para $k = 0$, a su izquierda se encuentran los k negativos y, a su derecha, los k positivos, es decir, $\dots, -2, -1, 0, 1, 2, \dots$. Por razones obvias, $f*g$ siempre será simétrico. En el ejemplo anterior, $f*g = (1, 1, 2, 2, 4, 2, 2, 1, 1)$.

¿Por qué todos los productos escalares de A consigo mismo resuelven este problema? Vemos que cuando obtenemos el producto escalar de un prefijo/sufijo de A con un prefijo/sufijo de A (de la misma longitud), en realidad, estamos alineando cada bit 1 con otro bit 1 de A, a una cierta distancia. El "desplazamiento" (la longitud de A menos la longitud del prefijo/sufijo de A en consideración) se corresponde, en este problema, a k.

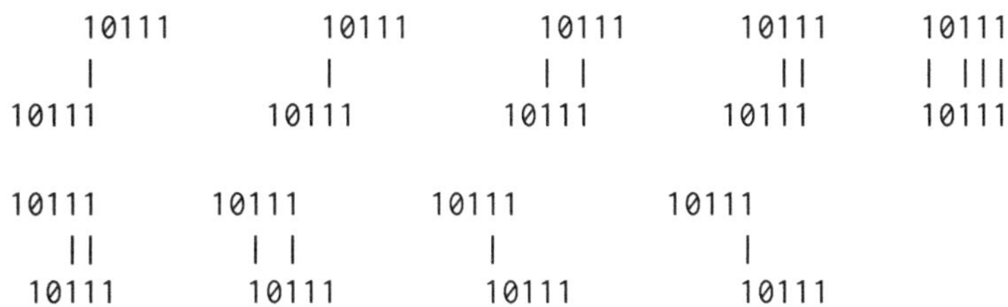

Problemas de ejemplo

Kattis - A+B Problem (aplusb)

Dados N enteros $A_{1..N}$ donde $N \leq 200\,000$ y $A_j = [-50\,000, 50\,000]$, determinar cuántas tuplas $\langle p, q, r \rangle$ existen tales que p, q, r sean distintos entre pares y que $A_p + A_q = A_r$.

Estamos ante un problema de todas las sumas posibles (que ya hemos tratado) con algunos casos incómodos a considerar, es decir, A podría no ser positivo y p, q y r deben ser distintos entre pares.

Digamos que f es la secuencia que contiene la frecuencia de cada elemento de A.

El primer problema (entero no positivo) se puede solventar desplazando todos los enteros. El segundo, podemos abordarlo restando 1 a cada $(f * f)_{2A_j}$, es decir, eliminando $A_j + A_j$ de $f * f$. Un caso particular al que hay que prestar atención es el de los ceros en A. Existen varios métodos para resolverlo como, por ejemplo, eliminando todos los ceros de A y tratándolos por separado.

Live Archive 6808 - Best Position

Enunciado resumido del problema: recibes un *array* bidimensional S de $R \times C$ caracteres, donde $S_{r,c} \in \{G, L\}$ y $R, C \leq 500$. Hay B ($B \leq 5$) consultas y cada una de ellas contiene un *array* bidimensional P de $H \times W$, donde $P_{h,w} \in \{G, L\}$, $1 \leq H \leq R$ y $1 \leq W \leq C$. Por cada consulta, debemos hallar una alineación de P sobre S de forma que el número de elementos coincidentes sea máximo. En otras palabras, (j, k) de forma que el número de (h, w) donde $P_{h,w} = S_{h+j,w+k}$ para $0 \leq h < H$ y $0 \leq w < W$ esté maximizado. Cada alineación de P debe quedar posicionada completamente dentro de S, es decir, $0 \leq j \leq R - H$ y $0 \leq k \leq C - W$.

En primer lugar, debemos fijarnos en que B es pequeño (≤ 5), por tanto no es descabellado resolver cada consulta de forma independiente, como si se tratase de un caso nuevo.

El problema se parece al de coincidencia de cadenas de bits con comodines pero, sin embargo, en vez de una coincidencia (perfecta) de cadenas de bits, lo que buscamos es la mejor/máxima coincidencia de cadenas de bits.

Antes de eso, tendremos que enfrentarnos al hecho de que este problema presenta una cadena de bits bidimensional. Podemos, sencillamente, "aplanar" la cadena de bits bidimensional S en una cadena de bits unidimensional mediante la concatenación de todas las filas de S. Por ejemplo,

```
GGGGG
LLLLL   →   GGGGGLLLLLGGGLL
GGGLL
```

Por otro lado, en el caso de la cadena de bits P, necesitaremos "aplanarla" al tiempo que introducimos caracteres comodín, para que cada fila tenga la misma longitud que C. Por ejemplo, cuando $C = 5$.

$$\begin{matrix} \text{GG} \\ \text{LL} \end{matrix} \quad \rightarrow \quad \begin{matrix} \text{GG???} \\ \text{LL???} \end{matrix} \quad \rightarrow \quad \text{GG???LL???}$$

No importa dónde insertemos los caracteres comodín, siempre que estén en la misma columna. Por ejemplo, cualquiera de esta opciones es aceptable.

$$\begin{matrix} \text{GG???} & \text{?GG??} & \text{??GG?} & \text{???GG} \\ \text{LL???} & \text{?LL??} & \text{??LL?} & \text{???LL} \end{matrix}$$

Después, lo único que tendremos que hacer es resolver el problema de la coincidencia de cadenas de bits para el S aplanado con el P aplanado (y ajustado), ignorando todos los caracteres comodín. La respuesta buscada se corresponde al número más alto de los resultados de la convolución (sumados). Habrá que realizar la conversión a la coordenada (j, k) oportunamente.

Ejercicios de programación

Ejercicios de programación relativos a la transformada rápida de Fourier:

1. Nivel básico: *Kattis - polymul2* * — problema de multiplicación básica de polinomios que necesita un algoritmo en $O(n \log n)$, ver también Kattis - polymul1

2. *Kattis - aplusb* * — contar las frecuencias f de cada entero con desplazamiento para procesar los negativos, usar la FFT para multiplicar $f \times f$, tratar la frecuencia $f[0]$ de ceros por separado

3. *Kattis - figurinefigures* * — para un número de pesos distintos, contar las frecuencias f del peso de cada figurilla, convolucionar f consigo misma 3 veces para obtener f^{*4}

4. *Kattis - golfbot* * — contar las frecuencias $dist$, de cada distancia alcanzable, de una sola vez, convolucionar $dist$ consigo misma, contar las distancias alcanzables con uno o dos golpes

5. *Kattis - moretriangles* * — el coeficiente de x^k resulta ser el número de apariciones de i tales que $i^2 = k \pmod{n}$, convolución, inclusión–exclusión, combinatoria, cuidado con el desbordamiento

6. *Kattis - tiles* * — la baja calificación es engañosa, criba modificada para contar el número de divisores d de i, interpretar d como el polinomio pd, convolucionar pd consigo mismo

7. LA 6808 - Best Position

9.12 Algoritmo rho de Pollard

En la sección 5.3.3, hemos visto que el algoritmo de división por tentativa optimizada se puede utilizar para encontrar los factores primos de enteros hasta $\approx 9 \times 10^{13}$ (ver el **ejercicio 5.3.3.1**), en el *ámbito de un concurso* (es decir, en 'unos pocos segundos', en vez de en minutos, horas o días). Pero, ¿qué ocurre si debemos factorizar un entero sin signo de 64 bits (es decir, hasta $\approx 1 \times 10^{19}$) o, incluso, un entero grande (mayor que el entero de 64 bits sin signo) en el ámbito de un concurso (con un límite de tiempo razonable)?

Se puede lograr una factorización de enteros *más rápida* mediante el algoritmo rho de Pollard [37, 4]. La idea clave de este algoritmo es que dos enteros x e y son congruentes módulo p (p es uno de los factores de n, el entero que queremos factorizar) con una probabilidad de 0,5, después de que se hayan elegido aleatoriamente 'unos pocos $(1{,}177\sqrt{p})$ enteros'.

Los detalles teóricos de este algoritmo son, seguramente, poco relevantes para la programación competitiva. Incluimos una implementación en Java que utiliza `isProbablePrime(certainty)` para ocuparnos del caso especial de que n sea un número primo (grande) o utilice la rutina del algoritmo aleatorizado `rho(n)` para descomponer un número compuesto n en sus dos factores y los procese de forma recursiva.

```java
import java.math.*;
import java.security.SecureRandom;

class Pollardsrho {
  private static BigInteger TWO = BigInteger.valueOf(2);
  private final static SecureRandom random = new SecureRandom();

  private static BigInteger f(BigInteger x, BigInteger b, BigInteger n) {
    return x.multiply(x).mod(n).add(b).mod(n);    // x = (x^2 % n + b) % n
  }

  private static BigInteger rho(BigInteger n) {
    if (n.mod(TWO).compareTo(BigInteger.ZERO) == 0) return TWO; // especial
    BigInteger b = new BigInteger(n.bitLength(), random); // suerte aleatoria
    BigInteger x = new BigInteger(n.bitLength(), random);
    BigInteger y = x;                              // inicialmente y = x
    while (true) {
      x = f(x, b, n);                              // x = f(x)
      y = f(f(y, b, n), b, n);                      // y = f(f(y))
      BigInteger d = x.subtract(y).gcd(n);          // d = (x-y) % n
      if (d.compareTo(BigInteger.ONE) != 0)         // si d != 1, entonces d es
        return d;                                   // uno de los divisores de n
    }
  }

  public static void pollard_rho(BigInteger n) {
    if (n.compareTo(BigInteger.ONE) == 0) return; // caso especial, n = 1
    if (n.isProbablePrime(10)) {                   // si n es primo
```

```
29      System.out.println(n); return;              // su único factor es n
30    }
31    BigInteger d = rho(n);                        // n es compuesto
32    pollard_rho(d);                               // comprobar d recursivamente
33    pollard_rho(n.divide(d));                     // y n/d
34  }
35  public static void main(String[] args) {
36    BigInteger n = new BigInteger("1245905896500069032140693"); // grande
37    pollard_rho(n); // factorizar n en 7 x 124418296927 x 143054969437
38  }
39 }
```

El tiempo de ejecución del algoritmo rho aumenta con n grandes. El tiempo de ejecución esperado (cuando n es un número compuesto) es $\sqrt{a}$, donde $a \times b = n$ y $a < b$ o, en otras palabras, $O(n^{\frac{1}{4}})$. Con el código Java proporcionado, que utiliza la biblioteca `BigInteger`, que es lenta, podemos factorizar hasta $n \leq 10^{24}$ en $\approx$ un segundo, pero tendremos problemas si queremos ir más lejos. El hecho de que la factorización de enteros sea una tarea muy compleja, sigue siendo la base fundamental de la criptografía moderna.

Java	ch9/Pollardsrho.java	
OCaml	ch9/Pollardsrho.ml	

Ejercicios de programación

Ejercicios de programación relativos al algoritmo rho de Pollard[41]:

1. Nivel básico: **UVa 11476 - Factoring Large ...** * problema básico de factorización de enteros que necesita el algoritmo rho de Pollard
2. *Kattis - atrivialpursuit* * el algoritmo rho de Pollard es un subproblema de este problema

---

[41]Este algoritmo se utiliza muy poco en los concursos de programación, pues la división por tentativa optimizada es aplicable a la mayoría de problemas de teoría de números que implican la factorización de enteros.

9.13 Teorema del resto chino

El teorema del resto chino[42] (CRT) resulta muy útil para resolver un *sistema* de congruencias de n congruencias, es decir, hallar un entero dados sus restos cuando es dividido por un conjunto de enteros.

Digamos que $m_0, m_1, \ldots, m_{n-1}$ son enteros *coprimos*[43] por pares y $r_0, r_1, \ldots, r_{n-1}$ son los restos correspondientes (módulo m_i) de un entero x desconocido, es decir,

$$x \equiv r_0 \ (\text{mód } m_0)$$
$$x \equiv r_1 \ (\text{mód } m_1)$$
$$\ldots$$
$$x \equiv r_{n-1} \ (\text{mód } m_{n-1})$$

Nuestra tarea consiste en hallar ese x. El CRT afirma que existe una única solución (para x) a ese sistema de congruencias módulo m, donde $m = m_0 m_1 \ldots m_{n-1}$.

El técnica ingenua de búsqueda completa para resolver esta cuestión es, evidentemente, comprobar x desde 0 e incrementarlo de uno en uno hasta que x satisfaga *todas* las ecuaciones de congruencia. La complejidad es $O(x \cdot n)$ o $O(m \cdot n)$, dado que la respuesta no puede ser mayor que m. En esta sección, conoceremos un método mejor para hallar ese x.

El anterior sistema de congruencias se puede escribir como:

$$x \equiv a_0 \cdot m/m_0 + a_1 \cdot m/m_1 + \cdots + a_{n-1} \cdot m/m_{n-1} \ (\text{mód } m)$$

para un a_i desconocido donde

$$a_0 \cdot m/m_0 \equiv r_0 \ (\text{mód } m_0)$$
$$a_1 \cdot m/m_1 \equiv r_1 \ (\text{mód } m_1)$$
$$\ldots$$
$$a_{n-1} \cdot m/m_{n-1} \equiv r_{n-1} \ (\text{mód } m_{n-1})$$

Para entender esta ecuación modificada, debemos observar, por ejemplo, qué le ocurrirá al resto cuando x sea dividido por m_0. Todo término, excepto el primero, tiene a m_0 como factor, por ejemplo, el término $a_1 \cdot m/m_1$ o, para ser exactos, $a_1 \cdot m_0 m_2 \ldots m_{n-1}$ incluye a m_0. Por tanto, la ecuación se convierte en $x \equiv a_0 \cdot m/m_0 + 0 + \cdots + 0 \ (\text{mód } m_0)$ o, simplemente, $x \equiv a_0 \cdot m/m_0 \ (\text{mód } m_0)$, que corresponde a $x \equiv r_0 \ (\text{mód } m_0)$ en el sistema de congruencias dado. En consecuencia, $a_0 \cdot m/m_0 \equiv r_0 \ (\text{mód } m_0)$. Igualmente, $a_1 \cdot m/m_1 \equiv r_1 \ (\text{mód } m_1)$, etc.

Resolver todos los a_i de estas ecuaciones nos dará x. Vemos que el valor de a_i solo depende de m, m_i y r_i. Por tanto, la ecuaciones son independientes entre sí y se resuelven de una en una. Se puede obtener el valor de a_i tomando el inverso de m/m_i mód m_i y multiplicándolo por r_i.

$$a_i \cdot m/m_i \equiv r_i \ (\text{mód } m_i)$$
$$a_i \equiv r_i \cdot (m/m_i)^{-1} \ (\text{mód } m_i)$$

---

[42]Se cree que este problema apareció por primera vez en el siglo tercero en un libro chino titulado *"Sun Zi Suanjing"*.
[43]Dos enteros a y b son coprimos entre ellos si su *máximo común divisor* es 1.

Vemos que m/m_i y m_i son coprimos, por tanto, se puede calcular $(m/m_i)^{-1}$ mód m_i mediante el inverso multiplicativo modular en $O(\log m)$ (ver la sección 5.3.10). La complejidad global de esta técnica es de $O(n \cdot \log m)$.

```cpp
// asumimos que mod, modInverse y extEuclid ya está definidos
int crt(vi r, vi m) { // m_t = m_0*m_1*...*m_{n-1}
  int mt = accumulate(m.begin(), m.end(), 1, multiplies<>());
  int x = 0;
  for (int i = 0; i < (int)m.size(); ++i) {
    int a = mod((ll)r[i] * modInverse(mt/m[i], m[i]), m[i]);
    x = mod(x + (ll)a * (mt/m[i]), mt);
  }
  return x;
}
```

Kattis - heliocentric

Kattis - heliocentric se puede escribir como un sistema de (solo) dos congruencias:

$$x \equiv 365 - e \ (\text{mód } 365)$$
$$x \equiv 687 - m \ (\text{mód } 687)$$

Aquí $\gcd(365, 687) = 1$, por lo que son comprimos. Tenemos $m = 365 \times 687 = 250\,755$ y la respuesta final es x (mód $250\,755$). Vemos que $250\,755$ es suficientemente pequeño como para poder aplicar una solución de búsqueda completa. Sin embargo, para ilustrar el cálculo de x utilizando el CRT, como hemos explicado antes, usaremos el caso de prueba de ejemplo, donde $e = 1$ y $m = 0$ con respuesta $11\,679$.

$$x \equiv 365 - 1 \ (\text{mód } 365) \equiv 364 \ (\text{mód } 365)$$
$$x \equiv 687 - 0 \ (\text{mód } 687) \equiv 0 \ (\text{mód } 687)$$

donde

$$a_0 \cdot 250\,755/365 = a_0 \cdot 687 \equiv 364 \ (\text{mód } 365)$$
$$a_0 \equiv 364 \cdot 687^{-1} \ (\text{mód } 365)$$
$$a_0 \equiv 17 \ (\text{mód } 365)$$
$$a_1 \cdot 250\,755/687 = a_1 \cdot 365 \equiv 0 \ (\text{mód } 687)$$
$$a_1 \equiv 0 \cdot 365^{-1} \ (\text{mód } 687)$$
$$a_1 \equiv 0 \ (\text{mód } 687)$$

por lo que

$$x \equiv 17 \cdot 687 + 0 \cdot 365 \ (\text{mód } 250\,755)$$
$$x \equiv 11679 + 0 \ (\text{mód } 250\,755)$$
$$x \equiv 11679 \ (\text{mód } 250\,755)$$

y la respuesta es $11\,679$.

C++	`ch9/heliocentric.cpp`
Java	`ch9/heliocentric.java`
Python	`ch9/heliocentric.py`
OCaml	`ch9/heliocentric.ml`

Cuando m_i no son coprimos entre pares

El CRT afirma que podemos determinar la solución única de un sistema de congruencias bajo la condición de que todos los divisores (m_i) sean coprimos entre pares. Pero, ¿qué ocurre si no todos los divisores son coprimos entre pares? Por suerte, todavía podremos resolver el problema, reduciendo el sistema de congruencias hasta que todos los divisores vuelvan a ser coprimos entre pares.

Digamos que $m_i = p_1^{b_1} p_2^{b_2} \dots p_k^{b_k}$ son las descomposiciones en números primos de m_i (p_j es un número primo, ver la sección 5.3.3). Entonces, según el CRT, la ecuación $x \equiv r_i$ (mód m_i) es equivalente a:

$$x \equiv r_i \ (\text{mód } p_1^{b_1})$$

$$x \equiv r_i \ (\text{mód } p_2^{b_2})$$

$$\dots$$

$$x \equiv r_i \ (\text{mód } p_k^{b_k})$$

Con esta relación de equivalencias, podemos descomponer una ecuación en sus módulos de potencias primas. Realizamos esta descomposición sobre todas las ecuaciones dadas por el sistema de congruencias original, para obtener un conjunto de nuevas ecuaciones. Por cada primo p entre las nuevas ecuaciones, solo necesitamos considerar aquella ecuación que tenga la mayor potencia en sus módulos (es decir, p^b donde b es máximo), porque cualquier información de los módulos de las potencias menores se puede obtener del módulo de la potencia máxima, por ejemplo, si sabemos que $x \equiv 7$ (mód 2^3), también sabemos que $x \equiv 3$ (mód 2^2) y $x \equiv 1$ (mód 2^1). Por otro lado, la relación inversa podría no verificarse: $x \equiv 1$ (mód 2^1) no implica que $x \equiv 7$ (mód 2^3). Por último, tenemos las siguientes nuevas ecuaciones:

$$x \equiv s_1 \ (\text{mód } q_1)$$

$$x \equiv s_2 \ (\text{mód } q_2)$$

$$\dots$$

$$x \equiv s_t \ (\text{mód } q_k)$$

donde q_i tiene la forma de p_i^b. Como ahora todos los divisores son coprimos, podemos resolver el nuevo sistema de congruencias mediante la función `crt(r, m)` ya vista. Por ejemplo:

$$x \equiv 400 \ (\text{mód } 600)$$

$$x \equiv 190 \ (\text{mód } 270)$$

$$x \equiv 40 \ \ (\text{mód } 240)$$

Vemos que los divisores no son coprimos entre pares. Comenzamos descomponiendo cada divisor: $600 = 2^3 \cdot 3^1 \cdot 5^2$, $270 = 2^1 \cdot 3^3 \cdot 5^1$ y $240 = 2^4 \cdot 3^1 \cdot 5^1$. Entonces, expandimos todas las ecuaciones:

$$x \equiv 400 \ (\text{mód } 600) \qquad x \equiv 190 \ (\text{mód } 270) \qquad x \equiv 40 \ (\text{mód } 240)$$

$$\downarrow \qquad\qquad\qquad \downarrow \qquad\qquad\qquad \downarrow$$

$$400 \equiv 0 \ (\text{mód } 2^3) \qquad 190 \equiv 0 \ (\text{mód } 2^1) \qquad 40 \equiv 8 \ (\text{mód } 2^4)$$

$$400 \equiv 1 \ (\text{mód } 3^1) \qquad 190 \equiv 1 \ (\text{mód } 3^3) \qquad 40 \equiv 1 \ (\text{mód } 3^1)$$

$$400 \equiv 0 \ (\text{mód } 5^2) \qquad 190 \equiv 0 \ (\text{mód } 5^1) \qquad 40 \equiv 0 \ (\text{mód } 5^1)$$

A continuación, para cada primo, consideramos únicamente la ecuación con la mayor potencia:

$$x \equiv 8 \ (\text{mód } 2^4) \qquad x \equiv 1 \ (\text{mód } 3^3) \qquad x \equiv 0 \ (\text{mód } 5^2)$$

Por último, resolvemos este nuevo sistema de congruencias con `crt({8, 1, 0}, {16, 27, 25})`, para obtener 1000.

¿Cuándo no tiene solución el sistema de congruencias?

El sistema de congruencias tiene solución si, y solo si, $r_i \equiv r_j$ (mód $\gcd(m_i, m_j)$) para **todos los pares** de i y j. Consideremos el siguiente (subconjunto de un) sistema de congruencias:

$$x \equiv r_i \ (\text{mód } m_i)$$
$$x \equiv r_j \ (\text{mód } m_j)$$

Reescribimos las ecuaciones trasladando r_i y r_j al lado izquierdo:

$$x - r_i \equiv 0 \ (\text{mód } m_i)$$
$$x - r_j \equiv 0 \ (\text{mód } m_j)$$

La primera ecuación implica que m_i divide a $(x - r_i)$, lo que también significa que cualquier divisor de m_i dividirá a $(x - r_i)$, incluyendo $\gcd(m_i, m_j)$. Igualmente, la segunda ecuación implica que m_j divide a $(x - r_j)$, por tanto, $\gcd(m_i, m_j)$, que es divisor de m_j, también divide a $(x - r_j)$. Entonces, podemos reescribir las ecuaciones sustituyendo m_i y m_j por $\gcd(m_i, m_j)$:

$$x - r_i \equiv 0 \ (\text{mód } \gcd(m_i, m_j))$$
$$x - r_j \equiv 0 \ (\text{mód } \gcd(m_i, m_j))$$

Podemos combinar ambas ecuaciones:

$$x - r_i \equiv x - r_j \ (\text{mód } \gcd(m_i, m_j))$$

Por último:

$$r_i \equiv r_j \ (\text{mód } \gcd(m_i, m_j))$$

Podemos verificar el ejemplo anterior mediante este método:

$$x \equiv 400 \ (\text{mód } 600) \text{ y } x \equiv 190 \ (\text{mód } 270) \quad \rightarrow \quad 400 \equiv 190 \ (\text{mód } 30)$$
$$x \equiv 400 \ (\text{mód } 600) \text{ y } x \equiv 40 \ (\text{mód } 240) \quad \rightarrow \quad 400 \equiv 40 \ (\text{mód } 120)$$
$$x \equiv 190 \ (\text{mód } 270) \text{ y } x \equiv 40 \ (\text{mód } 240) \quad \rightarrow \quad 190 \equiv 40 \ (\text{mód } 30)$$

Vemos que todos los pares de ecuaciones de este ejemplo satisfacen $r_i \equiv r_j \ (\text{mód } \gcd(m_i, m_j))$, por tanto, podemos concluir que este sistema de congruencias debería tener una solución (que ya hemos visto que es 1000).

Cuando todos los divisores son coprimos ($\gcd(m_i, m_j) = 1$), entonces $r_i \equiv r_j \ (\text{mód } 1)$ siempre se verifica, lo que implica que siempre existirá una solución en el caso de coprimos entre pares.

9.14 Teorema de Lucas

El teorema de Lucas afirma que, para cualquier número primo p, se verifica la siguiente congruencia de coeficientes binomiales:

$$\binom{n}{k} \equiv \prod_{i=0}^{m} \binom{n_i}{k_i} \ (\text{mód } p)$$

donde n_i y k_i son las expansiones en base p de n y k, respectivamente:

$$n = \sum_{i=0}^{m} n_i \cdot p^i \qquad\qquad k = \sum_{i=0}^{m} k_i \cdot p^i$$

Algunos ejemplos donde puede resultar útil el teorema de Lucas:
- Para calcular el resto de un coeficiente binomial $\binom{n}{k}$ mód p, donde n y k puede ser **grandes** (por ejemplo, 10^{18}) pero p es bastante pequeño (por ejemplo, $\leq 10^6$).
- Para contar cuántos k hay para cualquier n dado tales que $0 \leq k \leq n$ y $\binom{n}{k}$ es par.
- Para contar cuántos n hay para cualquier k y x dados tales que $k \leq n \leq x$ y $\binom{n}{k}$ es divisible por un número primo p.

Para ver el teorema de Lucas en acción, consideremos el siguiente ejemplo. Digamos que $n = 1000$, $k = 200$ y $p = 13$. Primero, hallemos las expansiones de n y k en base p.

$$1000 = 5 \cdot 13^2 + 11 \cdot 13^1 + 12 \cdot 13^0$$
$$200 = 1 \cdot 13^2 + 2 \cdot 13^1 + 5 \cdot 13^0$$

Entonces, según el teorema de Lucas:

$$\binom{1000}{200} \equiv \binom{5}{1}\binom{11}{2}\binom{12}{5} \pmod{13}$$

Después, podemos resolver cada coeficiente binomial de forma independiente, ya que los números son relativamente pequeños (es decir, menores que p):

$$\binom{5}{1} \equiv 5 \pmod{13} \qquad \binom{11}{2} \equiv 3 \pmod{13} \qquad \binom{12}{5} \equiv 12 \pmod{13}$$

Por último, basta con juntar todas las piezas para obtener el resultado final:

$$\binom{1000}{200} \equiv 5 \cdot 3 \cdot 12 \pmod{13}$$
$$\equiv 11 \pmod{13}$$

La expansión en base p de n y k se puede calcular en $O(\log n)$ y cada una tiene $O(\log n)$ términos. Un método común para calcular $\binom{n_i}{k_i}$ mód p es el uso del inverso multiplicativo modular, por ejemplo, mediante el pequeño teorema de Fermat o el algoritmo euclídeo extendido[44] (ver las secciones 5.3.10 y 5.4.2), que se ejecutan en $O(n_i \log p)$. Si comenzamos realizando el cálculo previo de todos los términos factoriales desde 0 hasta $p - 1$, entonces $\binom{n_i}{k_i}$ mód p se puede encontrar en $O(\log p)$, con un procesamiento previo[45] en $O(p)$. Por lo tanto, el cálculo de $\binom{n}{k}$ mód p mediante el teorema de Lucas se puede realizar en $O(p + \log n \log p)$.[46]

A continuación incluimos una implementación recursiva relativamente rápida basada en el pequeño teorema de Fermat, combinado ahora con el teorema de Lucas en la segunda línea, como hemos descrito:

```
ll C(ll n, ll k) {
    if (n < k) return 0;
    if (n >= MOD) return (C(n%MOD, k%MOD) * C(n/MOD, k/MOD)) % MOD;
    return (((fact[n] * inv(fact[k]))%MOD) * inv(fact[n-k])) % MOD;
}
```

---

[44]En la mayoría de los casos, el pequeño teorema de Fermat es suficiente.

[45]Tanto n_i como k_i son menores que p.

[46]Alternativamente, podemos comenzar realizando el cálculo previo de toda la tabla $\binom{n_i}{k_i}$ para todos los n_i y $k_i < p$, por ejemplo, mediante la relación de recurrencia (triángulo de Pascal). Entonces, la complejidad global pasa a ser de $O(p^2 + \log n)$.

Cuando un coeficiente binomial es divisible por un número primo

Vemos que cuando, en la expansión de n y k en base p, hay al menos un i tal que $n_i < k_i$, entonces $\binom{n}{k} \equiv 0 \pmod{p}$. Esta observación puede resultar útil para resolver problemas como el de cuántas k hay por cualquier n dado, tal que $0 \le k \le n$ y $\binom{n}{k}$ sea divisible por un primo p.

Teorema de Lucas para módulos libres de cuadrados

El teorema de Lucas únicamente se verifica con módulos primos. En el caso de un módulo compuesto, donde este **no es** divisible por ningún entero p^s, donde p es un número primo y $s \ge 2$ (en otras palabras, el módulo es un entero libre de cuadrados), entonces se puede resolver con el teorema de Lucas en combinación con el teorema del resto chino. En esos casos, necesitamos descomponer el módulo en sus factores primos (por ejemplo, mód 2, mód 3 y mód 5) y, finalmente, combinar los resultados mediante el teorema del resto chino (sección 9.13). Este método devolverá la respuesta correcta, ya que el teorema del resto chino tiene siempre solución única cuando los módulos son coprimos entre ellos. Cuando el módulo no es libre de cuadrados (es decir, cualquier entero positivo), podría ser necesaria la generalización del teorema de Lucas para potencias de primos [9].

Ejercicios de programación

Ejercicios de programación relativos al teorema de Lucas:

1. **LA 6916 - Punching Robot** * usar combinaciones (necesita el teorema de Lucas) para resolverlo para un robot, utilizar el principio de inclusión–exclusión para K robots
2. *Kattis - classicalcounting* * combinatoria, inclusión–exclusión, teorema del resto chino, teorema de Lucas

9.15 Fórmulas o teoremas poco habituales

Hemos encontrado, en algunos concursos de programación, fórmulas o teoremas raramente utilizados. Conocerlos, o contar con un miembro del equipo que sea experto en matemáticas (que sea capaz de deducir las fórmulas sobre la marcha), te dará una *ventaja absolutamente injusta* sobre otros concursantes si, en alguna ocasión, aparecen en un concurso el que participes.

1. Fórmula de Cayley: hay n^{n-2} árboles de expansión de un grafo completo con n vértices etiquetados. Ejemplo: UVa 10843 - Anne's game.

2. Desarreglo: una permutación de los elementos de un conjunto, de forma que ninguno de ellos aparezca en su posición original. El número de desarreglos $der(n)$ (también indicado por $!n$) se puede calcular de la siguiente forma: $der(n) = (n-1) \times (der(n-1) + der(n-2))$, donde $der(0) = 1$ y $der(1) = 0$. Un problema básico sobre desarreglos es UVa 12024 - Hats (ver la sección 5.5).

3. El teorema de Erdős Gallai proporciona una condición necesaria, y suficiente, para que una secuencia finita de números naturales sea la *secuencia de grados* de un grafo sencillo. Una secuencia de enteros no negativos $d_1 \geq d_2 \geq \cdots \geq d_n$, puede ser la secuencia de grados de un grafo sencillo de n vértices si $\sum_{i=1}^{n} d_i$ es par y $\sum_{i=1}^{k} d_i \leq k \times (k-1) + \sum_{i=k+1}^{n} \min(d_i, k)$ cumple con $1 \leq k \leq n$. Ejemplo: UVa 10720 - Graph Construction.

4. La fórmula de Euler para el grafo planar[47]: $V - E + F = 2$, donde F es el número de caras[48] del grafo planar. Ejemplo: UVa 10178 - Count the Faces.

5. Círculo de Moser: determinar el número de fragmentos en los que se divide un círculo, si n puntos de su circunferencia están unidos por cuerdas, sin que concurran tres. Solución: $g(n) = {}^{n}C_4 + {}^{n}C_2 + 1$. Ejemplos: UVa 10213 y 13108. Los primeros cinco valores de $g(n)$ son 1, 2, 4, 8, 16, que pueden parecer potencias de dos, pero no lo son, pues el siguiente término es 31.

6. Teorema de Pick[49]: digamos que i es el número de puntos enteros del polígono, A el área y b el número de puntos enteros del límite, entonces $A = i + \frac{b}{2} - 1$. Ejemplo: UVa 10088 - Trees on My Island.

7. El número de árboles de expansión de un grafo bipartito completo $K_{n,m}$ es $m^{n-1} \times n^{m-1}$. Ejemplo: UVa 11719 - Gridlands Airport.

8. La fórmula de Brahmagupta indica el área de un cuadrilátero cíclico[50] dadas las longitudes de sus cuatro lados: a, b, c, d, pues $\sqrt{(s-a) \times (s-b) \times (s-c) \times (s-d)}$, donde s es el semiperímetro, definido como $s = (a + b + c + d)/2$. Esta fórmula generaliza la fórmula de Herón que vimos en la sección 7.2.4. Ejemplo: Kattis - Janitor Troubles.

9. El número de Stirling de segunda especie (o número de partición de Stirling) $S(n, k)$ es el número de formas que existen de particionar un conjunto de n elementos en k subconjuntos no vacíos.

   Por ejemplo, existen 3 formas de particionar el conjunto $\{a, b, c\}$ con $n = 3$ elementos en 2 subconjuntos no vacíos. Son: $\{(\{a, b\}, \{c\}), (\{a, c\}, \{b\}), (\{a\}, \{b, c\})\}$.

   Para $n > 0$ y $k > 0$, $S(n, k)$ tiene la siguiente relación de recurrencia: $S(n, k) = k \times S(n - 1, k) + S(n - 1, k - 1)$, con los casos base $S(n, 1) = S(n, n) = 1$ y $S(n, 0) = S(0, k) = 0$. Utilizando DP, esta recurrencia se puede calcular en $O(kn)$.

10. Los números de Bell indican el número de posibles particiones de un conjunto, es decir, una agrupación de los elementos del conjunto en subconjuntos *no vacíos*, de tal manera que cada elemento está incluido en, exactamente, un subconjunto. Un número de Bell se puede expresar también como la suma de los números de Stirling de segunda especie $B_n = \sum_{k=0}^{n} S(n, k)$.

    Por ejemplo, el conjunto $\{a, b, c\}$ con $n = 3$ elementos tiene el tercer número de Bell $= 5$ particiones diferentes. Son:

---

[47]Un grafo que se puede dibujar en el espacio euclídeo bidimensional, sin que se crucen dos aristas.

[48]Cuando se dibuja un grafo planar sin ningún cruce, cualquier ciclo que rodee una región sin aristas, que lleguen desde el ciclo a la región, forma una cara.

[49]Enunciado por Georg Alexander Pick.

[50]Un cuadrilátero cuyos vértices residen en un único círculo (o pueden ser inscritos en uno).

- 1 partición $S(3, 1)$ de 1 subconjunto $= \{(\{a, b, c\})\}$.
- 3 particiones $S(3, 2)$ de 2 subconjuntos $= \{(\{a, b\}, \{c\}), (\{a, c\}, \{b\}), (\{a\}, \{b, c\})\}$ (como hemos visto).
- 1 partición $S(3, 3)$ de 3 subconjuntos $= \{(\{a\}, \{b\}, \{c\})\}$.

Por lo tanto, $B_3 = 1 + 3 + 1 = 5$.

Ejercicio 9.15.1*

Estudia los siguientes términos matemáticos: sucesión de Padovan, lema de Burnside.

Ejercicios de programación

Ejercicios de programación relativos a fórmulas o teoremas *poco habituales*:

1. Nivel básico: **UVa 13108 - Juanma and ...** * — círculo de Moser, la fórmula es difícil de deducir, $g(n) = {}_nC_4 + {}_nC_2 + 1$
2. **UVa 01645 - Count** * — LA 6368 - Chengdu12, número de árboles con raíz con n vértices en los que los vértices del mismo nivel tienen el mismo grado
3. **UVa 11719 - Gridlands Airports** * — contar el número de árboles de expansión en un grafo bipartito completo, usar `BigInteger` de Java
4. **UVa 12786 - Friendship Networks** * — similar a UVa 10720 y 11414, teoerma de Erdős-Gallai
5. *Kattis - houseofcards* * — el número de naipes para una cierta altura h es $h \times (3 \times h + 1)/2$, usar Python para manejar los enteros grandes
6. *Kattis - janitortroubles* * — fórmula de Brahmagupta
7. *Kattis - sjecista* * — número de intersecciones de diagonales en un polígono convexo

Adicionales UVa: *01185, 10088, 10178, 10213, 10219, 10720, 10843, 11414, 12876, 12967*.

Adicionales Kattis: *birthdaycake*.

Otros: también hay algunos problemas de combinatoria con fórmula poco habituales en la sección 5.4.4.

9.16 Teoría de juegos con combinatoria

De vez en cuando puede aparecer un problema sobre teoría de juegos con combinatoria en algún concurso. Un *juego con combinatoria* es aquel en el que todos los jugadores cuentan con información perfecta sobre la partida, al punto de que el azar no supone un factor. En otras palabras, no hay información oculta. Esto permite que los juegos con combinatoria se puedan expresar y analizar matemáticamente[51] y, de ahí, el término "con combinatoria".

Un juego con combinatoria para dos jugadores, en el que ambos cuentan con el mismo conjunto de movimientos, se denomina *juego imparcial*. Un ejemplo de este tipo de juegos es el **Nim**, que

---

[51]Evidentemente, el hecho de que esto resulte más o menos complejo es una cuestión distinta.

trataremos en breve. Podemos entender que el ajedrez y el Go[52] son juegos con combinatoria, pero no imparciales, pues cada jugador puede mover únicamente las piezas de su color.

Las preguntas más habituales en relación a los juegos imparciales suelen incluir la búsqueda del ganador a partir de un estado dado de la partida, o la búsqueda de un movimiento ganador. En general, existen tres técnicas que se pueden utilizar para resolver este tipo de problemas: búsqueda de patrones, programación dinámica o la técnica basada en el Nim. La búsqueda de patrones es una técnica común: resolver pequeñas instancias del problema (por ejemplo, con DP o *backtracking*) y analizar el resultado en busca de patrones. Este método podría funcionar si el problema tiene un patrón detectable sencillo y ya hemos visto estos problemas de teoría de juegos básica en la sección 5.7. En cuanto a la técnica basada en el Nim, existe un interesante teorema conocido como el *teorema de Sprague–Grundy*, que afirma que cada partida imparcial es equivalente a un *nimber*. Entender este teorema es, posiblemente, obligatorio para cualquier estudiante que aspire a resolver la mayoría de los problemas sobre juegos imparciales.

Nim

El Nim es el ejemplo más conocido de juego imparcial. Dos jugadores compiten con N montones, cada uno de los cuales contiene $a_i \geq 0$ piedras. Los jugadores se alternan eliminando cualquier cantidad positiva de piedras de un solo montón (que el jugador elige). Cuando un jugador no pueda realizar más movimientos (es decir, no quedan piedras que eliminar), pierde. Existe otra variante, llamada *Nim misère*, en la que es el jugador que ya no puede realizar más movimientos quien gana. Por suerte la solución del Nim *misère* difiere muy poco de la variante normal.

El aspecto más importante al que prestar atención cuando se analiza un juego imparcial, está en las posiciones ganadoras (W) y perdedoras (L). Una partida se encuentra en una **posición ganadora** si, y solo si, existe al menos un movimiento válido desde dicha posición a una posición perdedora (haciendo que el oponente se vea obligado a tomarla). Por otro lado, una partida se encuentra en una **posición perdedora** si, y solo si, todos los movimientos posibles desde la misma llevan a una posición ganadora. Algunos autores se refieren a la posición ganadora como posición N (victoria para el siguiente jugador) y a la posición perdedora como posición P (victoria para el jugador anterior). Normalmente, el enunciado del problema afirmará que "ambos contendientes juegan de forma óptima". Esto significa, sencillamente, que, si un jugador tiene una estrategia que asegure su victoria desde la posición actual de la partida, se mantendrá en esa estrategia y ganará.

¿Cómo podemos determinar cuáles son las posiciones ganadoras y perdedoras en el Nim? Un método ingenuo consiste en explorar hacia atrás desde la posición terminal, como en las técnicas básicas descritas en la sección 5.7, es decir, desde el punto en el que no queden piedras por eliminar, que supone una posición perdedora. Sin embargo, esta técnica implica una complejidad de tiempo y memoria[53] de $\Omega(\prod a_i)$, lo que resulta exponencial al número de montones (N). Es obvio que esta solución no será lo suficientemente rápida en un concurso de programación habitual, que suele implicar cantidades enormes de montones y piedras. Afortunadamente, existe un método para hallar las posiciones ganadoras y perdedoras del Nim, mediante la *suma Nim*.

---

[52]Existen unas 2×10^{170} posiciones válidas en un tablero estándar de Go de 19×19, lo que es muy superior al número de átomos presentes en el universo *visible* (que es de "solo" $10^{78}..10^{82}$).

[53]Para mantener un registro de todos los estados posibles de la partida.

Suma Nim

Para saber si, en el Nim, una posición es ganadora o perdedora, lo único que tenemos que hacer es calcular el valor "o exclusivo" (XOR) de todos los montones. Este valor XOR también se conoce como **suma Nim**. Si la suma Nim es distinta de cero, estamos en una posición ganadora. En caso contrario, será perdedora. El siguiente código determina quién ganará una partida de Nim:

```cpp
int getNimSum(vi pile) {
  int nim = 0;
  for (auto &p : pile)
    nim ^= p;
  return nim;
}

string whoWinNimGame(vi pile) {
  return (getNimSum(pile) != 0) ? "First Player" : "Second Player";
}
```

Por ejemplo, digamos que $A_{1..4} = \{5, 11, 12, 7\}$. La suma Nim de A es $5 \oplus 11 \oplus 12 \oplus 7 = 5$. Como este número es distinto de cero, el primer jugador ganará la partida (es una posición ganadora). Consideremos otro ejemplo donde $B_{1..3} = \{9, 12, 5\}$. La suma Nim de B es $9 \oplus 12 \oplus 5 = 0$. En este caso, la suma Nim es cero y el primer jugador perderá (es una posición perdedora). Por lo tanto, será el segundo jugador quien gane la partida.

Lema 9.16.1. *Si la suma Nim es igual a cero, cualquier movimiento provocará que la suma Nim deje de ser cero.*

Demostración. Digamos que elegimos el montón k-ésimo, por tanto, a_k es el número de piedras y b_k es el número de piedras resultante después de realizar un movimiento. Sabemos que $a_k > b_k$ (o $a_k \neq b_k$), ya que el jugador debe eliminar un número positivo de piedras. En consecuencia, la suma Nim resultante es $T = S \oplus a_k \oplus b_k$. Vemos que $a_k \oplus b_k \neq 0$ si $a_k \neq b_k$. Por tanto, si $S = 0$, entonces $T \neq 0$, porque $a_k \neq b_k$. $\qquad\square$

Lema 9.16.2. *Si la suma Nim no es igual a cero, existirá un movimiento que haga que la suma Nim sea cero.*

Demostración. La siguiente estrategia hará que la suma Nim sea igual a cero. Digamos que d es la posición del bit distinto de cero más a la izquierda de S (en representación binaria). Hallar un montón k tal que el d-ésimo bit de a_k sea 1. Ese montón debe existir o, en caso contrario, el d-ésimo bit de S será 0. Eliminar suficientes piedras de ese montón para hacer que el número de piedras pase a ser $S \oplus a_k$. Como el d-ésimo bit de a_k no es cero, esto provocará que $S \oplus a_k < a_k$, lo que es un movimiento válido. La suma Nim resultante será $T = S \oplus a_k \oplus (S \oplus a_k) = 0$. $\quad\square$

En resumen, para ganar una partida de Nim, debemos lograr que su suma Nim sea siempre cero. Si el primer jugador no puede hacerlo, el segundo sí que podrá y, en consecuencia, ganará la partida.

Podemos aplicar este análisis para hallar un movimiento ganador (si estamos en una posición ganadora). El siguiente código devuelve el montón sobre el que se debe ejecutar el movimiento y el número de piedras que hay que eliminar del mismo para ganar. En caso contrario, devolverá $\langle -1, -1 \rangle$, si se encuentra en una posición perdedora.

```cpp
bool isOn(int bit, int k) {                       // ¿el bit k-ésimo es 1?
  return (bit & (1<<k)) ? true : false;
}

ii winningMove(vi pile) {
  int nimsum = getNimSum(pile);
  if (nimsum == 0) return {-1, -1};               // no puede ganar
  int pos = -1, remove = -1;
  int d = 0;
  for (int i = 0; i < 31; ++i)                     // entero con signo de 32 bits
    if (isOn(nimsum, i))
      d = i;
  for (int i = 0; (i < (int)pile.size()) && (pos == -1); ++i)
    if (isOn(pile[i], d)) {
      pos = i;
      remove = pile[i] - (pile[i]^nimsum);
    }
  return {pos, remove};
}
```

Nim *misère*

El Nim *misère* es una variante del Nim en el que el perdedor es el jugador que habría resultado ganador en el Nim normal, es decir, el jugador que ya no pueda realizar movimientos gana o, en consecuencia, el jugador que ejecuta el último movimiento pierde. A primera vista, podemos tener la sensación de que resolver el Nim *misère* es mucho más difícil que en el Nim normal. Sin embargo, resulta que existe una estrategia sencilla.

Mientras queden, al menos, dos montones con más de una piedra, se juega como en el Nim normal. Cuando el oponente realice un movimiento que deje, exactamente, un montón con más de una piedra (lo que sería un posición con una suma Nim distinta de cero), eliminaremos las piedras necesarias para que ese montón quede con cero o una, de forma que el número de montones resultantes que tengan una sola piedra sea **impar**. Esta estrategia garantiza la victoria en caso de que sea posible ganar.

Para determinar las posiciones ganadoras y perdedoras, debemos considerar dos casos separados: (1) cuando queda un montón con más de una piedra, (2) cuando ningún montón tiene más de una piedra. En el caso (1), basta con tratarlo como el Nim normal. En el caso (2), el primer jugador ganará si hay un número par de montones con más de una piedra, pues podrá convertir este número en impar eliminando uno de ellos. El siguiente código determina quién ganará una partida al Nim misère:

```cpp
string whoWinMisereNimGame(vi pile) {
  int n_more = 0, n_one = 0;
```

```
3    for (int i = 0; i < (int)pile.size(); ++i) {
4      if (pile[i] > 1) ++n_more;
5      if (pile[i] == 1) ++n_one;
6    }
7    if (n_more >= 1)
8      return whoWinNimGame(pile);
9    else
10     return (n_one%2 == 0) ? "First Player" : "Second Player";
11 }
```

Nim falso

El *Nim falso* es una variante del Nim en la que el jugador, además de eliminar piedras, también
puede añadirlas. Debe existir una regla que asegure que la partida terminará en algún momento
como, por ejemplo, que los jugadores solo puedan añadir piedras un número determinado de
veces. El ganador del Nim falso se puede determinar con la misma facilidad que el del Nim
normal. En el Nim falso, si tenemos una posición ganadora, la tratamos como en el Nim normal.
Si el oponente está en una posición perdedora y añade alguna piedra, basta con eliminarla en
nuestro turno para recuperar esa posición ganadora. Así de fácil.

Teorema de Sprague–Grundy

El teorema de Sprague–Grundy afirma que cualquier juego imparcial es equivalente a un montón
de cierto tamaño del Nim. En otras palabras, cada juego imparcial se puede resolver como si fuese
el Nim, hallando la partida correspondiente.

Por ejemplo, consideremos una variación del Nim en la que el jugador debería eliminar, al menos,
la mitad de las piedras del montón que elija. Lo llamaremos el juego del *Nim por la mitad*. No
se trata del mismo juego que el Nim pues no podemos, por ejemplo, eliminar una sola piedra de
un montón de 10 (deberíamos eliminar, al menos, $\lceil 10/2 \rceil = 5$ piedras). Sin embargo, podemos
convertir este juego en una partida del Nim, mediante el número de Grundy.

En primer lugar, observemos que el número de piedras de los montones no elegidos por el jugador
durante su turno quedarán iguales. Eso significa que los montones son independientes. En la
siguiente explicación, utilizaremos el término "estado" como sinónimo de montón.

Número de Grundy

El número de Grundy (también conocido como *nimber*) de un estado de la partida original,
representa el número de piedras de un montón en la partida del Nim. Para conocer mejor el
número de Grundy, debemos conocer también la operación *mex*.

El **mex** (<u>m</u>ínimo <u>ex</u>cluyente) de un subconjunto es el valor más pequeño que no pertenezca a ese
subconjunto. En el contexto del número de Grundy, el conjunto de valores en consideración está
formado por enteros no negativos. Por ejemplo, $\text{mex}(\{0, 1, 3, 4, 6, 7\}) = 2$ y $\text{mex}(\{3, 4, 5\}) = 0$.
Para obtener el número de Grundy de un estado, basta con tomar el *mex* de todos los números

de Grundy de los estados adyacentes a los que se pueda llegar mediante una jugada válida en la partida. El número de Grundy del estado terminal es cero, ya que mex({}) = 0.

Pensemos, por ejemplo, en la variación que hemos denominado *Nim por la mitad*. Un estado con 0 piedras (estado terminal) tiene un número de Grundy de $g_0 = 0$. Un estado con una piedra puede llegar al estado con 0 piedras en un solo movimiento, por lo que su número de Grundy es $g_1 = \text{mex}(\{g_0\}) = \text{mex}(\{0\}) = 1$. Igualmente, un estado con 2 piedras puede llegar a los estados con 0 o 1 piedras en un solo movimiento, así, su número de Grundy es $g_2 = \text{mex}(\{g_0, g_1\}) = \text{mex}(\{0, 1\}) = 2$. Un estado con 3 piedras puede llegar a los estados con 0 o 1 piedras en un movimiento, por lo que tendrá un número de Grundy de $g_3 = \text{mex}(\{g_0, g_1\}) = \text{mex}(\{0, 1\}) = 2$. Vemos que no podemos considerar que 2 sea un estado que siga a 3, ya que debemos eliminar, al menos, $\lceil 3/2 \rceil = 2$ piedras. Un estado con 6 piedras puede llegar a los estados con 0, 1, 2 o 3 piedras en un movimiento, por lo que número de Grundy es $g_6 = \text{mex}(\{g_0, g_1, g_2, g_3\}) = \text{mex}(\{0, 1, 2, 2\}) = 3$. Si continuamos con este proceso, obtendremos $G_{0..12} = (0, 1, 2, 2, 3, 3, 3, 3, 4, 4, 4, 4, 4)$, es decir, un estado con 10 piedras en el juego original se corresponde a un montón con $g_{10} = 4$ piedras en el Nim. En resumen, para resolver el juego original, convertimos la partida en su equivalente en el Nim mediante el número de Grundy y, después, calculamos la suma Nim.

El siguiente código determina quién ganará una partida en el *Nim por la mitad*:

```cpp
int getAtLeastHalfNimGrundy(int stone) {
  if ( stone == 0 ) return 0;
  set <int> used;
  for ( int take = (stone+1)/2; take <= stone; ++take ) {
    used.insert(getAtLeastHalfNimGrundy(stone-take));
  }
  int res = 0;
  while ( used.count(res) ) {
    res++;
  }
  return res;
}

string whoWinAtLeastHalfNimGame(vi pile) {
  vi grundy(pile.size());
  for ( int i = 0; i < pile.size(); ++i ) {
    grundy[i] = getAtLeastHalfNimGrundy(pile[i]);
  }
  return getNimSum(grundy) != 0 ? "First Player" : "Second Player";
}
```

Vemos que la función `getAtLeastHalfNimGrundy()` tiene complejidad de tiempo exponencial. Es posible reducirla a polinómica[54] con, por ejemplo, programación dinámica (Volumen I).

¿Por qué el nuevo juego es igual al Nim con su número de Grudy? Recordemos lo que hemos hecho para hallar el número de Grundy, es decir, buscar el entero no negativo más pequeño x que no se encuentre entre los siguientes estados. ¿No resulta ser este x igual al número de piedras x

---

[54]En este caso concreto del *Nim por la mitad*, es posible obtener el número de Grundy con complejidad de tiempo logarítmica. *Pista:* $\text{grundy}(x) = \log_2(x) + 1$.

de un montón del Nim en el que podemos eliminar algunas de ellas para hacer que las restantes pasen a sumar un número entre 0 y $x - 1$? ¿Qué ocurre con los siguientes estados, mayores que el *mex*? Por ejemplo, veamos $A = \{0, 1, 2, 4, 6, 7\}$, en los que el *mex* es igual a 3. Si el oponente se mueve a un estado con un número de Grundy mayor que 3, por ejemplo, 4, 6 o 7, entonces podemos devolver esos movimientos a 3 (recordemos el Nim falso). Esto es debido a que un estado con número de Grundy 4, 5 o 7 debería tener un estado siguiente con número de Grundy 3 (según la definición de *mex* o del número de Grundy).

Ejercicios de programación

Ejercicios de programación relativos a teoría de juegos con combinatoria basados en Nim:

1. Nivel básico: **UVa 10165 - Stone Game** *   juego del Nim clásico, aplicación del teorema de Sprague–Grundy
2. **UVa 01566 - John** *   Nim *misère*
3. **UVa 10561 - Treblecross** *
4. **UVa 11311 - Exclusively Edible** *   hay 4 montículos, suma Nim
5. **UVa 11534 - Say Goodbye to … ** *
6. **LA 5059 - Playing With Stones** *   ICPC 2010 Regional Jakarta
7. **LA 6803 - Circle and Marbles** *   ICPC 2014 Regional Kuala Lumpur

9.17 Algoritmo de eliminación gaussiana

Enunciado del problema

Una **ecuación lineal** se define como la ecuación en la que el orden de las incógnitas (variables) es **lineal** (una constante, o el producto de una constante, más la primera potencia de una incógnita). Por ejemplo, la ecuación $X + Y = 2$ es lineal, pero $X^2 = 4$, no lo es.

Un **sistema de ecuaciones lineales** se define como la colección de n incógnitas (variables) en, normalmente, n ecuaciones lineales. Por ejemplo $X + Y = 2$ y $2X + 5Y = 6$, donde la solución es $X = 1\frac{1}{3}$, $Y = \frac{2}{3}$. Hay diferencias con la **ecuación diofántica lineal** (sección 5.3.10), ya que la solución de un **sistema de ecuaciones lineales** no tiene por qué estar formada por enteros.

En raras ocasiones, podemos encontrar este tipo de sistemas de ecuaciones lineales en un problema de un concurso de programación. Conocer la solución, especialmente su implementación, nos será muy útil.

Soluciones

Para calcular la solución de un **sistema de ecuaciones lineales**, podemos utilizar técnicas como el algoritmo de **eliminación gaussiana**. Este algoritmo aparece más habitualmente en libros de texto de ingeniería, bajo el tema de 'métodos numéricos'. Algunos libros de ciencias de la computación también lo tratan, como [8]. A continuación, incluimos un algoritmo relativamente simple, en $O(n^3)$, utilizando la siguiente función de C++:

```
const int MAX_N = 3;                                  // ajustar según necesidad
struct AugmentedMatrix { double mat[MAX_N][MAX_N+1]; };
struct ColumnVector { double vec[MAX_N]; };

ColumnVector GaussianElimination(int N, AugmentedMatrix Aug) {
  // entrada: N, matriz de aumento Aug, salida: vector de columnas X, respuesta
  for (int i = 0; i < N-1; ++i) {                     // eliminación hacia adelante
    int l = i;
    for (int j = i+1; j < N; ++j)                      // fila con valor col máximo
      if (fabs(Aug.mat[j][i]) > fabs(Aug.mat[l][i]))
        l = j;                                        // recordar esta fila l
    // intercambiar esta fila pivote para minimizar error de precisión
    for (int k = i; k <= N; ++k)
      swap(Aug.mat[i][k], Aug.mat[l][k]);
    for (int j = i+1; j < N; ++j)                      // verdadera eliminación
      for (int k = N; k >= i; --k)
        Aug.mat[j][k] -= Aug.mat[i][k] * Aug.mat[j][i] / Aug.mat[i][i];
  }
  ColumnVector Ans;                                   // sustitución hacia atrás
  for (int j = N-1; j >= 0; --j) {                     // empezar desde atrás
    double t = 0.0;
    for (int k = j+1; k < N; ++k)
      t += Aug.mat[j][k] * Ans.vec[k];
    Ans.vec[j] = (Aug.mat[j][N]-t) / Aug.mat[j][j]; // la respuesta
  }
  return Ans;
}
```

GitHub	C++	ch9/GaussianElimination.cpp
	Java	ch9/GaussianElimination.java
	Python	ch9/GaussianElimination.py

Ejecución de ejemplo

En esta subsección, mostramos el funcionamiento, paso a paso, de la 'eliminación gaussiana', mediante el siguiente ejemplo. Supongamos que tenemos este sistema de ecuaciones lineales:

$$X = 9 - Y - 2Z$$
$$2X + 4Y = 1 + 3Z$$
$$3X - 5Z = -6Y$$

En primer lugar, debemos transformar el sistema de ecuaciones lineales a su *forma básica*, es decir, colocar las incógnitas (variables) ordenadas y a la izquierda. Ahora tenemos:

$$1X + 1Y + 2Z = 9$$
$$2X + 4Y - 3Z = 1$$
$$3X + 6Y - 5Z = 0$$

Después, volvemos a escribir las ecuaciones lineales como una multiplicación de matrices: $A \times x = b$. Esta técnica también se utiliza en la sección 5.8.4. Queda así:

$$\begin{bmatrix} 1 & 1 & 2 \\ 2 & 4 & -3 \\ 3 & 6 & -5 \end{bmatrix} \times \begin{bmatrix} X \\ Y \\ Z \end{bmatrix} = \begin{bmatrix} 9 \\ 1 \\ 0 \end{bmatrix}$$

Ahora, trabajaremos tanto con la matriz A (de tamaño $N \times N$), como con el vector de columnas b (de tamaño $N \times 1$). Así, los combinamos en el aumento de matriz $N \times (N + 1)$ (la última columna, con tres flechas, es un comentario que ayuda a la explicación):

$$\left[\begin{array}{ccc|c|l} 1 & 1 & 2 & 9 & \rightarrow 1X + 1Y + 2Z = 9 \\ 2 & 4 & -3 & 1 & \rightarrow 2X + 4Y - 3Z = 1 \\ 3 & 6 & -5 & 0 & \rightarrow 3X + 6Y - 5Z = 0 \end{array}\right]$$

Pasamos el aumento de matriz a la función de eliminación gaussiana que hemos visto. La primera fase es la de eliminación hacia adelante. Tomamos el valor absoluto más grande de la columna $j = 0$, desde la fila $i = 0$ en adelante, después intercambiamos esa fila con $i = 0$. Este paso (adicional) ayuda a minimizar el error de precisión. Después de intercambiar las filas 0 y 2:

$$\left[\begin{array}{ccc|c|l} \underline{3} & 6 & -5 & 0 & \rightarrow 3X + 6Y - 5Z = 0 \\ 2 & 4 & -3 & 1 & \rightarrow 2X + 4Y - 3Z = 1 \\ \underline{1} & 1 & 2 & 9 & \rightarrow \underline{1X + 1Y + 2Z = 9} \end{array}\right]$$

La actividad principal realizada por el algoritmo de eliminación gaussiana en esta fase de eliminación hacia adelante, es eliminar la variable X (primera variable), de la fila $i + 1$ en adelante. En este ejemplo, eliminamos X de las filas 1 y 2. Hay que concentrarse en la línea 15 (`"verdadera eliminación"`) del código anterior. Resultado:

$$\left[\begin{array}{ccc|c|l} 3 & 6 & -5 & 0 & \rightarrow 3X + 6Y - 5Z = 0 \\ \mathbf{0} & \mathbf{0} & \mathbf{0{,}33} & \mathbf{1} & \rightarrow 0X + 0Y + 0{,}33Z = 1 \\ \mathbf{0} & \mathbf{-1} & \mathbf{3{,}67} & \mathbf{9} & \rightarrow \underline{0X - 1Y + 3{,}67Z = 9} \end{array}\right]$$

Seguimos con la eliminación de la siguiente variable (ahora es Y). Tomamos el valor absoluto más grande de la columna $j = 1$, desde la fila $i = 1$ en adelante. Entonces, intercambiamos esa fila con $i = 1$. En nuestro ejemplo, después del intercambio de la fila 1 con la 2, tendremos el siguiente aumento de matriz, en el que la variable Y ya ha sido eliminada de la fila 2:

$$\left[\begin{array}{l|ccc|c|l} \text{fila 0} & 3 & 6 & -5 & 0 & \rightarrow 3X + 6Y - 5Z = 0 \\ \text{fila 1} & 0 & \underline{-1} & 3{,}67 & 9 & \rightarrow 0X - 1Y + 3{,}67Z = 9 \\ \text{fila 2} & 0 & \underline{0} & 0{,}33 & 1 & \rightarrow \underline{0X + 0Y + 0{,}33Z = 1} \end{array}\right]$$

Una vez que tenemos la matriz triangular inferior del aumento de matriz con todos los valores en cero, podemos iniciar la segunda fase: sustitución hacia atrás. Nos fijamos en las últimas líneas del código de eliminación gaussiana. Después de eliminar las variables X e Y, solo quedará la variable Z en la fila 2. Ahora estamos seguros de que $Z = 1/0{,}33 = 3$:

$$\left[\begin{array}{l|ccc|c|l} \text{fila 2} & 0 & 0 & 0{,}33 & 1 & \rightarrow 0X + 0Y + 0{,}33Z = 1 \rightarrow Z = 1/0{,}33 = 3 \end{array}\right]$$

Una vez que tenemos $Z = 3$, podemos procesar la fila 1. Tendremos $Y = (9 - 3{,}67 \times 3)/-1 = 2$.

$$[\text{ fila 1} \mid 0 \quad -1 \quad 3{,}67 \mid 9 \mid \rightarrow 0X - 1Y + 3{,}67Z = 9 \rightarrow Y = (9 - 3{,}67 \times 3)/-1 = 2 \,]$$

Al tener $Z = 3$ y $Y = 2$, procesamos la fila 0. Tendremos $X = (0 - 6 \times 2 + 5 \times 3)/3 = 1$. Hecho:

$$[\text{ fila 0} \mid 3 \quad 6 \quad -5 \mid 0 \mid \rightarrow 3X + 6Y - 5Z = 0 \rightarrow X = (0 - 6 \times 2 + 5 \times 3)/3 = 1 \,]$$

Por lo tanto, la solución al sistema de ecuaciones lineales dado es $X = 1$, $Y = 2$ y $Z = 3$.

Ejercicios de programación

Ejercicios de programación relativos a la eliminación gaussiana:

1. Nivel básico: **UVa 11319 - Stupid Sequence?** * resolver el sistema de las 7 primeras ecuaciones lineales, después utilizar las 1500 ecuaciones para realizar comprobaciones de 'secuencia inteligente'

2. **UVa 00684 - Integral Determinant** * eliminación gaussiana modificada para hallar el determinante (integral) de una matriz cuadrada

3. *Kattis - equations* * 2 ecuaciones y 2 incógnitas, no necesitamos eliminación gaussiana, muchos casos límite

4. *Kattis - equationsolver* * eliminación gaussiana básica con dos comprobaciones adicionales: respuestas inconsistentes o múltiples

5. *Kattis - seti* * n ecuaciones y n incógnitas, pero hay división bajo módulo, utilizar eliminación gaussiana con el inverso multiplicativo modular

9.18 Problema de la galería de arte

Enunciado del problema

El problema de 'la galería de arte' conforma un conjunto de problemas de *visibilidad*, relacionados entre sí, dentro de la geometría computacional. A continuación, veremos diferentes variantes. El planteamiento común a todas ellas es el polígono simple (no necesariamente convexo) P, que describe la galería de arte; un conjunto de puntos S para identificar a los vigilantes, donde cada uno de ellos es un punto de P; la regla de que un punto $A \in S$ puede vigilar a otro punto $B \in P$ si, y solo si, el segmento AB está contenido en P; y una pregunta sobre si todos los puntos del polígono P están vigilados por S. Muchas de las variantes del problema de la galería de arte se clasifican como problemas NP-complejos. En este libro, nos centramos en las que tienen soluciones polinómicas.

1. Variante 1: determinar el límite superior del tamaño más pequeño del conjunto S.

2. Variante 2: determinar si $\exists$ un punto crítico C en el polígono P y $\exists$ otro punto $D \in P$, de forma que si el vigilante está en la posición C, no pueda proteger el punto D.

3. Variante 3: determinar si el polígono P se puede proteger con un solo vigilante.

4. Variante 4: determinar el tamaño más pequeño del conjunto S, si los vigilantes solo pueden estar en los vértices del polígono P, y solo hay que proteger los vértices.

Hay muchas más versiones y existe, al menos, un libro sobre ello[55] [34].

Soluciones

1. La solución de la primera variante es un trabajo teórico del teorema de la galería de arte de Václav Chvátal. Afirma que $\lfloor n/3 \rfloor$ vigilantes son siempre suficientes y, a veces, necesarios para proteger un polígono simple de n vértices (no incluimos la demostración).

2. La solución de la segunda variante implica comprobar si el polígono P es cóncavo (y, con ello, tiene un punto crítico). Podemos usar la negación de `isConvex` de la sección 7.3.4.

3. La solución de la tercera variante puede ser complicada, si no se ha visto con anterioridad. Podemos utilizar la función `cutPolygon`, tratada en la sección 7.3.6. Cortamos el polígono P con todas las líneas formadas por las aristas de P, en sentido contrario a las agujas del reloj, y guardamos, siempre, el lado izquierdo. Si, al final, seguimos teniendo un polígono que no esté vacío, se puede colocar ahí un vigilante protegiendo todo el polígono P.

4. La solución de la cuarta variante implica el cálculo de la cobertura de vértices mínima del 'grafo de visibilidad' del polígono P. En un grafo general, este problema es NP-complejo. En la sección 8.6 tratamos esta variante.

Ejercicios de programación

Ejercicios de programación relativos al problema de la galería de arte:

1. Nivel básico: **UVa 10078 - Art Gallery** * `isConvex`
2. **UVa 00588 - Video Surveillance** * `cutPolygon`
3. **UVa 01304 - Art Gallery** * LA 2512 - SouthEasternEurope02, `cutPolygon` y área del polígono
4. **UVa 01571 - How I Mathematician ...** * LA 3617 - Yokohama06, `cutPolygon`

9.19 Problema del par más cercano

Enunciado del problema

Dado un conjunto S de n puntos en un plano bidimensional, hallar los dos puntos más cercanos según la distancia euclídea.

---

[55]Versión gratuita en PDF en `http://cs.smith.edu/~orourke/books/ArtGalleryTheorems/art.html`.

Soluciones

Búsqueda completa

Una solución ingenua calcula las distancias entre todos los pares de puntos e informa del mínimo. Sin embargo, tiene una complejidad de $O(n^2)$.

Divide y vencerás

Podemos utilizar la siguiente estrategia de divide y vencerás en tres pasos, para lograr un tiempo de $O(n \log n)$:

1. Divide: ordenamos los puntos del conjunto S por su coordenada x (en caso de empate, por la coordenada y). Después, dividimos el conjunto S en dos conjuntos de puntos S_1 y S_2 mediante una línea vertical $x = d$, tal que $|S_1| = |S_2|$ o $|S_1| = |S_2| + 1$, es decir, el número de puntos de cada conjunto está equilibrado.

2. Vencerás: si solo hay un punto en S, devolvemos ∞. Si solo hay dos puntos en S, devolvemos su distancia euclídea.

3. Combina: digamos que d_1 y d_2 son las distancias mínimas en S_1 y S_2, respectivamente. Digamos que d_3 es la menor distancia entre todos los pares de puntos (p_1, p_2), donde p_1 es un punto de S_1 y p_2 es un punto de S_2. Entonces, la distancia mínima será $\text{mín}(d_1, d_2, d_3)$, es decir, la respuesta puede encontrarse en los subconjuntos S_1 o S_2, o puede estar formada por un punto de S_1 y otro de S_2, cruzando la línea $x = d$.

Si el paso de combinación se realiza de forma ingenua, el tiempo de ejecución seguirá siendo de $O(n^2)$. Pero es posible optimizarlo. Digamos que $d' = \text{mín}(d_1, d_2)$. Por cada punto a la izquierda de la línea divisoria $x = d$, habrá un punto más cercano a la derecha de dicha línea que solo pueda encontrarse dentro de un rectángulo de ancho d' y alto $2 \times d'$. Es posible demostrar (aunque no lo haremos aquí) que ese rectángulo contendrá un máximo de 6 puntos. Esto significa que el paso de combinación solo precisa de $O(6n)$ operaciones y que la complejidad de tiempo global de esta solución de divide y vencerás es de $T(n) = 2 \times T(n/2) + O(n)$ o, dicho de otra forma, $O(n \log n)$.

Ejercicio 9.19.1*

Existe una solución más sencilla que la clásica de divide y vencerás que acabamos de ver. Utiliza el algoritmo de la línea de barrido. 'Barremos' los puntos de S de izquierda a derecha. Supongamos que nuestra mejor respuesta actual es d, y que estamos examinando el punto i. El nuevo punto más cercano potencial desde i, si es que existe, debe tener su coordenada y dentro de d unidades del punto i. Comprobamos todos los candidatos y actualizamos d según corresponda (lo que hará que cada vez sea más pequeño). Implementa esta solución y analiza su complejidad de tiempo.

Ejercicios de programación relativos al problema del par más cercano:

1. Nivel básico: **UVa 10245 - The Closest Pair Problem** *   clásico
2. **UVa 11378 - Bey Battle** *   también es el problema del par más cercano
3. *Kattis - closestpair1* *   versión fácil del problema clásico
4. *Kattis - closestpair2* *   versión difícil del problema clásico, cuidado con el error de precisión

9.20 A* e IDA*: búsqueda informada

Conceptos básicos de A*

Los algoritmos de búsqueda completa que hemos visto en los capítulos 3 y 4, y en las subsecciones anteriores son 'no informados', es decir, todos los estados posibles alcanzables desde el estado actual son *igualmente válidos*. En algunos problemas, tenemos acceso a más información (de ahí el nombre de 'búsqueda informada'), y podemos utilizar la búsqueda A*, que utiliza métodos heurísticos, para 'orientar' la dirección de la búsqueda.

Ilustraremos esta búsqueda A* utilizando el conocido problema del juego del 15. Tenemos 15 piezas deslizables en el juego, numeradas del 1 al 15. Estas 15 piezas están encerradas en un marco de 4×4, con un hueco vacío. Los movimientos posibles consisten en deslizar las piezas adyacentes al hueco hacia ese espacio vacío. Otra forma

Figura 9.13: Juego del 15

de ver estos movimientos es: "deslizar el *hueco vacío* a derecha, arriba, izquierda o abajo". El fin del juego es ordenar las piezas, para que queden igual que en la figura 9.13, el estado 'objetivo'.

Este pequeño juego es un auténtico quebradero de cabeza para varios algoritmos, debido a su gigantesco espacio de búsqueda. Podemos representar un estado del juego mediante una lista de los números de las piezas, fila a fila, de izquierda a derecha, en un *array* de 16 enteros. Para simplificarlo, le asignaremos el valor 0 a la casilla vacía, por lo que el estado objetivo es {1, 2, 3, ..., 14, 15, 0}. Desde un estado donde puede haber hasta 4 estados alcanzables, dependiendo de la posición del hueco, hay 2/3/4 acciones posibles si la casilla vacía está en alguna de las 4 esquinas/8 casillas que no son esquinas/4 casillas del medio, respectivamente. El espacio de búsqueda es enorme.

Sin embargo, no todos los estados son igual de buenos. Hay una interesante característica heurística en este problema, que puede ayudar a guiar el algoritmo de búsqueda, que es la suma de las distancias Manhattan[56] entre cada pieza (no vacía), desde estado actual y su ubicación en el estado objetivo. Esta información establece el límite inferior de pasos necesarios para resolver el juego. Al combinar el coste alcanzado (indicado por $g(s)$) y el valor heurístico (indicado por $h(s)$) de un estado s, podemos tener una idea mejor de cuál será el siguiente movimiento. Lo ilustraremos con el juego en el siguiente estado inicial A:

---

[56]La distancia Manhattan entre dos puntos es la suma de las diferencias absolutas de sus coordenadas.

$$A = \begin{bmatrix} 1 & 2 & 3 & 4 \\ 5 & 6 & 7 & 8 \\ 9 & 10 & 11 & \mathbf{0} \\ 13 & 14 & 15 & \mathbf{12} \end{bmatrix}$$

$$B = \begin{bmatrix} 1 & 2 & 3 & 4 \\ 5 & 6 & 7 & \mathbf{0} \\ 9 & 10 & 11 & \underline{\mathbf{8}} \\ 13 & 14 & 15 & \underline{\mathbf{12}} \end{bmatrix} \quad C = \begin{bmatrix} 1 & 2 & 3 & 4 \\ 5 & 6 & 7 & 8 \\ 9 & 10 & \mathbf{0} & \underline{\mathbf{11}} \\ 13 & 14 & \underline{15} & \underline{12} \end{bmatrix} \quad D = \begin{bmatrix} 1 & 2 & 3 & 4 \\ 5 & 6 & 7 & 8 \\ 9 & 10 & 11 & \underline{\mathbf{12}} \\ 13 & 14 & 15 & \underline{\mathbf{0}} \end{bmatrix}$$

El coste del estado inicial A es $g(s) = 0$, porque no ha habido movimientos. Hay tres estados $\{B, C, D\}$ alcanzables desde A, con $g(B) = g(C) = g(D) = 1$, es decir, un movimiento. Pero estos tres estados *no son* igual de buenos:

1. El valor heurístico, si deslizamos la pieza 0 hacia arriba, es $h(B) = 2$, ya que las piezas 8 y 12 están ambas desplazadas por 1. Esto provoca $g(B) + h(B) = 1 + 2 = 3$.

2. El valor heurístico, si deslizamos la pieza 0 a la izquierda, es $h(C) = 2$, ya que las piezas 11 y 12 están ambas desplazadas por 1. Esto provoca $g(C) + h(C) = 1 + 2 = 3$.

3. Pero si deslizamos la pieza 0 hacia abajo, tenemos $h(D) = 0$, ya que todas las piezas están en su posición correcta. Esto provoca $g(D) + h(D) = 1 + 0 = 1$, la combinación más baja.

Si visitamos los estados, en orden ascendente, de los valores $g(s) + h(s)$, exploraremos primero los estados con menor coste esperado, es decir, el estado D en este ejemplo, que es el estado objetivo. Esta es la esencia del algoritmo de búsqueda A*.

Normalmente implementamos esta ordenación de estados con la ayuda de una cola de prioridad, lo que hace que la implementación de la búsqueda A* sea muy similar a la del algoritmo de Dijkstra, que vimos en el Volumen I. Si establecemos $h(s)$ a 0 para todos los estados, A* *degenera* al algoritmo de Dijkstra.

Mientras la función heurística $h(s)$ no sobreestime la distancia real al estado objetivo (también conocida como **heurística admisible**), este algoritmo de búsqueda A* es óptimo. La parte más difícil en la resolución de problemas de búsqueda utilizando A* es encontrar esa heurística.

Limitaciones de A*

El problema con A* (y también con BFS y Dijkstra, cuando se utilizan en grafos estado–espacio grandes) al usar una cola (de prioridad), es que los requisitos de memoria pueden ser inmensos, si el estado objetivo está alejado del inicial. En algunos problemas de búsqueda difíciles, tendremos que recurrir a las siguientes técnicas relacionadas.

Búsqueda de profundidad limitada

En el Volumen I vimos el algoritmo de *backtracking* recursivo. El principal problema con el *backtracking* puro es que se puede ver atrapado en la exploración de un camino muy profundo, que no llevará a la solución, antes de volver a la posición correcta, habiendo malgastado un tiempo precioso.

La búsqueda de profundidad limitada (DLS) pone límite a la profundidad a la que puede llegar el *backtracking*. La DLS impide avanzar cuando la profundidad de la búsqueda supera el límite establecido. Si ese límite resulta ser igual al de la profundidad del estado objetivo más superficial, la DLS será más rápida que la versión general del *backtracking*. Sin embargo, si el límite es demasiado pequeño, el estado objetivo será inalcanzable. Si el problema indica que el estado objetivo está 'como mucho a d pasos' del estado inicial, es mejor utilizar DLS que *backtracking*.

Búsqueda de profundidad iterativa

Una mala aplicación de la DLS hará al estado objetivo inalcanzable, incluso con una solución. La DLS no se suele utilizar sola, sino como parte de una búsqueda de profundidad iterativa (IDS).

La IDS llama a la DLS con un *límite creciente*, hasta que se encuentra el estado objetivo. La IDS es, por lo tanto, completa y óptima. Es una buena estrategia que deja a un lado el problema de determinar el mejor límite de profundidad, al probarlos todos de forma creciente. Comienza con profundidad 0 (el propio estado inicial), sigue con 1 (los que son alcanzables a un solo paso del estado inicial), después 2, etc. Al hacerlo, la IDS combina, esencialmente, los beneficios de poca carga de trabajo y uso de memoria de la DFS y la capacidad de la BFS de visitar todos los estados vecinos, capa a capa (ver la tabla de decisión de recorridos en grafos en el Volumen I).

Aunque la IDS llama a la DLS muchas veces, la complejidad de tiempo sigue siendo de $O(b^d)$, donde b es el factor de ramificación y d la profundidad del estado objetivo más superficial. La razón: $O(b^0 + (b^0 + b^1) + (b^0 + b^1 + b^2) + \cdots + (b^0 + b^1 + b^2 + \cdots + b^d)) \leq O(c \times b^d) = O(b^d)$.

A* de profundidad iterativa (IDA*)

Para resolver más rápidamente el juego del 15, podemos utilizar el algoritmo IDA* (A* de profundidad iterativa) que es, esencialmente, una IDS con DLS modificada. IDA* llama a la DLS modificada, para probar todos los estados vecinos, en un orden predefinido (es decir, deslizar la pieza 0 a derecha, arriba, izquierda y, finalmente, abajo, siempre en ese orden y sin usar una cola de prioridad). Esta DLS modificada no se detiene cuando ha superado el límite de profundidad, sino cuando su $g(s) + h(s)$ supera la mejor solución conocida hasta el momento. IDA* expande el límite gradualmente, hasta que llega al estado objetivo.

La implementación de IDA* no es sencilla e invitamos al lector a que desentrañe nuestro código.

C++	ch9/UVa10181.cpp
Java	ch9/UVa10181.java

Ejercicio 9.20.1*

Una de las partes más difíciles de resolver problemas de búsqueda utilizando A*, es encontrar la heurística admisible correcta y calcularla de forma eficiente, ya que debe ser repetida muchas veces. Haz una lista de las heurísticas admisibles que se utilizan habitualmente en problemas de búsqueda complejos que utilicen el algoritmo A*, y muestra cómo calcularlas eficientemente. Una de ellas es la distancia Manhattan, ya tratada.

9.21 Ordenación de tortitas

Enunciado del problema

La ordenación de tortitas es un problema clásico[57] de las ciencias de la computación, pero se utiliza escasamente. El problema se puede describir así: tenemos una pila de N tortitas. La tortita de abajo y la de arriba tienen índices 0 y $N-1$, respectivamente. El tamaño de una tortita viene dado por su diámetro (*un entero* $\in [1..MAX\_D]$). Todas las tortitas de la pila tienen diámetros *diferentes*. Por ejemplo, una pila A de $N = 5$ tortitas, {3, 8, 7, 6, 10}, se puede visualizar como:

4 (arriba)	10
3	6
2	7
1	8
0 (abajo)	3
Índice	A

La tarea consiste en ordenar la pila *de forma descendente*, es decir, la tortita más grande quedará abajo y la más pequeña, arriba. Sin embargo, para hacer que el problema sea más realista, la ordenación de la pila de tortitas solo se puede llevar a cabo mediante una secuencia de 'volteos' de tortitas, determinada por la función `volteo(i)`. Un movimiento de `volteo(i)` consiste en la inserción de una espátula entre dos tortitas de la pila (entre los índices i y $N-1$) y el volteo (inversión) de las tortitas que quedan sobre la misma (inversión de la subpila `[i..N-1]`).

Por ejemplo, la pila A se puede transformar en la pila B, mediante `volteo(0)`, es decir, insertando la espátula entre los índices 0 y 4, y volteando las tortitas que quedan en medio. La pila B se puede

---

[57]Bill Gates, fundador de Microsoft, solo ha escrito un artículo de investigación en su vida, y trata sobre la ordenación de tortitas [19].

transformar en la C mediante `volteo(3)`. La C en la D mediante `volteo(1)` y, así, sucesivamente. El objetivo es que la pila quede ordenada de forma *descendente*, es decir, que el estado final sea el de la pila E.

4 (arriba)	10	←	3	←	8	←	6		3
3	6		8	←	3		7		6
2	7		7		7		3	⋯	7
1	8		6		6	←	8		8
0 (abajo)	3	←	10		10		10		10
Índice	A		B		C		D	⋯	E

Para hacer que la tarea resulte más emocionante, tienes que calcular el *número mínimo de operaciones* `volteo(i)` necesarias para que la pila de N tortitas quede ordenada.

La primera línea de la entrada es un entero T y, después, hay T casos de prueba, uno por línea. Cada caso comienza con un entero N, seguido de N enteros que describen el contenido inicial de la pila. La salida debe ser un entero, que refleja el número mínimo de operaciones `volteo(i)` necesarias para ordenar la pila.

Límites: $1 \leq T \leq 100$, $1 \leq N \leq 10$ y $N \leq$ `MAX_D` $\leq 1\,000\,000$.

Casos de prueba de ejemplo

Ejemplo de entrada

```
7
4    4 3 2 1
8    8 7 6 5 4 1 2 3
5    5 1 2 4 3
5    555555 111111 222222 444444 333333
8    1000000 999999 999998 999997 999996 999995 999994 999993
5    3 8 7 6 10
10   9 2 10 3 1 6 8 4 7 5
```

Ejemplo de salida

```
0
1
2
2
0
4
11
```

Explicación

- La primera pila ya está ordenada de forma descendente.

- La segunda pila se puede ordenar con una llamada a `volteo(5)`.

- La tercera (y, también, la cuarta) pila se puede ordenar llamando a `volteo(3)` y `volteo(1)`: 2 volteos.

- La quinta pila, aunque contiene enteros grandes, ya está ordenada, por lo que no es necesario ningún volteo.

- La sexta pila es, en realidad, la que aparecía como ejemplo en el enunciado del problema. Se puede ordenar utilizando un mínimo de 4 volteos:

  Solución 1: `volteo(0)`, `volteo(1)`, `volteo(2)`, `volteo(1)`: 4 volteos.
  Solución 2: `volteo(1)`, `volteo(2)`, `volteo(1)`, `volteo(0)`: también 4 volteos.

- La séptima pila, con $N = 10$, sirve para verificar la velocidad de la solución.

Soluciones

En primer lugar, debemos realizar una observación sobre el hecho de que el diámetro de las tortitas, en realidad, es irrelevante. Solo tenemos que escribir un código sencillo que ordene los diámetros (potencialmente enormes) de $[1..1M]$ y los etiquete como $[0..N\text{-}1]$. De esta forma, podemos describir cualquier pila de tortitas como una permutación de N enteros.

Si solo necesitamos ordenar las tortitas, podemos utilizar un algoritmo voraz, no óptimo, en $O(2 \times N - 3)$: volteamos la tortita más grande para ponerla en lo alto de la pila, y después la volteamos abajo. Hacemos lo mismo con la segunda más grande, y así sucesivamente. Si seguimos haciendo esto, lograremos una pila ordenada en $O(2 \times N - 3)$ pasos, independientemente del estado inicial.

Sin embargo, para lograr el mínimo de operaciones de volteo, necesitamos ser capaces de modelar este problema como uno de caminos más cortos en un grafo estado–espacio ponderado (sección 8.2.2). El vértice de este grafo estado–espacio es una permutación de N tortitas. Un vértice está conectado con aristas no ponderadas a otros $O(N - 1)$ vértices, a través de varias operaciones de volteo (menos una, ya que voltear la tortita superior no cambia nada). Entonces, podremos usar BFS desde la permutación inicial, para encontrar el camino más corto hasta la permutación de destino (donde está ordenada de forma descendente). Hay un máximo de $V = O(N!)$ vértices y $V = O(N! \times (N - 1))$ aristas en este grafo estado–espacio. Por lo tanto, una BFS en $O(V + E)$ se ejecuta en $O(N \times N!)$, por cada caso de prueba, o $O(T \times N \times N!)$, para el total de casos. Programar esta BFS ya es una tarea compleja de por sí (Volumen I y sección 8.2.2). Pero esta solución sigue siendo demasiado lenta para el caso de prueba más grande.

Una optimización sencilla consiste en ejecutar la BFS desde la permutación de destino (ya ordenada) hacia el resto de permutaciones *una sola vez*, para todos los N posibles en $[1..10]$. Esta solución tiene una complejidad de tiempo aproximada de $O(10 \times N \times N! + T)$, mucho más rápida que la anterior, pero todavía demasiado lenta para un concurso de programación típico.

Una solución mejor es la técnica de búsqueda, más sofisticada, de 'encuentro en el medio' (BFS bidireccional), para reducir el espacio de búsqueda a un nivel manejable (sección 8.2.3). En primer lugar, hacemos un análisis preliminar (o consultamos 'Pancake Number', en la página web `https://oeis.org/A058986`) para identificar que, para el caso de prueba más grande, cuando $N = 10$, necesitamos *como mucho* 11 volteos para ordenar la pila. Por lo tanto, calculamos previamente la BFS desde la permutación de destino a todas las otras, para todos los $N \in [1..10]$, pero nos detenemos al llegar a la profundidad $\left\lfloor \frac{11}{2} \right\rfloor = 5$. Después, ejecutamos una BFS, para cada caso de prueba, nuevamente desde la permutación inicial, con una profundidad máxima de 5. Si encontramos un vértice común con la BFS desde el destino, calculada previamente, sabremos que la respuesta es la distancia desde la permutación inicial hasta este vértice, más la distancia desde este vértice a la permutación de destino. Si no encontramos ningún vértice común, sabremos que la respuesta será el máximo de 11 volteos. En el caso de prueba más grande, con $N = 10$ para todos los casos, esta solución tiene una complejidad de tiempo de $O((10 + T) \times 10^5)$, lo que la hace viable.

Ejercicios de programación relativos a la ordenación de tortitas:

1. Nivel básico: **UVa 00120 - Stacks Of Flapjacks** *   ordenación de tortitas voraz
   Otros: el problema de ordenación de tortitas descrito en esta sección.

9.22 Rompecabezas de lanzamiento de huevos

Tenemos un edificio con N plantas y queremos probar la "fortaleza" de K huevos, es decir, buscamos el piso más alto h desde el que podemos lanzar los huevos sin que se rompan. A los efectos del problema, se asumen los siguientes datos:

- Todos los huevos son idénticos.

- Si un huevo se rompe al caer desde un piso determinado, se romperá también si cae desde un piso superior a ese. Si se rompe al caer del primer piso, entonces $h = 0$.

- Si un huevo no se rompe al caer desde un piso determinado, tampoco se romperá si cae desde cualquier piso inferior. Si no se rompe al caer desde el último piso, N, entonces $h = N$.

- Un huevo que no se rompa al caer se puede volver a utilizar.

El objetivo es determinar el número mínimo de lanzamientos de huevos necesario para hallar h en el peor de los casos[58]

Por ejemplo, digamos que $N = 6$ y $K = 2$. Podemos ir lanzando los huevos, de uno en uno, desde la primera planta, desde la segunda, la tercera, etc., y detenernos cuando encontremos que el huevo se rompe. Este método necesitará $N = 6$ lanzamientos como mucho (el peor caso se dará cuando $h = N$). Sin embargo, la técnica no resulta óptima, ya que solo utilizaremos un huevo, mientras que podemos romper hasta $K = 2$. Un sistema mejor consistiría en comenzar a lanzar huevos desde la tercera planta. Si se rompe, solo nos quedarán 2 plantas por probar (la

---

[58]En otras palabras, hallar el número mínimo de huevos lanzados que garantice que encontraremos h.

primera y la segunda) con el huevo restante. En caso contrario, tendremos 3 plantas más (cuarta, quinta y sexta) y seguiremos manteniendo dos huevos. Este método necesita un máximo de 3 lanzamientos, y resulta óptimo para $N = 6$ y $K = 2$.

Este rompecabezas es muy útil para aquellos estudiantes que quieran conocer varias técnicas de optimización de la programación dinámica, por tanto, animamos al lector a que estudie toda la sección en vez de pasar directamente a la solución más eficiente.

Soluciones

Solución básica en $O(N^3 K)$

La relación de recurrencia básica de este problema es muy sencilla. Digamos que $f(l, r, k)$ es el número mínimo de lanzamientos necesario para hallar h en el peor caso posible, si tenemos k huevos y todavía no hemos comprobado las plantas $[l..r]$. Digamos que hacemos una comprobación de la planta i-ésima, donde $i \in [l..r]$. Si el huevo se rompe, tendremos que comprobar las plantas $[l..i)$ con los $k - 1$ huevos restantes. Si no se rompe, tendremos que comprobar las plantas $(i..r]$ con los k huevos iniciales. Entre estos dos resultados posibles, solo nos preocupa el que necesitará un mayor número de lanzamientos en el peor de los casos. Por último, buscamos un i que minimice el número máximo de lanzamientos necesarios.

$$f(l, r, k) = \min_{i=l..r} \{1 + \max (f(l, i - 1, k - 1), f(i + 1, r, k))\}$$

El caso base es $f(l, r, 1) = r - l + 1$, donde solo queda un huevo y necesitamos comprobar todas las plantas desde l hasta r, de una en una, haciendo que el número máximo de lanzamientos necesarios sea $r - l + 1$. Además, $f(l, r, k) = 0$ si $l > r$, ya que no habrá ninguna planta que comprobar.

La llamada a la función que resolverá el problema es $f(1, N, K)$. Si resolvemos la relación de recurrencia mediante programación dinámica, obtendremos una solución en $O(N^3 K)$.

Solución en $O(N^2 K)$ (con una observación fundamental)

La primera optimización surge de una observación fundamental. No importa si las plantas que debemos comprobar son $[l..r]$ o $[l + x..r + x]$, para cualquier x, ya que la respuesta será la misma. Es decir, la respuesta no depende de las plantas concretas que debamos comprobar, sino de **cuántas** son estas. Por lo tanto, podemos modificar la relación de recurrencia anterior sustituyendo los parámetros l y r por solo n, el número de plantas a comprobar.

$$f(n, k) = 1 + \min_{i=1..n} \{\max (f(i - 1, k - 1), f(n - i, k))\}$$

Así logramos una solución en $O(N^2 K)$.

Solución en $O(NK \log N)$ (aprovechando la monotonía)

Para la siguiente optimización, observemos que $f(i-1, k-1)$ es monótonamente creciente, mientras que $f(n - i, k)$ es monótonamente decreciente, ya que i crece desde 1 hasta n. Si obtenemos el máximo de estas dos funciones para varios i, la salida será decreciente hasta un i concreto y, a partir de ahí, comenzará a crecer. Sin embargo, no podemos utilizar la búsqueda ternaria, ya que máx $(f(i-1,k-1), f(n-i,k))$ no es estrictamente unimodal[59]. Afortunadamente, podemos hallar un i que provoque que $f(i-1,k-1) - f(n-i,k)$ sea cero (o casi cero) mediante la **búsqueda binaria**[60]. Esta solución se ejecuta en $O(NK \log N)$.

Solución en $O(NK)$ (otra monotonía)

Digamos que $opt(n,k)$ es la planta en la que el primer lanzamiento resulta en una respuesta óptima para $f(n,k)$.

$$opt(n,k) = \underset{i=1..n}{\arg\min} \{\max (f(i-1,k-1), f(n-i,k))\}$$

Vemos que, cuando calculamos $f(n+1,k)$, la única diferencia con $f(n,k)$ es la parte $f(n-i,k)$ (que se sustituye por $f(n+1-i,k)$), mientras que $f(i-1,k-1)$ permanece igual. Además, conocemos el hecho de que $f(n+1-i,k) \geq f(n-i,k)$, ya que es imposible que un edificio más alto necesite menos lanzamientos. Por tanto, podemos concluir que $opt(n+1-i,k) \geq opt(n-i,k)$, como se ilustra en la figura 9.14.

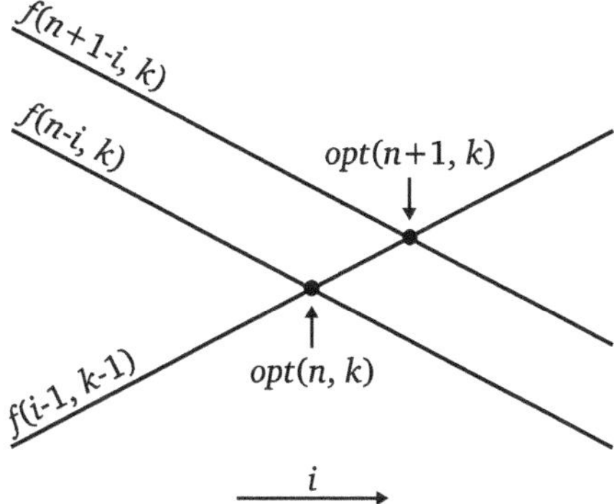

Figura 9.14: $opt(n,k)$ frente a $opt(n+1,k)$

Conociendo este hecho, podemos modificar la iteración de nuestra solución en $O(N^2K)$ de $i = [1..n]$ a $i = [opt(n-1,k)..n]$. Si seguimos combinando esto con el hecho de la monotonía de nuestra solución anterior en $O(NK \log N)$, bastará con detener la iteración cuando ya hayamos encontrado la solución óptima, es decir, cuando comprobar el siguiente i no nos vaya a proporcionar una respuesta mejor. Así, el número total de iteraciones para calcular $f(n,k)$ para **todos** los n será de solo $O(N)$, haciendo que la complejidad de tiempo global sea de $O(NK)$.

Solución en $O(NK \log N)$ (otro punto de vista)

En vez de resolver el problema directamente, consideremos esta versión alternativa del mismo: ¿qué altura tendrá el edificio más alto en el que es posible resolver el rompecabezas con k huevos

---

[59]Podrían existir dos i diferentes que resulten en la misma respuesta, incumpliendo así el requisito de la búsqueda ternaria.

[60]Debido a que $f(i-1,k-1) - f(n-i,k)$ es monótonamente creciente.

y un máximo de d lanzamientos? Igualmente, ¿cuántas plantas se pueden comprobar con k huevos y un máximo de d lanzamientos? Si podemos resolver esto, solo tendremos que ejecutar una búsqueda binaria en la salida para obtener la respuesta al problema original.

Digamos que el primer lanzamiento se realiza desde la planta x-ésima. Si el huevo se rompe, tendremos que comprobar las plantas inferiores a x con $d - 1$ lanzamientos más y $k - 1$ huevos restantes. Si el huevo no se rompe, tendremos que comprobar las plantas superiores a x con $d - 1$ lanzamientos más y k huevos restantes. De esta forma, podemos expresar el número de plantas comprobables con d lanzamientos y k huevos mediante la siguiente relación de recurrencia.

$$f(d, k) = f(d - 1, k - 1) + 1 + f(d - 1, k)$$

Esta solución tiene una complejidad de tiempo de $O(DK)$ para la versión alternativa del rompecabezas. Si utilizamos esta técnica (junto a la búsqueda binaria) para responder al rompecabezas original, la complejidad de tiempo será de $O(NK \log N)$. Sin embargo, este límite tiene cierto margen (en realidad es más rápido de lo que parece), ya que el número de lanzamientos requeridos se reduce muy rápidamente si contamos con huevos adicionales.

Solución en $O(K \log N)$ (con coeficientes binomiales)

Veamos la siguiente función auxiliar[61].

$$g(d, k) = f(d, k + 1) - f(d, k)$$

En primer lugar, vamos a expandir $g(d, k)$ utilizando la anterior relación de recurrencia para $f(d, k)$.

$$\begin{aligned}
g(d, k) &= f(d, k + 1) - f(d, k) \\
&= [f(d - 1, k) + 1 + f(d - 1, k + 1)] - [f(d - 1, k - 1) + 1 + f(d - 1, k)] \\
&= f(d - 1, k) + f(d - 1, k + 1) - f(d - 1, k - 1) - f(d - 1, k)
\end{aligned}$$

Simplificamos la fórmula reordenando los términos.

$$\begin{aligned}
g(d, k) &= [f(d - 1, k) - f(d - 1, k - 1)] + [f(d - 1, k + 1) - f(d - 1, k)] \\
&= g(d - 1, k - 1) + g(d - 1, k)
\end{aligned}$$

Este resultado para $g(d, k)$ es muy similar a la fórmula de un coeficiente binomial ("n-elige-k"), es decir, $\binom{n}{k} = \binom{n-1}{k-1} + \binom{n-1}{k}$. Sin embargo, antes de apresurarnos con las conclusiones, vamos a analizar los casos base. Para $g(d, k)$, son los siguientes.

- $g(0, k) = 0$

- $g(d, 0) = f(d, 1) - f(d, 0) = d - 0 = d$ que es igual a $\binom{d}{1}$

- Además, $g(d, d) = f(d, d + 1) - f(d, d) = d - d = 0$ que es igual a $\binom{d}{d+1}$

---

[61]Puedes buscarle sentido al significado de la función, pero no es necesario. Solo la utilizaremos como ayuda.

Por lo tanto, podemos concluir que

$$g(d, k) = \binom{d}{k + 1} \text{ si } d > 0$$

Ahora reescribimos $f(d, k)$ mediante una suma telescópica[62].

$$\begin{aligned}
f(d, k) &= f(d, k) - f(d, k - 1) + f(d, k - 1) - f(d, k - 2) + \cdots - f(d, 0) + f(d, 0) \\
&= [f(d, k) - f(d, k - 1)] + [f(d, k - 1) - f(d, k - 2)] + \cdots [f(d, 1) - f(d, 0)] + f(d, 0) \\
&= g(d, k - 1) + g(d, k - 2) + \cdots + g(d, 0) + f(d, 0)
\end{aligned}$$

Sabemos que $f(d, 0) = 0$, por tanto

$$f(d, k) = g(d, k - 1) + g(d, k - 2) + \cdots + g(d, 0)$$

También sabemos, por el análisis anterior, que $g(d, k) = \binom{d}{k+1}$, por tanto

$$f(d, k) = \binom{d}{k} + \binom{d}{k - 1} + \cdots + \binom{d}{1}$$

$$f(d, k) = \sum_{i=1..k} \binom{d}{i}$$

Podemos calcular el coeficiente binomial $\binom{d}{i}$ para todos $i = 1..K$ en $O(K)$, con otra fórmula o coeficiente binomial, $\binom{n}{k} = \frac{n!}{k!(n-k)!}$. Por lo tanto, la complejidad de tiempo para el cálculo de $f(d, k)$ es $O(K)$.

Si utilizamos esta técnica para resolver el rompecabezas de lanzamiento de huevos original, la complejidad de tiempo pasará a ser de $O(K \log N)$, ya que tendremos que ejecutar una búsqueda binaria de la respuesta. Sin embargo, hay que tener en cuenta que la fórmula para $f(d, k)$ crece **exponencialmente**, por tanto, una implementación descuidada de la búsqueda binaria o de $f(d, k)$ podría provocar un desbordamiento o un error en tiempo de ejecución en C/C++ o Java. Como alternativa, podríamos considerar el uso de una búsqueda lineal, es decir, iterar la respuesta, de elemento en elemento, desde 1 hasta encontrar un d que satisfaga $f(d, K) \geq N$, pero tendremos que tener cuidado con los casos límite como $N = 10^9$ y $K = 1$.

Si observamos la fórmula anterior para el cálculo de $f(d, k)$, parece que haya un mapeo uno a uno entre h y una cadena de bits de longitud D, con una población no mayor que K (es decir, el número de bits 1 no es mayor que K). De hecho, la hay. Por ejemplo, `00101` (0 significa que el huevo no se rompe y 1 significa que sí) corresponde a la planta $h = 10$-ésima en un rompecabezas con un edificio de $N = 15$ plantas y $K = 2$ huevos. Los lanzamientos se producen en las plantas $\{5, \underline{9}, \underline{12}, 10, \underline{11}\}$, donde los números subrayados corresponden a aquellas en las que el huevo se rompe. Podría ser interesante analizar la relación con mayor profundidad, pero te lo dejamos como ejercicio.

---

[62]Una suma telescópica es aquella en la que los pares de términos consecutivos se cancelan entre ellos.

9.23 Optimización de programación dinámica

En esta sección, trataremos varias técnicas de optimización de la programación dinámica.

Técnica de la envolvente convexa

La primera técnica de optimización de programación dinámica que veremos es la técnica de la envolvente convexa. A pesar de su nombre, esta técnica no tiene nada que ver con el algoritmo de búsqueda de la envolvente convexa que hemos visto en el ámbito de la geometría computacional (sección 7.3.7). Sin embargo, unas nociones básicas de geometría (no computacional) resultarán útiles.

Consideremos la siguiente fórmula de DP:

$$dp(i) = \min_{j<i}\{dp(j) + g(i) \times h(j)\}$$

El tamaño del estado es $O(N)$, mientras que cada estado necesita $O(N)$ para su cálculo, por tanto, la complejidad global del cálculo ingenuo de esta fórmula de DP es de $O(N^2)$. Veremos cómo calcular esta fórmula de DP más rápido cuando se satisface cierta condición.

Comenzaremos modificando los nombres de las variables para que resulten más familiares. Digamos que $dp(i)$ es y, $g(i)$ es x, $h(j)$ es m_j y $dp(j)$ es c_j.

$$y = \min_{j<i}\{c_j + x \cdot m_j\}$$

Es fácil ver que $y = m \cdot x + c$ es una ecuación de línea. Por tanto, la fórmula de DP (lo que hacemos para calcular $dp(i)$) busca, básicamente, el y mínimo para el x dado, entre un conjunto de ecuaciones lineales $y = m_j \cdot x + c_j$. La parte izquierda de la figura 9.15 muestra un ejemplo de tres líneas (L1, L2, L3). Podemos observar cómo el y mínimo para cualquier x dado de entre estas líneas siempre tendrá una forma convexa (de ahí el nombre de esta técnica).

En este ejemplo, existen tres rangos separados por X1 y X2. El primero es $[-\infty, X1]$, que corresponde a L1, es decir, si x está en este rango, entonces L1 nos dará el y mínimo. El segundo rango es $[X1, X2]$, que corresponde a L2, y el tercero es $[X2, \infty]$, que corresponde a L3. Una vez tenemos estos rangos, se puede realizar la búsqueda del rango al que pertenece un x dado en

$O(\log N)$, mediante una **búsqueda binaria**. Sin embargo, obtener los rangos podría no resultar una tarea sencilla, pues, hecho de forma ingenua, seguirá necesitando un tiempo $O(N)$ para su cálculo. En la siguiente subsección, veremos cómo obtener los rangos (o las líneas importantes), aprovechando cierta condición.

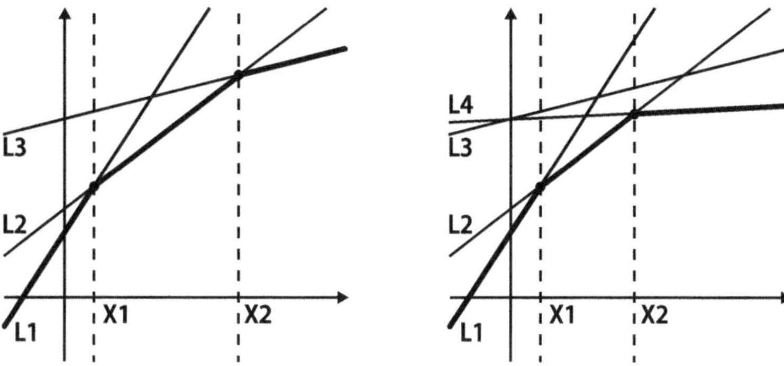

Figura 9.15: La línea más gruesa es la línea convexa que indica el y mínimo para un x dado. L1: $y = \frac{3}{2}x + 3$, L2: $y = \frac{3}{4}x + 4$, L3: $\frac{1}{4}x + 8$, L4: $y = \frac{1}{20}x + 8$.

Optimización: solución en $O(N \log N)$ cuando $h(k) \geq h(k+1)$

En primer lugar, vemos que dp(i) se calculará de uno en uno para $i = 1 \ldots N$. Cada vez que se calcula un dp(i), se añade una línea $y = h(i) \cdot x + dp(i)$ a nuestro conjunto de líneas, que utilizaremos para calcular dp(i) para cualquier i posterior.

Si $h(k) \geq h(k+1)$, entonces podemos mantener los rangos en un $O(1)$ amortizado. Tengamos en cuenta que $h(k) \geq h(k+1)$ implica que las líneas están dadas en <u>orden de gradiente no creciente</u>. En tal caso, podemos actualizar los rangos con una nueva línea, descartando las "líneas no importantes" del **final** de los rangos.

Veamos ahora la parte derecha de la figura 9.15, con una línea L4 adicional. Esta L4 se verifica con L3 (la última línea de los rangos existentes) y se puede determinar que L3 no es importante, lo que significa que L3 no volverá a proporcionar el y mínimo para ningún x. Entonces se comprueba L4 con L2 (la nueva última línea de los rangos existentes) y se determina que, en este ejemplo, L2 sigue siendo importante, por tanto, los nuevos rangos constan de L1, L2 y L4.

¿Cómo podemos comprobar si la última línea de los rangos no es importante? Es fácil. Digamos que LA, LB y LC son la penúltima y última líneas existentes, además de la nueva línea añadida, respectivamente. LB no es importante si el punto de intersección entre B y LC queda a la **izquierda** del punto de intersección entre LA y LB. En realidad, solo necesitamos conocer el componente x del punto de intersección. Al trabajar sobre la ecuación $m_1 \cdot x + c_1 = m_2 \cdot x + c_2$, es decir, ambas líneas se intersecan en un punto (x, y), podemos obtener la ecuación para x, que es $x = \frac{c_2 - c_1}{m_1 - m_2}$.

En total, habrá N líneas que añadir al conjunto de líneas importantes (una por cada i al evaluar dp(i)). Cada vez que añadimos una línea nueva, eliminamos aquellas que ya no son importantes. Sin embargo, cada línea se puede eliminar una vez como mucho, por tanto, el número total de líneas eliminadas no puede ser mayor que el propio número de líneas, que es N. Así, la complejidad total de la evaluación de **todas** las N líneas será de $O(N)$. En consecuencia, este método de mantenimiento de los rangos (conjunto de líneas importantes) tiene una complejidad de tiempo por línea de $O(1)$ amortizado.

El siguiente código muestra una implementación de addLine(m,c). La struct tline contiene a m, c y p. Tanto m como c corresponden a una ecuación de línea $y = m \cdot x + c$, mientras que p es (el componente x de) el punto de intersección entre la línea y la línea anterior del conjunto. Si L es la primera línea, entonces podemos establecer el valor de L.p a $-\infty$ (un número negativo muy grande). Esto también implica que la primera línea nunca será eliminada del conjunto. Además, vemos que lines almacena todas las líneas importantes en orden no creciente de los gradientes.

```cpp
struct tline { int m, c; double p; };
vector <tline> lines;

double getX(int m1, int c1, int m2, int c2) {
  return (double)(c1 - c2)/(m2 - m1);
}

void addLine(int m, int c) {
  double p = -INF;
  while (!lines.empty()) {
    p = getX(m, c, lines.back().m, lines.back().c);
    if (p < lines.back().p-EPS) lines.pop_back();
    else break;
  }
  lines.push_back((tline){m, c, p});
}
```

Para obtener el y mínimo de un x dado, podemos realizar una búsqueda binaria como hemos mencionado antes. El siguiente código[63] muestra una implementación de esa búsqueda binaria.

```cpp
int getBestY(int x) {
  int k = 0;
  int L = 0, R = lines.size() - 1;
  while (L <= R) {
    int mid = (L+R) >> 1;
    if (lines[mid].p <= x+EPS)
      k = mid, L = mid+1;
    else
      R = mid-1;
  }
  return lines[k].m*x + lines[k].b;
}
```

Para la función main, nos basta con operar de forma similar a la siguiente y la complejidad de tiempo global será de $O(N \log N)$.

---

[63]Cuidado porque, en este código, m * x podría provocar un desbordamiento de enteros en algunas situaciones. Deberías ajustar el tipo de datos en consecuencia.

```
int ans = 0;
for (int i = 1; i <= N; ++i) {
  if (i > 1) ans = getBestY(g[i]);
  addLine(h[i], ans);
}
cout << ans << "\n";
```

Optimización: solución en $O(N)$ cuando $h(k) \geq h(k+1)$ y $g(k) \leq g(k+1)$

Si añadimos otra condición por la que $g(k) \leq g(k+1)$, la parte en la que buscamos el y mínimo para un x dado (que hemos realizado mediante búsqueda binaria) se puede ejecutar en $O(1)$ amortizado, aprovechando el rango anterior que nos proporciona el y mínimo. Vemos que si $g(k)$ (el x consultado) es no creciente, entonces el índice del rango que nos proporciona el y mínimo también será no creciente salvo que sea desplazado por una nueva línea.

Podemos mantener un puntero al último rango utilizado y comprobar cuánto podemos moverlo a la derecha cada vez que queramos hallar el y mínimo para un x dado. Como solo podemos mover el puntero un número máximo de veces igual al número total de líneas, la complejidad de tiempo para hallar el y mínimo para **todos** los x es de $O(N)$. Por lo tanto, la complejidad de tiempo para hallar el y mínimo para un x dado, mediante esta técnica, es de $O(1)$ amortizado. El siguiente código[64] muestra la implementación. Sustituimos getBestY(x) con getBestYFaster(x) en la función main y la complejidad de tiempo global se reducirá a $O(N)$.

```
int getBestYFaster(int x) {
  static int k = 0;
  k = min(k, (int)lines.size()-1);
  while (k+1 < (int)lines.size() && lines[k+1].p <= x+EPS ) ++k;
  return lines[k].m*x + lines[k].c;
}
```

Optimización con divide y vencerás

Consideremos la siguiente fórmula de DP:

$$dp(i,j) = \min_{k \leq j}\{dp(i-1,k) + cost(k,j)\}$$

donde $i = 1..N$ y $j = 1..M$. El método ingenuo para calcular **un** estado de $dp(i,j)$ consiste en una iteración sencilla para $k = 1..j$, por tanto, este método tiene una complejidad de tiempo de $O(M)$. Como tenemos que calcular $O(NM)$ estados, la complejidad de tiempo global de la solución será de $O(NM^2)$.

En esta sección, trataremos una técnica (en concreto, divide y vencerás) para acelerar el cálculo de la anterior fórmula de DP cuando se satisface determinada condición.

---

[64]Es importante el atributo static. Alternativamente, se puede declarar la variable k como global.

Optimización: solución en $O(NM \log M)$ cuando $\mathrm{opt}(i,j) \leq \mathrm{opt}(i,j+1)$

Digamos que $\mathrm{opt}(i,j)$ es el índice k que le da a $\mathrm{dp}(i,j)$, en la fórmula de DP anterior, el valor óptimo (o, en este caso, mínimo) o, expresado formalmente

$$\mathrm{opt}(i,j) = \arg\min_{k \leq j}\{\mathrm{dp}(i-1,k) + \mathrm{coste}(k,j)\}$$

Nos centraremos en aquellos problemas que satisfagan la siguiente condición de *monotonía de filas*:

$$\mathrm{opt}(i,j) \leq \mathrm{opt}(i,j+1)$$

Suponiendo que conocemos un $\mathrm{opt}(i,j)$ para unos i y j, con la condición de la monotonía de filas, podemos deducir que todos los $\mathrm{dp}(i,a)$ donde $a < j$ tendrán sus índices k óptimos, es decir, $\mathrm{opt}(i,a)$ no será mayor que $\mathrm{opt}(i,j)$. Igualmente, todos los $\mathrm{dp}(i,b)$ donde $j < b$ tendrán sus índices k óptimos, es decir, $\mathrm{opt}(i,b)$, no será menor que $\mathrm{opt}(i,j)$. De momento, asumiremos que el problema cuenta con esa propiedad.

Sabiendo esto, podemos diseñar un algoritmo de divide y vencerás (ver el Volumen I) que calcule $\mathrm{dp}(i,*)$ de una sola vez o, en otras palabras, la fila i-ésima completa de la tabla de DP. Comenzamos calculando $\mathrm{dp}(i,M/2)$ y obtenemos $\mathrm{opt}(i,M/2)$ con la comprobación para $k = 1..M$, el rango completo. Después, calculamos $\mathrm{dp}(i,M/4)$ y obtenemos $\mathrm{opt}(i,M/4)$ con la comprobación para $k = 1..\mathrm{opt}(i,M/2)$, es decir, sabemos que el k óptimo para $\mathrm{dp}(i,M/4)$ no será mayor que $\mathrm{opt}(i,M/2)$. Igualmente, podemos calcular $\mathrm{dp}(i,3M/4)$ y obtener $\mathrm{opt}(i,3M/4)$ mediante la comprobación de $k = \mathrm{opt}(i,M/2)..N$, es decir, sabemos que el k óptimo para $\mathrm{dp}(i,3M/4)$ no será menor que $\mathrm{opt}(i,M/2)$. Realizamos estos pasos de forma recursiva hasta haber calculado $\mathrm{dp}(i,j)$ para todos los $j = 1..M$.

La siguiente función `divideConquer()` calcula $\mathrm{dp}(i,j)$ para **todos** los $j = 1..M$.

```cpp
void divideConquer(int i, int L, int R, int optL, int optR) {
  if (L > R) return;
  int j = (L+R) >> 1;
  for (int k = optL; k <= optR; ++k) {
    int value = dp[i-1][k] + cost(k, j);
    if (dp[i][j] < value) {
      dp[i][j] = value;
      opt = k;
    }
  }
  divideConquer(i, L, j-1, optL, opt);
  divideConquer(i, j+1, R, opt, optR);
}
```

Las variables L y R corresponden al rango de j que queremos calcular. En otras palabras, $\mathrm{dp}(i,L..R)$. Por cada llamada con un rango [L, R], solo se calcula un j iterativamente, en concreto $j = \frac{L+R}{2}$. Entonces, se divide el rango, [L, R], en dos mitades, [L, $\frac{L+R}{2} - 1$] y [$\frac{L+R}{2} + 1$, R], y se resuelve cada una de ellas de forma recursiva hasta que el nuevo rango ya no es válido. Esto provocará, evidentemente, que la profundidad de la recursión sea de $O(\log M)$, ya que dividimos por la mitad el rango en cada nivel. Por otro lado, el número **total** de iteraciones para k es $O(M)$, para todas las llamadas a la función en el **mismo** nivel de recursión. En consecuencia, esta función tiene una complejidad de $O(M \log M)$. Esto supone una mejora sustancial en relación al método ingenuo, que necesita $O(M^2)$ para calcular $dp(i, j)$ para todos los $j = 1..M$.

Para resolver el problema original (es decir, $dp(N, M)$), solo necesitamos llamar a la función `divideConquer()`, de forma iterativa, para $i = 1..N$. Debemos establecer el rango inicial a $1..M$ tanto para `L..R` como para `optL..optR`. Como estamos utilizando un estilo de DP de abajo a arriba, también tendremos que especificar los casos base al principio. El siguiente código implementa esta idea.

```
1  for (int j = 1; j <= M; ++j)
2    dp[0][j] = baseCase(j);
3  for (int i = 1; i <= N; ++i)
4    divideConquer(i, 1, M, 1, M);
5  ans = dp[N][M];
```

Como hay $O(N)$ iteraciones en el bucle principal, mientras que una llamada a `divideConquer()` necesita $O(M \log M)$, la complejidad global de esta solución es de $O(NM \log M)$.

¿Cuándo $\mathrm{opt}(i, j) \leq \mathrm{opt}(i, j + 1)$?

Es aspecto más complicado de esta técnica de optimización con divide y vencerás se encuentra en determinar si la función de coste, $coste(k, j)$, causa que $\mathrm{opt}(i, j)$, en la fórmula de DP, satisfaga la propiedad de monotonía de filas que hemos mencionado antes.

El $\mathrm{opt}(i, j)$ de la fórmula de DP tiene la condición de monotonía de filas (por tanto, se puede utilizar la optimización con divide y vencerás) si la función de coste satisface la *desigualdad del cuadrángulo*. Una función de coste, $c(k, j)$, satisface dicha desigualdad si, y solo si,

$$coste(a, c) + coste(b, d) \leq coste(a, d) + coste(b, c)$$

para todos $a < b < c < d$. Esta desigualdad del cuadrángulo también está presente en otra técnica de optimización de DP, la optimización de Knuth, que veremos en la siguiente sección.

Ejemplo de una función de coste que satisface la desigualdad del cuadrángulo

Digamos que `A[1..M]` es un *array* de enteros y que $coste(k, j)$, donde $k \leq j$, representa al conteo de inversiones[65] de `A[k..j]`. Dado un entero N, la tarea consiste en dividir `A[1..M]` en N *subarrays* continuos, tales que la suma de los conteos de inversiones de todos los *subarrays* sea mínima. Mostraremos directamente que esta función de coste satisface la desigualdad del cuadrángulo.

Digamos que $f(p, q, r, s)$, donde $p \leq q$ y $r \leq s$ son el número de tuplas $\langle i, j \rangle$ tales que $p \leq i \leq q$, $r \leq j \leq s$, $i < j$ y $A[i] > B[j]$, es decir, el número de inversiones de $\langle i, j \rangle$, donde i se encuentra en el rango de $p..q$ y j en el de $r..s$. Entonces, $coste(p, r) = coste(p, q) + f(p, r, q + 1, r)$ para cualquier q que satisfaga $p \leq q \leq r$. También es relevante que $f(p, q, r, s) = f(p, t - 1, r, s) + f(t, q, r, s)$, para cualquier t que satisfaga $p < t \leq q$.

---

[65]El conteo de inversiones de `A[1..M]` es el número de tuplas $\langle i, j \rangle$ tal que $i < j$ y $A[i] > B[j]$.

Vamos a verificar ahora la propiedad de desigualdad del cuadrángulo de la función de coste. Digamos que $a < b < c < d$ y que

$$coste(a, c) + coste(b, d) \leq coste(a, d) + coste(b, c)$$

Sustituimos $coste(b, d)$ con $coste(b, c) + f(b, d, c + 1, d)$, sabiendo que $b < c < d$. También sustituimos $coste(a, d)$ con $coste(a, c) + f(a, d, c + 1, d)$, sabiendo que $a < c < d$.

$$coste(a, c) + coste(b, c) + f(b, d, c + 1, d) \leq coste(a, c) + f(a, d, c + 1, d) + coste(b, c)$$
$$f(b, d, c + 1, d) \leq f(a, d, c + 1, d)$$

Sustituimos $f(a, d, c + 1, d)$ con $f(a, b - 1, c + 1, d) + f(b, d, c + 1, d)$, sabiendo que $a < b < d$.

$$f(b, d, c + 1, d) \leq f(a, b - 1, c + 1, d) + f(b, d, c + 1, d)$$
$$0 \leq f(a, b - 1, c + 1, d)$$

Como $f(a, b - 1, c + 1, d)$ es la inversión de un número, debería ser no negativo. Si leemos la ecuación hacia atrás[66] veremos que la función de coste satisface la desigualdad del cuadrángulo.

Durante un concurso de programación, en el que el tiempo es oro, normalmente no es necesario demostrar formalmente la propiedad mencionada, pues el código enviado solo se evaluará en base a los casos de prueba. Sin embargo, es posible que le quieras dedicar algo de tiempo a demostrar la propiedad durante las sesiones de práctica, para mejorar tus capacidades intuitivas.

Optimización de Knuth

La técnica de optimización de Knuth para la programación dinámica, es el resultado del trabajo de Donald Knuth [28] sobre el problema del árbol de búsqueda binario óptimo. Más tarde, Yao [47, 48, 2] generalizó esta técnica para otros problemas que implican la desigualdad del cuadrángulo (mecionada habitualmente como desigualdad del cuadrángulo de Knuth–Yao).

Pensemos en la siguiente fórmula de DP:

$$dp(i, j) = \min_{i < k < j} \{dp(i, k) + dp(k, j)\} + coste(i, j)$$

donde $i = 1..N$ y $j = 1..N$. Como se puede ver en la fórmula, el cálculo ingenuo de un estado de $dp(i, j)$ necesita $O(N)$ iteraciones y habrá que calcular $O(N^2)$ estados. Por lo tanto, la complejidad de tiempo global del método ingenuo es de $O(N^3)$. A continuación, veremos cómo acelerar el cálculo de la DP mediante la optimización de Knuth, siempre que se cumpla determinada condición.

Optimización: solución en $O(N^2)$ cuando $opt(i, j - 1) \leq opt(i, j) \leq opt(i + 1, j)$

Al igual que en la función $opt(i, j)$ que hemos visto al tratar la optimización con divide y vencerás, en este caso $opt(i, j)$ también hace referencia al índice k, que le proporciona a $dp(i, j)$ su valor óptimo.

---

[66]Para demostrar directamente algo, partimos de las afirmaciones que son ciertas y mostramos que la conclusión resultante también lo es. En este caso, podemos empezar en la última afirmación de la que tenemos certeza, $0 \leq f(a, b - 1, c + 1, d)$, vamos retrocediendo y concluimos que la desigualdad del cuadrángulo queda satisfecha.

$$\text{opt}(i,j) = \arg\min_{i<k<j}\{\text{dp}(i,k) + \text{dp}(k,j)\}$$

Igualmente, vamos a asumir, de momento, que el problema satisface la siguiente condición de *monotonía*:

$$\text{opt}(i, j - 1) \leq \text{opt}(i, j) \leq \text{opt}(i + 1, j)$$

Si sabemos que $\text{opt}(i, j)$ satisface la condición de monotonía, la aceleración resulta bastante obvia. El siguiente código implementa la optimización para programación dinámica de Knuth:

```
int dpKnuth(int i, int j) {
  if (i == j) return 0;
  if (memo[i][j] != -1) return memo[i][j];
  memo[i][j] = inf;
  for (int k = opt[i][j-1]; k <= opt[i+1][j]; ++i) {
    int tcost = dpKnuth(i, k) + dpKnuth(k, j) + cost(i, j);
    if (tcost < memo[i][j]) {
      memo[i][j] = tcost;
      opt[i][j] = k;
    }
  }
  return memo[i][j];
}
```

Hay que destacar que k solo itera desde opt[i][j-1] hasta opt[i+1][j], al contrario que en el caso normal de i+1 hasta j-1. Siempre que encontremos un resultado mejor, almacenaremos en opt[i][j] el k que produce dicho resultado.

¿Por qué la optimización de Knuth reduce la complejidad de tiempo asintótica?

La optimización de Knuth "solo" poda las iteraciones desde $i \dots j$ a $\text{opt}(i, j - 1) \dots \text{opt}(i + 1, j)$ pero, ¿por qué reduce la complejidad de tiempo asintótica de $O(N^3)$ a $O(N^2)$?

Digamos que S_L es el número de iteraciones para calcular **todos** los $\text{dp}(i, j)$ **donde** $j - i = L$. En otras palabras, L es la "longitud" de $\text{dp}(i, j)$. En la figura 9.16, podemos ver que todos los $\text{dp}(i, j)$ que tienen la misma longitud residen en la misma diagonal.

Vamos a ver ahora qué le ha sucedido a S_L.

$$S_L = \sum_{i=0 \dots N-L-1} \text{opt}(i + 1, i + L + 1) - \text{opt}(i, i + L) + 1$$

Eliminamos la constante.

$$S_L = N - L + \sum_{i=0 \dots N-L-1} \text{opt}(i + 1, i + L + 1) - \text{opt}(i, i + L)$$

Este sumatorio tiene la forma de $(b - a) + (c - b) + (d - c) + \cdots + (z - y)$, reducible a $(z - a)$.

$$S_L = N - L + \text{opt}(N - L, N - 1) - \text{opt}(0, L)$$

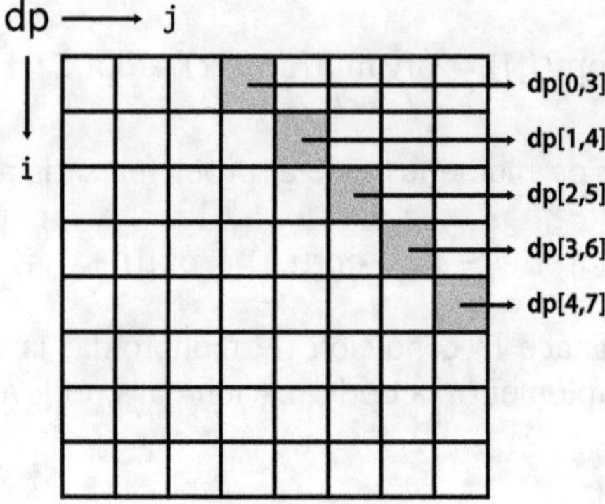

Figura 9.16: Las casillas sombreadas tiene la misma longitud que $j - i = 3$.

Recordemos que opt(i, j) es el índice k que le proporciona a dp(i, j) su valor óptimo, por tanto, opt(i, j) variará entre 0 y $N - 1$. En consecuencia, la diferencia entre dos opt() no será mayor que N. Además, vemos que L viene de $j - i$, por tanto, está limitada por N.

$$S_L \leq N - L + N$$
$$S_L = O(N)$$

Así, el cálculo de dp(i, j) para todos los i y j, tales que $j - i = L$, implica una complejidad de tiempo de $O(N)$. Como solo hay $O(N)$ diferentes L, la complejidad de tiempo global para calcular dp(i, j) para **todos** los i y j es $O(N^2)$.

¿Cuándo opt$(i, j - 1) \leq$ opt$(i, j) \leq$ opt$(i + 1, j)$?

Se puede utilizar la optimización de Knuth si la función de coste, $coste(i, j)$, provoca que, en la fórmula de DP, opt(i, j) satisfaga la propiedad de monotonía. Para que opt(i, j) tenga una propiedad de monotonía, basta con que $coste(i, j)$ satisfaga la **desigualdad del cuadrángulo**, es decir,

$$coste(a, c) + coste(b, d) \leq coste(a, d) + coste(b, c)$$

para todos $a < b < c < d$. Esta condición también es conocida como la desigualdad del cuadrángulo de Knuth–Yao [2].

Ejercicios de programación

Ejercicios de programación relacionados con la optimización de DP:

1. **UVa 10003 - Cutting Sticks** *
2. **UVa 10304 - Optimal Binary ...** * DP clásico, necesita suma de rango unidimensional y aceleración de Knuth–Yao para obtener una solución en $O(n^2)$
3. *Kattis - coveredwalkway* *
4. *Kattis - money* *

9.24 Algoritmo de empujar–reetiquetar

Empujar–reetiquetar es un algoritmo de flujo máximo *alternativo* que presentamos como complemento a los basados en el de Ford–Fulkerson, es decir, el algoritmo de Edmonds–Karp en $O(VE^2)$ (sección 8.4.3) o el algoritmo de Dinic en $O(V^2E)$ (sección 8.4.4). Recordemos que los algoritmos para flujo máximo basados en el de Ford–Fulkerson funcionan enviando flujos *legales* iterativamente a través de aumentos de camino que conectan el vértice origen s con el vértice desagüe t, hasta que los aumentos de camino se agotan.

El algoritmo de empujar–reetiquetar, inventado por Goldberg y Tarjan [20] es un algoritmo para flujo máximo de aplicación directa, que no sigue la idea de los anteriores. En su lugar, el algoritmo de empujar–reetiquetar:

1. Empuja inicialmente todo el flujo que le resulta posible desde el vértice s. Ese flujo marca el límite superior del valor del flujo máximo que puede asumir el grafo de flujo dado, pero que podría no ser realista (es decir, posiblemente no sea "legal"), por lo que lo denominaremos 'preflujo'.

2. Mientras exista un vértice con flujo desequilibrado, es decir, flujo de entrada > flujo de salida:

   a) Calcularemos el exceso de flujo en ese vértice (flujo de entrada − flujo de salida).

   b) Empujaremos algo de ese exceso a una arista del grafo residual R. El posible flujo que no forme parte del flujo máximo final volverá a s.

En todo momento, durante la ejecución del algoritmo de empujar–reetiquetar, se mantendrá la invariante de que no existirá un camino $s \rightarrow t$ en R. Por lo tanto, este algoritmo comenzará operando sobre flujos posiblemente ilegales y, de forma iterativa, los convertirá en legales. Tan pronto como los flujos sean legales (no queden más vértices con flujo desequilibrado), obtendremos el flujo máximo.

Definiciones

Preflujo: flujo $f(u, v) \geq 0$ asignado a cada arista $(u, v) \in E$ tal que:

1. $\forall (u, v) \in E, f(u, v) \leq c(u, v)$. Esto es, los límites de capacidad siempre quedan satisfechos.

2. $\forall u \in V - t, \sum_z f(z, u) \geq \sum_w f(u, w)$. Esto es, el flujo de entrada es $\geq$ el flujo de salida. Esta limitación $\geq$ es diferente a la limitación $=$ de un flujo legal.

exceso(u) $= \sum_z f(z, u) - \sum_w f(u, w)$, abreviado[67] como $x(u)$.

altura(u) o $h(u)$ para cada vértice $u \in V$.

Si $\forall u \in V - \{s, t\}$, tenemos que $x(u) = 0$, decimos que el preflujo es válido y ese es nuestro objetivo: empujar flujo (que llega, inicialmente, desde el vértice de origen s) hasta que todos los $x(u) = 0$. Con el fin de evitar la situación cíclica, no deseada, de que dos (o más) vértices

---

[67]El valor de exceso del vértice u se indica como $e(u)$ en otros libros/referencias pero, en nuestra opinión, e y E son demasiado similares, por lo que lo expresaremos como $x(u)$.

empujen el flujo en ciclos, empujar–reetiquetar añade una regla adicional, para que solo se puede empujar flujo desde un vértice superior a otro inferior (es decir, si $h(u) > h(v)$, entonces u puede empujar exceso de flujo hacia v si fuese necesario).

Algoritmo de empujar–reetiquetar básico

Un algoritmo de empujar–reetiquetar básico recibe la misma entrada que cualquier otro de los algoritmos para flujo máximo que vimos en la sección 8.4, en concreto: un grafo de flujo $G = (V, E)$, con n vértices y m aristas con capacidades c asociadas a cada arista, además de dos vértices especiales: s y t. El algoritmo de empujar–reetiquetar básico ejecuta, entonces, el siguiente pseudocódigo:

1. $\forall u \in V, h(u) = 0$ // las alturas empiezan en 0

2. $h(s) = n$ // salvo que s comience en una posición alta, en $n = |V|$

3. $\forall u \in V: (s, u) \in E$, entonces $f(s, u) = c(s, u)$ // el preflujo empujado desde s

4. mientras f no sea viable   // es decir, $\exists u$ tal que $x(u) > 0$

5.   sea $r(u, v) = c(u, v) - f(u, v) + f(v, u)$ // el grafo residual R

6.   si $\exists u \in V - \{s, t\}$ y $v \in V$ donde $x(u) > 0$ y $r(u, v) > 0$ y $h(u) > h(v)$, entonces
        // si u tiene exceso, (u, v) capacidad sobrante y u es más alto que v (puede empujar)

7. $b = \text{mín}(x(u), r(u, v))$ // la capacidad del cuello de botella

8. $f(u, v) = f(u, v) + b$ // empujar b unidades de flujo desde u hacia v

9.   si no, elegir $v: x(v) > 0$ // elegir cualquier vértice v con exceso

10. $h(v) = h(v) + 1$ // elevar la altura de v en 1 para facilitar empujes futuros

Como su propio nombre implica, el algoritmo de empujar–reetiquetar realiza dos operaciones nucleares: **empujar** y **reetiquetar**. La operación de empujar se produce en las líneas 7 y 8. Existen dos situaciones posibles en la línea 7:

1. $b = r(u, v)$, por lo que la arista (u, v) del grafo residual R alcanza su capacidad después de este **empuje de saturación**. Después de un empuje de saturación, el vértice u todavía podría tener exceso de flujo (por lo que seguiría desequilibrado).

2. $b < r(u, v)$ pero $b = x(u)$, es decir, todo el exceso de flujo del vértice u se empuja por este **empuje sin saturación** y el vértice u queda equilibrado (el vértice v se desequilibra salvo que $v = t$).

Las líneas 9 y 10 realizan las operaciones de reetiquetado[68], donde el algoritmo de empujar–reetiquetar no puede ejecutar ninguna operación de empuje (en las líneas 7 y 8). Por tanto, el algoritmo toma cualquier vértice con exceso de flujo y aumenta su altura en 1 para facilitar las operaciones futuras.

---

[68]El término 'reetiquetado' aplicado a esta operación de incremento de la altura de un vértice se mantiene por razones históricas.

Ejecución de ejemplo del algoritmo de empujar–reetiquetar básico

Resulta más sencillo explicar este algoritmo de empujar–reetiquetar básico mediante un ejemplo. Supongamos que tenemos el grafo de flujo inicial que se muestra en la parte izquierda de la figura 9.17 (con $n = 5$ vértices y $m = 7$ aristas dirigidas y con sus capacidades iniciales), entonces, después de ejecutar las líneas 1 y 2 del pseudocódigo, la altura de todos los vértices, con la excepción de $h(s) = n = 5$, será de 0. Después, en la parte derecha de la figura 9.17, ejecutamos la línea 3 del pseudocódigo, el *preempuje* desde $s = 0$ hasta los vértices 1 y 2, haciendo que ambos tengan exceso de flujo (quedan desequilibrados).

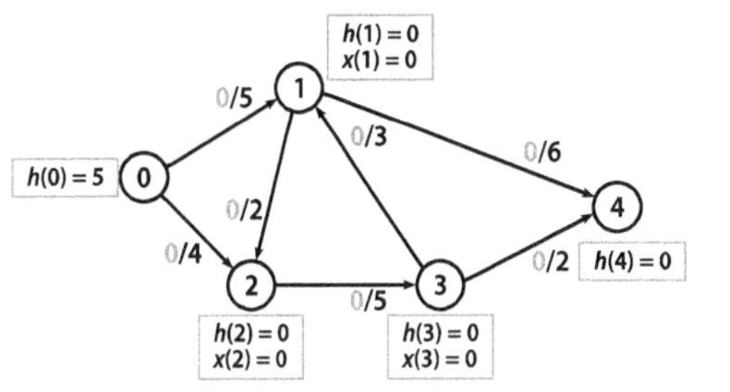

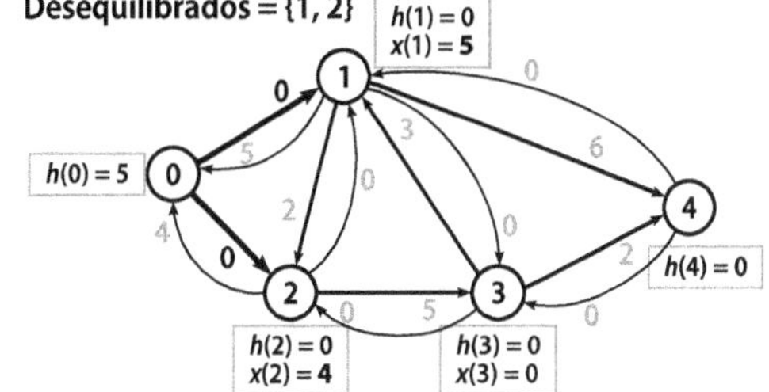

Figura 9.17: I: el grafo de flujo inicial – D: empuje de preflujo desde s

En la parte izquierda de la figura 9.18, tenemos dos vértices desequilibrados. Podemos mantener un registro de estos vértices utilizando una cola[69], por ejemplo `Desequilibrados = {1, 2}`. Extraemos el primer vértice 1 y comprobamos si podemos empujar flujo desde el mismo. Sin embargo, el vértice 1 no puede empujar el exceso de flujo hacia el vértice 2, hacia el vértice desagüe $t = 4$ ni devolverlo al vértice de origen $s = 0$, ya que $h(1) = 0$, es decir, tiene la misma altura que sus tres vecinos. No nos queda más remedio que incrementar la altura del vértice 1 en una unidad y reintroducirlo al *final*[70] de la cola. En la parte derecha de la figura 9.18, nos encontramos con una situación similar para el vértice 2.

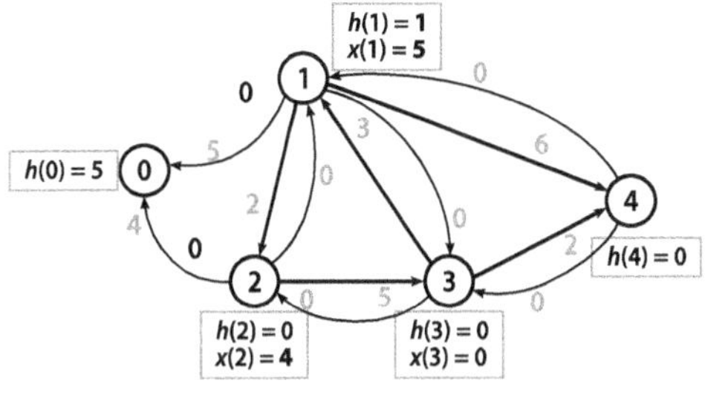

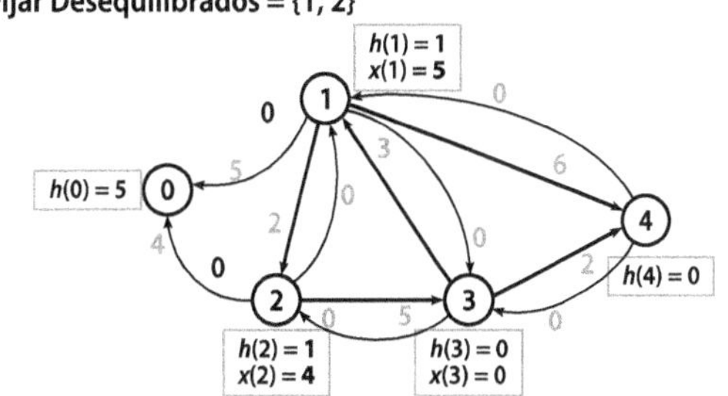

Figura 9.18: I: reetiquetado del vértice 1 – D: reetiquetado del vértice 2

En la parte izquierda de la figura 9.19, tenemos que `Desequilibrados = {1, 2}` y volvemos a procesar el vértice 1. En este momento, podemos empujar **todo** el $x(1) = 5$ hacia el vértice

---

[69]Existen varias formas de hacerlo, también podríamos emplear, por ejemplo, una pila.

[70]Existe una variante *mejor* del algoritmo de empujar–reetiquetar que no necesita realizar esta operación.

de desagüe $t = 4$, ya que la capacidad de la arista $(1, 4) = 6$ es mayor que $x(1) = 5$ y $h(1) = 1$ es más alto que $h(4) = 0$. Esta operación se denomina empuje **sin saturación** y hace que el vértice 1 vuelva a estar equilibrado. En la parte derecha de la figura 9.19, solo nos queda Desequilibrados = {2} y volvemos a procesar el vértice 2. En este momento, podemos empujar **todo** el $x(2) = 4$ al vértice vecino 3, ya que la capacidad de la arista $(2, 3) = 5$ es mayor que $x(2) = 4$ y $h(2) = 1$ es más alto que $h(3) = 0$. Estamos ante otro caso de empuje **sin saturación**. Pero como el vértice 3 *no es* un vértice desagüe t, queda desequilibrado, es decir, $x(3) = 4$.

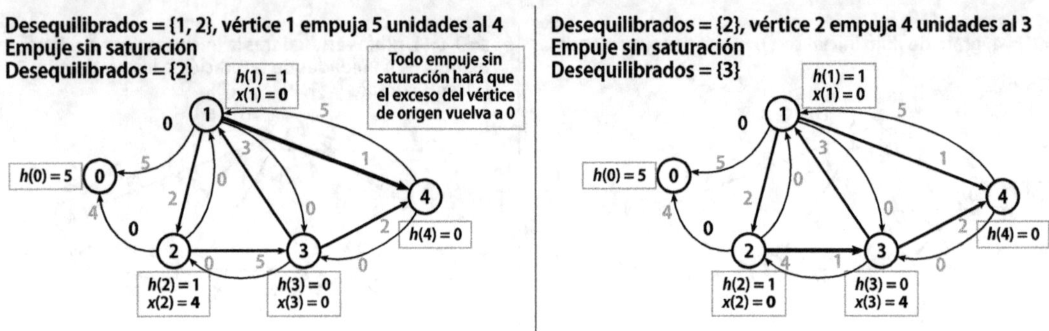

Figura 9.19: I: empuje sin saturación $1 \to 4$ – D: empuje sin saturación $2 \to 3$

En la parte izquierda de la figura 9.20, tenemos que reetiquetar el único vértice desequilibrado 3, de forma que $h(3) = 1$. En la parte derecha de la figura 9.20, seguimos procesando este vértice desequilibrado 3. En esta ocasión, podemos empujar **parte** de $x(3) = 4$ a su vértice de desagüe vecino $t = 4$, pues $h(3) = 1$ es mayor que $h(4) = 0$. Sin embargo, como la capacidad de la arista $(3, 4) = 2$ es menor que $x(3) = 4$, solo podremos enviar $b = 2$ unidades de exceso de flujo hasta el vértice 4. Esta operación se denomina empuje de **saturación**. Es muy raro que un empuje de saturación haga que se equilibre el exceso del vértice de origen. En este momento, el vértice 3 sigue conservando exceso de flujo, pero reducido a $x(3) = 2$.

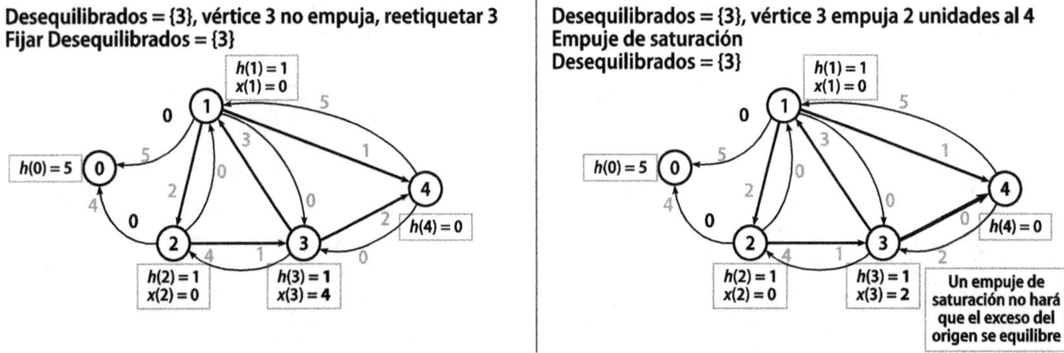

Figura 9.20: I: reetiquetado del vértice 3 – D: empuje de saturación $3 \to 4$

En la parte izquierda de la figura 9.21, tendremos que *volver* a reetiquetar el único vértice desequilibrado 3 de forma que $h(3) = 2$. En la parte derecha de la figura 9.21 podemos realizar otro empuje sin saturación $3 \to 1$. Esto equilibra el vértice 3 pero vuelve a desequilibrar el 1.

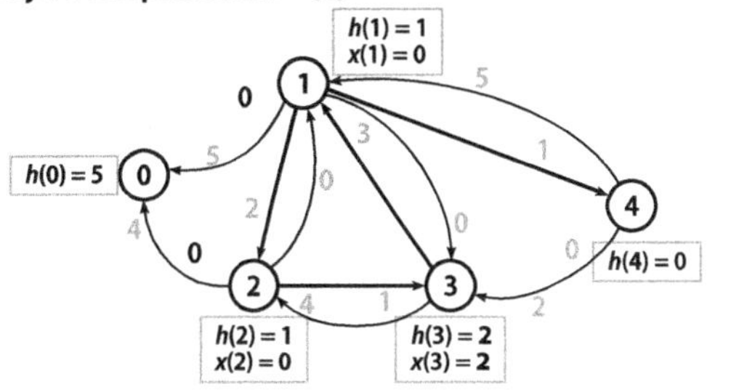

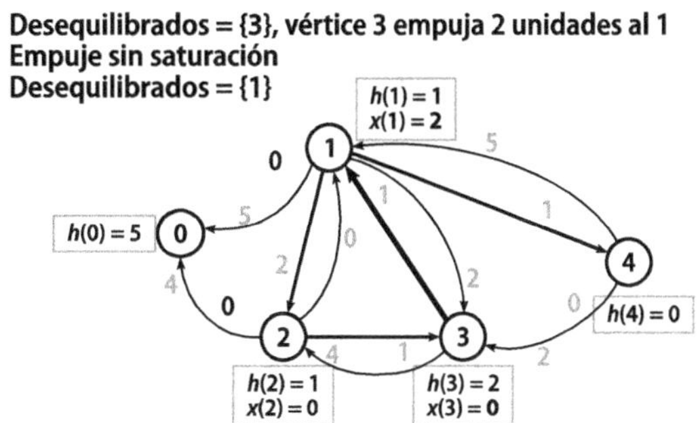

Figura 9.21: I: reetiquetado del vértice 3 – D: empuje sin saturación $3 \to 1$

En la parte izquierda de la figura 9.22 podemos enviar un empuje de saturación desde el vértice 1 hasta el vértice desagüe $t = 4$, que reduce el exceso de $x(1) = 1$. En la parte derecha de la figura 9.22, destacamos una situación experimentada por este algoritmo de empuje–reetiquetado básico en el que empujará continuamente la última unidad de exceso en el ciclo $1 \to 2 \to 3$, reetiquetando los 3 vértices gradualmente[71] hasta que una de ellas tenga más altura que el vértice de origen (que tiene $h(0) = 5$) y, entonces, devolverá la unidad no utilizada al vértice de origen $s = 0$.

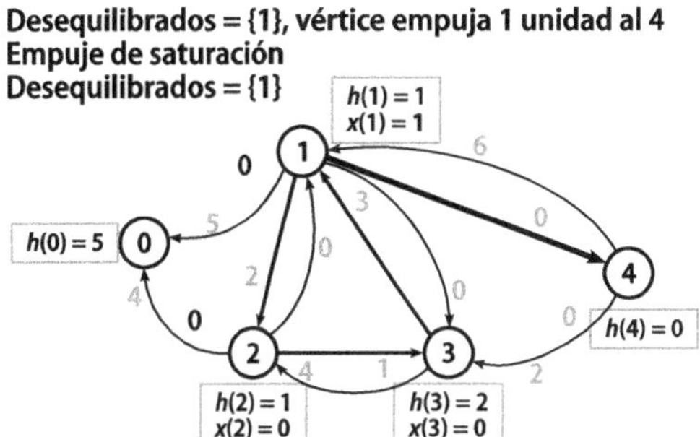

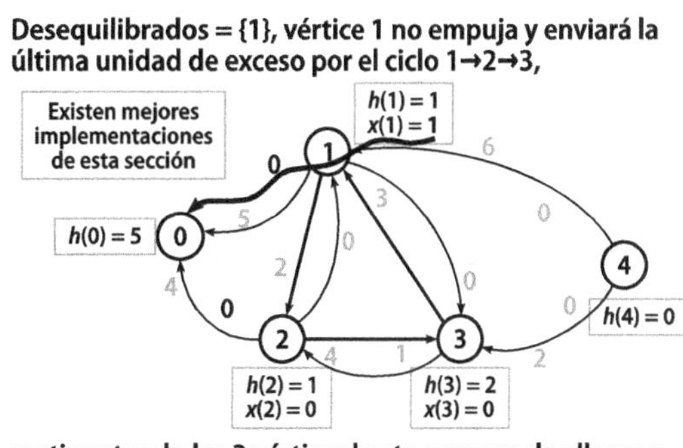

Figura 9.22: I: empuje de saturación $1 \to 4$ – D: devuelve una unidad de exceso a s

Complejidad de tiempo del algoritmo de empuje–reetiquetado básico

El análisis de este algoritmo de empuje–reetiquetado básico tiene sus complicaciones. A efectos de la programación competitiva, diremos que el número máximo de reetiquetados, empujes de saturación y empujes sin saturación, sin ninguna optimización ingeniosa, están limitados por $O(V^2 E)$. Por tanto, la complejidad de tiempo del algoritmo de empuje–reetiquetado básico es de $O(V^2 E)$, al mismo nivel que el método más rápido basado en Ford–Fulkerson que habíamos visto en la sección 8.4: el algoritmo de Dinic.

---

[71]Resulta evidente que esta no es la mejor forma de implementar el algoritmo y existen diversas variantes diseñadas para mejorar este aspecto.

Lo cierto es que empujar–reetiquetar se puede implementar de forma que se ejecute con una complejidad de tiempo más ajustada de $O(V^3)$, utilizando la estrategia de 'reetiquetar hasta el principio' y un reetiquetado más inteligente que no incremente siempre la altura de un vértice en una unidad. Esta complejidad de tiempo de $O(V^3)$ es mejor que la de $O(V^2E)$ del algoritmo de Dinic en un grafo de flujo *denso*, donde $E = O(V^2)$. Sin embargo, por otro lado, empujar–reetiquetar procesa los flujos de diferente manera a como lo hacen los algoritmos para flujo máximo basados en Ford–Fulkerson y, en consecuencia, no puede aprovechar la situación de que el problema de flujo máximo tenga un valor de flujo máximo *pequeño*, de f^* (ver el **ejercicio 8.4.6.1**).

Comentarios: todos los problemas de flujo máximo que hemos visto en este libro se pueden resolver con el algoritmo de Dinic en $O(V^2E)$ que tratamos en la sección 8.4, ya que la mayoría de los grafos de flujo no responden al peor caso. Por ello, el algoritmo más rápido de empujar–reetiquetar solo tiene un interés teórico.

Ejercicio 9.24.1*

Hemos omitido los detalles de la implementación del algoritmo de empujar–reetiquetar básico y solo hemos mencionado someramente la estrategia de 'reetiquetar hasta el principio'. Estudia las diferentes implementaciones de esta variante del algoritmo de empujar–reetiquetar y trata de resolver el problema Kattis - conveyorbelts (necesita un grafo de flujo grande), con el mejor tiempo de ejecución que sea posible.

Perfiles de los inventores de algoritmos

Andrew Vladislav Goldberg (nacido en 1960) es un científico de la computación estadounidense, conocido por su trabajo sobre el problema del flujo máximo, especialmente como coinventor del algoritmo para flujo máximo de empujar–reetiquetar, junto a Robert Endre Tarjan.

9.25 Flujo (máximo) de coste mínimo

Enunciado del problema

El problema del flujo de coste mínimo consiste en encontrar el camino *más barato* posible para enviar una cierta cantidad de flujo (no necesariamente la máxima) en una red de flujo. En este problema, cada arista tiene dos atributos: la capacidad de flujo y el *coste unitario* de envío de una unidad de flujo por ella. Algunos autores de problemas deciden simplificarlo, estableciendo que la capacidad de las aristas sea una constante entera, y solo varían su coste.

La parte izquierda de la figura 9.23, muestra una instancia (modificada) del problema UVa 10594. Aquí, cada arista tiene una capacidad uniforme de 10 unidades, y el coste de una unidad aparece en la etiqueta de la arista. Queremos enviar 20 unidades de flujo desde A hasta D (el

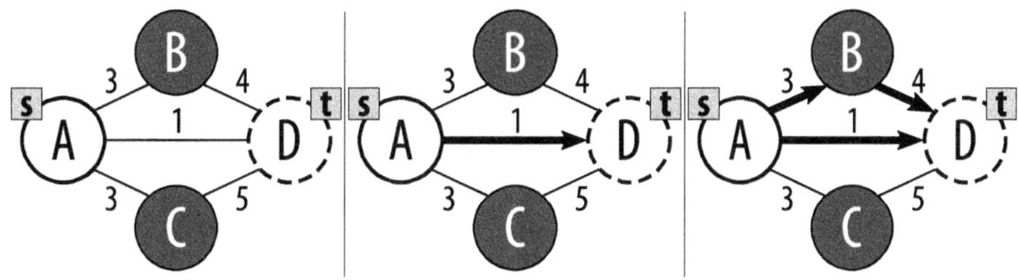

Figura 9.23: Ejemplo del problema de flujo máximo de coste mínimo (MCMF) (UVa 10594 [36])

flujo máximo de este grafo de flujo es de 30 unidades), lo que se puede satisfacer por cualquiera de las tres siguientes formas, aunque con costes totales diferentes:

1. Enviando 10 unidades $A \rightarrow D$, con un coste $1 \times 10 = 10$ (parte central de la figura 9.23), y otras 10 unidades $A \rightarrow B \rightarrow D$, con un coste $(3 + 4) \times 10 = 70$ (derecha de la figura 9.23). El coste total es de $10 + 70 = 80$, que es el mínimo en comparación a las siguientes dos variantes.

2. Enviando 10 unidades $A \rightarrow D$, con un coste 10, más otras 10 unidades $A \rightarrow C \rightarrow D$, con un coste $(3 + 5) \times 10 = 80$. El coste total es $10 + 80 = 90$.

3. $A \rightarrow B \rightarrow D$, con coste 70 (derecha de la figura 9.23), más otras 10 unidades $A \rightarrow C \rightarrow D$, con coste 80. El coste total es $70 + 80 = 150$.

Soluciones

El flujo (máximo) de coste mínimo, o MCMF, se puede resolver sustituyendo la BFS en $O(E)$ (para encontrar el aumento de camino más corto, en términos de número de saltos) del algoritmo de Edmonds–Karp/Dinic por el algoritmo de Bellman–Ford–Moore en $O(kE)$ (para encontrar el aumento de camino más corto/barato, en términos de *coste de camino*). Necesitamos un algoritmo de búsqueda del camino más corto que pueda procesar aristas de peso negativo, ya que *podrían aparecer* durante la cancelación de ciertos flujos en una arista atrás (pues tendremos que *restar* el coste tomado por este aumento de camino, al implicar la cancelación de flujo el hecho de que ya no queremos usar esa arista). En la figura 9.24 hay un ejemplo de arista de peso negativo.

La necesidad de un algoritmo de camino más corto, más lento pero también más generalista, como Bellman–Ford–Moore, ralentiza la implementación del MCMF al entorno de $O(V^2E^2)$, pero esto debería quedar compensado por el autor del problema que, en la mayoría de los casos, utilizará un grafo de entrada con límites pequeños.

C++	ch9/mcmf.cpp
Java	ch9/mcmf.java
Python	ch9/mcmf.py

MCBM ponderado

En la figura 9.24 mostramos un caso de prueba del problema UVa 10746 - Crime Wave - The Sequel. Se trata de un problema de MCBM en un grafo bipartito completo $K_{n,m}$. Podemos reducir este problema a uno de MCMF de la siguiente manera: añadimos aristas desde el origen s hacia los vértices del lado izquierdo, con capacidad 1 y coste 0. También añadimos aristas desde los vértices del lado derecho, hasta el desagüe t, igualmente con capacidad 1 y coste 0. Las aristas dirigidas del lado izquierdo al derecho tienen capacidad 1 y coste de acuerdo al enunciado del problema. Una vez hemos obtenido este grafo de flujo ponderado, podemos ejecutar cualquier algoritmo de MCMF para lograr la respuesta buscada: flujo $1 = 0 \rightarrow 2 \rightarrow 4 \rightarrow 8$ con coste 5, flujo $2 = 0 \rightarrow 1 \rightarrow 4 \rightarrow 2$ (cancelar flujo 2-4) $\rightarrow 6 \rightarrow 8$ con coste 15 y flujo $3 = 0 \rightarrow 3 \rightarrow 5 \rightarrow 8$ con coste 20. El coste mínimo total es de $5 + (10 - 5 + 10) + 20 = 40$.

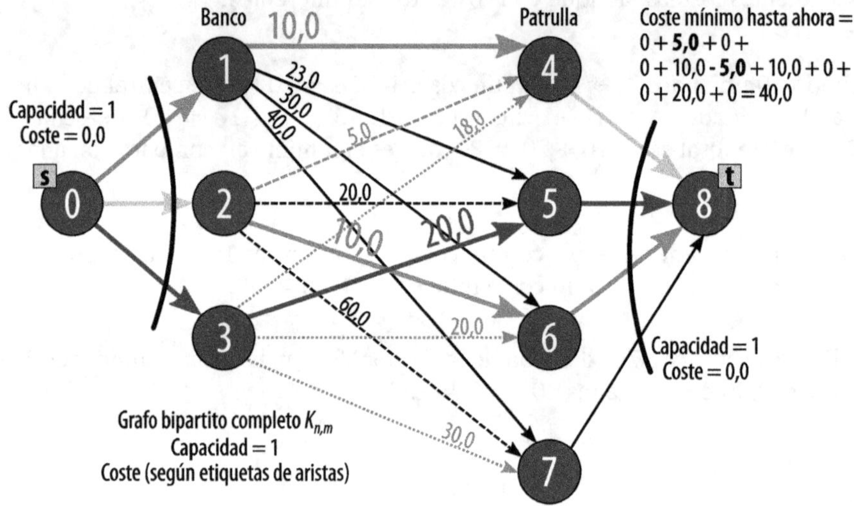

Figura 9.24: Caso de ejemplo de UVa 10746: 3 emparejamientos con coste mínimo = 40

Sin embargo, también podemos utilizar el algoritmo de Kuhn–Munkres, más especializado y más rápido ($O(V^3)$), para resolver este problema de MCBM ponderado (ver la sección 9.27).

Ejercicios de programación

Ejercicios de programación relativos al flujo (máximo) de coste mínimo

1. Nivel básico: **UVa 10594 - Data Flow** *   problema básico de flujo máximo de coste mínimo
2. **UVa 10806 - Dijkstra, Dijkstra** *   enviar dos flujos arista–disjuntos con coste mínimo
3. **UVa 11301 - Great Wall of China** *   modelado, capacidad de los vértices, MCMF
4. **UVa 12821 - Double Shortest Paths** *   similar a UVa 10806
5. *Kattis - catering* *   LA 7152 - WorldFinals Marrakech15, modelado MCMF
6. *Kattis - mincostmaxflow* *   problema MCMF muy básico, bueno para empezar
7. *Kattis - ragingriver* *   MCMF, capacidad de unidad y coste de unidad

    Adicionales Kattis: *tourist, jobpostings*.

    Otros: ver también el algoritmo de Kuhn–Munkres (húngaro, sección 9.27).

9.26 Algoritmo de Hopcroft–Karp

En la sección 8.5.3, mencionamos el algoritmo de Hopcroft Karp [23] como otro algoritmo utilizado para resolver el problema del emparejamiento bipartito de cardinalidad máxima no ponderado (MCBM), que complementa a las soluciones basadas en el flujo máximo (más largas de programar) y el aumento de camino (que es el método preferido), tratados en la sección sobre grafos especiales del Volumen I.

Peor caso en un grafo bipartito

En nuestra opinión, la razón principal para utilizar el algoritmo de Hopcroft–Karp, de código más largo, para resolver el MCBM no ponderado, frente al más corto y sencillo de aumento de camino (aplicación directa del lema de Berge), es la mejor complejidad de tiempo *teórica* en el peor caso. El algoritmo de Hopcroft–Karp tiene una complejidad de $O(\sqrt{V}E)$, que es (mucho) más rápida que la de $O(VE)$ del aumento de camino, en grafos bipartitos (y densos) de tamaño medio ($V \approx 1500$).

Un ejemplo extremo es un grafo bipartito completo $K_{n,m}$, con $V = n + m$ y $E = n \times m$. En un grafo así, el peor caso del algoritmo del aumento de camino tiene una complejidad de tiempo de $O((n + m) \times n \times m)$. Si $m = n$, tendremos una solución en $O(n^3)$, que solo sirve para $n \leq 250$.

Parecidos con el algoritmo de Dinic

El principal problema con el algoritmo del aumento de camino en $O(VE)$, es que podríamos explorar primero los aumentos de camino más largos (lo que es, en esencia, una 'DFS modificada'). No resulta eficiente. Al explorar primero los aumentos de camino *más cortos*, Hopcroft y Karp demostraron que su algoritmo solo necesitaría $O(\sqrt{V})$ iteraciones [23]. En cada una de ellas, el algoritmo de Hopcroft–Karp ejecuta una BFS en $O(E)$, desde todos los vértices libres del conjunto izquierdo, y encuentra caminos de aumento de longitud creciente (comenzando desde la longitud 1: una arista libre, longitud 3: una arista libre, una arista emparejada y otra arista libre, longitud 5, 7, etc.). Después, realiza otra DFS en $O(E)$, para aumentar esos aumentos de camino (Hopcroft–Karp puede aumentar *más de un emparejamiento* en cada iteración). Por lo tanto, la complejidad de tiempo global es de $O(\sqrt{V}E)$.

Aquellos que estén familiarizados con el algoritmo de flujo máximo de Dinic (ver la sección 8.4.4) notarán que ejecutar dicho algoritmo sobre un grafo de flujo bipartito es, en esencia, lo mismo que aplicar este algoritmo de Hopcroft–Karp, incluso con la misma complejidad de tiempo de $O(\sqrt{V}E)$.

En el ejemplo extremo del grafo bipartito completo $K_{n,m}$, visto antes, el algoritmo de Hopcroft–Karp tiene una complejidad de tiempo, en el peor de los casos, de $O(\sqrt{(n + m)} \times n \times m)$. Si $m = n$, tendremos una solución en $O(n^{\frac{5}{2}})$, que será válida para $n \leq 1500$. Por lo tanto, si el autor del problema no ha sido lo suficientemente 'amable' y ha establecido $n \approx 1500$ y un grafo bipartito relativamente denso, en un problema de MCBM no ponderado, utilizar Hopcroft–Karp (o Dinic) resulta *teóricamente* más seguro que el algoritmo estándar de aumentos de camino.

Comparación con el algoritmo++ de aumento de camino

Sin embargo, si hemos realizado un procesamiento previo voraz aleatorizado antes de ejecutar el algoritmo de aumento de camino normal (lo que hemos denominado como algoritmo++ de aumento de camino en la sección 8.5.3), solo habrá hasta k llamadas subsiguientes al algoritmo de aumento de camino normal (donde k es significativamente menor que V, demostrado empíricamente que no es mayor que $\sqrt{V}$, y resulta muy difícil crear un grafo bipartito a medida tal que el procesamiento previo voraz aleatorizado no resulte muy eficaz, ver el **ejercicio 8.5.3.2***) para obtener la respuesta final, incluso si la entrada es un grafo bipartito grande y relativamente denso. Esto implica que no será necesario incluir el algoritmo de Hopcroft–Karp en el material escrito (25 páginas) de los equipos del ICPC.

9.27 Algoritmo de Kuhn–Munkres

En la sección 8.5.4, hemos visto que los problemas de concursos de programación que implican emparejamiento bipartito de cardinalidad máxima (MCBM) ponderado, sobre grafos bipartitos de tamaño medio[72], son muy poco habituales (aunque no tanto como los problemas de MCM en grafos *no bipartitos* de tamaño medio de la sección 9.28). Pero cuando nos encontramos con uno de estos problemas, suele ser uno de los más difíciles del concurso, sobre todo si el equipo no ha incluido en su material escrito para el ICPC (esta variante de emparejamiento de grafos no se encuentra incluida en el temario de la IOI [16]) la implementación del algoritmo de Kuhn–Munkres (o húngaro[73], ver el artículo original [29, 33]) o un algoritmo para flujo máximo de coste mínimo (MCMF), que también pueda resolverlos (ver la sección 9.25).

Para entender el algoritmo de Kuhn–Munkres, es necesario conocer el lema de Berge, que vimos por primera vez en el Volumen I y volvimos a mencionar en la sección 8.5.3: un emparejamiento M en un grafo G es máximo si, y solo si, no quedan más aumentos de camino en G. Hasta ahora, hemos aplicado este lema a grafos bipartitos *no ponderados* en nuestra implementación del algoritmo de aumento de camino (una modificación sencilla de la DFS), pero ese lema también se puede utilizar con grafos bipartitos *ponderados* (el algoritmo de Kuhn–Munkres se aprovecha de ello).

Procesamiento previo de la entrada y subgrafo de igualdad

El algoritmo de Kuhn–Munkres se puede explicar como un algoritmo de grafos[74]: dado un grafo bipartito ponderado $G(X, Y, E)$, donde X/Y son los vértices a la izquierda/derecha del conjunto, respectivamente, hallar el emparejamiento bipartito *ponderado máximo*[75] y *perfecto*. Por tanto, si la entrada consiste en un grafo bipartito ponderado *incompleto* (ver la parte izquierda de la figura 9.25), añadiremos los vértices (si $|X| \neq |Y|$) y/o aristas faltantes con valores negativos muy grandes (si $|E| < |X| \times |Y|$, en la parte central de la figura 9.25 vemos 3 aristas añadidas:

---

[72]El problema del MCBM ponderado sobre grafos bipartitos *pequeños* ($V \leq 20$) se pueden resolver mediante DP con máscara de bits.

[73]Harold William Kuhn y James Raymond Munkres dieron nombre a un algoritmo basado en el trabajo de otros dos matemáticos *húngaros*: Dénes Kőnig y Jenő Egerváry.

[74]O un algoritmo basado en matrices para resolver un problema de asignación.

[75]Es fácil modificarlo para hallar el emparejamiento bipartito ponderado mínimo perfecto mediante la negación de los pesos de todas las aristas.

$(0, 3)$, $(1, 5)$ y $(2, 4)$ con un valor 'inútil' de -1), lo que nos proporcionará un grafo bipartito completo $K_{|X|,|Y|}$, con la garantía de que cuenta con un emparejamiento bipartito perfecto. Todas las aristas son dirigidas de X a Y.

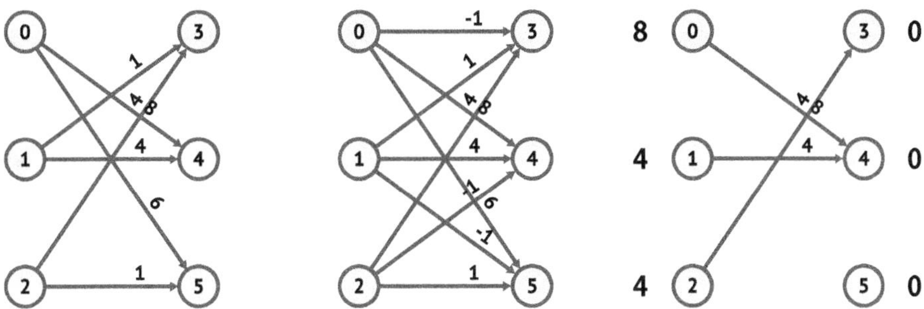

Figura 9.25: I: grafo inicial – C: grafo bipartito ponderado completo – D: subgrafo de igualdad

En vez de hallar "directamente" un emparejamiento perfecto *máximo*, el algoritmo de Kuhn–Munkres encuentra un emparejamiento perfecto en un **subgrafo de igualdad** *evolutivo*, cuyo coste de emparejamiento tiene la garantía de ser máximo. Un subgrafo de igualdad de un grafo bipartito completo G contiene todos los vértices de G y un subconjunto de sus aristas. Cada vértice u tiene un valor (llamado también *etiqueta*), $l(u)$. Una arista (u, v) es visible en un subgrafo de igualdad si, y solo si, $l(u) + l(v) = w(u, v)$ donde $w(u, v)$ es el peso de la arista (u, v). Inicialmente, $l(u)$, donde $u \in X$, es igual al peso máximo de entre todas las aristas salientes de u, mientras que $l(v) = 0$, donde $v \in Y$, ya que no hay aristas salientes de v. En la parte derecha de la figura 9.25, tenemos solamente 3 aristas visibles: $(0, 4)/(1, 4)/(2, 3)$, con pesos 8/4/4, respectivamente. El teorema de Kuhn–Munkres afirma que si existe un emparejamiento perfecto en el subgrafo de igualdad actual, entonces este tendrá peso máximo. Vamos a comprobar si podemos hallar un emparejamiento perfecto en este subgrafo de igualdad.

A continuación, el algoritmo de Kuhn–Munkres realiza pasos similares a los del algoritmo de aumento de camino, para hallar el MCBM: aplica el lema de Berge, pero sobre el grafo de igualdad actual. Detecta que el vértice 0 es un vértice libre, sigue la arista libre $(0, 4)$, de peso 8, y llega a otro vértice libre 4 (un aumento de camino de longitud 1 arista). Después de invertir el estado de la arista, emparejamos los vértices 0 y 4, con el coste total actual de 8 (ver la parte izquierda de la figura 9.26).

Pero el algoritmo de Kuhn–Munkres encontrará un inconveniente en la siguiente iteración: vértice libre $1 \rightarrow$ arista libre $(1, 4) \rightarrow$ arista emparejada $(4, 0)$, y se quedará atascado, ya que no tendrá más aristas que explorar (ver la parte central de la figura 9.26). Vemos que el vértice 0 solo está conectado al vértice 4 en el subgrafo de igualdad *actual*. Necesitamos *expandir* el subgrafo de igualdad.

Actualización de las etiquetas (expansión del subgrafo de igualdad)

Ahora ha llegado el momento de reetiquetar algunos vértices, para *mantener* todas las aristas visibles en el subgrafo de igualdad (de forma que se conserven todas las aristas emparejadas) y añadir, al menos, una arista (pueden ser más) a ese subgrafo de igualdad. Sin embargo, para hacerlo necesitamos reducir el peso total de las aristas *lo mínimo que sea posible*. Estos son los pasos necesarios:

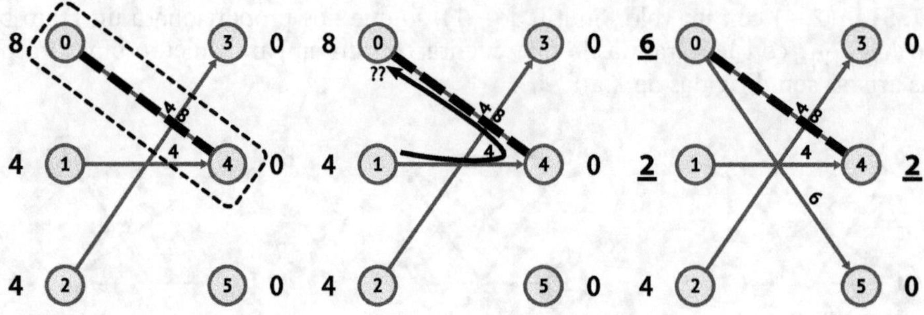

Figura 9.26: I: primer aumento de camino – C: atascado – D: reetiquetado del subgrafo de igualdad

Digamos que $S \in X$ y $T \in Y$, donde S/T contienen los vértices de X/Y, respectivamente, a lo largo del aumento de camino parcial actual. En la parte central de la figura 9.26, el aumento de camino parcial es: $1 \to 4 \to 0$, por lo que $S = \{0, 1\}$ y $T = \{4\}$. Ahora diremos que Δ es la 'reducción' mínima de la cualidad de emparejamiento $l(u) + l(v) - w(u, v)$ sobre todas las aristas posibles $u \in S$ y $v \notin T$ (esto es $O(V^2)$). En esa parte central de la figura 9.26, tenemos estas 4 posibilidades (recordemos que las aristas $(0, 3)$ y $(1, 5)$ son, en realidad, aristas 'inútiles' que no están presentes en el grafo bipartito ponderado original):

$l(0) + l(3) - w(0, 3) = 8 + 0 - (-1) = 9$ (si $w(0, 3) = -\infty$, este valor será ∞),
$l(0) + l(5) - w(0, 5) = 8 + 0 - 6 = 2$ (este será el delta mínimo $\Delta = 2$),
$l(1) + l(3) - w(1, 3) = 4 + 0 - 1 = 3$, o
$l(1) + l(5) - w(1, 5) = 4 + 0 - (-1) = 5$ (si $w(1, 5) = -\infty$, este valor será ∞).

Ahora mejoramos las etiquetas según las siguientes reglas (sin cambios en los vértices restantes):

para $u \in S$, $l'(u) = l(u) - \Delta$ (reducir)
para $v \in T$, $l'(v) = l(v) + \Delta$ (aumentar)

De esta forma, el nuevo conjunto de etiquetas l', que describe un nuevo subgrafo de igualdad, es un etiquetado válido que mantiene todas las aristas del subgrafo de igualdad anterior, añadiendo, al menos, una más. En este caso, la arista $(0, 3)$ pasa a ser visible en el subgrafo de igualdad. Vemos que, en la parte derecha de la figura 9.26, $l(0)/l(1)/l(2)$ cambia a 6/2/4 y $l(3)/l(4)/l(5)$ cambia a 0/2/0, respectivamente. También vemos que la arista emparejada $(0, 4)$ permanece como $l(0) + l(4) = 6 + 2 = 8$ a partir del $8 + 0 = 8$ anterior (al igual que la arista $(1, 4)$) y que la arista $(0, 5)$ ahora es visible como $l(0) + l(5) = 6 + 0 = 6$.

Resto del algoritmo y comentarios

Así, el algoritmo de Kuhn–Munkres puede continuar y hallar el segundo aumento de camino $1 \to 4 \to 0 \to 5$, de longitud 3 aristas, e invertir el estado de estas 3 aristas (parte izquierda de la figura 9.27).

El tercer aumento de camino (trivial) $2 \to 3$, de longitud 1 arista, también se encuentra inmediatamente en la siguiente iteración. Añadimos la arista $(2, 3)$ al emparejamiento (parte central de la figura 9.27). Con ello tenemos un emparejamiento perfecto de tamaño $V/2 = 6/2 = 3$: las aristas $(0, 5)/(1, 4)/(2, 3)$, con pesos 6/4/4, respectivamente, para un total de $6 + 4 + 4 = 14$. Según el teorema de Kuhn–Munkres, este emparejamiento perfecto tiene el peso total máximo, pues los subgrafos de igualdad han guiado al algoritmo a dar prioridad a las aristas de mayor peso (parte derecha de la figura 9.27).

En resumen, el algoritmo de Kuhn–Munkres comienza con un subgrafo de igualdad inicial (que consta, en un principio, de las aristas de mayor peso), después encuentra (y elimina) tantos aumentos de camino como es posible en el subgrafo de igualdad *actual*. Cuando el algoritmo se atasca antes de hallar un emparejamiento bipartito completo (que sabemos que existe, pues la entrada transformada es un grafo bipartito ponderado completo, lo que garantiza que se puede completar la operación), reetiquetamos mínimamente los vértices para obtener un nuevo subgrafo de igualdad (ligeramente más grande) y se repite el proceso hasta alcanzar el emparejamiento bipartito perfecto (de peso total máximo).

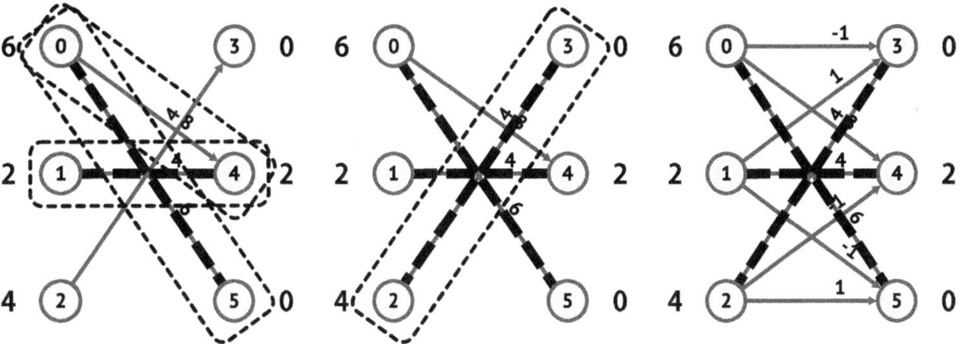

Figura 9.27: I+C: segundo y tercer aumentos de camino – D: emparejamiento perfecto ponderado máximo

Una buena implementación del algoritmo de Kuhn–Munkres se ejecuta en $O(V^3)$, donde se pueden hallar hasta V iteraciones/aumentos de camino y, en cada iteración, terminaremos por realizar $O(E) = O(V^2)$ para hallar un aumento de camino o hasta $O(V^2)$ para hallar la Δ y mejorar las etiquetas. Esto resulta mucho más rápido que el algoritmo de flujo máximo con coste mínimo (MCMF) tratado en la sección 9.25. En algunos problemas, con límites de tiempo estrictos o V grandes (por ejemplo, $1 \leq V \leq 450$), podría ser necesario utilizar el algoritmo de Kuhn–Munkres en vez del MCMF.

Ejercicios de programación

Ejercicios de programación relativos al algoritmo de Kuhn–Munkres (húngaro):

1. Nivel básico: **UVa 10746 - Crime Wave - The Sequel** * — emparejamiento bipartito de *peso* mínimo básico, grafo pequeño
2. **UVa 01045 - The Great Wall Game** * — LA 3276 - WorldFinals Shanghai05, probar todas las configuraciones, emparejamiento ponderado, elegir el mejor, Kuhn-Munkres
3. **UVa 10888 - Warehouse** * — BFS/SSSP, emparejamiento bipartito de *peso* mínimo
4. **UVa 11553 - Grid Game** * — fuerza bruta, DP con máscara de bits o algoritmo húngaro
5. *Kattis - aqueducts* * — construir grafo bipartito, MCBM ponderado, algoritmo húngaro

6. *Kattis - cordonbleu* *   modelado de MCBM ponderado interesante, *N* botellas a *M* mensajeros+(*N*-1) clones de restaurantes, algoritmo húngaro

7. *Kattis - engaging* *   LA 8437 - HoChiMinhCity17, algoritmo húngaro, escribir la solución

Adicionales Kattis: *cheatingatwar*.

9.28 Algoritmo de emparejamiento de Edmonds

Hemos visto, en la sección 8.5.4, que los problemas de concursos de programación que implican el emparejamiento de cardinalidad máxima (MCM) no ponderado, sobre grafos no bipartitos de tamaño medio, son muy poco habituales. Pero cuando aparece uno de ellos en las tareas del concurso, seguramente será uno de los más difíciles, especialmente si el equipo no ha incluido la implementación del algoritmo de emparejamiento de Edmonds (ver el artículo original [12]) en su material escrito para el ICPC (esta variante de emparejamiento de grafos no está incluida en el temario de la IOI [16]).

Para entender el algoritmo de emparejamiento de Edmonds, en necesario dominar el lema de Berge, que vimos por primera vez en el Volumen I y, posteriormente, en las secciones 8.5.3 y 9.27: un emparejamiento M en un grafo G es máximo si, y solo si, no quedan aumentos de camino en G. Ya hemos utilizado este lema para grafos bipartitos en nuestra implementación del algoritmo de aumentos de camino (una modificación simple de la DFS), pero también es aplicable en grafos generales.

Ejecución de ejemplo del algoritmo de emparejamiento de Edmonds

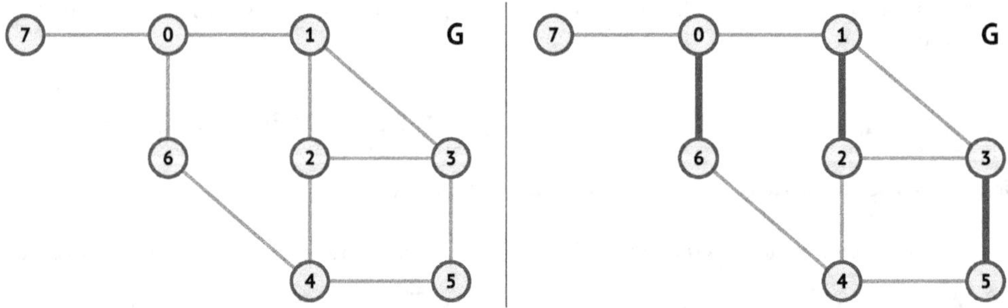

Figura 9.28: I: un grafo no bipartito – D: los emparejamientos iniciales de tamaño 3

En esta sección daremos un vistazo rápido a este algoritmo inusual. En la parte izquierda de la figura 9.28, vemos un grafo no bipartito G, porque tiene ciclos de longitud impar, por ejemplo $1 - 2 - 3 - 1$ (hay otros más). Nuestra tarea consiste en hallar el MCM de este grafo. En la sección 8.5.3, hemos mostrado una técnica llamada procesamiento previo voraz aleatorizado, para eliminar rápidamente cualquier aumento de camino trivial de longitud 1. Esta técnica también es aplicable a grafos generales. En la parte derecha de la figura 9.28, vemos un ejemplo en el que el vértice 0 ha sido emparejado aleatoriamente con el vértice 6 (probabilidad de $\frac{1}{3}$ entre los tres posibles emparejamientos iniciales $0 - 1$, $0 - 6$ o $0 - 7$), después el vértice 1 con el vértice 2 (probabilidad de $\frac{1}{2}$ entre los dos posibles emparejamientos restantes $1 - 2$ o $1 - 3$) y, por último, el vértice 3 con el único vértice disponible 5. De esta forma, hemos obtenido inicialmente un emparejamiento M de tamaño 3: $0 - 6$, $1 - 2$ y $3 - 5$, y nos quedan, todavía, 2 vértices libres más[76]: $\{4, 7\}$, que no se pueden emparejar vorazmente en este momento.

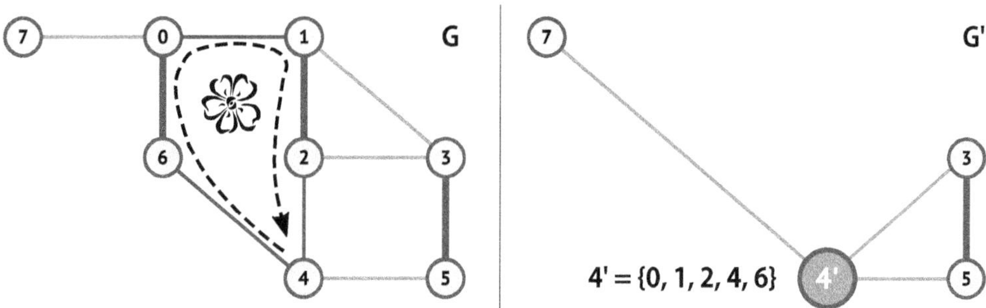

Figura 9.29: I: un 'ciclo de aumento' (flor) – D: reducción de una flor $G \rightarrow G'$

Ahora nos preguntamos si el M actual (inicial) de tamaño 3 ya es máximo. O, dicho de otra forma, ¿ya no quedan más aumentos de camino en el G actual? En la parte izquierda de la figura 9.29, vemos que el siguiente vértice libre 4 ha encontrado un 'aumento de camino': $4 \rightarrow 6 \rightarrow 0 \rightarrow 1 \rightarrow 2 \rightarrow 4$. Pero este 'aumento de camino' resulta peculiar, ya que empieza y termina en el mismo vértice libre, por lo que lo denominaremos 'ciclo alterno'. Si intentamos invertir el estado de la arista de este 'ciclo alterno', provocaremos un emparejamiento no válido, pues el vértice 4 se utilizará dos veces. Estamos atascados[77].

Resulta difícil hallar un aumento de camino en un grafo no bipartito como el que nos ocupa, debido a los 'ciclos alternos', llamados *flores*. En 1965, Jack Edmonds inventó un sistema para reducir (y, posteriormente, expandir) esas flores y lograr un algoritmo de emparejamiento eficiente [12]. En la parte derecha de la figura 9.29, reducimos el subgrafo que contiene el ciclo $4 \rightarrow 6 \rightarrow 0 \rightarrow 1 \rightarrow 2 \rightarrow 4$ en G a un supervértice $4'$. Los vértices restantes, 3, 5 y 7, están conectados a este supervértice $4'$, debido a las aristas $7 - 0$, $3 - 1$ o $3 - 2$ y $5 - 4$, respectivamente. Denominamos G' a este grafo transformado.

Ahora reiniciamos el proceso de búsqueda de un aumento de camino en este grafo transformado. En la parte izquierda de la figura 9.30, vemos que el (super)vértice libre $4'$ ha encontrado un nuevo[78] 'aumento de ciclo' (flor): $4' \rightarrow 3 \rightarrow 5 \rightarrow 4'$. Edmonds se dio cuenta de que si nos limitamos a aplicar el proceso de reducción de la flor nuevamente (de forma recursiva), terminaremos en un caso base: un grafo transformado sin flores. En la parte derecha de la figura 9.30, reducimos el subgrafo que implica al ciclo $4' \rightarrow 3 \rightarrow 5 \rightarrow 4'$ a otro supervértice $4''$. El único vértice restante 7 se conecta a este supervértice $4''$ gracias a la arista $7 - 4'$. Denominaremos G'' a este grafo transformado.

---

[76]En ocasiones, y con mucha suerte, el procesamiento previo voraz aleatorizado es capaz de hallar el MCM directamente por puro azar.

[77]A efectos de esta explicación, asumimos que nuestro algoritmo de recorrido de grafos comienza explorando la arista $0 \rightarrow 1$ (con el número de vértice más bajo), provocando este problema de 'aumento de ciclo', en vez de la arista $0 \rightarrow 7$, que nos llevaría al 'aumento de camino' correcto y que debemos encontrar.

[78]Volvemos a asumir que nuestro algoritmo de recorrido de grafos explora primero la arista $4' \rightarrow 3$ (con el número de vértice más bajo), volviendo a generar un problema con un 'aumento de ciclo', en vez de la arista $4' \rightarrow 7$.

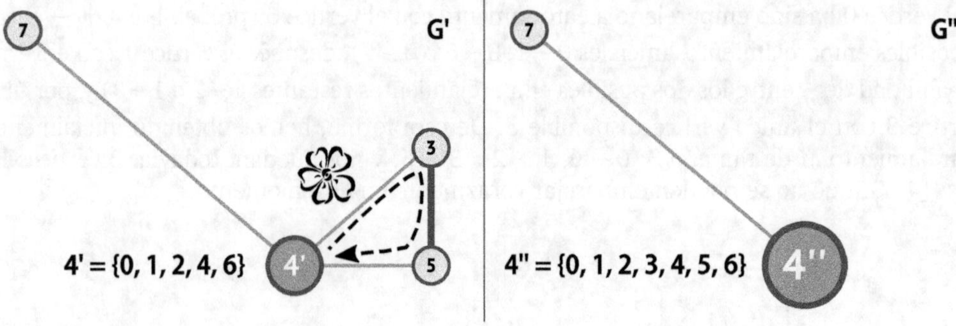

Figura 9.30: I: otra flor – D: reducción recursiva de flores $G' \rightarrow G''$

Llegados a este punto, resulta fácil hallar un aumento de camino en G''. En la parte derecha de la figura 9.30, tenemos un vértice libre $4''$ conectado a otro vértice libre 7, un aumento de camino (trivial) de longitud 1 en este grafo transformado. Ahora sabemos que, según el lema de Berge, el emparejamiento actual M, de tamaño 3, no es máximo, puesto que hemos encontrado otro aumento de camino (en G'').

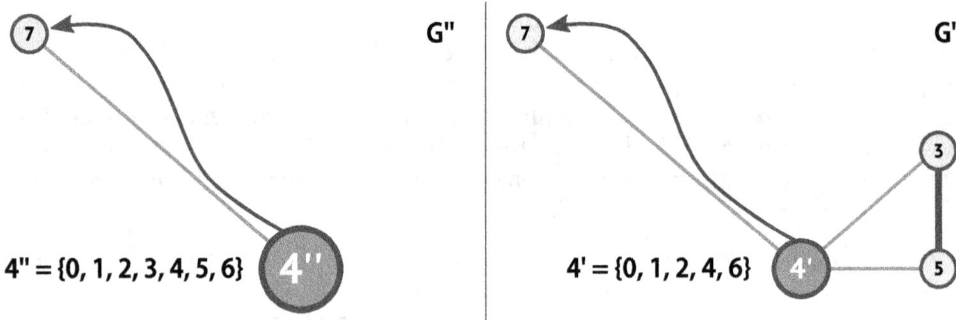

Figura 9.31: I: emparejamiento trivial en G'' – D: expansión de la flor $4''$, $G'' \rightarrow G'$

En la parte izquierda de la figura 9.31, invertimos el estado de la arista, lo que provocará el emparejamiento $4'' - 7$. Pero recordemos que el supervértice $4''$ no existe en el grafo G original, pues lo hemos hallado en G''. Así, 'deshacemos' el proceso de reducción volviendo a expandir la flor. En primer lugar, vamos de G'' a G'. En la parte derecha de la figura 9.31, vemos dos emparejamientos: $4' - 7$ (pero el supervértice $4'$ no existe en G') y $3 - 5$ (de G). Todavía no hemos terminado.

El segundo paso consiste en volver de G' a G. En la parte izquierda de la figura 9.32, vemos que el verdadero aumento de camino $4' - 7$ en el G' se ha expandido[79] al aumento de camino $4 \rightarrow 6 \rightarrow 0 \rightarrow 7$ en G. Y ya está. Al reducir las flores (recursivamente), hemos logrado guiar al algoritmo para evitar un atasco en el 'ciclo' de aumento no válido, $4 \rightarrow 6 \rightarrow 0 \rightarrow 1 \rightarrow 2 \rightarrow 4$, que habíamos encontrado.

---

[79]No hay que olvidar que una flor (aumento de ciclo) tendrá longitud impar y aclarará qué subcamino dentro de la flor es el aumento de camino correcto, es decir, para la flor $4'$, $4 \rightarrow 6 \rightarrow 0 \rightarrow 1 \rightarrow 2 \rightarrow 4$ en G', que está emparejado con el vértice libre 7, tenemos dos opciones: el camino $4 \rightarrow 2 \rightarrow 1 \rightarrow 0 \rightarrow 7$ (pero no es un aumento de camino válido, pues las aristas $1 - 0$ y $0 - 7$ son aristas libres) y el camino $4 \rightarrow 6 \rightarrow 0 \rightarrow 7$ (que es el aumento de camino válido que estamos buscando).

En la parte derecha de la figura 9.32, invertimos el estado de las aristas a lo largo de $4 \rightarrow 6 \rightarrow 0 \rightarrow 7$, para obtener un emparejamiento más, lo que hará un total de 4: $4 - 6$ y $0 - 7$, junto a los dos encontrados antes: $1 - 2$ y $3 - 5$. Este es el MCM.

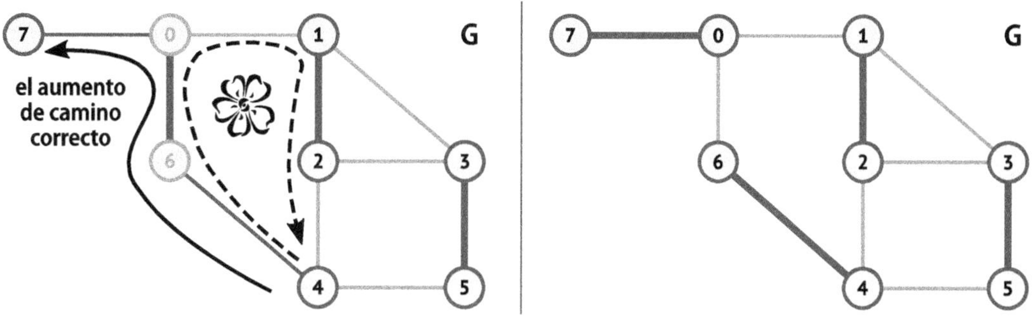

Figura 9.32: I: expansión de la flor $4'$, $G' \rightarrow G$ – D: El MCM M de tamaño 4

Para ayudar al lector a entender este algoritmo de emparejamiento de Edmonds, lo hemos añadido a VisuAlgo. El usuario podrá dibujar cualquier grafo general no ponderado (o, incluso, bipartito) y ejecutar el algoritmo de emparejamiento de Edmonds sobre el mismo, con o sin el paso de procesamiento previo voraz aleatorizado:

VISUALGO https://visualgo.net/en/matching

El algoritmo de emparejamiento de Edmonds en concursos de programación

En base a esta explicación un tanto superficial, quizá tengas la sensación de que este algoritmo resulta complejo de implementar, debido a los cambios que se producen en los grafos subyacentes cuando reducimos o expandimos una flor. Muchos concursantes del ICPC del más alto nivel incluyen en su material escrito (25 páginas) un código de biblioteca con un tiempo de ejecución de $O(V^3)$, que les permite resolver[80] el MCM no ponderado con $V \leq 200$.

Por suerte, resulta muy poco habitual que un problema tan difícil aparezca en un concurso de programación. Los problemas de MCM no ponderado (o, incluso, ponderado) sobre grafos no bipartitos pequeños ($V \leq 20$) se pueden resolver de forma más sencilla mediante DP con máscara de bits (ver la sección 8.3.1), incluyendo el primer problema que aparece en el capítulo 1, UVa 10911 - Forming Quiz Teams, y el problema del cartero chino de la sección 9.29.

Ejercicios de programación

Ejercicios de programación relativos al algoritmo de emparejamiento de Edmonds:

1. **UVa 11439 - Maximizing the ICPC *** BSTA (el peso mínimo), usarlo para reconstruir el grafo, emparejamiento perfecto en un grafo general de tamaño medio
2. *Kattis - debellatio ** problema interactivo, utiliza el algoritmo de emparejamiento de Edmonds

---

[80]El código $O(V^3)$ tiene una factor constante alto, debido a las modificaciones en el grafo.

9.29 Problema del cartero chino

Enunciado del problema

El problema del cartero chino[81]/inspección de rutas, es el problema de hallar (la longitud de) la ruta/circuito más corto, que visita cada arista de un grafo no dirigido ponderado y conexo.

Soluciones

En un grafo euleriano

Si el grafo de entrada es euleriano (ver la sección sobre grafos especiales en el Volumen I), entonces la suma de los pesos de las aristas, a lo largo del camino euleriano que las cubre todas, es claramente la solución óptima del problema. Este es el caso fácil.

En un grafo general

Cuando el grafo no es euleriano, como el de la figura 9.33, el problema se vuelve más difícil.

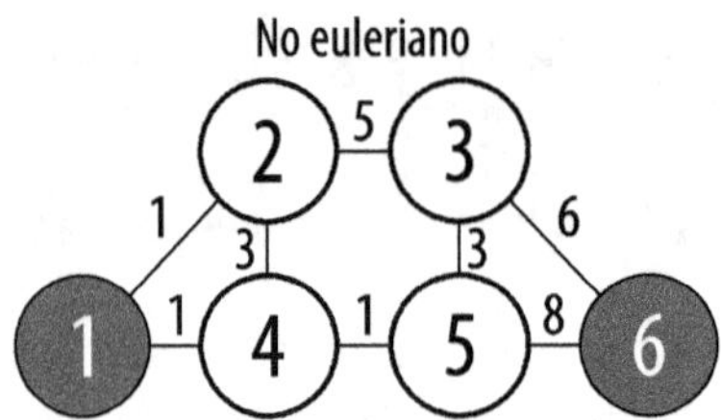

Figura 9.33: Un grafo de entrada no euleriano G, 4 vértices tienen grado impar

Vemos que si duplicamos *todas* las aristas en un grafo no euleriano G (que tenga algunos vértices de grado impar), transformaremos G en un grafo euleriano múltiple[82] (todos los vértices pasarán a tener grado par). Sin embargo, hacerlo incrementará mucho el coste total y podría no ser la técnica óptima. Una observación rápida debería ayudarnos a identificar el hecho de que, para transformar G en un grafo euleriano múltiple, basta con añadir aristas que conecten vértices de grado impar, ignorando aquellos que ya tengan grado par. Así, ¿cuántos de esos vértices de grado impar hay en G?

El grafo G debe tener un *número par* de vértices de grado impar (el lema del apretón de manos, enunciado por el propio Euler). Tomamos el subconjunto de vértices de G que tienen grado impar y lo llamamos O. Diremos que n es el tamaño de O (n será un entero par). Si ahora añadimos una arista que conecte un par de vértices de grado impar: a y b ($a, b \in O$), haremos que ambos vértices a y b pasen a tener grado par. Como queremos minimizar el coste de estas operaciones, la arista añadida debe tener un coste igual al camino más corto entre a y b en G. Realizamos el mismo paso para todos los pares de $a, b \in O$, que resultará en un grafo ponderado completo K_n.

---

[81]El nombre se debe a que fue estudiado por primera vez por el matemático chino Mei-Ku Kuan, en 1962.
[82]El grafo transformado ya no será un grafo sencillo.

En este punto, el problema del cartero chino se reduce al de *emparejamiento perfecto de peso mínimo* sobre un grafo ponderado completo K_n. Como n es par y K_n es un grafo completo, hallaremos un emparejamiento perfecto de tamaño $\frac{n}{2}$.

Ejecución de ejemplo

En la figura 9.33, $O = \{2, 3, 4, 5\}$, $n = 4$ y K_4 es como se muestra en la parte izquierda de la figura 9.34. La arista 2-4 de K_4 tiene peso $1 + 1 = 2$, debido al camino 2-1-4 (que es más corto que el peso de la arista directa original 2-4), la arista 2-5 de K_4 tiene peso $1 + 1 + 1 = 3$, debido al camino 2-1-4-5, la arista 3-4 de K_4 tiene peso $3 + 1 = 4$, debido al camino 3-5-4. El emparejamiento perfecto de peso mínimo de K_4, mostrado en la parte izquierda de la figura 9.34, consiste en tomar las aristas 2-4 (de peso 2) y 3-5 (de peso 3), para un coste total de $2 + 3 = 5$.

La parte más difícil de resolver del problema del cartero chino es este subproblema de búsqueda del emparejamiento perfecto de peso mínimo en K_n, que *no es* un grafo bipartito (es completo, lo que lo clasifica como problema del MCM ponderado). Como hemos mencionado en la sección 8.5.4, el problema del MCM ponderado es la variante más complicada. Sin embargo, si n es pequeño (como en Kattis - joggingtrails/UVa 10926 - Jogging Trails), podemos resolver este subproblema con la técnica de programación dinámica con máscara de bits de la sección 8.3.1.

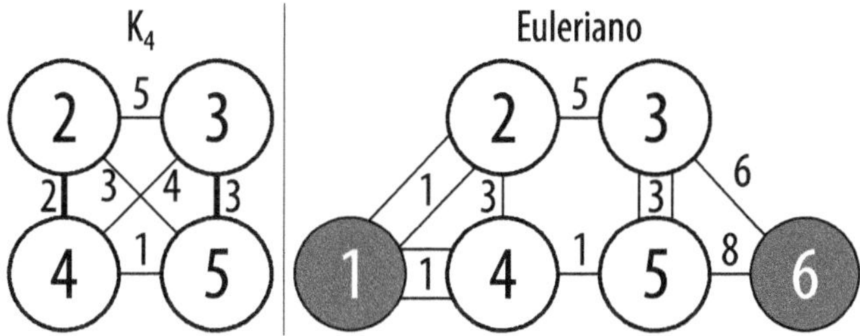

Figura 9.34: I: subgrafo K_4 de G – D: el nuevo grafo euleriano múltiple

Después de añadir las aristas 2-4 y 3-5 a G, volveremos a la versión fácil del problema del cartero chino. Sin embargo, vemos que la arista 2-4 de K_4 *no es* la arista 2-4 original de la figura 9.33, sino una arista virtual[83] construida por un camino 2-1-4, con peso $1 + 1 = 2$. Por lo tanto, en realidad añadimos las aristas 2-1, 1-4 y 3-5 para obtener el nuevo grafo euleriano múltiple, como se muestra en la parte derecha de la figura 9.34.

Ahora, la ruta euleriana es sencilla de determinar en este nuevo grafo múltiple euleriano. Una posible[84] es: $1 \rightarrow 2 \rightarrow 4 \rightarrow 1 \rightarrow 2 \rightarrow 3 \rightarrow 6 \rightarrow 5 \rightarrow 3 \rightarrow 5 \rightarrow 4 \rightarrow 1$, con un peso total de 33. Esta es la suma de todos los pesos de las aristas en el grafo euleriano modificado G', que es la suma de todos los pesos de las aristas de G (28 en la figura 9.33), más el coste del emparejamiento perfecto de peso mínimo en K_n (5 en la parte izquierda de la figura 9.34).

---

[83]Esta arista virtual puede pasar por vértices de grado par de G, pero no cambiará su paridad. Por ejemplo, el vértice 1 tiene grado par, habrá una nueva arista entrante 2-1 y una nueva saliente 1-4, por lo que el grado seguirá siendo par.

[84]Podemos utilizar el algoritmo de Hierholzer, visto en el Volumen I, en caso de que se nos pida escribir esa ruta euleriana.

9.30 Problemas constructivos

Algunos problemas tienen soluciones que se pueden (o se deben) construir, paso a paso, con una complejidad de tiempo mucho más rápida que la empleada para resolverlos directamente mediante otros paradigmas de resolución. Si la solución buscada solo es alcanzable mediante la construcción, tales problemas indicarán quién es el concursante más creativo (o qué equipo cuenta con ese concursante). En esta sección veremos algunos ejemplos.

Construcción de un cuadrado mágico (de tamaño impar)

Un cuadrado mágico es un *array* bidimensional de tamaño $n \times n$, que contiene los enteros del rango $[1..n^2]$, con la propiedad 'mágica': la suma de los enteros de cada fila, columna y diagonal es la misma. Por ejemplo, para $n = 5$, podemos construir el siguiente cuadrado mágico, donde la suma de las filas, columnas y diagonales es igual a 65.

$$
\begin{bmatrix}
17 & 24 & 1 & 8 & 15 \\
23 & 5 & 7 & 14 & 16 \\
4 & 6 & 13 & 20 & 22 \\
10 & 12 & 19 & 21 & 3 \\
11 & 18 & 25 & 2 & 9
\end{bmatrix}
$$

Nuestra tarea consiste en construir un cuadrado mágico dado su tamaño n, si este es impar.

Si no conocemos la solución, podemos utilizar *backtracking* recursivo estándar para intentar colocar cada entero $\in [1..n^2]$, de uno en uno. Esta solución de búsqueda completa es demasiado lenta para un n grande.

Por suerte, existe una 'estrategia de construcción' interesante para cuadrados mágicos de tamaño impar (no sirve para los de tamaño par), llamada 'método/algoritmo siamés (De la Loubère)'. Comenzamos con un *array* cuadrado bidimensional vacío. Inicialmente, colocamos el entero 1 en el centro de la primera fila. Después, nos desplazamos al noreste, saltando al extremo opuesto cuando sea necesario. Si la nueva celda está vacía, le añadimos el siguiente entero. Si está ocupada, nos movemos una fila hacia abajo y seguimos hacia el noreste. La figura 9.35 muestra una construcción parcial con este método siamés. Deducir esta estrategia, si no se conoce previamente el problema, no resulta evidente (aunque tampoco es imposible mediante la atenta observación de varios cuadrados mágicos de tamaño impar).

Hay otros casos especiales para cuadrados mágicos de diferentes tamaños. No es necesario aprenderlos todos, ya que, probablemente, nunca aparecerán en un concurso de programación. Sin embargo, es fácil imaginar que los concursantes que los conozcan tendrán una enorme ventaja en caso de enfrentarse a un problema que los incluya.

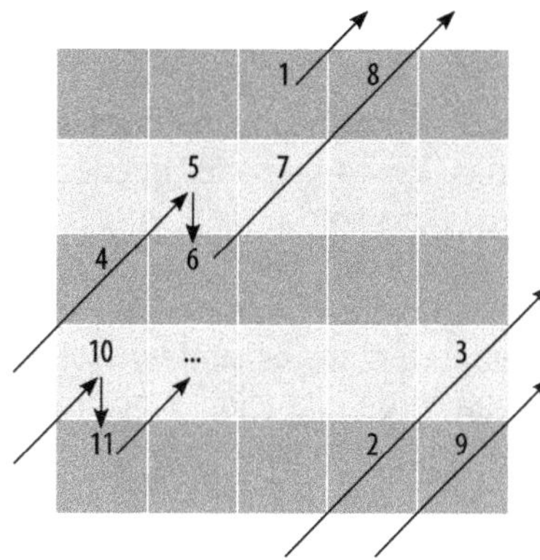

Figura 9.35: Estrategia de construcción de un cuadrado mágico para un n impar

Kattis - exofficio

Enunciado resumido del problema: dada una rejilla bidimensional vacía de tamaño $R \times C$ ($1 \leq R, C, R \times C \leq 200\,000$), colocar muros[85] entre celdas adyacentes de manera que solo exista una forma de desplazarse entre cualquier par de celdas (no podemos atravesar los muros) y minimice el camino más corto ponderado máximo entre cualquier par de celdas de la rejilla. Veamos, a la izquierda del siguiente diagrama, un ejemplo para $R = 3$ y $C = 5$ (atención a que tanto R como C son impares).

```
BFS desde      R=3,C=5, AC     |    R=4,C=5, WA       R=4,C=5, AC
s=(1, 2)                       |    _ _ _ _ _         _ _ _ _ _
               _ _ _ _ _       |   | | | | | | |     | | | | | | |
3 2 1 2 3     | |_   _| |      |   | | | | | | |     |_ _   _ _|
2 1 0 1 2 --> |  _   _  |      |   |       _ _|      |       _ _|
3 2 1 2 3     |_|_ _ _|_|      |   |_|_|_ _ _|       |_|_|_ _ _|
```

Probar todas las formas posibles de colocar los muros mediante *backtracking* recursivo resultará en un estrepitoso veredicto de TLE. En su lugar, hay que darse cuenta de que este ejemplo y sus requisitos se parecen mucho a un viejo conocido: el árbol de expansión de la BFS con origen en el centro de la rejilla. En un árbol, solo existe una forma de desplazarse entre cualquier par de vértices. El árbol de expansión de la BFS en un grafo no ponderado es también el árbol de expansión de los caminos más cortos. Por último, el centro de la rejilla resulta ser el vértice de origen más apropiado para este problema.

Una vez que sabemos todo lo anterior, nos queda la tarea de implementar la solución o modificar la BFS estándar para que coloque los muros (es decir, transforme la rejilla de números que aparece a la izquierda en la respuesta buscada) y, después, se ocupe de los casos límite como, por ejemplo, cuando R es par pero C es impar (en la parte derecha del diagrama). Por suerte, este es el único caso límite con el que deberá tratar esta idea de la construcción de un árbol de expansión de la BFS.

---

[85]Consulta el enunciado completo del problema para informarte de las complejas reglas del formato. En esta sección solo tratamos la idea genérica. Los muros exteriores de tamaño $R \times C$ (junto a los espacios entre columnas) se colocan por defecto y no forman parte del problema.

Construcción de las *N*-reinas

En el Volumen I y en la sección 8.2.1, hemos conocido varias soluciones de *backtracking* recursivo para el problema de las *N*-reinas. Esas soluciones pueden contabilizar (o mostrar) *todas las soluciones posibles* para las *N*-reinas, pero solo para $N \leq 17$. Entonces, ¿qué ocurre si solo nos piden que mostremos una solución válida *cualquiera* para un *N* dado (ver el **ejercicio 8.2.1.1***)? Si $1 \leq N \leq 100\,000$, no hay forma de que podamos utilizar una solución de *backtracking* recursivo con máscara de bits. La palabra clave es *cualquier* solución válida. Como ya habíamos comentado, sabemos que existen *muchas*[86] soluciones posibles para las *N*-reinas. Con esto en mente, nuestra estrategia se basa en la esperanza de que exista alguna solución que sea 'fácil de generar'. Y resulta que es así.

Para hallarla, debemos comenzar con un *N* pequeño. Para $N = 1$ la solución es trivial, colocamos la única reina en la única casilla disponible. Para $N = 2$ y $N = 3$ descubriremos que no existen soluciones, por mucho que probemos las $2! = 2$ y $3! = 6$ respectivas posibilidades. Pero lo interesante llega cuando probamos con el rango de $N = 4$ hasta $N = 7$. Después de dibujar suficientes opciones ('solo' hay 2/10/4/40 soluciones distintas para $N = 4/5/6/7$, respectivamente), puede que encuentres el patrón mostrado en la figura 9.36. El tiempo empleado en identificar el patrón variará de una persona a otra. ¿Puedes hacerlo antes de seguir leyendo?

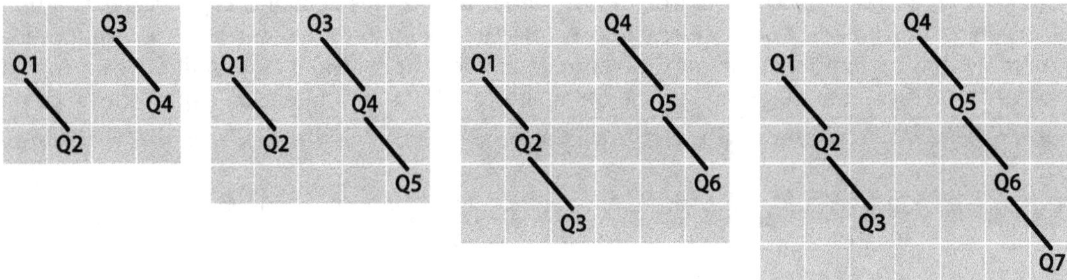

Figura 9.36: Patrón de peldaños para instancias pequeñas de *N*-reinas

Llegados a este punto, quizá quieras gritar *'eureka'* y programar un algoritmo de construcción de peldaños sencillo para resolver el problema. Por desgracia, el patrón todavía no está completo. Si generas una 'solución' para $N = 8$ que utilice esta estrategia, descubrirás rápidamente que no es válida. Al ocurrir esto, algunos concursantes podrían abandonar pensando que su algoritmo no es lo suficientemente bueno. Pero, por suerte, este problema solo tiene tres subcasos diferentes. Como ya hemos encontrado el primero, solo nos resta identificar los otros dos para obtener la solución completa, comenzando con un método para generar rápidamente una solución para 8-reinas.

Problemas constructivos en concursos de programación

Estamos ante un tipo de problema muy difícil de enseñar. Quizá, el resolver cuantos problemas constructivos sea posible pueda servir de ayuda. Muchos de estos problemas necesitan habilidades excepcionales para la identificación de patrones (a partir de casos de prueba pequeños), más difíciles que las mencionadas en la sección 5.2 junto con otras habilidades intuitivas o heurísticas. Muchas de las soluciones se clasifican dentro del algoritmo voraz *ad hoc* y, con ello, la

---

[86]El tablero de ajedrez típico de 8×8 tiene 92 soluciones.

mayoría son rápidas (tiempo lineal). Para terminar de complicarlo, muchos problemas constructivos incluyen *subcasos* y obviar solo uno de ellos puede provocar un veredicto de WA.

9.31 Problemas interactivos

Algunos problemas modernos, aunque todavía poco habituales, implican escribir código que *interactúe* con el programa evaluador. Para ello, es necesario recurrir a los jueces en línea más modernos, como los evaluadores personalizados del sistema de gestión de concursos (CMS) de la IOI, la configuración de problemas personalizados de Kattis, etc. Este tipo de problemas se utiliza más en la IOI que en el ICPC, aunque aquí también comienzan a aparecer.

Kattis - guess

Un ejemplo de este tipo de problemas es Kattis - guess, donde el juez tiene un número (entero) aleatorio, en el rango [1..1000], y el concursante debe tratar de descubrirlo en *solo* 10 intentos para obtener un veredicto de aceptado. Cada intento[87] obtendrá una respuesta inmediata por parte del juez, indicando si el número es 'menor', 'mayor' o 'correcto', y el concursante deberá utilizar esta información para ajustar el siguiente intento. Quienes conocen el concepto de la búsqueda binaria, serán conscientes inmediatamente de las $\lceil \log_2(1000) \rceil = \lceil 9{,}9 \rceil = 10$ interacciones necesarias, con independencia de cuál sea el número aleatorio del juez.

---

[87]Para facilitar la interactividad, *no debemos* mantener la salida en un *buffer*, es decir, cualquier respuesta debe ser escrita inmediatamente. Para hacerlo, tenemos que utilizar `cout << "\n"` o `cout.flush()` en C++, `System.out.println` o `System.out.flush()` en Java o `stdout.flush()` en Python.

Kattis - askmarilyn

En la sección 5.5, hemos visto el problema de Monty Hall. Kattis - askmarilyn es la versión interactiva de ese problema. Tenemos tres puertas ('A'/'B'/'C') y, detrás de una de ellas, hay una botella. Elegimos inicialmente una de las tres puertas y Marilyn nos mostrará qué hay detrás de otra de ellas. Jugamos 1000 rondas y, para ganar, debemos lograr, al menos, 600 botellas, independientemente de la estrategia utilizada por el juez. Si Marilyn te muestra una botella (es posible en esta variante), es evidente que debemos tomarla (no obtendremos nada si no lo hacemos). Por otra parte, *siempre cambiaremos* a la tercera puerta (aquella que no ha sido nuestra primera opción y Marilyn no ha mostrado que estuviese vacía). Esto nos da una probabilidad de $\frac{2}{3}$ de obtener una botella (la expectativa es de ≈ 666 botellas en total) frente a mantenernos en nuestra elección inicial. Pero nuestra primera elección debe ser *aleatoria* para contrarrestar cualquier estrategia que pueda tener el juez (que podría colocar la botella detrás de la primera puerta elegida, mostrar una puerta vacía y nosotros cambiaríamos de puerta erróneamente).

Problemas interactivos en concursos de programación

Los problemas interactivos abren nuevas vías en la creación de problemas, a pesar de estar todavía en sus albores. No tenemos duda de que esta categoría crecerá en un futuro cercano. Sin embargo, debemos tomar nota de que las soluciones para este tipo de problemas son (mucho) más difíciles de depurar. Algunos problemas interactivos están acompañados de validadores de prueba que permiten verificar la interactividad antes de enviar el código para su evaluación (lo que ahorrará envíos y penalizaciones de tiempo en el juez auténtico).

Ejercicios de programación

Ejercicios de programación relacionados con problemas interactivos:

1. Nivel básico: *Kattis - guess* *   problema interactivo, búsqueda binaria
2. *Kattis - amazing* *   ejecutar DFS y reaccionar en función de la salida del programa
3. *Kattis - askmarilyn* *   el famoso problema de Monty Hall en versión interactiva
4. *Kattis - blackout* *   teoría de juegos interactiva, bloquear una fila, reproducir el movimiento del jurado
5. *Kattis - crusaders* *   otro problema interactivo interesante sobre búsqueda binaria
6. *Kattis - debellatio* *   problema interactivo, utiliza el algoritmo de emparejamiento de Edmonds
7. *Kattis - dragondropped* *   problema interactivo de búsqueda de ciclos, constantes estrictas

9.32 Programación lineal

Introducción

La programación[88] lineal (o programa lineal, abreviado normalmente como LP) es una potente técnica generalista para resolver problemas de optimización en los que la función objetivo y las restricciones son *lineales*. En la práctica, se trata del método estándar para (más o menos) resolver muchos problemas de optimización (NP-)complejos, que se suelen presentar en la vida real (ver la sección 8.6). Una LP típica consta de tres componentes:

1. Una lista de variables (de valores reales[89]) $x_1, x_2, \ldots, x_n$.

2. Una función objetivo $f(x_1, x_2, \ldots, x_n)$ que tratamos de maximizar o minimizar. El objetivo está en hallar los mejores valores para las variables de forma que la función se optimice.

3. Un conjunto de restricciones que limiten el espacio de solución factible. Cada una de estas restricciones se expresa como una desigualdad.

En un problema de programación lineal, tanto la función objetivo como las restricciones son funciones *lineales* de las variables. Estamos ante aspectos *escasamente aplicables* a la programación competitiva, pero algunos problemas poco habituales (y, normalmente, muy difíciles) cuentan con estas propiedades.

Por ejemplo, dadas dos variables A y B, una función objetivo $f(A, B) = A + 6B$, tres restricciones, $A \leq 200$, $B \leq 300$, $A + B \leq 400$ y dos restricciones adicionales más habituales, como $A \geq 0$ y $B \geq 0$, hallar los mejores valores de A y B de forma que $f(A, B)$ se maximice. Una vez hemos juntado todas las piezas, tenemos la siguiente LP:

$$
\begin{aligned}
\text{máx}\,(A + 6B) \quad &\text{donde:} \\
A &\leq 200 \\
B &\leq 300 \\
A + B &\leq 400 \\
A &\geq 0 \\
B &\geq 0
\end{aligned}
$$

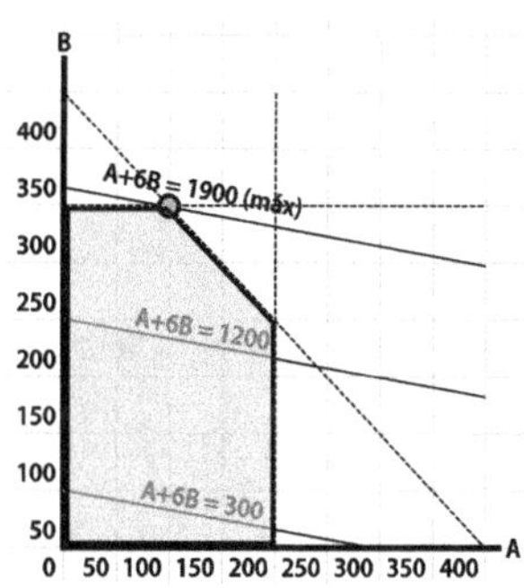

A la izquierda encontramos la LP representada matemáticamente, expresada en términos de una función objetivo y el conjunto de restricciones dado. A la derecha la imagen representa la LP de forma geométrica/visual en un espacio bidimensional, donde la variable A aparece como el eje x y la variable B como el eje y.

---

[88]Al igual que con la '*programación* dinámica', el término no hace referencia a un programa informático, sino que está más orientado al concepto de planificación.

[89]La variante de programación lineal con enteros (ILP) requiere que alguna (o todas) las variables respondan a números enteros. La variante ILP es NP-completa.

Las líneas rayadas representan a las restricciones: $A \leq 200$ (una línea vertical), $B \leq 300$ (una línea horizontal) y $A + B \leq 400$ (la línea diagonal). Las dos restricciones no negativas $A \geq 0$ y $B \geq 0$, quedan representadas, respectivamente, por los ejes y y x. Cada restricción define un *semiespacio*, es decir, divide el universo de soluciones posibles por la mitad. En el espacio bidimensional, cada restricción es una línea. En dimensiones mayores, la restricción quedaría definida por un *hiperplano*[90].

Todo lo que queda dentro de las cinco líneas representa la *región factible*, que se define como los valores de A y B que satisfacen todas las restricciones. En general, la región factible es la intersección de los semiespacios definidos por los hiperplanos y, a partir de esto, podemos obtener la conclusión de que la región factible es un polígono convexo.

Así, ¿cuántos vértices puede haber? En el espacio bidimensional, se puede generar un vértice siempre que dos restricciones (independientes) se intersequen. Generalizando, si hay n dimensiones (es decir, hay n variables), se generará un vértice siempre que n hiperplanos (independientes linealmente), es decir, restricciones, se intersequen. Recordemos que si tenemos n ecuaciones independientes linealmente y n variables, la solución es única (la solución define un vértice). Evidentemente, si las ecuaciones no son independientes linealmente, podemos obtener muchas soluciones (en ese caso no habrá un vértice). Por lo tanto, en un sistema con m restricciones y n variables, existen $^{m}C_{n} = O(m^{n})$ vértices. Este es un algoritmo de tiempo exponencial $O(m^{n})$ para resolver un programa lineal: enumerar cada uno de los $O(m^{n})$ vértices del politopo (un término más general que polígono en espacio n-dimensional), calcular el valor de la función objetivo para cada punto y tomar el máximo.

Método *símplex*

Una de las primeras técnicas desarrolladas para resolver una LP (y, a día de hoy, todavía una de las más rápidas), es el método *símplex*. Fue inventado por George Dantzig en 1947 y hoy día se sigue utilizando. Existen muchas variantes, pero todas necesitan de tiempo exponencial para el peor caso. Sin embargo, en la práctica, casi cualquier LP que se haya generado, es sorprendentemente rápido.

La idea básica en la que se sustenta el método *símplex* es extremadamente sencilla. Recordemos que si una LP es factible, su valor óptimo se encontrará en un vértice. Por lo tanto, el algoritmo básico se puede describir de la siguiente manera, donde la función f es la función objetivo:

1. Hallar cualquier vértice (factible) v.

2. Examinar todos los vértices vecinos de v: $v_1, v_2, \ldots, v_k$.

3. Calcular $f(v), f(v_1), f(v_2), \ldots, f(v_k)$. Si $f(v)$ es máximo, detenerse y devolver v.

4. Si no, elegir[91] *uno* de los vértices vecinos v_j donde $f(v_j) > f(v)$. Digamos que $v = v_j$.

5. Ir al paso (2).

---

[90]Es (mucho) más difícil visualizar una LP más allá de las 3 dimensiones. La mayoría de los ejemplos académicos se limitan a las 2 dimensiones (2 variables).

[91]Este pseudocódigo es muy impreciso: ¿qué vértice vecino deberíamos elegir? Esto puede llegar a rendimientos muy diferentes. En el problema bidimensional de juguete de esta sección, no tenemos muchas elecciones, pero en LP n-dimensionales, el número de vértices vecinos entre los que elegir es mucho mayor. La regla para elegir el siguiente vértice se conoce como la *regla del pivote* y una buena parte del diseño de una implementación eficiente de *símplex* se encuentra en la elección de la regla del pivote. Incluso así, todas las reglas del pivote conocidas consumen el tiempo exponencial del peor caso.

Ejecución de ejemplo del método *símplex* básico

Como ejemplo, consideremos ejecutar el método *símplex* sobre el ejemplo dado al principio de esta sección. En este caso, podría empezar por el vértice factible $(0, 0)$.

En la primera iteración, calcularía $f(0, 0) = 0$. También miraría a los dos vértices vecinos, calculando que $f(0, 300) = 1800$ y $f(200, 0) = 200$. Habiendo descubierto que $(0, 0)$ no es óptimo, elegiría uno de los dos vecinos. *Asumiremos*, en este caso, que el algoritmo elige visitar al vecino $(200, 0)$.[92]

En la segunda iteración, calcularía[93] $f(200, 0) = 200$. También miraría a los dos vértice vecinos, calculando que $f(0, 0) = 0$ y $f(200, 200) = 1400$. En este caso, solo hay un vértice vecino mejor, y se movería a $(200, 200)$.

En la tercera iteración, calcularía $f(200, 200) = 1400$. También miraría a los dos vértices vecinos, calculando que $f(200, 0) = 200$ y $f(100, 300) = 1900$. En este caso, solo hay un vértice vecino mejor, y se movería a $(100, 300)$.

En la cuarta iteración, calcularía $f(100, 300) = 1900$. También miraría a los dos vértices vecinos, calculando que $f(200, 200) = 1400$ y $f(0, 300) = 1800$. Una vez descubierto que $(100, 300)$ es mejor que cualquiera de sus vecinos, el algoritmo se detendría y devolvería $(100, 300)$ como punto óptimo.

Durante la ejecución, el algoritmo podría calcular algunos puntos que no eran vértices. Por ejemplo, en la segunda iteración, podría hallar el punto $(400, 0)$, que no es factible. Evidentemente, un aspecto crítico de una buena implementación es calcular rápidamente los vértices vecinos factibles.

Programación lineal en concursos de programación

En la programación competitiva, muchos concursantes de ICPC del nivel más alto incluirán una implementación funcional de *símplex* 'lo suficientemente buena' en su material escrito (25 páginas). De esta forma, en el extraño caso de que aparezca un (sub)problema relacionado con la LP (por ejemplo, en la final mundial del ICPC de 2016), se centrarán únicamente en modelar el problema en su 'forma estándar' de LP y después utilizarán el código *símplex* como un algoritmo de *caja negra*[94].

Ejercicios de programación

Ejercicios de programación relacionados con la programación lineal:

1. *Kattis - cheeseifyouplease* *   problema de programación lineal sencillo, usar *símplex*
2. *Kattis - maximumrent* *   problema de programación lineal básico con salida de enteros, podemos utilizar *símplex* u otra solución más sencilla
3. *Kattis - roadtimes* *   Final mundial ICPC 2016, utiliza símplex como subrutina

---

[92]No siempre elige vorazmente el mejor movimiento local.

[93]Ya hemos calculado este valor, por lo que la *memoización* ayudaría a evitar la repetición de cálculos.

[94]Estudia el capítulo 29 de [7] si quieres conocer más detalles.

9.33 Descenso por gradiente

Kattis - pizza, starnotatree y wheretolive son tres problemas relacionados que se resuelven de forma similar. Sin perder la generalidad, trataremos uno de ellos.

Enunciado resumido de Kattis - starnotatree: dados N puntos ubicados en coordenadas enteras (x, y) en una rejilla bidimensional $0 \leq x, y \leq 10\,000$ y una función de coste $f(a, b)$ que calcula la suma de las distancias euclídeas desde un punto especial ubicado en (a, b) hasta todos los N puntos, nuestra tarea consiste en hallar el mejor valor mínimo de $f(a', b')$ si colocamos (a', b') de forma óptima.

Tenemos algunas observaciones, quizá después de escribir una implementación rápida de $f(a, b)$ y comprobar algunas posiciones heurísticas de (a', b'): (a', b') no estará fuera de la rejilla bidimensional (de hecho, no estará a la izquierda/arriba/derecha/abajo de los puntos más a la izquierda/arriba/derecha/abajo de entre todos los N, respectivamente), (a', b') debe encontrarse en el 'centro geométrico' de todos los N puntos y es poco probable que (a', b') represente coordenadas enteras. Por ejemplo, los valores de $f(a, b)$ para $a, b \in [4000, 4400, 4800, 5200, 5600, 6000]$ utilizando 100 puntos generados aleatoriamente son:

b	$a \rightarrow$	4000	4400	4800	5200	5600	6000
4000		375 939,23	369 653,83	367 238,11	368 883,46	373 882,45	381 633,23
4400		368 723,46	362 017,00	359 166,11	360 802,44	365 488,31	373 102,70
4800		364 755,48	358 135,10	355 073,66	355 907,62	360 008,14	367 446,82
5200		363 878,62	357 291,66	[353 883,46]	354 020,46	357 695,81	364 906,51
5600		366 198,62	359 252,08	355 332,74	354 886,86	358 476,40	365 462,21
6000		371 694,02	364 239,45	359 798,72	359 152,29	362 388,15	369 039,36

Si trazamos completamente $f(a, b)$ en un espacio tridimensional donde se coloquen $a/b/f(a, b)$ sobre los ejes $x/z/y$, con la suficiente granularidad, veremos que el espacio de búsqueda se asemeja a una copa con un único valor mínimo $f(a', b')$ en el (a', b') óptimo. Si operamos en un espacio bidimensional, podemos utilizar la búsqueda ternaria. Pero como estamos en un espacio tridimensional, necesitamos utilizar otra técnica, un descenso por gradiente (simplificado):

```
1   int dx[] = {0, 1, 0,-1}, dy[] = {-1, 0, 1, 0};  // N/E/S/O
2   ld cx = 5000.0, cy = 5000.0;
3   for (ld d = 5000.0; d > 1e-12; d *= 0.99) {      // búsqueda decreciente
4     for (int dir = 0; dir < 4; ++dir) {            // 4 direcciones bastan
5       ld nx = cx+dx[dir]*d, ny = cy+dy[dir]*d;
6       if (f(nx, ny) < f(cx, cy))                   // si hay un descenso local
7         tie(cx, cy) = {nx, ny};                    // un movimiento local
8   } // en este caso, el (cx, cy) final = (4989,97, 5230,79)
9   } // con f(cx, cy) final = 353490,894604066151
```

La forma completa del descenso por gradiente es más complejo que lo que mostramos aquí. El tema de los algoritmos de búsqueda local (para problemas de optimización (NP-)complejos) es un área enorme de las ciencias de la computación y el algoritmo de descenso por gradiente no es más que una de sus encarnaciones más sencillas. Pero como el espacio de búsqueda no tiene un mínimo local que pueda atrapar a este descenso por gradiente simplista, resulta suficiente.

Puedes probar a resolver los problemas Kattis - tsp o Kattis - mwvc si buscas un desafío mucho más complicado.

9.34 Notas del capítulo

El material sobre el algoritmo de empujar–reetiquetar y la programación lineal pertenece originalmente al profesor **Seth Lewis Gilbert**, de la Escuela de Informática de la Universidad Nacional de Singapur, y ha sido adaptado al contexto de la programación competitiva.

Después de escribir tanto en este libro durante la última década, hemos advertido que hay muchos otros temas sobre ciencias de la computación que no hemos cubierto. Finalizamos este capítulo y, con ello, este libro, con una lista de un buen número de temas clave que no han sido incluidos, en parte debido a la 'fecha límite de entrega' que, nosotros mismos, nos hemos impuesto.

Quedan muchas estructuras de datos *exóticas*, que raramente aparecerán en concursos de programación: montículo de Fibonacci, árbol de Van Embde Boas, árbol rojo–negro, árbol biselado, lista de saltos, *treap*, filtro de Bloom, árbol de intervalos, árbol k-d, árbol *radix* o árbol de rangos.

También existen otros muchos problemas matemáticos que se podrían haber incluido, como la función de Möbius, más problemas sobre teoría de números, varios métodos numéricos, etc.

En las secciones 6.4, 6.5 y 6.6, hemos visto las soluciones KMP, de árbol/*array* de sufijos y de Rabin–Larp para el problema clásico de la coincidencia de cadenas. La coincidencia de cadenas es un tema muy bien estudiado y existen otros algoritmos (especializados) para otro fines (especiales), como los de Aho–Corasick, algoritmo Z y Boyer–Moore. También hay algoritmos para cadenas especializados, como el algoritmo de Manacher.

Hay más problemas y algoritmos de geometría (computacional) que no hemos descrito, como el algoritmo de los calibres giratorios, los círculos de Malfatti o el problema de cobertura de círculos mínima.

El tema del flujo de red es mucho más amplio que la materia incluida en la sección 8.4 y otras de este capítulo. Otros asuntos, como el problema de circulación, el problema de clausura, el árbol Gomory–Hu, el algoritmo de corte mínimo de Stoer–Wagner y el algoritmo de Suurballe, se podrían añadir en el futuro.

También podríamos añadir un tratamiento más detallado de algunos algoritmos de la sección 8.5 (emparejamiento de grafos), en concreto, el teorema del matrimonio de Hall y el algoritmo de Gale–Shapley para el problema del matrimonio estable.

En la sección 8.6, hemos tratado algunos problemas NP-complejos/completos, pero existen más, como el problema del *clique* máximo, el problema del viajante comprador, la supercadena común más corta, etc.

Por último, enumeramos muchas otras materias que, potencialmente, podrán encontrar su lugar en futuras ediciones de este libro, como la transformación de Burrows–Wheeler, el algoritmo de Chu–Liu/Edmonds, la codificación Huffman, el árbol de expansión de diámetro mínimo, el árbol de expansión mínimo de un vértice con limitación de grado, nonogramas, el rompecabezas triominó, etc.

Bibliografía

[1]   A.M. Andrew. Another Efficient Algorithm for Convex Hulls in Two Dimensions. *Info. Proc. Letters*, 9:216-219, 1979.

[2]   Wolfgang W. Bein, Mordecai J. Golin, Lawrence L. Larmore y Yan Zhang. The Knuth-Yao Quadrangle-Inequality Speedup is a Consequence of Total-Monotonicity. *ACM Transactions on Algorithms*, 6 (1):17, 2009.

[3]   Michael A. Bender y Martin Farach-Colton. The LCA problem revisited. En *LATIN 2000: Theoretical Informatics*, 2000.

[4]   Richard Peirce Brent. An Improved Monte Carlo Factorization Algorithm. *BIT Numerical Mathematics*, 20 (2):176-184, 1980.

[5]   Brilliant. Brilliant.
https://brilliant.org/.

[6]   Yoeng-jin Chu y Tseng-hong Liu. On the Shortest Arborescence of a Directed Graph. *Science Sinica*, 14:1396-1400, 1965.

[7]   Thomas H. Cormen, Charles E. Leiserson, Ronald L. Rivest y Cliff Stein. *Introduction to Algorithm*. MIT Press, tercera edición, 2009.

[8]   Sanjoy Dasgupta, Christos Papadimitriou y Umesh Vazirani. *Algorithms*. McGraw Hill, 2008.

[9]   Kenneth S. Davis y William A. Webb. Lucas' theorem for prime powers. *European Journal of Combinatorics*, 11(3):229-233, 1990.

[10]   Mark de Berg, Marc van Kreveld, Mark Overmars y Otfried Cheong Schwarzkopf. *Computational Geometry: Algorithms and Applications*. Springer, segunda edición, 2000.

[11]   Yefim Dinitz. Algorithm for solution of a problem of maximum flow in a network with power estimation. *Doklady Akademii nauk SSSR*, 11:1277-1280, 1970.

[12]   Jack Edmonds. Paths, trees, and flowers. *Canadian Journal on Maths*, 17:449-467, 1965.

[13]   Jack Edmonds y Richard Manning Karp. Theoretical improvements in algorithmic efficiency for network flow problems. *Journal of the ACM*, 19 (2):248-264, 1972.

[14]   Susanna S. Epp. *Discrete Mathematics with Applications*. Brooks-Cole, cuarta edición, 2010.

[15]   Project Euler. Project Euler.
https://projecteuler.net/.

[16]   Michal Forišek. IOI Syllabus.
https://people.ksp.sk/~misof/ioi-syllabus/ioi-syllabus.pdf.

[17] Michal Forišek. The difficulty of programming contests increases. En *International Conference on Informatics in Secondary Schools*, 2010.

[18] David S. Garey Michael R. y Johnson. *Computers and Intractability: A Guide to the Theory of NP-Completeness*. W. H. Freeman & Co. New York, NY, USA, 1979.

[19] William Henry Gates y Christos Papadimitriou. Bounds for Sorting by Prefix Reversal. *Discrete Mathematics*, 27:47-57, 1979.

[20] Andrew Vladislav Goldberg y Robert Endre Tarjan. A new approach to the maximum flow problem. En *Proceedings of the eighteenth annual ACM symposium on Theory of computing*, páginas 136-146, 1986.

[21] Steven Halim. Expecting the Unexpected. *Olympiads in Informatics*, 7:36-41, 2013.

[22] Steven Halim y Felix Halim. Competitive Programming in National University of Singapore. En *A new learning paradigm: competition supported by technology*. Ediciones Sello Editorial S.L., 2010.

[23] John Edward Hopcroft y Richard Manning Karp. An $n^{5/2}$ algorithm for maximum matchings in bipartite graphs. *SIAM Journal on Computing*, 2 (4):225-231, 1973.

[24] Competitive Learning Institute. ICPC Live Archive.
https://icpcarchive.ecs.baylor.edu/.

[25] IOI. International Olympiad in Informatics.
https://ioinformatics.org.

[26] Juha Kärkkäinen, Giovanni Manzini y Simon J. Puglisi. Permuted Longest-Common-Prefix Array. En *CPM, LNCS 5577*, páginas 181-192, 2009.

[27] Richard Manning Karp, Raymond E. Miller y Arnold L. Rosenberg. Rapid identification of repeated patterns in strings, trees and arrays. En *Proceedings of the fourth annual ACM Symposium on Theory of Computing*, página 125, 1972.

[28] Donald Ervin Knuth. Optimum binary search trees. *Acta Informatica*, 1(1):14-25, 1971.

[29] Harold William Kuhn. The Hungarian Method for the assignment problem. *Naval Research Logistics Quarterly*, 2:83-97, 1955.

[30] Glenn Manacher. A new linear-time "on-line" algorithm for finding the smallest initial palindrome of a string. *Journal of the ACM*, 22 (3):346-351, 1975.

[31] Udi Manbers y Gene Myers. Suffix arrays: a new method for on-line string searches. *SIAM Journal on Computing*, 22 (5):935-948, 1993.

[32] Gary Lee Miller. Riemann's Hypothesis and Tests for Primality. *Journal of Computer and System Sciences*, 13 (3):300-317, 1976.

[33] James Munkres. Algorithms for the Assignment and Transportation Problems. *Journal of the Society for Industrial and Applied Mathematics*, 5(1):32-38, 1957.

[34] Joseph O'Rourke. *Art Gallery Theorems and Algorithms*. Oxford University Press, 1987.

[35] Joseph O'Rourke. *Computational Geometry in C*. Cambridge University Press, segunda edición, 1998.

[36] Anteriormente University of Valladolid (UVa) Online Judge. Online Judge.
https://onlinejudge.org.

[37] John M. Pollard. A Monte Carlo Method for Factorization. *BIT Numerical Mathematics*, 15 (3):331-334, 1975.

---

[38]   Michael Oser Rabin. Probabilistic algorithm for testing primality. *Journal of Number Theory*, 12 (1):128-138, 1980.

[39]   Kenneth H. Rosen. *Discrete Mathematics and its Applications*. McGraw-Hill, séptima edición, 2012.

[40]   Kenneth H. Rosen. *Elementary Number Theory and its Applications*. Addison Wesley Longman, cuarta edición, 2000.

[41]   Steven Sol Skiena y Miguel Ángel Revilla. *Programming Challenges*. Springer, 2003.

[42]   Wing-Kin Sung. *Algorithms in Bioinformatics: A Practical Introduction*. CRC Press (Taylor & Francis Group), primera edición, 2010.

[43]   Esko Ukkonen. On-line construction of suffix trees. *Algorithmica*, 14 (3):249-260, 1995.

[44]   Baylor University. International Collegiate Programming Contest. https://icpc.baylor.edu/.

[45]   Tom Verhoeff. 20 Years of IOI Competition Tasks. *Olympiads in Informatics*, 3:149-166, 2009.

[46]   Adrian Vladu y Cosmin Negruşeri. Suffix arrays - a programming contest approach. En *GInfo*, 2005.

[47]   F Frances Yao. Efficient dynamic programming using quadrangle inequalities. En *Proceedings of the twelfth annual ACM Symposium on Theory of Computing*, páginas 429-435, 1980.

[48]   F Frances Yao. Speed-up in dynamic programming. *SIAM Journal on Algebraic Discrete Methods*, 3(4):532-540, 1982.

Índice alfabético